Das Begehen der Straftat
gem. § 25 Abs. 1 StGB

Schriften zum Strafrecht und Strafprozeßrecht

Herausgegeben von Manfred Maiwald

Band 73

PETER LANG
Frankfurt am Main · Berlin · Bern · Bruxelles · New York · Oxford · Wien

Heinz-Helmut Fuhrmann

Das Begehen der Straftat gem. § 25 Abs. 1 StGB

Unter besonderer Berücksichtigung der sogenannten „eigenhändigen“ Delikte

PETER LANG
Europäischer Verlag der Wissenschaften

Bibliografische Information Der Deutschen Bibliothek
Die Deutsche Bibliothek verzeichnet diese Publikation in der Deutschen Nationalbibliografie; detaillierte bibliografische Daten sind im Internet über <http://dnb.ddb.de> abrufbar.

Zugl.: Bochum, Univ., Diss., 2002

D 294
ISSN 0938-6181
ISBN 3-631-52339-4

www.peterlang.de

Meinen Eltern

Einführung

A. Das „Begehen" einer Straftat

„Als Täter" wird bestraft, wer die Straftat selbst oder durch einen anderen begeht, § 25 I Alt.2. Anknüpfungspunkt der Strafbarkeit als Täter ist also das „Begehen". Dieser Begriff ist im Gesetz selbst nicht definiert, wird aber auch in anderen Vorschriften gebraucht[1].

I. Semantische Betrachtung des Begriffes „begehen"

Die Verwendung dieses Wortes ist jedermann geläufig, doch fällt es schwer, den Inhalt zu umschreiben, geschweige denn den Begriff klar zu definieren. Einen Ansatz bietet z.B. *Schlehofer*[2], der ausführt, dass „begehen" im allgemeinsprachlichen Gebrauch sowohl „ausführen, verwirklichen" wie auch „Schlechtes tun" bedeuten könne[3]. Die nähere Betrachtung dieser Synonyme zeigt, dass „ausführen" bzw. „verwirklichen" wertneutraler Natur sind; sie bezeichnen einen „Akt" oder „Vorgang". Der Begriff „Schlechtes tun" hingegen enthält ein wertendes Element und geht deswegen über das bloße „Ausführen" oder „Verwirklichen" hinaus. Diese Doppelfunktion, die Kennzeichnung eines Ausführungsvorgangs gekoppelt mit einem negativen Werturteil, ist es, die die wohl häufigste sprachliche Verwendung des „Begehens"[4] charakterisiert: Das „Begehen" einer Straftat oder eines Verbrechens.

Sagt man etwa, der A habe „eine Straftat begangen", sind zunächst zwei Möglichkeiten denkbar, was hierdurch ausgedrückt werden soll: Umgangssprachlich soll dadurch regelmäßig nur gesagt werden, der A habe Dinge getan, die verboten und strafbar sind. Die Nachfrage des hierdurch neugierig gewordenen Zuhörers lautete dann meist, *was* der A denn konkret

---

[1] So etwa - beispielhaft - in §§ 1; 2 II, IV; 3-9; 13 (amtliche Überschrift); 16; 17; 19-21; 23 III; 26; 27; 30; 31 I Nr.1; 32; 34; 35; 53 I; 56f I Nr.1; 56g II; 59c; 67g I Nr.1; 69 I; 70 I; 70a I; 70b I; 73 I; 73d I; 74 I; 77a I; 77c im Allgemeinen Teil und in §§ 101a; 109k; 129; 129a; 130a; 145d; 224 (223a a.F.); 244 I; 295; 302a II Nr.2; 316 II; 320; 323a; 330c; 340 I im Besonderen Teil des StGB.

[2] Vorsatz und Tatabweichung, S. 139.

[3] Vorsatz und Tatabweichung, S. 139 in Berufung auf *Duden,* Bedeutungswörterbuch S. 108, Stilwörterbuch, S. 119. Im Wörterbuch von *Hermann Paul,* S. 102 findet sich bei der Bedeutungsvariante „ausführen" der Hinweis, der Begriff werde „jetzt nur noch" als „ausführen" von etwas „Verkehrtem oder Bösem" gebraucht: „eine Torheit, einen Fehler, eine Sünde, einen Mord *begehen"*.

[4] Es soll nicht verkannt werden, dass die Sprache den Begriff „begehen" auch noch in anderen Zusammenhängen verwendet. „Begehen" kann man z.B. auch noch ein Fest, einen Weg oder Selbstmord. Aber hierbei sind jeweils unterschiedliche semantische Ebenen angesprochenen, gleich ist nur die formale, äußere Worthülse, nicht aber die jeweilige Bedeutung des Begriffs. Die wohl reichhaltigste Darstellung der möglichen Bedeutungsvarianten findet sich im Wörterbuch der Gebrüder *Grimm,* Sp. 1284-1288.

getan[5] habe. Die erwartete Antwort hierauf könnte etwa die sein, der A habe „jemanden umgebracht" oder „jemanden verprügelt", „mit Drogen gehandelt", „irgendwo eingebrochen" oder er sei „betrunken Auto gefahren". Die Erwartung des Gesprächspartners wäre durch die Mitteilung dieser konkreten, dem A zur Last gelegten Handlungen wohl zunächst befriedigt, denn was den Zuhörer interessiert, ist die *Tat* des A[6]. Deren rechtliche Bewertung als „*Straf*tat" oder gar deren Strafbarkeit nach einer bestimmten Gesetzesvorschrift interessiert hingegen in der Laiensphäre im allgemeinen weniger.

Anders liegt es etwa, wenn am Ende eines Gerichtsverfahrens der Richter dem Angeklagten in der Urteilsverkündung bescheinigt, er habe durch sein Tun „eine Straftat begangen" bzw. er habe „sich strafbar gemacht". Hier ist allen Beteiligten in der Regel klar, um welche konkrete *Tat* des Angeklagten es geht. In Frage steht zu diesem Zeitpunkt oftmals nur noch, ob das - unstreitige - Tun des Angeklagten als „*Straf*tat" zu bewerten ist und aus welchem Tatbestand welche Bestrafung erfolgt. Der Ausdruck „Straftat begehen" kennzeichnet hier also nicht das konkrete *Tun*, das *Handeln* des Angeklagten, sondern das Ergebnis der Subsumtion dieses Handelns unter eine Rechtsvorschrift[7].

II. Doppeldeutigkeit des Begriffs „begehen" im Sprachgebrauch des Gesetzes

Eine „Straftat begehen" kann damit einerseits in einem real-faktischen Sinne das konkrete Handeln des Täters in der Lebenswirklichkeit bezeichnen[8], andererseits aber auch in einem rechtstechnischen Sinne das „Erfüllen der Voraussetzungen eines Straftatbestandes" meinen[9].

---

[5] Anschaulich in diesem Zusammenhang die Ausführungen *Schmidhäusers,* GS *Armin Kaufmann*, S. 131 ff (132).

[6] Deutlich auch hier *Schmidhäuser,* a.a.O.: „Die Frage nach dem 'Verhalten' des A kann also jeweils dahin beantwortet werden, A habe *etwas Bestimmtes getan oder nicht getan."*

[7] § 154a StPO schließlich bezieht das Wort „begehen" sogar ausschließlich auf die Normwidrigkeit selbst, wenn dort die Rede ist von „*Gesetzesverletzungen*, die durch dieselbe Tat *begangen* worden sind."

[8] Hierbei handelt es sich letztlich um nichts anderes als das, was man als „Tat im prozessualen Sinne" bezeichnet und was den Gegenstand der Konkretisierung des Anklagesatzes bildet.

[9] Entsprechend wiederum *Schmidhäuser,* GS *Armin Kaufmann,* S. 131 ff (133 f): „Wir nennen oft nur den Namen des Delikts und sprechen dann von 'begehen', z.B.: Der Angeklagte hat einen Diebstahl, einen Mord, eine Körperverletzung 'begangen'. Ungeschickt freilich klingt es, zu sagen: er hat eine unterlassene Hilfeleistung 'begangen', statt: er hat eine Hilfeleistung unterlassen. Wohl aber läßt sich hören: er hat die Straftat der Unterlassenen Hilfeleistung begangen. Nicht anders sagen wir, der Täter habe die Straftat der Untreue, des Mordes, (...) 'begangen'. 'Begehung' ist - so verstanden - weniger konkret als Handlung und Unterlassung, läßt sich leicht auf den abstrakteren Begriff 'Tat' beziehen: der Angeklagte hat eine Straftat, eine unrechte Tat, eine unrechte und schuldhafte Tat 'begangen', - und zwar, nun etwas konkreter: durch Handeln - durch Unterlassen. Es ist durchaus ungekünstelt, so zu formulieren."

1. Bedeutung als *Kennzeichnung* eines real-faktischen Verhaltens

Der Begriff „begehen" wird im StGB zumeist im real-faktischen Sinne gebraucht, wenn etwa auf die „Zeit der Tat" (§ 8) oder den „Ort der Tat" (§ 9) abgestellt wird. Es geht maßgeblich darum, wann bzw. wo der Täter *gehandelt* hat[10] oder ob der Täter „bei Begehung der Tat" (= im Zeitpunkt des *Handelns*[11]) „einen Umstand nicht kennt" (§ 16), ob ihm „die Einsicht fehlte, Unrecht zu *tun*" (§ 17) oder ob er „unfähig ist, das Unrecht seiner *Tat* einzusehen oder nach dieser Einsicht zu *handeln*" (§ 20). Besonders deutlich wird der Zusammenhang zwischen „Tat" und „Handlung" etwa in § 320, der das Wort „begehen" nicht mehr auf den Begriff „Tat" oder „Straftat", sondern auf den Begriff der „Handlung" selbst bezieht. Dort werden „Handlungen" unter Strafe gestellt, die „aus Fahrlässigkeit *begangen* worden" sind. Entsprechendes galt für § 223 II a.F., der eine Straferhöhung für solche Körperverletzungen vorsah, bei denen „die *Handlung* gegen Verwandte in aufsteigender Linie *begangen*" worden war.

2. Bedeutung im Sinne der *Bewertung* eines Verhaltens als Normverstoß

Anders hingegen wird der Begriff „eine Straftat begehen" etwa in den §§ 56f Nr.1, 57 I Nr.2, 66 II oder auch 101a gebraucht. Auch diese Vorschriften stellen auf das „Begehen" der Tat als eines realen Vorgangs ab, denn ohne „Ausführung" kann keine „Straftat" vorliegen. Doch steht nicht *allein* der real-faktische Charakter des Geschehens im Vordergrund, sondern gleichfalls die Bewertung als Normwidrigkeit, als Verstoß gegen das Recht. Letzterer ergibt sich daraus, dass der Täter in seiner Person und durch sein Handeln die Voraussetzungen eines Straftatbestandes erfüllt.

III. Folgerungen aus der Doppeldeutigkeit des Begriffes im Hinblick auf § 25 I

Im Hinblick auf die Bestrafung desjenigen „als Täter", der „*die Straftat*" „selbst oder durch einen anderen begeht" (§ 25 I), ist die oben dargestellte Doppeldeutigkeit des Begriffes „Straftat begehen" zu berücksichtigen. Die Differenzierung zwischen der Selbst-Begehung und der Begehung „durch einen anderen" macht bezüglich der Normwidrigkeit keinen Sinn, denn auch demjenigen, der die Straftat „durch einen anderen" begeht, wird letztlich bescheinigt, die „Straftat" dennoch „begangen" zu haben. Hat er die „Straftat"

---

[10] Der Zusammenhang zwischen *Handlung* und *Tat* wird noch deutlicher, nimmt man einmal die historische Fassung des § 2 RStGB (1871) hinzu. Sie lautete: „Eine *Handlung* kann nur dann mit einer Strafe belegt werden, wenn diese Strafe gesetzlich bestimmt war, bevor die *Handlung begangen* wurde."

[11] Zur „Tat" als dem terminologischen Oberbegriff zu „Handlung" und „Unterlassung" vgl. *Schmidhäuser*, GS *Armin Kaufmann*, S. 131 ff (135). Terminologische Inkonsequenzen etwa in §§ 15-17 führt *Schmidhäuser*, a.a.O., S. 136, auf die Gesetzeshistorie zurück.

aber „begangen", so hat er sie - zumindest auch - *selbst* begangen[12]. Im Ergebnis wären die in § 25 I alternativ aufgeführten Begehungsformen letztlich keine einander ausschließenden Alternativen, da die Selbst-Begehung schlechthin immer gegeben wäre. Die Differenzierung zwischen den beiden Begehungsalternativen ist hingegen sinnvoll, wenn die „Straftat" nicht lediglich als Normwidrigkeit zu verstehen ist, also nicht das *Ergebnis* der Subsumtion unter den jeweiligen BT-Tatbestand kennzeichnet, sondern auf die „Straftat" im oben beschriebenen Sinne eines realen Geschehens bezogen wird. Dessen Bewertung als Normwidrigkeit ist durch die Subsumtion unter den Tatbestand erst noch vorzunehmen. Das *Ergebnis* einer solchen rechtlichen Bewertung kann dann entweder sein, dass der als Täter in Betracht Kommende in seiner Person gegen die Norm verstoßen und damit *selbst* die „Straftat begangen" hat, oder aber, dass in seiner Person die Normwidrigkeit nicht festgestellt werden kann und er daher keine „Straftat begangen" hat.

B. „Begehen einer Straftat" im Sinne des Verstoßes gegen eine Verbotsnorm

Der genaue Inhalt einer „Straftat" im Sinne einer Normwidrigkeit ergibt sich aus den jeweiligen Einzeltatbeständen des Besonderen Teils. Sie sind zumeist dahingehend formuliert, dass der potentielle Täter, allgemein als „wer" bezeichnet, sämtliche Tatbestandsmerkmale erfüllen muss. Ist dies nicht der Fall, kann der Betreffende nicht als Täter der in Rede stehenden Straftat bestraft werden.
Die verschiedenen Formen der Merkmale gesetzlicher Tatbestände sollen im folgenden kurz dargestellt werden.

I. Tatbestandliche Handlungsmerkmale

Allen Tatbeständen ist gemeinsam, dass sie jeweils ein bestimmtes Handlungsmerkmal aufweisen. Die Begrifflichkeiten dieser Handlungsmerkmale sind dabei durchaus unterschiedlich; sie reichen von so abstrakten Begriffen wie etwa „verursachen" (§§ 222, 229) über ziel- und erfolgsbewertende Begriffe wie „Beleidigung" (§ 185), „nötigen" (§ 240), „beschädigen" (§§ 223, 263, 303), „zerstören" (§ 303), „körperlich misshandeln" (§ 223) und „töten" (§ 212) bis hin zu ganz konkreten, plastischen Begriffen, die ihrem Inhalt nach ein bestimmtes menschliches Tun exakt bezeichnen oder beschreiben, so etwa

[12] Auf diese Unstimmigkeit weist z.B. *Herzberg,* ZStrW 99 (1987), 49 ff (74) hin: „Man darf sicher sein, daß in der deutschen Strafrechtslehre die mittelbare Täterschaft auch dann anerkannt geblieben wäre, wenn § 25 Abs.1 StGB auf den Zusatz „oder durch einen anderen" verzichtet hätte. Nötig war er jedenfalls nicht und sogar über seine Nützlichkeit kann man streiten. (...) Im Grunde begeht ja auch der mittelbare Täter die Straftat 'selbst'; daß er es tut, indem er durch einen anderen als sein Werkzeug handelt, ist kein Widerspruch. Darum ist es auch unmöglich, einen qualitativen Unterschied zur unmittelbaren Täterschaft auszumachen." Vgl. auch *dens.* in FS *Roxin,* S. 749 ff (752 Fn. 11).

„wegnehmen" (§ 242), „führen" (eines Kfz) (§§ 315c, 316), „aussagen" (§ 153) und „schwören" (§ 154). Dabei sind die Übergänge natürlich im einzelnen fließend und selbst bei einzelnen Begriffen mag es durchaus zweifelhaft sein, ob man sie eher als plastisch-deskriptiv oder eher als abstrakt-normativ ansehen will. Man denke hier nur etwa an die vielfache semantische Verwendungsmöglichkeit des Begriffs „führen": „Führen" kann man allein in strafrechtlicher Hinsicht ein Kfz (§§ 315c, 316), eine Waffe (§ 4 IV WaffG, zu vgl. auch §§ 244 I Nr.1 a); 250 I Nr.1 a)) und einen Titel (§ 132a). Der Sinngehalt des Begriffes ist dabei - wenn auch nur in Nuancen - immer wieder anders.

II. Sonstige Merkmale

Neben den Handlungsmerkmalen weisen die Tatbestände aber noch weitere Merkmale auf. Dies können zum einen bestimmte Anforderungen an die Person des Täters sein, wie etwa die Eingrenzung des Tatbestandes auf „Amtsträger" (z.B. §§ 331, 332), „Richter" (§ 336), aber auch auf „Männer" (§ 183), „Unfallbeteiligte" (§ 142), „Reisende" / „Schiffsmänner" (§ 297) und „Geschwister" (§ 173 II 2). Es können zum anderen aber auch adverbiale Bestimmungen des Ortes („an einem Ort, der dem Gottesdienst ... gewidmet ist" - § 167 I Nr.2; „an einer Beisetzungsstätte" - § 168 I, „vor Gericht" - § 153) oder der Art und Weise sein („heimtückisch" / „grausam" / „mit gemeingefährlichen Mitteln" - § 211; „roh" - § 223b; „mit Gewalt" - §§ 240, 249 etc.; „rücksichtslos" - § 315c; „öffentlich" - §§ 131 I Nr.2; 184 III Nr.2), die nicht die Person des Täters selbst, sondern die Beziehung seiner Person und seines Verhaltens zur Umwelt charakterisieren.

III. Rein subjektive Merkmale

Zu den oben genannten Merkmalen treten schließlich noch die rein subjektiven Merkmale hinzu. Hierzu zählen der Vorsatz (§ 15), bestimmte Kenntnisse („wider besseres Wissen" - § 164) sowie bestimmte Motivationen (Absichten), so etwa die Absicht rechtswidriger Zueignung (§§ 242, 249), die Absicht, sich oder einen Dritten zu Unrecht zu bereichern (§§ 253, 263), die Absicht, im Rechtsverkehr zu täuschen (§ 267) sowie die Absicht, sich im Besitz des gestohlenen Gutes zu erhalten (§ 252).

IV. Zwischenergebnis

Es lässt sich also vorläufig festhalten, dass zum „Begehen" einer Straftat zunächst jedenfalls die Erfüllung der einzelnen Tatbestandsmerkmale des jeweiligen Straftatbestandes des Besonderen Teils erforderlich ist. Eine Straftat „begeht" nur, wer *in seiner Person* den Tatbestand der jeweiligen Straftat *erfüllt.*

C. Die Begehungsformen nach § 25 I

„Begehen" i.S.d. § 25 I kann man die Straftat nun „selbst" oder „durch einen anderen". Die „Selbst"-Begehung wird dabei üblicherweise als *unmittelbare*, die Begehung „durch einen anderen" als *mittelbare* Täterschaft bezeichnet.

I. § 25 I Alt.1

Auf den ersten Blick erscheint es geradezu selbstverständlich und nicht der Rede, erst recht nicht des expliziten gesetzlichen Hinweises wert, dass *jedenfalls* derjenige, der eine Straftat *selbst* begeht, auch als deren Täter zu bestrafen ist. So würde in der Praxis kein Staatsanwalt im Falle der Selbst-Begehung im Anklagesatz (§ 200 I 1 StPO) darauf hinweisen, der Angeschuldigte habe „selbst" die Straftat begangen und die Vorschrift des § 25 I Alt.1 in der Liste der anzuwendenden Strafvorschriften angeben. Ebenso nähme kein Richter diese Vorschrift in den Tenor eines Strafurteils auf, obwohl auch hier die angewendeten Vorschriften vollständig anzugeben sind (§ 260 V 1 StPO). Daher drängt sich der Eindruck auf, jedenfalls der Alt.1 des § 25 I komme eine eigene Bedeutung nicht zu. Dagegen sprechen aber die als *Badewannen-Fall* bzw. *Staschinskij-Fall* bekanntgewordenen Entscheidungen des *RG*[13] und des *BGH*[14] aus der Zeit vor Inkrafttreten des § 25. In diesen Entscheidungen war die Strafbarkeit der Angeklagten „als Täter" verneint worden, obwohl sie alle Tatbestandsmerkmale in eigener Person vorsätzlich erfüllt, nämlich gem. § 212 I „einen Menschen getötet" hatten. Lediglich weil sie „die Tat nicht *als eigene* wollten", sollten sie entsprechend der sog. „extrem-subjektiven Täterlehre" trotzdem nicht Täter sein.

Auf der Basis des heute geltenden § 25 I Alt.1 könnte so nicht mehr entschieden werden. § 25 I Alt.1 kommt also zumindest insoweit eine eigene Bedeutung zu, als er klarstellt, *jedenfalls* derjenige sei Täter und auch als solcher zu bestrafen, der alle Tatbestandsmerkmale in seiner Person erfüllt. Mit *Roxin*[15] ist daher davon auszugehen, dass § 25 I Alt.1 der subjektiven Täterlehre den (gesetzlichen) Boden entzieht.

II. § 25 I Alt.2

Die Begehungsform des § 25 I Alt.2 stellt gegenüber § 25 I Alt.1 eine Besonderheit dar. Ist die „Selbst"-Begehung der gesetzgeberische Normalfall, der keines eigenen Hinweises bedarf, so begegnet die Begehung „durch einen

---

[13] *RG*St 74, 84.

[14] *BGH*St 18, 87.

[15] Vgl. *Roxin,* TuT, S. 546 ff (552) mit detaillierter Darstellung der Entstehungsgeschichte; *ders.* in LK(11), § 25, Rn. 30, 33 und in AT II, § 25 C I, Rn. 39 ff. Ähnlich auch *Jescheck/Weigend* AT, § 61 IV 3, S. 651, § 61 V 2, S. 652.

anderen" gem. § 25 I Alt.2 eher als Begehungsform mit Ausnahmecharakter[16]. In der Justizpraxis zeigt sich das bereits daran, dass § 25 I Alt.2 sowohl im Anklagesatz als auch in der Urteilsformel angegeben werden. Teilweise wird sogar beim Übergang vom Vorwurf der unmittelbaren zur mittelbaren Täterschaft ein rechtlicher Hinweis gem. § 265 I StPO für erforderlich gehalten[17].

Zum Verständnis des § 25 I Alt.2 soll zunächst kurz auf die Entstehungsgeschichte des § 25 I Alt.2 eingegangen werden. Der Gesetzgeber verfolgte mit der Einfügung der Vorschrift im Jahre 1975 den Zweck, die in Rechtsprechung und Literatur seit langem entwickelte Rechtsfigur der „mittelbaren Täterschaft"[18] gesetzlich abzusichern. Diese war in der bis 1975

---

[16] In diesem Sinne auch deutlich *Haft*, JA 79, 651 (654). Bereits *Binding* (GS 78 (1911), 1 ff (8)) schrieb in diesem Zusammenhang: „Dem ursprünglichen Täter war die Eigenhändigkeit der Tat wesentlich. Mit der Zeit erkannte man, daß er sich nicht nur des toten, sondern auch des lebendigen Werkzeugs bedienen konnte, etwa des bissigen Hundes oder auch des unzurechnungsfähigen Menschen. (...). Damit aber wurde ein großes wissenschaftliches Problem gestellt (...): Die Frage nach dem erforderten Maße der Eigenhändigkeit der Tat für den Täter."

[17] So etwa LR-*Gollwitzer*, § 265 StPO, Rn. 28. In der Rechtsprechung mehrfach entschieden (*RG*St 22, 367 f; 63, 430 f; *BGH*St 11, 18 (19); *BGH* NStZ 83, 569) ist die Erforderlichkeit eines rechtlichen Hinweises beim Wechsel von Alleintäterschaft (§ 25 I) zu Mittäterschaft (§ 25 II) (und umgekehrt). Die hierfür herangezogenen Argumente gelten beim Wechsel von unmittelbarer zu mittelbarer Täterschaft praktisch entsprechend. Insbesondere die subjektive Seite nämlich kann im Hinblick auf das Vorliegen von (bedingtem) Vorsatz oder auch im Hinblick einer Einschränkung des Unrechtsbewusstseins (ggf. mit der Folge des § 17) bei einer nicht-eigenhändigen Begehungsform andere (tatsächliche und zumindest im Hinblick auf die Strafzumessung relevante) Kriterien aufweisen. Die Praxis scheint dies ebenso zu sehen. So wurde etwa in einem bei dem *LG Hagen* verhandelten Fall (nicht veröffentlicht) ein derartiger Hinweis gem. § 265 StPO erteilt, als vom Vorwurf der Steuerhinterziehung (§ 370 AO) in unmittelbarer Täterschaft zum Vorwurf der Steuerhinterziehung in mittelbarer Täterschaft übergegangen wurde. Zu berücksichtigen ist, dass der Wechsel der Begehungsform - sofern er auf Änderung der Tatsachengrundlage beruht - möglicherweise sogar dazu führen kann, dass eine ganz andere prozessuale Tat vorliegt. In solchen Fällen wäre der Weg über § 265 StPO nicht mehr gangbar, sondern ggf. nach § 266 StPO Nachtragsanklage zu erheben und von der angeklagten Tat freizusprechen.

[18] Die Konstellation der Fälle, die wir als „mittelbare Täterschaft" bezeichnen, dürfte freilich so alt sein wie das Strafrecht selbst. *Huber*, MT, S. 2, berichtet über einen Fall, der bereits im babylonischen Gesetzbuch Hamurabis (ca. 1728-1628 v. Chr.) erwähnt wurde: Nach dessen § 227 sollte ein Bürger, der einen Scherer dahingehend getäuscht hatte, einem Sklaven das Mal der Unverkäuflichkeit aufzubrennen, als Täter mit dem Tode bestraft werden, während der Scherer straflos blieb. Ferner führen *Huber*, a.a.O. und *Jescheck/Weigend*, AT, § 62, S. 666 einen „Fall" aus der altgermanischen Zeit in diesem Zusammenhang an, nämlich die Tötung des Lichtgotts Balder durch ein Wurfgeschoss des *blinden* Hödur, der von Loki zum Wurf veranlasst wurde, dabei aber - wegen seiner Blindheit - die Tragweite seines Verhaltens nicht erkennen konnte. Die Strafe der Götter traf (auch) den Loki. *Wolf, MT, S. 15, Fn. 8* führt den Begriff „mittelbare Täterschaft" zurück auf *Stübel*. Dieser schrieb 1805 (Ueber den Thatbestand..., S. 31, § 25): „Nun ist aber der Grund der Existenz eines Verbrechens auf doppelte Art in einem Menschen zu suchen, da derselbe entweder die Handlung eines Verbrechens selbst verübet, oder bewirkt, daß ein Anderer die Handlung des Verbrechens

geltenden Fassung des StGB ebensowenig geregelt wie die „Täterschaft" überhaupt, abgesehen von der besonderen Form der Mittäterschaft, die in § 47 a.F. eine eigene Regelung erfahren hatte. § 25 I Alt.2 ist insoweit als ein klarstellender Hinweis des Gesetzgebers auf die grundsätzliche Anerkennung dieser Begehungsform zu verstehen[19], ohne diese aber inhaltlich näher zu bestimmen. Im Entwurf der Neufassung des StGB aus dem Jahre 1958[20] (im folgenden bezeichnet als E 58) hatte die Figur der „mittelbaren Täterschaft" hingegen eine Regelung gefunden, die in ihren detaillierten Voraussetzungen weit über die Gesetzesfassung des heutigen § 25 I Alt.2 hinausging. Auch wenn jene Regelung letztlich nicht Gesetz wurde, weil die Klärung bestimmter Einzelfragen durch Rechtsprechung und Wissenschaft noch abgewartet werden sollte[21], können aus ihr dennoch auch für die Auslegung der heute geltenden Fassung Schlüsse gezogen werden.
Die im damaligen Entwurf vorgesehene Regelung lautete:

(1) *Als Täter wird bestraft, wer die Straftat selbst ausführt.*

(2) *Als Täter wird auch bestraft, wer vorsätzlich die Straftat durch einen anderen ausführt, der ohne Vorsatz oder trotz Vorsatzes schuldlos handelt oder bei dem nicht die besonderen persönlichen Eigenschaften, Verhältnisse oder Umstände (besondere persönliche Merkmale) oder besondere Absichten vorliegen, welche die Strafbarkeit begründen.*

Hieraus wird deutlich, welche Fälle der Gesetzgeber im Grundsatz durch die neue Vorschrift des § 25 I Alt.2 regeln und was er unter der Begehung „durch einen anderen" verstanden wissen wollte: Ganz allgemein ging es um Fälle, in denen der Täter sich zunutze macht, dass die die Straftat unmittelbar „ausführende" Person bestimmte Umstände oder Eigenschaften, „welche die Strafbarkeit begründen", nicht aufweist.

D. Der Begriff „Eigenhändigkeit"

Im Hinblick auf den thematischen Schwerpunkt der Untersuchung - die sog. „eigenhändigen Delikte" - sei bereits jetzt auch der Begriff der „Eigenhändigkeit" angesprochen. Im Gesetz selbst taucht er nicht auf. Gebraucht wird er zumeist nur als Gegenbegriff zur „Fremdhändigkeit", und auch das „eigenhändige Delikt" wird durchgängig negativ dahingehend

---

ausführet. Im letzteren Falle liegt bloß die mittelbare oder entfernte Ursache, welche sonst Veranlassung heißt in dem Handelnden und es giebt daher auch mittelbare Urheber eines Verbrechens".

[19] Vgl. *Schmidhäuser* AT, 14/36.

[20] Niederschriften über die Sitzungen der Großen Strafrechtskommission, Bd. 2, Bonn 1958, Anhang 19

[21] Vgl. Niederschriften, Bd. 2, Anhang 19.

bestimmt, dass eine Begehung in mittelbarer Täterschaft (und in Mittäterschaft) nicht möglich sei. So liest man etwa bei *Baumann/Weber/Mitsch*[22], als „eigenhändig" bezeichne man Straftaten, „die nur vom unmittelbar handelnden Subjekt und nicht etwa auch von unterstützend handelnden Personen täterschaftlich begangen werden können." Bei *Jescheck/Weigend*[23] heißt es entsprechend, mittelbare Täterschaft sei ausgeschlossen, wenn der Tatbestand „die *körperliche* oder wenigstens *persönliche* Vornahme der tatbestandsmäßigen Handlung durch den Täter" verlange. *Roxin*[24] postuliert: „Man kann eine Tat nicht deutlicher beherrschen, als indem man sie selbst tut; man kann nichts fester in der Hand haben als durch Eigenhändigkeit." Und hinsichtlich der *nicht*-eigenhändigen Delikte führte der *BGH* kürzlich wiederum aus, die „Zurechnung zur Täterschaft"[25] erfordere „nicht die eigenhändige Verwirklichung des Straftatbestandes"[26].

Eine positive Definition oder wenigstens Beschreibung von „Eigenhändigkeit" findet sich hingegen selten. Ansätze in dieser Richtung ergeben sich etwa bei *Bottke*[27]:

„ (...) Denn die Rechtsordnung geht, wenn sie Verhaltensnormen setzt und strafbewehrt, davon aus, daß jedem Normadressaten sein Körper in der überhaupt nur höchsten denkbaren Weise nahe ist und jeder Normadressat (auch) sein Körper ist; jeder steht für seinen handlungsentschlußgesteuerten Einsatz ein, ist „selbst" im Geschehen da und „bewerk(stellig)t es, wenn er auf der Basis gefaßten Entschlusses sich in das Geschehen stellt und dieses eigenkörperlich vollzieht. Dabei spielt es keine Rolle, welcher Teil des Körpers wie stark eingesetzt wird, auch die „eigenfüßige" Tötung eines Menschen oder der schwache Fingerdruck auf eine Computertaste, der gespeicherte Daten verändert oder andere deliktische Erfolge auslöst, ist „eigenkörperlicher Handlungsvollzug" und ein „Selbst"-Begehen der Tat."[28]

Doch auch wenn *Bottke* hier von „eigenkörperlichem Handlungsvollzug" spricht, so ist Ausgangspunkt seiner Ausführungen dennoch nicht der Begriff der „Eigenhändigkeit", sondern der Begriff der „Selbst-Begehung". Sind die Begriffe der „eigenhändigen Begehung" und der „Selbst-Begehung" also

---

22 AT, § 8, Rn. 37.
23 AT, § 62, I 2, S. 664.
24 TuT, S. 127. Vgl. auch AT II, C I Rn. 38.
25 Nebenbei: Was muss man, wenn eine „Täterschaft" schon erfüllt ist, noch zurechnen ? Gemeint ist wohl: die täterschaftserfüllende Zurechnung des Erfolges zum Subjekt.
26 Es ging um die Zurechnung des Verkaufs gepanschter Weine zu den Handlungen der Mitglieder der Unternehmensführung, *BGH* StV 96, 73 (74).
27 Täterschaft und Gestaltungsherrschaft, Heidelberg 1992.
28 S. 44.

deckungsgleich ? Oder sind gar die Begriffe „eigenhändige Begehung" und „unmittelbare Täterschaft" deckungsgleich ? Einige Beispiele mögen die Divergenzen verdeutlichen: Über denjenigen, der einen anderen mit seinen eigenen Händen erwürgt, wird man sicherlich sagen, er töte „selbst" und „eigenhändig". Demjenigen, der seinen auf Tötung dressierten, blutrünstigen Kampfhund „selbst" auf sein Opfer hetzt, würde man ein „eigenhändiges" Töten hingegen gerade nicht bescheinigen. Wie wäre nun etwa zu entscheiden, wenn der von *Bottke* erwähnte „schwache Fingerdruck auf die Computertaste" den Start einer Atomrakete auslöst, deren Explosion auf der anderen Seite der Welt tausende von Menschen tötet ?[29] Könnte man trotz des „eigenhändigen" Fingerdrucks auch hier noch von einer „eigenhändigen" Tötung sprechen ? Bereits diese Beispiele zeigen, dass die Begriffe der „eigenhändigen Begehung" und der „Selbst-Begehung" jedenfalls nicht unreflektiert gleichgesetzt werden dürfen.

E. Die Bedeutungsebenen des Begriffs „Begehung"

Terminologische Missverständnisse drohen ferner aus der eingangs erörterten Doppeldeutigkeit des „Begehens"-Begriffes. Mitunter führt sie nämlich zu einer unzulässigen Vermengung verschiedener Verständnisebenen: Der oben (A. III.) angesprochene Widerspruch, auch der mittelbare Täter begehe letztlich die Tat *selbst*, verdeutlicht, dass immer genau klarzustellen ist, welche konkrete Bedeutung des Begriffs „begehen" gerade angesprochen wird.

I. Der Begriff „Selbst-Begehung"

Für den Begriff der „Selbst-Begehung" lassen sich drei Bedeutungsinhalte unterscheiden, die für den weiteren Fortgang der Arbeit jeweils auch gesondert bezeichnet werden sollen:

1. Das Selbst-*Handeln* des Täters als „Selbst-Begehung" im engeren Sinne

Zunächst kann das Selbst-*Handeln* eines Täters gemeint sein, das im weiteren als „Selbst-Begehung" im *engeren* Sinne bezeichnen werden soll. Gemeint ist hiermit allein die tatsächliche, eigene Körperbewegung des Täters, die dieser im Hinblick auf die von ihm verfolgten Zwecke vollzieht. Im Hinblick auf die oben erwähnten Beispiele fallen unter diesen Begriff also das (Er-)Würgen des Opfers, der Fingerdruck auf den Pistolenabzug oder die Computertaste und das Sprechen des auffordernden Wortes zum Hund.

---

[29] Anklänge in dieser Hinsicht finden sich bereits bei *Engelsing,* S. 43: „Schon bei dem Fall einer Tötung ist die Fülle der Möglichkeiten eine nicht zu erschöpfende. Die Momente auf deren Hervorhebung es hier ankommt, zeigt schon folgende Reihe: Der A stürzt auf den B los, um ihn zu erwürgen. Nach langem Kampfe erst gelingt es dem A, sein Ziel zu erreichen. Er tötet den B. Dieses von stärksten körperlichen Anstrengungen des Täters A erfüllte Tatbild läßt sich über die bloße Armbewegung beim tötenden Beilhieb, den Fingerdruck beim Schuß bis zum Ruf an den Hund immer weiter reduzieren."

2. Die „Selbst-Begehung" als Komplementärbegriff zur Begehung „durch einen anderen"

Sodann kann die Formulierung benutzt werden, um Fälle der mittelbaren von der unmittelbaren Täterschaft abzugrenzen. Denkbar ist dies insbesondere in Sachverhalten, die trotz Involvierung mehrerer Personen in die Tatbestandserfüllung dennoch der unmittelbaren und nicht der mittelbaren Täterschaft zugeschlagen werden sollen (sofern nicht andere Beteiligungsformen erfüllt sind). Nur in diesen Fällen kann der Begriff der „Selbst-Begehung" als Komplementärbegriff zur „Begehung durch einen anderen" verstanden werden, denn nur hier besteht überhaupt ein Abgrenzungs- oder Konturierungsbedarf zwischen den beiden Begehungsmodalitäten. Diese Begriffsverwendung soll im folgenden als „Selbst-Begehung" im Sinne *unmittelbarer Täterschaft* bezeichnet werden.

3. Die Anwendung des gesetzlichen Tatbestandes auf den Täter als „Selbst-Begehung" im normativen Sinne

Schließlich ist der Begriff „Selbst-Begehung" auch im Rahmen der rechtlichen *Bewertung* des Geschehens von Bedeutung, und zwar in dem Sinne, dass als Ergebnis des Bewertungsvorgangs dem (unmittelbaren oder mittelbaren) Täter bescheinigt wird, er habe sich *selbst* strafbar gemacht, indem er, wenn auch vielleicht „durch einen anderen" handelnd, einen bestimmten Tatbestand in seiner Person - *selbst* - erfüllt, mithin das Delikt *selbst begangen* hat und deswegen nun auch *selbst* zu bestrafen ist. Diese Bedeutungsebene soll im weiteren als „Selbst-Begehung" im *normativen*[30] Sinne bezeichnet werden, weil sie die *Bewertung* des Täterverhaltens als - nach deren Sinn und Zweck - unter die konkrete Strafnorm fallend kennzeichnet.

II. Die Begehung als „Tat" (§§ 8, 9) und „Tatausführung" (§ 24 I 1 Alt.1)

Nun verwendet das Gesetz den Begriff „begehen" nicht nur im Hinblick auf die Abgrenzung der Täterschafts- und Beteiligungsformen, sondern auch im Hinblick auf „die Tat" als konkretes, reales Geschehen, so etwa in den §§ 8, 9.

---

[30] Zum Begriff „normativ" vgl. die eindringlichen Worte *Röhl*s, Allgemeine Rechtslehre, S. 46: „'Normativ' ist eine der am meisten mißbrauchten Vokabeln der Rechtssprache. Sinn macht sie nur als Gegenbegriff zu 'deskriptiv' und 'analytisch'. Sonst taugt sie lediglich als Beschwörungsformel." Und S. 47: „Ein Begriff wird zu einem normativen dadurch, daß er Bestandteil eines Normsatzes ist. Seine Bedeutung ist dann nicht länger eine Frage der Wortsemantik, das heißt die maßgebliche Bedeutung kann nicht durch eine Worterklärung (Explikation) ermittelt werden, sondern der Begriff ist immer schon als Teil eines (normativen) Satzes gedacht. Er muß deshalb stets teleologisch, das heißt mit Blick auf den mit der Norm verbundenen Zweck, interpretiert werden. Insofern ist in der Tat jeder Begriff, der in einem Normsatz steht, normativ."

1. *Handlung* als „Begehung" im engeren Sinne (§ 8)

Gemeint sein kann hier zunächst wiederum die *Handlung* des Täters, ohne deren Folgen zu berücksichtigen. Diese Bedeutung legt etwa § 8 zugrunde, der die Zeit der „Begehung" für den Zeitpunkt ansetzt, zu welchem „der Täter ... *gehandelt* hat". Der Zeitpunkt des Erfolgseintritts ist demgegenüber irrelevant (§ 8 S. 2). Es ließe sich insoweit von einem *engen* Begehungsbegriff sprechen.

2. *Handlung* plus *Erfolg* als „Begehung" im weiteren Sinne (§ 9)

Ebenso kann unter „Begehung" aber auch das Geschehen in seiner Gesamtheit zu verstehen sein, unter Einbeziehung auch der Folgen des Handelns, auf deren Eintritt der Täter möglicherweise selbst gar keinen Einfluss mehr hat. Ein solcher *weiter* Begehungsbegriff liegt etwa § 9 I zugrunde, denn nach dieser Vorschrift soll für den *Ort* der Begehung sowohl auf die *Handlung* des Täters als auch auf den Eintritt ihres *Erfolges* abzustellen sein. Bezeichnet wird hierdurch der Akt der Verwirklichung des jeweiligen (Gesamt-)Tatbestandes als reales, sich ereignendes Geschehen in der Lebenswirklichkeit[31]. Diese Verwendung reicht nahe an den Inhalt des Begriffes der „Tat" im prozessualen Sinne heran.

3. Der Begriff der „Ausführung"

Im Zusammenhang mit den Begriffen „Begehung", „Handlung" und „Tat" schließlich begegnet auch der Begriff der „Ausführung". Das Gesetz selbst verwendet ihn im Allgemeinen Teil heute etwa in § 24 I 1 Alt.1 („weitere Ausführung der Tat") und in § 46 II („Art der Ausführung ... der Tat"). Früher fand er sich auch in § 47 a.F., der als Vorgänger des heutigen § 25 II die „gemeinschaftliche Tat*ausführung*" durch Mittäter regelte sowie in § 43 a.F., der das Versuchsstadium nach dem „Anfang der Ausführung" bestimmte. Ob sich der Begriff der „Ausführung" eher mit dem der „Handlung" deckt oder aber auch den Erfolgseintritt mitumfassen kann, lässt sich nicht ganz eindeutig bestimmen. Begrifflich steht er der „Handlung" jedenfalls näher als dem „Erfolg", denn nur „Handlungen" lassen sich „ausführen". „Erfolge" hingegen treten von selbst ein, sofern die jeweilige Handlung den entsprechenden Kausalverlauf in Gang gesetzt hat. Für die Zuordnung eher zur „Handlung" spricht auch die gesetzliche Verwendung des Begriffs „Ausführung" in § 24 I 1 Alt.1, denn diese Vorschrift betrifft die Strafbarkeit des Versuchs, bei dem naturgemäß die Handlung im Vordergrund steht. Noch klarer wird das, sieht man darauf, dass § 24 I Alt.1 gerade den Rücktritt vom sog. *unbeendeten*

---

[31] Wobei die Formulierung „Verwirklichung des Tatbestandes" - auch wenn das Gesetz sie in § 22 selbst gebraucht - nicht ganz sauber erscheint. Wie soll man einen abstrakten gesetzlichen Tatbestand *verwirklichen* ? Konsequenterweise müsste man sprechen von der „Verwirklichung" eines konkreten Geschehens, das sich unter den jeweiligen abstrakten gesetzlichen Tatbestand subsumieren lässt.

Versuch regelt. Dieser ist nur solange gegeben, wie der Täter sein Handeln im Hinblick auf die Erfolgsherbeiführung noch nicht abgeschlossen hat. Spricht § 24 I 1 Alt.1 also von einer „weiteren *Ausführung* der Tat", so kann damit nur ein weiteres *Handeln* gemeint sein. Deutlicher noch kam dies in § 46 Nr.1 a.F., der vor Inkrafttreten des heutigen § 24 geltenden Rücktrittsregelung, zum Ausdruck: Jene Vorschrift hatte für die Straflosigkeit zur Voraussetzung, dass der Täter „die Ausführung der beabsichtigten *Handlung*" aufgab.

Allerdings erscheint es sprachlich nicht ausgeschlossen, auch den Erfolgseintritt zumindest dann in den Begriff der „Ausführung" miteinzubeziehen, wenn der Erfolg räumlich und zeitlich eng mit der Handlung einhergeht und nach natürlicher Auffassung als deren Bestandteil anzusehen ist. So etwa, wenn sich die Motivation des Täters zum *Weiter*handeln daran knüpft, dass der entsprechende Erfolg noch nicht erreicht ist, der Erfolgseintritt aber die weitere Handlungsmotivation unmittelbar beendet (Beispiel: A schlägt so lange auf B ein, bis dieser tot ist; A schießt so oft auf B, bis er diesen trifft).

Im Hinblick auf die spätere Untersuchung des § 25 I ist schließlich noch darauf hinzuweisen, dass der bereits oben (C. II.) erwähnte E 58 sowohl hinsichtlich des unmittelbaren als auch des mittelbaren Täters nicht von „begehen", sondern von „ausführen" sprach. Wäre es insoweit bei der Terminologie des E 58 geblieben, wären manche Missverständnisse, die sich angesichts der heutigen Fassung des § 25 I aus der Mehrdeutigkeits des Begriffes „begehen" ergeben, möglicherweise vermieden worden.

F. Konsequenzen für den Gang der Untersuchung

Hält man die dargestellten verschiedenen Bedeutungsebenen auseinander, löst sich der oben (A. III.) angesprochene Widerspruch, auch der mittelbare Täter begehe die Straftat „selbst", relativ schnell als ein scheinbarer auf: Verursacht wird er dadurch, dass der Begriff „Selbst-Begehung" jeweils im engeren oder im normativen Sinne angesprochen wird, nicht aber als Komplementärbegriff zur Begehung „durch einen anderen". Ausgedrückt werden soll durch den sprachlichen Hinweis auf die „Selbst-Begehung durch den mittelbaren Täter" entweder nur, auch der mittelbare Täter habe *selbst gehandelt*, etwa indem er den „anderen" auf den Weg geschickt oder sonst auf diesen eingewirkt habe, oder aber, der jeweilige Tatbestand werde nun auch auf den mittelbaren Täter *selbst* angewendet, weil die juristische Bewertung - wenn auch unter Rückgriff auf die Konstruktion der „mittelbaren Täterschaft" - ergeben hat, dass die Tatbestandsmerkmale (auch) in der Person des *mittelbaren* Täters erfüllt sind.

Im Verlauf der Arbeit sollen zunächst die beiden Begehungsformen der unmittelbaren und der mittelbaren Täterschaft näher untersucht und in ihren gemeinsamen Grundprinzipien dargestellt werden (Kapitel 2). Danach soll das Verhältnis der Begehungsform der mittelbaren Täterschaft zum jeweiligen konkreten Einzeltatbestand und seiner Merkmale näher beleuchtet werden (Kapitel 3). Erst wenn der „Normalfall" beider Begehungsformen hinreichend deutlich geworden ist, soll auf die „eigenhändigen Delikte" als „Ausnahmefälle" eingegangen werden (Kapitel 4).

Bevor aber die beiden möglichen Begehungsformen selbst betrachtet werden, erscheint es angezeigt, zunächst die einzelnen Kategorien von Handlungsmerkmalen zu untersuchen, soweit sie von der Begehungsform unabhängig sind. So ist etwa bei den sog. Erfolgsdelikten sowohl bei der „Selbst"-Begehung als auch bei der Begehung „durch einen anderen" jeweils das Bewirken eines bestimmten Erfolges erforderlich. Entsprechend geht es bei den sog. Tätigkeitsdelikten um die Vornahme einer bestimmten Tätigkeit. Diese Eigenschaften der Handlungsmerkmale als Erfolgs- oder Tätigkeitsdelikte werden sogleich in Kapitel 1 - gleichsam „vor die Klammer gezogen" - kurz skizziert und, soweit für den weiteren Gang der Untersuchung erforderlich, in Einzelfragen behandelt.

Kapitel 1:

Die tatbestandlichen Handlungsumschreibungen als begehungsformunabhängige Merkmale einer jeden „Straftat-Begehung"

Üblicherweise werden die einzelnen Deliktstatbestände nach Erfolgs- und Tätigkeitsdelikten[1] unterschieden. Zwar ist auch diese Unterscheidung weder im Grundsatz[2] noch im Detail unstreitig[3], doch soll auf sie im folgenden als grundlegendes Ordnungskriterium zurückgegriffen werden.

A. Erfolgsdelikte

I. Begriff des „tatbestandlichen Erfolges"

Der Begriff „Erfolg" ist - im Sinne eines *„zum Tatbestand gehörenden* Erfolges" - ein gesetzlicher (vgl. nur etwa §§ 9 I, 13 I). Er bezeichnet jedoch nicht die *Tatbestandserfüllung als solche*, sondern stellt - beim Erfolgsdelikt - nur *eine* ihrer Voraussetzungen dar. Es fragt sich daher zunächst, was im Hinblick auf die konkreten gesetzlichen Tatbestände jeweils unter deren „tatbestandlichem Erfolg" zu verstehen ist.

1. Absolut feststellbare Zustände als Folgen eines realen Prozesses (z.B. §§ 222, 212)

Bei den Tötungsdelikten als geradezu klassischen Erfolgsdelikten[4] lässt sich die Frage noch scheinbar klar beantworten: Erfolg ist hier der Tod eines Menschen.

---

[1] Vgl. etwa die beispielhaften Übersichten bei *Baumann/Weber/Mitsch*, AT, § 8, Rn. 39 ff; Roxin, AT I, § 10 VIII, Rn. 102 ff.

[2] Treffend bereits *Winter*, MT, S. 3: „Daß eine „Tätigkeit" vorhanden ist, wird bei keinem Delikt geleugnet, und jede Tätigkeit führt eine Veränderung in der Außenwelt, einen Erfolg, herbei." Vgl. auch *M.E. Mayer*, AT, S. 117 ff; *v. Liszt/Schmidt*, § 28 II, S. 157. Auch *Roxin*, AT, § 10 VIII, Rn. 102 relativiert seine Einteilung in Erfolgs- und Tätigkeitsdelikte deswegen wieder, wenn er ausführt (Rn. 104): „Allerdings darf die Unterscheidung nur im geschilderten Sinne gebraucht werden; sonst gibt sie zu Mißverständnissen Anlaß. Einerseits nämlich hat jedes Delikt einen Erfolg; bei schlichten Tätigkeiten liegt der Erfolg in der Täterhandlung selbst (...). Andererseits wird man auch bei Erfolgsdelikten den Erfolg im Sinne der Zurechnungslehre noch als von der Tatbestandshandlung umfaßt ansehen müssen (...), so daß seine Abtrennung nur relative Bedeutung hat."

[3] Sie geht zurück auf die Unterscheidung in Formal- und Materialdelikte. Streit entzündete sich sodann zunächst an der Frage, ob es überhaupt abtrennbare „Erfolge" im Strafrecht geben könne, da man letztlich jedes Ereignis sowohl als etwa Bewirk*tes* als auch als etwas seinerseits Bewirk*endes* ansehen könne und der Erfolgsbegriff daher immer relativ sei (so etwa *M.E. Mayer*, AT, S. 117 ff). Hinzu kamen terminologische Divergenzen über die Begriffe „Handlung", „Erfolg" und „Tätigkeit". Auf den Streit soll hier - jedenfalls in seiner abstrakten Form - nicht eingegangen werden, da er im Hinblick auf die *einzelnen* tatbestandlichen Handlungsmerkmale wenig ergiebig ist (eine Übersicht über die verschiedenen Auffassungen und Argumentationsströmungen findet sich z.B. bei *Engelsing*, S. 36 ff). Vgl. auch *Hruschka*, Strafrecht, S. 401, der - terminologisch - zwischen „erfolgsbezogenen" und „nicht erfolgsbezogenen" Begehungstaten differenziert.

[4] Vgl. *Roxin* AT 1, § 10 VIII, Rn. 102.

„Tod" meint hier nun sprachlich allerdings nicht den *Zustand* „Tod", sondern den *Akt* des Sterbens. Der Erfolg „Tod" ist daher genau genommen im „Ablaufen eines Sterbevorgangs", im Sinne eines Prozesses[5] also, zu sehen. Dabei weisen die Tötungs- (und mit Einschränkungen auch die Verletzungs-)Delikte eine Besonderheit auf: Das Vorliegen (im Sinne eines „Eingetreten-Seins") des entsprechenden tatbestandlichen Erfolges lässt sich ohne Rückgriff und isoliert vom jeweiligen Handlungsmerkmal naturwissenschaftlich absolut feststellen[6]. So kann ein Sachverständiger immer eine verbindliche Aussage darüber treffen, dass ein konkreter Mensch „tot", mithin ein „Sterbevorgang" abgelaufen sei, ohne irgendwelche Kenntnisse darüber zu haben, wie es zum Ablaufen *dieses* Sterbevorgangs in seiner konkreten Gestalt[7] gekommen ist. Insoweit lässt sich bei den Tötungsdelikten von einem „isolierten" oder „absoluten" Erfolg sprechen.

Gleiches gilt für § 303 I Alt.2[8] („zerstören"). Analog liegt es etwa bei § 267 I Alt.1: Ob eine Urkunde *existiert,* ob also ein entsprechender Existenzbegründungsakt abgelaufen ist, ist immer isoliert vom jeweiligen Vorgeschehen feststellbar[9]. Hervorzuheben ist schließlich, dass es auch Erfolge im Innenleben eines Menschen geben kann[10], so etwa bei der Beleidigung (§ 185) oder bei der Nötigung (§ 240).

2. „Erfolg" als Zuordnung eines Zustands in seiner Beziehung zu einem komplexen Geschehen (z.B. § 242)

Schwierig wird die Bestimmung eines tatbestandlichen Erfolges etwa beim Diebstahl (§ 242). Bezeichnend ist, dass - soweit ersichtlich - niemand ausdrücklich behauptet, der Diebstahl sei überhaupt ein „Erfolgsdelikt"[11].

---

[5] So auch *König,* Todesbegriff, Todesdiagnostik und Strafrecht, S. 5; *Sternberg-Lieben,* JA 97, 80 ff (81).

[6] In diesem Sinne bereits *Engelsing,* S. 50. Allerdings werden heute selbst an der absoluten Feststellbarkeit des Merkmals „Tod" mittlerweile Zweifel angemeldet, vgl. zusammenfassend z.B. *Lampe,* Juristische Semantik, S. 27, Fn. 49; eingehend *König,* Todesbegriff, Todesdiagnostik und Strafrecht.

[7] Zur Bedeutung des Erfolges „in seiner konkreten Gestalt" aus neuerer Zeit eingehend *Hilgendorf,* GA 95, 515 ff; *Röh,* Überbedingte Erfolge im Strafrecht, S. 6 ff.

[8] Für die Tatbestandsalternative des „Beschädigens" hingegen wird bereits ein Vergleich zwischen status quo und status quo ante sowie eine *Bewertung* des Vergleichsergebnisses erforderlich. Es gibt bezüglich der Frage, ob der tatbestandliche Erfolg eingetreten ist, nicht durchweg das klare „entweder-oder" der Tötungsdelikte. Man denke etwa an den Eisenbahnwaggon, der bereits mit hundert „Graffities" besprüht ist und dem nun noch ein weiteres hinzugefügt wird. Damit soll nicht gesagt werden, dass es nicht auch bezüglich des „Beschädigens" Evidenzfälle gäbe. Doch gibt es bei der Tötung eben *nur* Evidenzfälle.

[9] Ob die Urkunde auch *unecht* ist, ist hingegen wiederum nur durch Rückgriff auf den Herstellungsakt selbst zu erkennen, denn die Frage der Echtheit hängt davon ab, wer Aussteller der Urkunde ist.

[10] Vgl. bereits *v. Liszt/Schmidt,* § 28 II, S. 157, Fn. 5.

[11] So wird etwa der Diebstahl bei der - freilich bloß beispielhaften - Einteilung im Lehrbuch von *Wessels/Beulke,* AT, § 1 II 2 in Erfolgs- und Tätigkeitsdelikte geflissentlich außer Betracht gelassen. Er taucht weder bei den Erfolgs- noch bei den Tätigkeitsdelikten noch bei

Andererseits qualifiziert aber auch niemand den Diebstahl als reines Tätigkeitsdelikt. Was aber könnte der „Erfolg" einer „Wegnahme" sein ? Dass die Sache sich nun im neuen Gewahrsam befindet, mithin der neue Gewahrsam „an sich" ? Oder müsste eher auf den Zustand der Entfernung der Sache vom letzten Gewahrsamsinhaber abgestellt werden ? Der „Erfolg" läge dann darin, dass die Sache „entfernt", im wahrsten Wortsinne also „weg" ist. Wollte man dies annehmen, würde das wiederum der Definition der „Wegnahme" nicht gerecht, die auch die Begründung neuen Gewahrsams verlangt[12]. Unter dem „Erfolg" einer Wegnahme kann daher nur der raum-zeitliche Zustand verstanden werden, der durch den Akt eines Gewahrsamsbruchs verbunden mit einer Gewahrsamsneubegründung entstanden ist.

Hieran zeigt sich zunächst, dass der „Erfolg" beim Diebstahl nicht isoliert betrachtet und erst recht nicht mit naturwissenschaftlicher Absolutheit festgestellt werden kann, ohne auf den Wegnahme*prozess* selbst abzustellen. Wie sollte etwa auch ein Sachverständiger feststellen können, eine bestimmte Sache sei eine „weggenommene", ohne bereits den Vorgang der Wegnahme selbst zu betrachten ? Soweit man beim Diebstahl also überhaupt von einem „Erfolg" sprechen kann, wäre dieser jedenfalls, anders als etwa beim „Töten" oder „Zerstören", nicht vom Handlungsmerkmal abtrennbar, sondern mit diesem insoweit identisch, als er den Zustand des „Geschehen-Seins", nicht aber einen Zustand der Sache selbst beschreibt[13].

3. „Tatbestandlicher Erfolg" als Nicht-Eintritt eines hypothetischen Geschehens (§ 258)

Noch anders gelagert ist etwa der tatbestandliche „Erfolg" der Strafvereitelung (§ 258). Auch hier spricht man von Vereitelungs*handlung* und Vereitelungs*erfolg*[14] und bezeichnet die Strafvereitelung auch ausdrücklich als

---

anderen Unterscheidungen auf. *Wessels/Beulke* nennen ihn das erste Mal bei den „Allgemeindelikten" (§ 1 II 6 a)) in Abgrenzung zum Sonderdelikt. Ausgespart wird der Diebstahl auch bei den gleichlautenden Einteilungen bei *Roxin,* AT I, § 10 VIII, Rn. 102 ff und *Baumann/Weber/Mitsch,* AT, Rn. 39 ff. Angesprochen wird das Problem allerdings von *Wolf,* MT, S. 18, der auch auf Vertreter der jeweils unterschiedlichen Zuordnungen verweist.

[12] Vgl. statt aller *Tröndle/Fischer,* § 242, Rn. 13 m.w.N.

[13] Sprachlich vergleichbar liegt der Fall etwa bei dem Verb „schlagen". Aus sprachtheoretischer Sicht hierzu *Lyons*, Semantik II, S. 115: „Zum Beispiel läßt sich 'schlagen' wie in 'Hans schlägt Peter' nicht sinnvoll als operativ-faktitives Verb analysieren. Soweit es bei Peter zu einer Zustandsveränderung kommt, können wir natürlich davon sprechen, daß die Handlung von Hans einen neuen Zustand zum Resultat hat. Es gibt aber im Deutschen keinen monovalenten Prädikator zur Denotation eines solchen Zustands (wie etwa 'sterben' und 'tot', die einen Prozeß respektive Zustand denotieren, die Resultat der durch 'töten' denotierten Handlung sind)."

[14] Z.B. LK(10)-*Ruß,* § 258, Rn. 12. Im einzelnen vgl. *Randerath,* Die Problematik der Strafvereitelung als Erfolgsdelikt, 1990.

Erfolgsdelikt[15]. „Vereitelung" bedeutet, dass der staatliche Verfolgungsanspruch für geraume Zeit nicht zur Durchsetzung kommt[16]; für diesen Aufschub muss das Verhalten des Täters kausal geworden sein[17]. Ganz konsequent erscheint es allerdings nicht, an dieser Stelle von Kausalität zu sprechen, da der Täter ja nicht kausal dafür wird, dass etwas geschieht, sondern darauf hinwirkt, dass etwas *nicht* geschieht. Konsequenterweise muss die Fragestellung also lauten, ob die Strafe bei Unterbleiben der Handlung hypothetisch[18] eher verhängt oder vollstreckt worden wäre. Vergleichbar ist die Konstellation mit der allgemeinen Figur des Abbruchs eines rettenden Kausalverlaufs[19], bei der ebenfalls allein die hypothetische Entwicklung des Geschehens maßgebend ist. Tatbestandlicher Erfolg der Strafvereitelung ist also der Nicht-Eintritt eines hypothetischen Geschehens.

II. „Erfolg" als Teil des tatbestandlichen Handlungsmerkmals

Sprachlich begegnet der „tatbestandliche Erfolg" großteils nicht als ein der tatbestandlichen Handlung vorgelagerter oder auch nur von ihr abtrennbarer Zustand, sondern ist zumeist Teil der im Tatbestand bezeichneten Handlung selbst und untrennbar mit ihr verknüpft[20]. Deutlich zeigt sich das etwa wiederum am Handlungsmerkmal des § 212, denn der Erfolg „Tod eines Menschen" ergibt sich inzidenter schon aus dem Verbum „töten"[21]. Ebenso liegt es etwa bei den Handlungsmerkmalen „körperlich misshandeln" (§ 223), „zerstören", „beschädigen" (§ 303), „verunreinigen" (§ 324), „wegnehmen" (§ 242) und „vereiteln" (§ 258). Anders formuliert hingegen z.B. § 222: Hiernach wird

---

[15] So etwa *Stree,* JuS 76, 137 ff (140); SK-*Samson* (5. Aufl.), § 258, Rn. 4; SK-*Hoyer* (6. Aufl.), § 258, Rn. 22.

[16] *BGH*St 15, 18 (21) m.w.N. zur Rechtsprechung; LK(10)-*Ruß,* § 258, Rn. 10; *Stree*, JuS 76, 137 (140).

[17] Vgl. LK(10)-*Ruß,* § 258, Rn. 12.

[18] So ausdrücklich *Lenckner, Schröder*-GS, S. 339 (347); in diesem Sinne auch SK-*Hoyer,* § 258, Rn. 22.

[19] *Lenckner, Schröder*-GS, S. 339 ff (347).

[20] Vgl. etwa *Röh,* Die kausale Erklärung überbedingter Erfolge im Strafrecht, S. 55 f sowie grundlegend *M.E. Mayer,* Der Causalzusammenhang zwischen Handlung und Erfolg im Strafrecht, S. 8, 10 ff.

[21] Ähnlich auch *Schmidhäuser,* GS *Armin Kaufmann,* 131 ff (132): „(...) der darin *(in der tatbestandlichen Handlung „töten")* mitgeschilderte Tod des Opfers ist als solcher nicht mehr 'Verhalten', sondern Wirkung des - freilich nur in dieser seiner Wirkung geschilderten - Verhaltens." Vgl. auch *Schild,* Täterschaft als Tatherrschaft, S. 71 und *Roxin,* AT, § 10 VIII, Rn. 102.
Auch *Roxin,* AT, § 10 VIII, Rn. 102 relativiert seine Einteilung in Erfolgs- und Tätigkeitsdelikte deswegen wieder, wenn er ausführt (Rn. 104): „Allerdings darf die Unterscheidung nur im geschilderten Sinne gebraucht werden; sonst gibt sie zu Mißverständnissen Anlaß. Einerseits nämlich hat jedes Delikt einen Erfolg; bei schlichten Tätigkeiten liegt der Erfolg in der Täterhandlung selbst (...). Andererseits wird man auch bei Erfolgsdelikten den Erfolg im Sinne der Zurechnungslehre noch als von der Tatbestandshandlung umfaßt ansehen müssen (...), so daß seine Abtrennung nur relative Bedeutung hat."

bestraft, wer „durch Fahrlässigkeit den Tod eines Menschen verursacht". „Tod eines Menschen" ist hier also bereits sprachlich als isolierter Erfolg im Gesetz genannt.

III. „Handeln" als Teil des tatbestandlichen Handlungsmerkmals

Neben dem tatbestandlichen Erfolg beinhalten die jeweiligen Handlungsmerkmale nun natürlich auch das Erfordernis menschlichen *Handelns*, das den jeweiligen Erfolg erst verursacht. An dieser Stelle die Diskussion um den strafrechtlichen Handlungsbegriff aufzunehmen hieße allerdings, den Rahmen der Untersuchung zu sprengen. Letztlich kann die gerade auch in jüngerer Zeit wieder aufgeflammte Diskussion[22] um das Bestehen oder Nichtbestehen eines allgemeinen, vortatbestandlichen und übergeordneten strafrechtlichen Handlungsbegriffes für die vorliegende Problematik aber auch im wesentlichen offenbleiben. Ausgegangen werden soll hier von der Grunderkenntnis der finalen Lehre, dass für ein „Handeln" jedenfalls ein zweckgerichtetes menschliches Verhalten erforderlich ist[23], es im weiteren aber ohnehin nur auf die konkreten, in den gesetzlichen Tatbeständen aufgeführten Handlungen ankommen kann[24].

1. Einbettung des „Handelns" in das tatbestandliche Handlungsmerkmal

Nun kommt dem Handeln nicht „als solchem" eine tatbestandlich relevante Bedeutung zu, sondern ausschließlich in seiner Einbettung in das jeweilige tatbestandliche Handlungsmerkmal.

Letzteres beschreibt menschliches Handeln aber immer nur unter ganz bestimmten Kriterien; sei es unter dem Kriterium seines äußeren Erscheinungsbildes, seiner inneren Zweckrichtung oder - wie bei den Erfolgsdelikten - unter dem Kriterium der verursachten Folgen. Besonders deutlich wird das etwa bei den fahrlässigen Erfolgsdelikten.

a) Fahrlässige Delikte

So beschränkt sich das tatbestandliche Handlungsmerkmal der §§ 222, 229, 309 a.F. etwa auf ein bloßes „Verursachen" (des jeweiligen - begrifflich isoliert genannten tatbestandlichen Erfolges: „den Tod eines Menschen", „die Körperverletzung eines anderen", „einen Brand der in den §§ 306 und 308 a.F.

---

[22] In diesem Zusammenhang vgl. jüngst etwa *Herzberg*, GA 96, 1 ff und die Kritik von *Schmidhäuser*, GA 96, 303 ff sowie *Jakobs*, Der strafrechtliche Handlungsbegriff und die Kritik von Schild, GA 95, 101 ff und *Sancinetti*, Subjektive Unrechtsbegründung, S. 9 ff. Zusammenfassend ferner *Schmidhäuser*, JZ 86, 109 ff; *ders.*, GS *Armin Kaufmann*, S. 131 ff (136); *Hirsch*, ZStrW 93 (1981), S. 831 ff; *ders.*, ZStrW 94 (1987), S. 239 ff; *Cancio Meliá*, GA 95, 179 ff und aus früherer Zeit *Welzel*, JuS 66, 421 ff.
[23] Vgl. die in Fn. 22 genannten Autoren.
[24] Zutreffend *Hettinger*, GA 89, S. 1 ff (14): „Ein zu theoretischen Zwecken gebildeter 'allgemeiner' Handlungsbegriff hat sich jedoch dem Gesetz zu beugen, nicht umgekehrt."

bezeichneten Art"). Unter den Begriff des „Verursachens" lässt sich nun schlechthin jedes nur denkbare menschliche Verhalten fassen, völlig unabhängig von seinem äußeren Erscheinungsbild, sofern es nur den jeweiligen Erfolg bewirkt. Das Handlungsmerkmal der fahrlässigen Erfolgsdelikte bestimmt sich damit letztlich allein nach der Feststellung, dass zwischen dem menschlichen Handeln und dem tatbestandlichen Erfolg eine Kausalitätsbeziehung besteht[25].

b) Vorsatzdelikte

Zumindest *begrifflich* anders verhält es sich bei den korrespondierenden Vorsatzdelikten[26] (§§ 212, 223, 306/308 a.F.). Tathandlungen sind hier „töten", „körperlich misshandeln" und „in Brand setzen". Nun darf man diesen Unterschied zum Handlungsmerkmal der korrespondierenden Fahrlässigkeitsdelikte („verursachen") gewiss nicht überbewerten[27]. In der rechtlichen Handhabung der Begriffe würde sich wohl nicht das geringste ändern, wenn § 222 etwa lautete „wer fahrlässig einen Menschen *tötet*" - diese Formulierung findet sich immerhin in der amtlichen Überschrift! - oder wenn

---

[25] Was sprachtheoretisch dennoch nicht ganz unkompliziert ist. Vgl. etwa *Lyons,* Semantik II, S. 113: „Der abstrakte Prädikator verursachen (...) hat als Subjekt ein Nominale erster und als Objekt ein Nominale zweiter Ordnung. Es spiegelt daher ganz natürlich den Kausalitätsbegriff wider, der Agenten als Ursachen von Situationen sieht, die sie durch ihre Handlungen hervorbringen. Man kann aber auch (...) davon sprechen, daß eine Situation eine andere verursacht. Und das bedingt eine etwas andere Konzeption von Kausalität, die Agentivität zwar nicht voraussetzt, aber mit ihr kompatibel ist. Die Beziehung zwischen diesen beiden differierenden Konzeptionen war philosophisch lange umstritten und ist es noch."

[26] Vgl. *Schild,* GA 95, 101 (113) und Täterschaft als Tatherrschaft, S. 27: „...für die Fahrlässigkeitsdelikte macht die Fassung des § 222 StGB - nicht: „tötet" (wie in § 212), sondern: „den Tod eines Menschen verursacht"! - klar, daß tatbestandlich nicht eine Tötungshandlung verlangt wird, sondern ein (bloßes) Verhalten, das fahrlässig ist und da"durch" zum Tode führt." Ebenso *ders,* a.a.O., S. 71. Aus früherer Zeit hierzu bereits *Goltdammer,* GA 15 (1867), S. 15 ff (17): „Der Sinn dieser Ausdrücke ist aber der Sache entsprechend. Nur von dem, welcher die Absicht zu tödten hat, und dessen Handlungen also direkt auf diesen Erfolg gerichtet sind, kann man sagen, „er tödtet" oder „er hat getödtet".; hier ist die unmittelbare Verbindung zwischen der Absicht mit dem Erfolge ausgedrückt, so also beim Mord und Todtschlag. Wo dagegen diese Verbindung fehlt, wo, wie in der Mehrzahl der Fälle fahrlässiger Tödtung, Zwischenursachen zwischen der ursprünglichen Handlung und dem Erfolge liegen, deren Zurechnung nur durch die Kulpa vermittelt wird, soll diese Vermittelung allein, aber mehr nicht, durch jene bezeichnenden Ausdrücke „herbeigeführt" oder „verursacht" angedeutet werden." Ebenso *Mittermaier,* ZStrW 21 (1901), 235 ff (238).

[27] Dieser Differenzierung offenbar gänzlich abweisend gegenüberstehend *Baumann,* GS *Armin Kaufmann,* S. 181 ff (183), sehr kritisch auch *Hardtung,* NZV 97, 97 ff (103). Sprachtheoretisch wird dem Unterschied hingegen durchaus Bedeutung zugemessen. *Lyons,* Semantik II, S. 113: „Offensichtlich gibt es semantische Unterschiede zwischen 'Er tötete sie' und 'Er verursachte ihren Tod' (oder im Englischen zwischen 'He killed her' und 'He caused her to die', 'He made her die', He got her to die' usw.). Im Prinzip könnte man diese Unterschiede dadurch fassen, daß man verursachen einen allgemeineren Sinn zuschreibt als jedem der Verben, die agentives Initiieren bezeichnen, und dadurch, daß man die Unterschiede zwischen den Propositionen, die durch die verschiedenen Sätze ausgedrückt werden, in Form zusätzlicher Begriffe faßt: direkt vs. indirekt verursachen, gewaltsam vs. nicht-gewaltsam verursachen usw."

§ 309 a.F. gelautet hätte „wer fahrlässig *in Brand setzt*". Aber auch wenn die Unterschiede in den gesetzlichen Formulierungen zwischen Vorsatz- und Fahrlässigkeitsdelikt *praktisch* bedeutungslos sein mögen; gänzlich zu ignorieren sind sie dennoch nicht. Man stelle sich nur einmal vor, das Handlungsmerkmal in § 229 durch die Handlungsmerkmale in § 223 zu ersetzen. Zumindest in der Alternative des „körperlichen Misshandelns" wäre der Austausch der Handlungsmerkmale nicht mehr so unmerklich durchführbar wie zwischen § 222 und § 212 bzw. zwischen § 306/308 a.F. und § 309 a.F. Denn es erscheint zumindest schwer vorstellbar, wie es möglich sein soll, „einen anderen" (nur) „fahrlässig"[28] zu „*miss*handeln". „Misshandeln" nämlich impliziert bereits begrifflich ein gewisses finales Moment, das über das bloße „Verursachen" hinausgeht[29]. Und gerade dieses finale Moment ist letztlich allen Handlungsmerkmalen der Vorsatzdelikte immanent. Die gesetzliche Verwendung derartiger Handlungsmerkmale bleibt schlüssig, solange in der Person des Handelnden der Vorsatz als wesentliches finales Moment[30] gegeben ist. Fehlt er hingegen, kann es zu begrifflichen Widersprüchlichkeiten kommen (hierzu näher unten 4. a) zum „Krankenschwester-Fall").

2. Objektive Zurechnung als Korrektiv des Tatbestandes bzw. des tatbestandlichen Handlungsmerkmals

Als objektives Korrektiv schließlich fungiert bei beiden Deliktstypen - vorsätzlichem und fahrlässigem - Erfolgsdelikt[31] das Kriterium der objektiven Zurechenbarkeit[32]. Auch diesbezüglich erscheint eine in die Tiefe gehende Darstellung weder thematisch noch räumlich angezeigt. Festzuhalten ist hierzu lediglich, dass eine rechtlich missbilligte Gefahr geschaffen, anders gesprochen: das erlaubte Risiko überschritten werden und sich die Gefahr dann im konkreten tatbestandlichen Erfolg realisieren muss.

---

[28] Betroffen sind dabei in erster Linie die Fälle der *unbewussten* Fahrlässigkeit.

[29] Vgl. zur Problematik jüngst eingehend *Rackow*, GA 03, 135 ff (137).

[30] *Begrifflich* dürfen Vorsatz und Finalität dennoch nicht gleichgesetzt werden. Vgl. *Oehler*, Objektives Zweckmoment, S. 162: „Es ist hier ein elementarer Beweis dafür zu finden, daß finales und vorsätzliches Handeln sich nicht nur nicht decken, sondern miteinander nichts zu tun haben. Finalität ist eine Kategorie der Struktur des Handelns, die sich auf jedwedes natürliches Handeln, d.h. auf die Umschaffung des Objekts, bezieht. Vorsatz ist ein durch und durch juristischer Begriff, der sich auf einen gesetzlich umrissenen Tatbestand bezieht. (...)" - S. 163 - „Der Vorsatz muß bei einem Delikt alle Tatbestandsmerkmale umfassen, d.h. alle Subjekt- und Objekteigenschaften und Kennzeichnungen der Handlungen und nicht nur etwa das eigentliche Tätigwerden, das für sich oft sogar strafrechtlich irrelevant ist, wenn sich das Delikt nicht in diesem bereits erschöpft."

[31] Kritisch zur Beschränkung dieses Korrektivs auf reine Erfolgsdelikte nunmehr *Herzberg*, JuS 96, 377 ff (382).

[32] Hierzu eingehend und vertiefend *Lukas*, Tatbestandsmäßiges Verhalten versus „objektive Zurechnung" im Strafrecht, Jur. Diss., 1996.

a) Fahrlässigkeitsdelikt

Bei den fahrlässigen Erfolgsdelikten ist dieses Korrektiv nun gesetzlich recht einfach zu lokalisieren: Es steckt in den Worten „fahrlässig" (§ 309 a.F.) bzw. „durch Fahrlässigkeit" (§§ 222, 229). Dabei liegt die rechtlich missbilligte Gefahrschaffung bereits im Verstoß gegen die objektive Sorgfaltspflicht. Sollte die verletzte Sorgfaltsnorm gerade (auch) den Eintritt des so „verursachten" Erfolges verhindern, ist die Zurechnung gegeben und der Tatbestand erfüllt.

b) Vorsatzdelikt

Bei den vorsätzlichen Erfolgsdelikten hingegen ist das Korrektiv der objektiven Zurechenbarkeit nicht unmittelbar dem Gesetzeswortlaut entnehmbar. Es ergibt sich aber, in der Sache praktisch gleichgelagert[33], aus dem jeweiligen tatbestandlichen Handlungsmerkmal selbst, wird zumindest in dieses gleichsam hineingelesen. Von einer „Tötungs-"Handlung im Sinne des § 212 I kann also beispielsweise nur dann gesprochen werden, wenn das Handeln des Täters gerade im Hinblick auf den möglichen Erfolgseintritt - Tod eines Menschen - spezifisch gefährlich ist[34]. Das führt bei Verwirklichung völlig atypischer Risiken dazu, dass eine Zurechnung des Erfolges zum Handeln der als Täter in Betracht kommenden Person nicht mehr vorgenommen wird und damit der Tatbestand entfällt, mithin bereits das Vorliegen des jeweiligen Tatbestandsmerkmals „töten", „körperlich misshandeln", „in Brand setzen", „zerstören", „beschädigen" etc. zu verneinen ist. Bereits innerhalb der einzelnen tatbestandlichen Handlungsmerkmale finden sich somit bei den Vorsatzdelikten normative Korrektive in Form des Zurechnungskriteriums, die darüber entscheiden, ob jemand im tatbestandlichen Sinne „tötet", „beschädigt" usw. Erwähnenswert erscheint in diesem Zusammenhang, dass jene Konstellationen, die man juristisch unter dem Kriterium der „objektiven Zurechnung" behandelt, mittlerweile (in Ansätzen) auch im sprachtheoretischen Schrifttum problematisiert werden. So berichten *Hannapel/Melenk*[35] etwa über folgenden sprachtheoretischen Problemfall:

„Dem Satz „Brutus tötet Cäsar" z.B. wurde die Formel ``Causa (Brutus, nicht lebendig (Cäsar))`` zugeordnet; diese Formel wurde durch die umgangssprachliche Übersetzung „Brutus bewirkt, daß Cäsar nicht mehr lebendig ist" erklärt. Der Unwille der Studenten richtete sich dagegen, daß eine klare, von allen verstandene Wortbedeutung wie „töten" überhaupt in eine schwer verständliche Umschreibung verwandelt wird; und im Anschluß daran

---

33 *Herzberg*, JuS 96, 377 ff (380 ff) sieht daher die Verwirklichung des jeweiligen Fahrlässigkeitsdelikts als notwendige Voraussetzung der Begehung des vorsätzlichen Delikts an.

34 Zu den Einschränkungen durch die Kriterien der objektiven Erfolgszurechnung insbesondere im Hinblick auf Tötungsdelikte vgl. etwa *Mitsch*, JuS 95, 888 ff (889) m.w.N.

35 Alltagssprache, S. 195 f.

wurde dann auch rasch gesehen, daß diese Umschreibung keinen Erkenntnisgewinn, sondern vielmehr einen Erkenntnisverlust mit sich brachte. „Todesursache" (das direkte umgangssprachliche Korrelat der Prädikate der Formel) ist ein weiterer Begriff als „töten". Auch wenn Cäsar aus Gram über Brutus' Verrat eines natürlichen Todes gestorben wäre, würde die Formel stimmen (nicht aber der Satz „Brutus tötet Cäsar"). Also ist die Formalisierung nicht nur schwierig, sondern auch unkorrekt; sie gibt nicht wieder, was mit dem Satz gemeint ist."

3. Der Vorsatz als subjektives Erfordernis des tatbestandlichen Handlungsmerkmals

Da gem. § 15 bei allen denjenigen Delikten, die nicht ausdrücklich (auch) fahrlässiges Handeln unter Strafe stellen, nur „vorsätzliches Handeln" strafbar ist, tritt das Erfordernis des Vorsatzes als subjektives Korrektiv zum Erfordernis der objektiv zurechenbaren Erfolgsverursachung hinzu. Nötig ist hierfür, wie sich im Umkehrschluss aus § 16 I 1 ergibt, dass der Täter bei Begehung der Tat sämtliche Umstände, die zum gesetzlichen Tatbestand gehören, zumindest *kennt*. Und zu letzteren gehören natürlich auch und gerade all diejenigen Umstände, die für die Subsumtion unter das jeweilige tatbestandliche *Handlungs*merkmal relevant sind. Kurz: Wer etwa nicht weiß, dass sein Handeln in objektiv zurechenbarer Weise kausal für den Tod eines Menschen wird, der tötet zumindest nicht vorsätzlich (§ 16 I 1). Aber „tötet" er überhaupt ? Oder müsste nicht - nimmt man die finale Handlungslehre beim Wort und charakterisiert menschliches Verhalten in erster Linie nach den ihm subjektiv zugrundeliegenden, finalen Ausrichtungen[36] - hier nicht das Handlungsmerkmal „töten" schlechthin verneint werden ?

4. Die Trennung zwischen objektivem und subjektivem Tatbestand und ihre Folgen für die Erfüllung des tatbestandlichen Handlungsmerkmals

Das sprachliche Dilemma, das sich soeben andeutete, wird strafrechtsdogmatisch zunächst abgemildert und in scheinbar schlüssige, systematische Bahnen gelenkt durch die Trennung der jeweiligen Straftatbestände in den „objektiven" und den „subjektiven" Tatbestand. Man sagt: Derjenige, der um die tödlichen Folgen seines Handelns nicht wisse, der erfülle zwar den objektiven Tatbestand etwa des § 212 I, nicht aber den subjektiven. Sein Handeln sei deswegen objektiv eine Tötungshandlung, subjektiv hingegen nicht. Auf diese Weise lässt sich der Großteil der Fälle auch befriedigend lösen. Zu welchen begrifflichen und systematischen

[36] Vgl. etwa *Welzel*, Vom Bleibenden und vom Vergänglichen, S. 7: „Eine Handlung kann gar nicht anders, als „die Sinndimension mit einschließen (Roxin, ZStW 74, 525)", nämlich die Sinndimension, die durch die Antizipation des Handlungszieles, die Auswahl der Handlungsmittel etc. eröffnet wird.

Widersprüchlichkeiten diese Trennung indes führen kann, soll im folgenden kurz aufgezeigt werden. So kommt es zu *sprachlich-begrifflichen* Unstimmigkeiten, wenn bereits im objektiven Tatbestand die Zurechenbarkeit des eingetretenen Erfolgs zur Handlung fehlt (hierzu der sogleich unter a) folgende „Krankenschwester-Fall"). *Systematische* Überschneidungen und Inkongruenzen treten auf, wenn die Frage der objektiven Zurechenbarkeit nach subjektiven Täterhorizonten zu bestimmen ist (dazu unten b)). Zu einer künstlichen Aufspaltung des jeweiligen Handlungsmerkmal kommt es gar, wenn das Handlungsmerkmal schon begrifflich aus objektiven *und* subjektiven Kriterien besteht, deren Aufteilung auf einen „objektiven" und einen „subjektiven" Tatbestand dem Gehalt des Begriffes zuwiderläuft (dazu unten B.).

a) Der „Krankenschwester-Fall"

Betrachtet werden soll zunächst der immer wieder diskutierte Schulfall der Krankenschwester K, die auf Geheiß des Arztes A gutgläubig einem Patienten P eine Spritze[37] setzt, welche in Wirklichkeit - was nur der Arzt weiß - tödliches Gift enthält. Der Fall soll dabei so liegen, dass K keine Möglichkeit hat, den Inhalt der Spritze zu überprüfen und deshalb schon objektiv nicht pflichtwidrig handelt, das erlaubte Risiko also nicht überschreitet.

aa) Das Handeln der Krankenschwester als finale „Tötungs"-Handlung trotz fehlender Erfolgszurechenbarkeit ?

Worin nun liegt in diesem Falle beim Handeln der K eine im Hinblick auf das Leben des Patienten handlungsspezifische Gefahr, die ihr Tun zu einer „Tötungs-"Handlung im tatbestandlichen Sinne des § 212 I werden ließe ? - Konsequenterweise müsste in der Person der K bereits der objektive Tatbestand des § 212 I und nicht erst der darauf gerichtete Vorsatz verneint werden. Diese Konsequenz wird jedoch überwiegend abgelehnt[38]. *Larenz* als einer der

[37] Einen entsprechenden Fall (Verabreichung einer durch den Freund vergifteten Babynahrung an das Kind durch die gutgläubige Mutter) bildet *Struensee,* JZ 87, S. 53 ff (59).

[38] So etwa *Arthur Kaufmann,* FS *Mayer,* S. 95: „Wieso kann (...) das, was als *Handlung* nur eine Injektion ist, unter den Gesichtspunkten des Unrechts und der Schuld zur Tötung werden ? Hier offenbart sich ein unheilbarer Bruch der finalen Handlungslehre. Und wenn wir einmal annehmen, daß der Krankenschwester keine Sorgfaltspflichtverletzung zum Vorwurf gemacht werden kann, hat sie dann etwa überhaupt nicht getötet, sondern nur injiziert ? Die Finalisten müßten das konsequenterweise bejahen (...). Aber daß auch in diesem Fall das Verhalten der Krankenschwester für einen objektiven Betrachter die Bedeutung einer Tötungshandlung hat, ist bestimmt nicht zweifelhaft, und auch sie selbst wird es ganz gewiß nicht anders verstehen." Und *ders.* JuS 67, 145 (149): „Wie kann ein Verhalten, das nach seiner Handlungsstruktur keine Tötungshandlung ist, eine rechtswidrige und schuldhafte Tötungshandlung sein ? (...) Konkret: Wie soll der Vorsatz der Krankenschwester, den Patienten zu beruhigen und seine Schmerzen zu lindern, ihrem Tun die Unrechtsqualität einer Tötungshandlung verleihen? Es ist nicht ersichtlich, wie diese Aporie aufgelöst werden könnte." *Struensee*, JZ 87, 53 ff (59 f) will sogar im Fahrlässigkeitsbereich des § 222 eine objektive Fahrlässigkeit bejahen und dann erst über die Konstruktion eines subjektiven

entschiedensten Verfechter der Ansicht, es handle sich bei dem Tun der K um eine Tötungshandlung, schreibt in diesem Zusammenhang[39]:

„Die Frage (...), ob die Krankenschwester sorgfältig gehandelt hat, hat mit der Frage, ob ihre Handlung nach ihrer objektiven Beschaffenheit und dem eingetretenen Erfolg eine Tötungshandlung oder eine Gesundheitsbeschädigung war, unmittelbar nichts zu tun. Auch wenn sie alle erdenkliche Sorgfalt beobachtet hat, ändert das an der Beschaffenheit der Handlung nichts. Sie hat dann den Patienten, wenn auch schuldlos, getötet oder an seiner Gesundheit geschädigt. Der „Rückschluß" von dem eingetretenen Erfolg auf die objektive Beschaffenheit und damit auf die rechtliche Qualität der Handlung selbst („als" einer Tötungshandlung) ist in derartigen Fällen (...) gerechtfertigt, weil hier der Erfolg in dem Sinn ein „unmittelbarer" war, daß er nur sichtbar machte, was in der Beschaffenheit der Handlung angelegt war, und weil er daher mit der Handlung selbst ein untrennbares Ganzes bildet."

Was aber ist die „objektive Beschaffenheit" einer Handlung ? Und wann ist ein Erfolg „unmittelbar" ? Es scheint, als lasse *Larenz* den letzten Teil der Erklärung offen. Denn Kriterien, wonach die „objektive Beschaffenheit" der Handlung und die „Unmittelbarkeit" des Erfolges bestimmt werden könnten, nennt er nicht. Allerdings deutet seine Formulierung darauf hin, es solle wohl darauf ankommen, ob ein objektiver Betrachter[40] die Handlung ihrem äußeren Erscheinungsbild nach jedenfalls im Rückschluss als „Tötungs-"Handlung bezeichnen würde oder nicht. Ist die Handlung also nun deswegen eine Tötungshandlung, weil sie vom Standpunkt eines objektiven Betrachters so aussieht ? Genau genommen sieht sie noch nicht einmal so aus, denn wenn man allein das äußere „Handeln" der Krankenschwester betrachtet, sieht man zunächst nichts anderes als eine Krankenschwester, die einem Patienten eine Spritze gibt. Welcher objektive Betrachter wollte ein derartiges Handeln in diesem Moment nicht als „Heilbehandlung" oder zumindest - neutral - als „Injektion" werten ? Selbst wenn der Betrachter aber dann auch den späteren Eintritt der tödlichen Injektionsfolge in seinen Erkenntnishorizont aufnehmen könnte, so müsste er den Tod des Patienten zunächst nicht unbedingt mit dem vorangegangenen Tun der Krankenschwester in Verbindung bringen. Erst recht gilt das, wenn das Gift nicht unmittelbar und sofort wirkt, sondern erst einige Stunden später. Was der objektive Beobachter einige Stunden zuvor noch als

---

Tatbestandes des Fahrlässigkeitsdeliktes die Strafbarkeit verneinen; dag. *Herzberg*, JZ 87, S. 536 ff; hiergegen wiederum *Struensee*, JZ 87, S. 541 ff; vermittelnd zwischen beiden Positionen, letztlich aber doch (jedenfalls für die Frage des fahrlässigen Delikts) die objektive Zurechnung verneinend *Roxin*, GS *Armin Kaufmann*, S. 237 ff (249 f).

39 Rechtswidrigkeit und Handlungsbegriff im Zivilrecht, FS *Dölle* I, S. 169 (184).

40 Auf diesen stellt auch *Arthur Kaufmann*, FS *Mayer*, S. 95 ab (vgl. Fn. 38).

„Heilbehandlung" oder „Injektion" gewertet hätte, könnte erst dann rückwirkend zu einer Tötungshandlung werden, wenn ihm alle Umstände einschließlich der Kausalität zwischen Handlung und Erfolg, zwischen „Injektion" und „Tod" also, bekannt geworden sind. Die „objektive Beschaffenheit" in dem Sinne, wie *Larenz* sie meint, kann letztlich hingegen nur derjenige Betrachter erkennen, der alle Umstände von vornherein kennt, dem also bereits bekannt ist, dass sich in der Spritze Gift befindet, das zum Tode des Patienten führen wird. *Larenz* bestimmt die „objektive Beschaffenheit" der Handlung damit nach dem Standpunkt des objektiven Betrachters, der hinsichtlich der objektiven Umstände - aber auch nur hinsichtlich dieser! - allwissend ist, zumindest aber mit Eintritt des Erfolges allwissend *wird.* Hinsichtlich der subjektiven Umstände hingegen *darf* er gar keine Kenntnis haben, denn kennt er das Vorstellungsbild der K, so weiß er ja auch, dass die Handlung *final* gerade nicht auf eine Tötung gerichtet ist[41]. Die Tötungshandlung, zu der *Larenz* kommen muss, hat daher letztlich gar kein finales, ja, noch nicht einmal mehr ein subjektives Element. Denn sämtliche subjektiven Bestandteile der „Handlung" der K beruhen allein auf der Motivation, „injizieren", „heilen" zu wollen und lassen sich dabei auch nicht trennen vom objektiven Teil der Handlung, der allein in der physischen Bewegung besteht. Gerade in dieser Verknüpfung von objektiver Physik und subjektiver Intention liegt jedoch die wesentliche Erkenntnis der finalen Handlungslehre. Danach erscheint es schon wie ein Widerspruch in sich, von der „objektiven Beschaffenheit" einer Handlung zu sprechen: Entweder ist die subjektive Seite wirklich konstituierendes Element der Handlung - dann ist die beschränkende Betrachtung der „objektiven Beschaffenheit" eine mit dem Handlungsbegriff nicht in Einklang zu bringende Abspaltung - oder man stellt konsequent nur auf das objektive Geschehen ab und begnügt sich mit dem Vorhandensein (irgend-)eines menschlichen Verhaltens überhaupt, das sichtbar Erfolg in der sozialen Wirklichkeit zeitigt, auf den dann für die Einordnung und Prägung des Verhaltens abzustellen wäre. Das aber wäre nichts anderes als der kausale Handlungsbegriff[42], für den allein die Verursachung eines sichtbaren Außenwelterfolges durch ein menschliches Verhalten ausreichte, um eine Handlung anzunehmen[43]. Nicht weiter hilft in diesem Zusammenhang auch der

---

[41] Aus diesem Grunde scheint *Struensee,* JZ 87, S. 53 ff (59) das Abstellen auf das ex-ante Urteil eines objektiven Betrachters gänzlich verneinen zu wollen.

[42] Im Sinne *v. Liszts,* Lb. I., S. 105: „Die Willensbetätigung (...) als willkürliche Körperbewegung, d.h. als Anspannung (Kontraktion) der Muskeln, welche nicht durch mechanischen oder physiologischen Zwang, sondern durch Vorstellungen bewirkt wird und durch die Innervierung der Bewegungsnerven erfolgt. „Wollen" bedeutet also nach meinem Sprachgebrauch lediglich den psychophysischen Akt, durch welchen die Anspannung der Muskeln erfolgt. „Gewollt" ist mithin nur die Körperbewegung, niemals der Erfolg. (...) Der herrschende Sprachgebrauch bezieht das Wollen gerade auf den Erfolg." „Thun" ist dagegen für *von Liszt* der Oberbegriff für Handlung (=Willensbetätigung) *und* Erfolgsverursachung. A.a.O.: „Thun ist die willkürliche Verursachung (Veranlassung) eines Erfolges."

[43] So wohl auch *Schmidhäuser,* Festgabe *Hans Schultz,* S. 61 ff (67).

Ansatz *U. Gerhardts*[44], die darauf abstellt, dem Handelnden komme ja zumindest bezogen auf sein eigentliches angestrebtes Handlungsziel - bezüglich der K also des „Injizierens" - eine finale Zwecksetzung zu. Das ist zwar richtig, kann aber nur die Frage betreffen, ob überhaupt (irgend-)ein finales „Handeln" vorliegt. Für die Frage, ob dieses Handeln finales „Tötungs"-Handeln ist, ergibt sich hieraus nichts.

bb) Abwandlung: Das Handeln der Krankenschwester als „körperliches Misshandeln" i.S.d. § 223 I Alt.1

Gänzlich offenbar wird das sprachliche Dilemma, wandelt man den Fall einmal dahingehend ab, dass der Arzt den Patienten nicht töten, sondern ihn nur körperlich beeinträchtigen will und daher kein Gift in die Spritze füllt, sondern ein - ansonsten harmloses - Mittel, das bei P für ein paar Stunden zu intensiven Kopfschmerzen führt. Hinsichtlich der Strafbarkeit der K kommt nun das Merkmal des „körperlichen Misshandelns" (§ 223 I Alt.1) in Betracht.
Ohne auf die Definition einzugehen, die diese Formulierung durch Rechtsprechung und Lehre erhalten hat, sei zunächst einmal der reine Begriff betrachtet, den das Gesetz gebraucht. Dabei fällt auf, dass das Gesetz von einem *„Miss-"*Handeln spricht. Die Vorsilbe *„miss-"* bringt bereits zum Ausdruck, dass es hier um eine als negativ zu bewertende Behandlung geht. Nun ist diese Bewertung als negativ zunächst sicherlich etwas objektives. *„Übel und unangemessen"* und *„nicht nur unerheblich"* muss die Beeinträchtigung des körperlichen Wohlbefindens des „anderen" sein, wie es nach der allgemeinen Definition der „körperlichen Misshandlung" heißt[45]. Alle diese Begriffe drücken eine objektive Wertung aus. Bei *Lilie*[46] etwa heißt es dazu, „übel und unangemessen" sei nicht im Sinne von 'rechtswidrig' zu verstehen. Vielmehr werde mit diesen Kriterien zum Ausdruck gebracht, dass sich, um von einer körperlichen *Miss*handlung sprechen zu können, im Handlungsvollzug das objektive Gerichtetsein gegen das 'Körperinteresse' widerspiegeln müsse. Davon abgesehen, dass die Formulierung *„objektives Gerichtetsein"* denselben Bedenken begegnet, wie der Begriff der *„objektiven Beschaffenheit"* einer Handlung, erscheint das zunächst einleuchtend. Im unmittelbar anschließenden Satz schreibt *Lilie* dann aber: *„Daher ist ein zu Heilzwecken vorgenommener Eingriff schon deshalb keine körperliche Mißhandlung."* Damit kommt ein subjektives Element in die objektiven Wertungskriterien: *„Zu Heilzwecken vorgenommen"* kann ein Eingriff nur dann sein, wenn der Eingreifende *final* seinem Tun einen derartigen Zweck gegeben hat. Das finale Moment, also das

---

44 *Gerhardts*, MT, S. 39. Vgl. auch *Küpper*, GA 98, 519 ff (521).

45 Vgl. statt aller etwa *Tröndle/Fischer*, § 223, Rn. 3; LK(11)*-Lilie*, § 223,Rn. 6, jeweils m.w.N.

46 In LK(11), § 223, Rn. 6.

subjektive Kriterium, schlägt damit auf den Begriff der „Misshandlung" durch[47]. Bereits im objektiven Tatbestand ist man deswegen gezwungen, sich mit einem subjektiven Element auseinanderzusetzen. Nimmt man diese subjektive Beschränkung des Handlungsmerkmals ernst, so müsste im Krankenschwester-Fall der objektive Tatbestand des § 223 I Alt.1 nicht nur mangels objektiver Erfolgszurechenbarkeit, sondern auch schon deswegen verneint werden, weil K ihr Handeln ausschließlich *„zu Heilzwecken vorgenommen"* hat. Die dogmatische Trennung zwischen objektivem und subjektivem Tatbestand wirkt sich zumindest in derartigen Fallkonstellationen methodisch eher hinderlich als hilfreich aus.

b) Sonderwissen und finale Zwecksetzung als Kriterien objektiver Zurechnung

Führte in der soeben erörterten Variante des „Krankenschwester-Falles" das Vorliegen einer subjektiven (Heilungs-)Tendenz der handelnden Person zur Möglichkeit einer *Verneinung* schon des objektiven Tatbestandes, so sind umgekehrt auch Fallkonstellationen möglich, in denen auf subjektive Momente zurückgegriffen werden muss, um den objektiven Tatbestand *bejahen* zu können. Es sind dies solche Konstellationen, bei denen für die objektive Zurechenbarkeit des Erfolges - als Teil des objektiven Tatbestandes![48] - verobjektivierte subjektive Täterhorizonte relevant werden[49]. Dies kommt etwa dann vor, wenn für die Frage, ob der Handelnde durch sein Tun eine rechtlich missbilligte Gefahr setzt, auf ein allein in seiner Person vorhandenes Sonderwissen um konkrete Umstände zurückzugreifen und die allgemeine Sorgfaltsnorm den besonderen, subjektiven Umständen entsprechend anzupassen ist. Auch bei derartigen Konstellationen ist deswegen im Vorgriff das individuelle Wissen des Täters schon im objektiven Tatbestand in Bezug zu nehmen[50]:

Beim Abbiegen auf eine vorfahrtsberechtigte Straße erkennt A in dem auf der Vorfahrtsstraße herannahenden Pkw den Hausarzt seines Nachbarn N. A weiß, dass der Arzt auf dem Weg zum N ist, der gerade einen Herzinfarkt erlitten hat und dringend ärztliche Hilfe braucht. Hierin sieht A eine Chance, den verhassten N loszuwerden. Entgegen der Vorfahrtsregel biegt er mit seinem Pkw auf die Vorfahrtsstraße und verursacht dadurch seiner Absicht entsprechend

---

[47] Zur Gesamtproblematik siehe auch *Rackow,* GA 03, 135 ff.

[48] Kritik daran nunmehr bei *Lampe,* GS *Armin Kaufmann*, S. 187 ff (197). In Bezug auf das Fahrlässigkeitsdelikt auch schon früher *Baumann/Weber/Mitsch,* AT, § 14, Rn. 79; *Struensee,* JZ 87, S. 53 (m.w.N. Fn.6.).

[49] Kritisch hierzu nunmehr *Lampe,* a.a.O., S. 197; *Schild,* Täterschaft als Tatherrschaft, S. 36.

[50] *Roxin,* GS *Armin Kaufmann,* S. 237 ff (251) erkennt diese Konsequenz jedoch ausdrücklich an: „Es ist daher durchaus legitim, daß auch bestimmte subjektive Faktoren für die objektive Zurechnung bedeutsam werden können." Ablehnend aber nunmehr *Lukas,* Tatbestandsmäßiges Verhalten, S. 177.

einen Unfall mit dem Wagen des Arztes. Durch die Verzögerung kommt der Arzt nicht mehr rechtzeitig. N stirbt, hätte aber mit an Sicherheit grenzender Wahrscheinlichkeit gerettet werden können, wenn der Arzt früh genug eingetroffen wäre.

Man zögert in diesem Fall nicht, für A ein Tötungsdelikt (§ 212 I) zum Nachteil des N durch Abbruch eines hypothetisch rettenden Kausalverlaufs anzunehmen, ohne dies zunächst zu hinterfragen. Wandelt man den Fall nun dahingehend ab, dass A den Wagen des Arztes nicht hat kommen sehen oder zumindest die konkreten Umstände nicht kannte (Notfallfahrt, Herzinfarkt des N) und lediglich fahrlässig - unter Verstoß gegen § 8 StVO - die Vorfahrt nicht gewährte, so zögerte man wohl ebensowenig, die Zurechnung des Erfolges im Rahmen des § 222 in Bezug auf den Tod des N mangels Schutzzweckzusammenhangs zu verneinen: § 8 StVO soll nicht vor der Gefahr schützen, dass hilfebedürftige Kranke aufgrund von Zeitverzögerungen sterben, die eintreten, weil der Arzt einen Unfall hatte. Während man im ersten Fall - intuitiv - das Vorliegen eines vorsätzlichen Tötungsdeliktes (auch objektiv!) bejaht, ist im zweiten Fall ebenso intuitiv das Vorliegen einer Fahrlässigkeitszurechnung zu verneinen, obwohl A doch in beiden Fällen rein objektiv dasselbe tut[51]. Der Grund hierfür liegt allein darin, dass im ersten Fall bereits im objektiven Tatbestand das final-subjektive Element des Sonderwissens berücksichtigt und ausschließlich deswegen die Handlung bereits objektiv als Tötungshandlung eingestuft wird. Wie sich dieses Ergebnis angesichts der Trennung zwischen objektivem und subjektivem Tatbestand auf dogmatisch und systematisch befriedigendem Wege erzielen lässt, ist noch klärungsbedürftig[52].

B. Objektiv-subjektiv-gemischte tatbestandliche Handlungsmerkmale

Die soeben erörterte Problematik leitet über zu jener Gruppe von tatbestandlichen Handlungsmerkmalen, die eine objektiv-subjektive Vermischung schon begriffsimmanent in sich tragen. Sie stehen gewissermaßen als Mischformen zwischen den reinen Erfolgs- und den Tätigkeitsdelikten. Mitunter charakterisieren auch sie menschliches Verhalten unter dem gemeinsamen Kriterium der Herbeiführung eines bestimmten Erfolges, nehmen dabei aber Bezug auf die konkrete Tätigkeit[53] oder beinhalten begrifflich zumindest ein Moment finaler Zwecksetzung im Hinblick auf den Erfolgseintritt. Die Trennung zwischen objektivem und subjektivem Tatbestand

[51] Zu vergleichbaren Fällen (u.a. Abwandlung von *BGH*St 43, 177 ff) siehe *Kudlich,* JuS 98, 596 ff (597, 599).
[52] Vgl. in diesem Zusammenhang auch die von *Herzberg,* JuS 96, 377 ff (380 ff) dargestellten Fälle.
[53] Zu diesen siehe etwa *Hruschka,* AT, S. 401.

stößt bei ihnen nicht nur an systematische, sondern auch an unmittelbare begriffliche Grenzen.

I. § 240 I („mit Gewalt nötigen")

Als erstes Beispiel sei die Nötigung (§ 240 I) erwähnt. Der Tatbestand lautet: *„Wer einen anderen mit Gewalt (...) zu einer Handlung (...) nötigt, (...)".* „Gewalt" wird, lässt man die Diskussion um den weiten Gewaltbegriff zunächst außer Betracht (dazu unten Kapitel 2, B. III. 6.), komprimiert etwa im Lehrbuch von *Wessels/Hettinger*[54] definiert als „körperlich wirkender Zwang durch Entfaltung von Kraft oder ein sonstiges Verhalten, das als gegenwärtige Übelszufügung nach seiner Zielrichtung*(!)*, Intensität und Wirkungsweise dazu bestimmt*(!)* und geeignet ist, die Freiheit der Willensentschließung oder Willensbetätigung eines anderen aufzuheben oder zu beeinträchtigen". Noch deutlicher das Reichsgericht[55]:

„Unter Gewalt ist die unter Anwendung physischer (körperlicher) Kraft erfolgende Einwirkung auf einen anderen zur(!) *Beseitigung eines tatsächlich geleisteten oder bestimmt erwarteten*(!)[56] *Widerstandes zu verstehen."*

Der Definitionsteil „körperlich wirkender Zwang" ist gewiss etwas objektives. Durch die Präposition „zur" wird aber bereits die subjektiv-finale Zwecksetzung des den körperlichen Zwang Einsetzenden in die Gewaltdefinition mit eingebunden. Wäre diese subjektive Zwecksetzung nicht Merkmal der Definition des Begriffs der Gewalt, sondern Gesetzestext (*„Wer durch Anwendung körperlichen Zwanges zur Überwindung von Widerstand einen anderen nötigt ...")*, so hätte wohl niemand Bedenken, dieselbe als subjektives Tatbestandsmerkmal einzuordnen und deshalb auch erst im subjektiven Tatbestand zu prüfen. Noch eklatanter wird der Anteil subjektiver Elemente am Gewaltbegriff, nimmt man hinzu, dass ja auch die Zwecksetzung zur Überwindung eines nur „erwarteten" Widerstandes ausreichen soll. Dadurch wird unmittelbar auf die Vorstellung des Handelnden abgestellt, ob er mit der Leistung eines Widerstandes seitens desjenigen rechnet, gegen den sich der körperliche Zwang richtet. Nun mag man einwenden, der Begriff „Gewalt" sei ja selbst kein unmittelbares Handlungsmerkmal. Doch ist die Formulierung „mit Gewalt" wiederum adverbiale Bestimmung zum Handlungsmerkmal „nötigen"; ebenso könnte es heißen: *„wer gewaltsam nötigt"*. Der Einsatz der „Gewalt" ist

---

[54] BT 1, § 8, Rn. 383.
[55] *RG*St 64, 113 (115).
[56] Anders allerdings der *BGH* in St 25, 237 (238): Dort ist die Rede von körperlichem Zwang, durch den tatsächlich geleisteter oder *zu erwartender* Widerstand gebrochen werden soll. Der *BGH* stellt also durch diesen - fast unmerklichen - Unterschied in der Definition letztlich nicht mehr - wie das *RG* - auf den Widerstand ab, den der Täter tatsächlich erwartet *hat*, sondern auf den, den man von einem objektiven Standpunkt hätte erwarten *müssen*.

also untrennbar mit dem Merkmal „nötigen" verbunden. Darüber hinaus ist zu berücksichtigen, dass bereits das Verb „nötigen" selbst gewisse finale Zwecksetzungen, zumindest Zielrichtungen (Wo*zu* nötigen ?) impliziert[57]. Das Handlungsmerkmal „mit Gewalt nötigen" macht damit begrifflich bereits auf der objektiven Seite die Prüfung subjektiver Elemente in Form der finalen Zwecksetzung erforderlich.

II. § 249 („mit Gewalt wegnehmen")

Noch deutlicher wird diese Problematik beim Raub (§ 249 I). Der *BGH*[58] betont dort zum Zusammenhang zwischen Nötigung und Wegnahme:

„Der Tatbestand des § 249 StGB setzt voraus, daß die Gewalt gegen die Person als Mittel der Wegnahme, also zum Zwecke(!) *und mit dem Ziele*(!) *der Wegnahme eingesetzt wird (vgl. RGSt 67, 183, 186)."*

Daraus folgt, dass es für das Verhältnis Gewalt-Wegnahme tatsächlich nur auf die subjektiv-finale Zwecksetzung des Täters ankommen kann. Hierzu heißt es bei *Herdegen*[59]:

*„Die Verknüpfung zwischen Nötigung und Wegnahme ist lediglich eine **finale Verklammerung**, ein **subjektiver Konnex**. (...) Auch wenn die Fassung des Gesetzes nicht eindeutig sein mag, nach seiner Ratio sollte es nicht zweifelhaft sein, daß zwischen Nötigung und Wegnahme lediglich eine **subjektiv-finale**, keine objektiv-kausale Beziehung zu bestehen braucht."*[60]

Dennoch prüft man diese subjektiv-finale Verknüpfung schon im objektiven Tatbestand bei dem Merkmal „mit" (Gewalt gegen eine Person) bzw. dem Merkmal „unter Anwendung von" (Drohungen ...). Gemessen an der scharfen Trennung zwischen objektivem und subjektiven Tatbestand erscheint auch das nicht ganz systemkonform. Die Konsequenz freilich wäre, entweder die Trennung zwischen objektivem und subjektivem Tatbestand schlechthin aufzugeben[61] oder aber alles das, was dem Gedanken des Finalismus entsprechend die Grundlage des objektiv sichtbaren Handelns und seiner Charakterisierungen darstellt - namentlich das subjektiv-finale Element, mithin: den Vorsatz und den gesamten subjektiven Tatbestand - noch vor dem

---

[57] Vgl. auch *BVerfG*E 92, 1 (17).

[58] Beispielhaft sei als Fundstelle nur *BGH* 2 StR 234/67 v. 12. 7. 1967 - MDR 68, 17 f (bei *Dallinger*) genannt.

[59] In LK(11), § 249, Rn. 14.

[60] Hervorhebungen im Original.

[61] So weitgehend etwa *Schmidhäuser*, Festgabe *Hans Schultz*, S. 61 ff sowie *ders.*, Form und Gehalt der Strafgesetze, S. 50 ff.

objektiven Tatbestand zu betrachten; genau so, wie man es auch beim Versuch praktiziert, bei dem von vornherein nur rudimentär objektives Verhalten als Ansatzpunkt vorhanden ist[62].

Kurz anzumerken bleibt in diesem Zusammenhang zum Tatbestand des Raubes ferner, dass natürlich auch schon der Begriff „wegnehmen" ein subjektives Element in Form des Gewahrsams(begründungs)willens enthält (i.e. vgl. unten Kapitel 3, D. I.).

III. § 246 („sich zueignen")

Ganz offen zu Tage tritt die Untrennbarkeit objektiver und subjektiver Elemente im Hinblick auf den Tatbestandsaufbau schließlich im Rahmen des § 246 I beim Merkmal der „Zueignung". Es soll an dieser Stelle nicht auf die einzelnen Ansätze eingegangen werden, die zur Auslegung dieses Merkmals existieren[63]. Klar dürfte in diesem Zusammenhang nur sein, dass ein subjektives Moment - der „Zueignungswille"[64] - objektiv manifestiert werden muss. Dies führt zu einem kaum lösbaren Dilemma, wenn die konsequente Trennung zwischen objektivem und subjektivem Tatbestand schlüssig durchgehalten werden soll. Wie soll objektiv festgestellt werden können, ob sich ein subjektives Moment (teilweise) manifestiert, wenn noch gar nicht bekannt ist, ob ein solches subjektives Moment, das mit dem Vorsatz zumindest teilidentisch ist, überhaupt vorliegt ? *Samson*[65] hat sich eingehend mit diesem Dilemma und seiner Konsequenz für den strafrechtlichen Gutachtenaufbau beschäftigt und schlägt in der Tat vor, im Rahmen dieses Merkmals die Betrachtung des subjektiven Tatbestandes vorzuziehen, ganz so wie beim Versuchsaufbau[66]. Auch hier zeichnet sich letztlich nichts anderes ab als der Konflikt zwischen einem rein objektiven und einem rein subjektiven Teil der Handlung, wie er sich aus dem praktizierten Tatbestandsaufbau ergibt, wenn man die finale Lehre wirklich beim Wort nimmt. Nur wird dieser Konflikt erst an Handlungsmerkmalen wie dem der „Zueignung" oder der „Gewalt" spürbar, weil erst bei derartigen Begriffen, die objektive und subjektive Elemente untrennbar miteinander verbinden und das objektive Geschehen gar erst aus dem subjektiven heraus verständlich werden lassen, die konsequente Trennung von Objektivem und Subjektivem an ihre Grenzen stößt[67].

---

62 So jetzt in der Tat *Lukas,* Tatbestandsmäßiges Verhalten, S. 178 ff (183 f).
63 Überblick zur „weiten" und „engen" „Manifestationstheorie" sowie zur „Aneignungstheorie" und zur „Enteignungstheorie" bei *Samson,* JA 90, 5 (8 f).
64 Gleichgültig, ob man diesen nun als Teil des Zueignungsvorsatzes, als diesen selbst oder auch als etwas darüber hinausgehendes ansieht, vgl. *Samson,* JA 90, 5 (9).
65 JA 90, 9.
66 *Samson,* a.a.O.
67 Bereits bei *Welzel,* Lb. S. 63, heißt es: „Dieser sogenannte objektive Tatbestand ist nun keineswegs etwas rein objektiv 'Äußerliches', das von subjektiv-seelischen Momenten völlig frei wäre. Schon die 'objektiven' Tathandlungen des 'Zueignens' (§ 246), des 'Täuschens'

IV. § 367 Nr.8 a.F. („schießen")

Neu sind diese Problematiken indes nicht. Bereits das *RG* hatte die Frage zu klären, ob das „Schießen" in § 367 Nr.8 a.F. StGB auch rein objektiv erfüllt und die Frage des Verschuldens dann über die Fahrlässigkeit bestimmt werden kann. In dem der Entscheidung zugrundeliegenden Fall hatte sich aus der Büchse des Angeklagten ein Schuss gelöst. Obwohl der Angeklagte seine Büchse mit dem Lauf nach unten getragen hatte, war der Schuss unglücklicherweise vom Boden abgeprallt und hatte einen Mitschützen tödlich getroffen. Das *RG*[68] führte aus:

„Die nach § 367 Nr.8 StGB mit Strafe bedrohte Übertretung setzt, soweit die hier gegebene Sachlage in Betracht kommt, für den äußeren Tatbestand nichts weiter voraus, als daß ohne polizeiliche Erlaubnis an einem bewohnten oder von Menschen besuchten Orte mit einem Gewehr geschossen worden ist. Diese Voraussetzungen konnten nach dem Sachverhalt für erfüllt erachtet werden, wenn unter „Schießen" nur der äußere Vorgang des Lösens eines Schusses aus einem „Feuergewehr oder einem anderen Schießwerkzeug" zu verstehen wäre und es genügen würde, daß dem Täter hinsichtlich des Eintritts dieses Vorganges Fahrlässigkeit zur Last fiel (...)."

Es folgen Ausführungen zur Fahrlässigkeit, die die Vorinstanz angenommen und dem Angeklagten bescheinigt hatte, dass er *„fahrlässig gehandelt und dadurch das Losgehen des Schusses verursacht*(!) *hat"*. Sodann führt das *RG*[69] weiter aus:

„Darin tritt ein Rechtsirrtum zutage, denn nach der richtigen Auffassung setzt der Begriff des „Schießens" im Sinne des § 367 Nr.8 die Absicht, den Willen voraus, das Gewehr zur Entladung zu bringen, umfaßt aber nicht jede Handlung, die die Wirkung hat, daß sich das Gewehr entlädt, daß ein Schuß losgeht."

In der Sache hat das *RG* hier nichts anderes getan, als die Trennung zwischen objektivem und subjektivem Tatbestand jedenfalls für den Begriff des „Schießens" aufzugeben, da ein rein objektives „Schießen" - ohne Einbeziehung

---

(§ 263), aber auch des 'Nötigens' (§ 253), des 'Wegnehmens' (§ 242), wie überhaupt alle Tathandlungen vorsätzlicher Verbrechenstatbestände lassen sich ohne die sie tragende und beseelende Willenstendenz gar nicht erfassen (...). Der objektive Tatbestand ist nicht objektiv im Sinne des dem Subjektiven Fremden, sondern im Sinne des *Objektivierten.* Er umfaßt das, was vom Tatbestand in der Außenwelt objektiviert vorliegen muß." Ähnlich *ders.*, Das neue Bild des Strafrechtssystems, S. 21 f. Methodische Konsequenzen wurden aus dieser Erkenntnis dagegen bislang nicht gezogen.

[68] *RG*St 48, 321 (322).

[69] S. 323.

des bereits begriffsimmanenten *finalen* Elements (wie wir es heute nennen) nicht möglich ist[70].

C. Tätigkeitsdelikte

Erst recht untrennbar sind objektive und subjektive Momente bei denjenigen Handlungsmerkmalen, die menschliches Verhalten nicht wie die Handlungsmerkmale bei den reinen Erfolgsdelikten unter dem Kriterium ihrer herbeigeführten Wirkungen (=Erfolge) charakterisieren (und insoweit *bewerten*), sondern ein Verhalten beschreiben, das nach seinem äußeren Erscheinungsbild oder seiner inneren Zielrichtung ein komplexes Ganzes ergibt. Dabei lassen sich im Überblick grob zwei Gruppen unterscheiden:

I. Polarisierungen der unterschiedlichen Handlungsmerkmale

1. Handlungsmerkmale als Bezeichnungen und Beschreibungen konkreter menschlich-körperlicher Verhaltensweisen

Als Handlungsmerkmale von Tätigkeitsdelikten begegnen zunächst mitunter Verben der Alltagssprache, die ganz konkreten Verhaltensweisen des menschlichen Lebens (wie im Lebenssprachgebrauch etwa „essen", „trinken", „schlafen") Bezeichnungen geben und dabei ohne nähere Erklärung aus sich heraus verständlich sind. Derartige Tätigkeiten beschreiben etwa die Handlungsmerkmale in den Tatbeständen der §§ 153, 154 („aussagen", „schwören"[71]) oder 173 II, 176 III Nr.1 a.F. („Beischlaf vollziehen"). Dass es sich bei jenen Tatbeständen um solche handelt, die großteils den

---

[70] Vgl. zur Problematik bereits *Horn*, JR 81, 251 (252): „Rspr. und Lit. kennen (...) schon seit langem Verhaltensweisen, die man sich nur als vorsätzlich begehbar vorstellen kann, die des entsprechenden Bewußtseins also schon von Begriffs wegen bedürfen. So ist z.B. fahrlässiges Nachstellen (dem Wild), Kfz.-Führen, Schießen, Feilhalten oder Täuschen nicht denkbar; dies liegt daran, daß etwa das Schießen oder Täuschen einen Handlungssinn aufweist, der über das vorsätzliche (und dann auch als fahrlässiges denkbare) Verursachen des Erfolges, daß eine Patrone den Gewehrlauf verläßt oder ein anderer in einen Irrtum gerät, hinausgeht." Im gleichen Sinne die Ausführungen *desselben* in StV 97, 264 ff (265). Grundlegend zur Thematik in früherer Zeit bereits *v. Weber*, Der Aufbau des Strafrechtssystems, 1935, S. 8 f; *Welzel*, Das neue Bild des Strafrechtssystems, S. 21 f.

[71] Ganz unstreitig ist selbst das nicht. Während etwa *Baumann/Weber/Mitsch*, AT, § 8, Rn. 39, die Handlung des „Schwörens" eindeutig als „schlichtes Tätigkeits-Delikt" einordnen („Ein Erfolg dieser Handlung, etwa in Gestalt eines auf den Meineid ergehenden Fehlurteils wird zur Tatbestandsverwirklichung nicht verlangt") ordnet *M.E. Mayer*, AT, S. 119, auch den Meineid - wie alle Delikte - als Erfolgsdelikt ein: „Da nämlich bei manchen Delikten Willensbetätigung und Erfolg zeitlich nicht merklich verschieden sind, entsteht der Schein, als ob ein Erfolg nicht vorhanden sei. Die zeitliche Einheit darf aber niemals über die logische Zweiheit täuschen; die logische Analyse ergibt, daß das Delikt aus Willensbetätigung und Erfolg besteht, auch wenn beide zeitlich zusammenfallen. So ist beim Meineid das Aussprechen der Worte vom Anhören und Auffassen der Worte durch den Richter zu scheiden, und gewiß ist ohne diesen Erfolg ein Meineid nicht vorhanden." Im Ergebnis ebenso *Engelsing*, S. 57 f. Vgl. ferner auch *Joerden*, Strukturen des strafrechtlichen Verantwortlichkeitsbegriffes, 1987, S. 84.

„eigenhändigen" zugerechnet werden, soll an dieser Stelle nur kurz erwähnt, aber nicht weiter vertieft werden (Einzelheiten s.u. Kapitel 4). Die Handlungsmerkmale derartiger Tatbestände sind also weniger ordnender - wie etwa die Handlungsmerkmale der Erfolgsdelikte -, sondern eher bezeichnender oder beschreibender Natur.

2. Nach dem Kriterium des Fernzwecks und des Gesamtzusammenhangs ordnende Handlungsmerkmale ohne Bezug zum konkreten körperlichen Verhalten

Es finden sich bei den Tätigkeitsdelikten aber auch solche Handlungsmerkmale, die menschliches Handeln zwar nicht - wie die Erfolgsdelikte - unter dem Kriterium seiner Folgen ordnen oder beschreiben, wohl aber eine Vielzahl unterschiedlichster Handlungen in ihrer spezifischen Bündelung oder ihrer finalen Ausrichtung auf ein bestimmtes Ziel hin zusammenfassen. Ganz deutlich erkennbar ist eine derartige Formulierung etwa in § 98. Nach dessen Absatz 1, Ziffer 1 wird bestraft, „wer für eine fremde Macht *eine Tätigkeit ausübt*, die auf die Erlangung oder Mitteilung von Staatsgeheimnissen *gerichtet ist*"; praktisch gleichlautend ist das Handlungsmerkmal in § 99 I Nr.1. Hierunter können nun alle möglichen Handlungen fallen, sofern sie nur die tatbestandlich vorgegebene (Fern-)Zielrichtung aufweisen. Ähnlich liegt es etwa in § 100 I („wer ... *Beziehungen aufnimmt* oder *unterhält*"); § 102 I („wer *einen Angriff ... begeht*"); § 109f I Nr.1 („wer *Nachrichten ... sammelt*"), Nr.2 („wer *einen Nachrichtendienst betreibt*"), Nr.3 („wer für eine dieser Tätigkeiten *anwirbt* oder *unterstützt*"). Bei diesen Tatbeständen kommt als tatbestandliche Handlung mithin nahezu jedes nur denkbare Verhalten in Betracht, sofern es nur der jeweiligen Zielrichtung dienlich ist und zu ihrem Zweck und in ihrem Zusammenhang vorgenommen wird. Die Handlungsmerkmale dieser Tatbestände sind also weniger bezeichnend-beschreibender, sondern ordnender Natur.

II. Mischformen

Natürlich bestehen zwischen diesen Gruppen durchaus fließende Übergänge: Man denke nur etwa an Merkmale wie „führen" (§§ 132a, 316 sowie § 4 IV WaffG), „in Gebrauch nehmen (eines Fahrzeugs)" (§ 248b) oder „Handel treiben" (§ 29 I BtMG). Das „Führen" eines Fahrzeugs etwa ordnet verschiedene Handlungen einerseits nach ihrem Gesamtzusammenhang und ihrer Zwecksetzung, ist aber andererseits phänotypisch auf einen ganz eng begrenzten Kreis von möglichen Einzelhandlungen beschränkt. Die Beispiele verdeutlichen, dass die Verben des allgemeinen Sprachgebrauchs, die in den Handlungsmerkmalen von Tatbeständen verwendet werden, sich letztlich nur in ihren

Extremformen nach bestimmten Gruppen ordnen lassen, insgesamt aber so verschieden und individuell gestaltet sind, dass allgemeingültige Aussagen in diesem Bereich nicht geleistet werden können.

Kapitel 2:

Die täterschaftlichen Begehungsformen nach § 25 I

A. Die Straftatbegehung als Geschehen in der Lebenswirklichkeit und die Stufen ihrer Verwirklichung

Bevor auf die verschiedenen täterschaftlichen Begehungsformen des § 25 I eingegangen wird, soll zunächst kurz erörtert werden, wie sich die Straftat-Begehung als real-faktisches Geschehnis der Lebenswirklichkeit darstellt. Gemeint ist hier die „Tat" nicht nur im Sinne einer „Handlung", sondern als reales Ereignis in ihrer Gesamtheit aus Handlung und Handlungsfolge(n), wie sie auch dem prozessualen Tatbegriff in seiner Charakterisierung nach dem jeweiligen Lebenssachverhalt als geschichtlichem Vorgang beim *aktiv*[1] handelnden Alleintäter zugrundeliegt[2]. Auch insoweit sind zwischen Erfolgs- und Tätigkeitsdelikten durchaus Unterschiede feststellbar: Während beim Erfolgsdelikt Handlung und Erfolgseintritt zeitlich und räumlich auseinanderfallen und die „Tat" als Geschehen dadurch über einen erheblichen Zeitraum und über verschiedene Örtlichkeiten erstrecken können, wird der Tatbestand des Tätigkeitsdeliktes schon dann vollendet, wenn der Täter die jeweilige tatbestandlich bestimmte Tätigkeit vornimmt.

I. Die Verletzungs- und Beschädigungsdelikte

Bei den Verletzungs- und Beschädigungsdelikten (§§ 212, 223, 303) ist die Straftat-Begehung dadurch gekennzeichnet, dass ein innerer Wille des Handelnden umgesetzt wird in eine Veränderung, die in der Außenwelt eintritt, oder genauer: in einen Veränderungs*prozess* in der Außenwelt. Dieser Prozess setzt an einem bestimmten status quo in der Außenwelt an und führt an seinem Ende zu einem neuen status quo:

A lebt (status quo). Indem X mit der Pistole auf ihn schießt, setzt er einen Verletzungsprozess in Gang (der sich freilich in Bruchteilen von Sekunden abspielt), an dessen Ende der Tod des A steht (neuer status quo). Analoges gilt etwa für die Körperverletzung: Wer ein Messer gegen den Körper eines anderen sticht, setzt einen bio-physischen Prozess in Gang, an dessen Ende ein „pathologischer körperlicher Zustand" des Opfers (neuer status quo) steht.

Bezeichnet man den derartig entstandenen Zustand nun strafrechtlich als „Erfolg", setzt man hierdurch schon einen ersten Bezug zu der Handlung, als

---

[1] Das Begehen durch Unterlassen soll für die vorliegende Untersuchung - schon aus Raumgründen - außer Betracht bleiben.

[2] Zur „Tat" im prozessualen Sinne vgl. etwa *Meyer-Goßner*, § 264 StPO, Rn. 1 ff m.w.N.

deren Auswirkung man den Zustand begreifen will. Denn der Begriff „Erfolg" impliziert, der betrachtete Zustand sei „Folge" von etwas, stehe mithin in Relation zu einer Ursache. Erstreckt man die Betrachtung nun auch auf die ursächliche Handlung[3], so lässt sich schnell erkennen, dass auch der Zusammenhang zwischen Handlung und Erfolg naturwissenschaftlich fassbar ist, und zwar nicht nur hinsichtlich des „Ob" der Kausalität, sondern auch hinsichtlich des „Wie": Mit Hilfe naturwissenschaftlicher Erklärungen lässt sich nicht nur feststellen, *dass* es der Messerstich oder der Schuss des A war, der den Tod des B verursacht bzw. den B verletzt hat, sondern auch, *wie* dieser Stich bzw. Schuss den Tod in seiner konkreten Gestalt bewirkt hat; also etwa indem bestimmte Blutgefäße durchtrennt wurden oder einzelne Organe ihre Funktionsfähigkeit verloren.

Das Handeln als Bedingung stellt für den juristischen Betrachter der Situation nun die erste Zäsur auf seinem Weg zur Bewertung dar. Denn kann dem Handelnden der durch sein Handeln verursachte Erfolg nun als „sein Werk" zugerechnet werden, so ist *jedenfalls* dieser konkrete Handelnde - liegen auch die übrigen Voraussetzungen strafrechtlicher Verantwortung (Rechtswidrigkeit und Schuld) vor - für die Bewirkung des Erfolges strafrechtlich verantwortlich[4]. Diese erste Stufe der Zurechnung könnte man als „naturgesetzliche Zurechnung" bezeichnen, auch wenn es sich eigentlich nicht um eine Zurechnung (im Sinne eines Urteils nach Zugrundelegung wertender Kriterien) handelt, sondern um eine *Feststellung*; um die Erkenntnis eines Zusammenhangs, der entweder besteht oder nicht besteht.

1. Das Handeln des Täters (=Selbst-Begehung im engeren Sinne)

Eingehender betrachtet werden soll nun zunächst die Phase der Selbst-Begehung im engeren Sinne, also im Sinne des Selbst-*Handelns*. Es ist diejenige Phase der Deliktsbegehung, die der Täter - mit den Worten *Bottkes*[5] - im wahrsten Wortsinne „eigenkörperlich vollzieht" und die ganz am Anfang einer jeden Straftat-Begehung steht.

Chronologisch verhält sich der Vorgang, beginnend mit dem entsprechenden Entschluss des Täters, wie folgt: Der Handelnde, der durch sein Handeln die

[3] Dieses Sichtweise („vom Erfolg zum Täter") entspricht derjenigen des in der Rechtspraxis ermittelnden Staatsanwalts und - im wesentlichen - dem Prüfungsgang im strafrechtlichen Gutachten, vgl. insoweit bereits *Flegenheimer*, S. 2; *Petri*, MT, S. 16; *Mittermaier*, ZStrW 21 (1901), S. 235 ff (240): „Um nun festzustellen, wen wir bestrafen sollen, gehen wir vom strafrechtlich relevanten Erfolg rückwärts in der Kausalkette und stellen die darin auffindbaren zum Erfolg geistig in Bezug zu setzenden Thaten, die Handlungen, fest, seien es die einer oder mehrerer Personen."

[4] In diesem Zusammenhang dürfte es wohl auch zu sehen sein, dass man im strafrechtlichen Gutachten mit der Untersuchung der Strafbarkeit des Vordermannes beginnt. Der Vordermann ist physisch und raum-zeitlich viel näher am Erfolgseintritt plaziert als der Hintermann, dessen Tätigwerden zumindest zeitlich früher liegt. Der Vordermann ist also derjenige, den man gängig als den „Tatnächsten" bezeichnet.

[5] Täterschaft und Gestaltungsherrschaft, S. 44 (vgl. auch oben Einführung, D.).

Ursache für den Prozess in der Außenwelt setzen will, entscheidet über das „Ob“ und das „Wie“ der Nerven- und Muskelkontraktion in seinem Körper. Diese bewusste Muskelkontraktion ist es, die den bio-physischen Veränderungsprozess in der Außenwelt erst in Gang setzt. Mit Vollzug dieser Muskelkontraktion lässt der Handelnde seinen Körper als Teil des „wer“ in der tatbestandlichen Umschreibung zum Mittler zwischen seinem inneren Willen und der Außenwelt werden; und er setzt dadurch im wahrsten Wortsinne „seinen Willen in die Tat um“. Dies entspricht letztlich dem, was die alte naturalistische Betrachtungsweise[6] unter einer „Handlung“ verstand. *Mir Puig*[7], der dieser Phase der Deliktsbegehung eine eingehende Untersuchung gewidmet hat, spricht insoweit treffend von einer „intern-externen Einheit“.
Damit wird deutlich, was für die Begehung eines Deliktes durch aktives Tun auf Täterseite *mindestens* erforderlich ist: Nämlich die Umsetzung des Täterwillens in die Außenwelt, die durch den eigenen Körper in Form eines - wenn auch noch so geringen - Energieeinsatzes[8] vermittelt und bei jeder Handlung vollzogen wird. Die einzelne Körperbewegung ist nun einmal der einzige Weg für den Menschen, seinem inneren Willen nach außen Geltung zu verschaffen; sei es durch Sprechen eines Wortes, Schreiben eines Schriftstücks, Ausführen eines Faustschlages oder auch nur durch Zwinkern mit dem Auge. Diese Phase charakterisiert den Beginn eines jeden Vorgangs, der sich nach späterer juristischer Wertung als Begehung einer Straftat ermitteln lässt.

2. Realisierung des Willens in der Außenwelt (Erfolgseintrittsphase)

Am *Ende* des Begehungsvorgangs folgt dann - jedenfalls bei den Beschädigungs- und Verletzungsdelikten - eine weitere, denknotwendige Phase: Es ist dies die Phase der körperlichen Einwirkung mit bio-physischen Folgen für den Körper des Opfers bzw. die substantielle Integrität des Tatobjektes. Auch diese Phase ist notwendiges Element einer jeden Deliktsbegehung dieser Art. Unabhängig davon, wie im Einzelfalle einer Tötung, Körperverletzung oder Sachbeschädigung der konkrete Kausal- und Zurechnungsstrang auch verlaufen mag, zuletzt mündet er immer in eine Phase physisch-körperlicher Einwirkung auf Opfer oder Tatobjekt ein. Und diese Phase ist immer die zeitlich letzte vor Eintritt des tatbestandsmäßigen Erfolges. Da der tatbestandliche Erfolg erst mit Beginn dieser Phase als Zustand real existent wird, lässt sie sich auch als „Verwirklichungsphase“ bezeichnen. Sie ist es, die dem Gesamtgeschehen sein

---

[6] Siehe etwa *Beling*, Lehre vom Verbrechen, S. 9 ff (15); *v.Liszt*, Lb. I, S. 105.
[7] GS *Armin Kaufmann*, S. 253 ff (256 f).
[8] Damit ist der Begriff der „Energie“ durchaus im naturalistisch-physikalischen Sinne gemeint, und nicht, wie etwa *Engisch* FS *Gallas*, S. 163 ff (171), ihn verwendet, im „‘alltäglichen’ Sinne von willkürlichem menschlichen Krafteinsatz, sozusagen von dem, was man auch ‘Leistung’, ‘Anstrengung’ zu nennen pflegt“.

maßgebliches (und strafrechtlich relevantes) Gepräge verleiht[9]. Weil sie allen Deliktsbegehungen bei den Verletzungs- und Beschädigungsdelikten gemeinsam ist, stellt sie - plakativ gesprochen - den „kleinsten gemeinsamen Nenner“ der Verletzungs- und Beschädigungsdelikte dar.

3. Einheit und Zusammenhang von Willensvermittlung und Willensrealisierung

Zu unterscheiden sind demnach strikt die Phase der Körperbewegung (=der Handlung) als der *Vermittlung* des Täterwillens nach außen und die Phase der *Realisierung* des Willens dadurch, dass die vermittelnde Körperbewegung in einer wie auch immer gearteten Weise einen physischen, nunmehr naturgesetzlich determinierten Prozess in Gang setzt, der dann im weiteren Fortgang zum Eintritt des neuen status quo führt. Das finale Element der Handlung liegt dabei darin, dass der Täter die Vermittlung seines Willens bereits im Blick auf dessen Realisierung erfasst und bei absichtlichem bzw. direkt vorsätzlichem Handeln auch gerade im Blick auf die Realisierung vornimmt[10].

Bereits oben (A.) wurde angedeutet, dass die bio-physische Verwirklichungsphase nicht identisch sein muss mit der Körperbewegung (=Energieeinsatz), die den inneren Willen des Handelnden nach außen vermittelt. Sie *kann* mit ihr (teil-)identisch sein, doch können beide Vorgänge auch durchaus räumlich und zeitlich auseinanderfallen. Wer etwa einen anderen mit der Faust schlägt, nimmt uno actu sowohl die Umsetzung seines Willens in die Körperbewegung als auch gleichzeitig durch die Körperbewegung selbst die physische Einwirkung auf den Körper des Opfers vor[11]. Energieeinsatz seitens des Täters und energetische Einwirkung auf den Körper des Opfers fallen hier zusammen.

Notwendig ist ein solches Zusammenfallen von energetischer Willensvermittlung und physischer Willensrealisierung indes nicht. Wer etwa auf einen

---

[9] Welche besondere Bedeutung dieser Phase gerade bei den Tötungsdelikten zukommen kann, zeigt etwa die Problematik der Abgrenzung zwischen Teilnahme an einer Selbsttötung und täterschaftlicher Vornahme einer Fremdtötung. So spricht *Roxin* in diesem Zusammenhang von einer Herrschaft über den „unmittelbar lebensbeendenden Akt“ (NStZ 87, 345 ff, 347; ebenso *Otto,* FS *Tröndle,* S. 157 ff, 162). Zur Kritik vgl. *Schroeder,* ZStrW 106 (1994), 565 ff (575 ff); *Herzberg,* JuS 88, 771 (774 ff).

[10] In diesem Sinne auch *Lampe,* GS *Armin Kaufmann,* S. 189 ff (198, Fn. 26): „Die traditionelle Auffassung verknüpft *Handlung und Erfolg* miteinander. Korrekter wäre es, den der Handlung (zumindest logisch) vorangehenden Entschluß ebenfalls mit dem Erfolg zu verknüpfen und in der Handlung lediglich das Medium zu sehen, welches die Verknüpfung sozial realisiert.“

[11] *Roxin,* AT, § 10 VIII, Rn. 104, will deswegen in solchen Fällen die Körperverletzung als Tätigkeitsdelikt ansehen: „So ist die Körperverletzung (§ 223) ein schlichtes Tätigkeitsdelikt, wenn sie durch eine Ohrfeige, aber ein Erfolgsdelikt, wenn sie durch einen Steinwurf bewirkt wird.“

anderen mit einer Pistole schießt, setzt zunächst durch seine Körperbewegung (=Abdrücken des Fingers als Vermittlung des Willens nach außen) den physischen Prozess des Abfeuerns der Kugel in Gang, der dann - naturgesetzlich determiniert - in der physischen Einwirkung auf den Körper des Opfers in dessen Verletzung oder Tötung endet. Und wer etwa eine Zeitbombe im Haus eines anderen versteckt, lässt die beiden Vorgänge auch zeitlich sichtbar auseinanderfallen: Die Umsetzung seines Willens nach außen - der Energieeinsatz - ist das Installieren der Bombe, die Verwirklichung des (Tötungs-)Willens die spätere Explosion. Die Phase dazwischen, in der der Zeitzünder der Bombe abläuft, ist dabei weder der Phase der Willens*vermittlung* (= der Handlung) zuzurechnen - denn letztere ist bereits abgeschlossen - noch der Phase der Willens*realisierung* (= Verwirklichung), denn die physische Einwirkung auf das Opfer hat noch nicht begonnen.

4. Die Phase der „Ausführung“

Zu klären bleibt, wie im Rahmen der dargelegten Zusammenhänge die Phase der „Ausführung“ zu markieren ist. Bereits oben (Einleitung E. II. 3.) wurde gezeigt, dass der Begriff der „Ausführung“ dem Begriff der „Handlung“ nahesteht. Doch darf das nicht dazu führen, die beiden Begriffe undifferenziert gleichzusetzen. Relevant wird der Begriff der „Ausführung“ für die vorliegende Untersuchung allein im Sinne einer (Straf-)*Tat*-„Ausführung“, nicht im Sinne der bloßen „Ausführung“ einer „Handlung“. Im folgenden soll der Begriff der „Ausführung“ allein im Sinne einer „Tat“-Ausführung verstanden werden, wobei der Begriff „Tat“ wiederum nicht im Sinne persönlichen „Tuns“, sondern als objektiviertes Geschehen verwendet werden soll. Unter „Tatausführung“ soll dabei dasjenige menschliche Handeln verstanden werden, das, unabhängig von der finalen Zwecksetzung des Handelnden, seiner objektiven physischen oder sozialen Beschaffenheit nach das Realwerden des tatbestandlich relevanten Geschehens (= des Veränderungsprozesses in der Außenwelt) - mit den Worten des § 22 gesprochen: die „Verwirklichung des Tatbestandes“ - einleitet und ggf. auch beendet. Dieses Verständnis dürfte auch der Formulierung im E 58 zugrundegelegen haben, gem. dessen § 29 I derjenige „als Täter bestraft“ werden sollte, der „die Straftat selbst ausführt“.

Auf den im Vorkapitel (A. III. 4. a)) dargestellten „Krankenschwester-Fall“ angewandt ergibt sich in diesem Zusammenhang folgendes: „Tat“ als verobjektiviertes, reales Geschehen ist der „Tod des P“. Real zu werden begann dieses Geschehen in dem Moment, in dem sich das Gift tatsächlich im Körper des P befand und - nunmehr bio-physisch determiniert - sein zerstörerisches Wirken begann. Eingeleitet wurde dieser Zerstörungsprozess durch ein Handeln der K, das, auch wenn es weder subjektiv noch objektiv als „Tötungs-“Handlung bewertet werden kann, seiner *physischen* Beschaffenheit nach hierzu geeignet und ursächlich war. Damit ist das Handeln der K das erste Bindeglied zwischen dem realen Geschehen „Tod des P“ und der (möglichen) Verantwortlichkeit anderer Menschen für den Eintritt dieses Geschehens. Die Phase der „Tatausführung“ ist deswegen nach dem oben Gesagten in dem Moment anzusetzen, in dem die K dem P die Injektion verabreicht. Bezüglich des Arztes A hieße das, dass er - im Sinne des E 58 - „die Straftat“ jedenfalls nicht „selbst *ausgeführt*“ hat.

II. Delikte ohne absolut feststellbare Erfolge

Schwieriger gestaltet sich die Differenzierung zwischen diesen Phasen bei jenen Delikten, die zwar ebenfalls Erfolgsdelikte sind, die man aber - zumindest von der begrifflichen Formulierung des Handlungsmerkmals her - nicht einfach auf das „in objektiv zurechenbarer Weise Kausal-Werden-für-den-Erfolg“ reduzieren kann, weil Erfolg und Handlung bereits begrifflich miteinander verknüpft sind oder aber das Handlungsmerkmal ausschließlich beschreibende Elemente aufweist.

1. „Wegnehmen“ (§ 242)

Das wohl anschaulichste Beispiel in diesem Zusammenhang ist wiederum der Diebstahl mit dem Handlungsmerkmal „wegnehmen“. Bereits oben (Kapitel 1, A. II.) wurde angedeutet, dass sich die Bestimmung eines isolierten Erfolges beim Diebstahl kaum leisten lässt. Dennoch wird bei einer „Wegnahme“ nach § 242 in der Regel eine Ortsveränderung der Sache vorliegen, so dass insoweit zumindest eine physische Zustandsänderung in der Außenwelt eintritt. Das gilt auch dann, wenn die Sache selbst zwar statisch an ihrem Ort bleibt, der Täter den Gewahrsam aber durch eine physische Einwirkung auf die Außenwelt erlangt (A entwendet den einzigen Schlüssel zum Tresor, in dem die Sache eingeschlossen ist bzw. errichtet ein nur für ihn überwindbares Hindernis um die Sache, das den Gewahrsam des bisherigen Gewahrsamsinhabers beendet). Im Unterschied zur Tötung wird diese physische Veränderung zwar allein in ihren *sozialen* Auswirkungen (Aufhebung des ursprünglichen, Begründung eines neuen „Gewahrsams“) straftatbestandlich relevant. Weil notwendiger Ausgangspunkt dieser sozialen Sichtweise aber allein die physische Orts- bzw. Umweltveränderung bleibt, ist in ihrer Vornahme die „Ausführung“ des Deliktes im oben beschriebenen Sinne zu sehen. Anders als bei den reinen Erfolgsdelikten werden jedenfalls beim Alleintäter die Phase der Willensvermittlung (=Handlung) und die Phase der Willensrealisierung (=Erfolg) beim Diebstahl praktisch immer räumlich und zeitlich zusammenfallen. Das liegt daran, dass derjenige, der schon die rein tatsächliche *Möglichkeit* hat, durch physische Einwirkung auf die Sache oder deren Umwelt den Gewahrsam des Berechtigten zu brechen, bereits in diesem Moment in einem solchen Näheverhältnis zur Sache stehen muss, dass er sie auch beherrschen kann, wenn er es nur will. Insoweit steht der Diebstahl dem Tätigkeitsdelikt letztlich sogar näher als dem Erfolgsdelikt, denn ist die auf Gewahrsamswechsel zielende Willensvermittlungshandlung einmal vorgenommen, tritt in der Regel mit ihrem Abschluss bereits unmittelbar der Gewahrsamswechsel ein, ohne dass es noch des Ablaufs eines weiteren Determinationsprozesses bedürfte. Ein Auseinanderfallen von Willensvermittlung und Willensrealisierung ist jedoch auch hier (theoretisch) insoweit möglich, als es um die Herbeiführung des Gewahrsams*bruchs* selbst (verstanden als selbständiger Erfolg) geht[12]: Ein simples Beispiel hierfür bildet etwa der Fall des dressierten Hundes, den sein Herrchen jeden Morgen losschickt, die vor dessen Wohnungstüre liegende Zeitung des Nachbarn zu „apportieren". Willensvermittlungshandlung ist hier das Losschicken, die Willensrealisierung (hier: Gewahrsamsbruch) tritt hingegen frühestens in dem Moment ein, in dem der Hund die Zeitung ergreift.

2. Delikte mit rein sozial geprägten Handlungsmerkmalen (§§ 263, 185)

Die oben beschriebenen Phasen der Willens*vermittlung* durch Ingangsetzen eines Determinationsprozesses und der Willens*realisierung* durch Ablauf des Determinationsprozesses lassen sich bei jedem Delikt ausmachen, das einem Verhalten unter dem Gesichtspunkt seiner verursachten Folgen strafrechtliche Relevanz zukommen lässt. Das gilt auch dann, wenn der „Erfolg" nicht in seiner Eigenschaft als physischer Zustand betrachtet wird, sondern allein unter einem sozialen Blickwinkel. Die elementarste Stufe der Determination liegt jedoch immer im rein physischen Bereich, an den die soziale Sichtweise erst anknüpfen kann: Das beleidigende Wort etwa wird zunächst vom Täter in Laute umgesetzt, diese Laute werden von seinen Sprachorganen nach außen vermittelt (Willensvermittlungshandlung), durch Schallwellen physikalisch übertragen (Ablauf des physikalischen Determinationsprozesses) und schließlich (Beginn der Erfolgseintrittsphase) vom Opfer akustisch aufgenommen (physische Einwirkung) und dann kognitiv verstanden (=Eintritt des sozial geprägten Erfolges der Beleidigung). Ähnlich stellt es sich etwa beim Betrug dar, wenn die unrichtige Tatsachenbehauptung (=Täuschung) auf kommunikativem Wege dem Gegenüber zur Kenntnis gebracht wird. In diesen Fällen tritt die *Realisierung*

---

[12] Allerdings dürften auch diese Fälle weitaus seltener sein, als man auf den ersten Blick meinen mag: Denn im Großteil der Fälle wird der Einsatz physisch determinierter Abläufe allein der Gewahrsams*lockerung* (durch Überwindung von Sicherheitsvorrichtungen) dienen, nicht aber dem Gewahrsams*bruch* selbst. Der Einbrecher beispielsweise, der durch den Fingerdruck auf den Zünder eines Sprengsatzes den Tresor aufsprengt, *bricht* hierdurch noch nicht den Gewahrsam des Eigentümers am Inhalt des Tresors, sondern lockert ihn allenfalls (auch der Eigentümer könnte weiter auf den Inhalt des Tresors zugreifen!). Gebrochen ist der Gewahrsam erst, wenn der Einbrecher durch eine neue körperliche Tätigkeit die Beute einsteckt bzw. fortschafft.

des Täterwillens zwar nicht im physischen, sondern im sozialen Bereich ein („täuschen" und „beleidigen" kennzeichnen schließlich auch keine physischen oder biologischen, sondern soziale Vorgänge[13]), die (Weiter-)*Vermittlung* des Täterwillens in der Außenwelt ist hingegen - selbstverständlich - wiederum eine physische. Ebenso wie bei den Delikten, deren tatbestandliche Erfolge rein bio-physische Zustände beschreiben, können auch hier Willensvermittlungshandlung und Willensrealisierung zeitlich und räumlich zusammenfallen (A schimpft B im Streit einen „Verbrecher"), müssen es aber nicht (A schreibt B einen entsprechenden Brief). Die „Ausführungsphase" derartiger Tatbestände liegt in der Vornahme derjenigen Handlung, die den physischen Determinierungsprozess bezüglich der Phase des Erfolgseintritts einleitet (= Sprechen des Wortes, Schreiben und Absenden des Briefes).

3. „Vereiteln" (§ 258)

Nur sehr schwer zu bestimmen ist die Phase der Willens*realisierung* (=des Erfolgseintritts) bei jenen Handlungsmerkmalen, die - wie etwa das „Vereiteln" im Rahmen des § 258 - bezüglich des Erfolgseintritts keine entsprechende Phase notwendiger physischer Einwirkung auf Opfer oder Tatobjekt durchlaufen. Da der „Erfolg" einer Vereitelungshandlung immer nur anhand eines Vergleiches mit dem *hypothetischen* Verlauf der Geschehnisse ohne das in Frage stehende Handeln des Täters ermittelt werden kann, ist eine dem Einschlag einer Kugel (§§ 212, 223) oder der kognitiven Aufnahme einer Information (§§ 263, 185) entsprechende äußerlich feststellbare bio-physische „Einwirkungsphase" hier nicht zu lokalisieren[14]. Das Merkmal des „Vereitelns" beinhaltet kein Kriterium, das schlechthin begriffsnotwendiger Bestandteil *aller* nur denkbaren Vereitelungshandlungen wäre. Weder ist für ein „Vereiteln" generell eine physische oder kognitive Einwirkung auf Angehörige der Strafverfolgungsbehörden oder des Gerichts noch generell eine Einwirkung auf den Vortäter selbst erforderlich; man denke nur etwa an die Fälle einer Strafvereitelung durch Vernichtung von Beweismaterial, die keines der beiden Merkmale aufweisen und sogar ohne Wissen des Vortäters möglich sind. Selbstverständlich hat auch die Strafvereitelung eine Körperbewegung des Täters mit zunächst physisch determinierten Folgen zur Voraussetzung, nur kann die tatbestandliche Relevanz dieser Körperbewegung und ihrer physisch determinierten Folgen allein in ihrem - immer wieder anders gelagerten - sozialen Zusammenhang erkannt werden. Die „Ausführungsphase" der Strafvereitelung liegt damit in der

[13] Aus der Unvereinbarkeit dieser beiden Kennzeichnungsebenen resultiert auch die Ironie der Darstellung der Beleidigung als „Reihe von Kehlkopfbewegungen, Schwellenerregungen, Gehörreizungen und Gehirnvorgängen", die *Radbruch,* FG *Frank* I, S. 158 ff (161) und *Roxin,* ZStrW 74 (1962), 515 ff (525); AT, § 8, Rn. 15 gegen die rein naturalistische Betrachtungsweise der kausalen und der finalen Handlungslehren in Feld führen.

[14] *M.E. Mayer,* AT, S. 98 spricht hinsichtlich derartiger Delikte ohne Einwirkung auf ein konkretes Tatobjekt von Delikten mit „intransitivem Erfolg".

Vornahme derjenigen Handlung, deren physisch determinierte Folgen im *sozialen Zusammenhang* dasjenige Geschehen in Gang setzen, das im Vergleich zur hypothetischen Entwicklung ohne die entsprechende Handlung des Täters als „Vereitelung“ zu bewerten ist.

III. Tätigkeitsdelikte

Bei den Handlungsmerkmalen der Tätigkeitsdelikte (vgl. oben Kapitel 1, C.) ist charakteristisch, dass Willens*vermittlung* und Willens*realisierung* in der Vornahme einer einzigen Handlung zusammenfallen, die dann die gesamte „Ausführung“ des Deliktes darstellt, bzw. dass sich diese Phasen gar nicht trennen lassen. Beim „Aussagen“ (§ 153) oder beim „Schwören“ (§ 154) etwa erschöpft sich die in den Handlungsmerkmalen bezeichnete Tätigkeit schon allein in der Realisierung des so beschriebenen Verhaltens; der Wille, „auszusagen“ oder zu „schwören“ realisiert sich schon in der Vornahme der Handlung „aussagen“ und „schwören“ selbst. Entsprechend den Einteilungen oben (Kapitel 1, C. I. 1.) handelt es sich hierbei um die Delikte derjenigen Gruppe, deren Handlungsmerkmale ganz konkrete menschliche Verhaltensweisen, und damit letztlich nichts anderes als ganz konkrete Körperbewegungen und -betätigungen, bezeichnen und beschreiben. Allein die Vornahme der konkreten Körperbetätigung kann dann als die „Ausführung“ und Verwirklichung des entsprechenden Tatbestandes angesehen werden.
Bei der oben (Kapitel 1, C. I. 2.) dargestellten Konträrgruppe derjenigen Handlungsmerkmale, die menschliches Tun allein unter dem Ordnungskriterium seiner (Fern-)Zweckrichtung und seines Gesamtzusammenhanges erfassen, liegt es jedoch nicht anders: Denn auch hier liegt die „Ausführung“ des Deliktes schon und erst in dem Moment vor, in dem die ganz konkrete Handlung, wie immer sie auch äußerlich beschaffen sein mag, im Hinblick auf die mit ihr verbundene (Fern-)Zwecksetzung vorgenommen wird. Willens*realisierung* und Willens*vermittlung* lassen sich hier, bezogen auf das jeweilige Handlungsmerkmal, gar nicht trennen, denn bei den Handlungsmerkmalen dieser Gruppe handelt es sich letztlich um vertatbestandlichte Formen der Willens*vermittlung*, die sich selbst schon in ihrer bloßen Vornahme realisiert. Die Realisierung des Fernziels, in dessen Gesamtzusammenhang die Vornahme der Handlung zu sehen ist, wird vom Tatbestand hingegen gar nicht vorausgesetzt. Der Unterschied zwischen den beiden Gruppen besteht damit letztlich nur darin, dass die erste Gruppe unmittelbare inhaltliche Bezüge zum Körper des Handelnden aufweist, indem sie ganz *konkrete* körperliche Verhaltensweisen beschreibt, die zweite Gruppe hingegen jede nur denkbare körperliche Verhaltensweise ausreichen lässt, sofern sie nur im Zusammenhang mit der Erreichung des Fernzwecks der Handlung vorgenommen wird.

B. Unmittelbare und mittelbare Täterschaft

Den Anwendungsbereich des Begriffs der „unmittelbaren Täterschaft" positiv zu definieren fällt schwer[15]. Dies dürfte seinen Grund zum einen darin finden, dass die „unmittelbare Täterschaft" eben gerade den „Normalfall" einer jeden Tatbegehung bildet (vgl. oben Einführung C. I.), den näher zu hinterfragen nicht lohnt, und zum anderen darin, dass sich bereits der Begriff „unmittelbar" selbst nicht positiv, sondern ausschließlich negativ, nämlich als „nicht-mittelbar" oder „unvermittelt" definiert[16]. Nun könnte man - im ersten Zugriff - daran denken, eine „unmittelbare Täterschaft" auf diejenigen Konstellationen zu beschränken, in denen die Erfüllung des Gesamttatbestandes dem Handeln des Täters ohne weitere Zwischenursachen nachfolgt. Indessen liegt auf der Hand, dass bei einem derart engen Verständnis dieses Terminus nur solche Fälle erfasst wären, in denen Willens*vermittlung* und Willens*verwirklichung* im Handeln des Täters uno actu zusammenfallen. So wäre etwa bei der Körperverletzung das Verletzen durch Faustschlag und durch Messerstich noch als „unmittelbare" Täterschaft anzusehen, das Verletzen durch Abdrücken einer Pistole hingegen schon nicht mehr, weil es bei letzterem bereits der technischen Umsetzung des originären (Initial-)Energieeinsatzes in „Schuss-"Energie bedarf und erst letztere in Form des Kugeleinschlages als Zwischenursache den Erfolg beim Opfer herbeiführt. Dass eine Differenzierung zwischen diesen beiden Verhaltensweisen unter *täter*schaftlichen Gesichtspunkten nicht sinnvoll sein kann, ist offenkundig.

Positiv feststellen lässt sich damit nur, dass eine „unmittelbare" Täterschaft *jedenfalls* dann vorliegen muss, wenn der Täter schon allein durch den Akt desjenigen Verhaltens, das oben (A.) als „Selbst-Begehung im engeren Sinne"

---

[15] Dabei erscheint bemerkenswert, dass der Begriff der „Unmittelbarkeit" trotz (oder vielleicht auch gerade wegen) seines positiv kaum fassbaren Gehalts eines der meistgebrauchten (und oft gesetzlich gerade nicht normierten) Abgrenzungskriterien darstellt, die die Rechtssprache kennt: Man denke im Bereich des Strafrechts nur beispielsweise an die „Unmittelbarkeit" der beabsichtigten Bereicherung im Rahmen des § 263 sowie an das Erfordernis der „Unmittelbarkeit" der schweren Folge im Rahmen der erfolgsqualifizierten Delikte; im Bereich des Zivilrechts etwa an die Differenzierung zwischen „unmittelbaren" und „mittelbaren" Schäden und Vorteilen, zwischen „unmittelbarer" und „mittelbarer" Stellvertretung oder an die „Unmittelbarkeit" der Bereicherung im Rahmen des § 812 BGB. Im Bereich des öffentlichen Rechts sind etwa anzuführen der „unmittelbare" und der „mittelbare" Störer, das Erfordernis „unmittelbarer" Betroffenheit des Verfassungsbeschwerdeführers oder auch die Differenzierung zwischen „unmittelbaren" und „mittelbaren" Grundrechtseingriffen. Für das Prozessrecht seien genannt der Grundsatz der „Unmittelbarkeit" der Beweisaufnahme und der Schutz der „unmittelbaren" Öffentlichkeit durch § 169 S.1 GVG. Gesetzliche Verwendung findet der Begriff z.B. in § 22 („unmittelbares Ansetzen") oder auch in den gesetzlichen Vorschriften über den Einsatz „unmittelbaren Zwangs". Vgl. auch *Röhl,* Allgemeine Rechtslehre, S. 165 sowie eingehend *Weyers,* Über die „Unmittelbarkeit" als Rechtsbegriff, JZ 91, 999 ff.

[16] Vgl. die Übersicht bei *Weyers,* JZ 91, 999 ff (1000) in Berufung auf *Duden,* Band 10, Das Bedeutungswörterbuch, Mannheim 1970: „direkt", „ohne räumlichen oder zeitlichen Abstand", „ohne vermittelndes Glied".

beschrieben wurde, den Tatbestand des Strafgesetzes - einschließlich des Erfolgseintritts - voll erfüllt.

Angesichts der oben dargestellten Definitionsschwierigkeiten soll der Anwendungsbereich der „unmittelbaren" Täterschaft im folgenden - letztlich der eigenen Negativ-Definition des Begriffes selbst entsprechend - nicht positiv, sondern negativ von der Seite der „mittelbaren" Täterschaft her bestimmt werden. Letztere ist zumindest durch die Formulierung in § 25 I Alt.2 („durch einen anderen") gesetzlich positiv umschrieben. All diejenigen Begehungskonstellationen, die nicht unter § 25 I Alt.2 (und auch nicht in den Bereich der Mittäterschaft oder Teilnahme) fallen, sind dann im Umkehrschluss dem Anwendungsbereich des § 25 I Alt.1, der „Selbst-Begehung" im Sinne „unmittelbarer Täterschaft", zuzuordnen.

I. Charakteristika der mittelbaren gegenüber der unmittelbaren Täterschaft

1. Involvierung eines „anderen" in den Geschehensablauf

Die Begehungsform der mittelbaren Täterschaft nach § 25 I Alt.2 setzt zunächst voraus, dass „ein anderer" in das Geschehen involviert ist. „Anderer" i.S.d. § 25 I Alt.2 ist wie in den Tatbeständen des Besonderen Teils (vgl. etwa §§ 223, 240, 241, 263, 123) immer nur ein „anderer" Mensch[17]. „Anderer" kann dabei auch das Opfer der Tat selbst sein, dies ist heute fast unbestritten[18] und mit dem Wortlaut und der Systematik des § 25 I unproblematisch zu vereinbaren[19]. Ist „anderer" aber grundsätzlich als „anderer Mensch" zu verstehen, so fallen von vornherein diejenigen Fälle aus dem Anwendungsbereich der mittelbaren Täterschaft heraus, in denen neben dem handelnden Menschen etwa ein Tier (im untechnischen Sinne) „beteiligt" ist. Im Umkehrschluss heißt das wiederum, dass diese Fälle dann dem Anwendungsbereich der „unmittelbaren Täterschaft" (§ 25 I Alt.1) zuzuordnen sind. Damit aber ergibt sich, dass zumindest im oben (Einführung, D.) angesprochenen Fall des gehetzten Hundes zwar eine „unmittelbare Täterschaft", in der Terminologie des § 25 I Alt.1 also eine „Selbst-Begehung", des Handelnden vorliegt, gleichwohl aber keine „eigenhändige" Tatbegehung bzw. -ausführung. Die Frage nach dem Verhältnis der Begrifflichkeiten der „unmittelbaren Täterschaft" und der „Eigenhändigkeit"

[17] Das wird bezüglich des Besonderen Teils durch viele Neufassungen auf der Grundlage des 6. StrRG jetzt noch deutlicher ausgedrückt. So wurde in zahlreichen Tatbeständen die Formulierung vom „Anderen" - in erster Linie wohl zur Herstellung sprachlicher Geschlechterneutralität - ersetzt durch die Wortwahl „andere Person" oder „anderer Mensch". Vgl. beispielsweise insoweit nur §§ 213, 223, 229, 239a, 253.

[18] A.A.: *Spendel*, JuS 74, 749 (752), Fn.34 und *Johannes*, MT, S. 18.

[19] So im Ergebnis auch *Herzberg* MT, S. 47 und T/T, S. 35; *M.K. Meyer*, S. 30; *Kudlich*, JuS 98, 596 ff (597).

zueinander ist mithin in dem Sinne zu beantworten, dass die Begriffe sich in ihren Anwendungsbereichen nicht - jedenfalls nicht vollständig - decken und deswegen auch nicht synonym verwendet werden sollten.

2. „durch“ (den „anderen“)

Die Begehung der Straftat muss nun gerade „durch“ den involvierten „anderen“ erfolgen.
Betrachtet man hier den Gesetzeswortlaut zunächst einmal nur unter dem Blickwinkel des natürlichen Sprachgebrauchs, so mag man im ersten Zugriff die Bedeutung des Wortes „durch“ in seiner lokalen Funktion im Sinne eines „durch ... hindurch“ in den Blick nehmen. Dass eine solche indes gerade nicht gemeint sein kann, liegt auf der Hand: Niemand käme auf die Idee, einen Fall, in dem etwa A zunächst „durch“ den B „hindurch“ schießt und die Kugel dann den C trifft, als einen Fall des § 25 I Alt.2 anzusehen. Denn das Dazwischentreten des B ist für den Eintritt des Erfolges bei C in jeder Hinsicht indifferent; es fördert die Rechtsgutverletzung bezüglich C in keiner Weise, wenn es die Durchschlagskraft der Kugel nicht gar verringert. Obwohl der Fall rein wörtlich noch unter § 25 I Alt.2 passen würde, läge ein Evidenzfall der Selbstbegehung gem. § 25 I Alt.1 vor.

Der Begriff „durch“ kann daher nur im *funktionalen* Sinne verstanden werden, und zwar dahingehend, dass der Täter sich die Zwischenschaltung des „anderen“ entweder bewusst zunutze macht, um die anvisierte Rechtsgutverletzung irgendwie zu fördern, oder aber zumindest dessen Dazwischentreten in seine Pläne einkalkuliert und sein eigenes Handeln im Hinblick auf den von ihm erstrebten Erfolg entsprechend daran ausrichtet.

Zu klären ist deswegen zunächst, in welchen Konstellationen eine solche Funktionalisierung feststellbar ist. Legt man hier einen weiten Rahmen zugrunde, so könnte es bereits als Begehung „durch einen anderen“ angesehen werden, wenn der Täter den „anderen“ nicht in seiner Eigenschaft als Mensch, als lebendes und eigenständiges Wesen also, benutzt, sondern sich lediglich des „anderen“ Körpers bedient; so etwa, wenn A den B bei einer Schlägerei als Wurfwerkzeug einsetzt, um dadurch den C zu verletzen. Zwar macht A sich in diesem Fall den B zunutze und wirkt physisch betrachtet sogar „durch“ ihn „hindurch“ auf den C ein, indem er den B als Träger von Bewegungsenergie einsetzt, die er selbst in Form des Wurfes aufgewendet hat. Doch benutzt er den B nicht in dessen Eigenschaft als Mensch, sondern nur als den Gesetzen der Schwerkraft unterworfenen Körper. Ob B im Zeitpunkt des Wurfes tot oder bewusstlos ist oder ob er sich mit Händen und Füßen sträubt, macht im Hinblick auf die von A angestrebte Rechtsgutverletzung keinen Unterschied, denn auf die tatsächliche oder zumindest potentielle Handlungsfähigkeit des B kommt es in diesem Fall nicht an. Bezüglich derartiger Konstellationen ist in der wissenschaftlichen Diskussion noch nicht abschließend geklärt, ob ein solcher Fall noch der unmittelbaren oder schon der mittelbaren Täterschaft zuzuordnen ist, wenngleich die Stimmen, die sich für die Annahme unmittelbarer Täterschaft aussprechen, von der Zahl her überwiegen[20].

3. Der Grenzbereich der Begehungsformen im Zwei-Personen-Verhältnis (Identität von Opfer und „anderem“)

In den Grenzbereich zwischen unmittelbarer und mittelbarer Täterschaft gehören nun insbesondere diejenigen Fälle, in denen das Opfer selbst der „andere“ i.S.d. § 25 I Alt.2 ist, „durch“ den der mittelbare Täter die Straftat begeht: Jene Fälle nämlich kommen schon vom äußeren Erscheinungsbild her (beteiligt sind nur Täter und Opfer!) der Selbst-Begehung (im Sinne unmittelbarer Täterschaft, aber auch im engeren Sinne) besonders nahe[21]. Ausgegangen werden soll dabei zunächst von phänotypisch ganz einfach gelagerten Konstellationen.

Wenn beispielsweise A auf den Jogger B schießt und die Plazierung der Kugel dabei so berechnet, dass B in die Schussbahn läuft[22], so ließe sich bei konsequenter Betrachtung anführen, A mache sich das „Laufen“ des B - ein Handeln mithin - zunutze, indem er den B in die tödliche Kugel „hineinlaufen“ lasse. Hat man diesen Standpunkt erst einmal eingenommen, liegt die Versuchung nahe, den Anwendungsbereich des § 25 I Alt.2 auch etwa dann in Erwägung zu ziehen, wenn A das Flugzeug des B in die Bahn einer genau plazierten Rakete hineinfliegen lässt und sogar wenn er den B durch Einsatz von Giftgas tötet, denn B atmet das Gas immerhin selbst ein. Auf die Spitze getrieben ließe sich diese Argumentation gar auf den „Normalfall“ einer jeden Körperverletzung ausdehnen, denn auch hierbei macht sich der Täter die körperlichen Funktionen des Opfers in Form der Schmerzempfindung und der nervlichen Reaktionen zunutze; jedenfalls dann, wenn es ihm hierauf als Zweck seines verletzenden Handelns gerade ankommt. Entsprechendes müsste für den Fall der Beleidigung gelten, weil das Opfer den beleidigenden Brief selbst liest[23] oder gar das beleidigende Wort nur selbst akustisch wahrnimmt und dann kognitiv „versteht“.

---

[20] Hierfür z.B. *Jakobs* AT, 21/62; *Stratenwerth* AT, Rn. 762; *Schmidhäuser* AT, 14/44; *Blei* AT, S. 226; SK-*Hoyer*, § 25, Rn. 37. Vgl. auch die unten, Fn. 24 genannten Autoren. Für unmittelbare Täterschaft hingegen *Maurach/Gössel/Zipf* AT 2, § 48 II, Rn. 49 und früher *Frank*, Abschn. III 1 vor § 47.

[21] Vgl. *Johannes*, MT, S. 18 und *Spendel*, JuS 74, 749 (752, Fn. 34), der deswegen mittelbare Täterschaft gänzlich verneint; dag. *M.K. Meyer*, S. 8 („zu formal“); *Herzberg*, MT, S. 47 f; *Küpper*, GA 98, 519 ff (520).

[22] Beispiel von *Johannes*, MT, S. 18, aufgegriffen von *Herzberg* a.a.O.

[23] Beispiel von *Johannes*, MT, S. 18.

a) Erfordernis menschlichen „Handelns" des „anderen"

Dass all diese Fälle nicht unter § 25 I Alt.2 gezogen werden können, liegt auf der Hand. Für die Fälle der Körperverletzung ergibt sich das schon aus der tatbestandlichen Fassung des § 223 I selbst: Das „körperliche Misshandeln" eines anderen Menschen setzt als Teil der tatbestandsmäßigen Handlung die Ausnutzung der Körperfunktionen und der durch sie hervorgerufenen Schmerzen schon begriffsnotwendig voraus. Ohne sie liegt eine Beeinträchtigung des körperlichen Wohlbefindens, eine „Misshandlung" im gesetzlichen Sinne, gar nicht vor. Ebensowenig aber wie es dem „Misshandelten" möglich ist, seine Schmerzen zu unterdrücken, ist es etwa dem Giftgasopfer schon körperlich unmöglich, seinen Atmungsreflex auszuschalten, um das Gas nicht in seinen Körper aufzunehmen. Dabei zeigt auch der allgemeine Sprachgebrauch außerhalb der gesetzlich verwendeten Begriffe, dass man derartige nicht-willensgetragene Körperreflexe und -reaktionen, die seitens des Opfers zur Herbeiführung der Rechtsgutverletzung beitragen, im allgemeinen der Sphäre des Täters, nicht aber der Sphäre des Opfers zurechnet: So beinhaltet etwa das Wort „ertränken" den letzten, todbringenden Atmungsreflex und das Wort „vergiften" die Aufnahme und Verteilung des Giftes im Körper. Die Ausnutzung bloßer körperlicher Reflexe des „anderen" allein kann demnach den Anwendungsbereichs des § 25 I Alt.2 nicht eröffnen.
Erst recht ist dann aber auch der bereits oben angesprochene Einsatz eines Menschen als bloßer physischer Körper, als Träger von Energie, aus dem Anwendungsbereich des § 25 I Alt.2 auszuklammern, denn hierbei kommt den spezifisch menschlichen Eigenschaften des „anderen" noch weniger Bedeutung zu, als bei der Ausnutzung zwar rein körperlicher, aber immerhin noch „menschlicher" Reflexe.
Hieraus folgt im Umkehrschluss, dass für die Begehung der Tat „durch" den „anderen" dessen *willentlichem Verhalten* als seiner charakteristischen, spezifisch menschlichen Fähigkeit die ausschlaggebende Bedeutung beizulegen ist. Zu fordern ist damit für die Anwendung des § 25 I Alt.2, dass der „andere" zumindest im Rechtssinne *„handelt"*[24].

b) Spezifische Funktion des „Handelns" des „anderen" im Rahmen der Tatbegehung

Festzustellen ist nach dem oben Gesagten nun allerdings nur, dass das Vorliegen eines „Handelns" des „anderen" zwar die *notwendige* Voraussetzung des § 25 I Alt.2 darstellt, nicht aber, ob es sich dabei auch schon um die *hinreichende* Voraussetzung handelt.

---

[24] Ein solches „Handeln" des Vordermannes fordern *Jakobs* AT, 21/62; *Jescheck/Weigend* AT, § 62 II, S. 666, Fn. 11; *Blei* AT, S. 226; *Stratenwerth* AT, Rn. 762 f; *Schmidhäuser* AT, 14/35 und 44; *Spendel,* FS *Lange,* S. 147 (150); *M.K. Meyer,* S. 34; *Jun,* MT, S. 46; *Randt,* MT, S. 14; *Herzberg,* MT, S. 49; *Wolf,* MT, S. 67; *Küpper,* GA 98, 519 ff (520).

aa) „Handeln" als bloßer Berechnungsfaktor oder Begleitumstand

Die oben angesprochenen Fälle seien daher nun unter der präzisierten Fragestellung betrachtet, welche konkrete Rolle[25] dem Handeln des „anderen" im Geschehensablauf zukommen muss.

Im Fall des in die Flugbahn der Rakete hineinfliegenden Flugzeuges etwa ließe sich die Annahme unmittelbarer Täterschaft damit begründen, das im Flugzeug sitzende Opfer habe selbst nicht am Geschehen teil und bleibe völlig passiv, „handele" also selbst in keiner Weise. Denn noch nicht einmal die physische Bewegung, in der sich das Opfer befindet und durch die die Kollision mit der Rakete letztlich erst herbeigeführt wird, bewirkt das Opfer selbst. Außer seiner bloßen Existenz als Zielobjekt kommt ihm keine eigenständige Bedeutung im Rahmen des Geschehens zu. Ähnlich läge es etwa, wenn es sich bei dem Opfer des Schusses nicht um einen Flugzeugpassagier handelte, sondern etwa um einen Drachenflieger, der gerade vom Boden abgehoben ist. Auch er befindet sich zum Zeitpunkt des Schießens bereits in einer Eigenbewegung, die der Täter lediglich in die Berechnung der Flugbahn seiner Kugel miteinbezieht. Darauf, dass das Opfer durch bewusstes Abheben vom Boden, durch „Handeln" also, seine Eigenbewegung selbst herbeigeführt hat und diese nun lediglich weiterwirkt, ließe sich als taugliches Unterscheidungskriterium nicht abstellen, denn anderenfalls müsste man im Flugzeugbeispiel wiederum anführen, das Opfer sei immerhin selbst in das Flugzeug eingestiegen. Als relevant anerkennen könnte man all derartiges freilich nicht, denn auf irgendeine Weise hat sich das Opfer schlechthin immer „selbst" in die konkrete Situation gebracht, in der es zum „Opfer" wird. Der regressus ad infinitum wäre eröffnet. Sind aber die Fälle des Flugzeugpassagiers und des Drachenfliegers gleich zu behandeln, so muss das auch für den eingangs erwähnten Fall des Joggers gelten, denn es

[25] Im Ansatz stellt wohl auch *Schmidhäuser,* AT 14/36, 14/38 für die Abgrenzung hierauf ab, ohne jedoch klar konturierte Abgrenzungskriterien zu liefern. Beim mittelbaren Täter handele es sich „nicht um einen Definitionsbegriff, sondern um einen empirischen Begriff", der „nicht durch einzelne Merkmale scharf zu bestimmen, sondern nur phänomenologisch zu erhellen" sei (AT 14/38). Auf der Grundlage der von ihm vertretenen (und in AT 14/157 von ihm selbst auch als solcher bezeichneten) „Ganzheitstheorie" soll es für die jeweilige Begehungsform vielmehr allein auf die „Ganzheit aller Momente des dem Unrechtstatbestand entsprechenden Tatgeschehens" ankommen, wobei „einmal dieser, dann jener Akzent des Geschehens ausschlaggebend sein mag" (a.a.O.). Diese Methode will *Schmidhäuser* (a.a.O., 14/156 ff) nicht nur auf die Abgrenzung zwischen unmittelbarer und mittelbarer Täterschaft, sondern zwischen allen Täterschafts- und Teilnahmeformen schlechthin anwenden. Ihm folgend *M.K. Meyer,* S. 62 ff. Zur Kritik hieran vgl. nur *Roxin,* ZStrW 83 (1971), 369 ff (394 ff) („unkontrollierbar"); *Bloy,* Beteiligungsform, S. 308 f; *Küpper,* GA 86, 437 ff (444); *Jun,* MT, S. 50 ff (51 f). Bezeichnenderweise muss auch *Schmidhäuser,* a.a.O., 14/36 ff auf „Grundfälle" rekurrieren, die als „Kristallisationspunkte" fungieren, in denen „wir eindeutig mittelbare Täterschaft und nicht eine andere Begehungsweise annehmen" (a.a.O., 14/38). Hieran zeigt sich, dass die „Ganzheitstheorie" letztlich ohne Konturen bleibt (vgl. *Roxin,* a.a.O., 395).

kann kein relevanter Unterschied darin liegen, ob das Opfer im Drachenfliegerfall die physische Eigenbewegung bereits herbeigeführt *hat* und diese im Moment des Schusses lediglich *weiter*wirkt oder ob das Opfer im Joggerfall bei Abgabe des Schusses selbst noch aktiv und bewusst mit der Aufrechterhaltung und (Weiter-)Ausführung der Eigenbewegung beschäftigt ist.

Warum die soeben erörterten Fälle nicht als „Begehung durch einen anderen" angesehen werden können, wird deutlich, besinnt man sich noch einmal auf das eingangs bereits angesprochene Element der Funktionalisierung zurück. Es ist in diesen Fällen nämlich bei genauer Betrachtung gar nicht vorhanden. Im Gegenteil: Für die Abgabe eines Schusses etwa ist eine Eigenbewegung des Opfers der Tatausführung eher hinderlich als förderlich, denn sie macht eine viel präzisere Objektanvisierung erforderlich. Jene Eigenbewegung bezieht der Täter also, ganz unabhängig davon, was oder wieviel das Opfer selbst gerade zu ihr beiträgt oder beigetragen hat, letztlich nur als bloßen Berechnungsfaktor oder Begleitumstand in diejenige Handlung ein, die er selbst vornimmt (=Phase der Selbst-Begehung im engeren Sinne) und die die „Ausführungs"-Phase seiner Tat einleitet. Er *berücksichtigt* mithin zwar die willentliche Bewegung des Opfers, er nutzt sie aber nicht aus und erst recht funktionalisiert er sie nicht. Ob das Opfer *sich* selbst bewegt, von einem Dritten bewegt *wird* oder völlig stillhält, ist für die Herbeiführung und den Vorgang der Rechtsgutverletzung als solcher gänzlich indifferent. All dies legt nahe, für das „Handeln" des Opfers im Rahmen der Tatbegehung in mittelbarer Täterschaft eine Tragweite zu fordern, die darüber hinaus gehen muss, bloßer Berechnungsfaktor oder Begleitumstand im Rahmen der vom Täter *selbst* vorgenommenen Verletzungshandlung, der Selbst-Begehung im engeren Sinne, zu sein.

bb) „Handeln" als letzter Kausalfaktor

Kommentar-[26] und Lehrbuchliteratur[27] führen als Beispiele für mittelbar-täterschaftliche Begehungskonstellationen im Grenzbereich zur unmittelbaren Täterschaft Fälle an, in denen der Täter dem Opfer Gift ins Getränk mischt und das Opfer das Getränk dann arglos trinkt[28], der Täter das Opfer zur Berührung

---

[26] Siehe etwa LK(11)-*Roxin,* § 25, Rn. 106; Sch/Sch-*Cramer/Heine,* § 25, Rn. 11; SK(6. Aufl.)-*Samson,* § 25, Rn. 30.

[27] Vgl. *Stratenwerth* AT, Rn. 765; *Schmidhäuser* AT 14/41; *Jakobs* AT 21/77; *Jescheck/Weigend* AT, § 62 II 1.

[28] In der Rechtsprechung wird bei Giftmordfällen keine eindeutige Abgrenzung zwischen mittelbarer und unmittelbarer Täterschaft gezogen, siehe *RG*St 53, 210 f; 59, 1 f und *BGH*St 4, 278 f (sämtlich vor Geltung des § 25). LK(10)-*Hirsch,* (§ 229, Rn. 14) führt diese Entscheidungen als Beispiele für mittelbare Täterschaft an, für mittelbare Täterschaft auch *Roxin,* AT II, § 25, C II Rn. 74 und *Kudlich,* JuS 98, 596 ff (597). Demgegenüber scheint *OLG München,* NStZ-RR 96, 71 (72) (Bereitstellen einer vergifteten Flasche Schnaps als „Falle" für einen erwarteten Einbrecher) von *unmittelbarer* Täterschaft auszugehen, wenn dort hinsichtlich der Versuchsproblematik in Abgrenzung von der Entscheidung *BGH*St 30, 363 ausdrücklich erwähnt wird, in dem vom *BGH* entschiedenen Fall habe es sich um einen

einer vermeintlich ungeladenen Stromleitung animiert[29] oder an den Lichtschalter einer Wohnung eine „Höllenmaschine“ koppelt[30], die das Opfer durch Betätigung des Lichtschalters ahnungslos in Gang setzt[31]. Gänzlich unbestritten ist die Annahme mittelbarer Täterschaft freilich auch in diesen Fällen nicht[32].

Eine Art „Mittelweg“ zwischen den Täterschaftsformen beschritt hinsichtlich derartiger Fallkonstellationen zuletzt der *BGH*[33]. Das Gericht führte aus[34]:

„Die für Fälle mittelbarer Täterschaft entwickelten Grundsätze gelten auch, wenn (...) dem Opfer eine Falle gestellt wird, in die es erst durch eigenes Zutun geraten soll. Auch diese Fälle sind dadurch gekennzeichnet, daß der Täter sich kraft Beherrschung des Geschehens fremdes Verhalten für seinen Erfolg nutzbar

---

„Fall von mittelbarer Täterschaft“ gehandelt. Zur Auffassung des *BGH* in der Revisionsentscheidung über diesen Sachverhalt vgl. oben im Text. Auch in der bekannten Entscheidung *RG*St 26, 242 (ein Meister zwingt seinen Lehrling, ein ungereinigtes Stück Darm zu essen, worauf der Lehrling erkrankt) wird eine eindeutige Entscheidung zwischen beiden Täterschaftsformen nicht getroffen. Es heißt dort lediglich: *„Es unterliegt auch keinem rechtlichen Zweifel, daß der objektive Tatbestand der Körperverletzung nicht eine unmittelbare Einwirkung auf den Körper eines anderen erheischt, daß das Vergehen vielmehr in der Weise verübt werden kann, daß entweder ein Dritter als Werkzeug zur Verursachung der Körperverletzung benutzt, oder daß der zu Verletzende selbst durch Täuschung oder sonstwie durch rechtswidrige Einwirkung auf seinen Willen dazu gebracht wird, sich eine Körperverletzung zuzufügen“.*

29 *Jescheck/Weigend* AT, a.a.O.

30 *Roxin* TuT, S. 170.

31 *RG*St 66, 141 (142) sah das Anbringen einer an den Lichtschalter gekoppelten Brandstiftungsanlage als erforderlichen Bestandteil der Ausführungshandlung „Inbrandsetzen“ an. Die Einschaltung eines „gutgläubigen“ Dritten als „Werkzeug“ wurde als „gleichbedeutend mit einem Wirken von Naturkräften oder einem sonstigen zufälligen Ereignis“ betrachtet. Eine eindeutige Festlegung auf mittelbare oder unmittelbare Täterschaft erfolgte nicht. *Baumann,* JuS 63, 85 (91) stuft den Fall als mittelbare Täterschaft ein. Unklar die Einordnung bei *Roxin,* FS *Maurach,* S. 213 ff: Während *Roxin* einerseits die Vergiftung von Kaffeepulver in der Erwartung, das zukünftige Opfer werde sich einen Kaffe daraus zubereiten oder auch von seiner Ehefrau zubereiten *lassen,* ausschließlich unter Versuchsgesichtspunkten erörtert, auf die Täterschaftsfrage aber mit keinem Wort eingeht (a.a.O., S. 214-217), führt er andererseits in einem eigens dem Versuchsbeginn bei mittelbarer Täterschaft gewidmeten Abschnitt (a.a.O., S. 218 ff) die o.g. Entscheidungen *RG*St 59, 1; 66, 141 als Beispiele hierzu an, die dem zuvor erörterten Fall aber im Hinblick auf die Beteiligungsverhältnisse phänotypisch völlig entsprechen. Ohne Festlegung hinsichtlich der Täterschaftsform, aber mit Benutzung der Formulierung vom „Opfer als Werkzeug des Täters“ auch *Gössel,* JR 76, 249 ff (250). Lapidar schließlich die Einschätzung *Kerns,* GS 92 (1926), 125 ff (145): „Ob man hier von mittelbarer Täterschaft reden will oder unmittelbare Täterschaft annimmt, ist Geschmackssache“.

32 Zu den Gegenauffassungen siehe z.B. *Spendel,* FS *Lange*, S. 147 (169); *ders.* JuS 74, 749 (751); *Herzberg,* MT, S. 51; *Johannes,* MT, S. 18; *Wolf,* MT, S. 17.

33 *BGH*St 43, 177 (180), hierzu *Kudlich,* JuS 98, 596 ff. Es handelte sich um die Revisionsentscheidung über jenen Sachverhalt, der auch dem o.g. Beschluss des *OLG München* (NStZ-RR 96, 71) zugrundegelegen hatte (vgl. Fn. 28).

34 A.a.O., S. 170.

macht. Sie weisen daher eine der mittelbaren Täterschaft verwandte Struktur auf, das Opfer wird dabei zum 'Tatmittler gegen sich selbst' (...)."

Und an späterer Stelle[35] der Entscheidung heißt es:

„Bezieht der Täter ein selbstschädigendes Opferverhalten in seinen Tatplan ein und gibt er damit das Gelingen seines Plans teilweise aus der Hand, so spricht rechtlich nichts dagegen, auf dieses Opferverhalten für die Frage der Unmittelbarkeit des Angriffs abzustellen (erg.: im Hinblick auf § 22). *Diese Zurechnung des Opferverhaltens hat ihren rechtlichen Grund vielmehr in der bereits dargelegten Nähe solcher Selbstschädigungsfälle zu Fällen mittelbarer Täterschaft und der dabei gebotenen Zurechnung des Tatmittlerverhaltens über § 25 Abs.1 StGB."*

Unabhängig von der Frage, ob man in den geschilderten Konstellationen unmittelbare oder mittelbare Täterschaft oder wie der *BGH* eine „der mittelbaren Täterschaft verwandte Struktur" annehmen will, so gilt bezüglich all dieser Fälle doch eines: Die Inkorporation des Giftes, der tödliche Stromschlag und die Explosion der Höllenmaschine werden letztlich unmittelbar durch ein willensgetragenes, finales Verhalten des Opfers in Gang gesetzt („trinken", „die Leitung berühren", „das Licht einschalten"). Dabei kommt dem Opferhandeln eine größere Tragweite zu, als nur indifferenter Begleitumstand oder Berechnungsfaktor der vom Täter selbst vorgenommenen Handlung zu sein. Das Handeln des Opfers, das nicht mehr wie in den unter aa) erörterten Fällen mit dem Handeln des Täters zeitlich einhergeht oder diesem gar vorausgegangen ist, folgt der Handlung des Täters nunmehr zeitlich nach. Und dadurch kommt ihm im Hinblick auf die Gesamttat aus Tätersicht gerade die Funktion zu, nunmehr durch Ingangsetzung des naturgesetzlich determinierten Kausalverlaufs die Erfolgseintrittsphase (=Willensrealisierung bezüglich des Täters) zu initiieren. Das Handeln des Opfers stellt damit bei rein kausaler Betrachtung die letzte Handlung der Tat*verwirklichung* selbst dar und kommt deswegen der Phase der „Ausführung" des Delikts nahe (vgl. oben A. I. 4.); denn erst durch das Trinken des Getränkes etwa kann das Gift seine zerstörerische Wirkung im Körper entfalten[36] und erst durch die Betätigung des Lichtschalters wird der Zündmechanismus der „Höllenmaschine" aktiviert; vielleicht erst lange nach

---

[35] *BGH*St 43, 170 (182).

[36] Ganz in diesem Sinne etwa *Wolf*, MT, S. 17, Fn. 12 zum Fall des vergifteten Getränks: „Zweifellos hat A den Tod des B „verursacht". Ja noch mehr: Kein Mensch nimmt Anstoß daran, geradezu zu sagen, A habe den B „getötet". Das liegt sogar so in unserem Fleisch und Blut, daß manche glauben, hier *un*mittelbare Täterschaft annehmen zu müssen, was natürlich falsch ist. (...) In dem genannten Tatbestand geschieht das eigentliche Töten erst durch das *Trinken*, und dieses nimmt B selbst vor."

Abschluss der Täterhandlung und vielleicht sogar, ohne dass dieser überhaupt Kenntnis davon erlangt.

Es ist jedoch ausdrücklich klarzustellen, dass es sich bei dieser Betrachtungsweise um eine rein kausal-formale, nicht aber um eine normativ-wertende handelt. Genau genommen verbietet es sich letztlich sogar, in diesen Fällen bezüglich des Opferhandelns überhaupt von „Tatausführung“ oder, etwa im Hinblick auf die zeitliche Grenze des § 22, von einem „unmittelbaren Ansetzen“ zur Tatbestandsverwirklichung zu sprechen: Wer von einer „Tat“ gar nichts weiß, kann sie weder „ausführen“ noch zu ihrer Verwirklichung „unmittelbar ansetzen“.

cc) „Handeln“ als spezifische Gefährdung des verletzten Rechtsguts ?

Ganz befriedigen kann eine derartige formal-kausale Betrachtungsweise nicht, denn ihre Ergebnisse sind in vielen Fällen zufällig und ergeben sich allein aus Äußerlichkeiten. Besonders deutlich wird das wiederum an den „Höllenmaschinen“-Fällen: Setzt der Täter einen Bewegungszünder ein, müsste man mittelbare, bei Verwendung eines Zeitzünders hingegen unmittelbare Täterschaft annehmen. Als weitere Beispiele seien genannt die Fallgrube, in die das Opfer hineinläuft, der Hund, der vom Hausherrn in den Garten gesperrt wird, um dort eventuell eindringende Einbrecher zu fassen, die Installation von Selbstschussanlagen, das Durchschneiden der Bremsschläuche an einem Auto usw. Da in allen diesen Fällen das Verhalten des Opfers die „letzte Handlung“ im Gesamtgeschehen darstellt, wäre die Anwendung des § 25 I Alt.2 ernsthaft in Betracht zu ziehen.

Es liegt daher nahe, auch in diesem Bereich ein normatives Kriterium als Maßstab zugrunde zu legen: Ebenso wie für die Qualifizierung eines (Täter-) Handelns als tatbestandsmäßig nicht allein der kausale Zusammenhang zwischen Verhalten und tatbestandsmäßigem Erfolg ausreichen kann, sondern darüber hinaus noch die objektive Zurechenbarkeit des Erfolges zum Täterverhalten vorliegen muss, indem sich gerade die im Hinblick auf das konkrete Rechtsgut gesetzte, spezifische Gefahr realisiert, ließe sich im Bereich des § 25 I Alt.2 die Funktionalisierung und daraus folgende Realisierung gerade derjenigen spezifischen Gefahr fordern, die der „andere“ durch sein Handeln für das jeweilige Rechtsgut typischerweise oder zumindest konkret begründet[37].

---

[37] In dieser Richtung auch *Schmidhäuser*, AT 14/36, der die mittelbare Täterschaft letztlich wohl nur als einen Ausschnitt der objektiven Zurechnung der Tat und des Geschehens zum Täter versteht und der dementsprechend auch für die Zurechnung zum Hintermann auf die Kriterien der objektiven Zurechnung abstellt (a.a.O.).

Wendet man diese Abgrenzung auf die oben genannten Beispiele an, so ergibt sich folgendes: Man wird es von einem objektiven Standpunkt durchaus als eine typische Gefahr der Berührung eines Stromkabels ansehen müssen, wenn der Berührende einen Stromschlag erleidet. Demgegenüber stellt es keine typische Gefahr der Handlung „Licht einschalten“ dar, durch Betätigung des Schalters eine „Höllenmaschine“ in Gang zu setzen und zur Explosion zu bringen[38]. Würde etwa durch die „Höllenmaschine“ nicht der Auslösende selbst, sondern ein Dritter getötet, so wäre hinsichtlich der Strafbarkeit des Auslösenden aus § 212 I wohl nicht erst dessen Vorsatz, sondern bereits die objektive Zurechenbarkeit des Todes zur Handlung, mithin schon objektiv die tatbestandliche Handlung „töten“ zu verneinen: Wer einfach nur „das Licht einschaltet“, überschreitet das erlaubte Risiko nicht![39] Damit konform ginge die Verneinung sorgfaltspflichtwidrigen Handelns im Rahmen des Fahrlässigkeitsdelikts (§ 222). Nichts anderes darf nach diesem Maßstab dann gelten, wenn der Auslösende selbst das Opfer ist.

Ebenso wären die Giftmord-Fälle zu behandeln. Es ist keine typische Gefahr der Inkorporierung eines Getränks, damit Gift aufzunehmen. In diesem Zusammenhang wird daher vertreten, der Anwendungsbereich des § 25 I Alt.2 sei davon abhängig zu machen, ob der zwischengeschaltete Vordermann im Hinblick auf den Deliktserfolg „sehend“ handele[40]. Das sei zu verneinen, wenn der zwischengeschaltete handelnde Mensch zum „blinden Bedingungsfaktor“ absinke[41]. In den Giftmordfällen liege unmittelbare Täterschaft vor, wenn das Opfer völlig ahnungslos sei, dagegen fehle es an der Blindheit - mit der Konsequenz der Annahme mittelbarer Täterschaft -, wenn das Opfer misstrauisch werde und eine Vergiftung des Getränks zwar für möglich halte, dann aber darauf vertraue, es werde schon gutgehen[42]. Gegen eine solche Abgrenzung ließe sich einwenden, die Frage des Anwendungsbereichs des § 25 I Alt.2 hinge dann letztlich allein davon ab, welche Gedanken sich das Opfer macht. Beim Angstneurotiker, der immer und überall Gefahren vermutet, läge dann wohl immer ein Fall des § 25 I Alt.2, beim besonders leichtsinnigen Opfer dagegen unmittelbare Täterschaft vor. Dieser Einwand verfängt jedoch dann nicht, verobjektiviert man auch die Position des Opfers und bestimmt die von der Opferhandlung ausgehende Gefahr vom Standpunkt eines objektiven Dritten, allerdings ausgestattet mit dem Sonderwissen des Opfers. So könnte etwa das bloße Trinken eines Getränks von einem objektiven Standpunkt im Normalfalle nicht als spezifisch gefährlich im Hinblick auf eine Vergiftung

---

[38] Treffend *Herzberg*, MT, S. 51, der hinsichtlich des so erzielten Erfolges von einem „Abfallprodukt finalen Handelns“ spricht.
[39] So auch *Jakobs*, GA 97, 553 ff (559).
[40] *Herzberg*, MT, S. 51 (vor Geltung des § 25 I Alt.2).
[41] *Herzberg*, MT, S. 52.
[42] *Herzberg*, MT, S. 52.

angesehen werden[43]. Im Ergebnis würde dieser Ansatz letztlich dahin führen, den Anwendungsbereich des § 25 I Alt.2 auf diejenigen Fälle zu beschränken, in denen der Erfolgseintritt dem Handeln des „anderen“ zumindest objektiv zugerechnet werden kann[44]. Zumindest für die Fälle des Zwei-Personen-Verhältnisses dürfte dieser Maßstab ein brauchbares Unterscheidungskriterium darstellen. Ob man ihn jedoch auch im Drei-Personen-Verhältnis konsequent durchhalten kann, hängt letztlich auch von der allgemeinen Lebensanschauung und insbesondere dem Einfluss des allgemeinen Sprachgebrauchs auf die Problematik ab. Diese Gesichtspunkte sollen an späterer Stelle (unten Kapitel 3, B. II., C. I., II.) erörtert werden.

Festzuhalten ist, dass für den Anwendungsbereich des § 25 I Alt.2 *zumindest* ein dem Täterhandeln zeitlich nachfolgendes *Handeln* des „anderen“ erforderlich ist und dieses Handeln seinerseits für den Erfolgseintritt *zumindest* mitkausal geworden sein muss. Im Zwei-Personen-Verhältnis ist darüber hinaus zu fordern, dass der Erfolgseintritt dem Opferhandeln objektiv zugerechnet werden kann, um den Anwendungsbereich des § 25 I Alt.2 hier nicht unnötig weit ausufern zu lassen.

II. Die Rechtsfigur der mittelbaren Täterschaft und ihre normativen Grundlagen

1. Abgrenzung zur Anstiftung[45]

Allein die bereits oben erörterte Zwischenschaltung des Handelns einer anderen Person und einer davon ausgehenden spezifischen Gefahr für die betroffenen Rechtsgüter kann für § 25 I Alt.2 als Form täterschaftlicher Begehung freilich

[43] Eine entsprechende Gegenprobe durch Unterstellung einer aberratio ictus lässt sich auch in den Giftmordfällen vornehmen. In diesem Zusammenhang sei ein Geschehen angeführt, das *Isabel Allende* in ihrem Roman „Das Geisterhaus“ beschreibt: Der liberale Politiker Severo del Valle erhält im Wahlkampf eine Karaffe Schnaps geschenkt, aus der er seine Tochter Rosa trinken lässt. Der Schnaps ist vergiftet, Rosa stirbt. Könnte man hier ernsthaft behaupten, der Tod der Tochter sei nun (auch) dem Vater objektiv zuzurechnen, weil er ihr von geschenktem Schnaps zu trinken gegeben habe ? Selbst wenn er als Politiker - noch dazu in unruhiger Zeit - mit Anschlägen rechnen musste und sich später vorwirft, wie es im Roman heißt, „dass er durch seinen Ehrgeiz, seine Prahlsucht die Schuld trage“ und „dass niemand ihn geheißen habe, sich mit Politik zu befassen“, so hat *er* dennoch das erlaubte Risiko nicht überschritten und seine Tochter weder - im Rechtssinne - „getötet“ (§ 212) noch deren Tod „durch *Fahrlässigkeit* verursacht“ (§ 222). Der Fall macht aber deutlich, wie schwierig im Einzelfall die Abgrenzung zwischen „blindem“ und „sehendem“ Opfer und die Bestimmung der spezifischen Gefährlichkeit des Opferverhaltens für sich selbst (und andere) werden kann.

[44] In diesem Sinne wohl auch *Jakobs,* AT, 21/38, Rn. 91a: „Man kann deshalb diejenigen Fälle eines objektiv zurechenbaren Verhaltens, in denen ein nachfolgendes Verhalten schon keine objektiv zurechenbare Tatbestandsverwirklichung mehr bewirkt, der unmittelbaren Täterschaft zuschlagen (...)“.

[45] Eingehend hierzu bereits *Zehnpfennig,* Mittelbare Täterschaft und Anstiftung, 1932, (insbes. S. 38 ff).

nicht ausreichend sein, denn eine Zwischenschaltung Dritter ist auch - und gerade - in den Fällen der Anstiftung (§ 26) gegeben[46]. Vom reinen Wortlaut her ließe sich dabei auch in den Anstiftungsfällen zumindest noch davon sprechen, der Anstifter habe „durch" die Anstiftung (und zwar durch die Vornahme des Anstiftungs-Handelns!) mittelbar ein Rechtsgut verletzt[47]. Rein sprachlich wäre sogar möglich zu sagen, der Anstifter habe die Tat „durch den Angestifteten" begangen[48]. Weil es strafrechtlich aber ein „Mehr" bedeutet, „als Täter" gem. § 25 I bestraft zu werden statt lediglich als Teilnehmer (wenn auch „*gleich* einem Täter") gem. § 26[49], muss die Beziehung zwischen Täter und „anderem" dabei im Hinblick auf die Position des Veranlassenden intensiver sein als die Beziehung des Anstifters zum Angestifteten. Sie muss gar so stark sein, dass dem Veranlassenden im Hinblick auf die Ausführung der Tat das zukommt, was man allgemein als „Tatherrschaft" bezeichnet, so dass er nach diesem Kriterium als derjenige anzusehen ist, der die Tat (im normativen Sinne: *selbst*) „begeht" und sich gerade nicht wie der Anstifter darauf beschränkt, einen anderen „zu dessen" Begehung zu „bestimmen" (§ 26). Dies führt dann letztlich zu der

---

[46] Dabei soll an dieser Stelle bewusst auf die Formulierung verzichtet werden, Anstifter und mittelbarer Täter seien „Urheber" der Tat, denn dieser Begriff ist terminologisch verbraucht. Zur Geschichte und zur vielfältigen Verwendung des „Urheber"-Begriffs eingehend *Bolowich,* Urheberschaft und reflexives Verständnis, 1995 sowie aus früherer Zeit bereits *Uthmann,* Der Urheber des Verbrechens, 1963.

[47] Hierauf weist bereits zutreffend *Frühauf,* Eigenhändige Delikte, S. 118, Fn. 239, hin.

[48] Ich habe insoweit einmal den „alltäglichen Sprachgebrauch" im Gespräch mit Nicht-Juristen auf die Probe gestellt. Befragt, was sie sich darunter vorstellten, eine Straftat „durch einen anderen" zu begehen, kam nahezu übereinstimmend die Antwort, das müsse wohl dann der Fall sein, wenn man eben „einen anderen" dazu *anstifte.* Das Wort „anstiften" wurde dabei von den Befragten durchaus in dem Sinne verstanden, wie auch § 26 es versteht.

[49] Dies folgt rein gesetzlich auch schon daraus, dass die bloß *versuchte* Anstiftung nur beim Verbrechen strafbar ist (§ 30 I). Genau genommen wird hierbei allerdings der mittelbare Täter gegenüber dem Anstifter sogar bevorzugt, zumindest gilt dies dann, wenn man den Versuch der Begehung in mittelbarer Täterschaft mit *BGH*St 30, 363 (365) erst zu dem Zeitpunkt beginnen lässt, in dem der Hintermann das Werkzeug aus seinem Einwirkungsbereich in Richtung der unmittelbaren Ausführung *entlässt*, die Einwirkung also *beendet.* Dann nämlich sind der Beginn der Einwirkung und die Phase der Einwirkung selbst straflose Vorbereitung. Schlägt die Einwirkung fehl, geht der Hintermann straflos aus. Demgegenüber beginnt für den Anstifter zum Verbrechen (§ 30 I) der Versuch bereits mit dem *Beginn* der Einwirkung, da hierin der Beginn der tatbestandsmäßigen Handlung des Anstiftens liegt (hierzu auch *Herzberg,* in: *Amelung* (Hrsg.), Individuelle Verantwortung, S. 33 ff (50)). Die Versuchsproblematik bzgl. der mittelbaren Täterschaft soll hier nicht weiter vertieft werden. Eingehend hierzu *Gerhardt,* Die Abgrenzung von Vorbereitung und Versuch bei mittelbarer Täterschaft, 1970; *Roxin,* JuS 79, 1 ff (11 f); *Schilling,* Verbrechensversuch des Mittäters und des mittelbaren Täters, 1975; *Küper,* JZ 83, 361 ff; *Krüger*, Der Versuchsbeginn bei mittelbarer Täterschaft, 1994; ferner *Papageorgiou-Gonatas,* Wo liegt die Grenze zwischen Vorbereitungshandlungen und Versuch ?, 1988, S. 240 ff; *Roxin,* FS *Maurach,* S. 213 ff (218 ff); *Herzberg,* FS *Roxin*, S. 749 ff sowie die unten, Kapitel 3, H., genannten Autoren. Darüber hinaus besteht etwa in den Fällen, in denen das Werkzeug selbst rechtmäßig bzw. gerechtfertigt handelt, die Alternative nur zwischen Täterschaft des Hintermannes oder - mangels rechtswidriger Vortat - Straflosigkeit, eingehend hierzu *Randt*, MT, S. 15.

gängigen Formulierung, der unmittelbar Handelnde müsse das „Werkzeug"[50] des Veranlassenden sein.

2. Positive Bestimmung der Voraussetzungen einer „Werkzeugeigenschaft"

Wann im Einzelfall eine solche „Werkzeugeigenschaft" des unmittelbar Handelnden anzunehmen ist, ist dem Gesetzeswortlaut de lege lata nicht zu entnehmen.

a) Entstehungsgeschichte des § 25 I Alt.2

Hinzuweisen ist in diesem Zusammenhang zunächst auf die positive Normierung der Werkzeug-Voraussetzungen, die im E 58 (s.o. Einführung C. II.) Niederschlag gefunden hatte. Jedoch war auch jener Gesetzesentwurf letztlich nur Ausfluss bereits bestehender, ungeschriebener Voraussetzungen, die die Begehungsform der mittelbaren Täterschaft in der Zeit zuvor durch Rechtsprechung und Literatur erfahren hatte. Diese gilt es im folgenden näher darzustellen.

b) Beherrschung des unmittelbar Handelnden durch den Hintermann nach den überkommenen Fallgruppen

Im folgenden sollen zunächst diejenigen Fallgruppen kurz dargestellt werden, in denen nach den in Rechtsprechung und Lehre entwickelten Kriterien eine „Werkzeugeigenschaft" des unmittelbar Handelnden und damit eine sog. „mittelbare Täterschaft des Hintermannes" angenommen wurde. Erst danach kann auf die dogmatischen Probleme eingegangen werden, die sich in bestimmten einzelnen Fallkonstellationen stellen und die zum Teil fallgruppenübergreifend erst im weiteren deutlich werden.

Im wesentlichen lassen sich zunächst vier große Gruppen unterscheiden, in denen von einer „Werkzeugeigenschaft" des unmittelbar Handelnden und einer daraus folgenden „Tatherrschaft" des mittelbaren Täters gesprochen wird[51]: Dies sind die Nötigungsherrschaft, die Irrtumsherrschaft, die Benutzung eines Schuldunfähigen oder vermindert Schuldfähigen und die Herrschaft aufgrund eines organisatorischen Machtapparates. Die Sonderfälle, in denen der unmittelbar Handelnde sich mit seinem Verhalten von vornherein im Bereich *rechtmäßigen* Handelns bewegt (Tatbestandslosigkeit bzw. Rechtfertigung) sollen daran anschließend gesondert behandelt werden.

---

[50] Kritisch zum „Werkzeug"-Begriff *Baumann/Weber/Mitsch,* AT, § 29, Rn. 124, die vom „Tatmittler" sprechen sowie in früherer Zeit bereits *Binding,* GS 76 (1910), S. 87 ff (94, Fn. 3); *Beling,* ZStrW 28 (1908), S. 289 ff (593 f). Problematisiert wird der Begriff „Werkzeug" (ebenfalls im Vergleich zum Begriff der „Mittelsperson") in der Rechtsprechung bereits in RGSt 1, 146 (147 f).

[51] Unterscheidung nach *Roxin,* in LK(11), § 25 Rn. 54.

aa) Nötigungsherrschaft

Die Fälle der Nötigungsherrschaft sind dadurch gekennzeichnet, dass der mittelbare Täter den unmittelbar Handelnden durch Einsatz körperlichen oder psychischen Zwangs zur unmittelbaren Bewirkung der Rechtsgutverletzung nötigt. In solchen Fällen lässt sich sagen, dass der Hintermann aufgrund seiner psychischen Einwirkung auf den Vordermann dessen Verhalten steuern und deswegen nach der positiv formulierten Tatherrschaftsformel „das Geschehen nach seinem Willlen hemmen oder ablaufen lassen" kann"[52]. Die rein faktische, psychische Herrschaft des Hintermannes über den Vordermann begründet somit nach den allgemeinen „Täter"-Voraussetzungen die Tatherrschaft des Hintermannes[53]. In den Fällen der Nötigungsherrschaft wird eine für die Begehung „durch" den unmittelbar Handelnden ausreichende Einwirkung dann angenommen, wenn der Druck auf den Handelnden so stark ist, dass die Rechtsordnung ihn von seiner eigenen strafrechtlichen Verantwortung für sein Tun entbindet[54]. Beim Handeln im Nötigungsnotstand wäre der unmittelbar Handelnde entweder nach § 34 gerechtfertigt (oder ggf. auch nach § 904 S.1 BGB), zumindest aber, versagt man dem „auf die Seite des Unrechts tretenden" Vordermann mit der wohl herrschenden Meinung[55] die *Rechtfertigung*, jedenfalls nach § 35 I 1 entschuldigt.

bb) Irrtumsherrschaft

Zur Fallgruppe der Irrtumsherrschaft gehören zunächst jene Fälle, in denen der unmittelbar Handelnde einen zum gesetzlichen Tatbestand gehörenden Umstand nicht (er-)kennt, so dass gem. § 16 I 1 sein Vorsatz und damit seine Strafbarkeit wegen vorsätzlichen Handelns entfallen.

(1) Die „Willensherrschaft kraft finaler Überdetermination"

Als Schulbeispiel sei auf den „Jäger"-Fall verwiesen: A gaukelt dem kurzsichtigen Jäger B beim gemeinsamen Jagdausflug vor, im Gebüsch befinde sich ein Wildschwein. Er fordert den B auf, es zu schießen. Tatsächlich befand sich im Gebüsch ein Mensch, den B aufgrund seines Irrtums tötet, was A erkannt und gewollt hatte. Die „Herrschaft" des A über B wird dabei mit der bewussten Hervorrufung und Ausnutzung des Irrtums begründet, die dazu führe,

---

52 So die Formulierung bei *Maurach/Gössel/Zipf*, AT 2, § 47 IV Rn. 85.

53 Übersicht zu den einzelnen Ansätzen der Tatherrschaftsbegründung bei *Kelker*, Der Nötigungsnotstand, 1993, S. 118 ff (118, Fn. 2). Abgelehnt wird die mittelbare Täterschaft in den Fällen der Nötigungsherrschaft jedoch neuerdings von *Köhler*, AT, S. 510, da der unmittelbar Handelnde schuldfähig, tat- und schuldbewusst die konkrete Unrechtsmaxime erfasse. Nach *Köhler*, a.a.O., soll daher nur Anstiftung anzunehmen sein.

54 Vgl. *Roxin*, TuT, S. 147; Sch/Sch-*Cramer/Heine*, § 25, Rn. 35 m.w.N. Anders allerdings *Schroeder*, ThT, S. 120 ff, der bereits einen Motivationsdruck im „*Grenzbereich der Entschuldigungsgründe*" ausreichen lassen will.

55 Vgl. Sch/Sch-*Lenckner/Perron*, § 34, Rn. 41b m.w.N. Eingehend und kritisch zur Problematik *Kelker*, Der Nötigungsnotstand, 1993, S. 124 ff.

dass das Verhalten des B im Hinblick auf den eingetretenen Erfolg vom Hintermann „in die Ursachenkette hineinverwoben" werde[56]. *Roxin* bezeichnet dies als „Willensherrschaft kraft finaler Überdetermination"[57].

(2) „Herrschaft" des Hintermannes kraft Sonderwissens über den Grad der Rechtsgutgefährdung

Es begegnet Bedenken, hier von einer „Herrschaft" des Hintermannes über den Vordermann zu sprechen. De facto ist die „Herrschaft" des Hintermannes über das Verhalten seines Vordermannes nämlich nicht größer als sie wäre, handelte es sich bei dem Objekt im Gebüsch nicht um einen Menschen, sondern tatsächlich um ein Wildschwein. Das erhellt sofort, denkt man sich anstelle der - kraft Natur der Sache - ohnehin jagdlustigen Jägersleute einmal zwei Beteiligte, deren Handlungsmotivation im Hinblick auf ein konkretes Verhalten erst noch geweckt werden müsste: Sind A und B etwa bloß zwei Spaziergänger, und fordert A den B nunmehr unvermittelt auf, ein paar Steine ins Gebüsch zu werfen, so wird man ernsthaft nicht behaupten können, A „beherrsche" den B; unabhängig davon, ob sich im Gebüsch rein gar nichts oder - von A erkannt - ein Mensch befindet. B bleibt in seiner Entscheidung zu werfen oder dies zu lassen völlig frei. Die Motivation, die ihn zum Wurf bewegen könnte, kann entweder darin liegen, dem Ansinnen des A nachzukommen oder aber die Idee des A aufzugreifen und aus eigenem Spaß daran den Wurf vorzunehmen. Das *Nichtwissen* um den im Gebüsch befindlichen Menschen ist dabei hingegen indifferent und wirkt sich auf seine konkrete Entscheidung nicht aus[58]. Was A hier tatsächlich allein „beherrscht" ist der Grad der Gefährdung des geschützten Rechtsguts. Denn kraft seines Sonderwissens über die Situation ist ihm bekannt, dass die Aufforderung an B, wenn B sie denn befolgt, mit hoher Wahrscheinlichkeit die Verletzung des im Gebüsch befindlichen Menschen, mithin die Verletzung des tatbestandlich geschützten Rechtsguts bewirken wird. *Dass* B die Aufforderung befolgen wird, ist nach der Lebenserfahrung zwar nicht sicher, aber im Bereich des Möglichen, zumal die Rechtsordnung - was A auch weiß - für den unwissenden B kein hemmendes Gegenmotiv bilden kann; zumindest nicht im Hinblick auf die Bestrafung aus einem Vorsatzdelikt[59].

---

[56] *Roxin*, TuT, S. 171 ff (174).
[57] *Roxin*, TuT, S. 172.
[58] Auf die fehlende „faktische" Herrschaft in derartigen Fällen weist zutreffend auch *Herzberg* hin (in: *Amelung* (Hrsg.), Individuelle Verantwortung, S. 33 ff (46). Treffend auch *Jakobs*, GA 97, 553 ff (565): „Niemand ist schon allein deshalb Werkzeug eines anderen, weil er weniger weiß als dieser (...)".
[59] Dass die Rechtsordnung sogar davon ausgeht, dass es nach Lebenserfahrung auch im Bereich des Möglichen liegt, einer derartigen Aufforderung selbst dann nachzukommen, *wenn* die Rechtsordnung als hemmendes Gegenmotiv entgegensteht, zeigt bereits der Tatbestand der Anstiftung (§ 26).

Noch deutlicher wird das Fehlen einer faktischen „Herrschaft“ des A über die Person des B, lässt man den A, ohne überhaupt auf B selbst einzuwirken, lediglich eine schon bestehende Motivation des B ausnutzen: A sei beispielsweise ein Soldat, der bei einer Übung unbemerkt die Platzpatronen im Gewehr seines Kameraden B gegen echte Patronen austauscht und dadurch bewirkt, dass B im Verlaufe des Manövers einen „angreifenden“ Übungsgegner erschießt. In diesem Falle nimmt A selbst auf die Motivation des Vordermannes überhaupt keinen eigenen Einfluss, sondern beschränkt sich auf eine Einwirkung auf dessen Umwelt, die er in seinem Sinne umgestaltet.

Es entsteht der Eindruck, durch die Begriffsschöpfung der „Willensherrschaft kraft finaler Überdetermination“ solle eine „Herrschaft“ beschrieben werden, die es tatsächlich gar nicht gibt[60]. In der Sache freilich stellt auch *Roxin* als Schöpfer dieses Begriffes letztlich nicht auf eine *faktische*, sondern auf eine rein *normative* „Herrschaft“ des Hintermannes allein im Hinblick auf die Erfolgsverursachung und -zurechnung ab, wenn er die vom Hintermann ausgehende „finale Überdetermination“ daraus ableitet, das Verhalten des Vordermannes werde „im Hinblick auf den Erfolg(!) in die Ursachenkette(!) hineinverwoben“[61].

(3) Zurechnung der Fallgruppe zu § 25 I Alt.2

Dass diese Fallkonstellationen als „Begehung durch einen anderen“ nach § 25 I Alt.2 anzusehen sind, darf heute wohl als einhellig anerkannt bezeichnet werden[62], obgleich früher vereinzelt von strengen Finalisten in Berufung auf die dem A zukommende „finale Tatherrschaft“ im Jäger-Fall - erst recht müsste dies im Soldaten-Fall gelten - noch ein Fall unmittelbarer Täterschaft nach § 25 I

---

[60] In diesem Sinne lassen sich auch die Ausführungen *Schilds*, Täterschaft als Tatherrschaft, S. 18 f, verstehen, auch wenn er *Roxin* im Ergebnis folgt. *Schild* schreibt zunächst (S. 18): „Aber dies (der Irrtum des Vordermannes) ermöglicht nur die Herrschaft des überlegen Wissenden. Tatherr kann er nur (und erst) dann werden, wenn er diese Möglichkeit auch wirklich ergreift und die Willensherrschaft durch den Irrenden als Werkzeug wirklich ausübt. Erforderlich ist deshalb - wie im Falle der Willensherrschaft kraft Nötigung! - eine Handlung des Täters, die den Irrenden als Werkzeug umgreift und dessen Aktivität einbezieht in die eigene Willensverwirklichung, weshalb das gesamte Geschehen als Handlung des Hintermannes - der in ihr seinen überlegenen Willen verwirklicht erscheint. (...)“ (S. 19): „Täter kann der Hintermann nur sein, wenn er den Irrenden zu der Ausführungshandlung bringt: indem er den Irrtum herbeiführt oder den Irrenden zur Tat auffordert, ihm diese einredet, dazu rät, ihn veranlaßt usw. (...) Nur durch dieses auf den Irrtum bezogene, ihn umfassende Handeln wird der Irrende auch wirklich als Werkzeug benutzt, weshalb der Hintermann nicht eine Willensherrschaft kraft Irrtums (auch nicht: kraft Täuschung), sondern die Handlungsherrschaft selbst hat.“ In gleicher Richtung bereits *Zehnpfennig*, Mittelbare Täterschaft und Anstiftung, 1932, S. 28 sowie *Herzberg* (in *Amelung* (Hrsg.), a.a.O.).

[61] TuT, S. 171 ff (174).

[62] Vgl. *Herzberg*, T/T, S. 17.

Alt.1 angenommen wurde[63]. Das wäre auch nach den oben (B. I. 3.) vorgeschlagenen Abgrenzungskriterien konsequent, sieht man das Handeln des B im Hinblick auf den Erfolg als „blindkausalen Bedingungsfaktor“ an[64]. Grenzt man jedoch nach den Kriterien der objektiven Zurechenbarkeit ab, kommt man nicht daran vorbei, dass von der Handlung „Schießen“ oder „Steine werfen“ typischerweise immer die Gefahr ausgeht, dadurch einen Menschen zu verletzen. Gleiches muss im Soldaten-Fall gelten, denn die Benutzung von Waffen gegenüber anderen Menschen birgt abstrakt gesehen immer eine erhebliche Gefahr, weil Waffen schon ihrer technischen Konzipierung nach auf die Tötung und Verletzung von Menschen angelegt sind. A hat deswegen in allen Varianten das im Hinblick auf die Verletzung von Menschen spezifisch gefährliche Handeln des B bewusst auf einen anderen Menschen ausgerichtet, so dass sich sagen lässt, A habe das Opfer „durch B“ „getötet“ bzw. „körperlich misshandelt“.

Ferner in die Kategorie der Irrtumsherrschaft gehören diejenigen Fälle, in denen dem unmittelbar Handelnden Umstände vorgespiegelt werden, die seine Rechtfertigung oder Entschuldigung bewirken könnten (dazu im einzelnen unten III. 3. a) cc)). Ob und wieweit auch die Hervorrufung bloßer Motivirrtümer eine Werkzeugeigenschaft begründen kann, ist streitig soll ebenfalls unten (III. 3. a)) angesprochen werden.

cc) Werkzeugeigenschaft kraft fehlender strafrechtlicher Verantwortlichkeit

Eine weitere Fallgruppe bilden diejenigen Konstellationen, in denen der zur Tat veranlasste Vordermann selbst schuldunfähig gem. §§ 19, 20 oder vermindert schuldfähig (§ 21) bzw. noch nicht strafrechtlich verantwortlich (§ 3 JGG) ist. Da bei dieser Fallgruppe die einzelnen Voraussetzungen der Annahme einer mittelbaren Täterschaft (im Unterschied zu einfacher Teilnahme) im Detail streitig sind, soll an dieser Stelle ebenfalls nur auf das Bestehen dieser Fallgruppe hingewiesen werden. Die Einzelfragen sind unten (III. 3. b)) im Zusammenhang darzustellen.

dd) Tatherrschaft kraft organisatorischer Machtapparate

Lange Zeit ein eher theoretisches Schattendasein fristete schließlich die letzte Fallgruppe mittelbarer Täterschaft, die Figur der „Tatherrschaft kraft organisatorischer Machtapparate“[65]. Sie geht im wesentlichen zurück auf

---

[63] So *Welzel*, Lb. S. 102; zweifelnd auch *Roxin*, TuT S. 173 und *ders.* in AT II, § 25, C II, Rn. 63, der die mittelbare Täterschaft im Ergebnis aber (aus terminologischen Gründen) doch bejaht.

[64] So *Roxin*, a.a.O.

[65] Vgl. *BGH*St 40, 218 ff; 35, 347 ff; *Roxin*, TuT, S. 242 ff sowie *ders.* in LK(11), § 25 Rn. 128, 130 m.w.N.; *Schroeder*, ThT, S. 166 ff; *Stratenwerth*, AT I, S. 226, Rn. 790 f.

Roxin[66] und *Schroeder*[67]. In der Rechtsprechung erlangte sie praktische Bedeutung durch die Entscheidung des *BGH*[68] zur strafrechtlichen Verantwortlichkeit von Mitgliedern des Nationalen Verteidigungsrats der DDR für vorsätzliche Tötungen von Flüchtlingen durch Grenzsoldaten („Mauerschützen"). In jener Entscheidung wandte der *BGH* die Figur der „organisatorischen Machtapparate" nicht nur auf die politischen Hintermänner des Schießbefehls an der Grenze an, sondern zeigte in einem obiter dictum noch weitere Felder auf, in denen jene Fallgruppe zukünftig möglicherweise weitere Anwendung finden wird. Es sollen dies etwa Fälle mafiaähnlich organisierter Verbrechen oder Probleme der Verantwortlichkeit beim Betrieb von Wirtschaftsunternehmen sein[69].

Die Figur der „organisatorischen Machtapparate" erfasst Konstellationen, in denen der Hintermann kraft seiner ihm durch einen vom Boden des Rechts entfernten Machtapparat verliehenen Befehlsgewalt den unmittelbar Ausführenden als „nur ein in jedem Augenblick ersetzbares Rädchen im Getriebe"[70] dieses Apparates beherrscht und ihn dadurch zur Ausführung der Tat zwingt. Der Unterschied dieser Fallgruppe im Vergleich zu den übrigen Gruppen liegt darin, dass auch der unmittelbar Handelnde in seiner Person rechtlich voll für sein Tun verantwortlich ist. Maßgebend für die Tatherrschaft des Hintermanns soll dabei nach *Roxin* die „Fungibilität"[71] des unmittelbar Handelnden sein, weil die etwaige Weigerung des zur Tat Bestimmten die Ausführung des Befehls durch einen beliebigen anderen nicht beeinträchtige[72]. Der *BGH*[73] hingegen stellt auf die Ausnutzung „durch Organisationsstrukturen bestimmter Rahmenbedingungen"[74] und auf die Ausnutzung der „unbedingten Bereitschaft des Handelnden, den Tatbestand zu erfüllen"[75] ab[76]. Wie sich die

---

66 TuT, S. 242 ff.
67 ThT, S. 166 ff.
68 St 40, 218 ff. Vgl. auch zuletzt *BGH*St 42, 65 ff.
69 A.a.O., S. 237. Kritisch zu Entscheidungen im Bereich des Wirtschaftsstrafrechts, in denen der *BGH* auf diese Figur zurückgriff (*BGH* NStZ 97, 411; *BGH* wistra 98, 148), nunmehr *Roxin* selbst (TuT, S. 616 f und AT II, § 25, C II Rn. 127 ff).
70 *Roxin,* a.a.O., S. 245.
71 *Roxin,* a.a.O., S. 245.
72 *Roxin,* a.a.O., S. 245. Kritisch zum Kriterium der „Fungibilität" jedoch *Schroeder,* ThT, S. 168: „Denn auch der Ausgewechselte könnte ja die Begehung der Tat verweigern usf. Der tiefere Grund für die Annahme einer Tatherrschaft der Hinterleute kann doch auch für Roxin nur darin liegen, daß durch die Auswechselbarkeit jederzeit tatbereite Werkzeuge beschafft werden können. Die Auswechselbarkeit ist also nur ein Mittel zur Erlangung der Tatherrschaft, aber nicht deren tragender Grund." Die Kriterien *Roxin*s ablehnend auch *Herzberg*, in: *Amelung* (Hrsg.), Individuelle Verantwortung, S. 33 ff (34 ff).
73 *BGH*St 40, 218.
74 A.a.O., S. 236 f.
75 A.a.O., S. 236 f; dieses Kriterien geht im wesentlichen zurück auf *Schroeder,* ThT, S. 166 f. Hierzu *Schroeder,* JR 95, 177 (179).
76 Noch einen etwas anderen Ansatz wählt *Bloy,* GA 96, S. 242 ff (440 ff), der zwar terminologisch auch den Begriff der „Organisationsherrschaft" benutzt, diesem aber wohl

einzelnen Voraussetzungen dieser Fallgruppe zukünftig entwickeln werden und welchen Anwendungsbereich diese Figur tatsächlich finden wird, bleibt noch abzuwarten[77].

III. Gemeinsame Kriterien der unterschiedlichen Formen der Werkzeugeigenschaften

Im folgenden soll zunächst untersucht werden, welche gemeinsamen dogmatischen Kriterien den oben dargestellten Fallgruppen zugrundeliegen. Anhand einzelner Unterproblematiken soll sodann versucht werden, die Geltung der gefundenen Kriterien zu überprüfen und ggf. näher zu modifizieren.

1. Das Verantwortungsprinzip

a) Volle strafrechtliche Verantwortlichkeit des Vordermannes als Grenze tatherrschaftlicher Zurechnung zum Hintermann

Sieht man vom Sonderfall der Tatherrschaft kraft organisatorischen Machtapparates einmal ab, so ist den oben angeführten Fallgruppen auf den ersten Blick gemeinsam, dass derjenige, der die Rechtsgutsverletzung in seiner Person unmittelbar herbeiführt, die „Tat" also „ausführt", nicht oder jedenfalls nicht wegen *vorsätzlicher* Rechtsgutverletzung bestraft werden kann. Im Nötigungsnotstand folgt dies aus § 35 I 1, im Fall des vorsatzlosen Werkzeugs aus § 16 I 1 und bei der Benutzung eines Schuldunfähigen aus den §§ 19, 20. Auf den ersten Blick liegt es daher nahe, die „Werkzeugeigenschaft" des Vordermannes unmittelbar aus dessen „strafrechtlichem Defizit" herzuleiten. Hierfür spräche auch, dass die oben (Einleitung C. II) erwähnte Fassung des E 58 gerade diese strafrechtlichen Defizite des Vordermannes als Voraussetzungen einer täterschaftlichen Bestrafung der Begehung „durch einen anderen" in den Vordergrund stellte. Akzepziert man diese Prämisse, stößt man jedoch schnell an die Grenze der Begehung „durch einen anderen": Sie kann dann in jenen Fällen nicht mehr möglich sein, in denen der Vordermann selbst voll

---

einen eigenen Inhalt unterlegt, wenn er schreibt (S. 441): „Die Handlungsherrschaft beruht nämlich anders als in sonstigen Fällen der Willensherrschaft nicht etwa darauf, daß der Hintermann den Ausführenden beherrscht. Er beherrscht „nur" den Apparat. Dem Ausführenden kommt jedoch eine Doppelstellung zu: Er ist einerseits für sein Tun strafrechtlich verantwortlich, andererseits handelt durch ihn zugleich die Organisation selbst. Obwohl der Organisationsaspekt ihn als Individuum nicht entlastet, ist für das Organisationshandeln als solches nur derjenige verantwortlich, der die Organisationsherrschaft hat. Somit sind auf unterschiedlicher Ebene beide für die Tat als Täter verantwortlich, der Hintermann qua Organisationsunrecht, der Vordermann qua Individualunrecht." Und S. 442: „Da die Organisationsherrschaft sich von der Individualherrschaft strukturell grundlegend unterscheidet, ist mittelbare Täterschaft insoweit in weiterem Umfange möglich. Die Grenzen der Organisationsherrschaft sind bislang jedoch noch zu wenig erforscht, als daß sie mit einer griffigen Formel beschrieben werden könnten."

[77] Zum aktuellen Streitstand vgl. *Roxin,* AT II, C II Rn. 105 ff.

verantwortlicher Täter ist[78]. Letztere These stellt sich gewissermaßen als die zwingende Kehrseite des „Verantwortungsprinzips" dar.

Als Begründung derartiger Konsequenzen wird angeführt, die Rechtsordnung dürfe nicht in Widerspruch zu sich selbst geraten, indem sie einerseits den unmittelbar Handelnden als Täter zur vollen Verantwortung ziehe, andererseits aber sein Verhalten als vom Hintermann „beherrscht" und damit als unfrei ansehe[79]. Die Freiheit des Menschentums und seiner Würde fordere diese Begrenzung der Verantwortlichkeit: Wer wissentlich und willentlich und mit allen anderen Merkmalen des inneren Tatbestandes die Ausführungshandlung vorgenommen habe, sei Täter, und die Tatsache des Täterseins verbiete den Rückgriff auf den geistigen Urheber als mittelbaren Täter[80]. In jüngerer Zeit wird diese Sperre der Verantwortung verstärkt auch unter dem Gesichtspunkt der objektiven Zurechnung erörtert[81].

b) Die „Katzenkönig"-Entscheidung (BGHSt 35, 347)

Eine erste Abkehr von derart strengem Verständnis des Verantwortungsprinzips zeichnete sich ab durch die als „Katzenkönig-Fall" bekanntgewordene Entscheidung *BGHSt 35, 347*: Dem R, einem ehemaligen Polizisten, war vom Hintermann P und dessen Freundin eingeredet worden, der „Katzenkönig", eine Art Gott des Bösen, verlange ein Menschenopfer, anderenfalls werde er selbst Millionen Menschen töten. Die Hinterleute hatten dem R versichert, das Tötungsverbot, welches R durchaus erkannt hatte, finde ausnahmsweise keine Anwendung, weil es um die Rettung von Millionen Menschenleben und im übrigen um die Erfüllung eines göttlichen Auftrags gehe. R versuchte hierauf, einen Menschen zu töten.
Misst man der abergläubischen Vorstellung des R überhaupt rechtliche Relevanz zu, so befand er sich allenfalls in einem vermeidbaren Erlaubnisirrtum über die rechtlichen Grenzen des § 34: Selbst wenn die von ihm angenommene „Gefahr" vorgelegen hätte, wäre sein Handeln („ein Leben für Millionen") gleichwohl nicht gerechtfertigt gewesen, weil § 34 die quantitative Aufrechnung von Menschenleben für eine Rechtfertigung nicht zulässt. R handelte daher schuldhaft; Berücksichtigung findet der Rechtsirrtum allenfalls durch die fakultative Strafmilderung gem. § 17 S. 2. Bei konsequenter Anwendung des „Verantwortungsprinzips" müsste eine mittelbare Täterschaft des P ausscheiden, weil R selbst voll verantwortlich handelte und deswegen nicht als Werkzeug angesehen werden dürfte. Konsequenterweise wird deswegen von den Befürwortern eines strengen Verantwortungsprinzips in den Fällen eines

[78] *Jescheck/Weigend,* AT, § 62 I 2, S. 664; *Jakobs* AT, 21/63, 94; *Roxin* TuT, S. 156 ff (158).
[79] *Gallas,* Beiträge, S. 99.
[80] *Wegner,* AT, S. 242.
[81] Vgl. *M.K. Meyer,* S. 109 ff mit Nachweisen zu einzelnen Ansätzen *(S. 117 ff).*

vermeidbaren Verbots- oder Erlaubnisirrtums eine Werkzeugeigenschaft des Vordermannes verneint[82].

aa) Die Auffassung des BGH

Der *BGH* hat sich im „Katzenkönig"-Fall mit der „Werkzeug"-Frage auseinandergesetzt, eine generelle Aussage aber nicht getroffen, sondern die Bejahung einer Werkzeugeigenschaft von der „vom Täterwillen getragenen objektiven Tatherrschaft" abhängig gemacht. Letztere müsse „nach der konkreten Fallgestaltung im Einzelfall wertend ermittelt" werden[83]. Nach welchen Kriterien die Tatherrschaft, um deren Bestehen es letztlich gerade geht, zu bestimmen sein soll, bleibt dabei allerdings weitgehend offen[84]. Im konkreten Fall des „Katzenkönigs" wurde wegen der besonderen Intensität der Einwirkung des Hintermannes auf den Vordermann und wegen dessen besonderer Persönlichkeitsstruktur trotz der Vermeidbarkeit des Erlaubnisirrtums bei R eine Werkzeugeigenschaft bejaht.

bb) Das „Werkzeugprinzip"

Demgegenüber mehren sich Stimmen in der Literatur, die an einer „starren" Geltung des Verantwortungsprinzips nicht festhalten, sondern eine Werkzeugeigenschaft schon dann in Betracht ziehen wollen, wenn die strafrechtliche Verantwortlichkeit des Vordermannes in irgendeiner Weise insoweit „angebrochen" ist[85], als einem etwaigen Defizit des Vordermannes überhaupt eine rechtliche Relevanz zukommt. Ankommen soll es nach diesem Ansatz allein auf die tatsächliche Einwirkung des Hintermannes (sog. „Werkzeugprinzip" als gegenüber dem Verantwortungsprinzip abgetrenntes Kriterium[86]). Auf das Verantwortungsprinzip wäre dann nur noch insoweit zurückzugreifen, als es darum ginge, den jeweils erforderlichen Grad der Einwirkung des Hintermannes auf den Vordermann normativ zu bestimmen[87].

---

[82] So *Jescheck/Weigend,* AT, § 62 II 5, S. 669; *Jakobs* AT, 21/94; *Stratenwerth* AT, Rn. 780; *Bloy,* Beteiligungsform, S. 351.

[83] *BGH*St 35, 347 (353 f).

[84] Auch in der späteren Entscheidung *BGH*St 40, 257 ff werden in dieser Hinsicht keinerlei nähere Anhaltspunkte gegeben. Der *BGH* prüft die „Art und Tragweite des Irrtums" und die „Intensität der Einwirkung" allein daran, ob die Hintermänner „mit Täterwillen und Tatherrschaft handelten" (S. 267). Das wird anhand der konkreten Umstände des Falles bejaht. Der Fall hätte jedoch schon allein deswegen zu näherer Erörterung Anlass gegeben, weil Werkzeuge *und* Hinterleute aufgrund *desselben* Verbotsirrtums handelten und es deswegen an der - im Katzenkönig-Fall gerade das Zentralproblem bildenden - bewussten Hervorrufung und Ausnutzung des Irrtums fehlte (vgl. im einzelnen hierzu *Schöch,* NStZ 95, 153 (157); *Murmann,* GA 98, 78 ff).

[85] So im Ergebnis früher *Herzberg,* Jura 90, 16 (22 ff) (anders aber jetzt in *Amelung* (Hrsg.), Individuelle Verantwortung, S. 33 ff (46)); *Küper* JZ 89, 935 (948); *Schaffstein* NStZ 89, 153 (156); *Schumann,* Handlungsunrecht, S. 78.

[86] Vgl. *Herzberg,* Jura 90, 16 (22 f).

[87] Vgl. *Küper* JZ 89, 935 (948).

Dem Verantwortungsprinzip kommt nach diesem Ansatz damit letztlich nur noch die Funktion eines Maßprinzips zu[88]. Eine solche Einschränkung erschiene gerade auch im *Katzenkönig*-Fall bei wertender Betrachtung angemessen: Der zum Narren gehaltene R müsste sich gar ein zweites Mal verhöhnt vorkommen, erklärte man ihm, Hintermann P komme nur deswegen mit einem strafrechtlichen „Weniger" davon, um ihm (R) - seiner Freiheit und Würde willen - das Verdikt zu ersparen, ein „Werkzeug" gewesen zu sein.

2. Sonderkonstellation: Zwischenschaltung rechtmäßigen Verhaltens Dritter oder des Opfers

Im folgenden sollen nun zwei Konstellationen in die Betrachtung hinzugenommen werden, die man mitunter als eigene (Unter-)Fallgruppen der mittelbaren Täterschaft einstuft. Es sind dies die Konstellationen des „tatbestandslos handelnden" und des „rechtmäßig handelnden" Werkzeugs. Diese (Unter-)Gruppierungen hatten zwar im Wortlaut des E 58 keinen Niederschlag gefunden, doch gingen dessen Verfasser davon aus, die gesetzliche Regelung erfasse auch sie[89]. Der Großteil der zu diesen Gruppen gezählten Fälle lässt sich bereits nach den oben erörterten Fallgruppen der Nötigungs- und Irrtumsherrschaft lösen. Bei den übrigen Konstellationen stoßen auch Verantwortungs- und Werkzeugprinzip an ihre Grenzen, weil das Abgrenzungskriterium der strafrechtlichen (Voll-)Verantwortlichkeit (Verantwortungsprinzip) bzw. der strafrechtlichen Relevanz des Defizits (Werkzeugprinzip) unpassend erscheinen, wenn das Verhalten des Vordermannes bereits von vornherein nicht mit Strafe bedroht ist und der Vordermann ein entsprechendes Defizit nicht aufweist (und letztlich mangels strafrechtlicher Sanktionsbewehrung des eigenen Verhaltens auch gar nicht aufweisen kann). Im einzelnen geht es um folgende Fälle:

a) Selbstschädigung durch das Opfer („Tatbestandslos handelndes Werkzeug")

Zu nennen ist zunächst die Konstellation der Hervorrufung einer bewussten Selbstschädigung durch das Opfer[90], häufig auch kürzer als Fallgruppe des „tatbestandslos handelnden Werkzeugs" bezeichnet[91]. An diesen Fällen zeigt sich besonders deutlich, wie sehr die Einwirkung des Hintermannes als das eigentlich tatherrschaftsbegründende Verhalten und das Fehlen eigener

---

[88] Vgl. *Küper* JZ 89, 935 (948).
[89] Vgl. Niederschriften, Bd. 2, Anhang 19, Fn. 1.
[90] Aus früherer Zeit hierzu bereits eingehend *K. Schneider,* Die mittelbare Täterschaft und die Beteiligung an der Selbstschädigung, 1939, S. 35 ff. Zum heutigen Streitstand zusammenfassend *Amelung,* Bausteine des europäischen Strafrechts, S. 247 ff sowie *Jun,* Die mittelbare Täterschaft bei der Suizidbeteiligung nach deutschem und koreanischem Strafrecht, 1992. In der Rechtsprechung grundlegend *RG*St 26, 242.
[91] So etwa *Jescheck/Weigend,* AT, § 62 II 1, S. 665; *Wessels/Beulke,* AT, § 13 III 3 a) Rn. 537.

strafrechtlicher Verantwortlichkeit des Vordermannes als bloßes Symptom mittelbarer Täterschaft klar auseinandergehalten werden müssen.

Zwingt etwa A den B unter der Drohung, einen nahen Angehörigen des B zu töten, zu einer Selbstverletzung oder Selbsttötung, so nützt der Rückgriff auf das Verantwortungsprinzip wenig: Wollte man nämlich die Werkzeugeigenschaft des B allein damit begründen, er selbst könne für sein Tun strafrechtlich nicht zur Verantwortung gezogen werden, so dürfte man konsequenterweise hierfür nicht auf das Vorliegen einer den Intensitätsgrad des § 35 I 1 erreichenden Notstandslage abstellen, denn B verletzt keinen „anderen", sondern sich selbst. Aus der Tatbestandslosigkeit des Handelns des B nun das Fehlen seiner strafrechtlichen Verantwortung herleiten und daraus eine Werkzeugeigenschaft begründen zu wollen, erschiene allerdings widersprüchlich: Vom Fehlen einer „strafrechtlichen Verantwortung" lässt sich sinnvollerweise nur sprechen, wenn das in Frage stehende Tun überhaupt strafrechtlich relevant werden kann und es an der strafrechtlichen Relevanz im konkreten Einzelfall nur deshalb fehlt, weil Ausnahmetatbestände (§§ 16 I, 19, 20, 21, 34, 35 I 1) die Strafbarkeit entfallen lassen. Zumindest im Hinblick auf § 223 oder § 212 aber kann die Verletzung des eigenen Körpers niemals strafrechtliche Relevanz erlangen, weil es sich bei einer solchen Eigenverletzung immer um ein von vornherein rechtlich erlaubtes Tun handelt; und zwar unabhängig davon, ob der Handelnde hierzu genötigt wird oder sich aus freien Stücken selbst verletzt. Der Umstand, aus dem die Straflosigkeit des B im Beispielsfall tatsächlich folgt, nämlich die *generelle* Erlaubtheit seines Handelns und das nötigende Verhalten des A, stehen somit in keinerlei Beziehung zueinander. Die bloße „Tatbestandslosigkeit" ist deswegen nicht geeignet, unter dem Gesichtspunkt eines Fehlens strafrechtlicher Verantwortung eine Werkzeugeigenschaft des B zu begründen[92]. Die Bezeichnung „tatbestandslos handelndes Werkzeug" verwischt die Problematik deswegen eher als sie sie erhellt.

aa) Die Lehre von der „Schuldregelanalogie" (Roxin u.a.)

Einige Vertreter des Schrifttums gehen deswegen einen anderen Weg, um die Werkzeugeigenschaft des sich selbst verletzenden Vordermannes begründen zu können. Man stellt insoweit hypothetisch darauf ab, ob die Selbstbestimmung des Betroffenen so weit beeinträchtigt ist, dass er auch dann straflos bliebe, wäre sein Verhalten tatsächlich tatbestandsmäßiges Unrecht: Man greift auf die Vorschriften der §§ 19, 20, 35 und des § 3 JGG zurück und wendet diese dann „entsprechend" auf den Fall der Selbstschädigung an[93]. Im Beispielsfall entfiele

[92] Im Ergebnis ebenso *Mitsch,* JuS 95, 888 (890); *Kühl* AT, § 20, Rn. 46.
[93] *Roxin,* FS *Dreher,* S. 343 ff (349); *ders.* in LK(11), § 25, Rn. 106 und in AT II, § 25, C II Rn. 54 ff; *Charalambakis* GA 86, 485 (489); *Bottke,* Täterschaft und Gestaltungsherrschaft,

die Schuld des B gem. § 35 I 1 sogar im Falle einer Fremdverletzung, so dass seine Werkzeugeigenschaft zu bejahen ist.

Gegen einen Rückgriff auf die Schuldregeln spricht aber, dass sie auf ein von vornherein erlaubtes Verhalten nicht passen, so dass die Analogie unzulässig ist, weil die Sachverhalte nicht vergleichbar sind[94]. Für § 20 etwa folgt das schon daraus, dass eine „Einsicht" in das „Unrecht der Tat" gar nicht denkbar ist, wenn das in Frage stehende Tun gar kein „Unrecht" ist und deswegen weder die „Einsicht" in das Unrecht noch eine nach dieser Einsicht ausgerichtete Verhaltenssteuerung irgendwie beeinträchtigt sein könnte[95]. Und § 35 passt ebenfalls nicht, weil auch diese Vorschrift nur auf die verbotene Verletzung *fremder* Rechtsgüter ausgelegt ist und für diese lediglich die obere Grenze festlegen kann[96]. Für die Frage, welcher Motivationsdruck *mindestens* zu fordern ist, um die Freiverantwortlichkeit der Entscheidung des Rechtsgutinhabers verneinen zu können, lässt sich dieser Vorschrift hingegen nichts entnehmen.

bb) Die Lehre von der analogen Anwendung der Regeln über die rechtfertigende Einwilligung (Herzberg, Geilen, Neumann u.a.)

Nach der Gegenauffassung soll deswegen für die Fälle einer Nötigung zur Selbstverletzung oder -tötung bereits eine solche Nötigung ausreichen, die im Intensitätsgrad die Schwelle des § 240 I erreicht. Abzustellen sei auf die Grundsätze, die auch sonst bei der bewussten Preisgabe von Rechtsgütern berücksichtigt werden, so etwa das Merkmal der „Ernsthaftigkeit" in § 216 oder die Voraussetzungen der rechtfertigenden Einwilligung[97]. Bei wertender Betrachtung mache es keinen Unterschied, ob der Rechtsgutsinhaber einem anderen die Verletzung des Rechtsgutes gestatte oder diese selbst vornehme[98]. Da eine unter Nötigungsdruck zustandegekommene Einwilligung unwirksam ist, läge nach dieser Auffassung im Beispielsfall keine freiverantwortliche Selbstschädigung vor.

Entsprechend verhält es sich, wenn der Hintermann den Vordermann durch *Täuschung* zum selbstschädigenden Verhalten bewegt:
Einigkeit besteht hier insofern, als eine täterschaftliche Zurechnung zum Verhalten des Hintermannes jedenfalls dann bejaht wird, wenn der Vordermann

---

S. 250; *Stratenwerth* AT, Rn. 774; *Hünerfeld,* ZStrW 99 (1987), S. 229 (236); *Lackner,* vor § 211, Rn. 13 m.w.N.; *Amelung,* Bausteine, S. 247 (254 ff).

[94] Eingehend *Herzberg,* JA 85, 336 (338).

[95] *Neumann,* JuS 85, 677 (679 f) mit eingehender Argumentation zu dieser Frage.

[96] Vgl. *Neumann,* JuS 85, 677 (680 f) mit detaillierter Begründung.

[97] So *Geilen,* JZ 74, 145 (151); *Herzberg* T/T, S. 37 ff; *Neumann,* JuS 85, 677 (680); ähnlich *Schmidhäuser* AT, 8/136; *Jakobs* AT 7/121.

[98] *Herzberg,* T/T, S. 40.

wegen des Irrtums im Hinblick auf die selbstverletzende Wirkung seines Handelns im untechnischen Sinne 'unvorsätzlich[99]' handelt. Als Beispiele sind auch hier die Veranlassung zur Berührung des vermeintlich ungeladenen Stromkabels oder zum Abdrücken einer angeblich ungeladenen Waffe gegen sich selbst zu nennen. Erst recht als täterschaftliches Unrecht erfasst sind dann auch die oben (I. 3.) erörterten und zum Teil schon der unmittelbaren Täterschaft zugerechneten Fälle, in denen der Vordermann sich bei objektiver Betrachtung der potentiellen Gefährlichkeit seines Handelns noch nicht einmal im Sinne eines gedanklichen Mitbewusstseins gewärtig sein kann und daher im Hinblick auf den Erfolg als „blindes Kausalwerkzeug" eingesetzt wird[100].

Problematisch stellen sich demgegenüber jene Konstellationen dar, in denen der Vordermann sich des schädigenden Charakters seines Handelns voll bewusst ist und zum Entschluss der Selbstschädigung durch die Bewirkung eines bloßen Motivirrtums veranlasst wurde. Als Beispiel sei der Fall des Arztes A angeführt, der seinem Patienten P vorspiegelt, er - P - sei unheilbar an Krebs erkrankt, worauf P sich, wie von A beabsichtigt, selbst tötet. Ein solcher Motivirrtum, der auch eine eigene Strafbarkeit im Falle einer Fremdverletzung grundsätzlich nicht antasten würde, könnte für die Begründung einer Werkzeugeigenschaft des P nicht ausreichen, folgte man der Lehre von der Schuldregelanalogie. Eine Ausnahme läge nur dann vor, wenn das Opfer durch den Irrtum etwa in eine psychische Paniksituation versetzt würde, die einem schuldausschließende Zustand im Bereich des § 20 entspräche[101]. Anders wiederum die - vorzugswürdige - Auffassung, die bei der bewussten Selbstschädigung die Regeln der Einwilligung und der Ernstlichkeit in § 216 anwenden will: Ausgehend von der Prämisse, dass auch eine Einwilligung unwirksam wäre, soweit sie durch einen Irrtum zustandegekommen ist, müsste auch eine Selbsttötung dem Hintermann dann noch als sein Werk zugerechnet werden, wenn er den sich selbst tötenden Rechtsgutträger erst durch Bewirkung eines

---

[99] Vgl. nur Sch/Sch-*Cramer/Heine*, § 25, Rn. 11 m.w.N.

[100] Einen Grenzfall zwischen (im untechnischen Sinne) 'vorsatzlosem' Handeln und einem bloßen Motivirrtum bildete der als *Sirius-Fall* bekannt gewordene Fall *BGH*St 32, 38 (mit Anmerkungen von *Schmidhäuser*, JZ 84, 195 f und *Sippel*, NStZ 84, 357 f). In jenem Fall täuschte der A die leichtgläubige F darüber, dass, wenn sie sich durch einen Stromstoß töte, sie in einem neuen Körper an einem anderen Ort weiterleben werde. F versuchte darauf hin, sich das (gegenwärtige) Leben zu nehmen. Da F wusste, dass sie mit ihrer Handlung alle körperlichen Funktionen zum Erlöschen bringen würde, könnte man meinen, sie habe insgesamt gewusst, was sie tue. Der Irrtum, in ihrer geistig-seelischen Existenz weiterzuleben wäre dann ein bloßer Motivirrtum. Der *BGH* hat jedoch aus dem Glauben der F, zumindest kurzfristig und in ihrer seelischen Individualität - wenn auch in einem anderen Körper - noch auf der Erde weiterzuleben, geschlossen, dass F insgesamt das Wissen um die endgültige „Tötung" fehle und daraus eine Werkzeugeigenschaft abgeleitet, so dass seitens des A im Ergebnis eine (versuchte) Tötung der F „durch" sich selbst als Werkzeug zu bejahen war.

[101] LK(11)-*Roxin*, § 25, Rn. 106; *Hünerfeld*, ZStrW 99 (1987), S. 229 (236).

Irrtums zur Tötung veranlasst hat. Im einzelnen streitig ist allerdings, ob ein solcher Irrtum „rechtsgutbezogen" sein muss und wie weit dieser Begriff ggf. zu fassen ist[102]. Weil diese Frage aber in den Bereich der Einwilligung und des § 216 gehört, soll sie hier nicht vertieft werden.

Festzuhalten ist damit, dass dem Hintermann eine Selbstschädigung des Vordermannes dann als eigene Begehung „durch" das Opfer als „anderem" zuzurechnen ist, wenn der Hintermann die Freiheit des Rechtsgutinhabers, selbst über sein Rechtsgut zu verfügen, durch nötigenden Zwang oder durch Hervorrufung eines relevanten Irrtums so beeinträchtigt, dass die Verletzung des Rechtsguts durch den Rechtsgutinhaber nicht mehr auf dessen ungestörter Dispositionsfreiheit beruht.

b) Begehung durch Zwischenschaltung gerechtfertigten oder rechtmäßigen Handelns eines Dritten

Problematisch und auch noch nicht abschließend geklärt sind ferner Konstellationen, in denen der Hintermann in die Tatbegehung das Handeln eines Dritten einbindet, der in seiner Person rechtmäßig oder gerechtfertigt handelt[103]. Es sind im wesentlichen drei Fallkonstellationen, die in diesem Zusammenhang diskutiert werden, und zwar die Verurteilung eines Unschuldigen zu einer Freiheitsstrafe aufgrund einer belastenden falschen Zeugenaussage (oder einer sonstigen Beweismittelmanipulation), die Provokation einer Rechtfertigungslage, in der das Opfer als Angreifer eines Unbeteiligten von letzterem gerechtfertigt getötet oder verletzt wird sowie die Umweltverunreinigung durch Erteilen einer erkanntermaßen rechtswidrigen Genehmigung seitens Beamter der Umweltbehörden.

Bewusst vermieden werden soll hier die schlagwortartige Bezeichnung dieser Fallgruppe unter dem Kriterium des „rechtmäßig handelnden Werkzeugs". Denn zum einen ist fraglich, ob der rechtmäßig Handelnde tatsächlich „Werkzeug" des Hintermannes ist, zum anderen bedürfte es einer näheren Begründung, ob und warum Werkzeugeigenschaft einerseits und Rechtmäßigkeit des Handelns andererseits in einem unmittelbaren Zusammenhang miteinander stehen.

---

[102] Übersicht bei *Brandts/Schlehofer*, JZ 87, 442 (444 f), die selbst einen weiten - subjektiv aus der Sicht des Handelnden zu bestimmenden - Begriff der „Rechtsgutbezogenheit" vertreten.

[103] Eingehend zu dieser Fallgruppe aus früherer Zeit *Hegler*, Mittelbare Täterschaft bei nichtrechtswidrigem Handeln der Mittelsperson, 1932, unter Berufung auf die in Festgabe *RG* V, 305 ff vertretene „Übergewichts"-Theorie (S. 21 ff) sowie *Mezger*, ZStrW 52 (1932), 529 ff; *Less*, JZ 51, 550 ff. Später folgten die Abhandlungen *Herzbergs*, MT und Johannes' (insbesondere S. 26 ff). Neuerdings wiederum eingehend *Randt*, MT. Zur Problematik vgl. ferner auch *Eser*, Strafrecht II, 3. Aufl., Fall 38, S. 153 ff; *Deutscher*, Grundfragen der falschen Straftatverdächtigung, S. 28 ff; *Amelung/Brauer*, JR 85, 474 ff. Gegen die Annahme mittelbarer Täterschaft allerdings *Otto*, NStZ 85, 75 (76).

aa) Verurteilung zu Freiheitsstrafe aufgrund falscher Zeugenaussage

Das in diesem Zusammenhang immer wieder angeführte Beispiel ist die falsche Zeugenaussage des Hintermannes im Strafprozess, aufgrund derer der in Wahrheit unschuldige Angeklagte zu einer Freiheitsstrafe verurteilt und diese auch vollstreckt wird. Nach fast einhelliger Auffasung[104] begeht der falsch aussagende Zeuge in diesem Fall eine Freiheitsberaubung „durch einen anderen" (§§ 239 I, 25 I Alt.2), nämlich „durch" den bzw. die Richter als ihrerseits rechtmäßig handelnde Dritte. Die Rechtswidrigkeit des Taterfolges ergibt sich dabei für die Person des Hintermannes aus dessen Willen, eine Entscheidung herbeizuführen, die *materiell* nicht rechtmäßig ist[105]. Auch wenn man in diesen Fällen - um der dogmatischen Konsequenz willen - so weit gehen und die Richter noch als „Werkzeuge" des Hintermannes bezeichnen will[106], so ergibt sich bei genauerer Betrachtung deren Werkzeugeigenschaft jedoch nicht aus dem Umstand, dass diese in ihrer Person selbst rechtmäßig handeln, sondern allein aus dem Umstand, dass sie sich in einem Irrtum befinden, in den der Hintermann sie versetzt hat. Der Hintermann nutzt also nicht aus, dass die staatlichen Organe - in gewissen Grenzen - irren *dürfen*[107], sondern dass sie

---

[104] Vgl. nur *BGH*St 3, 4 (5 f); 10, 306 (307); *Jescheck/Weigend,* AT, § 62 II 3, S. 667 f; *Welzel,* Lb. S. 105; *Stratenwerth* AT, Rn. 789 sowie die in der vorherigen Fußnote genannten Autoren. *OLG Schleswig*
(NStZ 85, 74 f) lehnte hingegen die Annahme von Freiheitsberaubung in mittelbarer Täterschaft in folgendem Fall ab: Ein ehemaliger Postschaffner hatte sich bei Gericht als psychiatrischer Gutachter eingeschlichen und mehrere „Gutachten" erstellt. Hierauf waren mehrere Betroffene in Verfahren nach dem PsychKG in geschlossenen Anstalten untergebracht worden. Das Gericht verneinte eine Freiheitsberaubung seitens des „Gutachters", da die „materiellen" Voraussetzungen einer Unterbringung vorgelegen hätten und die „wesentlichen Förmlichkeiten" des Verfahrens eingehalten worden seien. Im Ergebnis zustimmend *Otto,* NStZ 85, 75 (76), ablehnend hingegen *Amelung/Brauer,* JR 85, 474 ff.

[105] Zur Relativität der Unrechtsbewertung in Bezug auf den verurteilenden Richter einerseits und den Hintermann andererseits (und zum früheren Streit hierüber) vgl. eingehend etwa *Eser,* Strafrecht II, 3. Aufl., Fall 38, S. 153 ff (156), Rn. 20 ff (24).

[106] Dagegen *Otto,* NStZ 85, 75 (76).

[107] Hierauf stellt auch *Otto,* NStZ 85, 75 (76) ab, will in Berufung auf die Eigenverantwortlichkeit der Entscheidung des Gerichts aber eine Werkzeugeigenschaft und dementsprechend auch die Annahme einer Freiheitsberaubung in mittelbarer Täterschaft schlechthin verneinen. *Otto,* a.a.O. schreibt zu dem oben (Fn. 104) erwähnten „Gutachter"-Fall des *OLG Schleswig*: „Obwohl das Gericht nämlich die konkrete Entscheidung in dem konkreten Verfahren nicht gefällt hätte, wenn es gewußt hätte, daß der Angekl. nicht Arzt ist, so wurde das Gericht aufgrund der Täuschung dennoch nicht zum „Werkzeug" des Angekl. Das Gericht ist verpflichtet, die maßgeblichen Umstände zu prüfen und eigenverantwortlich zu beurteilen. (...) Zeugen, Beweismittel und Sachverständige sind Hilfsmittel der Überzeugungsbildung des Gerichts. Auch wenn sie die Grundlage der Überzeugungsbildung verfälschen, wird damit das Gericht nicht zum Werkzeug des Täters, solange ein rechtsstaatliches Verfahren gesichert ist und die betroffenen Richter ihre richterlichen Pflichten ernst nehmen." Gegen diese Auffassung spricht indes, dass Leitlinie eines jeden gerichtlichen Verfahrens nicht nur die *verfahrensrechtlich* und *förmlich* richtige

tatsächlich geirrt *haben*. Zumindest diese Fallkonstellation lässt sich deswegen bereits nach den Grundsätzen der Irrtumsherrschaft lösen[108], eines Rückgriffs auf eine gesonderte Figur des „rechtmäßig handelnden Werkzeugs" bedarf es nicht.

bb) Provokation einer Rechtfertigungslage

Größere Probleme bereiten wohl diejenigen Konstellationen, in denen der Hintermann bewusst eine Rechtfertigungslage provoziert, in der dann ein Dritter in gerechtfertigter Weise die Rechtsgutverletzung ausführt. Diskutiert wird in diesem Zusammenhang zumeist der Fall, dass der Hintermann den Geisteskranken G dazu bringt, eine unbeteiligte Person P anzugreifen[109]. Tötet

---

Entscheidungsfindung sein darf, sondern immer die Findung einer (auch) *materiell* richtigen Entscheidung sein muss. Zuzustimmen ist *Otto* freilich darin, dass der Hintermann trotz der Täuschung keine positive Herrschaft über das Gericht erlangt. Das aber ist - wie gezeigt - bei den Fällen der reinen Irrtumsherrschaft gerade charakteristisch.

[108] Vgl. *Stratenwerth* AT, Rn. 789; früher ebenfalls stärker auf den Irrtum abstellend *Herzberg,* MT, S. 35; anders in T/T, S. 15, Fn. 21. Kaum überzeugend erscheint hingegen die von *Randt,* MT, S. 88 f, vorgeschlagene Lösung. *Randt* will die Falschaussagen-Fälle nicht über die Irrtums-, sondern über die Nötigungsherrschaft(!) lösen: Der Richter fürchte eine eigene Strafbarkeit nach § 339, falls er seiner Verpflichtung, „die (von ihm für wahr gehaltenen) Tatsachen seiner Urteilsfindung zugrundezulegen", nicht nachkomme. Diese Furcht begründe eine § 35 I 1 entsprechende Notstandssituation. Diese Lösung dürfte in mehrfacher Hinsicht an der Wirklichkeit und auch am Recht vorbeigehen: Erstens erfasst sie nur denjenigen Richter, der aufgrund der „von ihm für wahr gehaltenen Tatsachen" zwar offenbar zur sicheren Überzeugung von Täterschaft und Schuld des Angeklagten gelangt ist, gleichwohl aber - aus welchen Motiven auch immer - den Angeklagten dennoch freisprechen will, hiervon dann aber aus Furcht vor § 339 absieht. Derartige Richter dürften aber (hoffentlich) gerade die Ausnahme in der Richterschaft bilden. Leitlinie muss auch hier vielmehr der gesetzes*treue* Richter sein, der allein aufgrund der durch die Beweiswürdigung erlangten Überzeugung urteilt, nicht aber aus Furcht vor § 339. Zweitens lässt *Randt* völlig außer acht, dass der Richter, der trotz der ihm in der Beweisaufnahme präsentierten Beweismittel an der Täterschaft oder Schuld des Angeklagten (ernsthaft) zweifelt, gar nicht verurteilen *darf.* Auch hier wird die Entscheidungsfindung also - nunmehr zur anderen Seite - durch § 339 begrenzt. Und drittens schließlich erscheint die Heranziehung des § 35 I 1 in diesen Fällen gänzlich unpassend, denn wenn der Richter nach ordnungsgemäßer Würdigung der erhobenen Beweise - auch wenn diese tatsächlich manipuliert sein mögen - zu der Überzeugung gelangt, verurteilen zu müssen und dementsprechend entscheidet, so kommt er seinen richterlichen Pflichten gerade nach. Es fehlt mithin schon am rechtswidrigen Verhalten, das nach § 35 „entschuldigt" werden müsste.

[109] Entsprechend liegt es in dem von *Randt,* MT, S. 55, erörterten „Aktienfall II": Hintermann H wirkt auf den V1 lebensbedrohend ein, damit dieser die Aktien des V2 verbrennt. Während V1 im Hause des V2 gerade das entflammte Feuerzeug an die Aktien des V2 hält, betritt dieser den Raum und kann den Angriff auf sein Vermögen nur durch Tötung des V1 abwehren, so wie es H geplant hat. *Randt,* a.a.O. wendet sich gegen die Einstufung des Falles als mittelbare Täterschaft (S. 59 f) und hält aufgrund des Akzessorietätsprinzips auch die Annahme einer Anstiftung - mangels rechtswidriger Haupttat des V2 - nicht für richtig. Zur Ablehnung mittelbarer Täterschaft kommt *Randt* dadurch, dass er einen Wertungswiderspruch konstruiert: Die bloße Vermögensgefährdung, der V2 sich ausgesetzt sieht, würde ihn selbst nicht nach § 35 I 1 entschuldigen und könnte deswegen eine eigene Werkzeugeigenschaft des V2 nicht begründen. Mit dieser Begründung wird *Randt* jedoch den unterschiedlichen Zielrichtungen des § 32 einerseits und des § 35 andererseits nicht gerecht: Während § 32 allein den Schutz eigener Rechtsgüter gegen rechtswidrige Beeinträchtigungen Dritter

nun P den G in Notwehr, so wird vornehmlich darum gestritten, welcher Grad an Intensität bei der Einwirkung auf den Angreifer G für die Annahme einer mittelbaren Täterschaft des Hintermannes erforderlich ist: Während einige Vertreter im Schrifttum die bloße Provokation der Notwehrlage als ausreichend ansehen[110], fordern andere[111] neben der Werkzeugeigenschaft des P auch eine solche des G. Beleuchtet wird dadurch aber letztlich nur eine Seite des Falles, nämlich das Handeln des G als Werkzeug gegen sich selbst. Die zentrale Problematik dieser Konstellation wird erst deutlich, setzt man an die Stelle des menschlichen Werkzeugs einmal ein tierisches: Der Fall sei dahingehend abgewandelt, dass der Hintermann (sofern man von einem solchen nun noch sprechen kann) das Gartentor seines Nachbarn öffnet, so dass dessen bissiger und gefährlicher Hund auf den Bürgersteig gelangt und dort Passanten anfällt. Wie vom Hintermann beabsichtigt, wird der Hund von einem Polizisten erschossen[112]. Die vom Polizisten begangene Sachbeschädigung (§ 303 I) am Hund ist durch § 228 BGB gerechtfertigt. Fraglich ist nun, ob und wie sich eine Werkzeugeigenschaft des P begründen lässt. Auf der Basis eines strengen Verantwortungsprinzips liegt folgende trügerische Begründung nahe: Der Polizist handelt gerechtfertigt, mithin strafrechtlich defizitär und ist deswegen Werkzeug des Hintermannes. Letzterem wäre daher die strafrechtliche Verantwortung für die Sachzerstörung aufzuerlegen. Aber diese Argumentation griffe zu kurz, denn sie trüge dem Umstand nicht Rechnung, dass die Rechtsordnung das Verhalten des Polizisten ausdrücklich *erlaubt* und im konkreten Fall - man denke nur an die Amtspflichten des Polizisten - sogar gebietet. Der Hintermann hat also nur ein *erlaubtes* Verhalten des Polizisten bewirkt. Dass die Provozierung eines von der Rechtsordnung erlaubten, ja sogar gebotenen Verhaltens selbst strafwürdig sein soll, bedarf dann aber einer eigenen Begründung und kann nicht einfach aus der fehlenden strafrechtlichen Verantwortung des erlaubtermaßen Handelnden abgeleitet werden. Das Fehlen strafrechtlicher Ahndung ist gerade das Wesen erlaubten Verhaltens. Abzustellen ist deswegen nicht auf den Einfluss, den der Hintermann - wenn

---

gewährleisten soll, geht es im Falle des § 35 um den Ausschluss der persönlichen Vorwerfbarkeit bei rechtswidriger(!) Beeinträchtigung der Rechtsgüter Unbeteiligter. Weil § 35 I 1 nur extremen Ausnahmesituationen Rechnung trägt, sind dessen Voraussetzungen demgemäß wesentlich strenger gestaltet als die Voraussetzungen des § 32, der die Rechtsordnung gerade aufrechterhalten, nicht aber - wie § 35 I 1 - deren Verletzung in Einzelfällen entschuldigen soll. Die strengen Voraussetzungen des § 35 I 1 passen demnach von vornherein nicht auf V2, der die Rechtsordnung gar nicht verletzt. Richtigerweise ist deswegen nicht darauf abzustellen, ob H den V2 „beherrscht", sondern nur darauf, ob er die Gefährdung des V1 „beherrscht". Das aber ist zu bejahen, weil er den V1 in einer dessen Freiverantwortlichkeit ausschließenden Weise dazu veranlasst, sich durch Eingriff in das Rechtsgut eines anderen selbst zu gefährden.

110 So wohl *Maurach/Gössel/Zipf,* AT 2, § 48, Rn. 73; *Preisendanz,* § 25, Anm. III 3 b) aa).

111 *Welzel,* Lb. S. 105; *Stratenwerth* AT, Rn. 789; Sch/Sch-*Cramer/Heine,* § 25, Rn. 28.

112 Abgewandelter Fall nach *Herzberg,* FS *Spendel,* S. 203 ff (229).

überhaupt - auf die Person des Notwehr-/Notstandübenden selbst nimmt, sondern auf die Steuerung der Gesamtsituation als eines raum-zeitlichen Geschehens: Bei Rechtfertigungsgründen ergibt sich die Erlaubnis für das konkrete Handeln im Einzelfall daraus, dass bestimmten Ausnahmesituationen Rechnung getragen werden soll, in denen im Kollisionsfall ein Rechtsgut zum Schutze eines anderen, im Einzelfall höher bewerteten Rechtsguts, geopfert werden muss[113]. Der generelle Rechtsgüterschutz, der im obigen Falle des § 303 auch dem Hund des Nachbarn zugutekommt, wird allein aus dem Grunde durchbrochen, um der konkreten Ausnahmesituation gerecht zu werden. Dass solche Ausnahmefälle in der Rechtswirklichkeit - schicksalhaft und unabänderbar - eintreten können und tatsächlich auch eintreten, ist schlimm genug und muss von der Rechtsordnung durch Zurücknahme des Rechtsgüterschutzes im Einzelfall kalkuliert werden. Wer hingegen einen solchen Ausnahmefall bewusst und final herbeiführt und damit das ansonsten schicksal- oder zufallhafte Eintreten solcher Situationen in die eigene Hand nimmt, begründet eine eigene Zuständigkeit für die von ihm geschaffene Situation[114]: Er bewirkt bewusst die Aufweichung des strafrechtlichen Schutzes, der dem im Konfliktfall zurücktretenden Rechtsgut ansonsten zugutegekommen wäre.

Der Gedanke, niemand solle Ausnahmesituationen für sich ausnutzen dürfen, die er selbst bewusst und gerade im Hinblick auf die Ausnutzung hervorgerufen hat, ist nicht neu und durchzieht die gesamte Rechtsordnung. Er begegnet in den Begrifflichkeiten des „Rechtsmissbrauchs" oder des „treuwidrigen Verhaltens" und im Bereich des Strafrechts insbesondere in den Rechtsfiguren der actio illicita und der actio libera in causa (wobei letztere solchen Fallkonstellationen vorbehalten sind, in denen der Täter *selbst* die Rechtsgutverletzung - gerechtfertigt oder schuldunfähig - herbeiführt). Es verwundert daher auch nicht, dass zumindest die von der Figur der actio libera in causa erfassten Konstellationen mitunter - bildlich - als mittelbare Täterschaft des Täters mit sich selbst als Werkzeug beschrieben wurden[115] (was natürlich nicht dazu verleiten darf, hier § 25 I Alt.2 anzuwenden, der ausdrücklich die Benutzung eines „anderen" fordert[116]). Der Begriff „actio illicita in causa" ließe sich auch auf die hier in Frage stehende Konstellation übertragen[117]. Das Freilassen des

[113] Vgl. nur Sch/Sch-*Lenckner*, Vorbem. §§ 32 ff, Rn. 4 ff; *Roxin* AT I, § 14, Rn. 38-40.
[114] *Jakobs*, AT 21/81: „Weil er für die Situation zuständig ist, die ein gerechtfertigtes Verhalten ermöglicht, haftet er auch für dieses Verhalten".
[115] Vgl. *Jakobs* AT, 17/64; *Otto*, Jura 86, 426 (428) m.w.N. Krit. hierzu *Jerouschek*, JuS 97, 385 (388); *Rath*, JuS 95, 405 ff (409 f). Siehe ferner unten Kapitel 3, D. IV.
[116] So auch *Paeffgen*, ZStrW 97 (1985), 514 (518); *Rath*, JuS 95, 405 ff (409).
[117] Zur actio illicita in causa in Bezug auf die vorliegende Konstellation vgl. insbesondere *Küper*, Der 'verschuldete' rechtfertigende Notstand, 1983, S. 36 ff; *Constadinidis*, Die 'actio illicita in causa', 1981, S. 124 ff sowie *Stein*, Beteiligungsformen, S. 292; ferner *Jakobs*, AT,

Hundes stellt sich aufgrund der konkreten Situation des Täters, der das Sonderwissen um die Gefährlichkeit des Tieres und die hierdurch bedingte Begründung einer Rechtfertigungslage hat, bereits als Beginn des auf die Verletzung oder Tötung des Tieres hin ausgerichteten Gesamtgeschehens, mithin in seiner Person als Beginn einer „Beschädigungs-“ oder „Zerstörungs“-Handlung dar; auch wenn die unmittelbar physische Einwirkung auf das Tier (=„Ausführung“) erst später, doch durchaus voraussehbar und seitens des Freilassenden sogar final bezweckt durch eine andere Person vorgenommen wird. In der oben beschriebenen Konstellation ist deswegen seitens des Hintermannes der Angriff auf das Rechtsgut darin zu sehen, dass er den strafrechtlichen Schutz, der dem verletzten Rechtsgut grundsätzlich zuteil würde, durch einen Kunstgriff außer Kraft setzt und dadurch die für den unmittelbar Handelnden sanktionslos bleibende und in dessen konkreter Situation noch nicht einmal sanktionsbedürftige Rechtsgutverletzung erst ermöglicht.

Wirkt der Hintermann hierbei nun auf das Opfer seiner Tat in einer Weise ein, die die Freiverantwortlichkeit der Entscheidung des Opfers im Hinblick auf die Durchführung des Angriffs beeinträchtigt[118], etwa durch Nötigung oder Täuschung, so ist mittelbare Täterschaft „durch“ das Opfer als Werkzeug gegen sich selbst anzunehmen. Entsprechendes gilt, wenn das Opfer selbst zu einer freiverantwortlichen Entscheidung gar nicht in der Lage ist, wie oben im Falle des Geisteskranken G. Bezüglich des Opfers nämlich unterscheiden sich diese Fälle von den Fällen der reinen Selbstschädigung allein dadurch, dass vordergründig zwar Rechtsgüter Unbeteiligter angegriffen werden. Doch liegt in diesem Angriff zugleich auch eine Gefährdung der eigenen Rechtsgüter des unfrei zu einem solchen gewordenen Angreifers selbst: Abwehrhandlungen, deren Ausübung die Rechtsordnung ausdrücklich erlaubt, sind objektiv

21/84; *Herzberg*, MT, S. 14, Fn. 39; *ders.* FS *Spendel*, S. 203 ff (223 ff); *Baumann*, MDR 62, 349; *Lenckner*, GA 61, 299 ff (303 ff); *Kohlrausch-Lange*, Anm. II 2 vor § 51.

[118] Auf den ersten Blick mag hier der Maßstab der Lehre von der „Schuldregelanalogie“ (oben a) aa)) angemessener erscheinen als der Maßstab der „Einwilligungslehre“ (oben a) bb)). Es liegt nämlich der Einwand nahe, die Verletzung von Rechtsgütern Dritter, die hier ja mit der Eigengefährdung einhergeht, erfordere von vornherein die Überschreitung einer höheren Hemmschwelle als die - grundsätzlich erlaubte -Verletzung eigener Rechtsgüter. Deswegen passt hier auch das Argument nicht, die Regeln des Strafbarkeitsausschlusses seien bei Eigenverletzungen, die im Normalfall eine Strafbarkeit ja gerade nicht auslösen, unanwendbar. Dennoch griffe eine solche Argumentation im Ergebnis zu kurz, weil der grundsätzliche Schutz vor unfreiwilliger Gefährdung oder Preisgabe eigener Rechtsgüter nicht dadurch verringert werden darf, dass die Gefährdung im Einzelfall mit der verbotenen Verletzung der Rechtsgüter Dritter einhergeht, an deren Straflosigkeit notwendig höhere Anforderungen zu stellen sind. Die Anwendung der Schuldregeln ist allein auf die Frage der Strafbarkeit des Werkzeugs im Verhältnis zu dem von ihm angegriffenen Dritten zu beschränken, im Verhältnis des Werkzeugs und seiner eigenen Rechtsgüter zum Hintermann hingegen muss es beim Maßstab der „Einwilligungslehre“ bleiben.

vorhersehbar und in ihren Auswirkungen demjenigen objektiv zuzurechnen, der sie, ggf. auch durch ein Werkzeug, provoziert hat. Weil dabei auch der Notwehrübende in seiner Person „Täter" eines - wenn auch gerechtfertigten - Totschlags ist, ist in der Person des Hintermannes (mittelbare) Nebentäterschaft im Hinblick auf die Tötung des Opfers anzunehmen. „Werkzeug" des Hintermannes ist in solchen Fällen also in Wahrheit nicht der Notwehrübende, sondern das nicht-eigenverantwortlich vom Hintermann zum Angriff bestimmte Opfer selbst[119].

cc) Umweltverunreinigung durch „Beseitigung der Genehmigungsschranke"

Eine dritte, erst in jüngerer Zeit diskutierte Konstellation der mittelbaren Täterschaft durch Zwischenschaltung eines rechtmäßig handelnden Dritten bilden Fälle, die sich unter dem Stichwort „Beseitigung der Genehmigungsschranke"[120] zusammenfassen lassen. Ihre Grundkonstellation liegt darin, dass ein Beamter des Umweltamtes einem Antragsteller die Genehmigung zur Einleitung schädlicher Stoffe in ein Gewässer oder zur Beseitigung von Abfällen erteilt, obwohl die Voraussetzungen zur Erteilung der Genehmigung materiell nicht vorliegen, was der Beamte auch weiß[121]. Im Hinblick auf die Figur der mittelbaren Täterschaft wird die Problematik relevant, wenn man der verwaltungsrechtlichen Wirksamkeit der Genehmigung im Hinblick auf die Einheit der Rechtsordnung[122] und der Verwaltungsaktsakzessorietät des Strafrechts Wirkungen auch für das Strafrecht zuerkennt. Macht der Genehmigungsempfänger nunmehr von der Genehmigung

[119] Noch deutlicher wird das, unterstellt man als „Gegenprobe" einmal ein gänzlich eigenverantwortliches Handeln des Angreifers: Stiftet A den B an (§ 26), ins Haus des E einzubrechen, und wird B bei dem Einbruch von E in Notwehr erschossen, so käme wohl niemand auf die Idee, den A nun wegen fahrlässiger Tötung (§ 222) oder gar als mittelbaren Täter eines Totschlags (§ 212) zum Nachteil des B haften zu lassen. A ist hier lediglich Teilnehmer an einer freiverantwortlich durchgeführten Selbstgefährdung des B und damit im Hinblick auf dessen Verlust an eigenen Rechtsgütern straflos. Eine Haftung wäre erst diskutabel, wenn A aufgrund eigenen Sonderwissens das Risiko des B besser überblickt hätte als dieser, etwa wenn er gewusst hätte, dass E Selbstschussanlagen in seinem Haus installiert hat oder er dem B wahrheitswidrig vorgespiegelt hätte, der E sei vorübergehend nicht daheim.

[120] Grundlegend die plastische Darstellung von *Horn*, NJW 81, 1 ff (4): „Wenn der Bahnwärter vorzeitig die Schranke öffnet und dadurch bewirkt, daß der Autofahrer mit dem Zug zusammenstößt und der Beifahrer stirbt, so ist er - auch wenn der Autofahrer (bedingt) vorsätzlich losbraust - nicht nur „Teilnehmer" an diesem Unfall, sondern „Herr dieser Tat", also strafbar wegen eines Tötungsdelikts. Für das Beseitigen von „Rechts-Schranken" kann im Prinzip nichts anderes gelten". Eingehend behandelt und im Zusammenhang dargestellt wurde die Problematik zuletzt von *Randt*, MT, S. 99 ff und *Grunert*, Grenzen normativer Tatherrschaft, S. 10 ff.

[121] Vgl. *BGH*St 39, 381 ff (388); *BVerfG* NJW 95, 186 f; *OLG Frankfurt* NJW 87, 2753 ff (2757).

[122] *Renzikowski*, Restriktiver Täterbegriff, S. 94, Fn. 179; *Rudolphi*, NStZ 84, 193 ff (197). Nimmt man hingegen eine eigenständige Strafrechtswidrigkeit des Verunreinigens an, so ist zumindest der bösgläubige Verunreiniger auch Täter und der die Genehmigung erteilende Beamte Teilnehmer.

Gebrauch und führt den tatbestandlichen Erfolg etwa des § 324 I herbei, so lässt sich über den Beamten als Hintermann sagen, er habe „die entscheidende Rechtsschranke" für die Erfolgsherbeiführung geöffnet[123], so dass er selbst als mittelbarer Täter der Gewässerverunreinigung haftet. Dabei handelt der Hintermann in seiner Person jedenfalls dadurch rechtswidrig, dass er entgegen seinen Dienstpflichten und entgegen der materiellen Rechtslage die Genehmigung erteilt. Diesem Verhalten ist die nachfolgende Gewässerverunreinigung durch den Genehmigungsempfänger auch objektiv zuzurechnen, denn es ist vorhersehbar und wahrscheinlich, dass letzterer von der Genehmigung Gebrauch machen wird.

Eine mittelbare Täterschaft des Hintermannes ist *jedenfalls* dann gegeben, wenn der Vordermann - der Genehmigung vertrauend - sein Tun sowohl formell als auch materiell für legal hält: In solchen Fällen befindet er sich im Irrtum über die Rechtswidrigkeit bzw. über die die Rechtswidrigkeit seines Handelns begründenden Umstände, so dass letztlich schon die Grundsätze der Irrtumsherrschaft Anwendung finden können[124].

Aber auch bei Bösgläubigkeit des Vordermannes bezüglich der materiellen Rechtswidrigkeit der Genehmigung erscheint die Annahme mittelbarer Täterschaft in Ausnahmekonstellationen[125] möglich. (So etwa, wenn der zunächst auch im Hinblick auf die materielle Rechtmäßigkeit gutgläubige Vordermann erst später von anderer Seite über die materielle Rechtswidrigkeit der Genehmigung erfährt). Die formell legitimierende Wirkung der Genehmigung führt in der Person des Vordermannes zum Entfallen des Merkmals „unbefugt" in § 324 I und verschafft ihm dadurch eine rechtliche Erlaubnisposition, die ihm ohne das Handeln des Hintermannes nicht zuteil geworden wäre: Sie enthebt ihn von der Notwendigkeit, sein Verhalten am

[123] *BGH*St 39, 381 (386); *OLG Frankfurt*, NJW 87, 2753 (2757); vgl. auch LK(11)-*Steindorf*, § 324, Rn. 59; *Horn*, NJW 81, 1 (4); *ders.* JZ 94, 636; ähnlich *Möhrenschläger*, NuR 83, 209 (212); *Rudolphi*, FS *Dünnebier*, 561 ff (566); *Keller*, JR 88, 172 (174); *Kuhlen*, WiVerw 92, 215 ff (295); *Hüwels*, Fehlerhafter Gesetzesvollzug und strafrechtliche Zurechnung, 1986, S. 21 ff; *Gröger*, Die Haftung des Amtsträgers nach § 324 StGB, 1985, S. 29 ff; *Meinberg*, NJW 86, 2220 ff (2222); *Heine/Meinberg*, GA 90, 1 ff (29, Fn. 121b); *Tiedemann/Kindhäuser*, NStZ 88, 337 ff (345).

[124] *BGH*St 39, 381 (388). Im Ergebnis wohl auch *Schünemann*, wistra, 86, 235 ff (240); *Weber*, Strafrechtliche Verantwortlichkeit im Umweltrecht, S. 43; *Schall*, NJW 90, 1263 ff (1269); *Rogall*, NJW 95, 922 ff (925, Fn. 51) sowie die oben (Fn. 123) genannten Autoren.

[125] In derartigen Fällen wird in der Regel entweder ein kollusives, nach *BGH*St 39, 381 (386 ff) die Anwendung des § 25 II nahelegendes Zusammenwirken zwischen Hintermann und Vordermann oder aber ein Fall des Rechtsmissbrauchs seitens des Vordermannes vorliegen, der schon seine Befugnis ausschließt (vgl. § 330d Nr.5), so dass sich die Frage mittelbarer Täterschaft gar nicht mehr stellt. Dann ist das Verhalten des Hintermannes ggf. als Teilnahme fassbar.

Verunreinigungsverbot des § 324 auszurichten[126]. Bildlich gesprochen: Der Amtsträger ist vielleicht nicht „Herr“ der *Sach*lage, wohl aber „Herr“ der *Rechts*lage, denn es liegt in seiner Macht, die Rechtslage, und damit verbunden auch den konkreten strafrechtlichen Schutz vor dem sanktionierten Umwelteingriff, in seinem Sinne durch den Akt der Genehmigungserteilung umzugestalten.
Gegen die Annahme einer mittelbaren Täterschaft des Beamten wird nun eingewandt, „die letzte Entscheidung über die Tat“ liege ausschließlich beim Genehmigungsempfänger selbst; und zwar auch dann, wenn er sein Verhalten von der Genehmigung abhängig mache[127]. Doch greift dieser Einwand nicht durch: Von einer „Entscheidung über die *Tat*“ kann aus Sicht des Ausführenden keine Rede sein, wenn er sich aufgrund der Genehmigung zur Verunreinigungshandlung für formell befugt hält und kraft der Genehmigung auch tatsächlich (formell) hierzu befugt *ist*. Aus demselben Grunde lässt sich auch die „Eigenverantwortlichkeit“ des Ausführenden nicht als Argument für den Ausschluss mittelbarer Täterschaft anführen[128]. Zur Frage einer „Eigenverantwortlichkeit“ dringt man gerade nicht vor, wenn es mangels „unbefugten“ Handelns des Vordermannes schon an einer Straftat fehlt. Schief ist deswegen auch der Einwand, derartige Tatbeiträge entsprächen „nicht dem Typus täterschaftlicher Beteiligung, sondern dem Typus der Mitwirkung an der eigenverantwortlichen Tatausführung eines anderen“[129]: Wo es schon an einer eigenverantwortlichen *Tat*ausführung fehlt, lässt sich auch nicht entsprechend den Beteiligungstypen daran mitwirken.

Tröndle[130] schließlich stellt darauf ab, dem Hintermann fehle die „Beherrschung des *Tat*geschehens“ und damit das für die „Tatherrschaft“ erforderliche „In-den-Händen-Halten“ der Tat[131]. Dem ist entgegenzuhalten, dass der Hintermann das Geschehen auch nach Erteilung der Erlaubnis nicht völlig aus der Hand gibt. Vielmehr steht es auch weiterhin zu seiner Entscheidung, ob er durch Rücknahme der Genehmigung die Gewässerverunreinigung doch noch

---

[126] In dieser Richtung argumentieren *Rudolphi*, FS *Dünnebier*, 561 (566); *Horn*, NJW 81, 1, (4); *Winkelbauer, NStZ 86, 149 (151).*
[127] *Renzikowski*, Restriktiver Täterbegriff, S. 93 f.
[128] So aber *Renzikowski*, Restriktiver Täterbegriff, S. 94.
[129] *Wohlers*, ZStrW 96 (108), 61 ff (82).
[130] GS *K.H. Meyer*, 607 ff (616) und StGB (48. Aufl.), vor § 324, Rn. 6a; ebenso *Immel*, Strafrechtliche Verantwortlichkeit von Amtsträgern im Umweltstrafrecht, 1987, S. 164 f; *Pfohl*, NJW 94, 418 (422); *Renzikowski*, Restriktiver Täterbegriff, S. 93 f; *Michalke*, NJW 94, 1693 ff (1697); *Schall*, JuS 93, 719 ff (721); *ders.*, NJW 90, 1263 ff (1269); *Paeffgen*, FS *Stree/Wessels*, S. 587 ff (606); *Otto*, Jura 91, 308 ff (314 f); *Schirrmacher*, JR 95, 386 ff (388); *Rogall*, NJW 95, 922 ff (925); zweifelnd auch *Kühl*, AT, § 20, Rn. 60. Kritisch zu diesem Argument aber - obwohl im Ergebnis mittelbare Täterschaft ablehnend - *Randt*, MT, S. 99 ff (107). A.A. aber nunmehr *Fischer* in *Tröndle/Fischer*, vor § 324, Rn. 17.
[131] A.a.O.

verhindert bzw. beendet oder ob er sie fortdauern lässt[132]. Überdies ist nochmals hervorzuheben, dass auch in anderen Konstellationen mittelbarer Täterschaft, so etwa in den oben (B. II. 2. b) bb)) beschriebenen Irrtumsfällen, eine *faktische* Herrschaft des Hintermannes über den Vordermann, auf die *Tröndle* offenbar abstellen will, nicht vorliegt. Dieser Aspekt scheint in der Argumentation ohnehin gänzlich außen vor gelassen zu werden. So schreibt etwa *Schirrmacher*[133]: *„Es ist und bleibt die freie Entscheidung des Genehmigungsempfängers, ob er die umweltschädigende Handlung vornehmen will oder nicht. Er wird nicht einmal dazu gedrängt, die Handlung vorzunehmen, seine Handlungsalternativen werden nicht verändert."* Es ist und bleibt auch die freie Entscheidung des irrenden Jägers, auf das im Gebüsch hockende vermeintliche Wildschwein zu schießen oder nicht, und auch seine Handlungsalternativen werden nicht verändert. Dennoch hat in letzterem Fall niemand Zweifel, eine mittelbare Täterschaft des Hintermannes zu bejahen[134]. Dabei muss in den Genehmigungsfällen die Motivation des Vordermannes zum Handeln noch nicht einmal erst geweckt werden: Wer eine Genehmigung zur Gewässereinleitung oder Abfallbeseitigung *beantragt*, wird dies in aller Regel schon mit der Motivation tun, von ihr auch Gebrauch machen zu wollen[135]. Gerade diese Motivation nutzt der Hintermann aus, wenn er dem Vordermann die formelle Legitimation zur sanktionslosen Verwirklichung seines Vorhabens erteilt.

3. Aushöhlung des Rechtsgüterschutzes als gemeinsames Kriterium der „Tatherrschaft" des mittelbaren Täters

Auf der Grundlage der zuletzt erörterten Konstellationen mittelbarer Täterschaft bei der Selbstverletzung und bei der Zwischenschaltung eines rechtmäßig handelnden Dritten ergibt sich als gemeinsames Kriterium folgendes: Eine täterschaftliche Zurechnung der Erfolgsbewirkung zum Hintermann erscheint angemessen, weil der Hintermann den Schutz „ausschaltet", den die Strafrechtsordnung dem verletzten Rechtsgut ohne die Einwirkung des Hintermannes hätte zuteil werden lassen. Bei der Zwischenschaltung rechtmäßig handelnder Dritter nimmt der Hintermann die „Ausschaltung" vor, indem er eine Situation schafft, in der die Rechtsordnung dem Vordermann die Rechtsgutverletzung ausdrücklich erlaubt: So schafft der Hintermann bei der Beweismittelmanipulation bzw. der falschen Zeugenaussage eine fehlerhafte Entscheidungsgrundlage für den Richter, dem die Rechtsordnung die Anordnung des Freiheitsentzuges erlaubt; bei der Provokation einer

---

[132] *Kuhlen*, WiVerw 92, 215 ff (295).
[133] JR 95, 386 ff (389).
[134] Vgl. auch *Randt*, MT, S. 99 ff (107).
[135] Vgl. *Gröger*, Die Haftung des Amtsträgers nach § 324 StGB, 1985, S. 32; *Randt*, MT, S. 99 ff (104).

Rechtfertigungslage beschwört er eine rechtliche Ausnahmesituation herauf und im Falle der Aufhebung der Genehmigungsschranke schließlich nimmt er die unmittelbare Umgestaltung der Rechtslage schon selbst in eigener Person vor, indem er die rechtswidrige Genehmigung mit formell legitimierender Wirkung erteilt. Das Hemmungsmotiv des Vordermannes, das im Normalfall noch als letzte Hürde durch den eigenen, bewussten Entschluss zur Vornahme der verbotenen Rechtsgutverletzung überwunden werden müsste, entfällt in diesen Situationen bzw. wandelt sich sogar in eine positive Motivation um, wenn die Situation so beschaffen ist, dass die Rechtsordnung im konkreten (Ausnahme-) Fall die Rechtsgutverletzung erlaubt oder sogar gebietet.

In den Fällen der Verletzung eigener Rechtsgüter durch den Vordermann tritt im Normalfalle an die Stelle der schützenden Rechtsordnung die Dispositionsfreiheit und Kontrolle des Rechtsgutinhabers selbst. Besonders deutlich wird das etwa beim Eigentum, denn die Dispositionsfreiheit über die Sache ist gerade das charakteristische Merkmal des Eigentums (vgl. § 903 BGB). Wer nun etwa einen anderen nötigt, seine - des „anderen" - Sache zu zerstören, greift mit der Beeinträchtigung der Dispositionsfreiheit des Eigentümers schon das Rechtsgut selbst an: Geschützt werden soll durch den Tatbestand des § 303 letztlich nicht die konkrete, einzelne Sache in ihrem realen Bestand - hieran hat die Rechtsordnung überhaupt kein Interesse, denn sonst müsste sie auch die Zerstörung der Sache durch den Eigentümer selbst unter Strafe stellen -, sondern allein, typisiert und fragmentarisch, die Dispositionsfreiheit des Eigentümers, mit der Sache nach seinem Belieben zu verfahren. Aber auch bei indisponiblen Rechtsgütern (§§ 211 ff) kann nichts anderes gelten. Denn ist etwa schon die Selbsttötung aufgrund *freier* Disposition des Rechtsgutträgers wenngleich nicht strafbar, so doch zumindest rechtsethisch missbilligt, liegt seitens eines diese Selbsttötung provozierenden Hintermannes jedenfalls dann ein Angriff auf das Rechtsgut selbst vor, wenn die Selbsttötung auf *un*freier Disposition des Rechtsgutträgers beruht und der Hintermann die Unfreiheit der Disposition selbst begründet oder zumindest ausgenutzt hat.

Beiden Konstellationen ist damit gemeinsam, dass die potentielle Gefahr, die von menschlichem Handeln für eigene und fremde Rechtsgüter ausgeht, die aber im Normalfall entweder (bei Rechtsgütern Dritter) durch das von der Rechtsordnung normierte Verletzungsverbot noch „im Zaume gehalten" wird oder aber (bei eigenen Rechtsgütern des Vordermannes) der eigenen Kontrolle und Dispositionsfreiheit des Rechtsgutträgers unterliegt, vom Hintermann um ein Quantum erhöht wird, welches das übliche (und letztlich unvermeidbare) Maß überschreitet. Dadurch wird die Gefahrsetzung für die Person des Hintermannes zu einer rechtlich unerlaubten. Bei Verletzung von Rechtsgütern des Vordermannes selbst (Zwei-Personen-Verhältnis) erfolgt diese

Gefahrsetzung durch Angriff auf die Dispositionsfreiheit des Rechtsgutträgers, bei Verletzung von Rechtsgütern Dritter durch Angriff auf die von der Strafrechtsordnung ausgehende Schutzwirkung.

Gerade jenes Moment der Schutzverminderung aber liegt letztlich auch allen anderen Fallgruppen der mittelbaren Täterschaft zugrunde. Nur ist es bei ihnen weniger deutlich erkennbar: Zu leicht nämlich erliegt man der Versuchung, direkt auf das jeweilige „Strafbarkeitsdefizit" des Vordermannes abzustellen und ihn ausschließlich deswegen, entsprechend den Grundsätzen des Verantwortungsprinzips, als „Werkzeug" einzustufen. Indes geht dabei verloren, dass die „Werkzeugeigenschaft" des Vordermannes nicht aus dessen „Strafbarkeitsdefizit" folgt, sondern „Werkzeugeigenschaft" und „Strafbarkeitsdefizit" lediglich zwei paralle Folgen derselben Ursache sind. Überdies erscheint es inkonsequent, für die Frage der Zurechnung der Rechtsgutverletzung zum Hintermann allein auf die Frage abzustellen, welche (Strafbarkeits-)Folgen sein Handeln für den Vordermann hat. Entscheidend kann für die Zurechnungsfrage nur sein, welche Gefahren der Hintermann für das Rechtsgut selbst setzt. Gefährdet wird das Rechtsgut aber gerade nicht dadurch, dass der Vordermann *nach* der Rechtgutverletzung nicht oder nicht in vollem Maße strafrechtlich zur Verantwortung gezogen wird, sondern allein dadurch, dass es ihm *vor* der Verletzung unmöglich gemacht oder erschwert wird, die Rechtsgutverletzung zu *vermeiden.*

Im folgenden sollen die eingangs dargestellten Fallgruppen nunmehr unter dem präzisierten Kriterium der Gefährdung durch Schutzverminderung in ihren Einzelfragen näher betrachtet werden.

a) Irrtumsherrschaft

aa) Tatbestandsirrtum (§ 16 I)

Versetzt der Hintermann den Vordermann in einen Tatbestandsirrtum, macht er dem Vordermann unmöglich, sein wirkliches Tun zu erkennen und von der Warnfunktion des jeweiligen Tatbestandes erreicht zu werden[136]. Die eigene, freie Entscheidung des Vordermannes, ob er die von ihm als eine solche erkannte Rechtsgutverletzung vornehmen und dabei möglicherweise der Rechtsordnung zuwiderhandeln wolle oder ob er von der Rechtsgutverletzung, der Rechtsordnung getreu, Abstand nehme, wird vom Hintermann ausgeschaltet, bzw. von vornherein umgangen. Die Schutzfunktion, die im Normalfall vom

[136] Ähnlich *Jakobs,* AT, 21/63: „Dem Werkzeug wird die Vermeidung der Tatbestandsverwirklichung erschwert und für diese Erschwerung ist der mittelbare Täter zuständig."

strafrechtlichen Tatbestand für das betroffene Rechtsgut ausgeht, wird hierdurch in ihrer Wirkung ausgeschaltet. In diesem Ausschalten des strafrechtlichen Schutzes liegt der mittelbare Angriff des Hintermannes auf das Rechtsgut. Zwar wird das Rechtsgut ggf. noch in abgeschwächter Intensität durch einen Fahrlässigkeitstatbestand (etwa §§ 222, 229) geschützt. Doch ändert das nichts daran, dass jedenfalls der Schutz vor einer *vorsätzlichen* Verletzung vom Hintermann vorsätzlich vereitelt wurde.

bb) Verbotsirrtum (§ 17)

Ähnlich liegt es beim Verbotsirrtum: Hier erkennt der Vordermann zwar, dass er das Rechtsgut verletzt, doch verschleiert ihm der Hintermann das Verbotensein seines Handelns und setzt dadurch den Schutz des jeweiligen Rechtsguts, der bei Kenntnis der tatsächlichen Rechtslage durch den Vordermann noch von der Strafdrohung ausginge, bewusst außer Kraft, bzw. schwächt ihn zumindest ab. Weil dieser Schutz erst dann bestehen kann, wenn der Vordermann das Verbotensein seines Handelns tatsächlich *kennt* und nicht nur *kennen kann* bzw. *kennen muss,* muss auch die Provozierung eines nur vermeidbaren Verbotsirrtums, der die Strafbarkeit des Vordermannes wegen Vorsatztat im Grundsatz unberührt lässt, für die Annahme einer Werkzeugeigenschaft ausreichen. Allerdings wird man beim Verbotsirrtum für die Annahme einer Werkzeugeigenschaft des Vordermannes zumindest fordern müssen, dass das Bewusstsein des Vordermannes, etwas „nicht Verbotenes“ zu tun, maßgeblich zu seiner Entscheidung für die Rechtsgutverletzung beigetragen hat. Zu berücksichtigen ist nämlich, dass andersartige Verlockungen und Überredungen, die zweifelsfrei dem Bereich der Anstiftung zuzurechnen wären, mindestens ebenso effektiv die Hemmungen des Vordermannes hinwegräumen und dessen Entschluss zur Tat erleichtern können wie die Annahme, die Handlung werde vom Recht nicht missbilligt[137]. Etwa in diesem Sinne lassen sich auch die Ausführungen des *BGH* im *Katzenkönig*-Fall[138] auffassen, es komme für die Frage der Werkzeugeigenschaft „auf die Art und Tragweite des Irrtums an“[139].

Grundlegende Differenzierungskriterien hat in diesem Zusammenhang *Roxin*[140] entwickelt: Abzustellen sein soll auf die Kenntnis der „materiellen Rechtswidrigkeit“ im Sinne einer Sozialschädlichkeit des Handelns - dann soll die Werkzeugeigenschaft zu bejahen sein - bzw. auf die Kenntnis der formellen Rechtswidrigkeit, bei deren Fehlen die Werkzeugeigenschaft noch nicht

137 *Roxin,* TuT, § 22, S. 196 f.
138 *BGH*St 35, 347 ff.
139 *BGH* a.a.O., S. 354.
140 In TuT, S. 197-204 und in LK(11), § 25, Rn. 89; ihm folgend: *Hünerfeld,* ZStrW 99 (1987), S. 228 (244); *Otto,* Jura 87, 246 (255) und Grundkurs Strafrecht I, § 21 IV 3 c) bb) sowie zuletzt eingehend in FS Roxin, S. 483 ff (501).

angenommen werden soll[141]. Wo nun allerdings die genaue Grenze zwischen der Kenntnis der „formellen" bzw. der „materiellen" Rechtswidrigkeit zu ziehen ist, bleibt letztlich offen. Zutreffend weist *Roxin* in diesem Zusammenhang auf den ständigen Wandel sozialethischer Anschauungen hin[142]. Als Beispiel für die Bejahung der Tatherrschaft des Hintermannes wurde in diesem Zusammenhang etwa der Fall angeführt, dass eine in den Jahren vor der Wiedervereinigung aus der DDR kommende Frau in Westdeutschland eine Abtreibung vornimmt[143]. Wer ihr vorspiegelte, die Abtreibung sei auch in Westdeutschland nicht verboten, sollte nur dann mittelbarer Täter sein, wenn die Frau nicht nur das formelle Verbot, sondern auch die sozialethische Einordnung der Abtreibung als sozialschädlich und moralisch verwerflich nicht kannte[144]. Als aktuelleres Gegenbeispiel ließe sich etwa der Fall bilden, dass dem gewohnheitsmäßigen Vertreiber der Beute einer Verbrecherorganisation seitens der Hintermänner verschleiert wird, dass er sich seit 1992 nicht nur wegen Hehlerei, Begünstigung und Betrug, sondern zusätzlich auch noch wegen Geldwäsche (§ 261) strafbar macht. Dem Hehler ist der soziale Sinn seines Handeln im Sinne einer Sozialschädlichkeit und Verwerflichkeit - anders als der abtreibenden Frau - durchaus bekannt. Er irrt lediglich über das formelle Verbot hinsichtlich der konkreten Verbotsnorm. Die spezifische Gefahr, die typischerweise von der Verschleierung des rechtlichen Verbots für das konkrete Rechtsgut ausgeht, verwirklicht sich in solchen Fällen gar nicht. Was sich allein realisiert, ist die allgemeine Gefahr, die von der bewussten und selbstverantwortlichen Entscheidung des Hehlers zu rechtswidrigem Handeln ausgeht, ohne dabei eine konkrete Verbotsnorm in den Blick zu nehmen, die dem Laien in der Regel ohnehin unbekannt sein wird[145]. Die Hervorrufung einer solchen Gefahr

---

[141] *Roxin,* TuT, S. 197-205; anders im Hinblick auch auf die „formelle" Rechtswidrigkeit *Stein,* Beteiligungsformen, S. 296.
[142] *Roxin,* TuT, S. 204, ähnlich in LK(11), § 25, Rn. 88 f.
[143] *Roxin* (in Anlehnung an *Welzel*), TuT, S. 201; *Gerhardt,* MT, S. 87.
[144] *Roxin,* TuT, S. 201.
[145] Dies betrifft allerdings nur die Konstellation der Unkenntnis des Vordermannes über die Verletzung einer zusätzlichen *Norm,* nicht über die Verwirklichung eines zusätzlichen tatsächlichen *Umstands.* Diese beiden Fragen vermengt *Sippel,* NJW 83, 2226 (2228) in seiner Kritik an *BGH*St 30, 363, wenn er schreibt: „Der vorliegende Fall könnte unter Umständen anders beurteilt und eine Tatherrschaft des Angeklagten festgestellt werden, wenn es den 'Tatmittlern' an Hemmungsvermögen gefehlt hätte, dann etwa, wenn sie sich überhaupt nicht bewußt gewesen wären, eine rechtswidrige Handlung zu begehen und allein der Anstoß, sich in einer bestimmten Weise zu verhalten nach aller Erfahrung ausreichend gewesen wäre, das Vorgeschlagene zu tun. (...) Wenn auch im vorliegenden Fall den 'Tatmittlern' nicht bewußt gewesen ist, daß durch ihr Verhalten der J zu Tode kommen sollte, so mußten sie doch ihre Hemmungen überwinden, einen schweren Raub zu begehen." Zur Kritik vgl. *v. Spiegel,* NJW 84, 110 f; *Teubner,* JA 84, 144 f; *Stein,* Beteiligungsformen, S. 291 f sowie *Roxin,* TuT, S. 591 f und *ders.* in AT II, § 25, C II Rn. 61 (letztere jeweils in Berufung auf das Prinzip der „Tatbestandsbezogenheit" des Täterbegriffs). Allerdings macht *Sippel* in seinen Ausführungen - insbesondere in seiner Replik (JA 84, 480) auf die Kritik *Teubners* ein generelles Problem deutlich: Welches Maß an Einwirkung ist über das bloße

begründet aber gerade keine Täterschaft, sondern stellt eine Gefahrschaffung dar, die typischerweise als Anstiftung fassbar ist, für die das bloße „Bestimmen" eines anderen zur bewussten Rechtsgutverletzung ausreicht[146].

cc) Erlaubnistatbestandsirrtum

Auf derselben Grundlage wie der Tatbestandsirrtum lassen sich die Fälle lösen, in denen der Hintermann beim Vordermann die irrige Annahme einer Erlaubnissituation bewirkt[147] (Erlaubnistatbestandsirrtum): Unabhängig von der dogmatischen Einordnung und rechtlichen Behandlung dieser Irrtumsform[148] gilt auch hier immer folgendes: Der Vordermann erkennt nicht, dass er „Unrecht tut" und muss sich daher auch nicht bewusst für das Unrecht und gegen die Rechtsordnung entscheiden. Mit anderen Worten: Er wird von der Appellfunktion der Rechtsordnung nicht (voll) erreicht, und diese Sperre hat der Hintermann zu verantworten. Ob der Vordermann das Unrecht seines Tuns hätte *erkennen können,* spielt im Hinblick auf den realen Kenntnisstand keine Rolle und berührt die Zurechnung zum Verhalten des Hintermannes nicht.

dd) „Gradueller Tatbestandsirrtum" und „Irrtum über den konkreten Handlungssinn"

Im Irrtumsbereich problematisch ist ferner die Konstellation, in der der Vordermann zwar die Umstände kennt, die die Tatbestandsmäßigkeit des Handelns begründen, der Hintermann ihn aber über die tatsächliche Reichweite seines Handelns täuscht. Diskutiert werden diese Fälle unter dem Begriff des „Irrtums über den konkreten Handlungssinn"[149] bzw. des „graduellen Tatbestandsirrtums"[150]. Charakteristisch ist hier, dass sich eine Werkzeugeigenschaft des Vordermannes nicht mehr allein damit begründen lässt, der Vordermann werde darüber getäuscht, *überhaupt* durch sein Tun gegen die Rechtsordnung zu verstoßen. Unter Hinweis auf die volle strafrechtliche Verantwortung des Vordermannes wird daher eine Werkzeugeigenschaft in

---

Hervorrufen oder Ausnutzen des Irrtums des Vordermannes eigentlich noch zu fordern, wenn auch andere mögliche Gegenmotive des Vordermannes die Befolgung der vom Hintermann erhobenen Aufforderung, dieses oder jenes zu tun, als eher unwahrscheinlich erscheinen lassen ?

[146] Vgl. hierzu *Murmann,* GA 98, 78 ff, der eine Zurechenbarkeit zumindest für solche „Hintermänner" generell in Frage stellt, denen „keine rechtlich verfestigten Pflichten zur Erteilung zutreffenden Rechtsrats obliegen (S. 85). *Murmann* begründet dies mit der These, grundsätzlich sei „die Verschaffung von Unrechtseinsicht Sache jedes Einzelnen" (S. 81), so dass es eine allgemeine Rechtspflicht, andere zutreffend über den Inhalt des Rechts zu informieren, jedenfalls im Grundsatz nicht gebe (S. 81). Ebenso *Köhler,* AT, S. 509 (entsprechend seiner Argumentation zur Nötigungsherrschaft soll ausschließlich Anstiftung in Betracht kommen).

[147] Dazu eingehend *Scheffler,* Jura 93, 617 ff.

[148] Zum Streitstand vgl. im einzelnen *Scheffler,* Jura 93, 617 ff.

[149] Begriff nach *Roxin,* TuT, § 22, S. 214.

[150] Begriff nach *Herzberg,* T/T, S. 27.

Berufung auf ein strenges Verantwortungsprinzip von verschiedenen Autoren abgelehnt[151]. Über das Maß der Rechtsgutverletzung ist der Vordermann sich jedoch nicht klar. Sieht man - wie oben (bb)) erörtert - das maßgebliche Kriterium in der Ausschaltung des Bewusstseins über die materielle Rechtswidrigkeit, also über das Maß der Sozialschädlichkeit des Handelns, liegt zumindest insoweit eine Werkzeugeigenschaft des Vordermannes vor, als der Irrtum sich gerade auf das *Ausmaß* des Unrechts bezieht. Soweit der Vordermann hingegen das konkrete Unrechtsausmaß überblickt, könnte nur Anstiftung angenommen werden. Sofern in diesen Fällen mittelbare Täterschaft in Betracht gezogen wird, sollen Anstiftung bezüglich des Teils des Unrechts, hinsichtlich dessen der Vordermann das Geschehen überschaut und mittelbare Täterschaft bezüglich des Teils des Unrechts, hinsichtlich dessen der Vordermann das Geschehen nicht überschaut, nebeneinander vorliegen[152].

ee) Error in persona des Vordermanns

Ebenfalls in diesen Zusammenhang gehören die Fälle, in denen der Hintermann beim Vordermann einen error in persona bewirkt und das bewusst rechtswidrige Handeln des Vordermannes damit in seinem Sinne nutzbar macht. Exemplarisch betrachtet sei hierzu die als *Dohna*-Fall[153] bekannt gewordene Konstellation:

Fuchs weiß, dass Schütz am Abend an einer bestimmten Stelle auf ihn wartet, um ihn zu erschießen. Er bringt seinen Feind Luchs dazu, den entsprechenden Weg zu benutzen. Wie erwartet verwechselt Schütz den Luchs mit Fuchs und erschießt den Luchs.

Anders als in den oben erörterten Fällen irrt der Vordermann hier weder darüber, überhaupt Unrecht zu begehen (Tatbestands- und Verbotsirrtum), noch über das materielle Ausmaß des verwirklichten Unrechts (gradueller Tatbestandsirrtum). Er weiß, dass er „einen", den anvisierten, „Menschen tötet". Auch ein Irrtum über quantifizierbares Unrechtsausmaß liegt nicht vor, denn das Leben des Fuchs ist nicht weniger wert als das Leben des Luchs und den nur teilweisen Entzug des Lebens gibt es nicht. Das Bewusstsein des Vordermannes,

---

151 Vgl. *Jescheck/Weigend,* AT, § 62 II 2, S. 667; *Schumann,* Handlungsunrecht, S. 72; *Hünerfeld,* ZStrW 99 (1987), S. 228 (242 f).

152 So *Herzberg,* T/T, S. 28; ebenso *Bloy,* Beteiligungsform, S. 355; jetzt auch *Roxin* in LK(11), § 25, Rn. 99 (unter ausdrücklicher Aufgabe der früheren in FS *Lange,* S. 186 vertretenen Auffassung: mittelbare Täterschaft nur, wenn der Schaden nach Vorstellung des Hintermannes mehr als doppelt so groß ist als der Vordermann weiß), vgl. *ders.* auch in AT II, § 25, C II Rn. 96 ff. A.A. aber *Renzikowski,* Restriktiver Täterbegriff, S. 82: Irrtum über quantifizierbare Unrechtsmaße nur dort beachtlich, wo das Gesetz das gesteigerte Unrecht in einer eigenen Qualifikationsvorschrift typisiert.

153 Nach *Graf zu Dohna,* Übungen, S. 93.

rechtswidrig zu handeln, wird durch seinen Irrtum in keiner Weise beeinflusst. Es handelt sich um einen bloßen Motivirrtum, dessen Hervorrufung zumindest dann als Anstiftung fassbar ist, wenn ein geistiger Kontakt zwischen Vordermann und Hintermann stattfindet. Eine Werkzeugeigenschaft des Vordermannes ließe sich nur darauf stützen, dass der konkrete Tatentschluss *überhaupt* durch eine Täuschung bewirkt wird[154]. Doch wollte man so weit gehen, wäre eine Abgrenzung relevanter Irrtümer von nicht relevanten wohl nicht mehr zu leisten; letztlich bestünde die Möglichkeit, jede Bewirkung eines Motivirrtums des Vordermannes für dessen Werkzeugeigenschaft ausreichen zu lassen[155]. Die Grenze zwischen mittelbarer Täterschaft und Anstiftung wäre dann kaum mehr nach feststehenden Kriterien bestimmbar[156].

Im *Dohna*-Fall ist der Weg über die Anstiftung jedenfalls dann versperrt, fordert man einen geistigen Kontakt zwischen Täter und Anstifter[157]. Aber es bietet sich eine andere Lösung an, die den Fuchs sogar zum Täter werden lässt: Durch die Einwirkung auf Luchs selbst nämlich hat er diesen in eine tödliche Situation gebracht, die er (Fuchs) kraft seines Sonderwissens überblickte[158]. Fuchs wäre dann neben Schütz Nebentäter[159]. Fraglich ist nun allerdings, ob man die Benutzung des nichtsahnenden Luchs als unmittelbare Täterschaft oder als Begehung nunmehr „durch" Luchs (§ 25 I Alt.2) als „Werkzeug" gegen sich selbst ansehen müsste. Nach den oben (B. I. 3. b) cc)) erörterten Kriterien der objektiven Zurechnung wird man kaum sagen können, es stelle eine typische Gefahr der Benutzung eines bestimmten Weges dar, dort versehentlich von einem Dritten erschossen zu werden. Luchs handelt deswegen im Hinblick auf die ihm konkret drohende Gefahr völlig „blind". Dies spricht eher dafür, den Fall im Verhältnis Fuchs-Luchs der Selbst-Begehung (im Sinne unmittelbarer

[154] So etwa *Roxin,* FS *Lange,* S. 191; *ders.* TuT, S. 212 ff (214 f); *Blei* AT S. 227; *Baumann/Weber/Mitsch,* AT, § 29, Rn. 144 (bei letzteren allerdings unklar, ob auf den Irrtum des Schütz oder den Irrtum des Luchs abzustellen sein soll). Noch anders *Schroeder,* ThT, S. 146 ff, der als maßgebliches Kriterium auf die „Benutzung eines bereits zur Tat Entschlossenen" abstellen will. Eingehend zu dieser Problematik und ihrer Abgrenzung in Bezug auf mittelbare Täterschaft und (unmittelbare) Nebentäterschaft z.B. *Bloy,* Beteiligungsform, S. 362 ff; *Murmann,* Nebentäterschaft, S. 114 ff, 122 ff, 215 ff (219).

[155] So *Herzberg,* T/T, S. 25; *Bloy,* Beteiligungsform, S. 359; *Schroeder*, ThT, S. 143 ff.

[156] Gegen die Annahme mittelbarer Täterschaft in diesen Fällen daher auch *Woelk,* Täterschaft, S. 98 ff (116); *Renzikowski,* Restriktiver Täterbegriff, S. 84.

[157] Vgl. etwa Sch/Sch-*Cramer/Heine,* § 26, Rn. 4 ff; *Maurach/Gössel/Zipf,* AT 2, § 51, Rn. 7; *Jescheck/Weigend,* AT, § 64 II 2 a) S. 687; *Welzel,* Lb., § 16 II 1, S. 116; *Wessels/Beulke,* AT, § 13 IV 4 a) Rn. 568; *Stein,* Beteiligungsformen, S. 271 m.w.N.

[158] Zutreffend *Murmann,* Nebentäterschaft, S. 217: „Aufgrund seiner besonderen Kenntnis des Planes des Vordermannes kann der Hintermann sich nicht am sonst bestehenden Vertrauensverhältnis orientieren (und er tut dies ja auch nicht), sondern macht umgekehrt den sich abzeichnenden Vertrauensbruch zur Grundlage seines Planes. Im Sinne eines statistischen Wahrscheinlichkeitsurteils kann der Hintermann aufgrund seiner besonderen Kenntnisse das Verhalten des Vordermannes antizipieren".

[159] Vgl. *Spendel,* FS *Lange,* S. 147 (169). Für Nebentäterschaft im Dohna-Fall wohl auch *Murmann,* Nebentäterschaft, S. 215 ff (219); *Küpper,* GA 98, 519 ff (529).

Täterschaft) zuzuschlagen[160]. Daran ändert es auch nichts, dass der eigentliche, „typische" Tötungsakt[161] erst durch Schütz ausgeführt wird: Von einer Tötung „durch einen anderen" im Sinne echter mittelbarer Täterschaft kann man bezüglich Fuchs nicht sprechen, weil Fuchs auf die Motivation des Schütz, soweit sie nach normativen Maßstäben relevant ist, in keiner Weise eingewirkt hat und auch nicht einwirken konnte. Er benutzt Schütz nicht als dynamisches Zwischenglied im Verhältnis seines eigenen Handelns zum Erfolgseintritt, sondern kalkuliert ihn lediglich als feststehende Größe in sein eigenes Handeln ein, um dann die Situation von anderer Seite her, nämlich durch (unmittelbare) Einwirkung auf das Opfer, zu lenken. Fuchs hat keine „Herrschaft" darüber, dass Schütz *tötet*, sondern allein darüber, dass Luchs *getötet wird.* Zuzugeben ist aber, dass der Fall rein *sprachlich* der „Begehung durch einen anderen" näher steht als der „Selbst-Begehung": Fuchs „tötet" den Luchs, indem er ihn in eine Situation bringt, in der ihn später ein „anderer" „tötet".

Entsprechendes dürfte, erst recht, für einen in diesem Zusammenhang von *Schmidhäuser*[162] gebildeten Fall gelten, den *Schmidhäuser*[163] allerdings zur *mittelbaren* Täterschaft rechnen will:

Auf einer Expedition im Buschland haben die Expeditionsteilnehmer den toddrohenden Unwillen der Eingeborenen heraufbeschworen. Als der bisherige Lagerplatz geräumt wird, bindet der Expeditionsteilnehmer A den Gefährten X

[160] Für unmittelbare Täterschaft des Fuchs gegenüber Luchs auch *Spendel,* FS *Lange,* S. 147 (169). Dagegen (für Teilnahme) *Woelk,* Täterschaft, S. 102, die die täuschende Aufforderung an das Opfer, sich in eine zum Tode führende Gefahrenlage zu begeben, als bloße Vorbereitungshandlung einstuft, die nicht als „typische eigenhändige Tötungshandlung" angesehen werden könne. Zutreffend hieran ist, dass es sich bei einer solchen Tötungsweise gewiss nicht um eine „typische" handelt. Aber eine solche setzt § 212 nun einmal auch nicht voraus. Der Neffe, der seinem Erbonkel die Flugkarte gerade für das Flugzeug schenkt, von dem er weiß, dass Attentäter hierin eine Bombe versteckt haben, „tötet" ebenfalls nicht in „typischer" Weise. An der Einordnung seines Verhaltens als „Tötungs-"Handlung ändert das gleichwohl nichts; konstruktiv ist der Fall etwa einem Giftmord durch Verschenken eines zuvor von Dritten vergifteten Weines durchaus gleichgelagert. Unzutreffend an *Woelks* Argumentation ist hingegen die Behauptung, die von Fuchs vorgenommene Tötungshandlung sei nicht eigenhändig vorgenommen. Sieht man konsequent bereits in der *Einwirkung auf Luchs* wegen ihrer situationsbedingten spezifischen Gefährlichkeit die Tötungshandlung, so führt Fuchs diese Einwirkung nämlich durchaus eigenhändig aus (Selbst-Begehung im engeren Sinne). Notwendig ist freilich auch das nicht, denn auch für die Einwirkung auf Luchs könnte sich Fuchs eines Werkzeugs bedienen, ohne dass sich an seiner Täterschaft etwas änderte. Allerdings wäre dann im Verhältnis Fuchs-Luchs ggf. mittelbare Täterschaft anzunehmen.

[161] Vgl. die Argumentation *Woelks,* Täterschaft, S. 102 (s.o., vorangegangene Fußnote).

[162] AT 14/49.

[163] A.a.O.

an einen Baum, damit ihn die Eingeborenen töten können. Sie töten hernach den X.

Auch wenn in diesem Fall - mangels gemeinsamen Tatentschlusses - weder eine Mittäterschaft noch - mangels geistigen Kontakts - eine Anstiftung angenommen werden kann, hat A den X hier selbst, und zwar durch eigenhändige, physische Einwirkung auf *diesen*(!), in eine Lage gebracht, die in der konkreten Situation lebensbedrohend ist. Das rechtfertigt es, den A als unmittelbaren Nebentäter der Tötung anzusehen. Eine „Werkzeug"-Eigenschaft der Eingeborenen erscheint demgegenüber kaum begründbar, denn anders als im „Dohna-Fall" erliegen sie ja noch nicht einmal einem Motivirrtum, sondern machen sich keinerlei Gedanken über die konkrete Identität ihres Opfers. Ebensowenig benutzt A den X bei unmittelbarer körperlicher Gewalteinwirkung auf diesen als „Werkzeug" gegen sich selbst.

b) Werkzeugeigenschaft qua Schuldunfähigkeit oder verminderter Schuldfähigkeit

aa) Schuldunfähigkeit gem. §§ 19, 20 und § 3 JGG

Wird jemand zu einer verbotenen Rechtsgutverletzung veranlasst, der nach der insoweit verbindlichen Festsetzung der Rechtsordnung durch die Vorschriften der §§ 19, 20 und des § 3 JGG nicht fähig ist, „das Unrecht seiner Tat einzusehen" oder „nach dieser Einsicht zu handeln" und damit von der Warnfunktion der Rechtsordnung in die Pflicht genommen zu werden, macht sich der Hintermann auch hier zunutze, dass die Rechtsordnung den im Normalfalle von ihr ausgehenden Schutz im konkreten Fall nicht bewirkt. Die spezifische Gefahr, die der Hintermann für das konkrete Rechtsgut setzt, ist also auch hier größer als bei der Einwirkung auf eine Person, die sich noch bewusst und im Vollbesitz ihrer Steuerungsfähigkeit gegen das strafrechtliche Verbot entscheiden müsste. Allerdings fragt es sich, ob man hier die Werkzeugeigenschaft nicht nur für solche Konstellationen bejahen sollte, in denen der Vordermann das materielle Unrecht des Handelns tatsächlich nicht erkennt, so dass in jenen Fällen, in denen der Handelnde sich über das Unrecht im klaren und auch nach dieser Einsicht zu handeln fähig ist, lediglich Anstiftung angenommen werden könnte[164]. Jedoch wird man hier die gesetzliche Regelung in den §§ 19, 20 als unwiderlegliche Vermutung für das Fehlen der Einsicht in das begangene Unrecht ansehen müssen, da sonst eine klare Abgrenzung kaum mehr zu leisten wäre[165]. Entsprechendes gilt für § 3 JGG.

---

164 So in *RG*St 61, 265 (267); ähnlich *Jescheck/Weigend,* AT, § 62 II 4, S. 668; *Welzel,* Lb. S. 103; *Preisendanz* § 25, Anm. III 3 c) cc); unklar *Blei,* AT, S. 228: „Würdigung des realen Kräfteverhältnisses".

165 Vgl. *Herzberg,* T/T, S. 30; *Stein,* Beteiligungsformen, S. 299; *Hünerfeld,* ZStrW 99 (1987), S. 228 (238).

bb) Verminderte Schuldfähigkeit gem. § 21 Alt.2

Konsequenterweise muss eine mittelbare Täterschaft des Hintermannes auch in jenen Fällen angenommen werden, in denen die Steuerungsfähigkeit des Vordermannes nur gemindert, aber nicht ganz aufgehoben ist, wie etwa in den Fällen des § 21 Alt.2. Denn auch durch die Veranlassung eines nur vermindert Steuerungsfähigen zu einer Rechtsgutverletzung wird eine Gefahr für das Rechtsgut begründet, die größer ist als bei der Veranlassung eines in vollem Maße steuerungsfähigen Menschen[166]. Nur auf der Basis des strengen Verantwortungsprinzips ließe sich trotz verminderter Steuerungsfähigkeit auch in den Fällen des § 21 Alt.2 eine Werkzeugeigenschaft des Vordermannes verneinen, weil diesem bei bestehender Unrechtseinsicht immer noch ein bewusst begangener Rechtsbruch vorgeworfen werden kann[167]. Im Sinne des Werkzeugprinzips „angebrochen"[168] ist die Verantwortlichkeit des Vordermannes indes auch in diesen Fällen; und von einer „Verkümmerung der Entscheidungsfreiheit"[169] muss man auch hier sprechen: Wer trotz Unrechtseinsicht sein Verhalten nicht vollständig im Sinne dieser Einsicht steuern kann, ist auch nicht in der Lage, sich frei für oder gegen die Ausführung des bewussten Rechtsbruchs zu entscheiden. Eine über das normale Maß hinausgehende Gefährdung für das jeweilige Rechtsgut geht auch von einer solchen Person allemal aus.

c) Nötigungsherrschaft

Etwas anders liegt es in den Fällen der Nötigungsherrschaft. Hier erkennt der Genötigte zwar, dass er in rechtswidriger Weise Rechtsgüter Dritter verletzt. Dennoch kann die Rechtsordnung in ihrer Schutzfunktion nicht (voll) zum Tragen kommen, weil der Genötigte von einem derart starken Gegenmotiv beherrscht wird, dessen Überwindung zugunsten rechtstreuen Handelns ihm schlechterdings nicht mehr zugemutet werden kann. Um hier den für die Annahme einer Unzumutbarkeit erforderlichen Grad normativ und sicher bestimmen zu können, liegt der Rückgriff auf diejenigen Abgrenzungen nahe, die das Gesetz selbst postuliert, wenn es dem in einer Ausnahmesituation Handelnden die strafrechtliche Verantwortung für sein rechtswidriges Tun abnimmt, wie etwa im Falle des § 35 I 1. Dies entspricht der bereits früher erwähnten Formulierung, dem Verantwortungsprinzip komme die Funktion eines Maßprinzips zu. Klarzustellen ist aber auch hier noch einmal, dass sich die Tatherrschaft des Hintermannes bzw. die korrespondierende Werkzeugeigenschaft des Vordermannes nicht daraus ergibt, dass der

[166] Vgl. *Stein,* Beteiligungsformen, S. 298.
[167] Vgl. *Herzberg,* T/T, S. 31.
[168] *Herzberg,* Jura 90, 16 (24).
[169] *Herzberg,* Jura 90, 16 (24).

Vordermann etwa wegen Anwendung des § 35 I 1 *nicht bestraft* werden kann und die Rechtsordnung nun etwa beim Hintermann „Regress nimmt", weil sie beim Vordermann eine Bestrafung nicht durchzusetzen vermag. Vielmehr ist die Straflosigkeit des Vordermannes auch hier bloßes Symptom seiner Werkzeugeigenschaft, das häufig, aber eben nicht immer (etwa in den Fällen des § 35 I 2[170]) mit ihr einhergeht[171]. Das für die Zurechnung der Rechtsgutverletzung zum Handeln des Hintermannes maßgebliche Element ist vielmehr darin zu sehen, dass dieser einen Menschen zur Herbeiführung der Verletzung benutzt, der nicht in der Lage ist, freiverantwortlich eine Entscheidung für oder gegen die bewusste Rechtsverletzung zu treffen. Dabei setzt sicherlich die Kenntnis des Vordermannes, dass ihm in seiner Zwangslage für sein Unrecht keine Strafe droht, die Hemmung zusätzlich herab, worauf eingehend *Roxin*[172] hinweist. Doch ist die Straflosigkeit trotzdem nur *Folge* der *schon bestehenden* Werkzeugeigenschaft, nicht deren Ursache. Auch in den Fällen der Nötigungsherrschaft liegt es mithin so, dass der Hintermann die der Rechtsordnung zukommmende Schutzwirkung außer Kraft setzt, indem er gerade einen solchen „anderen" einsetzt, in dessen Person die Rechtsordnung ihren Appell nicht voll zur Geltung bringen kann.

d) Irrtum über die Voraussetzungen einer Notstandslage

Gleiches gilt, wenn der Hintermann lediglich einen Irrtum des Vordermannes über Umstände bewirkt, bei deren Vorliegen die Schuld des Vordermannes gem. § 35 I 1 entfiele. Entscheidend ist auch hier allein der tatsächliche Motivationsdruck des Vordermannes. Dieser ist unabhängig davon, ob die Notstandssituation tatsächlich vorliegt oder ob der Handelnde nur subjektiv von ihr ausgeht[173]. Und ebensowenig wie beim Verbotsirrtum kann es auch hier darauf ankommen, ob der Irrtum vermeidbar war oder nicht (§ 35 II 1): Wesentlich ist, dass der Irrende seinen Irrtum nicht erkannt *hat*, dass er ihn hätte *erkennen können*, spielt für seine tatsächliche Motivation keine Rolle.

Zu klären bleibt schließlich die ebenfalls umstrittene Frage, ob der Hintermann die Zwangslage bzw. den Irrtum des Vordermannes selbst hervorrufen muss[174]

---

[170] Vgl. *Herzberg,* Jura 90, 16 (26); dag. *Roxin* in LK(11), § 25, Rn. 64. Für die Bejahung mittelbarer Täterschaft in den Fällen des § 35 I 2 z.B. auch *Randt,* MT, S. 37 f („kein Bezug zum Herrschaftskriterium").

[171] Ebenso *Randt,* MT, S. 59 (bzgl. § 35): „Die Beherrschung des Tatmittlers ergibt sich nämlich nicht aus der Rechtsfolge des § 35 per se, sondern nur aus den Voraussetzungen der Vorschrift".

[172] TuT, S. 148. Vgl. auch *ders.* in AT II, § 25 C II Rn. 50: „Wer sich vom Gesetzgeber entschuldigt weiß, wird einem auf ihn ausgeübten Druck viel leichter erliegen als derjenige, der sich von seiner strafrechtlichen Verantwortlichkeit nicht entlastet weiß."

[173] Vgl. *Herzberg,* T/T, S. 21.

[174] So etwa *Blei,* AT, S. 260 für den Verbotsirrtum; abgeschwächt *Herzberg,* T/T, S. 15 f für die Zwangslage nach § 35.

oder ob es ausreicht, wenn er eine schon bestehende Zwangslage oder einen schon bestehenden Irrtum lediglich ausnutzt[175]. Sieht man die spezifische Gefahrsetzung durch den Hintermann im Einsatz menschlichen Handelns, das durch die Verbote der Rechtsordnung nicht mehr hinreichend „im Zaume" gehalten und gelenkt wird, so kann die Frage nur im Sinne der letzteren Alternative zu entscheiden sein: In Bezug auf die spezifische Gefährlichkeit für fremde Rechtsgüter macht es keinen Unterschied, ob der Einfluss der Rechtsordnung auf den zur Rechtsgutverletzung veranlassten Vordermann von vornherein nicht (voll) besteht (wie in den Fällen der Schuldunfähigkeit nach §§ 19, 20, 21 oder § 3 JGG), ob er zeitweise nicht besteht (wie bei § 35 I 1 oder bei zeitweisem Schuldausschluss gem. § 20) oder ob der Hintermann im Hinblick auf die konkrete Tat diesen Einfluss erst durch eigenes Tun „sperrt". Für die täterschaftliche Zurechnung der Rechtsgutverletzung zum Hintermann ist es nach hier vertretener Auffassung erforderlich, aber auch genügend, dass der Hintermann einen im oben beschriebenen Sinne dem Einfluss der Rechtsordnung entzogenen Menschen zur Vornahme einer Rechtsgutverletzung veranlasst und dabei dessen Defizit auch kennt; ob er letzteres auch noch selbst verursacht hat, spielt dann keine Rolle mehr. Legt man demgegenüber, im Sinne der klassischen Tatherrschaftslehre, den Akzent auf die positive „Beherrschung" des Vordermannes durch den Hintermann, könnte jener Hintermann jedenfalls in Notstandsfällen, in denen der Vordermann das Unrecht seiner Tat ja durchaus erkennt und sich dennoch bewusst dafür entscheidet, nur dann als „Herr des Geschehens" angesehen werden, wenn er durch ein eigenes „Mehr" an Tätigwerden die Zwangssituation selbst geschaffen, zumindest aber zu Lasten des Opfers „äußerlich umgestaltet" hat[176]. Bei Zugrundelegung der oben dargelegten Kriterien erschiene eine solche Betrachtung jedoch systemwidrig.

e) Tatherrschaft kraft organisatorischer Machtapparate

Einen Fremdkörper im System des Verantwortungs- und auch des Werkzeugprinzips bildet nun die Fallgruppe der Tatherrschaft kraft organisatorischer Machtapparate. Auch hier lässt sich zwar ein Ausschalten des Schutzes der Rechtsordnung für das jeweilige Rechtsgut feststellen; und zwar insofern, als die Rechtsordnung formell zwar noch besteht, jedoch faktisch ins Leere läuft und damit dem Rechtsgut im einzelnen Falle keinen Schutz mehr bietet. Doch liegt der maßgebliche Unterschied darin, dass sich die Loslösung

---

175 So *Stein,* Beteiligungsformen, S. 294 (Vorsatzmangel), S. 297 (mangelnde Unrechtseinsicht) und S. 299 (Zwangslage und Notwehrexzess nach §§ 35, 33); *Jescheck/Weigend, AT,* § 62 II 2, S. 666 (Vorsatzmangel) und 5, S. 669 (Verbotsirrtum); *Hünerfeld,* ZStrW 99 (1987); S. 228 (238) (Verbotsirrtum).

176 *Herzberg*, T/T, S. 15 f; *Jescheck/Weigend,* AT, § 62 II 6, S. 669; enger *Blei,* AT, § 72 I 3 c), S. 228. *Randt,* MT, S. 65, verlangt hierzu, dass der Hintermann dem Notstandstäter „die sonst nicht bestehende Möglichkeit eröffnet, sich aus einer gegenwärtigen Gefahr für Leben, Leib oder Freiheit zu befreien".

des *Gesamt*systems „vom Boden des Rechts" auf den *einzelnen* Ausführenden gerade nicht auswirkt. Entsprechendes gilt für die „Fungibilität" des einzelnen Vordermannes. Zutreffend weist *Schroeder*[177] auf die Möglichkeit einer Befehlsverweigerung durch alle jeweils nacheinander ausgewechselten, einzelnen Befehlsempfänger hin. Zwar ist zuzugeben, dass es die eigene Motivation zur Befehlsverweigerung herabsetzen kann, wenn der Befehlsempfänger von vornherein weiß, der Befehl werde auch dann, wenn er selbst ihn verweigert, mit an Sicherheit grenzender Wahrscheinlichkeit von irgendeinem anderen Befehlsempfänger an seiner Stelle ausgeführt. Doch ist diese Herabsetzung der eigenen Verweigerungsmotivation unter keinem *normativen* Gesichtspunkt relevant. Die strafrechtliche Verantwortlichkeit des Ausführenden wird hierdurch in keiner Weise berührt. Erkennt man die Konstruktion der Tatherrschaft kraft organisatorischer Machtapparate im Grundsatz an, ist das oben erörterte Verantwortungsprinzip damit in seinem wesentlichen Kern eingeschränkt[178], wenn nicht gar aufgegeben. Dasselbe gilt für das Werkzeugprinzip. Auch das Kriterium der „unbedingten Bereitschaft des Ausführenden, den Tatbestand zu erfüllen", worauf der *BGH*[179] den Schwerpunkt legt, führt zu keinem anderen Ergebnis. Solange die „unbedingte Bereitschaft" nicht (zumindest auch) aus einem nach normativen Kriterien relevanten Defizit folgt, liegt dogmatisch nichts anderes als ein (ggf. in Mittäterschaft begangener) Fall einer (Ketten-)Anstiftung seitens der Hintermänner („Schreibtischtäter") vor. Hier gleichwohl eine eigene Täterschaft der Hintermänner anzunehmen, erscheint angesichts der klaren gesetzlichen Differenzierung der §§ 25 ff dogmatisch inkonsequent.

Anders liegt es selbstverständlich, wenn die Ausführenden ihrerseits ein strafrechtlich relevantes Defizit aufweisen, so etwa wenn sie sich in einem - wenn auch nur vermeidbaren - Verbotsirrtum befanden[180] oder wenn aus ihrer Einbindung ins System eine nach § 35 I 1 relevante Notstandslage resultierte, die eine Befehlsverweigerung letztlich unzumutbar werden ließ[181]. Hier wäre

---

[177] ThT, S. 168.

[178] Vgl. *Schroeder,* JR 95, 177 (179).

[179] *BGH*St 40, 218 ff (236 f).

[180] Dies dürfte in den „Mauerschützen"-Fällen eher die Regel als die Ausnahme gewesen sein, vgl. etwa *BGH*St 39, 1 (35); 39, 168 (190 ff); *BGH* NJW 94, 2708 ff (2711); eingehend zur Problematik *Miehe,* FS *Gitter*, S. 647 ff (663 ff); *Eser,* FS *Odersky,* S. 337 ff (344 f.); *Roxin,* AT, § 21, S. 822, Rn. 66; *Ambos,* GA 98, 226 ff (241 ff). *Amelung,* JuS 93, 637 ff (642 f.) hält sogar einen Vorsatzausschluss für möglich, da in der DDR das Unrechtsbewusstsein (jedenfalls zum Teil) als Teil des Vorsatzes angesehen wurde.

[181] Vgl. auch *Schulz,* JuS 97, 109 (112), der schon eine solche Notlage ausreichen lassen will, die zwar den Grad des § 35 nicht erreicht, aber gleichwohl bei der Strafzumessung als Strafmilderungsgrund zu berücksichtigen wäre (hierzu *Lorenz,* JZ 94, 388 ff (398)). Diese Lösung ist nicht von der Hand zu weisen, denn sie stellt letztlich nur eine konsequente Fortführung des „Werkzeugprinzips" dar: Erkennt man auch beim vermeidbaren Verbotsirrtum nach § 17 S.2, der ebenfalls erst im Rahmen der Strafzumessung als

bereits nach den hergebrachten Kriterien des Verantwortungs- bzw. des Werkzeugprinzips eine mittelbare Täterschaft der Hintermänner begründet[182], die die darüber hinausgehende Konstruktion der „Organisations"- oder „Machtapparats-"Herrschaft obsolet werden ließe.

Nicht zu vergessen ist schließlich, dass auch über die Mittäterschaft (§ 25 II) jedenfalls ein Teil der Fälle der Tatherrschaft kraft organisatorischer Machtapparate erfasst werden kann[183]. Der noch verbleibende Teil der Fälle kann dann konsequenterweise nur als Anstiftung angesehen werden. Die darüber hinausgehende Konstruktion der Tatherrschaft kraft organisatorischer Machtapparate ist aus Gründen dogmatischer Konsequenz abzulehnen[184]. Strafbarkeitslücken entstehen hier ohnehin nicht, da die Hintermänner gem. § 26 selbst „gleich einem Täter" bestraft werden[185].

4. Zusammenfassung

Die spezifische Gefahr, die der Hintermann in allen Fällen der mittelbaren Täterschaft - mit Ausnahme des nach der hier vertretenen Auffassung abzulehnenden Falles der „Herrschaft kraft organisatorischer Machtapparate" - für das jeweilige betroffene Rechtsgut setzt, liegt zusammenfassend darin, dass

---

fakultativer Strafmilderungsgrund zum Tragen kommt, ein relevantes Defizit an, so es ist nur noch ein kleiner Schritt, dann auch eine - wenn auch nicht nach § 35 entschuldigende - Zwangssituation des Vordermannes als ungeschriebenen Strafmilderungsgrund für eine Werkzeugeigenschaft ausreichen zu lassen. Stützen kann *Schulz* sich dabei durchaus auf die Ausführungen *Schroeders,* ThT, S. 120 ff, der für eine Werkzeugeigenschaft kraft Notstands ein Handeln „im Grenzbereich der Entschuldigungsgründe" ausreichen lassen will. Die normative Relevanz des Defizits ergäbe sich dann aus § 46 II, denn die Zwangslage des Ausführenden wäre zumindest als „Beweggrund und Ziel" des Täters bei der Strafzumessung (strafmildernd) zu berücksichtigen. Freilich muss man sich darüber im klaren sein, dass hierdurch die relativ klare Abgrenzungslinie, die „Verantwortungs-" bzw. „Werkzeug-"Prinzip bislang boten, letztlich aufgegeben würde, denn es sind kaum Umstände denkbar, die einerseits für den Hintermann „tatherrschaftsrelevant" sind, andererseits aber nicht im Rahmen des § 46 II strafzumessungsrelevant werden.

[182] Hierauf weist - obwohl selbst der *BGH*-Lösung in vollem Umfange zustimmend - auch ausdrücklich *Schroeder,* JR 95, 177 ff (179) hin; ebenso *Jescheck/Weigend,* AT, § 62 II 8, S. 670 (die Figur der Organisationsherrschaft insgesamt ablehnend).

[183] Zur Mittäterschaftslösung *Jakobs,* AT, 21/103, S. 649; SK(6. Aufl.)-*Samson,* § 25, Rn. 36; *Jescheck/Weigend,* AT, § 62 II 8, S. 670.

[184] Es dürfte nicht ganz abwegig sein, in dem Bestreben des *BGH* nach täterschaftlicher Bestrafung der Hintermänner neben rechts*dogmatischen* zumindest *auch* rechts*politische* Gründe zu suchen, vgl. etwa *Jung,* JuS 95, 173 (174): „Speziell im Hinblick auf die Mauerschützenurteile mag man es als sozialpsychologische Kompensation begreifen, daß sich nicht nur die 'unteren Ränge' strafrechtlich als Täter verantworten müssen." Kritisch zur Gesamtproblematik u.a. auch *Amelung,* GA 96, 51 (58) („hoher Symbolwert"); *Jakobs,* GA 94, 1 ff (19); *Miehe,* FS *Gitter,* S. 647 ff; *Dreier,* JZ 97, 421 ff m.w.N. (434); *Rotsch,* NStZ 98, 491 ff (494).

[185] So im Ergebnis auch - und noch weitergehend - *Herzberg,* in: *Amelung* (Hrsg.), Individuelle Verantwortung, S. 33 ff (47 ff).

er die potentielle Gefahr, die vom Handeln des zwischengeschalteten Vordermannes ausgeht, auf das jeweilige Rechtsgut lenkt und dabei zusätzlich die Rechtsordnung als letzten „Schutzwall“[186] außer Kraft setzt oder zumindest abschwächt. Gerade hierin liegt dann auch das besondere Gefahrenelement, welches das mittelbar täterschaftliche Handeln von der Anstiftung unterscheidet: Während im Falle der Anstiftung der Haupttäter selbst die letzte Entscheidung für den bewussten Rechtsbruch und damit für die Rechtsgutverletzung trifft, so dass die Appellfunktion der Rechtsordnung in Form eines hemmenden Gegenmotivs bei dieser Entscheidung noch einmal voll zum Tragen kommt, wird gerade diese letzte Abschirmung bei der mittelbaren Täterschaft außer Kraft gesetzt. Damit trifft nicht der Vordermann als die die Rechtsgutverletzung unmittelbar bewirkende Person die bewusste und freiverantwortliche Entscheidung für die Rechtsverletzung, sondern allein der Hintermann. Daraus ergibt sich dann gleichzeitig die „Werkzeugeigenschaft“ des Vordermannes, dem ein rechtstreues Handeln entweder wegen Unkenntnis der Situation bzw. des Verbots nicht möglich oder wegen einer besonderen psychischen Gegenmotivation nicht mehr zumutbar ist. Diese Schwäche des Vordermannes vermittelt dem Hintermann im normativen Sinne die „Herrschaft über das Geschehen“ und lässt es angemessen erscheinen, ihm dann auch die Rechtsgutverletzung als „sein Werk“ zuzurechnen und die „Straftat“ als vom Hintermann „durch“ den Vordermann begangen anzusehen[187].

---

[186] Vgl. *Stein*, Beteiligungsformen, S. 241; kritisch zur Gesamtkonzeption *Küper*, ZStrW 105 (1993), S. 445 ff (464 ff).

[187] Anklänge an ein entsprechendes Kriterium der Gefahrerhöhung finden sich bereits bei *Flegenheimer*, S. 42, wenn es dort heißt: „Der beiden Rechtsfiguren (Anstiftung und mittelbare Täterschaft) gemeinsame Gefahrzustand, die bestimmte Person werde den verbrecherischen Erfolg herbeiführen, ist in den Fällen der Anstiftung wesentlich verschieden gegenüber den Fällen der mittelbaren Täterschaft. Die Wahrscheinlichkeit, daß die bestimmte Person den Weg des Verbrechens beschreiten werde, ist bei der mittelbaren Täterschaft eine viel größere als bei der Anstiftung. Der typische Zustand der Gefahr bei der mittelbaren Täterschaft ist ein gesteigerter und potenzierter gegenüber den Fällen der Anstiftung: Der Geisteskranke, und ebenso der sich in einem Irrtum Befindliche vermögen Tragweite und Gefährlichkeit ihres Handelns nicht richtig einzuschätzen, sind unfähig von dem Eindruck, den die Einwirkung des Bestimmenden macht, zu abstrahieren.“ Nur scheint *Flegenheimer* nicht auf die *rechtsgutspezifische Gefahr* abzustellen, sondern allein auf die abstrakte *Gefährlichkeit der Person*, wenn er im folgenden schreibt: „Gleich dem Tier, gleich der entfesselten Naturgewalt wird der Geisteskranke auf das Verbrechensobjekt zustürzen, der Vernunft bar, von Mitleid entkleidet, ethischen Gegenmotivationen unzugänglich und unfähig, die einmal entfesselten Leidenschaften zu zügeln und einzudämmen. (...) Ganz anders steht es bei der Anstiftung: dem Anstifter steht der Angestiftete als völlig zurechnungsfähiger, die ganze Sachlage überblickender, die Gefährlichkeit seines Handelns einsehender Mensch gegenüber, und mag der Angestiftete auf dem Pfad des Verbrechens noch so tief gesunken sein (...), ein Funke von menschlichem Fühlen, Spuren von Mitleid, werden doch noch in ihm verborgen sein und bei verbrecherischen Taten, denen starke ethische Motive entgegenwirken, seine verbrecherischen Triebe vielleicht doch noch überwinden.“ Zu Recht bezeichnet *Wolf*, MT, S. 74, diese Darstellung als „entstellt und zurechtgestutzt“ und weist zutreffend darauf hin (S. 75), dass auch Geisteskranke (und Irrende) sehr wohl mit Überlegung handeln können und es - gerade weil sie „der normalen

5. Das „absichtslose" und das „qualifikationslose" Werkzeug als Prüfsteine des o.g. Kriteriums

Ausgespart wurde bislang noch die äußerst umstrittene Fallgruppe des sog. „absichtslos-dolosen" bzw. „qualifikationslos-dolosen" Werkzeugs. Erfasst sind hiervon jene Fälle, in denen die Werkzeugeigenschaft des Vordermannes (allein) daraus begründet wird, dass ein in seiner Person nicht vorliegendes, zumeist subjektives oder persönliches Merkmal in der Person des Hintermannes erfüllt ist, der aber in seiner Person gerade nicht die tatbestandsmäßige Handlung ausführt[188].

Insbesondere diese Konstellationen waren es, die im eingangs dargestellten (vgl. Einführung C. II. sowie oben B. II. 2. a)) E 58 eine gesetzliche Regelung finden sollten, indem nach jener Fassung u.a. auch derjenige Hintermann als Täter zu bestrafen war, „bei dem nicht die besonderen persönlichen (...) Verhältnisse oder Umstände oder besondere Absichten vorliegen, welche die Strafbarkeit begründen". Gerade diese Fallgruppen waren es dann auch, deren Handhabung durch den Verzicht auf die gesetzliche Regelung nach wie vor streitig blieb.

a) Die „normative" oder „soziale" Tatherrschaft

Wer hier eine „Werkzeugeigenschaft" des Vordermannes bejahen will, rekurriert zumeist auf den Begriff der „normativen"[189] oder der „sozialen"[190] Tatherrschaft, die sich aus einem „rechtlich beherrschenden Einfluss"[191] des Hintermannes auf den Vordermann ergeben soll. Worin dieser „rechtlich beherrschende Einfluss" nun genau gesehen wird, bleibt dabei weitgehend unklar. Es erscheint unerfindlich, wie allein das Vorliegen eines subjektiven oder persönlichen Merkmals in der Person des Hintermannes diesem eine „Herrschaft" über den Vordermann vermitteln soll. Eine derartige „Herrschaft" entsteht auch nicht dadurch, dass man ihr mit den Termini der „normativen" oder „sozialen" Tatherrschaft einen Namen gibt. Der Umweg über die

---

Bestimmbarkeit durch Motive" ermangeln - leichter möglich sein kann, sie durch einen geringen Anstoß von der Ausführung der Tat abzubringen als einen zurechnungsfähigen, aber zu allem entschlossenen Angestifteten. Die Spiegelfechterei *Flegenheimers* ist auch völlig unnötig, denn es kommt für die mittelbare Täterschaft des Hintermannes nicht darauf an, dass das „Werkzeug" *gefährlicher als ein Angestifteter* - also ein bewusst Rechtsbrüchiger - ist, sondern allein darauf, dass die Gefahr *für das Rechtsgut* über das normale Maß hinaus erhöht wird, wenn der Hintermann sich eines Menschen bedient, der vom Recht *nicht erreicht* wird. Vgl. ferner auch *Zehnpfennig,* Mittelbare Täterschaft und Anstiftung, S. 28.

188 Als Beispielsfälle vgl. etwa den „Gänsebucht"-Fall *RG*St 48, 58 und die übrigen unten (Kapitel 3, D. I. 3.) erörterten Konstellationen.

189 So etwa *Jescheck/Weigend,* AT, § 62 II 7, S. 670.

190 *Welzel,* Lb., S. 104.

191 *Jescheck/Weigend,* a.a.O.; ähnl. *Welzel,* a.a.O.

„normative Tatherrschaft“ wird daher zunehmend als Zirkelschluss verworfen[192].

b) Die Lehre von den „Pflichtdelikten“

Einen anderen Weg beschreitet *Roxins* Lehre von den „Pflichtdelikten“[193]. Auch *Roxin* gelangt in den Fällen des „qualifikationslosen“ Werkzeugs zwar im Ergebnis zur mittelbaren Täterschaft des Hintermannes, bemüht dabei aber nicht den Begriff der „Tatherrschaft“. Die mittelbare Täterschaft des Hintermannes soll sich allein daraus ergeben, dass dieser in seiner Person eine ihn treffende Sonderpflicht verletze[194]. Hiergegen spricht zweierlei: Zum einen erscheint diese Lehre im Hinblick auf Art. 103 II GG jedenfalls in den Fällen bedenklich, in denen sich die Sonderpflicht nicht aus dem gesetzlichen Tatbestand selbst ergibt. Während etwa im Falle des § 266 I die „Vermögensbetreuungspflicht“ noch im Gesetzeswortlaut verankert ist, müsste man im Falle des § 288 I, den *Roxin* ebenfalls zu den Pflichtdelikten zählt[195], eine dem Strafgesetz selbst nicht mehr entnehmbare allgemeine Pflicht[196] zugrunde legen, „die Befriedigungsinteressen seiner Gläubiger nicht zu beeinträchtigen“[197]. Zum anderen vermag auch die Pflichtdeliktslehre nicht zu erklären, warum in der Person des Hintermannes nun allein der Verstoß gegen die ihn treffende Sonderpflicht dazu führen soll, ihn als „Täter“ des „Gesamt“-Deliktes anzusehen, obgleich doch die übrigen Tatbestandsmerkmale - die Richtigkeit dieser Prämisse einmal unterstellt - nur durch den Vordermann erfüllt werden[198].

Die Konstellationen des „absichtslosen“ Werkzeugs in den Fällen, in denen beim Diebstahl (§ 242 I a.F.) ein ohne „Sich-Zueignungsabsicht“ handelnder Gehilfe die Wegnahmehandlung ausführte, vermochte auch *Roxin* nicht über die Pflichtdeliktslehre zu lösen. Er musste vielmehr über die „Notlösung“ eines erweiterten Zueignungsbegriffes eine *täterschaftliche* Strafbarkeit des Gehilfen konstruieren, um den Hintermann wenigstens als Anstifter bestrafen zu

---

192 Vgl. LK(11)-*Roxin*, § 25, Rn. 137 f, 140; *Herzberg*, T/T, S. 32; SK(6. Aufl.)-*Samson*, § 25, Rn. 35; *Jakobs* AT 21/104; *Schmidhäuser* AT 14/50, Anm. 43 („Scheinbegründung“).

193 TuT, S. 352 ff.

194 Einen ähnlichen Ansatz für den Hintermann beim qualifikationslosen Werkzeug wählt *Schmidhäuser*, AT 14/51, der in Bezug auf das verletzte Rechtsgut eine unechte *Unterlassens*tat des (schutzpflichtigen) Hintermannes annehmen will.

195 TuT, S. 385.

196 Für den Fall des § 288 daher ablehnend *Herzberg*, T/T, S. 33 f.

197 Vgl. *Roxin*, TuT, S. 385.

198 In Wahrheit erfüllt nämlich auch der Hintermann den Gesamttatbestand, vgl. unten Kapitel 3, I. 3. Anderenfalls könnte er nicht „Täter“ des Delikts sein, weder „mittelbarer“ noch „unmittelbarer“. Der Verstoß gegen die „Sonderpflicht“ betrifft dabei, wenn überhaupt, nur *eines* von mehreren gesetzlichen Merkmalen.

können[199]. Das mochte beim Diebstahl noch zu tragbaren Ergebnissen führen[200], lässt sich aber nicht auf alle Fälle anderer Delikte übertragen. So denke man etwa an den Fall, dass ein Hintermann „um sich Leistungen aus der Versicherung zu verschaffen" (§ 265 I) einen Vordermann, dem diese Absicht fehlt und der diese Absicht des Hintermannes auch nicht kennt, dazu bewegt, seine - des Hintermannes - Scheune in Brand zu setzen (vgl. dazu auch unten, Kapitel 3, D. I. 3 b)). Nach den Kriterien *Roxins* könnte man hier zu einer täterschaftlichen Strafbarkeit des Hintermannes im Hinblick auf § 265 I nicht gelangen[201]. Indessen liegt auf der Hand, dass es vom Ergebnis her untragbar wäre, den Tatbestand des § 265 I allein dadurch umgehen zu können, indem man den Akt des „Beschädigens" oder „Zerstörens" durch einen Dritten vornehmen lässt, dem lediglich die betrügerischen Motive seines versicherten „Auftraggebers" unbekannt sind.

c) Anwendung des Kriteriums der „Gefahrerhöhung durch Schutzverminderung"

Wendet man das oben vorgeschlagene Kriterium der Verminderung oder Ausschaltung des von der Strafrechtsordnung ausgehenden Rechtsgüterschutzes in den Fällen der qualifikationslosen oder absichtslosen Werkzeuge an, so mag im ersten Zugriff der Eindruck entstehen, der Hintermann schwäche hier keinen *bestehenden* Schutz ab, sondern nutze lediglich eine in der Rechtsordnung bereits vorhandene *Lücke* aus. Das aber wäre ein Zirkelschluss, denn ob eine solche Lücke wirklich besteht, ist gerade die Frage. Richtigerweise ist vielmehr darauf abzustellen, dass lediglich in der Person des Vordermannes eine *täterschaftliche* Strafdrohung nicht besteht, weil es in seiner Person am subjektiven Merkmal bzw. der Qualifikation fehlt. Der Vordermann trifft keine bewusste Entscheidung zur Begehung eines *täterschaftlichen* Unrechts, so dass *insoweit* für ihn auch von der Rechtsordnung kein potentiell hemmendes Gegenmotiv ausgehen kann. Der Hintermann aber, der gerade einen solchen Vordermann zur Durchführung einer tatbestandsmäßigen Handlung auffordert, in dessen Person ein derartiges hemmendes Gegenmotiv im Hinblick auf die *täterschaftliche* Strafbarkeit fehlt, erhöht hierdurch die für das Rechtsgut

---

199 Vgl. *Roxin,* TuT, S. 341 ff. Diese Lösung ist durch die mit dem 6. StrRG vorgenommene Erweiterung des Tatbestandes um die Absicht, die weggenommene Sache *„einem Dritten"* zuzueignen, Gesetz geworden.

200 Eine andere „Notlösung" wäre die, den Hintermann nach Annahme der durch den Vordermann entwendeten Sache wegen Unterschlagung und den Vordermann wegen Beihilfe hierzu zu bestrafen, so die Lösung *Flegenheimers,* S. 52 f und *Schmidhäusers,* AT 14/52, im gleichen Sinne *Fahl,* JuS 98, 24 ff (26).

201 Es sei denn, man konstruiert eine - dem gesetzlichen Tatbestand aber als solche nicht entnehmbare - Sonderpflicht aufgrund des Versicherungsvertrages bzw. der hieran anknüpfenden gesetzlichen Regelungen, hier also insbesondere der §§ 23, 61, 62 VVG. Eine weitere zu erwägende Alternative wäre die Zurechnung des Merkmals „beschädigen" über § 25 II.

bestehende Gefahr, vor deren Realisierung die *täterschaftliche* Strafbarkeitsdrohung gerade schützen soll. Deswegen erscheint es gerechtfertigt, nun ihm als Veranlasser der in der Person des Vordermannes *nicht-täterschaftlichen* Rechtsgutverletzung diese als durch ihn *täterschaftlich* veranlasste zuzurechnen. Das oben entwickelte Kriterium der „Schutzverminderung" ist daher dahingehend zu präzisieren, dass es auch dann gelten muss, wenn der Hintermann durch Einsatz eines nicht-*täter*-tauglichen Vordermanns den von der Rechtsordnung für das Rechtsgut gewährten Schutz vor *täterschaftlichen* Beeinträchtigungen unterläuft. Dass der Vordermann nun, je nach Tatbestand, selbst wegen Beihilfe strafbar ist (wie es etwa in den Diebstahls-Konstellationen des § 242 I a.F. der Fall war), ändert hieran nichts, denn er entscheidet sich zwar bewusst zu einer als *Teilnahme*[202], nicht aber zu einer als *Täterschaft* strafbaren Handlung.

Eines ist allerdings klarzustellen: Die bisherigen Erörterungen beziehen sich sämtlich allein auf die allgemeine Frage, ob und inwieweit dem Hintermann unter den oben genannten Kriterien des Rechtsgüterschutzes die durch Einsatz eines defizitären Vordermannes bewirkte Erhöhung der für das Rechtsgut gesetzten Gefahr normativ *zugerechnet* werden kann. Ob der Hintermann auch tatsächlich „Täter" des jeweiligen Deliktes ist, kann hingegen erst *nach* der Vornahme dieser Zurechnung durch Prüfung und Anwendung des Gesamtunrechtstatbestandes bezogen auf seine eigene Person festgestellt werden. Niemand ist Täter, weil *ein anderer* - negativ - bestimmte Tatbestandsmerkmale *nicht* erfüllt, Täter kann umgekehrt immer nur derjenige sein, der - positiv - *alle* Tatbestandsmerkmale in eigener Person erfüllt[203].

---

[202] Durch diese bewusste Entscheidung zum „Teilnahme"- oder „Gehilfen"-Unrecht wird der Vordermann „dolos". Hierin nun sieht *Flegenheimer,* S. 46, einen „fundamentalen Wesensunterschied zwischen mittelbarer Täterschaft und den Fällen des 'dolosen Werkzeugs'", denn auch in letzteren Fällen sei es „eine völlig zurechnungsfähige vorsätzlich handelnde (...) Person", der sich der Hintermann zur Tatausführung bediene. Ähnliche Ausführungen finden sich bei *Beling,* ZStrW 28 (1908), S. 589 ff (594). Deshalb seien die Fälle des 'dolosen Werkzeugs' grundsätzlich nicht als Fälle mittelbarer Täterschaft zu behandeln. Dabei berücksichtigen *Flegenheimer* und *Beling* jedoch nicht, dass zwischen Gehilfen- und Täterunrecht zu differenzieren ist, denn es ist - bei normativer Betrachtung - nun einmal zugrunde zu legen, dass es für einen Hintermann leichter ist, jemanden zur Begehung eines gehilfenschaftlichen Unrechts zu veranlassen als zur Begehung eines eigenen täterschaftlichen Unrechts. Dieses „Veranlassungsgefälle" ist es aber gerade, das die Einschaltung eines „nur" als Gehilfe strafbaren Vordermannes im Hinblick auf die Rechtsgutverletzung als gefahrerhöhend erscheinen lässt und die täterschaftliche Zurechnung zum Hintermann rechtfertigt.

[203] Auf die Gefahr eines entsprechenden Zirkelschlusses hat bereits *Beling,* ZStrW 28 (1908), S. 589 ff (601) hingewiesen: „Nunmehr tritt auch der methodische Fehler, der der Lehre von der mittelbaren Täterschaft durch doloses Werkzeug anhaftet, deutlich hervor. Ihre Fragestellung ist von vornherein falsch; sie fragt: Wenn Primus als Veranlasser, Secundus als Ausführender gewirkt haben, welcher von beiden ist dann als Haupttäter strafbar ? Und sie antwortet - folgerichtig, aber eben nur in der falschen Grundauffassung befangen -: Wenn Secundus es nicht ist, so muß es Primus sein! Daß aber einer von beiden als Haupttäter

Für die Frage, ob nun der Hintermann in seiner Person tatsächlich den Tatbestand des jeweiligen Delikts erfüllt, insbesondere also die tatbestandlichen Begrifflichkeiten nun auch auf seine Person und sein Handeln anwendbar sind (= Selbst-Begehung im normativen Sinne), bildet die normative Zurechnung der (täterschaftlich bewirkten) Rechtsgutverletzung zwar die notwendige, noch nicht aber die hinreichende Voraussetzung. Letztere ist erst dann erfüllt, wenn sich unter Rückgriff auf die klarstellende Formulierung des § 25 I Alt.2 vom Hintermann auch sprachlich sagen lässt, er habe „durch einen anderen" *weggenommen, beschädigt, vereitelt* etc. Die Erörterung dieser sprachlich-begrifflichen Problematik soll dem 3. Kapitel vorbehalten bleiben, das die Anwendung der einzelnen Tatbestände und ihrer Merkmale auf den Hintermann zum Inhalt hat.

6. Die Entscheidung BGHSt 41, 182 -Werkzeugeigenschaft qua Willensbeugung durch strafrechtliches Gebot ?

Nun scheint der *BGH* die Figur der mittelbaren Täterschaft neuerdings auch in einem Zusammenhang angewendet zu haben, in dem sie bisher noch nicht erörtert worden war. Auf den ersten Blick begründete das Gericht dabei eine „Werkzeug"-Fallgruppe, die es in dieser Form bislang noch nicht gegeben hatte. Gemeint ist die Entscheidung *BGHSt 41, 182* zur Frage der Gewalt im Rahmen des § 240 I („Autobahnblockade"). Durch diese Entscheidung setzte der *BGH* den vorangegangenen Beschluss des *BVerfG*[204], durch den die Auslegung des „Gewalt-Begriffs" im Sinne der sog. „psychischen" Gewalt („vergeistigter" Gewaltbegriff) für unvereinbar mit Art. 103 II GG erklärt worden war, faktisch wieder außer Kraft[205]. Hierzu bediente sich der *BGH* folgender Argumentation: Auch wenn die Nötigung der jeweils ersten an der Sitzblockade ankommenden Autofahrer (möglicherweise nur) durch psychischen Zwang erreicht werde und daher nicht nach § 240 I strafbar sei, würden aber die nachfolgenden Autofahrer durch die nunmehr zum Stehen gekommenen (ersten) Fahrzeuge nicht mehr bloß psychisch, sondern bereits *physisch* an der Fortsetzung ihrer Fahrt gehindert. Dies reiche für die Annahmme einer physischen Zwangswirkung im Sinne des Gewaltbegriffes aus[206]. Hier soll nicht zur generellen Frage des Gewaltbegriffes Stellung genommen werden. Relevant ist die Entscheidung für

---

strafbar sein müsse, ist eine offensichtliche petitio principii. Es wird dabei die innere Bedeutung der nur bedingten Verantwortlichkeit völlig ignoriert, und die Bestrafung des Primus als Haupttäters im Grunde nur negativ, nämlich damit motiviert, daß der andere nicht als Haupttäter zu fassen sei." Ebenso *Hübner*, Doloses Werkzeug, S. 1. Aus jüngerer Zeit zur Problematik eingehend *Grunert,* Grenzen normativer Tatherrschaft, S. 45 ff, 174 ff.

[204] *BVerfG*E 92, 1 ff.

[205] Kritisch zu beiden Entscheidungen *Herzberg,* GA 96, 557 ff.

[206] Vgl. im einzelnen *BGH* NJW 95, 2643 (2644); zust. *Hruschka,* JZ 95, 737 ff.

die vorliegende Untersuchung allein im Hinblick auf folgende täterschaftliche Problematik:

a) Die täterschaftliche Konstruktion des BGH

Der *BGH* führte in der Entscheidung u.a. aus:

„Der Verurteilung wegen Nötigung steht nicht entgegen, daß die die Straße versperrenden Personen nicht selbst mit eigener Hand (oder eigenem Körper) in unmittelbarem Kontakt auf die nachfolgenden Fahrer eingewirkt haben. Die physische Sperrwirkung der von ihnen zuerst angehaltenen Fahrzeuge auf die Nachfolgenden ist ihnen zuzurechnen. Denn Nötigung ist weder ein eigenhändiges Delikt noch verlangt es die unmittelbare Begegnung von Täter und Opfer. Der angestrebte Erfolg kann auch dadurch erreicht werden, daß sich der Täter einer Sache oder einer Person bedient, um dem zu Nötigenden ein physisches Hindernis zu bereiten. Auf welche Weise er das tut, spielt im Verhältnis zu dem in der Fortbewegung gehinderten Adressaten keine Rolle.
(...)
Dabei spielt es keine Rolle, ob die Instrumentalisierung des ersten als Hindernis für sich strafbar oder straflos ist. Ausschlaggebend ist allein die vom Täter bezweckte physische Wirkung auf den oder die nachfolgenden weiteren Verkehrsteilnehmer. Hier benutzten die Täter die von ihnen (möglicherweise nur) durch psychischen Zwang angehaltenen Wagen als Mittel zur Bildung einer Barriere. Gerade dieser Aufbau von tatsächlich nicht mehr zu überwindenden Hindernissen entsprach den Vorstellungen der Täter als der notwendigen und gewollten Folge ihres Verhaltens.
(...)
Maßgebend ist, daß die Gewaltanwendung ursächlich zu dem vom Täter angestrebten Verhalten des Opfers führt. Dabei genügt allerdings nicht jede Verknüpfung zwischen Tathandlung und Nötigungserfolg. Der für eine Nötigung mit Gewalt erforderliche spezifische Zusammenhang zwischen Nötigungshandlung (Bereiten eines Hindernisses) und dem Nötigungserfolg (Unmöglichkeit der Fortbewegung für nachfolgende Kraftfahrer) muß gewahrt sein. (...) Das ist jedenfalls im Rahmen eines einheitlichen Verkehrsstaus nicht zweifelhaft. Hier setzte sich der gegenüber den ersten Kraftfahrern ausgeübte Zwang unmittelbar in physische Hindernisse um. Diese Personen und ihre Fahrzeuge wurden bewußt als Werkzeug zur tatsächlichen Behinderung der Nachfolgenden benutzt. Für diese Kraftfahrer war damit das ihnen entgegenstehende Hindernis die unmittelbare Folge des Verhaltens der Täter und wurde von den Betroffenen auch so empfunden.“

Diese Ausführungen des *BGH* bedürfen näherer Betrachtung, denn es fehlt letztlich an einer Entscheidung für die eine oder die andere Alternative des

§ 25 I, wenngleich für das Ergebnis des konkreten Falles eine solche Festlegung auch nicht unbedingt erforderlich war. Auf den ersten Blick scheint der *BGH* hier eine mittelbare Täterschaft der Teilnehmer an der Straßenblockade annehmen zu wollen, und zwar begangen in Mittäterschaft (§ 25 II). Hierfür spricht zunächst der Hinweis, die Blockierer hätten nicht „mit eigener Hand" auf die Betroffenen eingewirkt und die Nötigung sei „kein eigenhändiges Delikt". Ferner deutet auch die Verwendung des Begriffes „Werkzeug" auf die Annahme mittelbarer Täterschaft hin.

b) Die Auffassung *Hoyers*

Zu diesen Ausführungen hat unter dem Blickwinkel der täterschaftlichen Kriterien eingehend *Hoyer*[207] Stellung genommen. Er versteht die Konstruktion des *BGH* im Ergebnis als mittelbare Täterschaft gem. § 25 I Alt.2, sieht sich dann aber zu einer relativ komplizierten Konstruktion der Werkzeugeigenschaft der ersten Kraftfahrer gezwungen. Im Ergebnis bejaht *Hoyer* eine Werkzeugeigenschaft, die er aus einem bei den Kraftfahrern vorliegenden Willensmangel herleitet. Problematisch ist dabei, was *Hoyer* auch selbst postuliert, dass die „Werkzeuge" sich nicht in einem Motivationsdruck befinden, der den Grad des § 35 I 1 erreicht und für diese daher auch hinsichtlich der Frage einer eigenen möglichen Strafbarkeit nicht die Freiverantwortlichkeit ihres Handelns entfallen lassen könnte. Dennoch will *Hoyer* die Werkzeugeigenschaft im Ergebnis bejahen. Er führt aus:

„Ein Willensmangel (und damit die Werkzeugqualität) der Vorderleute läßt sich vielmehr nur aufzeigen, wenn diese aufgrund der von den Blockieren geschaffenen Lage nicht nur eine zusätzliche Möglichkeit strafloser Willensbetätigung gewonnen, sondern zugleich eine sonst bestehende Möglichkeit strafloser Willensbetätigung verloren haben. Das sonst als Nötigung strafbare Anhalten müßte also nunmehr nicht nur gem. § 34 erlaubt, sondern darüber hinaus sogar strafrechtlich geboten sein. Es ist dann die Rechtsordnung selbst (und nicht bereits eine tatsächliche Notlage), die das Anhalten der Vorderleute zu einer unfreien (weil gebotenen) Willensbetätigung werden läßt. Der Willensmangel aller anhaltenden Vorderleute folgt also aus der rechtlichen Beugung ihres Willens durch ein strafrechtliches Gebot."

Es folgen Ausführungen zum rechtlichen Gebotensein des Anhaltens, sodann kommt *Hoyer* zu folgendem Ergebnis:

„Das Anhalten der zuerst eintreffenden Autofahrer vor den Straßenblockierern war also rechtlich geboten, ihr Wille anzuhalten deshalb rechtlich unfrei. Aus

[207] JuS 96, 200 (202).

diesem Willensmangel ergibt sich die Werkzeugqualität der betreffenden Autofahrer und die Tatherrschaft der Blockierer. Indem die Blockierer mittelbar eine physische Zwangswirkung bei den nachfolgenden Autofahrern hervorriefen, haben sie also tatsächlich Gewalt angewendet.“

c) Stellungnahme

Vorweg: Dem Ergebnis (Strafbarkeit der Blockierer nach § 240) ist zuzustimmen. Nur eine derartige Werkzeugkonstruktion qua „rechtlicher Beugung des Willens durch ein strafrechtliches Gebot“ ist neu. Sind nun alle Bürger, die den strafrechtlichen Geboten Folge leisten, „rechtlich unfrei“ und damit potentielle „Werkzeuge“ ?

aa) Hypothetische Strafbarkeit der Fahrer der ersten Fahrzeuge aus § 240 I ?

Angreifbar erscheint in erster Linie *Hoyers* Prämisse des „sonst als Nötigung strafbaren Anhaltens“ der ersten Fahrzeuge. „Als Nötigung strafbar“ könnte dieses Verhalten nämlich von vornherein nur dann sein, wenn es tatsächlich zumindest dem Tatbestand unterfiele, wenn also der vor der Blockade anhaltende Fahrer „einen anderen ... mit Gewalt ... zu einer Handlung, Duldung oder Unterlassung nötigt“. Mag man das Verb „nötigen“ - unter Verzicht auf ein finales Element - auch noch in weitester Auslegung als „objektiv zurechenbares Verursachen des Verhaltens (eines anderen)“ auslegen können, so kann das Merkmal „mit Gewalt“ unter keinen Umständen mehr in der Person des *Anhaltenden* bejaht werden. Die Gewaltdefinition durch *RG, BGH* und Schrifttum wurde bereits oben erörtert (Kapitel 1, B. I.). Dabei wurde darauf hingewiesen, dass maßgebliches Charakteristikum des Begriffs der Gewalt - unabhängig vom Umfang der physischen Zwangswirkung - das finale Element *„zur Überwindung eines Widerstandes“* ist. Hieran aber fehlt es den Fahrern. Wessen Widerstand sollten sie auch brechen wollen ? Wollte man hier den Begriff der „Gewalt“ in der Person der Fahrer tatsächlich bejahen, so wäre jedes Anhalten vor einer roten Ampel, durch das auch die nachfolgenden Fahrer zum Stehen „genötigt“ würden, eine gewaltsame Nötigung, deren Strafbarkeit erst mangels Verwerflichkeit (§ 240 II) entfiele. Entsprechendes gälte wohl für jemanden, der als letzter in einen Fahrstuhl einsteigt und damit bewirkt, dass der nunmehr „volle“ Fahrstuhl keine weiteren Personen mehr aufnehmen kann. „Nötigt“ er die Draußengeblienen durch die physische Wirkung seines Körpers nun gewaltsam, den Fahrstuhl nicht zu benutzen ? Dass derartige Konstellationen nach der Vorstellung des Gesetzgebers tatbestandlich durch § 240 I erfasst sein sollten, erscheint befremdlich, denn es handelt sich um ganz normale Abläufe des täglichen Lebens, die auch von jedermann so akzeptiert sind. So würde der in der Ampelschlange stehende Autofahrer - gefragt nach dem Grund seines Stehenbleibens - nicht antworten, der Vordermann habe ihn gewaltsam zum Stehen gezwungen, sondern schlicht darauf verweisen, er stehe

„wegen der roten Ampel". Ebensowenig würde der verhinderte Fahrstuhlbenutzer davon sprechen, gewaltsam am Betreten des Fahrstuhls gehindert worden zu sein. In allen diesen Fällen fehlt es subjektiv seitens desjenigen, von dessen Verhalten die physische Zwangswirkung auf den „Genötigten" ausgeht, schon an der finalen Funktionalisierung der Zwangswirkung zu einem Mittel „zur" Widerstandsüberwindung. Und gleiches gilt bei den vor der Barriere anhaltenden Fahrern.
Festzuhalten ist damit, dass das Verhalten der Fahrer der ersten Fahrzeuge nicht als gewaltsames Nötigen der folgenden Fahrer angesehen werden kann, sondern selbst tatbestandslos ist.

bb) Objektiv zurechenbares Bewirken rechts*treuen *Verhaltens durch die Blockierer

Freilich ist damit noch nichts darüber gesagt, ob diese physische Wirkung der angehaltenen ersten Fahrzeuge nicht dennoch den Blockierern zuzurechnen ist. Im Ergebnis wird man eine solche Zurechnung nämlich durchaus bejahen müssen. Nur bedarf es dazu nicht der Zurechnung über § 25 I Alt.2. Vielmehr liegt bereits ein Fall der Alt.1 des § 25 I, also der Selbst-Begehung (im Sinne unmittelbarer Täterschaft) vor. Das folgt daraus, dass es sich bei dem Anhalten der ersten Fahrzeuge mit der (für diese unvermeidbaren) Folge, nunmehr für die folgenden Fahrzeuge ein physisches Hindernis darzustellen, um nichts anderes handelt, als um die objektiv voraussehbare - und von den Blockierern auch subjektiv bezweckte - Folge des „Blockierens". Im rechtlichen Sinne „unfrei" (im Sinne von „nicht frei verantwortlich") sind die ersten die Blockade erreichenden Fahrer dabei hinsichtlich ihres Anhaltens gerade nicht, denn sie sind der allgemeinen rechtlichen Gebote voll gewärtig und auch willens und in der Lage, sie zu befolgen. Und dabei muss man nicht einmal auf *straf*rechtliche Gebote zurückgreifen, denn das Anhaltegebot lässt sich bereits aus § 1 I, II StVO herleiten. Aus dieser Vorschrift folgt ohne weiteres, dass man anzuhalten hat, wenn sich - aus welchen Gründen auch immer - ein Mensch als Hindernis auf der Straße befindet.

Es wurde oben (B. III. 3.) eingehend behandelt, dass das Spezifikum der Werkzeugeigenschaft i.S.d. § 25 I Alt.2 gerade darin liegt, dass dem „Werkzeug" das rechts*treue* Handeln unmöglich gemacht oder zumindest erschwert wird. Dem liegt natürlich zugrunde, dass Maßstab und Leitlinie der Zurechnung immer allein das Verhalten des Rechts*treuen*, nicht des Rechts*brechers* sein darf. Was die „Unfreiheit" desjenigen, den man im Rahmen des § 25 I Alt.2 - wegen eben dieser „Unfreiheit" - zum „Werkzeug" herabstuft, ausmacht, ist der Eingriff des Hintermannes, der die Befolgung der rechtlichen Appelle *verhindert* und hierdurch ein rechtlich *un*erwünschtes Verhalten provoziert. Dann aber verbietet es sich, von einem „Werkzeug" und einer „Beugung des Willens" auch dann zu sprechen, wenn durch den Eingriff des fraglichen Täters gerade ein rechtlich *erwünschtes* Verhalten provoziert und vom Veranlasser auch gewollt wird. Entsprechend dem Maßstab des gesetzes*treuen* Bürgers ist allein dieses rechtlich erwünschte Verhalten die *rechtlich determinierte* Folge des Verhaltens des Hintermannes.

cc) Doppeldeutigkeit der Ausführungen des BGH

Wie verträgt sich das nun mit den Ausführungen des *BGH* ? Wie bereits oben gesagt deuteten diese auf den ersten Blick darauf hin, auch seitens der Richter sei eine mittelbare und nicht eine unmittelbare Täterschaft angenommen worden, ganz so, wie auch *Hoyer* es vertritt. Doch wirklich festgelegt auf die mittelbare Täterschaft hat der *BGH* sich trotz der Verwendung des „Werkzeug"-Begriffs und des Hinweises auf die nicht-eigenhändige Natur des § 240 nicht. Hierbei fällt zunächst auf, dass weder § 25 I Alt.2 noch der Begriff der „mittelbaren Täterschaft" in den Urteilsgründen ausdrücklich genannt werden. Nun mag man das, weil für das Ergebnis insgesamt irrelevant, als verzichtbar ansehen und dem Fehlen dieser näheren Bezeichnungen deswegen kaum Bedeutung beimessen. Dennoch steht es im Widerspruch zu der sonstigen Gepflogenheit des *BGH*, wenn auch nur in einem Nebensatz, darauf hinzuweisen, dass die Figur der mittelbaren Täterschaft angewandt und eine dementsprechende Werkzeug-Eigenschaft des unmittelbar Handelnden angenommen wird[208]. Bezeichnend ist, dass der *BGH*, anders als *Hoyer*, der die Einstufung als Werkzeug in der oben erörterten Weise sorgfältig begründet, zur *Herleitung* der Werkzeugeigenschaft der Fahrer gar keine Ausführungen macht. Vielmehr taucht der Begriff „Werkzeug" in der gesamten Passage der Urteilsgründe, die sich mit der Gewalt-Frage beschäftigt, überhaupt nur einmal auf, und dabei noch nicht einmal allein auf die Fahrer bezogen, sondern in Bezug auf die „Personen und ihre Fahrzeuge", die „bewusst als Werkzeug zur tatsächlichen Behinderung der Nachfolgenden benutzt" wurden[209]. Es scheint, als seien „Personen und Fahrzeuge" gemeinschaftlich, und zwar als ein einheitliches Ganzes, gemeint. Dafür spricht der Singular „Werkzeug". Nimmt man diese Formulierung beim Wort, drängt sich für den vorliegenden Zusammenhang ein Verständnis des „Werkzeug"-Begriffes auf, das gerade nicht dem Begriff des menschlichen (weil rechtlich unfreien) „Werkzeugs" im technischen Sinne der mittelbaren Täterschaft entspricht, sondern das allein, der Alltagssprache entnommen, die bloße Funktionalisierung der konkreten *Situation* - gerade ohne die spezifische Funktionalisierung der Personen als

[208] Als Beispiele seien genannt etwa die Entscheidungen *BGH wistra 96, 303; NStZ 94, 35,* jeweils zum Betrug in mittelbarer Täterschaft sowie *BGH* ZfZ 61, 268 ff zur Steuerhinterziehung in mittelbarer Täterschaft.

[209] *BGH* NJW 95, 2643 (2644).

Menschen - für die Durchsetzung der Zwecke der Blockierer beschreibt. Die Verwendung des Begriffes „Werkzeug“ wäre dann in einem untechnischen, bloß beschreibenden Sinne zu verstehen[210]. In gleicher Richtung lässt sich der Hinweis des *BGH* auf den „einheitlichen Verkehrsstau“ und das hierdurch entstehende Hindernis als „unmittelbare Folge des Verhaltens der Täter“ verstehen.

dd) Die Parallelentscheidung BGHSt 37, 350

Hinzuweisen ist in diesem Zusammenhang ferner auf eine Entscheidung, die der *BGH* vier Jahre zuvor fällte, also zu einer Zeit, als die bloß psychische Zwangswirkung für die Annahme von Gewalt noch als ausreichend angesehen wurde. In jener Entscheidung[211] ging es um die Frage, ob das Anhalten der Kraftfahrer als tatbestandlicher Erfolg der Nötigung den Sitzblockierern auch dann zuzurechnen ist, „wenn die Polizei in einem unmittelbaren örtlich-zeitlichen Zusammenhang die Kraftfahrer, gegen die sich die Blockade richtet, anhält“[212]. Der *BGH* führte damals aus[213]:

„*Vollendet ist daher auch in Fällen der vorliegenden Art die Nötigung nur dann, wenn der durch die Sitzblockade bezweckte Erfolg - Anhalten der Fahrzeuge, Nichtweiterfahrt - aufgrund der Sitzblockade eingetreten ist. Es genügt allerdings nicht jede kausale Verknüpfung zwischen Blockade und Nötigungserfolg. Die Abgrenzung von Versuch und Vollendung der Tat hängt im einzelnen Falle vielmehr davon ab, ob der für eine Nötigung mit Gewalt erforderliche spezifische Zusammenhang zwischen der Nötigungshandlung (Hindernisbereiten) und dem Nötigungserfolg (Anhalten der Kraftfahrer) als gewahrt erscheint. Das ist zwar unzweifelhaft der Fall, wenn es zu einer unmittelbaren Konfrontation zwischen den Blockierern und den Kraftfahrern kommt und der von den Blockierern erstrebte Nötigungserfolg infolge dieser Konfrontation eintritt. Doch ist die Annahme von Tatbestandsvollendung nicht auf diese enge Fallkonstellation beschränkt. So werden bei Fahrbahnblockaden regelmäßig nur die zuerst ankommenden Kraftfahrer durch unmittelbare Konfrontation mit dem Hindernis zum Anhalten gezwungen; der von den Blockierern geschaffene Zwang setzt sich indes, vermittelt durch bereits*

[210] In ähnlicher Weise wurden etwa in der Entscheidung *LG Karlsruhe*, NStZ 93, 543 f weidende Schafe als „Werkzeuge“ zur Begehung eines Diebstahls und einer Sachbeschädigung an einer Wiese (bezogen auf die einzelnen Grashalme!) bezeichnet: „Indem die Schafe das Gras vom Boden abrissen und im Maul hielten, hat der Angekl. es zwar nicht selbst ergriffen, da ihm jedoch die Schafe als Werkzeuge und damit quasi als 'verlängerter Arm' fungierten, ist ihm deren 'Inbesitznahme' über Gras und Klee zuzurechnen“.

[211] *BGH*St 37, 350 ff.

[212] Leitsatz.

[213] *BGH*St 37, 350 (353 f).

angehaltene Kraftfahrzeuge auch bis zu jenen Kraftfahrern fort, die später am Ende des Staus ankommen und aufgrund der vor ihnen haltenden Fahrzeuge nicht weiterfahren können. Auch wenn diese die auf der Fahrbahn sitzenden Blockierer nicht sehen können oder sonst die Ursache des Staus nicht kennen, sind sie im Sinne des Nötigungstatbestandes durch das Tatverhalten der Blockierer genötigt."

Es scheint, als habe der *BGH* bereits die vier Jahre später ergehende Entscheidung des *BVerfG* vorausgeahnt und schon den Boden für die Argumentation der Entscheidung aus dem Jahre 1995 bereitet. Doch liest man (noch) nichts von „Werkzeugen" oder der „nicht-eigenhändigen" Natur des § 240. Aber selbst für den eigentlichen Kern der damaligen Entscheidung, nämlich der Zurechnung des Anhaltens durch die Polizeibeamten, kommt der *BGH* ohne den Rückgriff auf „Werkzeuge" oder mittelbare Täter aus, wenn er ausführt[214]:

„Nicht wesentlich anders ist die im Ausgangsverfahren gegebene Fallgestaltung zu beurteilen, in der die Polizei Kenntnis von einer Sitzblockade hatte und sich entschloß, die Fahrbahn zu räumen und inzwischen, bis die erforderlichen Vorkehrungen getroffen worden sind, die Kraftfahrer, die die blockierte Fahrbahn benutzen wollten, schon 200 bis 300 Meter vor der Sitzblockade durch Anhalten am Weiterfahren zu hindern, um eine Konfrontation mit den Blockierern zu vermeiden und so insbesondere auch deren Leben und Gesundheit zu schützen. Die Polizei hat in einem unmittelbaren örtlich-zeitlichen Zusammenhang mit der Sitzblockade die Kraftfahrer, gegen die sich die Blockade richtete, angehalten. Damit ist der von den Blockierern erstrebte Nötigungserfolg, wenn auch nicht in dem von ihnen gewünschten Umfang, eingetreten. Sie hatten durch ihre Ansammlung auf der Fahrbahn ein unüberwindliches Hindernis bereitet, das für die Nötigungsadressaten eine Wahl, die ihnen das polizeiliche Anhaltegebot hätte abnehmen können, ohnehin nicht mehr zuließ. Ein derartiges Vorgehen der Polizei entspricht ihrer gesetzlichen Aufgabe und liegt im Rahmen der - auch den Blockierern bekannten - polizeilichen Praxis."

Auf der Grundlage *Hoyers* und auch der Grundlage der Sitzblockaden-Entscheidung von 1995 hätte konsequenterweise auch hier der „Werkzeug"-Ansatz gewählt werden müssen. Die Situation ist nämlich im wesentlichen dieselbe: Das letzte Anhalten der Fahrzeuge geht nicht mehr unmittelbar von den Blockierern aus, sondern wird von den Polizisten vorgenommen. Das Verhalten der Polizisten ihrerseits ist erlaubt und durchaus vorhersehbar, denn es entspricht, worauf der *BGH* ausdrücklich hinweist, „ihrer gesetzlichen

[214] *BGH*St 37, 354.

Aufgabe". Dem Ansatz *Hoyers* folgend müsste dann aber der Wille der Polizisten als gebrochen angesehen werden, da sie kraft Gesetzes, zumindest aber aufgrund der Anweisung ihrer Vorgesetzten zum Tätigwerden verpflichtet sind. Aus dieser Brechung ihres Willens müsste dann eine Werkzeugeigenschaft folgen. Warum ist der *BGH* diesen Weg nicht gegangen ? Im Zusammenhang betrachtet erscheint eigentlich nur eine Antwort naheliegend: Weil es für die Strafbarkeit in jenem Fall nur auf die Zurechnung des *Erfolges* der Nötigung ankam, nicht aber - wie in der Entscheidung 1995 - auf die Zurechnung des Akts der Erfolgs*bewirkung in einer ganz spezifischen Weise,* nämlich durch physischen Zwang. Konnte der *BGH* 1992 noch den Zwang in der von den Blockierern selbst vorgenommenen rein psychischen Einwirkung sehen und sich für die Begründung der Strafbarkeit allein darauf beschränken, dieses Verhalten habe *überhaupt* einen Nötigungserfolg in objektiv zurechenbarer Weise verursacht, so war dieser Weg nach dem Beschluss des *BVerfG* nur noch eingeschränkt gangbar, denn nunmehr musste der Erfolg gerade durch *physischen* Zwang bewirkt worden sein. Was über die bloße Erfolgszurechnung im Vergleich zur Entscheidung 1992 noch hinzukam, war also eine zumindest teilweise *Verhaltens*zurechnung. Diese hat sich niedergeschlagen in Formulierungen von „Werkzeug", „Instrumentalisierung" etc. Dennoch vermeidet der *BGH* die ausdrückliche Bezugnahme auf die Begehungsalternative des § 25 I Alt.2 sowie den Begriff „mittelbare Täterschaft" und fährt in seinen Ausführungen eine Art „Schlingerkurs" zwischen beiden Begehungsformen. Es mag sein, dass man sich zu § 25 I Alt.2 deswegen nicht durchringen wollte, da es jedenfalls an einer „klassischen" Werkzeugeigenschaft im oben erörterten Sinne fehlt und es dann einer Konstruktion bedurft hätte, wie *Hoyer* sie vorschlägt. Jener aber sind die oben dargestellten Bedenken entgegenzuhalten. Andererseits aber kommt man ohne den Rückgriff auf das Verhalten der zwischengeschalteten Personen für das Tatbestandsmerkmal „mit Gewalt" nicht aus. Die Formulierungen des *BGH* legen nahe, dass hier eine Art „unechte mittelbare Täterschaft" geprägt worden ist. „Mittelbar", weil es eines Rückgriffs auf das Verhalten zwischengeschalteter Personen bedarf, deren Tun für die Tatbestandserfüllung unverzichtbar ist. „Unecht", weil das Verhalten dennoch den klassischen Voraussetzungen mittelbarer Täterschaft im technischen Sinne von „Werkzeugeigenschaft mit einhergehendem Strafbarkeitsdefizit" nicht genügt, denn bei rechts*treuem* Verhalten fehlt es an einem solchen. Gerade deswegen aber bedarf es der Anwendung des § 25 I Alt.2 wohl auch gar nicht, denn rechtstreues Verhalten ist als von der Rechtsordnung gewolltes und anhand deren Maßstäben statuiertes Verhalten immer vorhersehbar und daher als rechtlich determinierte Folge auch zurechenbar. Es liegt deswegen nach der hier vertretenen Auffassung keine

„echte" mittelbare Täterschaft, sondern eine (nach juristischen Begriffen *noch*) unmittelbare Täterschaft vor.

Und dieses Ergebnis ist auch vom Wortlaut des Tatbestandes gedeckt. Es lässt sich auch nach dem normalen Sprachgebrauch durchaus sagen, dass derjenige, der - auf welche Weise auch immer - einen Verkehrsstau verursacht, um dadurch andere Verkehrsteilnehmer zum Stehenbleiben zu zwingen[215], diese „mit Gewalt nötigt"[216]. Auf die Kongruenz des alltäglichen Sprachgebrauchs mit der juristischen Definition hat bereits detailliert *Herzberg*[217] hingewiesen. Festzuhalten bleibt damit, dass die Blockadeteilnehmer durch ihr Verhalten (Sitzen auf der Straße als Vermittlung ihres inneren Willens nach außen) einen Kausalverlauf in Gang gesetzt haben, der sozial, und hier sogar rechtlich, dahingehend determiniert war, dass die an der Blockade ankommenden Verkehrsteilnehmer anhalten mussten, wenn sie sich, was das Recht als Maßstab für menschliches Verhalten voraussetzt, rechtstreu verhalten wollten. Letztere bewirkten wiederum durch ihr Verhalten (Anhalten ihrer Kfz) ein physisches Hindernis für die folgenden Fahrzeuge, die ihrerseits, wiederum sozial determiniert[218], ihre Fahrzeuge anhalten mussten. All diese Folgen sind durch das eigenhändige Verhalten der Blockierer in Gang gesetzt und determiniert worden. Auch der Einsatz eines „physischen Zwangs" ist Teil dieser Determinationskette, auch wenn er nicht mit dem eigenhändigen Handeln der Blockierer identisch ist; und er begründet deswegen in Bezug auf das Verhalten der Blockierer die Charakterisierung als „gewaltsam"[219].

---

[215] Dass es nicht zu einer physischen Kollision zwischen Nötigungsopfer und Hindernis kommen muss, sondern es vielmehr für die Annahme von Gewalt ausreicht, wenn das Nötigungsopfer vor dem physischen Hindernis anhält, um eine Kollision zu *vermeiden*, dürfte unbestritten sein, vgl. *Herzberg*, GA 96, 557 ff (561); *Hruschka*, JZ 95, 373 ff (745).

[216] Maßgeblich für diese alltagssprachliche Wertung ist auch hier wieder das finale Element, das darauf zielt, den Verkehrsstau gerade als Mittel zur Behinderung anderer einzusetzen. Anderenfalls wäre - wie bereits oben dargelegt - jede (auch nur bedingt vorsätzliche) physische Behinderung anderer (zu langsames Fahren, vgl. § 3 II StVO; vorschriftswidriges Parken) bereits „Gewalt".

[217] GA 96, 557 ff.

[218] Vgl. hierzu detailliert *Herzberg*, GA 96, 557 ff (561), der darauf hinweist, dass letztlich jedes physische Hindernis - wenn es denn vom zu Nötigenden erkannt wird und dieser ihm darauf ausweicht - keine rein *physische*, sondern eine *psychische* Folge - nämlich das Verhalten des Ausweichens - bewirkt.

[219] Das letzte Wort ist damit über die Strafbarkeit der Blockierer nach der Gewaltalternative des § 240 I allerdings noch nicht gesprochen. Denn ob hier - unter dem Gesichtspunkt des „Schutzzwecks" der Norm - den Blockierern das Anhalten der Folgefahrzeuge tatsächlich als vollständig „gewaltsames" zugerechnet werden kann, lässt sich mit guten Gründen bezweifeln. Ausführlich hierzu wiederum *Hoyer*, JuS 96, 200 ff (202 f). Ob man - mit *Hoyer* - das Anhalten nur insoweit als gewaltsam hervorgerufen zurechnet, wie die folgenden Kraftfahrer *schon eher* als vor dem unmittelbaren Erreichen der Blockade zum Stehen gezwungen werden (da sie dort ohnehin hätten anhalten müssen, auch ohne vor ihnen bereits angehaltene Fahrzeuge) oder ob man das spätere „Ohnehin-Anhalten-Müssen" als hypothetischen Kausalverlauf außer Betracht lässt und dementsprechend nur auf das

IV. Anwendung der allgemeinen Regeln über die objektive (Erfolgs-) Zurechnung bei der Begehung „durch einen anderen"

Kurz darzulegen ist schließlich noch, dass auch bei der Begehungsform der mittelbaren Täterschaft die allgemeinen Zurechnungsregeln Berücksichtigung finden müssen. Erforderlich ist also bei Erfolgsdelikten im objektiven Tatbestand neben der Kausalität die objektive Zurechenbarkeit des Erfolges, und zwar in doppelter Hinsicht:

Erstens muss der durch das Verhalten des Vordermannes bedingte Erfolgseintritt dem Verhalten des Vordermannes selbst objektiv zurechenbar sein. Das versteht sich von selbst und bedarf keiner weiteren Ausführungen.

Zweitens muss konsequenterweise aber auch das Handeln des Vordermannes inklusive der Hervorrufung oder Ausnutzung seines Defizits vom Hintermann in objektiv zurechenbarer Weise bewirkt worden sein[220]. Diese Seite der Zurechnung wird - soweit ersichtlich - bislang kaum problematisiert, obwohl sich eine nähere Erörterung dieser Frage jedenfalls nach der Diskussion des *Katzenkönig*-Falles[221] eigentlich aufdrängen müsste: Wandelt man jenen Fall nämlich einmal dahingehend ab, dass der Hintermann H irgendeinem zufällig ausgesuchten Mitbürger einen Brief schickt, in dem er ihn auffordert, dem „Katzenkönig" ein Menschenopfer zu bringen, um dadurch die Welt zu retten, so ist ein solches Unternehmen - ex ante! - mindestens so aussichtslos wie der Plan des Neffen, der dem Erbonkel eine Flugkarte schenkt, in der Hoffnung er werde abstürzen[222] oder ihn zum Spaziergang in den Wald schickt, in der Hoffnung, er werde dort von einem Blitz erschlagen. Tötet der in obiger Weise Aufgeforderte die entsprechende Person aber - wider aller Vernunft - tatsächlich, weil er die Dringlichkeit des Menschenopfers aufgrund des Briefes „einsieht" und sich der Verpflichtung, die Menschheit zu retten, nicht entziehen zu können glaubt, so hat sich der Hintermann kraft der Einwirkung auf den Vordermann zwar tatsächlich eine „Herrschaft" über diesen verschafft, kraft

---

Stehenbleiben überhaupt - auf den Erfolg in seiner konkreten Gestalt also - abstellt, ist unter dem täterschaftlichen Kriterium nicht relevant und soll daher unerörtert bleiben.

220 Anderes gilt selbstverständlich bei Unterlassungen. Ob und wie sich die Differenzierung zwischen den Begehungsformen des § 25 I Alt. 1 und Alt. 2 auch dort auswirkt ist streitig und im wesentlichen ungeklärt. Während *Roxin, TuT, S. 471 f* in Fällen der Begehung durch Unterlassen generell unmittelbare Täterschaft annehmen will, halten etwa *Baumann/Weber/Mitsch,* AT, § 29, Rn. 118 f und *Maurach/Gössel/Zipf,* AT 2, § 48, Rn. 95 f eine solche Differenzierung durchaus für möglich. Die Unterlassensproblematik soll hier jedoch aus Umfangsgründen ausgespart bleiben. Eingehend zuletzt *Schwab,* Täterschaft und Teilnahme bei Unterlassungen, 1995 (insbes. S. 54 f, 161 ff).

221 *BGH*St 35, 347 ff.

222 Sofern er über kein Sonderwissen über eine *konkrete* Gefahr für den jeweiligen Flug verfügt.

derer er den Vordermann zur Tötung der als Opfer ausgesuchten Person benutzen könnte. Doch dürfte die Annahme einer vollendeten Tötung des Opfers seitens des Hintermannes wohl an der mangelnden objektiven Zurechenbarkeit des Handelns des Vordermannes zum Hintermann scheitern. Denn nach allgemeiner Lebenserfahrung liegt es so weit außerhalb aller Wahrscheinlichkeit, dass ein „normaler Mensch" sich durch derart abstruse Gaukeleien in einen Irrtum über das Tötungsverbot versetzen und zur Tötung eines Menschen veranlassen lässt[223], dass man dem Hintermann nach allgemeinen Regeln[224] den Erfolg nicht mehr zurechnen kann. Anderes gilt natürlich, wenn der Hintermann die Empfänglichkeiten des Vordermannes für solche Absurditäten kennt oder mit der Zeit kennen*lernt* (wie im Originalfall), denn dann ist für die objektive Zurechenbarkeit auf den konkreten Kenntnishorizont des insoweit mit einem Sonderwissen ausgestatteten Hintermannes abzustellen.

Eine ähnliche Problematik hinsichtlich der Zurechnung des Werkzeugverhaltens ergibt sich bei Abwandlung eines von *Schlehofer*[225] stammenden Falles:

Lehrer L stellt fest, dass Schüler S zum wiederholten Male seine Hausaufgaben nicht gemacht hat und führt dies auf die Faulheit des S zurück. In Wirklichkeit hatte S die Hausaufgabe gemacht, doch hatte sein Bruder B unbemerkt die Seiten wieder aus dem Heft des S herausgerissen. Wie von B gewollt lässt L den S nachsitzen und gibt ihm eine Ohrfeige, wozu er sich für befugt hält.

Das Nachsitzenlassen (§ 239) wäre bei Zutreffen der Vorstellung des L als berechtigte Disziplinarmaßnahme nach dem einschlägigen Schulgesetz gerechtfertigt gewesen. Insoweit befand sich L im Erlaubnistatbestandsirrtum und eine Werkzeugeigenschaft lag vor. Anders die Ohrfeige: Da körperliche Züchtigungen grundsätzlich nicht (mehr) als Disziplinierungsmittel in der

---

[223] Bei lebensnaher Betrachtung - sofern diese in einem solchen Fall überhaupt möglich ist - folgt die „Herrschaft" des Hintermannes im „Katzenkönig"-Fall wiederum nicht aus dem *Irrtum* über das *Tötungsverbot*, sondern aus der vom Hintermann veranlassten und kontrollierten (Wahn-)Vorstellung über die vermeintlich drohende Gefahr. Allein hieraus ergibt sich überhaupt die Handlungsmotivation des Werkzeugs. Dass der Hintermann das Werkzeug zusätzlich noch über die (Nicht-)Geltung des Tötungsverbotes täuscht, begründet also - ebenso wie in den Fällen des Tatbestandsirrtums - keine *positive* „Herrschaft" im Sinne einer Motivations*steigerung*, sondern kann nur als Ausschaltung eines letzten, von der Rechtsordnung ausgehenden, hemmenden Gegenmotivs angesehen werden, die lediglich dazu führt, dass sich die schon bestehende Motivation *nicht mindert*.

[224] Besondere Schwierigkeiten bereitet hier allerdings der Umstand, dass sich schon das tatsächliche Geschehen auf einem so ungewöhnlichen Terrain abspielt, für das sich „allgemeine Regeln" kaum aufstellen lassen. Gibt es für die Wahrscheinlichkeit von Flugzeugabstürzen oder Blitzeinschlägen noch tatsächliche Erfahrungswerte, so ist es demgegenüber kaum mehr zu leisten, entsprechende Aussagen über die Beeinflussbarkeit und Berechenbarkeit der menschlichen Psyche zu treffen.

[225] JuS 92, 659 (660).

Schule erlaubt sind, befand sich L über den Tatsachenirrtum hinaus noch in einem (vermeidbaren) Erlaubnisirrtum, was zum Doppelirrtum führt. Objektiv zurechenbar dürfte B nur der Tatumstandsirrtum sein, nicht aber der darüber hinausgehende Erlaubnisirrtum, denn dieser kann kaum mehr als typische Gefahr des Handelns des B angesehen werden: Es lässt sich nicht mehr dem von B geschaffenen Gefahrenkreis zurechnen, dass L seine Befugnisse nicht kennt und aufgrund dieses zusätzlichen Irrtums eine ihm nicht erlaubte Handlung vornimmt.

Probleme in diesem Bereich können sich insbesondere auch in jenen Fällen ergeben, in denen das „Defizit" des Vordermannes etwa aufgrund kindlichen oder jugendlichen Alters besteht und damit genereller Natur ist. Es wird kaum möglich sein, genau zu bestimmen, ob ein kindliches „Werkzeug" sich im Einzelfall bei der Begehung der ihm seitens des Hintermannes angesonnenen Straftat tatsächlich von seiner kindlichen Unvernunft hat leiten lassen, die sich gesetzlich in der unwiderleglichen Vermutung *generell* fehlender Unrechtseinsicht niederschlägt, oder ob es das Unrecht seines Tuns trotz seiner Kindlichkeit nicht gleichwohl, ebenso wie ein Erwachsener, erkannt hat. So dürfte etwa auch ein Dreizehnjähriger durchaus die Einsicht haben, dass die Tötung eines Menschen oder der Diebstahl fremder Sachen verboten sind. Ansätze zur Lösung könnten sich hier aus den Gedanken der Lehren über die Risikoerhöhung[226] gewinnen lassen, wenn man den Einsatz von Personengruppen, die vom Gesetz als *generell* strafrechtlich defizitär eingestuft werden, ebenso generell als gefahrerhöhend im Hinblick auf die vom Hintermann bezweckte Rechtsgutverletzung ansieht. Dafür spricht auch die nicht von der Hand zu weisende Gefahr, dass Angehörige dieser Gruppen - um ihre strafrechtliche „Privilegierung" wissend - sich mitunter gerade deshalb eher zur Durchführung einer Straftat bewegen lassen werden, *weil* sie die (volle) strafrechtliche Verantwortung nicht fürchten müssen. *Inwieweit* im konkreten Einzelfall sich jedoch gerade die durch das Defizit abstrakt begründete *erhöhte* Gefährlichkeit im konkreten Erfolg ausgewirkt hat, wird letztlich nie feststellbar sein. Doch handelt es sich hierbei nicht um ein Problem der Dogmatik der mittelbaren Täterschaft, sondern um eine Frage, mit der die Risikoerhöhungslehre generell zu kämpfen hat[227].

---

[226] Wenngleich diese Lehren bislang im wesentlichen nur in den Bereichen der Fahrlässigkeitsdelikte - insbesondere zur Problematik des „rechtmäßigen Alternativverhaltens -, der (unechten) Unterlassensdelikte und der Beihilfe diskutiert werden, vgl. etwa *Roxin* AT, § 11, Rn. 74 ff; *Schaffstein*, FS *Honig*, S. 169 ff (173 ff); *Rudolphi* in SK vor § 1, Rn. 66 ff; *Otto*, JuS 82, 557 ff (563 f); *Küper*, FS Lackner, S. 247 ff.

[227] Vgl. etwa *Küper*, FS *Lackner*, S. 247 ff (286): „Doch gibt es auch normativ keine Möglichkeit, ein Risiko, das erlaubt wäre, wenn es ein bestimmtes Maß nicht überschritten hätte, für die Erfolgszurechnung in einen „erlaubten" und einen „unerlaubten" Teil zu zerlegen (...)." Ähnl. *Roxin* AT, § 11, Rn. 75; SK-*Rudolphi*, vor § 1, Rn. 68.

C. Der Akt der Selbst-Begehung im engeren Sinne bei der mittelbar-täterschaftlichen Begehung

Wie bei jeder Deliktsbegehung durch den unmittelbaren Alleintäter wird auch bei der Deliktsbegehung durch den mittelbaren Täter eine Phase der Selbst-Begehung im engeren Sinne durchlaufen. Hierauf ist letztlich nur klarstellend hinzuweisen. Es ist dies die Phase desjenigen Aktes, in der der Hintermann *selbst* tätig wird. Dies wird bei der Begehung nach § 25 I Alt.2 regelmäßig die Instrumentalisierungsphase gegenüber dem Werkzeug sein, so etwa, wenn der Hintermann durch *sein* Handeln gegenüber dem Werkzeug die Täuschungs- oder Nötigungshandlung vornimmt. Gleiches gilt, wenn sich der Akt der Instrumentalisierung in der bloßen Aufforderung zum Tätigwerden erschöpft, und zwar in jenen Konstellationen, in denen das Werkzeug bereits per se - ohne entsprechende Einwirkung des Hintermannes - defizitär ist, wie etwa beim schuldunfähigen Kind (§ 19) oder bei der bloßen Ausnutzung eines schon bestehenden Irrtums. Auch der mittelbare Täter durchläuft diese Phase ebenso wie der unmittelbare Täter und vermittelt dabei seinen inneren Willen in die Außenwelt, indem er durch sein Handeln einen entsprechenden naturgesetzlich und sozial bzw. rechtlich determinierten Geschehensablauf initiiert.

Kapitel 3:

Die Anwendungsbereiche der unmittelbaren und der mittelbaren Täterschaft in Bezug auf die einzelnen Tatbestände und die Anwendung des Tatbestandes auf den mittelbaren Täter (Selbst-Begehung im normativen Sinne)

Im folgenden sollen die Funktionen behandelt werden, die der Figur der mittelbaren Täterschaft, mithin der gesetzlichen Regel des § 25 I Alt.2, im Hinblick auf die jeweiligen tatbestandlichen Begrifflichkeiten der einzelnen Delikte zukommen. Gegenstand der folgenden Erörterungen soll deswegen nicht mehr, wie im vorangegangenen Kapitel, die Natur und die dogmatische Einordnung der Figur der mittelbaren Täterschaft als einer vom Einzeltatbestand unabhängigen Rechtsfigur sein, sondern die Frage, ob und ggf. wie diese Rechtsfigur die Auslegung und Anwendung der einzelnen gesetzlichen Tatbestände beeinflusst und modifiziert bzw. ihrerseits von der Fassung der jeweiligen Einzeltatbestände abhängig ist. Ausgangspunkt ist dabei die Frage der Anwendung des jeweiligen Einzeltatbestandes auf den mittelbaren Täter (=Selbst-Begehung im normativen Sinne).

A. Die Diskussion um den Täterbegriff

Letztere Frage war in ihren wesentlichen Ausprägungen Gegenstand der vornehmlich in der ersten Hälfte des Jahrhunderts geführten Diskussion um den „Täterbegriff", die deswegen kurz aufgezeigt werden soll.

I. Die Auffassung Belings

Grundlegend erscheinen in diesem Zusammenhang zunächst die Ausführungen *Belings*[1]. Er schrieb bereits 1906[2]:

„Die hauptsächliche persönliche Beziehung des Tatbestandes ist aber die zu dem Subjekt der Tatbestandserfüllung, zu dem Täter selber. Hier erhebt sich nun die wichtige Frage: In welchem Umfange, d.h. mit welchem seiner Elemente, muß der Tatbestand, um auf den Täter anwendbar zu sein, in dessen *eigener Person erfüllt sein ? Und umgekehrt: In welchem Umfange sind Tatbestandselemente von der Person des Täters ablösbar ? Anders ausgedrückt: Welche Tatbestandselemente sind* höchstpersönlicher *Natur und welche sind* übertragbar ?".

---

[1] Die Lehre vom Verbrechen, S. 234 ff, 242 ff, 249 ff; *ders.* Methodik, S. 92 ff (101).

[2] Die Lehre vom Verbrechen, S. 234.

Beling stellte hierbei im wesentlichen auf die Unterscheidung zwischen Material- und Formaldelikten ab[3], was nach der heutigen Terminologie der Aufteilung in Erfolgs- und Tätigkeitsdelikte entspricht. Dabei ordnete er die Tatbestände der Formaldelikte als grundsätzlich unübertragbar, diejenigen der Materialdelikte als im Grundsatz übertragbar ein.

II. „Restriktiver" und „extensiver" „Täterbegriff"

Diese Lehre *Belings* wurde - im wesentlichen in den späten Zwanziger- und Dreißigerjahren - zur Grundlage des sog. „restriktiven Täterbegriffs"[4], nach dem „Täter" nur derjenige sein sollte, der die tatbestandsmäßige Ausführungshandlung in eigener Person vornimmt[5]. Die ursprünglich von *Beling* vorgenommene Teilung in Formal- und Materialdelikte trat dabei, wenngleich in der Sache und terminologisch fortgeführt, mehr und mehr in den Hintergrund, so dass letztlich auch bei den Erfolgsdelikten „Täter" nur derjenige sein sollte, der den Akt der Erfolgsherbeiführung unmittelbar selbst ausführte[6]. Nach der hier gewählten Terminologie hieße dies, dass der Akt der „Selbst-Begehung" im engeren Sinne mit dem Akt der „Ausführung" der Tat zusammenfallen muss.

Dem „restriktiven" Täterbegriff entgegengesetzt wurde der „extensive Täterbegriff", nach dessen Vertretern allein das schuldhafte *Setzen einer Ursache* für die eigen- oder fremdhändige Tatbestandserfüllung ausreichen sollte[7]. Grundsätzlich wären danach auch Anstifter und Gehilfen täterschaftlicher Strafbarkeit unterfallen, doch sah diese Auffassung die §§ 26, 27 als Spezialregelungen in Form von Strafeinschränkungsgründen an[8]. Freilich gab es auch innerhalb dieser Strömung differenzierende Auffassungen, die dem

---

[3] A.a.O., S. 236 f.

[4] Die Bezeichnungen „restriktiver" und „extensiver Täterbegriff" werden von *Jescheck/Weigend,* AT, § 61 III 1, S. 648, Fn. 16 der Abhandlung *Zimmerls,* ZStrW 49 (1929), 39 ff, (41, 45) zugeschrieben. Tatsächlich spricht *Zimmerl,* a.a.O. aber nur von „restriktiver" bzw. „extensiver *Auslegung der Tatbestände*" (!). Von einem abstrakten, den Tatbeständen gleichsam übergeordneten „Täterbegriff" ist nicht die Rede.

[5] Vgl. *Zimmerl,* a.a.O., S. 45 ff, 50 ff; *Grünhut* JW 32, 366 ff; *Frank,* StGB, II vor § 47; *Hegler, RG*-Festgabe, S. 305 ff (307).

[6] Exemplarisch etwa *Zimmerl,* ZStrW 49 (1929), S. 45 ff (46); ähnlich *Grünhut,* JW 32, 366 (367).

[7] Als Hauptvertreter dieser Strömung sind zu nennen: *Lange,* Der moderne Täterbegriff, S. 37 ff, 62 ff; *Mezger,* Strafrecht, S. 415; *Eb. Schmidt,* FG *Frank* II, S. 106 ff (113 ff); *Roeder,* ZStrW 69 (1957), S. 223 ff; *Lony,* Extensiver oder restriktiver Täterbegriff, 1934, S. 18 ff; *Winter,* MT, S. 12 ff, S. 33 ff; *Gierlich,* MT, S. 3, S. 54 ff; *Frühauf,* Eigenhändige Delikte, S. 141 ff; *Spendel,* JuS 74, 749 ff (754 ff); *ders.* FS *Lange,* S. 147 ff (152).

[8] Vgl. *Roeder,* ZStrW 69 (1957), S. 223 ff (228); *Eb. Schmidt,* FG *Frank* II, S. 106 ff (118).

Wortlaut und dem Inhalt der einzelnen Tatbestandsmerkmale und ihrer Verknüpfungen teils mehr[9], teils weniger[10] Beachtung schenken wollten[11].

III. Die Bedeutung eines „Täterbegriffes" für die vorliegende Problematik

Vorweg soll klargestellt sein: Der Streit[12] um den richtigen „Täterbegriff" dürfte im Ergebnis für die vorliegende Problematik von wesentlich geringerer Bedeutung sein, als es auf den ersten Blick erscheinen mag. Denn die beiden Auffassungen haben sich durch zahlreiche mehr oder weniger weit reichende Kompromisslösungen einander so angenähert[13], dass sich die Lösung konkreter Einzelfragen kaum mehr allein aufgrund konsequenter dogmatischer Anwendung jeweils des einen oder des anderen Täterbegriffes erreichen lässt.

---

[9] So etwa - als einer der vermittelnden Vertreter des „extensiven Täterbegriffes" - *Kohlrausch,* ZStrW 55 (1935), S. 384 ff (393): „Man lehrt: jedes Setzen einer Bedingung für einen tatbestandsmäßigen Erfolg bedeute Täterschaft. Indessen damit schießt man über das Ziel hinaus. Daß auch der Vater des Mörders schon dadurch „getötet" habe, daß er seinen Sohn zeugte, daß eine Sache „wegnimmt", wer ein Fenster öffnet (so daß ein anderer wegnimmt), läßt sich nun einmal nicht sagen." *Kohlrausch* formuliert derartige Einschränkungen auch generell , wenn er schreibt (S. 394): „... es sei denn, daß die Gestaltung der „Tatbestände" es verbietet(!), ihn (den Kausal-Werdenden) Täter zu nennen (...) Ein Nichtbeamter kann nun einmal kein Beamtendelikt, eine Frau keine Notzucht begehen; wer keine Bereicherungsabsicht hat, kann einen Tatbestand, der solche erfordert, nicht restlos verwirklichen." Ähnlich *Roeder,* ZStrW 69 (1957), S. 223 ff (232 f.); *Eb. Schmidt,* FG *Frank* II, S. 106 ff (130). Vgl. schließlich auch *Kohlrausch/Lange,* 43. Aufl., Anm. I 2 vor § 47. Dort wird die Eigenhändigkeit, die sich bei manchen Tatbeständen kraft „Natur der Sache" ergebe, ausdrücklich anerkannt, und zwar für „überhaupt alle sogenannten Fleischesverbrechen", die „reinen Tätigkeitsdelikte" und (insbesondere) den Meineid. Auch *Lange,* Der moderne Täterbegriff, S. 27 ff, 64 und *Mezger,* Strafrecht, S. 417 ff erkennen die eigenhändigen Delikte und die Sonderdelikte ausdrücklich an.

[10] So etwa *Piotet,* ZStrW 69, 14 ff (40); *Nowakowski,* JZ 56, 545 ff (insbesondere S. 550) und *Frühauf,* S. 141-143. Jüngst in dieser Richtung auch wieder *Schubarth,* SchwZStr 96, 325 ff.

[11] Vermittelnd und zusammenfassend zur Gesamtproblematik etwa *Bolwien,* Ausdehnung des Täterbegriffs, Auswirkungen und Grenzen, 1938, (insbes. S. 25 f); ferner *Lony,* Extensiver oder restriktiver Täterbegriff ?, 1934; *Bähr,* Restriktiver und extensiver Täterschaftsbegriff, 1933.

[12] Zum Streitstand vgl. jüngst etwa die Darstellung bei *Renzikowski,* Restriktiver Täterbegriff, S. 13 ff.

[13] Sehr anschaulich daher die Ausführungen *Mezgers,* ZStrW 52 (1932), 529 ff (537 f): „Ausdrücklich ist hervorgehoben, daß Täterschaft im Sinne dieses sog. extensiven Täterbegriffs „nicht jede Verursachung des Enderfolgs (...), sondern nur Verursachung des Enderfolgs auf tatbestandsmäßigem Wege", also durch Herbeiführung der im Tatbestand vorgesehenen Art und Weise, ist. So sind also sog. extensiver und sog. restriktiver Täterbegriff in Wahrheit gar nicht so verschieden voneinander, als es gemeinhin dargestellt wird."

1. Extremformen des „extensiven“ Täterbegriffs

Zu einem generell unbegrenzten Anwendungsbereich der Figur der mittelbaren Täterschaft kann ohnehin nur derjenige kommen, der den „extensiven Täterbegriff“ gleichsam in Reinform propagiert und sämtliche Begriffs- und Wortlautgrenzen der Einzeltatbestände von vornherein aufgibt. In diese extreme Richtung[14] gehen etwa die Ausführungen *Piotets*[15] und *Frühaufs*[16] sowie - mit Einschränkungen - *Nowakowskis*[17] und *Eb. Schmidts*[18]. Einer derart weitgehenden Strafbarkeitsausdehnung ohne Bezug zu den einzelnen gesetzlichen Tatbeständen kann indes nicht gefolgt werden. Die Strafbarkeit eines menschlichen Verhaltens ergibt sich nun einmal aus dem Gesetz, und zwar aus dessen *Wortlaut*, nicht aber aus einem (dem Gesetz ohnehin nicht entnehmbaren[19]) „Täterbegriff“.

Wenn *Frühauf* dabei denjenigen Auffassungen Rechtsstaatswidrigkeit vorwirft, die den Gesetzeswortlaut zum Maßstab möglicher täterschaftlicher Begehung erheben, geht dieser Einwand an der Sache vorbei: Geht es jenen auf den Wortlaut abstellenden Auffassungen doch gerade, was heute im Hinblick auf Art. 103 II GG eine Selbstverständlichkeit sein sollte, um eine *Begrenzung* der Strafbarkeit in all jenen Fällen, in denen das Verhalten des Hintermannes mit dem Wortlaut des Gesetzes schlechterdings nicht mehr vereinbar ist[20]. Dass es

---

[14] In früherer Zeit etwa *Petri,* MT, S. 50 ff, 52 ff; *Hergt*, Teilnahme, S. 160 f.

[15] ZStrW 69, 14 ff (40).

[16] *Eigenhändige Delikte,* S. 141-143. Im wesentlichen ebenso nunmehr auch *Schubarth,* SchwZStr 96, 325 ff.

[17] JZ 56, 545 ff. Zwar entscheidet *Nowakowski* den Streit um den Täterbegriff nicht ausdrücklich (vgl. S. 550), doch sind seine Ergebnisse letztlich nur auf der Basis eines extremen extensiven Täterbegriffes zu erzielen (vgl. insbesondere die Ausführungen S. 549, 550, Fn. 83 und Fn. 84).

[18] FG *Frank* II, S. 106 ff (118 ff, 128 ff); *v. Liszt/Schmidt,* S. 334.

[19] Die Aufstellung eines allgemeinen „Täterbegriffs“ daher schon im Grundsatz ablehnend etwa *Wolf,* MT, S. 21 ff.

[20] Dabei bedient sich *Frühauf* einer offenkundigen petitio principii, wenn er auf S. 118 ausführt: „Für die Annahme einer tatbestandsmäßigen Rechtsgutverletzung ist es nämlich ganz gleichgültig, ob die Formulierung des Straftatbestandes auf den Verantwortlichen „paßt“ oder nicht: Wenn A bewirkt, daß der ahnungslose B den Y tötet, hat er die Verletzung des durch § 212 geschützten Rechtsgutes in tatbestandsmäßiger Form herbeigeführt. Wenn A bewirkt, daß der gutgläubige B gegen den Willen des Y dessen Haus betritt, hat er die Verletzung des durch § 123 geschützten Rechtsgutes in tatbestandsmäßiger Form herbeigeführt. In beiden Fällen ist er gleichermaßen für die Rechtsgutverletzung verantwortlich.“ Ob A die Rechtsgutverletzung „in tatbestandsmäßiger Form“ herbeigeführt hat, ist gerade die Frage. An der „tatbestandsmäßigen Form“ fehlt es, wenn man über A nicht sagen kann, er habe - wenn auch „durch einen anderen“ - „getötet“ oder sei „eingedrungen“. Aber selbst Vordermann B führt die Rechtsgutverletzung nicht „in tatbestandsmäßiger Form“ herbei: Handelt er vorsatzlos, fehlt es in seiner Person jedenfalls am *subjektiven* Tatbestand.

dabei hinsichtlich der Auslegung einzelner Tatbestandsmerkmale und des Inhalts allgemeinsprachlicher Begriffe, die das Gesetz ja gerade zum Zwecke möglichst weitgehender Verständlichkeit für jedermann verwendet, durchaus zu unterschiedlichen Interpretationen und Auffassungen kommen kann, ist bei der Deutung des Rechts nicht ungewöhnlich und auch kein spezifisches Problem der Täterschaftsdogmatik. Es gibt genügend Beispiele divergierender Auffassungen über die Anwendbarkeit einzelner gesetzlicher Begriffe auf bestimmte menschliche Verhaltensweisen oder Objekte[21]. Die von *Frühauf* als Alternative angestrebte „Rechtssicherheit" und „Rechtsgleichheit"[22] könnte hingegen nur in dem Sinne verwirklicht werden, ein Verhalten im Zweifel täterschaftlicher Strafbarkeit zu unterwerfen[23]. Freilich könnte der rechtsuchende Bürger, dessen Schutz Art. 103 II GG gerade gewährleisten soll, die strafrechtlichen Grenzen seines Handelns dann nicht mehr aus dem Wortlaut des *Gesetzes* erkennen, sondern müsste auf die Grundsätze des „extensiven Täterbegriffes" zurückgreifen, über den ihm das Gesetz keinen Aufschluss gibt. Der „extensive Täterbegriff" ohne jegliche begriffliche Einschränkungen ist damit vor Art. 103 II GG unhaltbar.

2. Gesetzeswortlaut als Maßstab der Täterschaftsfrage

Ebenso unhaltbar wie der extreme „extensive" Täterbegriff ist nun allerdings auch die Reinform des „restriktiven" Täterbegriffes, denn sie müsste die Begehungsform der mittelbaren Täterschaft schlechthin für unvereinbar mit dem Gesetz halten[24]. Dass dieses Ergebnis nicht richtig sein kann, folgt heute bereits unmittelbar aus § 25 I Alt.2, der die mittelbare Täterschaft als grundsätzlich mögliche Begehungsform gesetzlich festschreibt. Richtig ist freilich der Ausgangspunkt des „restriktiven" Täterbegriffes, der Tatbestand, mithin alle einzelnen Merkmale inklusive des Handlungsmerkmals, müsse immer vollständig in der Person des „Täters" erfüllt sein. Erst und allein dadurch wird

---

[21] Man denke nur wiederum an die Diskussion des „Gewalt"-Begriffes, ferner an das Aufkleben von Plakaten auf Wände als „beschädigen" i.S.d. § 303 oder an die Diskussion über „Schusswaffen" (§§ 244 I Nr.1, 250 I Nr.1). Verwendet das Gesetz Begriffe des Lebenssprachgebrauchs, so ist das Gesetz zwar von den verwendeten Begriffen her *verständlich*, doch sind die Begriffe selbst nicht in jeder Hinsicht eindeutig. Zutreffend etwa *Zippelius*, Methodenlehre, S. 43: „Vom wievielten Baum an ist ein Baumbestand ein „Wald"; in welcher Sekunde endet die „Nachtzeit" ?". Vgl. auch *Zimmerl*, ZStrW 49 (1929), 39 ff (46).

[22] A.a.O., S. 142.

[23] Bezeichnend ist es, wenn *Frühauf* in diesem Zusammenhang (S. 141) von der Möglichkeit spricht, „durch Anlehnung (!) an den Gesetzeswortlaut einen Täterbegriff zu schaffen, der allen rechtsstaatlichen Forderungen entspricht".

[24] Vgl. *Zimmerl*, ZStrW 49 (1929), S. 39 ff (47 ff); *Hoegel*, ZStrW 37 (1916), 651 ff (667 ff).

der „Täter“ zu einem solchen[25]. Ob und wie die einzelnen Merkmale dabei restriktiv oder extensiv *auszulegen* sind, ob hierbei allein der Sprachgebrauch der Alltagssprache oder aber, wie § 25 I Alt.2 es bereits nahelegt, auch normative Kriterien zugrundegelegt werden können und inwieweit die Erfüllung eines bestimmten Tatbestandsmerkmals auch bei Involvierung Dritter in das Geschehen möglich ist, kann hingegen allein anhand des jeweiligen Einzelmerkmals entschieden werden, nicht aber anhand eines von den einzelnen Tatbeständen und ihren Merkmalen abstrahierten und nahezu verselbständigten „Täterbegriffes“. Einzelne *Ergebnisse* können sich dabei durchaus bald mit den Ergebnissen des extensiven, bald mit denjenigen des restriktiven Täterbegriffes decken[26], doch darf Ausgangspunkt nicht ein gesetzesfremder „Täterbegriff“, sondern immer nur das Gesetz, mithin der jeweilige Tatbestand selbst sein[27].

H. Mayer[28] formuliert zusammenfassend:

(Der Täterbegriff) *„läßt sich zunächst nur ganz formal erfassen: Täter ist derjenige, welcher den im Besonderen Teil beschriebenen Tatbestand in eigener Person setzt, welcher diejenige Handlung vornimmt, welche der Tatbestandsbeschreibung entspricht. Aber dieser formale Charakter des richtigen Täterbegriffs ist gerade sein Vorzug. Denn er ist eben damit nicht vom abstrakten Gedankengebilde der Kausalität abgeleitet, sondern er läßt Raum für die Fülle der Lebensbetrachtung und Lebenserfahrung, wie sie in den einzelnen Tatbeständen niedergelegt ist. Begnügt sich zum Beispiel die Tatbestandsbeschreibung mit einem einfachen Zeitwort wie „töten“, „in Brand setzen“, so ist eben das Vorstellungsbild maßgebend, welches der Lebenssprachgebrauch mit dem gewählten Zeitwort verbindet. So entscheidet die lebendige, in der Sprache sich auswirkende Rechtsanschauung und nicht eine abstrakte Schulvorstellung über den Umfang des Täterbegriffes.*
Die Lebensanschauung geht zwar zunächst davon aus, daß der Täter alles erforderliche mit eigener Hand getan hat, aber sie begrenzt unter ihr

---

[25] Auch der mittelbare Täter ist also allein deswegen „Täter“, weil er den Tatbestand erfüllt, nicht etwa deswegen, weil seine Täterschaft *fingiert* würde. Hierauf wies bereits *Höpfner,* ZStrW 22 (1902), 205 ff (208, Fn. 12) hin: „Thäterschaft zu fingieren, wo sie nicht vorliegt, liegt weder ein vernünftiger Grund vor noch ist es durch das Gesetz gestattet“.

[26] Im Ergebnis ebenso *Deichmann,* Grenzfälle der Sonderstraftat, 1993, S. 21; *Langer,* Das Sonderverbrechen, 1971, S. 226.

[27] Ebenso *Mezger-Blei,* AT, 13. Aufl., § 80 II 1 (S. 259): „Grundlage für die Annahme einer Täterschaft in diesen Fällen kann nicht eine noch so scharfsinnige Theorie über Täterschaft und Teilnahme, kann vielmehr allein der jeweils in Betracht kommende Tatbestand sein, d.h. die von ihm aus zu beantwortende Frage, ob es seinem Sinn entspricht, auch diese Formen des Wirkens zu seiner Verwirklichung zu erfassen.“

[28] Das Strafrecht des Deutschen Volkes, S. 324. Vgl. ferner auch *Engisch,* Die Kausalität als Merkmal der strafrechtlichen Tatbestände, S. 83.

Vorstellungsbild doch von vornherein zahlreiche Fälle, in welchen der Täter fremde menschliche Tätigkeit zur Ausführung mitbenützt. Gibt es doch schlechterdings keine Möglichkeit zu handeln, ohne irgendwie fremdes menschliches Handeln mitzubenutzen. Es muß daher zulässig sein, auch von fremder Seite geschaffene Vorgänge auf den Willen des Handelnden als Element seiner Handlung zu beziehen."

Diese Ausführungen entsprechen der Lehre *Belings,* indem sie den jeweiligen Tatbestandswortlaut zum Ausgangspunkt möglicher Täterschaft machen, aber innerhalb der Begriffsinhalte auch noch genügend Raum für die Berücksichtigung des Verhaltens Dritter lassen. Der Haupteinwand, der gegen die *Beling*sche und überhaupt gegen die auf den Lebenssprachgebrauch als Abgrenzungskriterium abhebende Lehre erhoben worden ist, sie sei zu vage, zu unbestimmt und konturenlos[29], greift bei der heutigen Gesetzeslage kaum mehr: Denn § 25 I Alt.2 gibt durch die ausdrückliche Erwähnung, eine Straftat könne auch „durch einen anderen" begangen werden, sowohl eine *gesetzliche* als auch gleichzeitig eine *sprachliche* Klarstellung an die Hand, aus deren bloßer Existenz bereits folgt, dass die einzelnen Tatbestände *im Grundsatz* auch einer fremdhändigen Erfüllbarkeit zugänglich sein sollen. Die sprachliche Grenze beginnt erst dort, wo nach den Kriterien des Lebenssprachgebrauchs der jeweiligen sprachlichen Formulierung kein vernünftiger Inhalt mehr zugeordnet werden kann. So kann man sich auch als juristischer Laie durchaus eine Vorstellung davon machen, was damit gemeint ist, wenn der Jurist sagt, jemand habe „durch einen anderen getötet". Möglicherweise lässt sich sprachlich auch noch etwas mit der Formulierung anfangen, jemand habe „durch einen anderen ein Fahrzeug geführt". Die sprachliche Grenze dürfte hingegen erreicht sein, wenn es etwa um das „Schwören" oder „Beischlaf vollziehen" „durch einen anderen" geht.

IV. Die Auffassung Grunerts

Für die Begrenzung allzu weiter Normativierung im Bereich der mittelbaren Täterschaft hat sich kürzlich auch *Grunert*[30] ausgesprochen. Auch er rekurriert bei der Suche nach entsprechenden Kriterien auf die „Notwendigkeit eines faktischen Begriffskerns"[31] und die „Beachtung des natürlichen Sprachgebrauchs bei der Begriffsbildung". Anders als nach der hier vertretenen Auffassung sollen die entsprechenden Begrenzungskriterien jedoch nicht in den jeweiligen Merkmalen des BT-Tatbestandes, sondern bei der Konturierung des

[29] In diesem Sinne etwa *Roeder,* ZStrW 69 (1957), S. 223 ff (227); *Frühauf,* Eigenhändige Delikte, S. 117; *Spendel,* JuS 74, 749 ff (754).
[30] Grenzen normativer Tatherrschaft, S. 234 ff.
[31] A.a.O., S. 236.

Begriffes der „Tatherrschaft“ zu suchen sein[32]. Auch wenn dem Anliegen *Grunerts* in der Sache beizupflichten ist, spricht gegen seine Konzeption doch folgendes: Abgesehen davon, dass schon das Gesetz selbst den Begriff der „Tatherrschaft“ nicht verwendet, wird sich die Bestimmung eines (allgemeingültigen) faktischen Begriffskerns von „Tatherrschaft“ kaum leisten lassen[33]. Das wird schon daran deutlich, dass sich die „Tat“, die der Täter - sei es nun faktisch oder normativ - „beherrscht“, selbst immer nach einem konkreten Tat*bestand* des BT definiert. In der Sache sprechen gegen die Vorschaltung eines allgemeinen „Tatherrschafts“-Begriffes im Sinne der *Grunert*schen Konzeption daher dieselben Argumente wie gegen die Vorschaltung eines allgemeinen „Täter“-Begriffes.

Im folgenden sollen deshalb die gesetzlichen Tatbestände und ihre Merkmale aufbauend auf der dargestellten Grundlage und losgelöst von allgemeinen „Täter“- oder „Tatherrschafts“-Begriffen auf ihre Begehbarkeit „durch einen anderen“ und die damit einhergehenden Fragen untersucht werden.

B. Die Auslegung der Tatbestände

I. Der „mögliche Wortsinn“ als Auslegungsgrenze

Allein in Anbetracht des Art. 103 II GG gilt nun selbstverständlich gerade im Strafrecht der Grundsatz, dass jede (Tatbestands-)Auslegung im möglichen Wortsinn[34] des Begriffes ihre Grenze findet[35]. Das wirkliche Problem liegt nun

---

[32] A.a.O., S. 193 ff, insbesondere S. 206 ff.

[33] Diese Bedenken teilt offenbar *Grunert* selbst, vgl. S. 244: „Wie die genaue Abstimmung zwischen ontologisch-faktischem Kern und normativen Elementen im Begriff der Tatherrschaft in den einzelnen verschiedenartigen Fallgestaltungen der Täterschaft vorzunehmen ist und welche Methode in welcher Nuance den grundsätzlichen Vorzug verdient, ist eine Frage, die hier nicht beantwortet werden kann. (...) Wichtig ist an dieser Stelle lediglich die Untermauerung der Erkenntnis, daß jedenfalls eine methodische Vorgehensweise, die zu einer rein normativen Konzeption des Tatherrschaftsbegriffs in speziellen Fallkonstellationen führt, aufgrund ihrer normativen Einseitigkeit abzulehnen ist.“

[34] Gegen dieses Kriterium wendet sich *Herzberg,* GA 97, 251 ff (252) der darauf hinweist, das Gesetz kenne durchaus Fälle, in denen dem „Wortsinn“ nach dem allgemeinen Sprachgebrauch nicht genügt werde, die aber dennoch von jedermann akzeptiert seien. *Herzberg* verweist zunächst auf die §§ 304 und 306 ff, die als Tatobjekte von „Gegenständen, Sachen, Denkmälern, Gebäuden“ etc. sprechen, aber nach allgemeinem Verständnis auch die Beschädigung/Inbrandsetzung eines *einzelnen* Gebäudes, Denkmals usw. erfassen. Gerade diese Beispiele sprechen aber eher *für* als *gegen* die Tragfähigkeit des „möglichen Wortsinns“ als Grenze des gesetzlichen Sprachgebrauchs, wobei natürlich auf den jeweiligen Wortsinn im Zusammenhang mit dem konkreten Gebrauch des Wortes abzustellen ist. Die Plural-Formulierung der von *Herzberg* angeführten Tatbestände spiegelt aber just die Formulierungen der Alltagssprache wider, denn letztere bedient sich häufig des Plurals, wenn es um die Aufstellung allgemeinverbindlicher Regularien geht: Jedes Kind versteht, was

allerdings darin, den jeweils „noch möglichen" Sinn eines Begriffes herauszufinden[36].

1. Die Kriterien der Methodenlehre

Die üblichen Kriterien der Methodenlehre helfen hier zunächst nicht viel weiter. Sie beschreiben und bezeichnen zwar den Vorgang und das jeweilige Ergebnis der Tatbestandsauslegung, können für den konkreten Einzelfall jedoch kaum materiell-inhaltliche Hilfen geben, sondern überlassen den eigentlichen Akt der Auslegung selbst zumeist allein der Intuition des Auslegenden. Das gilt sowohl für die Lehre von „Begriffskern" und „Begriffshof"[37] als auch für den Terminus der „Vagheit", der diesen Begriffen sprachphilosophisch entspricht[38]. Man mag insoweit zwar eine formale Aufteilung vornehmen können in „positive Kanditaten", die mit Sicherheit unter einen bestimmten Begriff fallen und damit dessen Begriffs*kern* zuzuordnen sind, „negative Kandidaten", die mit Sicherheit *nicht* unter den Begriff fallen und „neutrale Kandidaten", bei denen zweifelhaft ist, ob sie vom Begriff bzw. Begriffs*hof* (noch) erfasst sind und die damit als „vage"[39] anzusehen sind[40]. Wie aber im Einzelfall *in der Sache* zu entscheiden

---

gemeint ist, wenn man ihm sagt, es solle „keine anderen Kinder schlagen", „nichts von fremden Leuten annehmen" oder „keine Tiere quälen". Der logische Schluss, dass der Plural hier gewählt wird, um jeden nur möglichen *Einzelfall* abzudecken, wird von jedermann problemlos nachvollzogen (und dabei noch nicht einmal als ein solcher erkannt). Ungenau in der Formulierung ist hierbei schon die Alltagssprache selbst, die ins Gesetz übernommen wurde. Durchgreifender ist allerdings das weitere von *Herzberg* erwähnte Beispiel, des „Tieres", das - strafrechtlich - unter den Begriff der „Sache" subsumiert wird. Zu erklären ist diese Divergenz zwischen Alltagssprache und Gesetzessprache wohl nur mit der Aufwertung des Tieres zum „Mitgeschöpf", die es erst in den letzten Jahrzehnten erfahren hat und die auch im Gebrauch der Alltagssprache mitvollzogen wurde. Demgegenüber erfassen die einschlägigen gesetzlichen Tatbestände das Tier als „Sache" nur unter dem Gesichtspunkt des Eigentumsschutzes und stammen dabei sämtlich aus einer Zeit, in der den Tieren in rechtlicher Hinsicht kaum mehr Relevanz zukam als in Bezug auf Eigentums- und Haftungsfragen und ihre „Funktionsfähigkeit" als Nutztier.

[35] Vgl. nur *BVerfG*E 92, 1 (12); 73, 206 ff (235) mit jeweils divergierenden Ergebnissen zum „Gewalt"-Begriff; *BGH*St 3, 300 (303); *Canaris,* Die Feststellung von Lücken im Gesetz, S. 22 f; *Larenz,* Methodenlehre, S. 309 (322 ff); *Bydlinski,* Methodenlehre, S. 441; *F. Müller,* Methodik, S. 182 ff (186); *Zippelius,* Methodenlehre, S. 43; *Herberger/Koch,* JuS 78, 810 (811); *Wank,* Begriffsbildung, S. 23 ff; sowie Sch/Sch-*Eser,* § 1, Rn. 37 und SK-*Rudolphi,* § 1, Rn. 29, 35 m.w.N.

[36] *Herberger/Koch,* JuS 78, 810 (811 ff).

[37] *Heck,* Gesetzesauslegung, S. 173; vgl. auch *Bydlinski,* Methodenlehre, S. 118 ff; *Canaris,* Lücken, S. 22 f; *Schünemann,* FS *Klug*, S. 169, 177 ff.

[38] *Wank,* Begriffsbildung, S. 24; vgl. auch *Röhl,* Allgemeine Rechtslehre, S. 25 ff.

[39] Vgl. *Podlech,* DÖV 67, 740 ff (743 f); *Koch,* Methode im Staatsrecht, S. 42 f; *ders.* Rechtsbegriffe, S. 33; *Wunderlich,* Linguistik, S. 202, 267 ff; grundlegend *Jellinek,* Gesetz, S. 37: „Aber noch bevor (der Jurist) die Quelle der genaueren Begriffsbestimmung kennt, weiß

ist, ob also ein bestimmter „neutraler Kandidat" (noch) unter den Begriff(shof) gefasst werden kann oder (schon) außerhalb des Begriffes steht, wo also die Grenze zwischen negativen und neutralen Kandidaten verläuft, lässt sich auch aus diesen Kriterien nicht ableiten. Hierbei handelt es sich letztlich um eine wertende, juristische Entscheidung[41].
Die Kriterien vermögen den Zweifelsfall nur als solchen zu bezeichnen, nicht aber zu erkennen, geschweige denn zu lösen.

Hinsichtlich der Fälle einer Tatbestandserfüllung in mittelbarer Täterschaft ist nun davon auszugehen, dass sie - in Bezug auf das konkrete Tun des Hintermannes - jedenfalls nicht mehr vom Begriffs*kern* des jeweiligen Handlungsmerkmals erfasst sind und deswegen bei der Einteilung in „Kandidaten" auch nicht den „positiven Kandidaten" zugerechnet werden können. Denn eine schon ihrem äußeren Erscheinungsbild nach jeweils „typische" tatbestandliche Ausführungshandlung nimmt der Hintermann im Falle der mittelbaren Täterschaft ja gerade nicht vor. Da man diese Fälle aber gleichwohl im Ergebnis dem Tatbestand und damit auch dem jeweiligen Handlungsmerkmal subsumiert, lassen sie sich auch umgekehrt nicht den „negativen Kandidaten" zuordnen. Es handelt sich somit um Fälle, die den „neutralen Kandidaten" zuzurechnen sind und die, da man das Vorliegen des Handlungsmerkmals letztlich bejaht, zumindest vom Begriffs*hof* des jeweiligen Handlungsmerkmals erfasst sein müssen. Letztlich folgt das bereits aus der Existenz der Figur der „mittelbaren Täterschaft" selbst: Weil es sich bei dieser Begehungsform um eine Ausnahme vom gesetzgeberischen Normalfall der Selbst-Begehung (im Sinne unmittelbarer Täterschaft) handelt (s.o. Einführung, C.), kann ihr nur die Funktion zukommen, klarzustellen, das jeweilige Handlungsmerkmal sei zwar nicht *offensichtlich* erfüllt, es liege mithin kein „positiver", sondern (allenfalls) ein „neutraler Kandidat" vor, es sei aber trotz der fehlenden Offenkundigkeit aufgrund eines eingreifenden Ausnahmetatbestandes (also: aufgrund einer bestimmten *Wertung*) dennoch erfüllt und der „neutrale Kandidat" sei damit dem Begriffs*hof* des Handlungsmerkmals zuzuordnen. Sagt man also über jemanden, er habe „in mittelbarer Täterschaft" bzw. „durch einen anderen" „getötet", „beschädigt", „weggenommen" etc., so kommt dem Zusatz „in mittelbarer Täterschaft" bzw. „durch einen anderen" die Bedeutung zu, einerseits das Abweichen der vorliegenden Konstellation vom begrifflichen und gesetzgeberischen „Normalfall" der „Selbst-Begehung" (im Sinne unmittelbarer Täterschaft)

---

er, daß es Erscheinungen gibt, die ganz sicher unter den Begriff fallen, und solche, die ganz sicher nicht darunter fallen. Dadurch entstehen die Sphären der positiven und negativen Gewißheit und diejenige des möglichen Zweifels."

[40] Vgl. i.e. *Wank*, Begriffsbildung, S. 24 f; *Röhl*, Allgemeine Rechtslehre, S. 25 ff.

[41] *Wank*, Begriffsbildung, S. 24 f. Ähnlich auch *Busse*, Juristische Semantik, 1993, S. 186 ff.

hervorzuheben, andererseits aber auch klarzustellen, *trotz* dieses Abweichens sei eine *juristisch* andere Bewertung nicht gerechtfertigt und gleichzeitig sei das jeweilige Verhalten auch *begrifflich*, wenn auch in einem weiteren Begriffssinne als dem des üblichen Sprachgebrauchs, von dem jeweiligen Tatbestand noch erfasst[42] (=Selbst-Begehung im normativen Sinne). Wie man zu dieser *juristischen* Bewertung kommt, wurde bezüglich des Verhaltens des Vordermannes und bezüglich des Verhältnisses des Hintermannes zum verletzten Rechtsgut im vorangegangenen Kapitel erörtert. Im folgenden soll nun die zur juristischen Komponente hinzutretende begriffliche Komponente der „Begehung durch einen anderen" erörtert werden, die sich nach den jeweiligen Merkmalen der Einzeltatbestände richtet.

2. Begriffliche Konnotationen

Zu fragen ist also, ob sich Kriterien finden lassen, anhand derer eine Aussage darüber möglich ist, wann hinsichtlich einzelner tatbestandlicher Merkmale noch in einem erweiterten Sinne des Begriffs davon gesprochen werden kann, (auch) der mittelbare Täter habe diese Merkmale in seiner Person erfüllt; die Straftat mithin - im *normativen* Sinne - „selbst begangen". In erster Linie hiervon betroffen ist insbesondere das jeweilige tatbestandliche Handlungsmerkmal, denn es bildet geradezu den „Kern", das „Rückgrat" des Tatbestandes.

Hierbei ist allgemein folgendes zu berücksichtigen: Gerade denjenigen sprachlichen Begriffen, die menschliches Verhalten bezeichnen, ist es wesenseigen, dies unter bestimmten Ordnungsgesichtspunkten zu tun. Dabei sind sie je nach Begriff zum Teil eher bewertender, zum Teil eher beschreibender und zum Teil eher mitteilend-sachlicher Natur. So ist es sprachlich ein Unterschied, ob man etwa sagt, A habe den B „getötet", A habe den B „umgebracht" oder A habe den B „erschossen", auch wenn hierdurch jeweils derselbe raum-zeitliche Vorgang, mithin derselbe Lebenssachverhalt mitgeteilt werden soll. Je nach der Wortwahl soll der Schwerpunkt der Mitteilung nach Intention des Sprechenden auf einen - wenn auch nur in Nuancen - anders gelagerten Schwerpunkt gesetzt werden: Der neutralste (und weiteste) Begriff ist das „Töten". Hierdurch erklärt der Sprechende allein, dass A das Leben des B - auf welche Weise auch immer - beendet habe, ohne dabei

---

[42] Dabei stellt bereits die Existenz des § 25 I Alt.2 im AT des StGB von vornherein klar, dass die einzelnen gesetzlichen (Handlungs-)Merkmale durchaus im Grundsatz *auch* durch Zwischenschaltung eines Dritten sollen erfüllt werden können. Der Weg für ein vom engsten Alltagssprachgebrauch abweichendes normatives Verständnis der Tatbestände ist dadurch von vornherein vorgegeben. Selbstverständlich darf dieses normative Verständnis über die Grenzen möglicher *Auslegung* nicht hinausgehen.

eine bestimmte moralische Wertung mitzuteilen: Es ist etwa möglich, dass A den schwerkranken B allein deswegen „tötete“, um ihm weitere Leiden zu ersparen, vielleicht sogar auf dessen eigenen Wunsch hin. Das Wort „töten“ konnotiert noch nicht einmal notwendig die Vorsätzlichkeit des Handelns. So zeigt etwa schon die gesetzliche Überschrift des § 222, dass man, jedenfalls nach dem Sprachgebrauch, auch fahrlässig „töten“ kann[43]. Wählt der Sprechende hingegen das Wort „umbringen“, so impliziert dies bereits zum einen die Vorsätzlichkeit des Handelns, denn nach dem allgemeinen Sprachgebrauch gibt es ein fahrlässiges „Umbringen“ nicht. Zum anderen beinhaltet „umbringen“ ein gewisses, in der Wortwahl zum Ausdruck kommendes moralisches Verwerflichkeitsurteil. Die Verwendung des Wortes „erschießen“ hingegen ist wiederum von moralischen Wertungen frei. „Erschießen“ kann man auch den Schwerkranken aus Mitleid. Das Wort beschränkt sich darauf, allein die Art und Weise des Tötens mitzuteilen[44], wobei diese Art und Weise in der Regel, nicht aber ausschließlich die Vorsätzlichkeit des Verhaltens beinhaltet; nach dem allgemeinen Sprachgebrauch wäre es etwa auch möglich zu sagen, A habe den B „aus Versehen“ (aber wohl nicht: „fahrlässig“) „erschossen“. Ähnlich neutral wie der Begriff des „Tötens“ sind der Großteil der Handlungsmerkmale bei den (reinen) Erfolgsdelikten, wie etwa das „Beschädigen“ und das „Zerstören“ bei § 303 oder das „In-Brand-Setzen“ bei §§ 306 ff, auch wenn es im Bereich der Erfolgsdelikte hier bereits Handlungsmerkmale mit wertendem Einschlag gibt; man denke etwa an das „Misshandeln“ in § 223. Rein beschreibender Natur hingegen sind etwa Begriffe wie „führen“ (eines Fahrzeugs) in §§ 315c, 316 oder „aussagen“ und „schwören“ in §§ 153, 154.

II. Betrachtung des Kontextes und semantische Auswirkungen

1. Differenzierung zwischen Handlungs- und Vorgangsbeschreibung bei kausativen Verben

Von Bedeutung ist nun, dass dasselbe tatbestandliche Handlungsmerkmal nach dem natürlichen Sprachgebrauch semantisch durchaus verschiedenen inhaltlichen Ebenen zuzuordnen sein kann. Betroffen sind hierbei in erster Linie diejenigen Fälle, in denen das Gesetz *kausative* Verben als tatbestandliche Handlungsmerkmale verwendet; also solche Verben, die eine Handlung oder ein Geschehen unter dem Ordnungskriterium einer hierdurch verursachten Folge bezeichnen. Die sprachlichen Folgen mögen zunächst, losgelöst von strafrechtlichen Tatbeständen, an den folgenden Verwendungsformen des Verbums „erschlagen“ deutlich gemacht werden:

---

[43] Siehe bereits oben, Kapitel 1, A. I.

[44] Vgl. *Lyons,* Semantik II, S. 114 (s. unten Fn.107).

(1) Kain erschlägt Abel.
(2) Der Felsblock erschlägt den Bergsteiger.
(3) Der vom Dach fallende Schornsteinfeger erschlägt den Fußgänger.

Es leuchtet unmittelbar ein, dass das Verbum „erschlagen" in den Sätzen *(1)* und *(3)* nicht dieselbe Bedeutung haben kann. Auch wäre es unpassend, in den Sätzen *(2)* und *(3)* hinsichtlich des „Erschlagens" von einem *Tätigkeits*wort zu sprechen; in Satz *(3)* würde diese Bezeichnung geradezu zynisch wirken. Der Grund ist darin zu sehen, dass die Sätze *(2)* und *(3)* einen *Vorgang* beschreiben, während Satz *(1)* eine *Handlung* charakterisiert[45]. In Satz *(2)* kann demgegenüber eine *Handlungs*beschreibung nicht gegeben sein: Felsblöcke als nicht lebende Objekte *handeln* nicht und sind auch nicht *tätig*. In Satz *(3)* schließlich ist das Subjekt des Satzes ein Mensch, das Verb „erschlagen" wird auf ihn aber gleichwohl nicht, wie es bei einem belebten Wesen der sprachliche Normalfall wäre, als *Handlungs-*, sondern wiederum als *Vorgangs*beschreibung angewandt. Bei einer derartigen *Vorgangs*beschreibung wird der Mensch nicht in seiner Eigenschaft als lebendes, denkendes und handelndes Wesen angesprochen, sondern als bloßes Zurechnungssubjekt; was den Inhalt des Satzes *(3)* betrifft: als physikalischer Körper, bei dem es auf seine Belebtheit oder Unbelebtheit nicht ankommt[46]. Der Inhalt des Verbums „erschlagen" ist je nach Kontext auf zwei verschiedenen semantischen Ebenen anzusiedeln: Einmal auf der Ebene der *Vorgangs*beschreibungen und das andere Mal auf der Ebene der *Handlungs*beschreibungen[47].

Eine derartige Divergenz der Bedeutungsebenen besteht auch beim Verb „töten", das, anders als das Verb „erschlagen", Merkmal strafgesetzlicher Tatbestände ist. Nur sind die Divergenzen hier nicht ganz so leicht zu erkennen wie im oben erörterten Beispiel. Entsprechende Sätze lassen sich dennoch finden:

---

[45] Die Sprachwissenschaft unterscheidet dementsprechend - bei ganz grober Betrachtung - zwischen Zustandsverben, Vorgangsverben und Handlungsverben. Bei den Handlungsverben wiederum wird unterschieden zwischen kausativen Handlungsverben und Zustands-Handlungsverben. Vgl. im einzelnen *Schumacher,* Verben in Feldern - Valenzwörterbuch zur Syntax und Semantik deutscher Verben, S. 16 f. Dabei entsprechen die kausativen Handlungsverben den Handlungsmerkmalen beim Erfolgsdelikt, die Zustands-Handlungsverben im wesentlichen den Handlungsmerkmalen beim Tätigkeitsdelikt.

[46] Diese unterschiedlichen Betrachtungsweisen wurden bereits oben, Kapitel 2, B. I. bei der Abgrenzung zwischen mittelbarer und unmittelbarer Täterschaft angesprochen.

[47] Vgl. zu dieser sprachtheoretischen Unterscheidung im Hinblick auf die Auslegung strafgesetzlicher Tatbestände mit kausativen Idiomen neuerdings auch *Ling,* Die Unterbrechung des Kausalzusammenhangs durch willentliches Dazwischentreten eines Dritten, 1996, S. 234 ff.

(1a) Kain tötet Abel.
(2a) Der herabfallende Felsblock tötet den Bergsteiger.
(3a) Der vom Dach fallende Schornsteinfeger tötet den Fußgänger.

Das Verb „töten" wird analog dem vorangegangenen Beispiel in den Sätzen *(2a)* und *(3a)* als reine *Vorgangs-* bzw. *Geschehens*beschreibung verwendet, in Satz *(1a)* dagegen als *Handlungs*verb. Charakteristisch ist dabei, dass bei der Verwendung als *Vorgangs*beschreibung der Sinn des Satzes auch durch Verwendung des Vorgangspassivs ebenso treffend dargestellt werden könnte,

(2b) Der Bergsteiger wird vom herabfallenden Felsblock getötet.
(3b) Der Fußgänger wird durch den vom Dach fallenden Schornsteinfeger getötet.

während der Satz

*(1b) *[48] Abel wird durch Kain getötet.*

dem subjektiv empfundenen Gehalt des Geschehens nicht gerecht und in dieser Form auch wohl von niemandem verwendet werden würde[49]. Unangemessen erscheint diese Formulierung, weil sie die Ungeheuerlichkeit des Geschehens, die im *Verhalten* des Kain zu sehen ist (ein Mensch tötet bewusst und gewollt einen anderen Menschen) in keiner Weise zum Ausdruck bringt[50] und die sprachliche Darstellung allein auf die informative Mitteilung (irgend-)eines Geschehens reduziert, ohne dieses Geschehen zu bewerten. Das Geschehen in den Sätzen *(2b)* und *(3b)* ist zwar ebenfalls tragisch, doch liegt die Tragik, die mitgeteilt werden soll, ausschließlich im mitgeteilten Erfolg („ein Mensch verliert sein Leben"), nicht aber (zumindest: auch) darin, dass dieser Erfolg gerade durch das aktive und vorsätzliche Tun eines anderen Menschen herbeigeführt wird. Jene aktive Herbeiführung durch den Täter ist nach üblichen Maßstäben aber ebenso mitteilenswert wie der Tod des Opfers selbst, denn sie

---

[48] Mit „*" sollen solche Sätze gekennzeichnet sein, die sprachtheoretisch unzulässig oder aber zumindest unüblich sind.

[49] Es sei denn, man wollte durch bewusste Auswahl einer derartigen Formulierung besonderen Pathos zum Ausdruck bringen: *Abel wird* ***durch die Hand*** *des Kain getötet.* Diese stilistische Besonderheit entspricht aber nicht der Verwendung des Verbums in den oben dargestellten Fällen.

[50] Entsprechend weniger pietätvoll ist der Sprachgebrauch, wenn es um die Tötung von Tieren geht: „Das Schwein wird geschlachtet". „Der Hund wird eingeschläfert".

prägt das Geschehen maßgeblich und kann nur durch die aktivische Satzkonstruktion angemessen vermittelt werden[51].

Die Verwendung des Verbums „töten" kann dann je nach Bedeutung als *Handlungs-* oder *Vorgangs*beschreibung wiederum sprachlich verschiedene Akzente setzen:

(4a) Autofahrer A tötet den Fußgänger F durch ein Fahrversehen.
(4b) Fußgänger F wird durch ein Fahrversehen des Autofahrers A getötet.

(5a) Durch eine ungewollte Giftinjektion tötet Krankenschwester K den Patienten P.
(5b) Patient P wird durch eine ungewollte Giftinjektion der Krankenschwester K getötet.

(6a) Rose tötet aus Versehen den Harnisch[52].
*(6b) * Harnisch wird durch ein Versehen des Rose getötet* .

Die Sätze *(4)* und *(5)* geben ein Geschehen wieder, hinsichtlich dessen allein der jeweilige Erfolg mitgeteilt und als tragische Folge eines Unglücks kenntlich gemacht werden soll, ohne dabei das Verhalten der handelnden Personen A und K durch zwingend aktivische Darstellung einer moralischen (Ab-)Wertung zu unterziehen. Die Verwendung des Passivs in den Sätzen *(4b)* und *(5b)* ist deswegen sprachlich nicht völlig unpassend, sondern schafft eine gewisse Distanz[53] zum Verhalten von A und K bzw. zu deren Person. Demgegenüber erscheint die Verwendung des Passivs in Satz *(6b)* unangemessen[54], denn hier wird das Verbum „töten" nicht wie in den Sätzen *(4)* und *(5)* als *Geschehens-* oder *Vorgangs*beschreibung, sondern nach dem Zusammenhang als *Handlungs*beschreibung verwendet. Das in den Sätzen *(6)* wiedergegebene „Unglück" liegt nicht wie in den Sätzen *(4)* und *(5)* darin, dass ein vermeidbares oder unvermeidbares, vor allem aber un*gewolltes* (Fehl-)Verhalten des einen

[51] Eine Ausnahme bildet der Fall, dass die Tötung des Menschen sprachlich selbst als Akt des Rechts ausgedrückt wird: „Der zum Tode Verurteilte *wird hingerichtet*".
[52] Vgl. den „*Rose-Rosahl*"-Fall des Preußischen Obertribunals (GA 7 (1859), S. 322 ff.).
[53] Eingehend zu den perspektivischen Unterschieden, die sich durch den Gebrauch des Passivs ergeben, *Leiss,* Die Verbkategorien des Deutschen, S. 101: „Jedes Ereignis kann als Handlung oder als Geschehen zum Ausdruck gebracht werden. 'Handlung' und 'Geschehen' sind Kategorien, die nicht von der außersprachlichen Wirklichkeit ableitbar sind. Die gleiche außersprachliche Situation kann durch einen Passivsatz oder durch einen Aktivsatz (...) zum Ausdruck gebracht werden."
[54] Dabei mögen die Fälle außer Betracht bleiben, in denen durch die Verwendung des Passivs lediglich ein historisch-erzählender Charakter des Satzes verdeutlicht werden soll.

Menschen den Tod eines anderen verursacht, sondern darin, dass Rose, der ja durchaus den „vor ihm stehenden Menschen" bewusst „töten" will, den Harnisch irrtümlich für den Schliebe hält. Das ändert aber weder sprachlich noch rechtlich etwas daran, dass er hier ein „Töten" im Sinne eines bewussten, aktiven Handelns verwirklicht und daher dem Kain in Satz *(1)* durchaus gleichzustellen ist[55].
Und der Gebrauch des Vorgangspassivs in den Sätzen *(4b)* und *(5b)* verdeutlicht noch ein weiteres: Subjekt der Passivsätze sind nämlich nicht die Subjekte der Aktivsätze, also A und K, sondern „ein Fahrversehen (des A)" in Satz *(4b)* und „eine Giftinjektion (der K)" in Satz *(5b)*. Die Passivsätze sind also zu den Aktivsätzen nicht ganz kongruent, geben das Geschehen aber gleichwohl in angemessenerer Form wieder als die kongruenten Aktivsätze:

*(4c) * F wird von A durch ein Fahrversehen getötet.*
*(5c) *P wird von K durch eine ungewollte Giftinjektion getötet.*

Durch die oben *(4b, 5b)* gewählte Satzform mit dem bloßen Geschehen als Subjekt des Passivsatzes („Fahrversehen", „Giftinjektion") wird bereits sprachlich herausgestellt, dass die eingetretene (Unglücks-)Folge nicht der Person, sondern - von ihr isoliert - ihrem Handeln als objektiviertem Geschehen zuzurechnen ist. Bereits die Syntax des Satzes stellt die Weichen für das Verständnis der beschriebenen Situation in dem Sinne, dass die Folgen des Handelns der aktiven Personen (A und K) für alle Beteiligten gleichermaßen ungewollt und unglücklich sind. Die aktiven Personen haben zwar bewusst gehandelt, doch waren sie sich der Folgen ihres Handelns nicht bewusst.

Es sind genau dies die Situationen, in denen kausative Verben wie „töten", „verletzen", „beschädigen" und, gleichsam als die „Reinform" des kausativen Verbs, „verursachen" kein *Handeln* derjenigen Person beschreiben, auf die sie bezogen werden, sondern lediglich deren Stellung innerhalb eines *Geschehens*ablaufs oder *Vorgangs* kennzeichnen. In dieser Funktion als bloße *Vorgangs*beschreibungen sagt die Anwendung derartiger Verben auf das Handlungssubjekt also hinsichtlich dessen *Handlungs*bewusstseins noch gar nichts aus.

2. Bedeutung der Differenzierung für die Erfüllung tatbestandlicher Handlungsmerkmale

Von Bedeutung sind die semantischen Divergenzen zwischen *Handlungs-* und *Vorgangs*beschreibung nun im Zusammenhang mit der Frage, ob der Handelnde den objektiven Tatbestand eines bestimmten Delikts erfüllt. Um beim Tatbestandsmerkmal „töten" zu bleiben: Es ist *sprachlich* gewiss nichts dagegen

[55] Dies entspricht der rechtlichen Irrelevanz des „error in persona", dem Rose unterliegt.

einzuwenden, über den kurzsichtigen Jäger zu sagen, er habe den für ein Wildschwein gehaltenen Spaziergänger „getötet" oder über die zur Giftinjektion benutzte Krankenschwester, sie habe durch ihr Handeln den Patienten „getötet". In diesem Sinne scheint auch *Arthur Kaufmann*[56] das Geschehen zu verstehen, wenn er bezüglich des Krankenschwester-Falles schreibt: *„Aber daß auch in diesem Fall das Verhalten der Krankenschwester für einen objektiven Betrachter die Bedeutung einer* Tötungshandlung[57] *hat, ist bestimmt nicht zweifelhaft und auch sie selbst wird es ganz gewiß nicht anders verstehen".* Möglicherweise wird sich die Krankenschwester tatsächlich Selbstvorwürfe machen, durch ihr Handeln den P „getötet" zu haben. Nur muss man offenlegen, dass es sich hierbei um eine andere semantische Ebene des tatbestandlichen Handlungsmerkmals handelt[58] und man sich der Verwendung des Wortes „töten" in seiner Funktion als reines *Vorgangs*verbum bewusst ist. Was die daran anknüpfende *rechtliche* Bewertung betrifft, mag man trefflich darüber streiten, ob das Wort „töten" im Tatbestand des § 212 I nun auch gerade in seiner Bedeutung als ein solches *Vorgangs*verbum verstanden werden darf oder ob es im Kontext des gesetzlichen Tatbestandes nicht eher auf seine Funktion als reines *Handlungs*verbum zu beschränken ist[59]. Die Konsequenz einer derartigen Beschränkung wäre freilich, bei Fehlen einer entsprechenden finalen Zwecksetzung und erst recht bei objektiv erlaubtem Verhalten des Handelnden bereits den objektiven Tatbestand entfallen zu lassen (vgl. bereits Kapitel 1, A. III. 4. a)).

---

[56] FS *Mayer,* S. 95.

[57] Hervorhebung im Original.

[58] In diesem Zusammenhang aufschlussreich die Ausführungen *Maiwalds,* FS *Miyazawa,* S. 465 ff (476 ff), der hier die zum Teil unterschiedliche Terminologie im Rahmen der Lehren über die objektive Zurechnung aufdeckt: Die Zurechnung (eines Erfolges) *zur Person* müsse von der Zurechnung *zum Tatbestand* strikt unterschieden werden. Genau an dieser Stelle aber dürfte die Divergenz zwischen Sprache und Recht liegen: Es ist möglich, im Sinne der *Vorgangs*-Beschreibung über jemanden zu sagen, er habe „getötet" (und den Erfolg damit seiner *Person* zuzurechnen), obgleich er im *juristischen* Sinne - etwa wegen Nicht-Überschreitung des „erlaubten Risikos" - nicht „getötet" hat, weil der Erfolg *zum Tatbestand* nicht zugerechnet werden kann.

[59] Die gesetzliche Überschrift „Totschlag", die systematische Verwobenheit mit § 211 („ohne Mörder zu sein") und die Diskrepanz zu § 222 („töten" - „den Tod verursachen") sprechen m.E. eher *für* ein Verständnis im Sinne einer derartigen Beschränkung. Ähnlich - vielleicht unbeabsichtigt - die Formulierung bei *Woelk,* Täterschaft, S. 102: „Unter dem abstrakten „töten" werden verschiedene typische(!) Handlungen(!) mit Tötungssinn(!) zusammengefaßt, wie beispielsweise erstechen, erwürgen erschießen."

Bei Tatbeständen, deren Handlungsmerkmale nicht aus rein kausativen Verben bestehen[60], tritt die Problematik nur dann auf, wenn - inkonsequent, aber systemkonform - finale Elemente des jeweiligen Handlungsmerkmals gleichsam „ausgeblendet“ werden und das Handlungsverbum, jedenfalls für den objektiven Tatbestand, auf ein „objektiv zurechenbares Verursachen“ reduziert wird. Insoweit sei beispielhaft auf die Ausführungen zur Nötigung in den Vorkapiteln (insbesondere Kapitel 1, B. I.) verwiesen. Nimmt man das finale Begriffsmoment hingegen ernst, werden die jeweiligen tatbestandlichen Handlungsmerkmale ohnehin nur als *Handlungs*beschreibungen angesehen werden können, so dass die Divergenzen zwischen Vorgangs- und Handlungsbeschreibung entfallen. Erst recht gilt das natürlich bei jenen objektiv-subjektiv-gemischten Handlungsmerkmalen, die per se nur vorsätzlich begehbar sind („schießen“, „sich zueignen“ etc., vgl. ebenfalls Kapitel 1, B.) sowie bei den Tätigkeitsdelikten.

Unter Berücksichtigung der dargestellten sprachlichen Problematik sollen die Handlungsmerkmale exemplarischer Deliktsgruppen und Tatbestände hinsichtlich der Begehungsform der mittelbaren Täterschaft nunmehr im einzelnen untersucht werden.

C. Die Handlungsmerkmale der reinen Erfolgsdelikte

Der Anwendungsbereich der mittelbaren Täterschaft ist im Rahmen der reinen Erfolgsdelikte besonders groß. In diesem Zusammenhang heißt es bereits bei *Wolf*[61]:

„Da nämlich die mittelbare Täterschaft sich von der unmittelbaren nur durch die Art der Ausführung unterscheidet, während der Erfolg bei beiden der gleiche ist, so wird auf den ersten Blick klar, daß der Unterschied zwischen beiden in den Fällen auf ein Mindestmaß zusammenschrumpfen, vielleicht sogar verschwinden wird, in welchen das Gesetz nur einen bestimmten Erfolg bestraft und die Art der Herbeiführung desselben so gut wie gar nicht erwähnt.“

I. „verursachen“ (§§ 222, 229, 309 a.F.)

Beginnen soll die Betrachtung mit dem begrifflich umfassendsten und letztlich auch am wenigsten konturierten aller tatbestandlichen Handlungsmerkmale. Es ist das „Verursachen“, das in den fahrlässigen Erfolgsdelikten begegnet. Zwar mag die Behandlung des Fahrlässigkeitsdelikts an dieser Stelle überraschen, denn nach verbreiteter Auffassung soll es eine mittelbare Täterschaft beim

[60] Auf die Unterschiede zwischen kausalen und nicht-kausalen (finalen) Tätigkeitsworten im Sprachgebrauch des Gesetzes hat bereits *v. Weber*, Zum Aufbau des Strafrechtssystems, S. 8 f, hingewiesen.

[61] MT, S. 17.

Fahrlässigkeitsdelikt per se nicht geben können[62]. Doch muss sich dieses Ergebnis auch dogmatisch begründen lassen. Aus dem Wortlaut des § 25 I nämlich ist nicht von vornherein entnehmbar, er solle auf Fahrlässigkeitstaten keine Anwendung finden. Auch Fahrlässigkeitsdelikte sind schließlich „Straftaten", die der Täter „begeht".

1. Wortlaut des Handlungsmerkmals

Einen bestimmten Erfolg „verursachen" kann man *sprachlich* zwanglos sowohl „selbst" als auch „durch einen anderen". So hat der Arzt im „Krankenschwester-Fall" sicherlich „durch die K den Tod des P verursacht". Aber „den Tod des P verursacht" hat er ebenso, wenn man den sprachlichen Zusatz „durch K" weglässt. Ein sprachliches Bedürfnis für diesen Zusatz besteht nämlich nicht, weil schlechthin jede Art des „Verursachens", ob mit oder ohne Zwischenschaltung eines Dritten, vom Begriff schon erfasst und alle Ursachen äquivalent sind. Der hohe Abstraktionsgrad des Handlungsmerkmals lässt die Unterscheidung zwischen mittelbarer und unmittelbarer Täterschaft für das Fahrlässigkeitsdelikt überflüssig werden, weil nach dem Wortlaut „verursachen" bereits jede Form von Drittbeteiligung erfasst wird. Und dies gilt nicht nur für die Einschaltung eines „Werkzeugs", sondern ebenso für die Einschaltung einer volldeliktisch handelnden Zwischenperson im Falle der Anstiftung[63]: Auch ein Anstifter kann jemand sein, der durch seine Anstiftungshandung „den Tod eines anderen durch Fahrlässigkeit verursacht" (§ 222)[64], weil auch er durch sein objektiv pflichtwidriges Tun - die Anstiftung eines anderen zur Tötung - für den Tod des Opfers kausal wird. Dass man sich das Vorliegen des § 222 neben der Anstiftung zur Tötung (§§ 212, 26) kaum bewusst macht, dürfte im wesentlichen darauf rückführbar sein, dass in den „Normalfällen" einer Anstiftung zu einer Vorsatztat das in der Person des Anstifters eigentäterschaftlich mitverwirklichte Fahrlässigkeitsdelikt[65] zurücktritt und neben der Bestrafung „gleich einem (Vorsatz-)Täter" nicht ins Gewicht fällt.

[62] So etwa *Jescheck/Weigend,* AT, § 62 I 2, S. 664 f (m.w.N. Fn. 6); Sch/Sch(24)-*Cramer,* § 25, Rn. 59; *Maurach/Gössel/Zipf,* § 48, Rn. 2 (alle m.w.N., auch zu abweichenden Auffassungen). Anders auf der Basis der „Ganzheitstheorie" *Schmidhäuser,* AT 14/36 und *M.K. Meyer,* S. 73. Mit eigenem differenzierenden Ansatz nunmehr *Renzikowski,* Restriktiver Täterbegriff, S. 262 ff (272 ff). *Roxin* in LK(11), § 25, Rn. 220, hält eine fahrlässige mittelbare Täterschaft allenfalls bei fahrlässigen Pflichtdelikten für möglich, wenn ein Sonderpflichtiger den Tatbestand fahrlässig durch ein qualifikationsloses Werkzeug erfüllt, der als „leichtfertiger Gehilfe" straflos bleiben muss.

[63] Vgl. hierzu bereits *Grünhut,* JW 30, 366 (367).

[64] Vgl. hierzu auch *Bottke,* Täterschaft und Gestaltungsherrschaft, S. 21, der hieraus die These entwickelt, bei den Fahrlässigkeitsdelikten gebe es auf der Ebene der Strafbegründung keine Täter, sondern nur 'Tatzuständige'. Kritisch dazu *Lesch,* GA 141 (1994), 112 (117), Fn. 11.

[65] Es sei denn, man sieht das Fahrlässigkeitsdelikt schlechthin als ein aliud gegenüber dem Vorsatzdelikt an, das durch dieses ausgeschlossen wird.

Der Fahrlässigkeitstatbestand wird aber relevant, sobald neben dem durch den Haupttäter und den Anstifter anvisierten Tatobjekt noch ein weiteres oder ein völlig anderes Objekt verletzt wird: Setzt etwa ein zur Brandstiftung Angestifteter das Gebäude X in Brand und greift das Feuer ungewollt auf das in der Nähe stehende Gebäude Y über, so begründet dies neben der Brandstiftung bzw. der Anstiftung zur Brandstiftung hinsichtlich des Gebäudes X in der Person des Haupttäters und auch in der Person des Anstifters eine nebentäterschaftliche fahrlässige Brandstiftung (§ 306d) am Gebäude Y, wenn beiden Beteiligten das Übergreifen des Feuers erkennbar und vermeidbar gewesen wäre. Denn der Anstifter verhält sich objektiv allein deshalb pflichtwidrig, weil er einen anderen zur Inbrandsetzung eines Gebäudes anstiftet. Dabei ergibt sich die Pflichtwidrigkeit nicht schon allein aus dem Anstiftungsverbot (§ 26) selbst, sondern darüber hinaus aus der allgemeinen Erkenntnis, dass es für jedermann, also auch für den hierzu Berechtigten (etwa den Eigentümer), objektiv sorgfaltswidrig ist, Gebäude in Brand zu setzen, von denen das Feuer auf weitere Gebäude übergreifen kann. Und ebenso pflichtwidrig ist es dann, einen anderen hierzu zu „bestimmen" (§ 26).
Erwähnt sei in diesem Zusammenhang auch die Konstellation, die der „Rose-Rosahl"-Entscheidung des Preußischen Obertribunals[66] zugrundelag: Hinsichtlich des vom Haupttäter im error in persona getöteten Opfers läge in der Person des Anstifters zumindest eine fahrlässige Tötung vor[67]. Denn es ist objektiv pflichtwidrig, in einem anderen einen Tötungsvorsatz hervorzurufen und den so Angestifteten dann „in die Welt" zu schicken. Auch hier ergibt sich die Pflichtwidrigkeit hinsichtlich des tatsächlich getöteten Opfers nicht bereits allein aus § 26, denn dieser dürfte seinem Schutzzweck nach allein dem anvisierten Opfer zu dienen bestimmt sein, sondern aus der allgemeinen Erfahrung, dass Menschen, die mit Tötungsvorsatz auf andere geschickt werden, generell gefährlich sind; und zwar nicht nur für den vom Tatplan umfassten Menschen, sondern auch für Dritte, die objektiv vorhersehbar mit dem vermeintlichen Opfer verwechselt werden können. Darüber hinaus gehört in diesen Zusammenhang die Frage, ob und inwieweit dem Anstifter auch die Verletzung oder Tötung weiterer unbeteiligter Personen im Wege des Fahrlässigkeitsdelikts zugerechnet werden kann, die seitens des Haupttäters *ungewollt* bei der Tatausführung verletzt oder getötet werden, etwa indem der Haupttäter versehentlich - als „aberratio ictus"- eine nicht anvisierte Person trifft oder auch nach Erkenntnis seines ursprünglichen Irrtums noch eine Vielzahl weiterer Personen tötet; immer im Glauben, es sei nunmehr die richtige. Das bekannte „Blutbad"-Argument *Bindings*[68], das die Haftung des Anstifters für die

[66] GA 7 (1859), S. 322 ff.
[67] Außer man bejaht - wie *BGH*St 36, 214 ff - gar eine vollendete Anstiftung zum (vollendeten) Mord.

vorsätzlich vollendete Tötung ad absurdum führen sollte, erhält in der Dimension des Fahrlässigkeitsdelikts eine ganz andere Qualität.

2. Fehlen des Funktionalisierungsmoments mangels finaler Zwecksetzung

Der Grund für den Ausschluss mittelbarer Täterschaft beim Fahrlässigkeitsdelikt ist damit nicht im Wortlaut des konkreten Handlungsmerkmals, sondern in der Begehungsform der mittelbaren Täterschaft selbst zu suchen. In den Fällen der Fahrlässigkeitsdelikte fehlt gerade jenes Charakteristikum, das der mittelbaren Täterschaft ihre entscheidende Prägung gibt: Gemeint ist jenes finale Element, das gerade in der Funktionalisierung des Werkzeugs liegt und das der Begriff des „Werkzeugs" bereits impliziert. „Werkzeug" ist immer eine Funktionshilfe zur Erreichung eines bestimmten *Zwecks*. Und eine derartige finale Zwecksetzung wird jedenfalls im Regelfalle nur beim Vorsatz-, wenn nicht gar nur beim Absichtstäter vorliegen (zu den Konsequenzen hieraus vgl. unten D. III.). In der Sache gleichgelagert wird dieses Argument zumeist in der Formulierung vorgetragen, dem Hintermann fehle die „Tatherrschaft" bzw. das Tatherrschafts*bewusstsein*[69].

Nun sind natürlich auch beim Fahrlässigkeitsdelikt Fälle denkbar, in denen ein in die Zurechnungskette eintretender Dritter strafbarkeitsrelevante Defizite aufweist, die bei zielgerichteter Ausnutzung seine Einstufung als „Werkzeug" begründen würden: Jemand lässt beispielsweise bei kaltem Wetter sein noch nicht ganz warmgelaufenes Auto mit laufendem Motor vor der Garage stehen, während er noch einmal ins Haus zurückgeht, um seine vergessene Tasche zu holen. Dabei sieht er zwar die Gefahr der Entwendung durch in der Nähe befindliche Kinder, doch vertraut er leichtsinnig darauf, es werde „schon nichts passieren". Ein Kind entwendet den Wagen und fährt einen Fußgänger an (§ 229). Im Ergebnis dürfte eine Strafbarkeit des Fahrzeugbesitzers nach § 229 zum Nachteil des Fußgängers zu bejahen sein; jedoch nicht, weil das Kind aufgrund mangelnder Einsichtsfähigkeit (§ 19) ein Strafbarkeitsdefizit aufweist, sondern weil der Besitzer selbst und höchstpersönlich die allein *ihn* treffende Pflicht verletzt hat, sein Auto vor dem Missbrauch durch Personen zu sichern, die mangels hinreichender Fahrausbildung damit Schaden anrichten können. Und hierunter fallen natürlich insbesondere Kinder, die die Tragweite und Gefahrenträchtigkeit ihres Handelns ohnehin nur in eingeschränktem Maße zu

---

[68] Die Normen, Bd. III, S. 213 f, Fn. 8 f; hierzu *Bemmann,* MDR 58, 817 ff (821) und *Toepel,* JA 97, 344 ff (346 ff).

[69] So etwa *Jescheck/Weigend,* AT, § 62 I 2, S. 664; *Baumann/Weber/Mitsch,* AT, § 29, Rn. 120. Differenzierend aber *Renzikowski,* Restriktiver Täterbegriff, S. 272 ff (273), der fahrlässige mittelbare Täterschaft für möglich hält, wenn der Hintermann „gegenüber dem Vordermann eine überlegene Vermeidemacht besitzt".

erkennen vermögen[70]. Trotz des Bewusstseins über seine Pflichtverletzung kann man aber bezüglich des Fahrzeugbesitzers von einer „Funktionalisierung" oder „Instrumentalisierung" des Kindes nicht sprechen und damit ebensowenig von dessen „Werkzeug"-Eigenschaft. Das Dazwischentreten des Kindes ist vom Fahrzeugbesitzer weder final initiiert worden noch erwünscht gewesen[71].

3. Fahrlässigkeitsdelikte als genuin eigene Pflichtverletzung des Zurechnungssubjekts

Sind die Fahrlässigkeitsdelikte damit „eigenhändige Delikte" ? So überraschend diese These zunächst klingt, sie ließe sich auf den ersten Blick begründen durch das Postulat, die Fahrlässigkeitsdelikte seien im Ergebnis weder in mittelbarer Täterschaft noch in Mittäterschaft[72] begehbar, ganz so, wie es allgemein der Beschreibung eigenhändiger Delikte entspricht. Doch wäre dieser Schluss verfehlt. Denn die mit der Kategorie der „eigenhändigen" Delikte verbundene Problematik stellt sich allgemein nur in jenen Konstellationen, in denen eine Strafbarkeitsbegründung im Wege unmittelbarer Täterschaft nicht in Betracht kommt und daher über die Figur der mittelbaren Täterschaft die Möglichkeit der Bestrafung *erweitert* werden soll. Bei den Fahrlässigkeitsdelikten liegt es hingegen genau umgekehrt, denn in allen Fällen, in denen man an die Annahme einer mittelbaren Täterschaft auch nur entfernt denken könnte, ist *immer* schon eine Bestrafung nach den Grundsätzen unmittelbarer Täterschaft möglich, weil in der Person des Täters selbst schon eine genuin eigene Pflichtverletzung vorliegt. Für einen Rückgriff auf die Begehungsform der mittelbaren Täterschaft besteht daher von vornherein gar kein Bedürfnis[73]. Die Figur der mittelbaren Täterschaft ist - ebenso wie die Mittäterschaft[74] - für das Fahrlässigkeitsdelikt

---

[70] Zu derartigen Fallkonstellationen vgl. nunmehr eingehend *Renzikowski*, Restriktiver Täterbegriff, S. 262 ff (278 ff).

[71] A.A. insoweit jedoch *Schmidhäuser*, AT 14/36 und 38 (insbes. Fn. 29 und 31), der die „Werkzeug"-Konstellationen nur als eine Untergruppe der mittelbaren Täterschaft ansieht, generell aber ein vorsätzlich-finales Element beim Hintermann nicht für erforderlich hält. Dementsprechend soll nach *Schmidhäuser*, a.a.O., mittelbare Täterschaft auch beim Fahrlässigkeitsdelikt möglich sein.

[72] Versuche, die Regeln der Mittäterschaft auf gemeinschaftliche *Pflichtverletzungen* anzuwenden (so etwa *Otto*, Jura 90, 47 ff), blieben zunächst vereinzelt und werden erst in jüngerer Zeit intensiver diskutiert. Vgl. z.B. den Ansatz *Renzikowskis*, Restriktiver Täterbegriff, S. 282 ff (288): „gemeinsames Handlungsprojekt" als Setzung einer rechtlich missbilligten Gefahr. Übersicht über den Meinungsstand nunmehr bei *Roxin*, TuT, S. 694 f.

[73] Grundlegende Übersicht über die Problematik bei *Schröder*, FS *v.Weber*, S. 233 ff (235, 237).

[74] Bezeichnenderweise wird die Anwendung der Mittäterschaft bei fahrlässigen Delikten auch hauptsächlich in jenen Konstellationen diskutiert, bei denen in tatsächlicher Hinsicht nicht nachweisbar ist, auf wessen konkrete Pflichtverletzung der Erfolgseintritt zurückgeht. Allein um diese Lücke in der Tatsachenfeststellung zu schließen - und die Strafbarkeitsmöglichkeit insoweit zu erweitern (bzw. wiederherzustellen) soll im Wege der Mittäterschaft die

nicht nur un*passend*, sondern auch un*nötig*. Mit der typischen Problematik der „eigenhändigen Delikte" ist diese Situation nicht zu vergleichen.

II. Die vorsätzlichen Verletzungs- und Beschädigungsdelikte (§§ 212, 223, 303, 306 ff)

Zu untersuchen sind nunmehr die entsprechenden Vorsatzdelikte, deren Handlungsmerkmal sich nicht im abstrakten „Verursachen" erschöpft, sondern bereits begrifflich die Herbeiführung eines bestimmten Erfolges in sich trägt („töten", „beschädigen", „verletzen", „in Brand setzen"). Insbesondere am Begriff des „Tötens" (§ 212 I) soll dabei näher herausgearbeitet werden, wann die Einschaltung Dritter in die Tatbestandserfüllung noch vom Handlungsmerkmal selbst erfasst ist und wann es einer sprachlich-begrifflichen Klarstellung über § 25 I Alt.2 bedarf.

1. Der Mindestgehalt des Handlungsmerkmals

Als Ausgangspunkt sei zunächst auf diejenigen Fälle verwiesen, die nach dem gesetzgeberischen Leitbild klassischerweise vom Tatbestand erfasst werden sollten. Es sind solche Konstellationen, die - mit *H. Mayers*[75] Worten - dem Vorstellungsbild genügen, „welches der Lebenssprachgebrauch mit dem gewählten Zeitwort verbindet". Das dürften im Rahmen des § 212 I *jedenfalls* diejenigen Fälle sein, in denen das Verbum „töten" im oben (B. II.) dargestellten Sinne als *Handlungs*beschreibung verwendet wird. Der Begriffs*kern* des Merkmals ist dabei insbesondere gekennzeichnet durch diejenigen Tötungsarten, die in der Person des Handelnden die Überschreitung einer besonderen Hemmschwelle erfordern, welche umso eher empfunden wird, je enger Täter und Opfer in einer raum-zeitlichen Nähebeziehung zueinander stehen. Bei den „klassischen" Tötungsarten, für die die Sprache sogar eigene Begrifflichkeiten bereithält („erschlagen", „erschießen", „erstechen" usw.), ist dies regelmäßig der Fall, denn sie sind dadurch gekennzeichnet, dass der Täter durch Betätigung seines eigenen Körpers die physisch determinierte Phase des Erfolgseintritts (vgl. Kapitel 2, A. I. 2.) in Gang setzt. Begrifflichkeiten wie „erschießen" oder „erschlagen" bezeichnen dabei nicht das Geschehen einer Tötung unter reinen Erfolgsgesichtspunkten, sondern den ganz konkreten *Ausführungs*akt. Als gesetzgeberisches Leitbild wird der Begriffs*kern* des Tatbestandes des § 212 I schließlich besonders deutlich an der amtlichen Überschrift („Totschlag")[76], die

Pflichtverletzung des Mittäters jeweils dem anderen Mittäter zugerechnet werden können. Bei *feststellbaren* Sachverhalten besteht mithin auch für die Anwendung der Mittäterschaft auf das Fahrlässigkeitsdelikt kein Bedürfnis.

[75] Das Strafrecht des Deutschen Volkes, S. 324.

[76] Vgl. hierzu auch *Schild,* Täterschaft als Tatherrschaft, S. 34: „§ 212 sieht sprachlich/sozial eine „vorsätzliche Tötungshandlung" vor; juristisch meint er - wie die Überschrift zeigt! - die „Totschlagshandlung, die auch für die Sprache des sozialen Lebens einen viel schwereren

eine genuin und im wahrsten Wortsinne „eigenhändige“ Tötung des Opfers beschreibt.

2. Normative Erweiterungen des Tatbestandes durch Einsatz von Werkzeugen

Der rein erfolgsbezogene Begriff „töten“ umfasst auch den Einsatz aller möglichen Hilfsmittel, im weitesten Sinne: „Werkzeuge“, deren sich der Täter bei der „Tötung“ bedient. Hierunter fallen der zum Schlag eingesetzte Stein, die zum Schuss abgedrückte Pistole und der gehetzte Kampfhund, aber auch das menschliche „Werkzeug“ im Sinne der mittelbaren Täterschaft; und im weitesten Sinne sogar der selbst volldeliktisch handelnde Angestiftete[77]. *Begriffliche* Grenzen bestehen hier praktisch nicht. Hinsichtlich der einzelnen Konstellationen ergibt sich folgendes:

a) Abgrenzung zur Anstiftung

Tatsächlich und rechtlich vergleichsweise einfach gelagert sind diejenigen Konstellationen, in denen ein Dritter zur Tatbegehung *angestiftet* wird, denn hierfür sieht das Gesetz in § 26 eine eigenständige und ausschließliche Regelung vor.

Dass sich die Grenze zwischen (mittelbarer) Täterschaft und Anstiftung zumindest bei den reinen Verletzungs- und Beschädigungsdelikten nicht semantisch aus dem begrifflichen Inhalt des Handlungsmerkmals ergibt, sondern vielmehr „von außen“ an den Tatbestand bzw. die dort genannten Begriffe herangetragen wird[78], wurde bereits an früherer Stelle (Kapitel 2, B. II. 1.)

Unwert zum Ausdruck bringt, was für die Bestimmung der Tatbestandshandlung des § 212 StGB relevant werden kann.“ Ähnlich Lange, Der moderne Täterbegriff, S. 15: „Ist 'Totschläger' i.S.d. § 212 derjenige, der einen Menschen erschossen oder niedergestochen oder nur derjenige, der ihn erschlagen hat ? Die richtige Antwort ist lediglich dem Zweck des Gesetzes zu entnehmen!“ - Die (rhetorische) Frage trifft aber nicht den Kern, denn der *Gesetzes*text spricht als Handlungsmerkmal nur von „töten“, nicht von „totschlagen“. Die richtige Antwort ist daher nicht erst - wie *Lange* postuliert -, dem *Zweck* des Gesetzes, sondern bereits unmittelbar dem *Text* zu entnehmen.

[77] Hierauf hat schon zutreffend *Wolf*, MT, S. 47, hingewiesen: „Man denke beispielsweise an die Untaten eines Cäsar Borgia! Wenn er seinen Mietlingen den „Auftrag“ gegeben hat, diesen oder jenen ihm unbequemen Nebenbuhler zu beseitigen, so nehmen wir im gewöhnlichen Sprachgebrauch aber auch nicht den geringsten Anstoß daran, zu sagen, Borgia habe seinen Nebenbuhler beseitigt, habe ihn getötet“. In gleicher Weise *Lange*, Der moderne Täterbegriff, S. 15: „Niemand nimmt sprachlichen Anstoß daran, daß von Cromwell als von einem Königsmörder gesprochen wird“. Noch weitergehend *Renzikowski*, Restriktiver Täterbegriff, S. 13: „Warum soll man nicht sagen können: Wer einem anderen geholfen hat, einen Dritten zu erschießen, hat auch selbst getötet ?“

[78] In diesem Sinne dürften auch die Ausführungen *Eb. Schmidts*, FG *Frank* II, S. 106 (118) und *Kienapfels*, JuS 74, 1 ff (2) zu verstehen sein. So schreibt *Kienapfel* a.a.O.: „Die Tatsache, daß „Anstiftung“ und „Beihilfe“ meist im Allgemeinen Teil (...) geregelt werden,

angesprochen. Weil es hier bereits an der *juristischen* Gleichwertigkeit der Verhaltensweisen zwischen unmittelbarem (vollverantwortlichen) Täter und Anstifter fehlt, dringt man zur semantischen Frage, ob und inwieweit etwa die Begriffe „töten", „misshandeln", „beschädigen" oder „in Brand setzen" allgemeinsprachlich auch noch auf den Anstifter ausgedehnt werden können, konsequenterweise gar nicht mehr vor.

b) Involvierung Dritter *ohne* Rückgriff auf § 25 I Alt.2 (Selbst-Begehung im Sinne unmittelbarer Täterschaft)

Den diametralen Gegenpol zur Anstiftungskonstellation bilden diejenigen Fälle, in denen zwar Dritte ins Geschehen eingebunden sind, diesen aber im Hinblick auf den Erfolgseintritt nur eine völlig untergeordnete oder indifferente Bedeutung zukommt. Ebenso offensichtlich, wie der angestiftete, tat*ausführende* Haupttäter in den Anstiftungskonstellationen „Herr des Geschehens" ist, sind in den nunmehr zu betrachtenden Fällen die eingeschalteten Dritten schon nach dem äußeren Erscheinungsbild allenfalls ersetzbare oder auch gänzlich hinwegzudenkende „Randfiguren" im Geschehen, die am Erfolgseintritt in keiner Weise teilhaben und daran - salopp gesprochen - „offensichtlich unschuldig" sind. In derartigen Fällen ist ein Rückgriff auf den Umweg der relativ komplizierten „Werkzeug"-Konstruktion der mittelbaren Täterschaft erst gar nicht erforderlich, weil bereits über § 25 I Alt.1 eine befriedigende Lösung zu erzielen ist.

Charakteristisch ist in diesen Konstellationen zunächst, dass es zu einem Akt funktionalisierender Einwirkung auf den involvierten „anderen" gar nicht erst kommt. Der Täter beschränkt sich vielmehr darauf, durch sein eigenes Tun auf die Umwelt des „anderen" einzuwirken und *diese* in seinem Sinne zu funktionalisieren. Gegenüber der Person und der Psyche des Vordermannes wird er nicht aktiv, sondern lässt dessen Handeln und dem Geschehen seinen gewöhnlichen, nach allgemeinen Erfahrungen zu erwartenden Lauf. Schon dies spricht dafür, den strafrechtlich relevanten Teil des Geschehens nicht im Verhalten des Vordermannes, der den Bereich „gewöhnlichen" Tuns nicht verlässt, sondern allein im Verhalten des Hintermannes selbst zu sehen, der in den Ablauf des „gewöhnlichen" Geschehens störend eingreift und diesen durch Begründung unvorhersehbarer Gefahren verändert. Erst recht muss das gelten, wenn der Hintermann selbst unmittelbar auf das Opfer einwirkt und dabei sein eigenes Handeln lediglich auf das zu erwartende Drittverhalten ausrichtet. Im einzelnen:

---

darf jedoch nicht darüber hinwegtäuschen, daß beide Rechtsfiguren zur Kategorie und zur Ebene des Tatbestandes gehören, indem sie dessen Reichweite festlegen" (Hervorhebung im Original).

aa) Der „Zugführer-Fall“

Zu nennen ist in diesem Zusammenhang insbesondere der „Zugführer-Fall“ *Herzbergs*[79]: Der Täter stößt sein Opfer auf die Schienen vor den vom Zugführer gesteuerten, fahrenden Zug. Welche Rolle kommt hier dem Handeln des Zugführers zu ?

Schon allein weil die vom Täter selbst ausgehende Körperbewegung unmittelbar auf das Opfer einwirkt und in der konkreten Situation - ebenso wie der Fingerdruck am Abzug der Pistole - die todbringende physische Einwirkung auf den Körper des Opfers (Aufprall mit dem Zug) einleitet, der Hintermann die Tat mithin selbst *ausführt,* ist der Fall ebenso der Selbst-Begehung (im Sinne unmittelbarer Täterschaft) zuzurechnen, wie etwa der von *Schmidhäuser*[80] gebildete Expeditionsfall (vgl. oben Kapitel 2, B. III. 3. ee)).

Hinzu kommt, dass man von einer „Werkzeug“-Eigenschaft des Zugführers hier überhaupt nicht sprechen kann. Denn seine Involvierung ist für die Erfolgsherbeiführung in der konkreten Situation vollkommen indifferent. Hat er den Zug nämlich erst einmal in Bewegung gesetzt und auf Fahrtgeschwindigkeit gebracht, beschränkt sich sein Tätigwerden nur noch darauf, die Lokomotive entsprechend den Gleisverläufen zu lenken, Signale zu beachten und den Zug bei Auftreten eines Hindernisses, soweit möglich, abzubremsen. Selbst wenn der Zugführer aber den auf die Gleise Gestoßenen noch erkennen würde, hätte er zumindest bei voller Fahrgeschwindigkeit schon physisch-real keine Möglichkeit mehr, den Zug noch rechtzeitig zum Stehen zu bringen. Dementsprechend ist sein Handeln im Hinblick auf die Verursachung des Erfolges in seiner konkreten Gestalt unerheblich[81] und kann sogar hinweggedacht werden, ohne dass der Erfolg entfiele. Bei wertender Betrachtung unterscheidet sich diese Konstellation in nichts von derjenigen - worauf *Herzberg*[82] zutreffend hinweist -, dass der Zug führerlos oder vollautomatisch fährt.

Als „Tötungs-“Handlung ist hier sprachlich und rechtlich allein der vom Hintermann in eigener Person geführte Stoß gegen das Opfer zu werten, ohne

---

[79] MT, S. 49, 51.

[80] AT 14/49.

[81] Dabei soll außer Betracht bleiben, dass er durch die Einleitung einer Vollbremsung vielleicht die Möglichkeit hätte, den Eintritt des Erfolges um einen Sekundenbruchteil zu verzögern. Dies würde - im Ergebnis - am Eintritt des konkreten Erfolges nichts ändern. Zur Frage des Erfolges „in konkreter Gestalt“ und zum indifferenten Handeln eingehend *Hilgendorf,* GA 95, S. 515 ff sowie kritisch *Röh,* Die kausale Erklärung überbedingter Erfolge im Strafrecht, S. 6 ff.

[82] MT, S. 51.

dass in irgendeiner Weise Bezug auf das Verhalten des Zugführers genommen oder dieses berücksichtigt werden müsste.

bb) Der „Briefträger-Fall“

Schon eher von einem „Werkzeug“-Einsatz sprechen lässt sich, wenn der Täter etwa eine Briefbombe per Post befördern lässt, die dann vom gutgläubigen Briefträger zugestellt wird. Der Fall weicht in zweierlei Hinsicht vom Zugführer-Fall ab:

(1) Keine physisch-reale Unmöglichkeit der Erfolgsabwendung in der Person des Vordermannes

Zum einen ist dem Briefträger im Gegensatz zum Zugführer die Abwendung des Geschehensablaufs zumindest nicht physisch-real unmöglich. Deutlich wird das, wandelt man beide Fälle dahingehend ab, dass der Zugführer in dem auf die Schienen Gestoßenen einen alten Feind erkennt, dessen Tod ihm nur recht ist und den er mit Inbrunst unter seinen Zug kommen lässt bzw. der Briefträger im letzten Moment vor dem Einwerfen des Briefes in den Postkasten seines verhassten Feindes durch einen Zufall erkennt, dass es sich bei dem Brief um eine Bombe handelt, die er aber dennoch einzuwerfen sich voller Freude entschließt[83]. Die physisch-realen (Un-)Möglichkeiten des Zugführers sind in beiden Fällen dieselben, und deswegen könnte man auch bei Billigung des Erfolgseintritts das Verhalten des Zugführers dennoch nicht als relevant hinsichtlich der Erfolgsherbeiführung ansehen. Sein Tun bliebe unter diesem Gesichtspunkt nach wie vor indifferent. Anders beim Briefträger: Der nämlich hat zumindest physisch-real die Möglichkeit, den Brief einzuwerfen oder davon abzusehen. Der weitere Geschehensablauf ist damit ganz allein von *seinem* Willen abhängig. Entscheidet er sich zum Einwerfen des Briefes und damit, um die naturgesetzlich determinierte Folge dieses Verhaltens wissend, den Geschehensablauf in Richtung auf den Tod des Opfers in Gang zu setzen, so ist nunmehr *sein* Handeln dasjenige, das durch Vermittlung *seines* inneren Willens in die Außenwelt den naturgesetzlich-physikalisch determinierten Kausalverlauf zum Tod des Opfers auch tatsächlich initiiert[84]. Konsequenterweise müsste dies

---

[83] Diese Konstellation wird auch von *Schild,* Täterschaft als Tatherrschaft, S. 46, angeführt.

[84] In der Person des Briefträgers läge dann wohl (Tötungs-)Täterschaft vor. Denn der Briefträger setzt durch sein Tun pflichtwidrig einen Geschehensverlauf in Gang, der nunmehr voraussehbar zum Tode des Opfers führt. Pflichtwidrig und voraussehbar ist das Verhalten, weil der Briefträger vom Moment der Entdeckung an ein Sonderwissen hat, das zu berücksichtigen ist. Dass die allgemeine Sorgfaltsnorm davon ausgeht, im Normalfall sei eine Briefbombe für einen Briefträger nicht zu entdecken, ist dabei irrelevant, da die Situation neu bewertet werden muss, wenn der Briefträger des konkreten Falles ein solches Sonderwissen - unabhängig in welcher Weise - nun doch erlangt hat. Das Tun ist dann auch nicht mehr

sogar für den Absender im Hinblick auf die Erfolgszurechnung zu einer Zurechnungssperre führen[85], denn der Erfolg wird nunmehr allein durch das eigenverantwortliche, volldeliktische Dazwischentreten eines Dritten herbeigeführt.

(2) Keine unmittelbare physische Einwirkung des Absenders auf das Opfer

Zum anderen wirkt der Absender der Briefbombe nicht selbst unmittelbar physisch auf das Opfer selbst ein. Anders als im Zugführer-Fall stellt der Hintermann sein Opfer nicht durch physische Einwirkung in einen schon unabhängig von seinem Verhalten *laufenden* Geschehensprozess (Fahren des Zuges) hinein, sondern initiiert selbst erst den konkreten Geschehensprozess, im Verlaufe dessen dann das Verhalten des Briefträgers eingebunden wird.

(3) Die Funktionalisierung sozial determinierter Geschehensabläufe durch den Hintermann („Soziale Zurechnung")

Das maßgebliche Kriterium, das, abgesehen von der fehlenden Einwirkung auf das Opfer selbst, den Briefträgerfall näher an die echten „Werkzeug"-Konstellationen heranrücken lässt als den Zugführer-Fall, dürfte nun in folgendem liegen:

Während das Handeln des Täters im Zugführer-Fall nämlich sowohl *unmittelbar* physisch wirkt (das Opfer fällt auf die Schienen) als auch *mittelbar* physisch *weiter*wirkt (der Zug überfährt das Opfer), wirkt das Handeln im Briefträger-Fall wie bei einer jeden Tatbegehung zwar auch zunächst *unmittelbar* physisch (der Brief wird in den Briefkasten geworfen und fällt hinein), ist in seinen *mittelbaren* Wirkungen (der Brief wird durch die Post zum Opfer befördert) aber nur dann verstehbar und rechtlich relevant, wenn man es vor dem sozialen Hintergrund als „Postbenutzung" versteht. Vorschnell wäre es indessen, nun sämtliche „gutgläubigen" Postbediensteten inklusive des zustellenden Briefträgers als funktionalisierte „Werkzeuge" des Versenders anzusehen, denn dieser setzt bei lebensnaher Betrachtung nicht das isolierte Handeln der Person „Briefträger" oder irgendeines anderen Postbediensteten, sondern den Beförderungsservice der Institution „Post" als Gegenstand der sozialen Wirklichkeit für seine Zwecke ein. Das Handeln des einzelnen Briefträgers geht dabei völlig in der Dienstleistung des Kollektiv-Unternehmens auf und stellt sich nur noch als ein nicht abtrennbarer Teil der Gesamtdienstleistung „Postbeförderung" dar. Dementsprechend findet auch keinerlei Einwirkung des

---

sozialadäquat, denn für die Frage der Sozialadäquanz ist ebenfalls das Sonderwissen des konkreten Einzelnen zu berücksichtigen.

[85] Es sei denn, man nimmt hier eine Zurechnung über § 25 II vor. Dagegen spricht aber, dass es jedenfalls in der Person des Hintermannes subjektiv am „gemeinschaftlichen" Handeln fehlt: Er will sein Tun ja gerade geheim halten und kann mit einer derartigen Entwicklung auch schlechterdings nicht rechnen.

Täters auf den konkreten befördernden Briefträger selbst statt; dieser wird vielmehr, zufällig und für die Erfolgsherbeiführung wiederum irrelevant, von seiner Dienststelle ausgewählt und für die konkrete Beförderung eingesetzt. Er selbst tut dabei nichts anderes als seine Pflicht, die sich aus dem Verhältnis zu seinem Arbeitgeber ergibt; und dabei *darf* er den Brief nicht nur befördern, sondern *muss* dies tun. Kontrollen des Inhalts der beförderten Briefe oder Pakete sind ihm dabei sogar, von Evidenzfällen abgesehen, rechtlich untersagt und damit rechtlich-sozial unmöglich.

Für die Bewertung des Geschehens ist deswegen die Berücksichtigung des sozialen Kontextes erforderlich, der jeweils nach der konkreten Situation der sozialen Wirklichkeit zu bestimmen ist. Für die „Beförderungs"-Fälle etwa heißt das: Soweit sich der Täter für die Durchführung seines Plans einer allgemein zugänglichen, öffentlichen und institutionalisierten Einrichtung bedient[86], kann von der Instrumentalisierung einer konkreten, einzelnen Person und ihres Handelns nicht mehr gesprochen werden. Auch wenn die Dienstleistung der Institution letztlich in die Handlung einer konkreten Einzelperson mündet, bleibt dieses Handeln des Einzelnen dennoch abhängiger und weisungsgebundener Teil der Institution, die sich *ihrerseits* des konkreten Einzelnen zur Erfüllung ihrer eigenen Aufgaben bedient. *Schild*[87] spricht hier in Bezug auf die handelnde Einzelperson in soziologischer Terminologie zutreffend von einer „Nullperson". Die Handlung des Vordermannes geht in diesen Fällen allein auf sein eigenes Verhältnis zur jeweiligen Institution zurück, etwa als Arbeitnehmer, Beamter oder selbständiger Dienstleister im allgemeinen Wirtschaftsverkehr, ist aber vom Handeln des Hintermannes gänzlich unabhängig.

Die Zurechnung des Erfolges zum Handeln des Täters, die normativ zu einer Bewertung seines Handelns als einer „Tötungs-"Handlung führt, nimmt im Briefträger-Fall damit folgenden Weg:
In dem Moment, in dem der Täter den mit der Bombe versehenen Brief in den Postbetrieb gibt, indem er ihn also in den Briefkasten einwirft oder beim

---

86 Im Bereich des Wirtschaftsstrafrechts wird diese Konstellation in der letzten Zeit immer aktueller, und zwar hinsichtlich der Frage, inwieweit sich die Mitarbeiter der jeweiligen Institution - wenn sie *wissen* oder *billigen*, welchem Zweck ihre Inanspruchnahme letztlich dient - selbst wegen Beihilfe strafbar machen. Diskutiert wird dieses Problem unter den Stichworten der *professionellen Adäquanz* und der *neutralen Handlungen*. Hierzu eingehend *Hassemer,* wistra 95, 41 ff, 81 ff; *Löwe-Krahl,* wistra 95, 201 ff, zur Problematik des bankentypischen Verhaltens als Beihilfe zur Steuerhinterziehung, eingehend zur Gesamtproblematik *Wolff-Reske,* Berufsbedingtes Verhalten als Problem mittelbarer Erfolgsverursachung, 1995.

87 Täterschaft als Tatherrschaft, S. 46, unter Berufung auf *Fuchs,* Lexikon der Soziologie, 2. Aufl. 1978.

Postamt abgibt, setzt er einen Geschehensablauf in Gang, der zwar naturgesetzlich-physikalisch (noch) nicht determiniert ist, wohl aber in sozialer Hinsicht: Denn bei Nichtentdeckung der Bombe kann mit an Sicherheit grenzender Wahrscheinlichkeit davon ausgegangen werden, dass die Institution, deren der Täter sich bedient, ihre Aufgabe auch ordnungsgemäß erfüllen und mit den ihr zur Verfügung stehenden sachlichen und personellen Mitteln den Brief an den Zielort befördern wird. Angebracht erscheint es, in diesem Zusammenhang von einem „sozial determinierten" Kausalverlauf zu sprechen, der für die Frage der Zurechnung und Bewertung des Täterhandelns dem naturgesetzlich-physikalischen Geschehensablauf praktisch gleichzusetzen ist. Die Zurechnung des Erfolges über diese Wege soll im folgenden als „soziale Zurechnung" bezeichnet werden, die insoweit als Unterfall der objektiven Erfolgszurechnung angesehen werden soll.

Diesen sozial-determinierten Geschehensablauf setzt der Täter wiederum durch sein *eigenes* Handeln in Gang, indem er den Brief in den Postkasten wirft, denn von diesem Moment an läuft das Geschehen entsprechend dem Willen des Täters sozial determiniert ab. Bei wertender Betrachtung ist Initiator desjenigen Geschehensablaufs, der an seinem Ende in die körperlich-physische Einwirkung auf das Opfer einmündet, also allein derjenige, der die Briefbombe „auf den Weg bringt", nicht derjenige, der sie befördert. Das erlaubt es, auch diese Konstellation der Selbst-Begehung (im Sinne unmittelbarer Täterschaft) zuzurechnen[88]. Der Täter „tötet" hier schon „selbst" dadurch, dass *er* „eine Briefbombe *verschickt*" und nicht dadurch, dass ein „anderer" sie *befördert.* Der allgemeine Sprachgebrauch sähe dies ebenso: Niemand würde gegen den Briefträger, der die Briefbombe zugestellt hat, auch nur *sprachlich* den Vorwurf erheben, den Adressaten - wenn auch ungewolllt - „getötet" zu haben.

cc) Der „Krankenschwester-Fall"

An der Grenze zwischen echtem „Werkzeug"-Einsatz im Sinne mittelbartäterschaftlicher Begehung und unmittelbarer Täterschaft des Hintermannes liegt wiederum der Krankenschwester-Fall, der allerdings (fast[89]) einhellig der

[88] Ähnlich *Herzberg,* MT, S. 52: „Der Postbeamte, der den beleidigenden Brief überbringt, der Zugführer, der das Opfer zum Tatort fährt, sie und all die unzähligen Personen, die der Kausalkette irgendwo ein Glied hinzufügen, mögen rechtmäßig handeln, aber rechtmäßig handelnde Werkzeuge im Sinne der mittelbaren Täterschaft sind sie nicht. Der Straftäter handelt hier schon deshalb unmittelbar, weil die eingeplanten Helfer nicht wie er sehend auf den Erfolg hinarbeiten." Ebenso *Baumann,* JuS 63, 85 (91) unter Bezugnahme auf den „Thomas"-Fall (Verladung einer Bombe auf ein Schiff durch nichtsahnende Hafenarbeiter). *Baumann,* a.a.O. verneint mittelbare und bejaht unmittelbare Täterschaft, weil die Mitwirkung der Hafenarbeiter für die Deliktsbegehung keine entscheidende Rolle spiele.

[89] Anders *Welzel,* Lb., S. 102.

Begehung „durch einen anderen" zugerechnet wird[90]. Einerseits hat die Krankenschwester dieselbe psychische Freiheit und physisch-reale Möglichkeit, dem Patienten die Spritze zu setzen oder sie nicht zu setzen wie der Briefträger, den Brief einzuwerfen oder es nicht zu tun. Ebenso wie der Briefträger in seinem Verhältnis zur Institution „Post" ist auch die Krankenschwester sozial eingebunden in die Institution Krankenhaus, hat also bei normalem Lauf der Dinge keine Möglichkeit - und auch keine Pflicht! -, die Weisung des Arztes nicht zu befolgen. Sie tut subjektiv nichts anderes als das, was sie als Krankenschwester *üblicherweise* tut und auch tun *muss*. Andererseits aber ist der „Krankenschwester-Fall" letztlich immer so gebildet, dass der Arzt auf die Krankenschwester direkten Einfluss nimmt; sei es, indem er ihr die Spritze in die Hand drückt, sei es, indem er sie verbal anweist. Der Arzt nimmt die K damit als weisungsgebundene, ihm unmittelbar untergeordnete Person in Anspruch, die ihm, wenn nicht persönliches, so doch mindestens dienstliches Vertrauen entgegenbringt. Seiner Anweisung muss die K wenigstens konkludent die Mitteilung entnehmen, mit dem Inhalt der Spritze habe alles seine Richtigkeit. Die involvierten Personen stehen hier in einem unmittelbaren, persönlichen Kontaktverhältnis zueinander, das mit der Inanspruchnahme einer allgemein zugänglichen, anonymen und öffentlichen Institution zunächst nicht vergleichbar ist.

Setzt man in Abwandlung der Grundkonstellation des Falles nun aber an die Stelle der direkt angesprochenen Krankenschwester eine anonyme, wenn auch durch austauschbare Einzelpersonen ausgefüllte Institution, so liegt der Schritt zur unmittelbaren Täterschaft schon näher: So mag der Arzt etwa das Gift unter die Medikamente im Medizinschrank mischen, von dem er weiß, dass der bestimmte Patient regelmäßig aus ihm versorgt wird. In diesem Falle kommt der einzelnen Person, die das Gift injiziert, keine relevante Bedeutung mehr zu, sie erscheint nur noch als anonymer, unselbständiger Teil der internen Institution „Krankenversorgung". Auch die eigene Eingebundenheit des Arztes in diese Institution, aus der sich im Grundfall gerade seine Vertrauensposition ergibt, tritt in der Variante gänzlich in den Hintergrund, denn der Arzt unterscheidet sich nunmehr von einem x-beliebigen Externen allenfalls noch durch den Grad seiner Kenntnisse über den konkreten internen Ablauf des Geschehens.

[90] Vgl. *v. Liszt*, Lb., (9. Aufl.), S. 221; *Wessels/Beulke*, AT, § 13 III 4 a); LK(11)-*Roxin*, § 25, Rn. 74; Sch/Sch-*Cramer/Heine*, § 25, Rn. 15; *Preisendanz*, § 15, Anm. III 1 b) und *Toepel*, JA 97, 344 (350).

dd) Insbesondere: Strafrechtliche Produkthaftung und Zurechnung im Rahmen von Kollektiven bei Zwischenschaltung Dritter

Tragische praktische Bezüge erhält der Fall durch den Vergleich mit der Konstellation des In-Verkehr-Bringens HIV-verseuchter Blutkonserven, die, dem Hersteller bekannt oder von ihm zumindest billigend in Kauf genommen, durch gutgläubige Angehörige des Gesundheitswesens Patienten verabreicht werden. Ähnlich gelagert sind letztlich sämtliche Fälle der sog. strafrechtlichen „Hersteller-" oder „Produkthaftung" sowie die Problematik der Zurechnung innerhalb von Kollektiv- und Unternehmensstrukturen überhaupt.

(1) Die Entscheidung BGHSt 37, 106 („Lederspray")

Grundlegend anzuführen ist in diesem Zusammenhang zunächst die sog. *„Lederspray"*-Entscheidung des *BGH*[91]. Die Frage der Begehungsform - unmittelbare oder mittelbare Täterschaft - sprach der *BGH* in dieser Entscheidung allerdings gar nicht erst an. Erörtert wurde die Problematik ausschließlich unter dem Gesichtspunkt der Erfolgszurechnung. Unter täterschaftlichen Gesichtspunkten interessant erscheint in diesem Zusammenhang aber zunächst folgende Passage der Urteilsgründe[92]:

„Dabei ist (...) innerhalb der als gefährliche Körperverletzung gewerteten Fälle tatbestandsmäßiges Verhalten durch positives Tun anzunehmen, soweit Schäden durch die Verwendung solcher Sprays eintraten, die erst nach der Sondersitzung der Geschäftsführung vom 12. Mai 1981 produziert oder vertrieben worden waren (10 Schadensfälle). Denn Produktion und Vertrieb von Erzeugnissen durch eine im Rahmen ihres Gesellschaftszwecks tätige GmbH sind ihren Geschäftsführern als eigenes Handeln - auch strafrechtlich - zuzurechnen. Sie haften für etwaige Schadensfolgen unter dem Gesichtspunkt des Begehungsdelikts."

Wenn der *BGH* ausführt, „Produktion und Vertrieb" seien „als eigenes Handeln" zuzurechnen, so stellt sich zunächst die Frage, auf welcher rechtlichen Grundlage diese Zurechnung vorgenommen werden soll[93]. Das Gericht legt sich

---

[91] *BGH*St 37, 106 ff.

[92] *BGH*St 37, 106 (114).

[93] Auch *Hirsch,* ZStrW 95, 285 ff (286, Fn. 6) führt diesen Teil der Entscheidungsgründe an, will ihn jedoch „im Zusammenhang" als „etwas Selbstverständliches" verstehen; nämlich dass „Geschäftsführer, die für eine GmbH handeln, sich nicht als fremdbestimmt entlasten und hinter dieser verstecken können, sondern sich natürlich ihre eigene konkrete Handlung als eigene zurechnen lassen müssen." So ist der Satz aber wohl auch „im Zusammenhang" nicht zu verstehen. Denn ginge es tatsächlich nur um das *eigene* konkrete Handeln der Geschäftsführer, so bedürfte es - wie *Hirsch* es wohl auch meint - einer Zurechnung gar nicht. Das - auch für die Formulierung des *BGH* - entscheidende Kriterium dürfte darin liegen, dass

hier nicht fest. In der Sache verlässt es dann auch den Bereich des positiven Tuns und stellt auf die Verletzung von Schutzpflichten ab, die den angeklagten Geschäftsführern gegenüber den Verbrauchern oblagen[94]. Den komplexen Vorgang „Produktion und Vertrieb“, in den eine Vielzahl Dritter eingeschaltet ist, wertet auch der *BGH* also offenbar als eine verselbständigte Geschehenseinheit, in der die Handlungen der Einzelpersonen, die hieran beteiligt sind, kein eigenes Gewicht mehr haben. Insoweit ist es daher nur folgerichtig, dass auf die Frage, ob der konkrete Manager die Tat „selbst“ oder „durch“ eine Vielzahl dritter Personen begeht, kein Wort verwendet wird[95].

Bei konsequenter Betrachtung heißt das: Der Manager, der in seinem Büro sitzt und seiner Arbeit nachgeht, indem er bestimmte geschäftliche Entscheidungen trifft oder unterlässt, „beschädigt“ durch dieses Handeln andere an der Gesundheit.

Das tatbestandliche Handlungsmerkmal des § 223 I Alt.2 erlangt damit einen Abstraktionsgrad, der den Inhalt des Merkmals letztlich auf reine Bewertungen, Zurechnungen und die Zuweisung von Verantwortungsbereichen reduziert und das konkrete, eigenkörperliche Tun der Beteiligten nahezu gänzlich in den Hintergrund treten lässt. Die *Lederspray*-Entscheidung lebt geradezu von normativen Begriffen wie *„haften“, „dafür einstehen müssen“, „verantwortlich sein“, „zuständig sein“ „Gefahr schaffen“*. Ist man erst zu einer derart weiten Auslegung des Merkmals gelangt, kommt es auf die raum-zeitliche Nähe der Beteiligten zum Erfolgseintritt und zur „Ausführungsphase“ des Deliktes gar

---

sich das Handeln der Geschäftsführer im vom Gesellschaftszweck gedeckten Tätigkeitsbereich der GmbH bereits selbst als Teil des Produktions- und Vertriebsprozesses darstellt. Soweit die Geschäftsführer im Rahmen dieses Produktions- und Vertriebsprozesses das Handeln anderer (gutgläubiger und auch nicht entscheidungsbefugter) Personen veranlassen, ist ihnen der durch dieses Drittverhalten „vermittelte“ Erfolg als von ihnen selbst verursacht objektiv zuzurechnen. Denn gerade auch das Handeln der Dritten ist als vorhersehbare und sogar letztlich sozial erwünschte Folge (u.a. als Befolgung von Weisungen des Arbeitgebers) dem Veranlasserhandeln der Geschäftsführer objektiv zurechenbar.

[94] So führt der *BGH* a.a.O., S. 114, weiter aus: „Als Geschäftsführern der drei genannten Firmen oblag den Angeklagten die Rechtspflicht, dafür zu sorgen, daß Verbraucher der von diesen Firmen produzierten und vertriebenen Ledersprays vor Gesundheitsschäden bewahrt blieben, die ihnen bei bestimmungsgemäßer Benutzung dieser Artikel infolge deren Beschaffenheit zu entstehen drohten. Wer gesundheitsgefährdende Bedarfsartikel in den Verkehr bringt, ist zur Schadensabwendung verpflichtet und muß, falls er dieser Pflicht schuldhaft nicht nachkommt, für dadurch verursachte Schadensfolgen strafrechtlich einstehen.“ Es folgen Erörterungen zur Garantenhaftung qua Ingerenz, wobei das gefährdende Vorverhalten in dem Inverkehrbringen der objektiv gesundheitsschädlichen Mittel liegen soll.

[95] Angerissen - allerdings im wesentlichen in Bezug auf die Kausalitätsfrage - wird die Problematik von *Hoyer*, GA 96, 160 ff (166 f, 173). Vgl. auch *Hassemer*, Produktverantwortung, S. 62.

nicht mehr an[96]; sofern sich eine solche in derartigen Konstellationen überhaupt ausmachen lässt.
Für die hier zu behandelnde Thematik ist das Urteil von Bedeutung, weil es zeigt, dass offenbar auch der *BGH*, vielleicht stillschweigend, von der Prämisse auszugehen scheint, in institutionell angelegten Tätigkeitsabläufen - im *Lederspray*-Fall der Vorgang „Produktion und Vertrieb" - sei auch bei Zwischenschaltung Dritter für eine Erfolgszurechnung jedenfalls dann kein Umweg über eine „Werkzeug"-Eigenschaft notwendig, wenn sich die zwischengeschalteten Dritten selbst im Bereich des erlaubten Risikos oder sogar im Rahmen rechtlich und sozial erwünschten Verhaltens bewegen und dabei nicht über das Sonderwissen verfügen, dass ihr Tun *objektiv* rechtlich unerwünschte Gefahren schafft bzw. zu deren Realisierung beiträgt; und über dieses Sonderwissen vielleicht auch rechtlich oder tatsächlich auch gar nicht verfügen *können.*

(2) Die Entscheidung BGHSt 40, 218 („DDR-Machtapparate")

Eine die Frage der Täterschafts-Abgrenzungen unmittelbar berührende Nuance erhält der Fall nun durch die später ergangene Entscheidung zur Strafbarkeit von DDR-Funktionären für Todesschüsse an der Grenze[97]. In jener letzteren Entscheidung nämlich deutete der *BGH* für die Fälle strafrechtlicher Produkthaftung - unter vorherigem Hinweis auf *BGHSt 37, 106* - die Anwendung der Figur der mittelbaren Täterschaft in der Fallgruppe der Tatherrschaft kraft organisatorischer Machtapparate an[98], so dass man nunmehr

[96] Instruktiv in diesem Zusammenhang *Hassemer,* Produktverantwortung, S. 62, hinsichtlich der vom *BGH* angewandten Prüfungsmethode: „Über die primäre Verantwortung des Tatnächsten hinaus, in dessen Aufgaben- und Organisationskreis die Pflichtverletzung unmittelbar zu lokalisieren war (weil sie dort „auftrat", sich materialisierte, sich als schadensnächste Ursache verwirklichte), wurde der Blick auf die nächsthöhere oder gar die höchste Leitungsebene gerichtet (...). Dies war der bisherigen Beteiligungsdogmatik keineswegs unbekannt. Gleichwohl ist die Methode, Pflichten zuerst beim verantwortlichen Entscheider (und nicht beim „Tatnächsten") abzufragen, neu. Die Beteiligungsdogmatik der Produktverantwortlichkeit setzt, überspitzt formuliert, nicht bei demjenigen an, der den Schaden erstlich verursacht (um dann über Teilnahme oder mittelbare Täterschaft „nach oben" weiterzufragen), sondern bei dem, der ihn letztlich zu verantworten hat. Man wird darauf achten müssen, was dies für die Entwicklung der Teilnahmedogmatik generell bedeutet". Im gleichen Sinne *Kuhlen,* JZ 94, 1142 (1144 f): „Lösung von der herkömmlichen Fixierung auf den in einem naturalistischen Sinne 'Tatnächsten'". Der *BGH* scheint an dieser Betrachtungsweise festhalten zu wollen, denn in der Entscheidung *BGH* StV 96, 73 (74) - „Weinverschnitt" - finden sich gleiche Ausführungen. Äußerst kritisch hierzu *Samson,* StV 96, 93.

[97] *BGH*St 40, 218 ff.

[98] *BGH*St 40, 218 ff (235, 237). Differenzierend, im Grundsatz aber wohl auch für die Anwendung dieser Rechtsfigur auf Unternehmen *Ransiek,* Unternehmensstrafrecht, S. 46 ff. Zurechnungskriterien sollen die „soziale Machtverteilung" (S. 48) bzw. seitens der

daran denken könnte, die oben dargestellten Fälle kurzerhand sämtlich nach dieser Rechtsfigur zu lösen[99], wenn man diese denn - entgegen den an früherer Stelle dargestellten Bedenken (vgl. Kapitel 2, B. III. 3. e)) - im Grundsatz überhaupt anerkennen will. Dennoch besteht für den Rückgriff auf diese Fallgruppe nach hier vertretener Auffassung gleichwohl kein Bedürfnis. Denn auch die Figur der „Organisationsherrschaft" wurde allein für diejenigen Fälle entwickelt, in denen die „Werkzeuge" nicht nur objektiv das erlaubte Risiko überschreiten, sondern den jeweiligen Tatbestand unter voller strafrechtlicher Verantwortlichkeit erfüllen. So lagen die oben beschriebenen Konstellationen indessen gerade nicht, denn bei ihnen fehlt es seitens der Werkzeuge bereits an einer rechtlich relevanten Gefahrsetzung. Von einer Tatbestandserfüllung, erst recht einer „vollverantwortlichen", kann bei ihnen mithin gerade *keine* Rede sein. Dann aber liegt die Annahme einer bereits unmittelbaren Täterschaft des Hintermannes näher als das Ausweichen auf die Figur der „Organisationsherrschaft"[100]. In diesen Zusammenhang dürfte auch der Hinweis des *BGH*[101] zu sehen sein, es komme auf die Gut- oder Bösgläubigkeit des Werkzeugs nicht an. Ist das Werkzeug bösgläubig, soll, jedenfalls nach der Lösung des *BGH*, die Figur der Organisationsherrschaft zur Anwendung kommen. Ist es gutgläubig, erfüllt es aber selbst zumindest objektiv den Tatbestand, liegt ein „normaler" Fall der mittelbaren Täterschaft in der Fallgruppe des vorsatzlosen Werkzeugs vor. Erfüllt das Werkzeug hingegen mangels Überschreitung des erlaubten Risikos *noch nicht einmal* selbst den

---

Ausführenden das „Eingebundensein in die Organisation als soziales Faktum" sein (S. 49). Vertiefende allgemeine Darstellung sog. „Unrechtssysteme" bei *Lampe,* ZStrW 94, 683 ff.

[99] Anders allerdings *Murmann,* GA 96, 268 ff (280) auf der Basis der „personalen Tatherrschaftslehre": „Der Hintermann - etwa das Mitglied der Geschäftsführung - beherrscht den unmittelbar Handelnden, der rechtlich zur Zurückweisung des Ansinnens seines Vorgesetzten verpflichtet wäre, jedenfalls nicht in einem instrumentalen Sinne (...). Personale Tatherrschaft - Herrschaft über die Qualität des Verhältnisses - kommt auch hier nur in Betracht, wenn der Geschäftsleiter oder sonstige Vorgesetzte) gegenüber dritten Personen rechtlich in besonderer Weise verpflichtet wäre, den Fehlgebrauch fremder Freiheit (d.h.: Straftaten nachgeordneter Mitarbeiter) nicht durch Anweisung zur Begehung von Straftaten zu Lasten dieser dritten Personen zu fördern (...)." Ähnlich *Rudolphi,* FS *Lackner,* S. 863 ff (871).

[100] Generelle Bedenken gegen die Anwendung dieser Rechtsfigur auf Unternehmen meldet *Roxin,* JZ 95, 49 (51 f) an: Bei einem Unternehmen könne man kaum davon ausgehen, dass es sich als ganzes „von den Normen des Rechts gelöst" habe, wie dies bei mafiaähnlichen Organisationen der Fall sei. Wenn in einer staatlichen Behörde oder einem privaten Betrieb ein Vorgesetzter einen Untergebenen zu einem strafbaren Verhalten auffordere, so erwarte das Recht, dass dieser sich weigere. Von einer beliebigen Austauschbarkeit des Ausführenden und davon, dass - wie der *BGH* es ausdrückte - „der Beitrag des Hintermannes nahezu automatisch zu der ... Tatbestandsverwirklichung führt", könne in diesen Fällen keine Rede sein. Kritisch dazu auch *Schulz,* JuS 97, 109 (111); *Rudolphi,* FS *Lackner,* S. 863 ff (871).

[101] *BGH*St 40, 218 ff.

Tatbestand, liegt nach hier vertretener Auffassung bereits eine unmittelbare Täterschaft des Hintermannes kraft oben beschriebener „sozialer Zurechnung" vor.

c) Involvierung Dritter bei Rückgriff auf § 25 I Alt.2

Das gemeinsame Charakteristikum der soeben erörterten Fälle besteht darin, dass es in allen Konstellationen bereits an einem (finalen) „Töten" (bzw. „Beschädigen" oder „Misshandeln") seitens des Vordermannes jedenfalls im Sinne einer *Handlungs*beschreibung fehlt. Niemand würde über den pflichtgemäß handelnden Zugführer oder den gutgläubigen Briefträger sagen, er habe „getötet". Zwar erscheint es mitunter, etwa im Krankenschwester-Fall, sprachlich noch möglich, die kausativen Verben „töten" oder „beschädigen" zumindest im Sinne einer (nicht-finalen) *Vorgangs*beschreibung anzuwenden, weil der Erfolg naturgesetzlich unmittelbar auf das Handeln des Werkzeugs zurückgeht (Handeln als letzter Kausalfaktor). Doch hat sich keine spezifisch mit diesem Handeln verbundene rechtlich missbilligte Gefahr verwirklicht.

aa) Funktion des § 25 I Alt.2 als sprachliche Klarstellung

Ein Bedürfnis für einen ausdrücklichen Rückgriff auf § 25 I Alt.2 besteht hingegen immer dann, wenn der allgemeine Sprachgebrauch, der in gewissen Grenzen auch immer Spiegelbild der sozialen Anschauungen ist, den Erfolgseintritt zunächst als durch das Handeln des Werkzeugs bewirkt ansehen würde. Dann nämlich muss die Zurechnung diese Erfolges zum Hintermann bereits sprachlich näher verdeutlicht werden, weil sich folgendes Dilemma ergibt: Obwohl man schon dem Vordermann sprachlich bescheinigt, „getötet" zu haben, führt die juristische Bewertung der Situation dazu, dass auch der Hintermann, wenn nicht im alltagssprachlichen, so doch im juristischen Sinne, „getötet" hat.

Dieses Dilemma wird in den Fällen, in denen bereits das Werkzeug selbst pflichtwidrig handelt und durch sein Handeln eine rechtlich missbilligte (Todes-)Gefahr schafft (Fall des zum Schießen aufgeforderten kurzsichtigen Jägers), *regelmäßig*, in den Fällen, in denen das Werkzeug sich selbst im Bereich des sozialadäquaten Verhaltens oder/und des erlaubten Risikos bewegt, hingegen nur ausnahmsweise auftreten. Zu bejahen ist es etwa im „Krankenschwester-Fall", zu verneinen im Fall der an den Lichtschalter gekoppelten Bombe, denn im letzteren Falle lässt sich vom Vordermann noch nicht einmal mehr im Sinne einer *Vorgangs*beschreibung sagen, er habe „getötet", wenn er durch ahnungsloses Betätigen des Lichtschalters eine Bombe auslöst und dabei ein anderer zu Tode kommt. Erforderlich wird in jenen Fällen nun ein sprachliches Bindeglied, das die juristische Bewertung der Situation, die aus der „Werkzeugeigenschaft" des Vordermannes folgt, auf die begriffliche Ebene transferiert und den - begrifflichen - Einwand des Hintermannes entkräftet, nicht er, sondern allein der Vordermann habe doch „getötet“[102]. Dies ist die Haltung des „klassischen“ Hintermanns, der die Tat*ausführung* dem „anderen“ überlässt, der sich, wie *Kühl*[103] es pointiert ausdrückt, „die Hände schmutzig macht“. Der Hintermann reduziert sein eigenes Handeln ausschließlich auf den Akt der Funktionalisierung des Vordermannes. Dabei verschafft er sich zumindest *sprachlich* die Möglichkeit - um die Formulierung *Kühls*[104] vollständig zu benutzen - „seine Hände in Unschuld zu waschen“.

Das Bindeglied zwischen Tatausführung und Hintermann stellt nun die Vorschrift des § 25 I Alt.2 zur Verfügung, indem sie durch den Zusatz „durch einen anderen“ (bzw. vor Geltung des § 25: „in mittelbarer Täterschaft“) auch sprachlich klargestellt, das Handlungsmerkmal „töten“ sei bezogen auf den Hintermann nun nicht (mehr) im allein alltagssprachlichen, sondern in einem juristisch-normativen Sinne zu verstehen und deswegen zumindest *auch* auf ihn anzuwenden. Die Funktion, die § 25 I Alt.2, bzw. der Rechtsfigur der mittelbaren Täterschaft schlechthin, in diesem Zusammenhang zukommt, liegt in der Klarstellung, das Verhalten des Hintermannes sei zwar nicht vom (alltagssprachlich geprägten und typisierten) Begriffs*kern* des Handlungsmerkmals „töten“ erfasst, wohl aber vom juristisch-normativ geprägten Begriffs*hof*.

In diesen Fällen findet über § 25 I Alt.2 auf sprachlich-begrifflicher Ebene eine Zurechnung fremden Verhaltens statt, die das Handlungsmerkmal „töten“ zu einem „Töten *durch einen anderen*“ erweitert. Der Hintermann „tötet“ (im normativen Sinne) das Opfer selbst, indem er in objektiv zurechenbarer Weise bewirkt, dass *ein anderer* es (im alltagssprachlich-typisierten Sinne) „tötet“[105],

---

[102] Durchaus zutreffend daher bereits die Ausführungen *Hübners,* Doloses Werkzeug, S. 42: „Als „Tötung“ sieht (der allgemeine Lebenssprachgebrauch) nur die unmittelbare Ausführung an, den Streich, der mit dem Beil gegen den anderen geführt worden ist und dessen Tod zur Folge gehabt hat. Unverträglich mit dem Lebenssprachgebrauch ist daher der Begriff der mittelbaren Täterschaft. Nach ihm ist der mittelbare Täter überhaupt nicht Täter. Von dem zurechnungsfähigen A, der den geisteskranken B zur Tötung seines Todfeindes C bringt, sagt man im Leben wohl, er sei am Tode des C schuld; niemandem aber fällt es ein zu sagen, er habe den C getötet. Dieses Urteil fällt das Leben ausschließlich über den geisteskranken B.“

[103] *Kühl,* AT, § 20, Rn. 39: „Der Tatmittler (das Werkzeug) führt die Tat eigenhändig aus und „macht sich die Hände schmutzig“, der mittelbare Täter (.....) bleibt im Hintergrund, läßt für sich „arbeiten“ und „wäscht seine Hände in Unschuld“.

[104] A.a.O.

[105] In diesem Sinne lassen sich auch die generellen Ausführungen von *Frisch,* FS *Bockelmann,* S. 647 ff (651 f) verstehen: „Die Lehre von der mittelbaren Täterschaft setzt voraus, daß die Person, der das rechtsgutsbeeinträchtigende Verhalten eines Dritten zugerechnet werden soll, ohne weiteres strafbar wäre, hätte sie sich nur selbst so verhalten wie dieser. Sie basiert damit auf zwei Prämissen: dem Erfordernis einer schon bejahten

die „Tat“ mithin „ausführt“. Zutreffend in diesem Zusammenhang die Formulierung *Herzbergs*[106]: *„Wer mit Tatherrschaft einen anderen zum Töten veranlaßt, der „tötet“ im Sinne des Gesetzes, zwar nicht mit eigener Hand, aber in eigener Person“.*

bb) Begriffliche Grenzen der normativen Erweiterung

Zu klären bleiben die begrifflichen Grenzen der normativen Begriffserweiterungen.

Es wäre sprachlich wohl nicht mehr möglich zu sagen, der Hintermann habe das Opfer durch den Vordermann „erschossen“. Denn alle jene Merkmale, die der Begriff „erschießen“ erfordert, liegen in der Person des Hintermannes nicht vor. So gehören zu der Verhaltensweise, die der Begriff „erschießen“ bezeichnet, jedenfalls wenn er im Sinne eines *vorsätzlichen* „Erschießens“ angewendet wird, zwangsläufig etwa das Anvisieren des Opfers, das Berechnen der Schussbahn und ggf. der Eigenbewegung des Opfers und das Koordinieren dieser Daten bis hin zur Entscheidung über die Betätigung des Abzuges, ggf. auf die Zehntelsekunde genau. All dies nimmt der Hintermann, der möglicherweise meilenweit vom Geschehen entfernt ist und dem vielleicht noch nicht einmal bewusst ist, dass das Werkzeug im gegenwärtigen Zeitpunkt die Tat ausführt, nicht vor; und er kann es auch gar nicht vornehmen, weil er schon physisch-real die Möglichkeit hierzu nicht hat. Alle zum „Erschießen“ gehörenden Einzelakte können allein vom Schützen selbst ausgeführt werden, weil sie unmittelbar an dessen sinnliche Wahrnehmung und Koordination *seines* Verhaltens gebunden sind. Es überschritte damit den möglichen Wortsinn des Wortes „erschießen“, wandte man etwa auch ihn auf den Hintermann an. Sprachlich bestehen genügend Möglichkeiten, eine solche Begriffsüberdehnung zu vermeiden, denn man könnte - und würde - ganz einfach sagen, der Hintermann habe das Opfer „erschießen lassen“ oder bewirkt, dass ein Dritter das Opfer „erschießt“.

Anders beim Begriff „töten“: Denn „töten“ fasst bereits seiner sprachlichen Funktion nach *alle* menschlichen Verhaltensweisen als Oberbegriff zusammen, denen es gemeinsam ist, den Tod eines Menschen in einer zumindest objektiv vorhersehbaren Weise zu verursachen. Die Hervorhebung dieses gemeinsamen Ordnungskriteriums ist es, die überhaupt den sprachlichen Sinn des Begriffes darstellt[107].

---

prinzipiellen Mißbilligung und Strafbarkeit des (zuzurechnenden) Verhaltens im Hinblick auf das (beeinträchtigte) Rechtsgut und: der Existenz einer Verhaltensnorm, die solches (mißbilligtes) Verhalten gerade auch dem 'Täter' - bei Strafe - untersagt.“

[106] ZStrW 82, 896 ff (915).

[107] Instruktiv hierzu *Lyons,* Semantik II, S. 114: „Nehmen wir einmal an, daß X ein Messer nimmt, auf Y einsticht und Y sofort tot zu Boden fällt. Dieses Geschehnis läßt sich offensichtlich als einzelnes Ereignis, als Prozeß mit (wenn auch minimaler) zeitlicher Erstreckung oder als Sequenz zweier oder mehrerer Situationen (Ereignisse, Zustände, Prozesse) beschreiben. Mit dem Verb 'töten' können wir das, was geschehen ist, als ein

Sieht man demgemäß die *Mindest*merkmale des Verbums „töten" in der Verursachungskette zwischen eigenem Handeln und Erfolg, der objektiven Zurechenbarkeit des Erfolges zur Handlung und schließlich einem subjektiv-finalen Element (im Sinne der Verwendung des Verbums „töten" als *Handlungs*beschreibung), so liegen diese drei begrifflichen *Mindest*merkmale in der Person des Hintermannes vor: Er wird durch sein Verhalten (Einflussnahme auf das Werkzeug, = Selbstbegehung im engeren Sinne) kausal für den Tod des Opfers, dieser Erfolg ist ihm auch objektiv zurechenbar (abgeschwächter Schutz des Rechtsguts aufgrund der „Werkzeug"-Eigenschaft des Vordermannes, vgl. Kapitel 2 B. III. - „juristische Komponente" der mittelbaren Täterschaft) und er erkennt die Gefahr des Erfolgseintritts nicht nur, sondern „will" den Erfolg auch; gerade im Hinblick hierauf findet die Einwirkung auf den Vordermann im Regelfalle überhaupt statt. Dies rechtfertigt es, die Bejahung des Merkmals „töten" auch in der Person des Hintermannes noch als vor Art. 103 II GG bestandsfähig anzusehen.

cc) Natürlicher Sprachgebrauch und Evidenzfälle

Umgekehrt gibt es im natürlichen Sprachgebrauch nun auch Evidenzfälle, in denen es keinerlei sprachlicher Klarstellung bedarf, auch wenn konstruktiv die Begehungsform der mittelbaren Täterschaft zumindest in Betracht gezogen werden könnte. Zu nennen sind in diesem Zusammenhang wiederum die Giftmordfälle: Kein von den „Haarspaltemaschinen des juristischen Begriffshimmels"[108] noch unberührt gebliebener juristischer Laie hätte wohl irgendein Bedenken, über denjenigen, der einem anderen tödliches Gift in den Wein gießt, zu sagen, er habe den Vergifteten „getötet". Ins Grübeln geriete er wohl erst, belehrte man ihn, der Giftmischer habe das Opfer in Wahrheit doch

---

einzelnes Ereignis beschreiben, an dem ein Agens (X) und ein Patiens (Y) beteiligt sind. Die Handlung des Agens wird allerdings nur als Auswirkung auf das Patiens beschrieben. Verwendeten wir das Verb 'erstechen', gäben wir notwendigerweise noch die weitere Information, daß X unmittelbar auf bestimmte Weise auf Y eingewirkt und dabei ein Instrument benutzt hat. (...) Es gibt, kurz gesagt, innerhalb der Grenzen, die die lexikalische und grammatische Struktur des Deutschen setzen, unbegrenzt viele Möglichkeiten, Elemente dessen, was beschrieben werden soll, auszuwählen und als Komponenten einer einzigen Situation darzustellen. Daß es in vermutlich allen Sprachen so viele transitive Verben mit derselben Valenz wie der von 'töten' gibt, läßt die Annahme zu, daß wir als Menschen besonders an den Resultaten unserer zielgerichteten Handlungen und den Auswirkungen unserer Handlungen auf das jeweilige Patiens interessiert sind."

[108] Vgl. *v. Ihering*, Scherz und Ernst in der Jurisprudenz (1884), zitiert nach *Solbach*, JA 80, 45 ff. Siehe auch *Feisenberger*, ZStrW 38 (1917), S. 530: „Sobald eine juristische Entscheidung einer natürlichen Auffassung nicht mehr begreiflich ist, sondern nur von dem im eigenen juristischen Begriffshimmel heimischen verstanden werden kann, hat sie die Vermutung der Unrichtigkeit gegen sich."

nicht „selbst“, sondern „durch einen anderen“, nämlich „durch“ das Opfer „getötet“. Unter sprachlichen Gesichtspunkten bilden die Giftmordkonstellationen die Gegenpole etwa zum „Krankenschwester-Fall“: Während es nach dem allgemeinen Sprachgebrauch trotz fehlender Überschreitung des erlaubten Risikos gleichwohl möglich bleibt, über die Krankenschwester zumindest in Form einer Vorgangs-Beschreibung zu sagen, sie habe - wenn auch ungewollt - „getötet“, erschiene es absurd, über den Vergifteten zu sagen, er habe „sich selbst getötet“. Der allgemeine Sprachgebrauch wendet in diesen Fällen das Verb „töten“ ohne Umschweife unmittelbar auf den Hintermann an.

3. „Verunreinigen“ von Gewässern (§ 324 I)

Nach alldem lässt sich auch der im Vorkapitel (B. III. 2. b) cc)) dargestellte Fall der Gewässerverunreinigung durch „Beseitigung der Genehmigungsschranke“ zumindest auf der sprachlich-begrifflichen Ebene relativ leicht lösen: Den Tatbestand des § 324 I erfüllt, „wer unbefugt ein Gewässer verunreinigt oder sonst dessen Eigenschaften nachteilig verändert“. „Verunreinigen“ und „verändern“ sind wiederum rein kausative Verben, die letztlich nur die Verursachung eines bestimmten Erfolges - ohne Bestimmungen der näheren Art und Weise - bezeichnen. „Verunreinigen“ und „verändern“ kann man zumindest sprachlich auch dadurch, dass man einem anderen in objektiv zurechenbarer Weise die tatsächliche oder rechtliche Möglichkeit verschafft, dies zu tun und dieser die so geschaffene Möglichkeit auch nutzt. Der im Hintergrund stehende Amtsträger „verunreinigt“ / „verändert“ sprachlich zwar nicht (im Sinne unmittelbarer Täterschaft) „selbst“, wohl aber „durch einen anderen“. Dabei handelt er in seiner Person „unbefugt“, denn wenn die rechtlichen Voraussetzungen der Genehmigung nicht erfüllt sind, darf er diese nicht erteilen bzw. aufrechterhalten.

III. „Einsperren“ und „Berauben des Gebrauchs der persönlichen Freiheit“ (§ 239 I)

Dass die begriffliche Zurechnung des tatbestandlichen Handlungsmerkmals zum Hintermann durchaus nicht bei allen Erfolgsdelikten so „glatt“ durchläuft wie beim „Töten“, „Beschädigen“ oder „Zerstören“, zeigt sich etwa bei der Freiheitsberaubung. Es entspricht zwar im Ergebnis nahezu allgemeiner Auffassung, derjenige, der etwa durch eine falsche Zeugenaussage im Strafprozess die Verhängung und Vollstreckung einer Freiheitsstrafe ohne Bewährung gegen einen in Wirklichkeit Unschuldigen bewirke[109], erfülle den Tatbestand des § 239 I in mittelbarer Täterschaft[110]. Problematisch gestaltet sich in diesen Fällen jedoch nicht nur die juristische Konstruktion der „Werkzeug“-

---

[109] Hierbei handelt es sich um den „Standardfall“ der Freiheitsberaubung in mittelbarer Täterschaft, vgl. bereits oben Kapitel 2. B. III. 2. b) aa).

[110] Vgl. die oben (Kapitel 2, B. III. 2. b) aa)) genannten Vertreter.

Eigenschaft der vermittelnden Zwischenpersonen (s.o., Kapitel 2, B. III. 2. b) aa)), sondern auch die begriffliche Anwendung des Handlungsmerkmals auf den Hintermann: Betrachtet man nämlich einmal den rein tatsächlichen Ablauf des Geschehens, so ist derjenige, der das Tatopfer im engsten Wortsinne „einsperrt“, indem er es in die Gefängniszelle verbringt und dort mit eigener Hand den Schlüssel herumdreht, allein der jeweilige Bedienstete der Justizvollzugsanstalt. Dieser nun kann aber unter keinem denkbaren Gesichtspunkt „Werkzeug“ im oben (Kapitel 2, B. III.) dargestellten juristischen Sinne sein, denn er weist kein Defizit auf, welches sich in irgendeiner Weise auf sein Tun auswirken könnte. Selbst wenn er positive Kenntnis hätte von der materiellen Unrichtigkeit des Urteils gegen den von ihm „Eingesperrten“, so bliebe er dennoch rechtlich verpflichtet, im Rahmen seiner Dienstpflichten die Weisungen seines Anstaltsleiters auszuführen, der seinerseits im Rahmen seiner Dienstpflichten verpflichtet wäre, den Vollzug gegen den Verurteilten durchzusetzen, solange die Staatsanwaltschaft die Vollstreckung aus dem rechtskräftigen Urteil betreibt. Ist das Urteil also einmal rechtskräftig geworden, ist die Ausführung des Aktes „Einsperren des Verurteilten“ in der Person des jeweiligen Vollzugsbediensteten rechtlich durch die Gesetzesvorschriften über Strafvollstreckung und Strafvollzug determiniert. Alle Beteiligten in der Kette handeln von diesem Zeitpunkt an allein aufgrund ihrer eigenen *rechtlichen Verpflichtung* zu diesem Handeln, nicht mehr hingegen aufgrund des ursprünglich in der Person des Tatrichters vom Hintermann hervorgerufenen Irrtums[111]. Die Fortwirkung dieses Irrtums wird durch den Eintritt der Rechtskraft *rechtlich* unterbrochen, denn sogar dann, wenn der Richter nunmehr selbst seinen Irrtum erkennt, hätte er - jedenfalls *unmittelbar* - keine Möglichkeit, die weitere Vollstreckung der Strafe gegen den Verurteilten zu stoppen.

Weil (eigenhändig) Ausführender der „Einsperrens“-Handlung und „Werkzeug“ des Hintermannes nicht personenidentisch sind[112], wird in diesen Fällen damit

---

[111] Das Fortwirken dieses Irrtums etwa im Hinblick auf das Unterbleiben von Vollstreckungsunterbrechungen nach § 360 II StPO muss hierbei außer Betracht bleiben, da hierfür die Stellung eines Wiederaufnahmeantrages erforderlich wäre und sich die Voraussetzungen der Vollstreckungsunterbrechung nunmehr allein nach den ex-ante-Erfolgsaussichten des Wiederaufnahmegesuchs richten, nicht aber ex post nach den Beweismitteln im vorangegangenen Erkenntnisverfahren.

[112] Es sei denn, man stellt auf die umgangssprachliche Formulierung ab, die mitunter dahin lautet, „*der Richter* habe den Angeklagten *eingesperrt*“. Diese Formulierung macht einmal mehr deutlich, dass die Umgangssprache als Kommunikationsmittel durchaus „Barometer“ für soziale und rechtliche Zusammenhänge sein kann, indem sie unwichtige Informationen direkt herausfiltert und erst gar nicht mitteilt: Jeder weiß, dass natürlich nicht der verurteilende Richter persönlich den Zellenschlüssel herumdreht, sondern diesen Akt den

letztlich eine doppelte Zurechnung des „Einsperrens" zum Hintermann erforderlich: Dem Richter ist aufgrund der rechtlichen Determinierung des weiteren Geschehens (Vollstreckung und Vollzug der Strafe) das „Einsperren" des Verurteilten *rechtlich* zuzurechnen, während der defizitäre Ursprung seines eigenen Handelns, die Fällung des Fehlurteils, dem Hintermann als (tatsächlichem) Auslöser des Irrtums zuzurechnen ist. Lässt sich dennoch sagen, der Hintermann habe das Opfer „durch einen[113] anderen *eingesperrt*"[114] ? - Die Frage kann letztlich unentschieden bleiben, denn gerade in dieser Fallkonstellation liefert der Tatbestand des § 239 I eine „Notlösung": Auf jeden Fall erfüllt ist nämlich die 2.Alt. des Tatbestandes. Selbst wenn man sich begrifflich zum „Einsperren durch einen anderen" bezüglich des Hintermannes nicht durchringen wollte, so hat der Hintermann das Opfer zumindest „auf andere Weise" (als durch *eigenhändiges* Einsperren) „des Gebrauchs der persönlichen Freiheit beraubt". Auch dies freilich „durch einen anderen", nämlich durch den dem Irrtum erlegenen Richter, der den Freiheitsentzug mit Erlass des Urteils rechtlich und sozial determiniert.

IV. „Vereiteln" von Strafe (§ 258 I)

Zu betrachten ist im Zusammenhang der Erfolgsdelikte schließlich nochmals der Tatbestand der Strafvereitelung (§ 258 I). Bereits an früherer Stelle (Kapitel 2, A. II. 3.) wurde dargelegt, dass es bei diesem Tatbestand, anders als bei den Verletzungs- und Beschädigungsdelikten oder auch beim „Einsperren" in § 239,

---

hierfür zuständigen Vollzugsbeamten überlässt. Gleichwohl ist *er* nach sozialer und rechtlicher Bewertung des Geschehens, die sich in der sprachlich verkürzten Wiedergabe zeigt, die maßgebliche Person im Gesamtgeschehen. Vgl. in diesem Zusammenhang auch unten, Kapitel 4, B. VIII.

[113] Auch hier nimmt der allgemeine Sprachgebrauch durchaus Ungenauigkeiten in Kauf, denn genau genommen hat der Hintermann nicht nur durch *einen*, sondern durch *mehrere* beteiligte „andere" gehandelt. Dass man dennoch an der Singular-Formulierung sprachlich keinen Anstoß nimmt, geht auf dieselbe Flexibilität der Sprache zurück, die in den von *Herzberg* angeführten Beispielen (s.o. Fn. 34) die Plural-Formulierung hinnimmt (und den Zuhörer auch im gemeinten Sinne verstehen lässt).

[114] Die Rechtsprechung stellt bei den zu dieser Problematik entschiedenen Fällen scheinbar allein auf die Kausalität ab. So findet sich in der Entscheidung *BGH*St 3, 4 (5) zur Tatbestandserfüllung durch die mittelbare Täterin lediglich folgende kurze Passage: „Die Angeklagte hat verursacht, daß St. auf mehr als eine Woche eingesperrt wurde. Damit hat sie die äußeren Merkmale einer schweren Freiheitsberaubung nach § 239 Abs.2, erster Fall verwirklicht. Unerheblich ist es, daß sie die Einsperrung nicht eigenhändig vorgenommen hat. Wer den Erfolg des gesetzlichen Straftatbestandes verursacht, ist Täter, soweit nicht besondere Vorschriften oder die besondere Eigenart des Tatbestandes entgegenstehen. Das gilt auch, wenn er den Erfolg durch das Handeln eines anderen herbeiführt, es sei denn, daß die Merkmale der Anstiftung oder der Beihilfe gegeben wären. Diese Möglichkeiten scheiden hier aus. Deshalb ist die Angeklagte mittelbar Täterin einer Freiheitsberaubung." Diese Ausführungen erinnern stark an die Lehre vom extensiven Täterbegriff.

keine notwendige, einheitliche Ausführungs- und Erfolgseintrittsphase gibt, die generell *allen* Vereitelungshandlungen gemeinsam wäre. „Kleinster gemeinsamer Nenner“ aller möglichen Vereitelungshandlungen ist daher allein das Kriterium ihrer (hypothetischen) Kausalität für den Nichteintritt der Bestrafung. Diese Weite des Tatbestandsmerkmals hat in der Rechtsprechung sogar dazu geführt, in einer (wenn auch vereinzelt gebliebenen) Entscheidung[115] das Vorliegen einer tatbestandsmäßigen „Vereitelungs“-Handlung allein nach ihrer subjektiven Zielrichtung zu bestimmen; und zwar *„ohne Rücksicht darauf, ob nach allgemeinen Kriterien Täterschaft oder Teilnahme anzunehmen wäre“.* Rein sprachlich erscheint dieses Ergebnis durchaus konsequent, doch lässt sich die Existenz der §§ 26, 27 und damit auch deren zwingende Anwendung nicht aus der Welt schaffen, sei der Tatbestand auch noch so weit gefasst. Dass es auch bei anderen Tatbeständen Konstellationen geben kann, in denen auch der Anstifter in seiner Person das Handlungsmerkmal *begrifflich* erfüllt, er aber gleichwohl - selbstverständlich - nur als Teilnehmer zu bestrafen ist, wurde bereits oben (C. II. 2. a)) dargelegt. Die genannte Entscheidung ist daher im wesentlichen auf Ablehnung gestoßen[116].

Doch bleibt die Frage bestehen, wie im Falle des § 258 die Abgrenzung zwischen den verschiedenen Beteiligungsformen gezogen werden kann[117]. Ist sie bereits zwischen Täterschaft und Teilnahme ausgesprochen vage[118], dürfte sie zwischen unmittelbarer und mittelbarer Täterschaft kaum noch bestimmbar und allenfalls auf Evidenzfälle zu beschränken sein. Indes ist das praktische Bedürfnis nach einer derartigen Abgrenzung zwischen den beiden Täterschaftsformen schon per se wesentlich geringerer als bei den meisten übrigen Delikten. Denn weil aufgrund der begrifflichen Weite des Handlungsmerkmals „vereiteln“ ohnehin alle möglichen menschlichen

---

[115] *OLG Koblenz,* 1 Ws 657/80 vom 3. 12. 1980 - unveröffentlicht, zitiert bei *Lenckner,* NStZ 82, 401 ff (402); *Rudolphi,* JR 81, 160; *Müller-Dietz,* JR 81, 475.

[116] Vgl. die Kritik von *Lenckner,* a.a.O.; *Rudolphi,* a.a.O.; *Müller-Dietz,* a.a.O.

[117] Eingehend hierzu *Siepmann,* Abgrenzung zwischen Täterschaft und Teilnahme im Rahmen der Strafvereitelung, 1988.

[118] Wie streitig hier im einzelnen der Grenzverlauf ist, zeigt sich etwa bei der Frage, ob der *Anwalt,* der einen Zeugen zur Falschaussage anstiftet, wegen seiner besonderen prozessualen Stellung selbst Täter der Strafvereitelung oder nur Teilnehmer ist. Für Täterschaft etwa *BGH*St 31, 10 ff = NJW 82, 1600 f (ausführliche Fassung); *BGH* NJW 83, 2712; *KG* JR 84, 250 f; *Beulke,* Der Verteidiger im Strafverfahren, S. 200 ff und *ders.* NStZ 82, 330; 83, 504; *Tröndle/Fischer,* § 258, Rn. 11 f. Dagegen *OLG Frankfurt,* StV 92, 360; *Rudolphi,* FS *Kleinknecht,* S. 379 ff; *ders.* JR 84, 338; *Müller-Dietz,* JR 81, 474 (475); *Krekeler,* NStZ 89, 146 (150); *Maurach/Schroeder/Maiwald,* § 100, Rn. 20; krit. auch *Lackner/Kühl,* § 258, Rn. 10. Eingehend zur Problematik (und Täterschaft verneinend) *Siepmann,* Abgrenzung zwischen Täterschaft und Teilnahme im Rahmen der Strafvereitelung, S. 118 ff; *Grunert,* Grenzen normativer Tatherrschaft, S. 50 ff, 180 ff.

Verhaltensweisen[119] erfasst werden, solange sie nur subjektiv-final[120] auf das Verhindern der Bestrafung gerichtet sind[121], lässt sich auch zwanglos ein Verhalten des Vereitelungstäters, der sich des Tätigwerdens gut- oder bösgläubiger Dritter bedient, unter diesen Begriff fassen. Erst dann, wenn auch das Verhalten des als Zwischenglied tätig werdenden Dritten begrifflich als „Vereitelungs"-Handlung zu charakterisieren wäre, dürfte der sprachlichen Klarstellung wegen ein Rückgriff auf § 25 I Alt.2 angezeigt sein, um zu verdeutlichen, (auch) der Hintermann in seiner Person „vereitele", wenn auch „durch einen anderen". Nötig erscheint das allerdings erst, wenn auch der Dritte *seinem* Verhalten einen subjektiv-final auf „Vereitelung" gerichteten Sinn gibt, denn erst hierdurch wird sein Tun, das sich objektiv völlig neutral oder zusammenhanglos darstellen kann, zu einem „Vereitelungs"-Handeln. In den Fällen der Nötigungsherrschaft ist das immer gegeben, solange sich der Vordermann in diesen Konstellationen über den Sinn seines Tuns in vollem Umfange bewusst ist und ihm auch eine entsprechende Zwecksetzung geben kann[122]. In den Irrtumsfällen hingegen wird bereits die Hervorrufung des Irrtums beim Dritten im Regelfall zum einen bereits die maßgebliche Vereitelungs-

[119] U.U. auch sog. „sozialadäquate" Handlungen wie etwa Tanken des Fluchtfahrzeuges, Verkauf von Lebensmitteln oder Behandlung durch einen Arzt, vgl. auch *OLG Stuttgart*, NJW 81, 1569 und *OLG Koblenz*, NJW 82, 2785 (Gewähren von Wohnraum an einen Flüchtigen).

[120] Vgl. *Lenckner*, GS *Schröder*, S. 339 ff (356 f): Verhindert werden soll durch § 258 eine „Solidarisierung mit dem Vortäter". Diese liegt vor beim Handeln „aus Anlass" der bzw. „im Hinblick" auf die Strafvereitelung. Im einzelnen hierzu *Randerath*, Die Problematik der Strafvereitelung als Erfolgsdelikt, 1990, S. 20 ff sowie *Vogt*, Berufstypisches Verhalten und Grenzen der Strafbarkeit im Rahmen der Strafvereitelung. Zum Verhältnis der Sozialadäquanz zur finalen Handlungslehre und zur objektiven Zurechnung allgemein *Cancio Meliá*, GA 95, 179 ff.

[121] Auf den ersten Blick anders *Frisch*, JuS 83, 915 (920 f) und NJW 83, 2471 (2473), der einen objektiven Maßstab anhand von typischen Risikoschaffungen im Hinblick auf die Erfolgsherbeiführung anlegen will. Allerdings will auch *Frisch*, JuS 83, 921, den objektiven Maßstab anhand einer Abwägung der Eigeninteressen des Handelnden mit den Gegeninteressen des Staates an der Durchsetzung des staatlichen Strafanspruchs zur Geltung kommen lassen. Letztlich ist auch das nichts anderes als ein subjektiver Maßstab. Ganz deutlich wird das, wenn *Frisch*, a.a.O., S. 923 darauf abstellt, ob „die Risikoschaffung gerade im Blick auf die Straftätereigenschaft" vorgenommen wird. Sein Fazit: „Eine Sonderbehandlung [des Straftäters] im hier gemeinten funktionalen Sinne liegt vielmehr erst vor, wenn das Sonderverhalten gerade mit Rücksicht auf die spezifischen Gefährdungen erfolgt, denen der Straftäter seitens der Strafrechtspflege ausgesetzt ist." Der rein objektive Maßstab ist damit aufgegeben.

[122] Es ist insoweit bezeichnend, dass z.B. *Siepmann*, Abgrenzung zwischen Täterschaft und Teilnahme im Rahmen der Strafvereitelung, 1988, S. 11 ff, in Bezug auf die mittelbare Täterschaft nur solche Fälle diskutiert, in denen tatsächlich eine - erlaubte oder unerlaubte -, spürbare Einwirkung auf den Vordermann und dessen Motivation vorliegt (Nötigung zur Falschaussage oder Versprechen eines - rechtmäßigen oder rechtswidrigen - Vorteils etc.).

handlung des Hintermannes selbst darstellen und zum anderen dem Dritten das Wissen um die Folgen und die Gesamtzusammenhänge seines Verhaltens gerade verschließen. Das Bedürfnis für die Anwendung des § 25 I Alt.2 wird daher in den Irrtumsfällen nur ausnahmsweise gegeben sein:

H (Hintermann) bittet den Ringer V (Vordermann), kurzerhand seinem - des H - Freund F zu helfen: F werde von einem Gewalttäter G verfolgt, der ihn ausrauben wolle. V hält den G fest, der den F gerade ergreifen wollte. G ist in Wirklichkeit Zivilfahnder der Polizei, der im Begriff war, den F zu verhaften.

In diesem Falle etwa erscheint die Annahme mittelbarer statt unmittelbarer Täterschaft vorzugswürdig: Zwar weiß Vordermann V, dass er einen Zugriff einer Person auf eine andere „vereitelt" und handelt insoweit final, doch ist er sich nicht darüber bewusst, dass er keinen „Raub", sondern eine „Bestrafung" „vereitelt".

Anders hingegen in folgendem Fall:

Die Polizeibeamten, die den im Hause des H (Hintermann) zur Miete wohnenden Freund F des H verhaften wollen, parken ihren Polizeiwagen im von Mauern umgebenen Hof des Hauses. H, der alles beobachtet, wendet sich an seinen zufällig vorbeikommenden Nachbarn V (Vordermann), der gerade mit seinem Auto einen Parkplatz sucht. H erklärt ihm, er - V - könne ruhig „die Einfahrt zuparken", was V sich nicht zweimal sagen lässt. Als F aus dem Haus flieht, können die Polizeibeamten mit ihrem Auto den Hof nicht mehr verlassen.

V handelt objektiv erlaubt und sozialadäquat, denn ihm fehlt das (Sonder-) Wissen, mit seinem Auto ein Verfolgungshindernis zu schaffen. Genau genommen „irrt" er noch nicht einmal, denn im Hinblick auf die Möglichkeit derartiger Folgen seines Handelns hat er keine falschen, sondern *gar keine* Vorstellungen. Sprachlich und rechtlich stellt allein das Verhalten des H im Gesamtzusammenhang und nach seiner finalen Zwecksetzung eine (Straf)-„Vereitelungs"-Handlung dar, denn durch die „Freigabe" der Einfahrt wird die Errichtung des physischen Hindernisses sozial eingeleitet und überhaupt erst ermöglicht. Es ist daher keine mittelbare, sondern unmittelbare Täterschaft des H anzunehmen, denn einer sprachlichen Klarstellung, V habe „durch einen anderen" „vereitelt", bedarf es nicht. Das gilt selbst dann, wenn dem H das Haus in Wirklichkeit gar nicht gehört und er sich nur gegenüber V als Hauseigentümer ausgibt: Hier „irrt" V zwar, doch hat der Irrtum keinen Bezug zu den (tatbestandsspezifischen) Folgen seines Tuns.

Entsprechendes muss sogar dann gelten, wenn der Vordermann zwar objektiv pflichtwidrig, mithin rechtlich unerlaubt und sozial unerwünscht handelt, die Pflichtwidrigkeit aber keine strafvereitelungsspezifische ist:

H fährt als Mitfahrer im Lkw des V mit. An einer Einmündung auf eine vorfahrtberechtigte Straße erkennt er, dass von rechts ein Polizeiwagen naht, der den soeben vorbeigefahrenen Pkw seines Freundes F verfolgt. H fordert den nach links schauenden V auf: „Rechts ist frei, fahr' los, wir haben's eilig!". V verlässt sich ohne Not blindlings auf die Worte des H und biegt - ohne sich selbst zu vergewissern - auf die Vorfahrtsstraße ein. Es kommt zum Unfall, durch den die Polizeibeamten die Verfolgung des F aufgeben müssen.

Hier handelt V zwar objektiv sorgfaltswidrig, schafft aber, jedenfalls nach seinem Wissenshorizont, keine strafvereitelungsspezifische Gefahr, sondern „nur" eine allgemeine Straßenverkehrsgefahr. Seinem sozialen Sinngehalt nach stellt sich allein das Handeln des H, nicht aber das Handeln des V als „Vereitelungs"-Handlung dar. Auch hier ist deswegen *unmittelbare* Täterschaft des H anzunehmen, für eine sprachliche Klarstellung über § 25 I Alt.2 besteht kein Bedürfnis.

Abgesehen von diesen Beispielen kommt der Figur der mittelbaren Täterschaft im Rahmen des § 258 unter einem ganz anderen Gesichtspunkt Bedeutung zu, und zwar in den Fällen, in denen es um die Unterstützung oder Veranlassung des selbst tatbestandslos handelnden Vortäters geht. So wird beispielsweise versucht, aus der Situation des Vortäters eine nach § 35 I 1 entsprechende psychische Zwangslage zu konstruieren, die ihn zum Werkzeug machen soll[123]. Ob eine solche Werkzeugeigenschaft tatsächlich angenommen werden kann, mag hier offenbleiben, da diese Problematik für die hier allein interessierende Frage des Zusammenspiels zwischen Vereitelungstäter und einbezogenem Dritten und die damit verbundene Frage der Abgrenzung zwischen mittelbarer und unmittelbarer Täterschaft letztlich unergiebig ist. Ob und inwieweit die Unterstützung des Vortäters an eigenen Vereitelungshandlungen auf dogmatischen Umwegen zur täterschaftlichen Strafvereitelung gemacht werden

[123] So etwa *Rosenkaymer*, S. 88 ff. Soweit *Rosenkaymer* sich gegen den Ansatz wendet, bereits aus der Tatbestandslosigkeit des Handelns des Vortäters unter den Gesichtspunkten des absichtslosen/qualifikationslosen dolosen Werkzeugs eine Werkzeugeigenschaft herzuleiten, mag ihm aus den auf den Seiten 55 ff. seiner Abhandlung dargestellten Erwägungen im Ergebnis zuzustimmen sein, doch liefert er außer *Frisch*, JuS 83, 921 auch keinen Beleg für einen Vertreter der von ihm abgelehnten Auffassung. Dieser Fundstelle von *Frisch* ist die Auffassung, die *Rosenkaymer* in ihr sehen will, m.E. jedoch nicht zu entnehmen.

kann, ist eine Frage, die allein als Spezialproblem des § 258 anzusehen ist[124] und daher ausgeklammert bleiben soll.

D. Zurechnungskonstellationen ohne Beschränkung auf reine Erfolgszurechnungen

Nun sind bei weitem nicht alle Tatbestände von ihrer sprachlichen Fassung und ihrer Systematik her so einfach strukturiert wie die Tatbestände der reinen Erfolgsdelikte, deren Handlungsmerkmal sich letztlich auf die vorsätzliche, objektiv zurechenbare Verursachung eines bestimmten Erfolges reduzieren lässt. Im folgenden soll daher exemplarisch zunächst an den komplexeren Handlungsmerkmalen des Diebstahls (unten I.) und des Betruges (unten II.) die Anwendung der einzelnen Tatbestandsmerkmale auf den Hintermann näher untersucht werden. Sodann soll am Beispiel der Steuerhinterziehung (§ 370 AO) erörtert werden, wo insbesondere im Hinblick auf die subjektiv-finale Beschaffenheit bestimmter Handlungsmerkmale begriffliche Grenzen angezeigt erscheinen (unten III.). Flankierend hierzu sollen (unten IV.) zwei in jüngerer Zeit ergangene Entscheidungen aus der Rechtsprechung (*OLG Braunschweig, NJW 97, 3254* und *BGHSt 42, 235*) dargestellt werden, die eine begrifflich restriktivere Tendenz im Hinblick auf die Auslegung einzelner tatbestandlicher Handlungsmerkmale erkennen lassen und im Hinblick auch auf die Anwendung und Ausdehnung der Begehungsform der mittelbaren Täterschaft Relevanz erlangen könnten.

I. „Wegnehmen" einer fremden Sache (§ 242 I)

Bereits oben (Kapitel 1, A. I. 2. und Kapitel 2, A. II. 1.) wurde dargestellt, dass der Tatbestand des Diebstahls sich weder eindeutig den Erfolgsdelikten noch den Tätigkeitsdelikten zuordnen lässt. Das ohnehin schon komplexe Handlungsmerkmal des „Wegnehmens" erfährt - auf den Gesamttatbestand gesehen - nun noch eine weitere Typisierung dadurch, dass das Wegnehmen der fremden Sache „in der Absicht" erfolgen muss, „dieselbe sich oder einem Dritten rechtswidrig zuzueignen".

1. Alltagssprachlicher und normativer Inhalt des Handlungsmerkmals

a) Eigenhändige Wegnahme als „Normalfall" der Tatbegehung

Ursprünglicher Regelfall der Begehung des Diebstahls ist wie bei allen Delikten, dass der Täter, der sich die Sache rechtswidrig zuzueignen beabsichtigt, auch *selbst* die Wegnahme ausführt. Das heißt, dass durch *seinen* Körper die

---

[124] Zu dieser Frage eingehend *Lenckner*, GS *Schröder*, S. 339 ff (350 ff); *Frisch*, JuS 83, S. 915 ff; *Rosenkaymer*, S. 53 ff und in der Rechtsprechung etwa *OLG Stuttgart*, NJW 81, 1569.

physische Einwirkung umgesetzt wird, die in der Außenwelt die Aufhebung des Gewahrsams herbeiführt. Einfachster Fall ist der, dass der Täter die Sache, dem Wortlaut des Gesetzes unmittelbar entsprechend, „in die eigene Hand nimmt" („weg*nehmen*") und räumlich von ihrer bisherigen Position entfernt („*weg*nehmen"). Nun handelt es sich hierbei wiederum um den „Prototyp" einer Wegnahme im gesetzlichen Sinne, mithin um das gesetzgeberische, vortatbestandliche Leitbild der Handlungsumschreibung im Sinne des „Vorstellungsbildes des Lebenssprachgebrauchs"[125]. Es ist ein Vorgang, der bereits seinem äußeren Erscheinungsbild nach genau das beinhaltet, was die Umgangssprache plastisch als „Wegnahme" beschreiben würde. Beobachtete etwa ein Gast in einem Restaurant, wie jemand eine unbeaufsichtigt auf dem Nebentisch gelegene Handtasche an sich nähme und damit verschwände, so gäbe er wohl, später durch die Besitzerin nach dem Verbleib ihrer Tasche befragt, zur Antwort, die Tasche habe soeben ein anderer Gast „weggenommen"; ohne hierbei irgendeine Wertung, geschweige denn die Subsumtion unter einen gesetzlichen Begriff ausdrücken zu wollen. Er beschriebe mit den Worten der Alltagssprache schlicht, was er gesehen hat.

Nun steht natürlich außer Frage, dass der Begriff des „Wegnehmens" im gesetzlichen Sinne des § 242 I mit dem Begriff des „Wegnehmens" nach dem alltäglichen Sprachgebrauch nicht deckungsgleich sein kann, sondern erheblich weiter auszudehnen ist. Als simples Beispiel denke man nur an den Diebstahl einer Sache, die schon aufgrund ihrer Größe oder ihres Gewichts allein im juristischen, nicht aber im Sinne des alltäglichen Sprachgebrauchs „weggenommen" werden kann. So kann man etwa ein Auto nach dem alltäglichen Sprachgebrauch „stehlen", „entwenden", „holen" und „wegfahren", aber einfach „weg*nehmen*" kann man es nicht. Der juristische Begriff des „Wegnehmens" ist daher durch die Auslegung, die er im Laufe der Zeit erfahren hat, auf eine normative Stufe erweitert worden, die weit über den alltäglichen Anwendungsbereich des „Wegnahme"-Begriffs hinausgeht[126]. Erfasst sind von diesem normativ-juristischen Begriff des „Wegnehmens" alle Handlungen, die „fremden Gewahrsam brechen und neuen Gewahrsam begründen", so die allgemeine Definition. Neben den engen Begriff des „Wegnehmens" nach dem alltäglichen Sprachgebrauch tritt damit ein viel weiter gefasster, juristischer Begriff des „Wegnehmens", der gerade danach konstruiert ist, sowohl die Fälle

[125] *H. Mayer*, vgl. oben Fn. 28.

[126] Allerdings soll hier nicht verkannt werden, dass auch die Alltagssprache mitunter den Begriff des „Wegnehmens" in einem übertragenen, an den erweitert-juristischen Wegnahme-Begriff durchaus heranreichenden Sinne von „entziehen" versteht: So wird bei Beendigung einer Ehe etwa nicht selten der Vorwurf erhoben, der eine Ehegatte habe dem anderen „die Kinder *weggenommen*". Ähnlich liegt es, wenn einem Verkehrssünder „der Führerschein *weggenommen* wird".

allgemeinsprachlichen „Wegnehmens“ als auch alle darüber hinausgehenden, nach wertenden Gesichtspunkten aber gleich zu behandelnden Vorgänge eines unfreiwilligen Gewahrsamswechsels zu erfassen.

b) Phänomenologie des „Wegnehmens“ in mittelbarer Täterschaft

Bei den Fällen des Diebstahls in mittelbarer Täterschaft handelt es sich im wesentlichen um Konstellationen, in denen der Hintermann den gutgläubigen Vordermann darum bittet, eine Sache für ihn zu „holen“ oder „mitzubringen“. So lässt sich etwa der oben erwähnte Beispielsfall dahingehend erweitern, dass der Gast, der die Handtasche im Restaurant vom Tisch nimmt, von der am Eingang wartenden „Hinterfrau“ animiert wurde, ihr doch kurz „ihre“ Tasche zu holen, die sie auf dem Tisch vergessen habe.

aa) Handeln des Vordermannes

Vom gutgläubigen Vordermann lässt sich hier ohne weiteres sagen, dass er, vom Standpunkt des am Nebentisch sitzenden Gastes wie auch vom (juristischen) Standpunkt des später über die Tat urteilenden Richters, die Tasche - objektiv! - „weggenommen“ habe. Rein tatsächlich war sein Handeln zwar final nur darauf gerichtet, die Tasche im lokalen Sinne *vom Tisch weg*zunehmen, aber nicht im sozialen Sinne, sie *einer Person weg*zunehmen.
Doch hat er in juristischer Hinsicht zumindest objektiv den Gewahrsam der tatsächlichen Besitzerin gebrochen und gleichzeitig neuen Gewahrsam der „Hinterfrau“ an der Tasche begründet. Letzteres folgt daraus, dass er bereits im Moment des Ergreifens seinen *eigenen* Willen bezüglich des Gewahrsams an der Tasche sogleich dem - insofern übergeordneten - Herrschaftswillen der an der Tür wartenden „Hinterfrau“ unterordnete[127].

Normative Tatbestandsbegrenzungen innerhalb des Handlungsmerkmals in Form von Zurechnungssperren, wie sie oben für das Merkmal des „Tötens“ erörtert wurden („objektive Zurechnung“/„erlaubtes Risiko“), kommen beim „Wegnehmen“ nicht in Betracht. Denn der Begriff des „Wegnehmens“ ist seiner Natur nach auf die Beschreibung des äußeren Erscheinungsbildes einer *Tätigkeit*, inklusive damit einhergehender subjektiver Elemente, ausgerichtet[128]. Er lässt keinen Raum mehr für Zurechnungen, die über die Frage der *Gewahrsams*zurechnung hinausgehen.

---

[127] Auch hieran zeigt sich wieder die im Grunde unnatürliche Trennung zwischen objektivem und subjektivem Tatbestand: Das Element der Gewahrsams*begründung* ist (auch in objektiver Hinsicht) nicht ohne Rückgriff auf den tatsächlichen *Willen* des Vordermannes - mithin auf subjektive Elemente - feststellbar.

[128] Bereits *Binding, Strafrechtliche Abhandlungen, S. 268, Anm. 2,* brachte die Wegnahme daher zumindest in den „Dunstkreis“ „eigenhändiger Delikte“.

bb) Zurechnung zum Hintermann

Ausgangspunkt für die Tatbestandserfüllung des Hintermannes (bzw. im Beispielsfall der Hinter*frau*) ist wiederum, dass der Hintermann jedes Tatbestandsmerkmal in eigener Person erfüllen muss. Die an der Tür wartende Frau nun *verursacht* durch ihr Verhalten, nämlich durch die instrumentalisierende Einwirkung auf den Vordermann, zunächst einmal den Bruch des Gewahrsams der rechtmäßigen Besitzerin. Insoweit könnte in der Tat von einer „Erfolgs“-Verursachung gesprochen werden. Doch gehört zum „Wegnehmen“ im juristischen Sinne mehr, als bloß die *Beendung* eines bestehenden Gewahrsamsverhältnisses zu *verursachen.* Hinzukommen muss vielmehr, dass gerade durch den Bruch des alten Gewahrsams neuer Gewahrsam begründet wird. Nun entsteht, jedenfalls nach dem äußeren Erscheinungsbild, das sich dem objektiven Betrachter darstellt, der Gewahrsam der „Hinterfrau“ spätestens in dem Moment, in dem sie die Tasche vom Vordermann entgegennimmt, denn von nun an hält sie sie selbst im eigentlichen Wortsinne „in der Hand“. Juristisch hingegen entsteht der Gewahrsam schon früher, nämlich bereits mit Ergreifen der Tasche durch den Vordermann. Denn dieses Ergreifen ist seitens des Vordermannes von Anfang an dem Willen der „Hinterfrau“ untergeordnet[129]. Fraglich erscheint angesichts dessen nun allerdings, wozu dann eigentlich die Figur der mittelbaren Täterschaft noch benötigt wird; ist das Handlungsmerkmal der „Wegnahme“ doch offenbar auch schon ohne jede Zurechnung von Fremdverhalten erfüllt. Gleichwohl wendet man in derartigen Fallkonstellationen wie selbstverständlich die Begehungsalternative des § 25 I Alt.2 an: Es widerspräche der natürlichen Betrachtung und dem alltäglichen Wortsinn des „Wegnahme“-Begriffes zu sehr, hier in der Person der „Hinterfrau“ eine „Wegnahme“ im juristisch-gesetzlichen Sinne zu bejahen, ohne zumindest durch einen klarstellenden Hinweis deutlich zu machen, dass es für die juristische Bewertung des Vorgangs allein auf *ihr* veranlassendes und funktionalisierendes Verhalten ankommt, nicht aber auf das Verhalten des Vordermannes; auch wenn letzteres nach seinem äußeren Erscheinungsbild durchaus als „Wegnahme“ anzusehen ist. Ähnlich wie beim „Töten“, „Misshandeln“, „Beschädigen“ und „Zerstören“ ist auch bei der „Wegnahme“ wiederum als „kleinster gemeinsamer Nenner“ eine physische Einwirkungshandlung erforderlich, die die Ortsveränderung der Sache und den hiermit verbundenen Gewahrsamsbruch bewirkt. Sie leitet diejenige Phase des Delikts ein, die als „Ausführungsphase“ anzusehen ist (vgl. Kapitel 2, A. II. 1.). Nimmt diese „Ausführungshandlung“ „ein anderer“ als derjenige vor, der nach

---

[129] Zivilrechtlich wäre die „Hinterfrau“ - hätte sie einen Herausgabeanspruch gegen den Vordermann - von Anfang an mittelbare Besitzerin (§ 868 BGB, der Begriff „mittelbar“ macht wiederum deutlich, wie einheitlich die Wertungen hier verlaufen); stuft man nicht gar den Vordermann nur als „Besitzdiener“ ein (Auftrags-/Gefälligkeitsverhältnis als „ähnliches Verhältnis“ i.S.d. § 855 BGB).

juristischer Bewertung im *normativen* Sinne „wegnimmt", so entfernte sich der juristische Sprachgebrauch zu sehr vom Begriffsverständnis der Alltagssprache[130], wenn nicht das Auseinanderfallen zwischen „tatsächlich Wegnehmendem" (=„Ausführendem") und „juristisch Wegnehmendem" durch eine zusätzliche juristische und begriffliche Hilfskonstruktion überbrückt würde. Diese sprachliche Brücke bildet die Figur der mittelbaren Täterschaft. Sie stellt die sprachliche und dogmatische Verbindung her zwischen „natürlicher Betrachtungsweise" einerseits und „juristisch-normativer Betrachtungsweise" andererseits. Auch beim „Wegnehmen" kommt ihr, ebenso wie beim „Töten" und den anderen Erfolgsdelikten, die Funktion zu, den Anwendungsbereich des jeweiligen tatbestandlichen Handlungsmerkmals innerhalb der noch zulässigen Grenzen auf die Einbeziehung des Verhaltens zwischengeschalteter Personen zu erweitern.

2. Die Wegnahme-Handlung in ihrer tatbestandsspezifischen Funktion als Zueignungsmittel im Rahmen des § 242

Einen Grenzfall bildet nun die folgende Konstellation:

X stellt sein Fahrrad vor einem Laden ab und geht in den Laden, um etwas zu kaufen. Er vergisst, das Fahrrad abzuschließen. Der auf der gegenüberliegenden Straßenseite stehende A beobachtet das. Er schreckt allerdings davor zurück, das Fahrrad selbst zu entwenden, da er befürchtet, X könne jeden Moment aus dem Laden kommen. Als sein leichtgläubiger Bekannter B vorbeikommt, beschließt er, nun doch noch kurzerhand mit dem Fahrrad Geld zu machen. Er erklärt dem B, das an der gegenüberliegenden Hauswand abgestellte Rad gehöre ihm und bietet es dem B zum Kauf an. B geht darauf ein und zahlt sofort den Preis. A weist B an, er könne das Rad direkt mitnehmen, er habe es extra nicht abgeschlossen. B nimmt das Rad an sich.

Hat A hier neben dem zum Nachteil des B begangenen Betrug auch einen Diebstahl in mittelbarer Täterschaft begangen ? A selbst hat zu keiner Zeit Gewahrsam an dem Fahrrad erlangt, weder mittelbaren noch unmittelbaren: Bis zum Gewahrsamsbruch durch B bestand der Gewahrsam des X ungestört fort, insbesondere akzeptierte gerade auch A den Gewahrsam des X als weiterbestehend. Vom Moment der Gewahrsamsbegründung durch B an wollte dieser von vornherein für *sich,* nicht aber für A seine Herrschaft über das Fahrrad ausüben. Ein Diebstahl ließe sich in der Person des A nur dadurch begründen, ihm die von B ausgeführte Wegnahme zuzurechnen. Das aber würde wohl auch eine normative Auslegung des Begriffes „wegnehmen" überspannen,

---

[130] Vgl. hierzu insbesondere *Mittermaier, ZStrW 21 (1901), S. 239 ff* und *Wolf, MT, S. 70, Fn.59.*

denn in der Person des A hat ein „Gewahrsam", auch bei weitester Auslegung dieses Begriffs, nie bestanden. A hat also weder „selbst" noch „durch einen anderen" „weggenommen", sondern nur *verursacht*, dass *ein anderer* fremden Gewahrsam bricht und in *seiner* - des *anderen*! - Person neuen Gewahrsam begründet. Nach den oben erörterten Kriterien wäre daher ein Diebstahl in mittelbarer Täterschaft zu verneinen.

Nun sind derartige und ähnliche Konstellationen des öfteren Gegenstand der reichsgerichtlichen Rechtsprechung gewesen. Die zu dieser Thematik ergangenen Entscheidungen lassen sich nicht unbedingt als einheitlich bezeichnen. Die Ablehnung eines Diebstahls in mittelbarer Täterschaft läge wohl auf der Linie der Entscheidungen *RGSt 21, 110* und *53, 180.*

a) Die Entscheidung RGSt 21, 110

Der Entscheidung *RGSt 21, 110 (Urteil des IV. Senats vom 17. 10. 1890)* lag folgender Sachverhalt zugrunde: Der Angeklagte, ein Bediensteter des geschädigten Holzhändlers, hatte Holzbretter, die auf dem Hof des Geschädigten lagerten, gegenüber einem gutgläubigen Käufer als ihm gehörig dargestellt und dem Käufer erklärt, die Bretter könnten direkt von ihrem Lagerplatz abgefahren werden. Der *IV. Senat* lehnte das Vorliegen eines (mittelbar täterschaftlichen) Diebstahls ab und führte zur Begründung aus[131]:

(Aus den Feststellungen der Vorinstanz) *„ist an sich nicht zu entnehmen, daß durch das Thun des Angeklagten die drei ihm nicht gehörenden Bretter dem Gewahrsam des Eigentümers W. entzogen und in die Verfügungsgewalt des K. gebracht worden sind. Der Thatbestand des Diebstahls nach § 242 StGB aber erfordert ein Wegnehmen der Sache in der Absicht, sich dieselbe rechtswidrig zuzueignen, also ein Ergreifen und Erlangen des Gewahrsams bzw. der Verfügungsgewalt über die Sache seitens des Thäters als Bethätigug seines Vorsatzes, sie sich zuzueignen und darüber für sich zu verfügen. Dafür bedarf es freilich nicht des eigenen Ergreifens oder des körperlichen Anfassens der Sache; es genügt auch die Benutzung eines gutgläubigen Dritten als Werkzeuges, sowie jeder Akt des Thäters, der die Erlangung der thatsächlichen Verfügungsgewalt über die Sache für ihn in sich schließt und verwirklicht. Ein solcher Akt hätte deshalb auch vorliegend in dem Vorzeigen und Bezeichnen der Bretter seitens des Angeklagten gegenüber dem K. dann gefunden werden können, wenn aus den konkreten Umständen zu entnehmen gewesen wäre, daß der Angeklagte die Bretter schon vorher oder doch gleichzeitig, sei es durch Zurhandlegung, durch Bereitstellung oder sonst wie, in seine Verfügungsgewalt gebracht hatte, dergestalt, daß die Anzeigung derselben nur als Ausfluß und Bethätigung dieser Verfügungsgewalt sich dargestellt hätte. Das Vorhandensein dieser*

[131] *S. 111.*

Voraussetzung ist indessen aus den Feststellungen des Urteiles nicht zu entnehmen. Nach letzteren darf vielmehr nur als erwiesen gelten, daß der Angeklagte das Anzeigen der Bretter in der Absicht, sie der Verfügungsgewalt des K. zu überweisen, vorgenommen hat, und daß auch erst durch die Inbesitznahme des letzteren die Bretter dem Gewahrsam des W. thatsächlich entzogen worden sind. Dann aber war die That des Angeklagten mangels der Ansichnahme und der Absicht der eigenen Zueignung nicht mehr als Diebstahl, sondern als Betrug zu qualifizieren, zumal wenn er (...) schon beim Verkaufe der Bretter die hier in Frage stehenden drei Stück mit zum Gegenstande der Veräußerung gemacht hat."

Ausgangspunkt der Entscheidung, das Vorliegen eines Diebstahls in mittelbarer Täterschaft zu verneinen (auch wenn der *Senat* ausdrücklich auf die *generelle* Begehbarkeit einer Wegnahme in dieser Begehungsform hinweist), ist also, dass der Angeklagte selbst, in seiner Person, nie Gewahrsamsinhaber der fraglichen Bretter war und ihm ein solcher Gewahrsam auch nicht durch den gutgläubigen Käufer vermittelt wurde. Das entspricht den obigen Ausführungen zur Begründung eines mittelbaren Mit- oder Obergewahrsams durch den Hintermann.

b) Die Entscheidung RGSt 53, 180

Auf derselben Linie, nun allerdings die *Annahme* eines Diebstahls betreffend, liegt die Entscheidung *RGSt 53, 180 (IV. Senat, Urteil vom 3. 1. 1919)*. Die Angeklagte hatte die elfjährige Tochter eines Nachbarn dazu veranlasst, mittels Nachschlüssels 600,- DM aus der Kommode ihrer Eltern zu entwenden und ihr zu übergeben; daraufhin gab sie dem Kind das Geld zurück mit dem Auftrag, es unter dem Schrank seiner Eltern zu verstecken und ihr in Einzelbeträgen wiederzubringen. Diesem Auftrag kam das Kind nach. Der *IV. Senat* bejahte den Diebstahl in mittelbarer Täterschaft und führte aus:[132]

„... hat die Beschwerdeführerin sich der strafunmündigen Johanna D. als Werkzeugs bedient. (...)" (Eine Wegnahme) *„ist zweifellos mit der Aufhebung des Gewahrsams eines anderen und der Erlangung des eigenen Gewahrsams erfüllt. Letztere werden von der Strafkammer darin gefunden, daß die Angeklagte sich die von Johanna D. aus der Kommode ihrer Eltern entnommenen 600 M übergeben ließ und sodann Anordnungen über ihre weitere Verwahrung (und zwar unter dem Glasschrank, also an einem anderen als dem bisherigen, den Eheleuten D. bekannten Aufbewahrungsorte) traf, die von dem Kinde befolgt wurden."*

---

[132] S. 181.

Ansatzpunkt für die Annahme des Diebstahls in mittelbarer Täterschaft ist damit auch hier das Kriterium der *eigenen* Gewahrsamsbegründung des Hintermannes, auch wenn ihm der Gewahrsam lediglich durch das Werkzeug vermittelt wird.

c) Die Entscheidungen RGSt 47, 147 und 48, 58 („Gänsebucht")

Im Widerspruch hierzu stehen die Entscheidungen *RGSt 47, 147* und *48, 58* sowie *70, 212 (213).* Im ersteren Falle hatte der Angeklagte, ein Bediensteter der Eisenbahnverwaltung, mehrere Eisenbahnschwellen in einen Eisenbahnwaggon laden lassen und dies durch Ausstellen eines gefälschten Frachtbriefes und durch Eintragung ins Materialausgangsbuch „getarnt". Sodann hatte er die ursprüngliche Bestimmungsaufschrift auf dem Waggon durch Aufschrift eines neuen, vom ihm gewählten Ortes ersetzt. Der Waggon wurde daraufhin an den vom Angeklagten bestimmten Zielort verbracht. Dorthin hatte der Angeklagte gutgläubige Käufer bestellt, die den Waggon entluden und die Schwellen mitnahmen. Unter ausdrücklicher Aufgabe seiner in *RGSt 21, 110* vertretenen Rechtsauffassung bejahte der *IV. Senat* nunmehr einen Diebstahl in mittelbarer Täterschaft, obwohl er einen eigenen Gewahrsam des Angeklagten nicht anzunehmen vermochte. Im *Urteil vom 22. 4. 1913* führte der *Senat* zur Begründung aus:[133]

„Die Schwellen befanden sich, obwohl sie auf ein entferntes Gleis gebracht worden waren, bis zur Abladung durch die Käufer im Gewahrsam des Eisenbahnfiskus. Erst durch das Abladen bzw. Abfahren wurden sie dessen tatsächlicher Verfügungsgewalt entrückt, ihm im Sinne des § 242 StGB weggenommen. Die körperliche Betätigung dieser Wegnahme erfolgte durch die Käufer. Das Urteil ergibt aber, daß sie dabei als gutgläubige Werkzeuge des Angeklagten handelten, dergestalt, daß die Wegnahme dem Angeklagten als dem mittelbaren Täter rechtlich so zuzurechnen ist, als wenn er sie durch eigene körperliche Betätigung bewerkstelligt hätte. Daß der Angeklagte die fremden Schwellen in ***eigenen Gewahrsam*** *brachte, war zum Begriffe der Wegnahme nicht erforderlich; wesentlich war nur, daß er sie dem Gewahrsam des Berechtigten* ***entzog****. Diese Voraussetzung ist gegeben."*[134]

Es scheint, als verkürze der *Senat* mit diesen Ausführungen den Begriff des „Wegnehmens" auf die bloße Verursachung des Gewahrsams*bruchs*, ohne am Erfordernis der Begründung neuen Gewahrsams festzuhalten. In dieser Auslegung würde der Diebstahl - zumindest was das objektive Merkmal des „Wegnehmens" angeht - zum Erfolgsdelikt. Und der Erfolg in Form (der Verursachung) des Gewahrsamsbruchs ist dem Hintermann dann, nach den oben erörterten Kriterien der Zurechnung beim Erfolgsdelikt, als über die Werkzeuge

[133] *RG*St 47, 148.
[134] Hervorhebungen im Original.

mittelbar verursacht zuzurechnen. Das Element der Begründung neuen Gewahrsams fiele damit letztlich weg. Umso erstaunlicher erscheint vor diesem Hintergrund, dass derselbe *Senat* dann in der (zeitlich späteren) Entscheidung *RGSt 53, 180* (s.o.) erneut zur Bejahung eines Diebstahls in mittelbarer Täterschaft auf das Kriterium der Begründung eigenen Gewahrsams des Hintermannes abstellte.

Dass der *Senat* eine derartige „Umgestaltung" des Wegnahmemerkmals in die Richtung eines Erfolgsdeliktes jedoch gerade *nicht* vornehmen wollte, zeigt sich hingegen schon daran, dass er die Zurechnung der Gewahrsamsneubegründung durch die Käufer zum Hintermann durchaus für notwendig und auch für möglich hielt. Auch erfordert die allgemeine Definition des „Wegnehmens" ja nicht unbedingt die Begründung von *Täter*gewahrsam, vielmehr kann, auch wenn der Neugewahrsam des Täters die Regel sein dürfte, durchaus auch der Gewahrsam eines Dritten für eine Wegnahme ausreichen[135].

Dogmatisch erhellt und erweitert werden die Ausführungen des *IV. Senats* dann durch das etwa ein dreiviertel Jahr später ergangene *Urteil des II. Senats vom 15. 12. 1913 (RGSt 48, 58)*, das als „*Gänsebucht*"-Fall bekannt wurde. Der *II. Senat*, der auf das vorangegangene Urteil des *IV. Senats* ausdrücklich Bezug nahm, führte zur Begründung des Diebstahls in mittelbarer Täterschaft aus[136]:

„Zwar geht aus der im Urteil gegebenen Schilderung des Hergangs hervor, daß der Angeklagte nicht den eigenen Gewahrsam an den Gänsen erlangt hat, während regelmäßig das Wegnehmen im Sinne von § 242 StGB dadurch bewirkt wird, daß der Täter nicht nur den fremden Gewahrsam aufhebt, sondern auch den eigenen Gewahrsam begründet, sei es in seiner Person, sei es in der Person eines Vertreters. Aber der Wortbegriff des Wegnehmens erfordert dies nicht unbedingt. Die Wegnahme ist das Mittel für die beabsichtigte Zueignung; durch sie wird die Sache, ihrem Sachwert nach, dem Vermögen des Wegnehmenden zugeführt. (...) Soll das in der Weise geschehen, daß wirtschaftlich ein anderer die Sache ausnutzt, so sind hierzu verschiedene Wege gangbar. Gewöhnlich erwirbt der die Zueignung Beabsichtigende zunächst den eigenen Gewahrsam an der Sache mit dem Willen, ihn alsbald auf den anderen zu übertragen, und handelt dann diesem Vorhaben gemäß. Er kann aber den gleichen Erfolg einfacher dadurch herbeiführen, daß er, statt erst selbst den Gewahrsam zu erwerben und sofort weiter zu geben, wozu er den Umständen nach in der Lage wäre, den anderen veranlaßt und in den Stand setzt, den Gewahrsam

---

135 Vgl. statt aller hierzu *LK(11)-Ruß*, § 242, Rn. 33 mit detaillierten Nachweisen zur Rechtsprechung

136 S. 59.

unmittelbar zu ergreifen. Für eine verschiedene Beurteilung der Handlungsweise des Täters, je nachdem er seine Zueignungsabsicht in der einen oder anderen Weise verwirklicht, fehlt es an einem ausreichenden gesetzgeberischen Grunde. Die strafrechtliche Würdigung kann nicht durch die bedeutungslosen Nebenumstände beeinflußt werden, in denen die beiden erwähnten Formen der Zueignung äußerlich voneinander abweichen. Auch in dem zweiten Falle ist die Sache dem bisherigen Inhaber von demjenigen „weggenommen", der den Übergang des Gewahrsams auf den anderen in Zueignungsabsicht bewirkt hat."

Dass das *RG* hier von *mittelbarer* Täterschaft ausging - ohne diesen Begriff ausdrücklich in der Entscheidung zu benutzen -, ergibt sich daraus, dass es im Verlaufe der Urteilsgründe ausdrücklich darauf hinweist, der Angeklagte habe die Gänse „durch W. als sein gutgläubiges Werkzeug wegnehmen lassen"[137]. Ebenso lag es in *RGSt 70, 212 (213)*, wo das *RG* ausführte, der Täter könne sich - in der beschriebenen Weise - zur Wegnahme auch eines „Dritten als Mittlers" bedienen.

Der „Kunstgriff" des *RG* liegt hier offenbar darin, dass es nicht mehr nur auf die Wegnahme als Vorgang einer Gewahrsamsaufhebung und -begründung, sondern auf die Wegnahme *als Zueignungsmittel* abstellt, mithin den subjektiven Tatbestand des § 242 in die Auslegung des Wegnahmebegriffes miteinbezieht. Gegenstand der Auslegung ist dann nicht mehr der Begriff der bloßen „Wegnahme", sondern der „Wegnahme, *um zuzueignen".*[138] Durch diese Erweiterung des Wegnahmebegriffes auf die subjektiven Momente des Täters wird der Wegnahmebegriff in einer bestimmten Weise modifiziert, er erhält damit - genau so wie das *RG* es auch ausführt und wie der Tatbestand des § 242 es letztlich auch meint - den Charakter eines Zueignungsmittels. Die Zueignungsabsicht als überschießende Innentendez ist nichts anderes, als eine Spezifizierung der finalen Zwecksetzung der Wegnahmehandlung. Wird diese Mittelfunktion der Wegnahme aber gerade dadurch verwirklicht, dass, wie in den oben beschriebenen Fällen, ein *anderer* die Wegnahme ausführt, so wird der finale Zweck, den der Hintermann mit der Wegnahmehandlung des Vordermannes für sich erstrebt, hierdurch unmittelbar erreicht. In den oben beschriebenen Fällen ergibt sich das daraus, dass der Hintermann durch sein Verhalten gegenüber den gutgläubigen Käufern letztlich seinen eigenen Gewahrsam, auch wenn dieser nie zur Entstehung kam, *antezipiert* bereits auf diese übertragen und sich auch schon hierdurch als Eigentümer der Sache geriert

[137] S. 60.

[138] Zur Wegnahme als Mittel der (beabsichtigten) Zueignung und den hieraus folgenden Konsequenzen vgl. bereits eingehend *Maiwald*, Der Zueignungsbegriff im System der Eigentumsdelikte, S. 171 ff (177 ff).

hatte. Fasst man die „Wegnahme" mithin als tatbestandsspezifisches Mittel einer beabsichtigten Zueignung auf, so ist das Element der (Eigen-)-Gewahrsamsbegründung in der Person des Hintermannes dann verzichtbar und der Tatbestand in mittelbarer Täterschaft erfüllt, wenn auch (und gerade) ohne eine Gewahrsamsbegründung in seiner Person der Hintermann bereits sein der Wegnahme eigentlich erst nachfolgendes Ziel der Zueignung erreicht. Dabei kann offenbleiben, ob die vom Hintermann beabsichtigte Zueignung als *Sich*-Zueignung anzusehen ist, weil er die Sache den gutgläubigen Erwerbern „als ihm gehörig" veräußert und sich diesen gegenüber dadurch zunächst als Eigentümer geriert, oder aber ob man hier bereits von einer *Dritt*-Zueignungsabsicht auszugehen hat, wie sie seit Inkrafttreten des 6. StrRG ebenfalls vom subjektiven Tatbestand des § 242 erfasst ist.

3. Exkurs: Das „absichtslose Werkzeug" bei § 242 a.F. und bei anderen Delikten

Es kommt sicherlich nicht von ungefähr, dass es gerade der „Gänsebucht"-Fall[139] *RGSt 48, 58* ist, der (in Abwandlungen) zum Standardfall des „absichtslos-dolosen Werkzeugs" avanciert ist[140]. Diese Figur wurde bereits oben (Kapitel 2, B. III. 5.) angesprochen, allerdings nur allgemein im Hinblick auf die Frage der *juristischen* Zurechenbarkeit der Außenweltveränderung zum Hintermann, der als Vordermann jemanden einsetzt, in dessen Person ein bestimmtes Merkmal nicht erfüllt ist und der daher keine bewusste Entscheidung zur Begehung (täter-)strafrechtlichen Unrechts zu treffen hat. An dieser Stelle soll es nun um die Frage gehen, ob und inwieweit der Hintermann den jeweiligen Tatbestand denn auch tatsächlich *erfüllt*. Diese Frage ist, wie bereits oben (Kapitel 2, B. III. 5.) angedeutet, von der Frage unabhängig, ob der Vordermann normativ als „Werkzeug" des Hintermannes einzustufen ist.

a) Die Diebstahlsfälle

Ihre wohl weiteste Verbreitung fand die Figur des „absichtslos-dolosen Werkzeugs" beim Tatbestand des § 242 in seiner Fassung vor Inkrafttreten der Änderungen durch das 6. StrRG. Durch die Änderung des Tatbestandes dahingehend, dass nunmehr auch die Absicht einer Dritt-Zueignung der weggenommenen Sache erfasst wird, dürfte sich die Problematik dieser Rechtsfigur in Bezug auf diesen Tatbestand erledigt haben: Der bösgläubige Gehilfe, der in seiner Person die Sache „wegnimmt", um sie dem Hintermann zuzueignen, ist nach der neuen Gesetzeslage selbst Täter des § 242 I, der Hintermann kann zur Tat des Vordermannes (nur) als Anstifter (§ 26) bestraft

[139] Ähnliche Konstellation in *RG*St 39, 37 (39). Kritisch zur Einstufung jener Konstellation als mittelbare Täterschaft aber *Binding*, GS 76 (1910), 87 ff (96, Fn. 2).
[140] Vgl. etwa *Baumann/Weber/Mitsch*, AT, § 29, Rn. 129; *Fahl*, JuS 98, 24.

werden. Der Vollständigkeit halber soll die frühere Konstellation beim Diebstahl aber noch kurz dargestellt werden:

Als Beispiel sei der Fall gewählt, dass Frau F nach Verlassen eines Restaurants ihren sie begleitenden Ehemann bittet, doch noch einmal zurückzugehen und ihr den Pelzmantel, den sie im Hinausgehen an der Garderobe hat hängen sehen, zu „besorgen". M, der selbst keinerlei Interesse an dem Mantel hat, tut aus Liebe zu seiner Frau wie ihm geheißen. Lässt sich nun von F sagen, sie habe - selbst oder „durch einen anderen" - den Mantel „weggenommen" ? Stellt man die Frage einmal in dieser Deutlichkeit, so wird klar, dass der Weg, den die Lehre von der „normativen Tatherrschaft" ging, hier letztlich keine Lösung brachte: Denn ob F das Merkmal des „Wegnehmens" erfüllte, war vollkommen unabhängig von der Frage, ob sie sich den Mantel *zueignen* wollte bzw. ob M sich den Mantel *nicht zueignen* wollte. Die Lösung über die „normative Tatherrschaft" vermengte daher zwei Tatbestandsmerkmale, die nichts miteinander zu tun hatten.

aa) „Wegnahme" auch bei objektiv zurechenbarer Funktionalisierung von Drittverhalten

Richtig erscheint vielmehr, auch hier konsequent darauf abzustellen, ob F das Merkmal der „Wegnahme" erfüllte oder nicht. Auch hierzu ist wiederum der allgemeine Sprachgebrauch zu bemühen. Dabei sei zunächst darauf hingewiesen, dass es nach allgemeinem Sprachgebrauch durchaus möglich ist, auch bei Einsatz von Hilfspersonen, die in ihrer Person die begrifflich bezeichnete Tätigkeit voll und ganz durchführen, die Bezeichnung für die jeweilige Tätigkeit auch auf denjenigen anzuwenden, der sich dieser Hilfspersonen bedient. Es ist jedenfalls sprachlich zwanglos möglich, zu sagen, die F habe den Mantel „durch ihren Mann" „wegnehmen *lassen*[141]". Umso mehr gilt das in jenen Fällen, in denen zwischen Veranlasser der Wegnahme und unmittelbar Wegnehmendem ein Weisungsverhältnis besteht. Die Ausführung der Anweisung durch den Angewiesenen (bzw. im Fall der F die Erfüllung der „Gefälligkeit" durch M) ist dem Anweisenden jedenfalls dann objektiv zuzurechnen, wenn der Ausführende sich nicht, wie oben (Kapitel 2, B. III. 5. c)) erörtert, bewusst zur täterschaftlichen Begehung der Straftat entscheiden muss. Tritt der Veranlassende dann auch noch selbst in ein dem (mittelbaren) Gewahrsam zumindest vergleichbares Näheverhältnis zur Sache ein, so erfüllt auch er die Merkmale einer „Wegnahme" in seiner Person[142]. Dies wird gerade

---

[141] Hierauf weist zutreffend auch *Frühauf*, Eigenhändige Delikte, S. 124 ff, hin. Nur zieht er daraus die falschen Konsequenzen. Auch dem Gesetz selbst ist diese Art der Formulierung durchaus nicht fremd, vgl. etwa § 145c: „Wer einen Beruf (...) *durch einen anderen für sich ausüben lässt*".

[142] So auch bereits *Wolf*, MT, S. 70: „Weshalb sollte auch, vom Gesichtspunkt der Anwendbarkeit des Wortes „wegnehmen" aus gesehen, ein Unterschied bestehen, ob dem

in jenen Fällen die Regel sein, in denen der Ausführende keinerlei eigenes Interesse an der Sache hat und seinen Herrschaftswillen sogleich dem Herrschaftswillen des Veranlassenden unterordnet (s.o. 1. b)).

bb) Unabhängigkeit des Merkmals „Wegnahme“ von der strafrechtlichen Relevanz des Vordermann-Verhaltens

Bei konsequenter Betrachtung muss die Frage, ob der Hintermann begrifflich das Merkmal der „Wegnahme“ erfüllt, letztlich sogar unabhängig von der Strafbarkeit des Vordermannes bestimmt werden. Für die „Wegnahme“ in der Person des Hintermannes kommt es nämlich einzig und allein darauf an, ob der Vordermann seinen eigenen Gewahrsamswillen dem Willen des Hintermannes unterordnet. Das aber kann er nicht nur dann, wenn er selbst straflos ist, sondern auch dann, wenn er sich selbst als Gehilfe strafbar macht (so nach der Gesetzeslage vor dem 6. StrRG) und sogar dann, wenn er selbst als *Täter* eines Diebstahls strafbar ist (so nach der jetzt geltenden Gesetzeslage). Genau genommen ändert das 6. StrRG also begrifflich nicht das geringste daran, dass der Hintermann, der einen anderen auffordert, für ihn - den Hintermann - eine fremde Sache wegzunehmen, (auch) selbst „wegnimmt“, sofern er mit „Ausführung“ des Diebstahls durch den Vordermann nur selbst schon den (Ober-)Gewahrsam an der Sache erhält. Die Änderung, die vom 6. StrRG ausgeht, liegt vielmehr allein in der *rechtlichen* Sperre, die nunmehr der Tatbestand der Anstiftung (§ 26) entfaltet: Dadurch nämlich, dass das Verhalten des Vordermannes strafrechtlich von der bloßen Gehilfenschaft zum täterschaftlichen Diebstahl heraufgestuft wird, kann das Verhalten des Hintermannes, obgleich begrifflich alle Kriterien einer „Wegnahme“ auch in dessen Person vorliegen, nur noch als Anstiftung erfasst werden[143] (vgl. in diesem Zusammenhang auch den Beispielsfall unten b) zu §§ 265, 306a).

cc) Parallele: „An-Bord-Nehmen“ (§ 297)

Wie kontextabhängig und variabel die Begrifflichkeiten der Alltagssprache in diesem Bereich sind, zeigt sich schließlich noch an einem Vergleich mit dem Tatbestand des § 297 I, auf den - allein der Vollständigkeit halber - noch hingewiesen werden soll: Nach dieser Vorschrift macht sich „ein Reisender oder Schiffsmann“, aber auch ein „Schiffer“ strafbar, „welcher (...) Gegenstände *an Bord nimmt*“. Kann die Handlung des „An-Bord-Nehmens“ hinsichtlich der Personen „Reisender“ und „Schiffsmann“ durchaus in einem Sinne eigenhändigen Verbringens („in der eigenen Hand“) verstanden werden, so umfasst es in der Person des „Schiffers“ - also des Kapitäns - auch ein

---

Herrn sein Hund oder sein ihm in „hündischer“ Treue ergebener Diener oder ein Unzurechnungsfähiger die fremde Sache bringt ?“

[143] Es sei denn, man bejaht die Voraussetzungen der Mittäterschaft (§ 25 II).

entsprechendes „An-Bord-bringen-*Lassen*" durch Untergebene und sonstige auf Anordnung des Täters handelnde Personen. Auch der Schiffer, der den Matrosen anweist, einen bestimmten unter den Tatbestand fallenden Gegenstand aufs Schiff zu tragen, „nimmt" in seiner Person „an Bord", und zwar ohne dass es hier des sprachlichen Rückgriffs auf den Zusatz „durch einen anderen" überhaupt bedürfte. Durch den vom Schiffer angewiesenen Akt des An-Bord-Tragens wird der Gegenstand unter körperlicher Ausführung der weisungsgebundenen Person in den (Ober-)Gewahrsam und den Verantwortungsbereich des Schiffers überführt, den schon der Sprachgebrauch als den eigentlichen „An-Bord-Nehmenden" ansieht. Der allgemeine Sprachgebrauch ist bei der Einbeziehung von Verhalten untergeordneter (oder auch sich selbst unterordnender) Dritter mithin weitaus großzügiger, als die begriffliche Trennung der Begehungsalternativen in § 25 I Alt.1 zunächst vielleicht nahelegt.

b) Der Fall des § 265 I

Zu erwähnen ist in diesem Zusammenhang schließlich noch § 265 I. Auch diese Vorschrift ist zwar durch das 6. StrRG neu gefasst worden, doch dürfte - anders als beim Diebstahl - die Problematik des „absichtslosen Werkzeugs" hier weiter möglich bleiben. Dazu folgender Fall:

Bauer B überredet seinen Knecht K, seine - des B - Scheune anzuzünden, um diese - wie er K mitteilt - „warm abzubrechen". In Wirklichkeit geht es B darum, (entgegen § 61 VVG) die Versicherungssumme zu erhalten. K weiß zwar, dass die Scheune feuerversichert ist, ihm bleibt aber verborgen, dass B den Schaden tatsächlich der Versicherung melden will. K setzt die Scheune in Brand, wodurch ein in der Nähe spielendes Kind in die Gefahr einer Gesundheitsschädigung gebracht wird (§ 306a II). Hinsichtlich der Gefährdung des Kindes fällt sowohl B als auch K Fahrlässigkeit (§ 18) zur Last.

K macht sich hier als Täter einer Brandstiftung gem. § 306a II i.V.m. § 306 I Nr.1 strafbar, da er ein „Gebäude" „in Brand setzt" und „dadurch einen anderen Menschen in die Gefahr einer Gesundheitsschädigung bringt".
Die Besonderheit des Falles liegt darin, dass K im Hinblick auf § 306a II das Tatbestandsmerkmal des „In-Brand-Setzens" (und auch sämtliche übrigen Tatbestandsmerkmale) in seiner Person strafrechtlich voll verantwortlich erfüllt. K ist daher als Täter des § 306a II und B als Anstifter (§§ 306a II, 26) zu dieser Tat zu bestrafen. Anders verhält es sich dagegen im Rahmen des § 265 I: K handelt nicht „um sich oder einem Dritten Leistungen aus der Versicherung zu verschaffen", weil er von den wirtschaftlichen Motiven des B nichts weiß. Behält man den oben dargestellten Lösungsweg bei, so muss man B als mittelbaren *Täter* des § 265 I ansehen, denn Vordermann K trifft - bezogen auf

§ 265 I - keine bewusste Entscheidung für eine täterschaftliche und noch nicht einmal für eine teilnehmerschaftliche Begehung dieses Tatbestandes[144]. Deutlich wird in diesem Zusammenhang schließlich einmal mehr die oben bb) beschriebene Unabhängigkeit zwischen der begrifflichen Erfüllung des Handlungsmerkmals und der strafrechtlichen Relevanz des Vordermann-Verhaltens, wenn man einmal den Tatbestand des § 265 I in der Fassung vor seiner Änderung durch das 6. StrRG zugrundelegt: Tathandlung war nach der alten Fassung - ebenso wie bei § 306a II (oder §§ 306 a.F., 308 I a.F.) - das „In-Brand-Setzen" des jeweiligen Tatobjekts. Die Handlung des „In-Brand-Setzens" führt der Vordermann im Hinblick auf beide Tatbestände aus. Attestierte man nun dem Hintermann im Hinblick auf § 265 I a.F., „durch einen anderen" die feuerversicherte Sache „in Brand gesetzt" zu haben, so bestehen keine sprachlichen oder begrifflichen Bedenken, ihm dasselbe dann auch bezüglich der gleichlautenden Tathandlung des § 306a II (oder §§ 306 a.F., 308 I a.F.) zu bescheinigen; alles andere wäre widersprüchlich. Im Hinblick auf § 306a II (bzw. §§ 306 a.F., 308 I a.F.) tritt lediglich die *rechtliche* Sperre des § 26 ein, die im Hinblick auf § 306a II (§§ 306 a.F., 308 I a.F.) eine Bestrafung des Hintermannes nur als Teilnehmer zulässt, weil der Vordermann den Brandstiftungstatbestand - anders als den Tatbestand des § 265 I a.F. - in seiner Person voll verantwortlich erfüllt hat. An der rein *sprachlichen* Möglichkeit zu formulieren, der Hintermann habe „durch einen anderen" die Sache „in Brand gesetzt" ändert diese *rechtliche* Sperre nichts.

II. Die Täuschungshandlungen des § 263

Als weiteres Beispiel für die Anwendung der Begehungsform der mittelbaren Täterschaft bei Delikten mit komplexeren Handlungsmerkmalen sollen die Täuschungshandlungen des § 263 I betrachtet werden. Dabei ist zunächst anzumerken, dass das Wort „täuschen" im gesetzlichen Tatbestand des § 263 I gar nicht auftaucht. Das tatbestandliche Handlungsmerkmal erfüllt, wer „das Vermögen eines anderen *beschädigt*". Allerdings muss der Schädiger die Beschädigung in einer ganz bestimmten Weise herbeiführen, und zwar „dadurch, dass er (...) einen *Irrtum erregt*". Das Verhalten des Täters wird also unter zweierlei, miteinander verbundenen Kriterien charakterisiert: Zunächst unter dem Kriterium der „Irrtumserregung" und sodann unter dem Kriterium der „Vermögensbeschädigung". Im Entstehen des Vermögensschadens muss sich mithin die durch die Irrtumserregung gesetzte, spezifische Gefahr für das Vermögen des Opfers realisiert haben, bzw. mit gängigen Worten formuliert:

[144] Deswegen sollte man hier auch nicht von einem „absichtslos-*dolosen*", sondern nur von einem „absichtslosen" Werkzeug sprechen. „Dolos" ist der Vordermann nämlich nicht im Hinblick auf § 265, sondern nur im Hinblick auf einen anderen Tatbestand - hier § 306a II -, der aber keineswegs immer mit der Verwirklichung des § 265 einhergehen muss.

der Irrende muss eine Vermögensverfügung zum Nachteil des Geschädigten vorgenommen haben.

Das Handlungsmerkmal „Irrtum erregen“ ist nun seinerseits wieder dadurch konkretisiert, dass es „durch Vorspiegelung falscher oder durch Entstellung oder Unterdrückung wahrer Tatsachen“ verwirklicht werden muss, wobei diese beispielhafte Aufzählung einzelner konkreter Täuschungshandlungen überkommenermaßen unter dem allgemeinen Oberbegriff der „Täuschungshandlung“ zusammengefasst wird. Betrachtet man nun zunächst die tatbestandlich beispielhaft genannten Täuschungshandlungen, so fällt auf, dass „vorspiegeln“, „entstellen“ und „unterdrücken“ sämtlich ein finales Handeln beschreiben, welches seitens des Handelnden gerade die Herbeiführung eines Täuschungserfolges *bezweckt*. Der Täuschungszweck als Handlungsmotivation ist diesen Verben begriffsimmanent. Das gilt letztlich auch für den Oberbegriff des „Täuschens“, der jene Begriffe als Unterformen beinhaltet. „Täuschen“ beschreibt seinem Inhalte nach nichts anderes als eine Verhaltensweise, die nach Motivation und Zweck darauf gerichtet ist, einen anderen in einen Irrtum über Tatsachen zu versetzen. Ist diese finale Zwecksetzung aber dem Begriff „täuschen“ wesenseigen, so ist es nur konsequent, wenn etwa *Horn*[145] diesen Begriff in die Reihe derjenigen Handlungsmerkmale einordnet, die bereits ihrem Handlungssinn nach *nur vorsätzlich* begangen werden können.

1. Irrtumsherrschaft

Daraus folgt, dass etwa im Falle des vorsatzlosen Vordermannes, der die Unrichtigkeit der von ihm behaupteten Tatsachen nicht kennt, bereits begrifflich das Vorliegen einer „Täuschung“ zu verneinen ist. Man denke etwa beispielhaft an Fälle, in denen der Betreiber einer Investitions-Anlagen-Gesellschaft seinen gutgläubigen Außendienstmitarbeitern gefälschte Wertgutachten über Anlagegüter aushändigt und diese dann durch Vorlage der Gutachten und Behauptung der in ihnen angegebenen wertbildenden Faktoren Anlagekunden werben. Ähnlich läge es im Falle der Aufstellung geschönter Bilanzen eines Tochterunternehmens, die an die Geschäftsführung des Mutterunternehmens weitergegeben und von diesem gegenüber Banken zum Zwecke weiterer Kreditgewährung vorgelegt werden. In all diesen Fällen lässt sich von demjenigen, der Gutachten oder Bilanz gutgläubig dem Anleger bzw. Kreditgeber vorlegt, schon begrifflich nicht sagen, er „spiegele vor“, „entstelle“ oder „unterdrücke“; ja, noch nicht einmal, er „täusche“. Denn weil er die Unrichtigkeit der vorgelegten und behaupteten Tatsachen selbst nicht kennt, kann sein Handeln auch nicht darauf *gerichtet* sein, sein Gegenüber in einen Irrtum zu versetzen, mithin zu „täuschen“. Umgekehrt lässt sich aber das Verhalten des Hintermannes schon selbst zwanglos dem Wortlaut des § 263 I

[145] JR 81, 252.

subsumieren: Er „erregt einen Irrtum“ zunächst im Vordermann und sodann, vermittelt durch den Vordermann, auch im Anleger bzw. Kreditgeber. Und er tut dies, indem er zumindest seinem Vordermann unwahre Tatsachen „vorspiegelt“ bzw. gegenüber diesem wahre Tatsachen „entstellt“ oder „unterdrückt“. Das allein würde, stellte man tatsächlich nur auf den Wortlaut des § 263 I ab, für die Tatbestandserfüllung schon ausreichen: Denn nach dem Wortlaut des Tatbestandes ist es nicht unbedingt erforderlich, dass die „Vorspiegelung“, „Entstellung“ oder „Unterdrückung“ der Tatsachen gerade unmittelbar gegenüber demjenigen vorgenommen wird, in dessen Person schließlich der zur Vermögensverfügung motivierende Irrtum erregt wird. Bezeichnend in diesem Zusammenhang die Ausführungen in *RGSt 11, 245 (249):*

„Es kommt für den Thatbestand des Betruges auch ein solcher Irrtum in Betracht, welcher nur mittelbar die Ursache der Vermögensbeschädigung ist, sonach auch die bewußte Täuschung einer Person, deren so erregter Irrtum die Ursache des Irrtums einer anderen Person ist, welcher für diese letztere eine Vermögensbeschädigung hervorruft.“

Das *RG* trifft hier keinerlei Festlegung auf unmittelbare oder mittelbare Täterschaft - und muss dies auch nicht -, sondern prüft allein, ob der vom Hintermann hervorgerufene „Irrtum“ in seinen unmittelbaren oder mittelbaren Wirkungen zum Vermögensschaden beim Opfer geführt hat. Nicht mehr und nicht weniger erfordert der gesetzliche Tatbestand.

a) „Ausführung“ der tatbestandsmäßigen Handlung durch kommunikative Einwirkung des Vordermannes auf den Verfügenden

Nun werden gleichwohl die oben beispielhaft erörterten Konstellationen in der Rechtspraxis zumeist nicht als Betrug in *unmittelbarer*, sondern in *mittelbarer* Täterschaft angesehen[146]. Diese Einordnung lässt sich dadurch erklären, dass die Ausführungsphase des Delikts in derjenigen Handlung besteht, durch die in der Person des letztlich Verfügenden der „Irrtum erregt“ wird. Es ist dies diejenige Handlung, die als kommunikative Einwirkung auf das Vorstellungsbild des Irrenden, vermittelt durch die Medien Schrift oder Sprache, in der Person des Vordermannes gegenüber dem Irrenden vorgenommen wird (vgl. oben Kapitel 2, A. II. 2.). Auch wenn der Vordermann bei Vornahme dieser „Ausführungs“-Handlung gutgläubig ist und von der Unrichtigkeit seiner Mitteilungen nichts ahnt, ändert das nichts daran, dass er sprachlich und begrifflich, wenn auch nur im Sinne einer *Vorgangs*beschreibung, in der Person seines Kommunikationspartners „einen Irrtum erregt“. Das Verhalten des Hintermannes hingegen, der selbst in keinerlei kommunikativem Kontakt mit dem Verfügenden gestanden

[146] Vgl. *BGH* wistra 96, 303; NStZ 94, 35.

hat, kann dann nur in den Begriffs*hof* des Begriffes „Irrtumserregung“ fallen, so dass es wiederum des sprachlichen Zusatzes „durch einen anderen“ bedarf, um klarzustellen, warum derselbe Begriff nun auch auf den von der „Ausführung“ des Deliktes doch viel entfernteren Hintermann angewendet wird.

b) Inanspruchnahme eigener „Wahrhaftigkeit“ des Vordermannes als Unterscheidungskriterium zwischen unmittelbarer und mittelbarer Täterschaft

Bezeichnend erscheint in diesem Zusammenhang, dass auf die Begehungsform der mittelbaren Täterschaft in der Praxis immer dann zurückgegriffen wird, wenn der Vordermann dem irrtumsbedingt Verfügenden selbst als Person gegenübertritt und sich die an diesen (weiter-) gegebenen Informationen im weitesten Sinne *zueigen macht*: Sei es, dass er als Vertreter des Hintermannes auf der Grundlage der ihm bekannten Tatsachen eine eigene Willenserklärung abgibt[147] (vgl. § 164 I BGB), sei es, dass er aufgrund der falschen Tatsachengrundlage fremde Interessen wahrnimmt und vertritt[148] oder sei es, dass er gegenüber Dritten eigenes Vertrauen in Anspruch nimmt, das sich freilich darin erschöpfen kann, die mitgeteilten Informationen als subjektiv für wahr gehaltene, mithin: als *wahrhaftige* weiterzugeben[149]. Gibt der Vordermann hingegen lediglich fremde Informationen - als fremde - weiter, so erscheint in seiner Person das Merkmal „Irrtumserregung“ schon als bloße *Geschehens*beschreibung unpassend, so dass in derartigen Fällen bereits eine unmittelbare Täterschaft des Hintermannes angenommen werden kann[150]. Der Vordermann setzt hier durch sein Handeln letztlich gar keine im Hinblick auf die Entstehung eines Irrtums spezifische Gefahr, sondern beschränkt sich auch nach dem äußeren Erscheinungsbild lediglich auf die *Weitergabe* von Informationen, ohne dabei mit seiner Person eine Gewähr für die Richtigkeit oder auch nur für die Wahrhaftigkeit der von ihm weitergegebenen Daten zu

---

[147] So in *RG*St 64, 422 (425); *BGH* NStZ 94, 35; *BGH* wistra 96, 303 - Abschluss und Erfüllung von Verträgen.

[148] So in *RG*St 72, 113 (116) - Falscher Parteivortrag eines gutgläubigen Amtsvormundes im Unterhaltsprozess.

[149] So in *RG*St 69, 285 (286) - Falsche Darstellung des Rückzahlungstermins eines Darlehens gegenüber Sparanlegern durch einen gutgläubigen Vertreter; wohl auch in diesen Zusammenhang gehört *RG* HRR 38, 1440 (1441) - Vorzeigen eines unrichtig ausgefüllten Fahrscheins durch einen (gutgläubigen) Fahrgast. Dabei nimmt der Fahrgast zwar kein persönliches Vertrauen dafür in Anspruch, dass der Fahrschein vom Bahnbediensteten als Aussteller auch richtig ausgefüllt worden ist, wohl aber dafür, dass er selbst dem Aussteller die richtigen Daten mitgeteilt hat, damit dieser den Fahrschein entsprechend ausfüllt.

[150] So lag es etwa in der o.g. Entscheidung *RG*St 11, 245 (249) und in der Entscheidung *OLG Stuttgart,* NJW 62, 502 (503): (Weitergabe fehlerhafter Daten durch das Kraftfahrtbundesamt; es fehlte hier bereits an der „Funktionalisierung“ des Amtes durch den Hintermann, dem es lediglich darum ging, die Durchsetzung gegen ihn gerichteter zivilrechtlicher Ansprüche durch Angabe falscher Daten zu *vereiteln*, vgl. zutreffend *Merkert,* NJW 62, 1023).

übernehmen. Ebenso wie der Briefträger, der die Briefbombe oder den beleidigenden Brief überbringt schon sprachlich nicht „tötet" oder „beleidigt" (vgl. oben C. II. 3. b) bb)), fehlt es bei der Tätigkeit desjenigen, der sich lediglich auf die Weitergabe fremder Informationen *als fremder* beschränkt, schon sprachlich an einer „Irrtumserregung". Das rechtfertigt es, in diesen Fällen bereits eine unmittelbare Täterschaft desjenigen anzunehmen, der die unrichtigen Informationen „auf den Weg gebracht" hat.

2. Nötigungsherrschaft

Im Gegensatz zur Irrtumsherrschaft relativ einfach gelagert sind die - allerdings kaum praxisrelevanten - Konstellationen, in denen der Hintermann den Vordermann qua Nötigungsherrschaft (Kapitel 2, B. II. 2. b) aa)) zur Täuschung eines anderen zwingt. Hier „täuscht" auch der Vordermann in seiner Person. An der Tatbestandserfüllung in der Person des Hintermannes ändert das freilich nichts: Der Hintermann „erregt" in objektiv zurechenbarer Weise „einen Irrtum" des Verfügenden und „beschädigt" dessen Vermögen, weil sowohl die irrtumsbedingte Verfügung als auch der Schadenseintritt objektiv zurechenbare Folgen der Funktionalisierung des Vordermannes sind. Dabei entstehen Irrtum und Vermögensschaden auch „durch" die in § 263 I konkretisierten einzelnen Täuschungshandlungen, denn vom Wortlaut her ist es nicht erforderlich, dass der Täter die Täuschungshandlungen höchstpersönlich vornimmt. Dass die „Ausführungs"-Handlung des Delikts durch den Vordermann vorgenommen wird, ist sprachlich dann wiederum über den Zusatz „durch einen anderen" klarzustellen.

III. Ausblick: Finalität als positive Voraussetzung des „Werkzeug"-Begriffes? - Begriffliche Grenzen der mittelbaren Täterschaft am Beispiel des § 370 AO

Wie weit einzelne Tatbestandshandlungen sich durch die Rechtsfigur der mittelbaren Täterschaft ausdehnen lassen, zeigt sich etwa, wenn man einmal folgende (im Bereich des Wirtschafts- und Steuerstrafrechts außerordentlich praxisrelevante) Konstellation näher betrachtet[151]:

Der Buchhalter B veruntreut im Laufe mehrerer Jahre hohe Geldbeträge seines Arbeitgebers. Um die Veruntreuungen zu „tarnen", verbucht er zum Schein Stornierungsgutschriften (=Erlösschmälerungen) auf umsatzsteuerrelevante Konten. Das Unternehmen gelangt dadurch zu zu niedrigen Erlöszahlen und führt deswegen zu wenig Umsatzsteuer ab. B war sich um die Konsequenzen

---

[151] Der Fall ist nachempfunden der Entscheidung *BGH* ZfZ 61, 268 sowie aus der finanzgerichtlichen Rechtsprechung *FG Baden-Württemberg* EFG 90, 155 ff, denen ähnliche Sachverhalte zugrunde lagen. Grundsätzlich zur mittelbaren Täterschaft bei Steuerdelikten *Maier,* MDR 86, 358 ff.

seines Handelns zwar - zumindest im Sinne eines gedanklichen „Mitbewusstseins" - im klaren und nahm ihren Eintritt billigend in Kauf, doch hatte er keinerlei eigenes Interesse daran.

Ähnlich die folgende Konstellation[152]:

A verkauft und übereignet (§§ 929, 930 BGB) dem B verschiedene Waren. In Wirklichkeit existieren die Waren gar nicht, was B nicht merkt. B macht für die vermeintlich erworbenen Waren gutgläubig Vorsteuerabzug geltend. Da die Voraussetzungen des § 3 UStG in Wahrheit nicht vorliegen (B hat die Verfügungsgewalt nicht erlangt!), ist der Abzug rechtswidrig.

1. Unzulässige Steuerverkürzungen gutgläubiger Betrugsopfer als mittelbar-täterschaftliche Steuerhinterziehung des Betrügers

Die Praxis bewertet beide Konstellationen als Steuerhinterziehung in mittelbarer Täterschaft (§§ 370 I Nr.1 AO, 25 I Alt.2[153]). Das begegnet insoweit Bedenken, als die tatbestandlichen Handlungsmerkmale dadurch begrifflich mehr als strapaziert werden: Gem. § 370 I Nr.1 AO wird wegen Steuerhinterziehung bestraft, wer „den Finanzbehörden falsche Angaben macht und hierdurch" eigene oder eines Dritten „Steuern verkürzt". Mag man die Tathandlung „Steuern verkürzen" noch als reine Erfolgsverursachung im Sinne des Verursachens zu geringer Steuerabführung auslegen können (wenngleich auch hier bereits - insbesondere im Hinblick auf die von „Hinterziehung" sprechende amtliche Überschrift - bereits begrifflich ein finales Element vorausgesetzt scheint), so wird das Handlungsmerkmal „Angaben machen" begrifflich überdehnt[154]: Rein phänotypisch ist das, was die Täter in den oben beschriebenen Fällen tun, nichts anderes als zu *verbuchen* oder, stellt man auf die Zweckentfremdung des Vorgangs ab, zu *tarnen* bzw. im zweiten Fall zu *verkaufen.* Als „Angaben-machen", noch dazu gegenüber „den Finanzbehörden", lässt sich ihr Verhalten hingegen nicht auffassen. Im Hinblick auf eine derartige begriffliche Wertung ist es völlig indifferent. Erst recht muss dies gelten, wenn man das „Angaben-Machen" als Abgabe einer - notwendig eigenen - Wissenserklärung ansieht[155] und für die jeweiligen „Angaben"

---

[152] Nach einem bei dem *LG Dortmund* verhandelten Fall.
[153] Die Vorschriften des Allgemeinen Teils des StGB sind auf die Straftatbestände der AO anwendbar über § 369 II AO.
[154] Eine ähnliche Fallgestaltung betraf die Entscheidung *RG*St 69, 298 zum Tatbestand der Schweren Amtsunterschlagung (§ 351 a.F.). Das *RG* hielt die Erfüllung des Merkmals „Vorlegen unrichtiger Belege" in mittelbarer Täterschaft zwar grundsätzlich für möglich, stellte aber relativ hohe Anforderungen an die subjektive Seite in Form der konkreten Kenntnisse und Erwartungen des Täters über den tatsächlichen Geschehensverlauf (vgl. a.a.O., S. 302).
[155] Vgl. *OLG Braunschweig*, NJW 97, 3254 (3255) m.w.N.

möglicherweise noch eine eigenhändige Unterschrift des Steuerpflichtigen erforderlich ist[156].

2. Widersprüchlichkeit des „Werkzeug"-Begriffes zur Gleichgültigkeit des Betrügers im Hinblick auf den Erfolgseintritt

Nun mag man einwenden, es sei der mittelbaren Täterschaft doch gerade wesenseigen, dass das Handeln des Hintermannes seinem äußeren Erscheinungsbild nach schlechthin niemals etwa als „typische" Tatbestandshandlung angesehen werden könne; anderenfalls es ja bereits dem Begriffs*kern* des tatbestandlichen Handlungsmerkmals unterfiele und die Figur der mittelbaren Täterschaft obsolet werden ließe. Und schließlich attestiere man ja auch dem Arzt im „Krankenschwester-Fall" (s.o. C. II. 3. b) cc)), er „töte" und dem ungetreuen Eisenbahnschwellen-Verkäufer (s.o. I. 1. c)), der ebenfalls nichts anderes tut, als zu „verkaufen", er „nehme weg".

Dennoch besteht zwischen jenen Konstellationen des Arztes bzw. des Schwellenverkäufers und den hier zu behandelnden Fällen der Steuerhinterziehung ein Unterschied: Dem Arzt und dem Schwellenverkäufer nämlich kommt es gerade auf die Realisierung des tatbestandlichen Erfolges („töten") bzw. auf die Vornahme des Handlungsmerkmals („wegnehmen" zum Zwecke der Zueignung) durch die vorgeschalteten Tatmittler an. Allein im Hinblick auf die Verwirklichung dieses Zweckes ist gerade die Funktionalisierung der Zwischenpersonen zu sehen. Dem Begriff des „Werkzeugs" ist schon kraft Natur der Sache ein Moment ziel- und zweckgerichteter Funktionalisierung immanent, denn ein „Werkzeug" ist begrifflich nichts anderes als ein Hilfsmittel zur Erreichung eines bestimmten Zieles. Und nur dieses Verständnis steht auch im Einklang mit der üblichen Charakterisierung der Figur der mittelbaren Täterschaft als solcher: Von einem „Mann im Hintergrund", der „andere für sich arbeiten lässt" und „seine Hände in Unschuld wäscht"[157] lässt sich sinnvollerweise nur dann sprechen, wenn dieser tatsächlich die Vorderleute gerade in seinem Sinne instrumentalisiert und sich ihr Tun zunutze macht. Demgegenüber verfolgten die Hinterleute in den oben dargestellten Steuerhinterziehungsfällen keinerlei eigene Zwecke im Hinblick auf Steuerverkürzungen. Der Eintritt der Steuerverkürzungen mag von ihnen als Möglichkeit in Rechnung gestellt und billigend in Kauf genommen, vielleicht sogar als sichere (Neben-) Folge ihres Handelns vorausgesehen worden sein. Doch *bezweckt* haben sie gerade *diese* Folge nicht; ihr Eintritt war ihnen vielmehr, geht man vom Vorliegen des kognitiven Vorsatz-Elementes aus,

---

[156] Zum Streitstand und zu den einzelnen Konstellationen vgl. insoweit eingehend *OLG Braunschweig,* NJW 97, 3254 (3255); *Dörn,* wistra 94, 215 ff (216); *Reitz,* DStR 84, 91 ff (92 f).

[157] *Kühl,* AT, § 20, Rn. 39.

schlicht gleichgültig. Mit einer „Funktionalisierung“ oder „Instrumentalisierung“ eines anderen als „Werkzeug“ dürfte dies nur schwerlich vereinbar sein[158].

3. Finalität im Hinblick auf den Erfolgseintritt als konstituierendes Funktionalisierungselement im Rahmen des Werkzeugbegriffes ?

Es fragt sich, ob insoweit nicht Einschränkungen geboten erscheinen, die verhindern, dass Tatbestände allein aufgrund des Dazwischentretens einer gutgläubigen Zwischenperson auf Konstellationen ausgedehnt werden, die weder von ihrem äußeren Erscheinungsbild her noch von ihrer finalen Ausrichtung seitens des Hintermannes unter die jeweilige Handlungsbeschreibung der Gesetzesfassung passen. Als taugliches Einschränkungskriterium käme hier in der Tat das Erfordernis einer entsprechenden finalen Zwecksetzung in der Person des Hintermannes in Betracht, die dem ursprünglichen „Werkzeug“-Begriff seinem Wortsinne nach entspräche[159]. Hierdurch würde ausgeschlossen, dass der Hintermann für alle - von seinem persönlichen Tun auch noch so weit entfernten - Nebenfolgen seines Handelns als mittelbarer Täter haften müsste. Dass derartige „Nebeneffekte“ gerade in Betrugs- oder Veruntreuungsfällen wie den oben erörterten auftreten, kommt nicht von ungefähr, denn diesen Delikten wohnt das Täuschungs- bzw. Verdeckungsmoment schon von ihrer Natur her inne. Allzu naheliegend erscheint es dann, die aus der *allein* zu Betrugs- oder Verdeckungszwecken vorgenommenen Täuschung resultierende Fehlvorstellung des Getäuschten bezüglich des *weiteren*, vom Täuschenden gar nicht mehr bezweckten Erfolges, in eine *werkzeug*relevante „Gutgläubigkeit“ umzudeuten und den so zum „Hintermann“[160] gewordenen Betrüger nun auch als mittelbaren Täter für alle weiteren Folgen seines Tuns einstehen zu lassen[161].

---

[158] Erst recht widersprüchlich erscheint es dann - wie in einem vergleichbaren Fall geschehen - die „Gleichgültigkeit im Hinblick auf den Erfolgseintritt“ auch noch als strafschärfend zu werten.

[159] Das Fehlen dieser finalen Zwecksetzung seitens des Hintermannes ist dabei auch gerade dasjenige Kriterium, das die „Werkzeug“-Konstruktion und damit die Begehungsform der mittelbaren Täterschaft schlechthin im Rahmen der Fahrlässigkeitsdelikte als unpassend erscheinen lässt, vgl. oben C. I. Eine derartige Begrenzung dürfte im wesentlichen auch der *Grunert*schen Auffassung (vgl. oben A. IV.) entsprechen, da der „Werkzeug“-Begriff im Bereich der mittelbaren Täterschaft letztlich nur eine spiegelbildliche Bezeichnung der „Tatherrschaft“ des Hintermannes ist.

[160] *Schild*, Täterschaft als Tatherrschaft, S. 19, weist zutreffend darauf hin, dass auch § 263 selbst „in gewisser Weise einen Fall von mittelbarer Täterschaft regelt“. Zur systematischen Nähe des § 263 zur Figur der mittelbaren Täterschaft vgl. auch *Schröder*, ZStrW 60 (1941), 70, Fn. 41; *Herzberg*, MT, S. 35 ff sowie eingehend *Kindhäuser*, FS *Bemmann*, S. 339 ff (348 ff) m.w.N.

[161] Dies wird in *RG*St 39, 298 (299 f) allerdings gerade in dieser Weise postuliert. Das *RG* argumentiert hier zunächst vom nicht-belebten Werkzeug aus und stellt darauf ab, dass der

In Richtung einer entsprechenden Einschränkung des „Werkzeug"-Begriffes lassen sich die Ausführungen des *BFH*[162] zu einer ähnlich gelagerten Fallkonstellation deuten. Die Entscheidung betraf die Frage, ob sich die Vertreter einer Organisation - in concreto ging es um ein sog. „Seminar" - wegen Steuerhinterziehung in mittelbarer Täterschaft strafbar machen[163], wenn sie ihr zugeflossene Spenden ohne Wissen des Spenders an politische Parteien weiterleiten, dem Spender aber eine Spendenbescheinigung ausstellen, aus der sich dieser beabsichtigte Verwendungszweck nicht ergibt und der Spender die Spendenbescheinigung (gutgläubig) dem Finanzamt vorlegt, um die Spende bei Festsetzung seiner Steuern als Ausgabe in Ansatz zu bringen. Der *BFH* verneinte die Strafbarkeit der Verantwortlichen des „Seminars" mit folgenden Erwägungen:

„Dabei kann nicht unberücksichtigt bleiben, (...) daß das steuerstrafrechtlich erhebliche Handeln der Verantwortlichen des „Seminars" bezüglich der Körperschaftssteuer der Antragstellerin (=des Spenders) *mit der Hingabe der Spendenbescheinigung und dem Aufrechterhalten des angeblich fingierten, regen und scheinbar satzungsgemäßen Vereinslebens beendet war. Einen bestimmenden Einfluß auf den weiteren Ablauf des Geschehens konnten die Verantwortlichen des „Seminars" nach dem bisher ermittelten Sachverhalt nicht ausüben: Dazu fehlte es an unmittelbaren oder mittelbaren Einwirkungsmöglichkeiten; für eine „Fernsteuerung" der Antragstellerin durch die Verantwortlichen des „Seminars" sind ebensowenig Anhaltspunkte zu erkennen, wie für einen gemeinsamen Tatplan."*

Mit diesen Ausführungen prüfte und verneinte der *BFH* zunächst das objektive Kriterium der „Tatherrschaft", wobei das Gericht diesem Begriff, wie die plastischen Formulierungen von „Einwirkungsmöglichkeiten", „bestimmendem Einfluss auf den weiteren Ablauf des Geschehens" und „Fernsteuerung" belegen, durchaus Inhalte im Sinne eines positiven „Beherrschens" zumisst.

Sodann folgen Ausführungen zum „Täterwillen", den das Gericht allerdings im wesentlichen mit dem Vorsatz gleichsetzt, wenn es postuliert[164], der

---

Benutzer eines solchen Werkzeugs grundsätzlich für alle - zumindest bedingt vorsätzlich - verursachten Folgen, auch für die Nebenfolgen, haften muss. Dieses müsse dann auch im Falle des Einsatzes eines menschlichen Werkzeuges gelten. Das ist gewiss konsequent, doch tritt das jeweilige tatbestandliche Handlungsmerkmal dabei zu sehr in den Hintergrund.

[162] Beschl. v. 18. 12. 1986 - I B 1/86, wistra 87, 150.

[163] Obwohl es sich um einen finanzgerichtlichen Rechtsstreit handelte, war die Strafbarkeitsfrage unter Verjährungsgesichtspunkten relevant.

[164] *BFH,* wistra 87, 150 (151).

„Täterwille“ bedeute *„das Wissen und Wollen sämtlicher Tatbestandsmerkmale bezüglich der Tat in Ausführung durch die Verantwortlichen“* (der Spendenempfängerin). Der (mittelbare) Täter müsse *„die nach Gegenstand, Zeit und Ort usw. bestimmte Zuwiderhandlung gegen ein Gesetz wenigstens in allen wesentlichen Beziehungen, wenn auch nicht mit sämtlichen Einzelheiten der Ausführung in seine Vorstellung und seinen Willen aufgenommen haben“*[165]. Das Gericht ließ die Entscheidung über das Vorliegen des Täterwillens letztlich offen, weil es bereits die notwendige „Tatherrschaft“ nicht zu erkennen vermochte.

In der Sache betreffen diese Ausführungen, die das Gericht unter den „klassischen“ Kriterien der „Tatherrschaft“ und des „Täterwillens“ erörtert, jedoch genau die oben dargestellten Aspekte der Finalität des tatbestandsmäßigen Handelns und insbesondere des Elements der Funktionalisierung des Vordermannes im Sinne des „Werkzeug“-Begriffs. Weil es sich auch in den Parteispender-Fällen hinsichtlich der Steuerverkürzung lediglich um völlig unbeabsichtigte Nebenfolgen des Handelns der Verantwortlichen handelte, fehlte es am Element der finalen Zwecksetzung im Hinblick auf das tatbestandliche Merkmal des „Angaben-Machens“[166]. Noch einmal ist aber klarzustellen, dass nach der hier vertretenen Auffassung die Täterschaft der Hinterleute nicht - worauf der *BFH* abstellt - wegen der fehlenden positiven Beherrschung der Spender als „Werkzeuge“ zu verneinen ist - diese fehlt bei der Irrtumsherrschaft ohnehin (vgl. oben Kapitel 2, B. II. 2. b) bb)) - , sondern allein deshalb, weil mangels entsprechender finaler Zwecksetzung das Handeln der Hinterleute nicht als „Angaben-Machen“ im Sinne des § 370 I AO angesehen werden kann. Der Hintermann ist nicht deswegen kein Täter, weil er das „Werkzeug“ nicht „beherrschen“ kann,

165 *BFH,* a.a.O.

166 Im Ergebnis anders sieht dies *Wüllenkemper,* wistra 89, 46 (50), der das vom *BFH* erörterte Kriterium des „Täterwillens“ bei der mittelbaren Täterschaft für nicht anwendbar hält und selbst allein auf das Kriterium der „finalen Tatherrschaft“ abstellen will. Diese sieht der Autor - unter Berufung auf *Roxin,* TuT, 4. Aufl., S. 171 ff - durchaus konsequent bereits in der „finalen Überdeterminierung des Kausalverlaufs“ im Sinne „des tieferen und besseren Verständnisses des Geschehensablaufs“ (S. 49). Auch *Wüllenkemper* hält also - entsprechend der hier vertretenen Auffassung - das Element der positiven Herrschaft des Hintermannes über den Vordermann, auf das der *BFH* in der besprochenen Entscheidung den Schwerpunkt legt, für verfehlt und daher für entbehrlich. Anders als nach der hier vertretenen Auffassung soll es aber auf ein darüber hinausgehendes finales Moment der Hinterleute im Hinblick auf die konkrete Tatbestandshandlung nach *Wüllenkemper* nicht mehr ankommen, vielmehr soll - entsprechend dem *Roxin*schen Ansatz von der „finalen Überdetermination“ allein das überlegene Wissen für die Bejahung der Täterschaft ausreichen. Vgl. zur Problematik insgesamt auch *Maier,* MDR 86, 358 ff.

sondern deswegen, weil er es von vornherein gar nicht zum „Angaben-Machen“ *funktionalisieren* will[167].

Nur am Rande sei bemerkt, dass die Ergänzung um ein finales Moment wohl ausschließlich in den Fällen der Irrtumsherrschaft, und auch hier nur in der Unterkategorie des Tatsachenirrtums, also im wesentlichen in den Fällen des Vorsatzausschlusses (§ 16 I), zu diskutieren wäre. In allen anderen Werkzeug-Konstellationen liegt eine derartige finale Zwecksetzung seitens des Hintermannes per se schon vor: Bei der Nötigungsherrschaft (§ 35) und auch bei der Hervorrufung oder Ausnutzung eines Verbots- oder Erlaubnisirrtums (§ 17) erschöpft sich das Tätigwerden des Hintermannes ja zumeist gerade im Akt der Funktionalisierung des Werkzeuges im Hinblick auf die Erfolgsherbeiführung bzw. Vornahme der tatbestandsmäßigen Handlung, so dass die Rechtsgutsbeeinträchtigung niemals nur „Nebenfolge“, sondern immer nur Hauptzweck des Verhaltens des Hintermannes sein kann.

4. Parallele: Rückgriff auf Finalitäts-Kriterien als Einschränkung im Rahmen anderer Handlungsmerkmale

Schließlich sind entsprechende Tatbestandseinschränkungen durch finale Kriterien auch bei anderen Tatbeständen zu beobachten, die aufgrund der Weite ihres tatbestandlichen Handlungsmerkmals zu sehr auszuufern drohen. Man denke nur an die Problematik des „neutralen Verhaltens“ etwa im Rahmen der §§ 257, 258 oder auch der Beihilfe (§ 27). So wird für das „Hilfe leisten“ in § 257 zumindest ein subjektives Handeln „in Hilfs*tendenz*“ gefordert[168]. Und eine Bestrafung „vereitelt“ gem. § 258 I etwa durch das Tanken eines Autos oder durch das Gewähren von Wohnraum nur, wer dies gerade im Hinblick auf die Unterstützung des Straftäters zum Zwecke der Vereitelung des staatlichen Strafanspruchs tut[169]. In ähnlicher Weise sucht man im Rahmen des § 27 Einschränkungen im Wege des Begriffs der „Sozialadäquanz“ zu gewinnen[170].

5. Finales Moment als begriffsimmanente Schranke objektiv-subjektiv-gemischter Handlungsmerkmale

Die Alternative zur stärkeren Betonung des Funktionalisierungsmoments freilich wäre, den plastischen „Werkzeug“-Begriff gänzlich aufzugeben und die Figur

---

[167] Auch dies sieht *Wüllenkemper*, a.a.O., S. 50, anders, da er den Hinterleuten durchaus ein eigenes Interesse an der Bewirkung der Steuerverkürzungen unterstellt, weil ihnen anderenfalls - bei Versagung des Spendenabzuges bei der Festsetzung der Steuern - Regressansprüche gedroht hätten. Dieser Gesichtspunkt ist durchaus diskutabel, letztlich aber Tatfrage.

[168] Vgl. Sch/Sch-*Stree*, § 257, Rn. 15; *Tröndle/Fischer*, § 257, Rn. 7.

[169] Siehe bereits oben C. IV.

[170] So etwa *Roxin*, FS *Miyazawa*, S. 501 ff (512 ff) m.w.N. und *Tag*, JR 97, 49 ff (54 ff).

der „mittelbaren Täterschaft" letztlich allein als einen Teil der objektiven Erfolgszurechenbarkeit anzusehen[171]. Doch es bleibt nun einmal dabei, dass Begrifflichkeiten wie „Angaben machen", „nötigen", „wegnehmen" oder „täuschen" von ihrem Inhalt her ein finales, konkret-zweckgerichtetes Tun beschreiben. Wer den sprachlichen Inhalt dieser Handlungsmerkmale ernstnimmt, kommt jedenfalls in diesem Zusammenhang nicht umhin, sich mit dem Moment der Finalität auseinanderzusetzen. Es ist kein Zufall, dass hierbei vorwiegend gerade diejenigen Handlungsmerkmale betroffen sind, die der Gruppe der „objektiv-subjektiv-gemischten" Merkmale angehören (vgl. oben Kapitel 1, B. I.). Denn die in diesen Handlungsmerkmalen enthaltenen subjektiven Momente verleihen den einzelnen tatbestandlichen Handlungsbeschreibungen eine begriffsimmanente finale Ausrichtung auf ein konkretes Ziel bzw. ein konkretes Verhalten, die über das von der finalen Handlungslehre postulierte *allgemeine* Erfordernis der Finalität menschlichen Handelns hinausgeht.

Im übrigen dürfte bei vielen derartigen objektiv-subjektiv-gemischten Tatbestandsmerkmalen das oben beschriebene begriffsimmanente finale Moment im Hinblick auf die Möglichkeit einer mittelbaren Täterschaft noch das geringste Hindernis darstellen: Zum einen nämlich kann der subjektive Bezug des Handlungsmerkmals bereits phänotypisch die Begehung in mittelbarer Täterschaft ausschließen. So liegt es etwa beim Merkmal des „Sich-Zueignens" in § 246, denn die Zueignung einer Sache „durch einen anderen" ist nicht nur begrifflich, sondern bereits rein tatsächlich nicht denkbar; jedenfalls nicht, ohne dass nicht bereits die Alternative der Selbstbegehung (im Sinne unmittelbarer Täterschaft) erfüllt wäre. Zum anderen kann der subjektive Einschlag so sehr ein Verhalten der *eigenen* Person - etwa zusammenhängend mit eigenen sinnlichen Wahrnehmungen oder Koordinationen - beschreiben, dass er das Delikt zu einem „eigenhändigen" werden lässt (hierzu im einzelnen Kapitel 4). So liegt es etwa bei Merkmalen wie „schießen", „werfen" oder „aussagen".

IV. Begriffliche Restriktionsansätze in der Rechtsprechung

Die vorangegangenen Erörterungen leiten über zu zwei Entscheidungen, die die Rechtsprechung in der jüngeren Vergangenheit hervorbrachte und die eine Tendenz erkennen lassen, der Rückbesinnung auf die jeweiligen begrifflichen Grenzen des Handlungsmerkmals größere Beachtung zu schenken. Das gilt

---

[171] So wohl *Schmidhäuser,* AT 14/36 und 38. Auf der Basis der von ihm vertretenen „Ganzheitstheorie" sieht *Schmidhäuser,* a.a.O., die „Werkzeug"-Konstellationen nur als *eine* Untergruppe der mittelbaren Täterschaft an und wendet sich - insoweit konsequent - gegen das Dogma der herrschenden Meinung, die mittelbare Täterschaft sei nur bei finaler Zweckorientierung des Hintermannes und dementsprechend nur beim Vorsatzdelikt möglich (vgl. auch oben Fn.62).

sowohl im Hinblick auf das äußere, typische Erscheinungsbild der Handlung als auch im Hinblick auf ihre innerlich-subjektive Beschaffenheit.

1. Der Beschluss des *OLG Braunschweig* zur leichtfertigen Steuerverkürzung (§§ 378, 370 AO) - *NJW 97, 3254 f*

Zu erwähnen ist in diesem Zusammenhang zunächst der Beschluss des *OLG Braunschweig*[172] zur Frage der leichtfertigen Steuerhinterziehung (§§ 378, 370 AO): Ein Beschäftigter einer Treuhand- und Unternehmensberatungsgesellschaft hatte bei der Vorbereitung einer Steuererklärung leichtfertig bestimmte Posten nicht oder nicht richtig erfasst, so dass die vom Steuerpflichtigen später abgegebene Steuererklärung zu niedrig ausfiel. Das *OLG* stellt zunächst in deutlichen Worten klar, der Begriff des „Angaben-Machens" lasse sich nicht auf ein bloßes „Bewirken" reduzieren, vielmehr sei die Steuererklärung als Abgabe einer *Wissens*erklärung anzusehen, für die der *Steuerpflichtige* durch seine eigenhändige Unterzeichnung auch äußerlich ersichtlich die Verantwortung übernehme[173]. Sodann setzt sich das Gericht mit der Figur der mittelbaren Täterschaft auseinander, verwirft sie aber schon deswegen, weil diese Figur im Anwendungsbereich des Einheitstäterbegriffes (§ 377 II AO i.V.m. § 14 OWiG) ohnehin keine Anwendung finden könne[174]. Interessanterweise gibt es dann aber noch eine zusätzliche Begründung für die Ablehnung einer mittelbaren Täterschaft. Das *OLG* führt aus[175]:

„Hinzu kommt, daß es nach gefestigten rechtsdogmatischen Grundsätzen die Möglichkeit einer fahrlässigen mittelbaren Täterschaft nicht gibt, weil es an dem Merkmal der Tatherrschaft und des Täterwillens fehlt (...). Die gegenteilige Auffassung hätte zur Folge, daß Tatbestandsmerkmale, die eine entsprechende Verhaltensweise zusätzlich zur Erfolgsverursachung beschreiben, über die mittelbare Täterschaft umgangen - als nicht geschrieben angesehen - werden könnten. Das ist nicht hinnehmbar. Denn selbstverständlich müssen die im Fahrlässigkeitstatbestand zusätzlich zur Erfolgsverursachung beschriebenen Handlungsmerkmale vom Täter erfüllt werden, wenn der Tatbestand erfüllt sein soll (...)".

Diese Ausführungen sind vor dem Hintergrund zu sehen, dass das *OLG* einige Sätze zuvor konstatiert hatte, *„die Straftat der Steuerhinterziehung gem. § 370*

---

[172] NJW 97, 3254 f.
[173] A.a.O., 3255 unter Hinweis auf *Reitz,* DStR 84, 91 ff.
[174] A.a.O., 3255.
[175] A.a.O., 3255.

AO (könne) *nach einhelliger Auffassung auch in mittelbarer Täterschaft begangen werden*"[176].
Daraus folgt, dass mit den wiedergegebenen Ausführungen letztlich nur jenes oben (III.) beschriebene finale Element gemeint sein kann, welches ein „Angaben-Machen" allein in den Fällen als „durch einen anderen" begehbar erscheinen lässt, in denen es dem „Angaben-machenden" Hintermann selbst gerade auf die Unrichtigkeit und die Verbreitung dieser Angaben ankommt und man deswegen von einer „Werkzeug"-Benutzung im oben (III.) beschriebenen Sinne sprechen kann.

2. Die Entscheidung des *BGH* zur *actio libera in causa* beim „Führen" von Kfz - BGHSt 42, 235

Einen entscheidenden Einschnitt im Hinblick auf die Reichweite normativer Auslegungsmöglichkeiten von Tatbeständen dürften Rechtsprechung und Lehre schließlich auch durch die Entscheidung *BGHSt 42, 235* erhalten haben. Mit dieser Entscheidung erklärte der *BGH* die Grundsätze der actio libera in causa *(alic)* im Hinblick auf die Delikte der §§ 315c und 316 sowie § 21 StVG für unanwendbar. Welche Tragweite dieser Entscheidung in Rechtspraxis und -wissenschaft zukommen wird[177], bleibt noch abzuwarten[178]. Die für die vorliegende Problematik zunächst entscheidende Passage findet sich in dem Abschnitt, in dem der *BGH* sich mit der sog. *Tatbestandslösung* auseinandersetzt. Es heißt dort[179]:

„Bei Tatbeständen aber, die wie die §§ 315c, 316 StGB und § 21 StVG ein Verhalten verbieten, das nicht auch als die Herbeiführung eines dadurch verursachten, von ihm trennbaren Erfolges begriffen werden kann, kann sie die Annahme schuldhafter Taten trotz schuldausschließenden Vollrausches bei der eigentlichen Tathandlung nicht rechtfertigen (...)".

Der *BGH* unterscheidet damit für die Anwendung der *alic* grob zwischen Erfolgs- und Tätigkeitsdelikten und konzediert für letztere, dass es einen Ausführungsvorgang geben muss, der letztlich nur nach seinem äußeren Erscheinungsbild unter den tatbestandlichen Handlungsbegriff gefasst werden

---

[176] A.a.O., 3255.
[177] Der *BGH* selbst hat mittlerweile bereits klargestellt, dass er an der Figur der alic *im Grundsatz* festhalten will (*BGH,* Beschl. v. 19. 2. 1997 - 3 StR 632/96, NStZ 97, 230).
[178] Stellungnahmen zu dem Urteil sind zahlreich erschienen: *Neumann,* StV 97, 23 ff; *Jerouschek,* JuS 97, 385 ff; *Hirsch,* NStZ 97, 230 ff; *Horn,* StV 97, 264 ff; *Hardtung,* NZV 97, 97 ff; *Hruschka,* JZ 97, 22; *Spendel,* JR 97, 133 ff; *Fahnenschmidt/Klumpe,* DRiZ 97, 77 ff; *Wolff,* NJW 97, 2032 f.
[179] A.a.O., S. 239.

kann und dann als die „eigentliche Tathandlung" anzusehen sein muss[180]. Besonders deutlich wird das an den Ausführungen des *BGH* zum Begriff des „Führens"[181]:

„Die Verkehrsstraftaten nach den §§ 315c StGB, 21 StVG setzen voraus, daß der Täter das Fahrzeug „führt". Führen eines Fahrzeugs ist aber nicht gleichbedeutend mit Verursachen der Bewegung. Es beginnt erst mit dem Bewegungsvorgang des Anfahrens selbst (BGHSt 35, 390, 394). Dazu genügt nicht einmal, daß der Täter in der Absicht, alsbald wegzufahren, den Motor seines Fahrzeugs anläßt und das Abblendlicht einschaltet (BGH a.a.O.). Um so mehr muß eine Ausdehnung auf zeitlich vorgelagerte Handlungen nach der gesetzlichen Umschreibung der Tathandlung ausscheiden. Auch im Sichberauschen in Fahrbereitschaft liegt dementsprechend noch nicht der Beginn der Trunkenheitsfahrt."

Hieran zeigt sich, dass der *BGH* den Begriff der tatbestandsmäßigen Handlung „führen" klar umgrenzen will, und zwar ausgerichtet am natürlichen Wortsinn. Für normative Erweiterungen lässt dieser nämlich, anders als Handlungsmerkmale, die menschliches Verhalten lediglich unter dem Gesichtspunkt der Herbeiführung eines bestimmten Erfolges beschreiben und bewerten, keinen Raum[182]. Die Problematik der begrifflichen Erweiterung des Handlungsmerkmals in einem juristisch-normativen Sinne ist aber im Bereich der *alic* - jedenfalls bei Zugrundelegung des sog. „Tatbestandsmodells"- im wesentlichen der oben näher erörterten Problematik im Bereich der mittelbaren Täterschaft vergleichbar. Es nimmt daher auch nicht wunder, dass die Figur der *alic* teilweise sogar unter Rückgriff auf die Rechtsfigur der mittelbaren Täterschaft zu erklären versucht wurde[183]. Daher ist es auch nur konsequent, wenn der *BGH* zu diesem Erklärungsansatz und der Parallele der beiden Rechtsfiguren wie folgt ausführt[184]:

---

[180] Vgl. hierzu bereits zuvor *Roxin*, FS *Lackner, 307 (317); Salger/Mutzbauer*, NStZ 93, 561 (565) sowie *Hettinger*, GA 89, S. 1 ff (14): „Die als bloße Verursachung begriffene Tathandlung dieser Delikte ist auf einem höheren Abstraktionsniveau angesiedelt als deren tatbestandliche Beschreibung und damit im Weg der Auslegung des Begriffs des „Führens eines Fahrzeugs" gar nicht erreichbar. In Wahrheit wird mit dem Abstellen auf das bloße Verursachen der Strafbarkeitsbereich auf Sachverhalte ausgedehnt, die vom Wortlaut nicht erfaßt sind. Damit wird das Gesetz aus den Angeln gehoben und Art. 103 II GG verletzt."

[181] A.a.O., S. 239 f.

[182] Äußerst kritisch hierzu und die Entscheidung des *BGH* ablehnend hierzu *Spendel,* JR 97, 133 ff (136).

[183] Vgl. *Jakobs,* AT, 17/64; *Roxin,* FS *Lackner,* S. 307 ff (317).

[184] A.a.O., S. 240.

„Im wesentlichen aus denselben Erwägungen kommt die Heranziehung der Grundsätze der actio libera in causa auf die Trunkenheitsfahrt und die Straßenverkehrsgefährdung auch dann nicht in Betracht, wenn man die Rechtsfigur als einen Sonderfall der mittelbaren Täterschaft begreift, bei der der Täter sich zur Ausführung der Tat seiner eigenen Person als Werkzeug bedient (RGSt 22, 413, 415; *ebenso* Jakobs Strafrecht AT 2.A., 17. Abschn. Rdnr. 64). *Sieht man von den grundsätzlichen Bedenken gegen dieses Begründungsmodell ab (...), so ist auch nach ihm die tatbestandsmäßige Handlung letztlich das Sich-Berauschen. Indem der Täter sich berauscht, führt er aber - wie ausgeführt - kein Fahrzeug (im Ergebnis ebenso - allerdings mit dem Hinweis darauf, daß es sich bei der Trunkenheitsfahrt und dem Fahren ohne Fahrerlaubnis um eigenhändige Delikte handelt* - Jakobs a.a.O., Rn. 67; Roxin FS Lackner, 307, 317; Salger/Mutzbauer NStZ 93, 561, 565). *“*

Bezeichnenderweise stellt der *BGH* mit diesen Ausführungen noch nicht einmal, wie die von ihm angeführten Autoren, auf die „Eigenhändigkeit“ des „Führens“[185] ab[186] (dazu unten Kapitel 4), sondern allein auf die äußere, phänomenologische Übereinstimmung des Vorgangs, den man zum Anknüpfungspunkt der Strafbarkeit macht („Sich-Berauschen“), mit dem äußeren Erscheinungsbild des Vorgangs, der vom tatbestandlichen Handlungsmerkmal („führen“) gängigerweise und nach dem normalen Sprachgebrauch unter Berücksichtigung seiner konkreten Auslegung in der Rechtsprechung noch erfasst werden kann. Da zwischen beiden Vorgängen keinerlei äußere Beziehung mehr erkennbar ist, überschritte die normativ-juristische Auslegung des Begriffes im Sinne des „Tatbestandsmodells“ - und damit auch die Anwendung der Figur der mittelbaren Täterschaft - die Grenze des oben erwähnten „normalen Wortsinns“ Sie ist demzufolge wegen Verstoßes gegen Art. 103 II GG unzulässig. Für reine Erfolgsdelikte kann das nach den Ausführungen des *BGH* (der zu dieser Frage im Hinblick auf § 222 StGB Stellung nimmt) und auch nach der hier vertretenen Auffassung hingegen schon deshalb nicht gelten, weil die Handlungsmerkmale der Erfolgsdelikte das jeweilige menschliche Verhalten allein unter dem Gesichtspunkt des jeweiligen

---

[185] *Hirsch,* NStZ 97, 230 (231) sieht auch in der Eigenhändigkeit der Tathandlung kein Hindernis, die Grundsätze der *alic* dennoch anzuwenden. Aus der Eigenhändigkeit eines Delikts folge nur, dass mittelbare Täterschaft *Dritter* nicht möglich sei, hier gehe es hingegen um eine mittelbare Begehung durch den Täter selbst. Konsequenterweise lehnt *Hirsch,* a.a.O. daher auch den vom *BGH* gewählten Wortlautansatz ab.

[186] So etwa *Roxin,* FS *Lackner,* S. 307 ff (317); *Herzberg,* FS *Spendel,* S. 203 ff (222f, 232); *Jerouschek,* JuS 97, 385 (388); kritisch zur Abstandnahme des *BGH* vom „Eigenhändigkeitsargument“ im übrigen *Horn,* StV 97, 264 ff. *Hardtung,* NZV 97, 97 ff (100) schließlich will die Distanzierung des Senats vom Eigenhändigkeitskriterium gänzlich ignorieren, wenn er a.a.O. ausführt: „Vielleicht glaubt (der Senat), mit seinem abstrakten Kriterium etwas anderes als „Eigenhändigkeit“ zu beschreiben. Aber das ist nicht der Fall.“

Erfolges ordnen und bewerten, nicht aber nach der Art und Weise seiner Herbeiführung näher *beschreiben*[187].

E. Delikte mit drittbeteiligungs- immanenten Handlungsmerkmalen („Handeltreiben", § 29 I BtMG u.a.)

Abschließend sei schließlich noch ein Beispiel für diejenigen Delikte angeführt, deren Handlungsmerkmal von vornherein so abstrakt-weit gefasst ist, dass es schon begrifflich, zumindest aber nach der Auslegung, die es durch Rechtsprechung und Literatur erfahren hat, die Einschaltung sowohl bös- wie auch gutgläubiger (oder sonstiger defizitärer) Zwischenpersonen erfasst[188]. Bei derartigen Handlungsmerkmalen ist der Rückgriff auf die Figur der mittelbaren Täterschaft letztlich unnötig, da auch das Tätigwerden durch Einsatz defizitärer oder nicht-defizitärer Zwischenpersonen schon unmittelbar unter das Handlungsmerkmal subsumiert werden kann. Von den reinen Erfolgsdelikten etwa gehört (wie bereits oben C. IV. dargestellt) die Strafvereitelung hierher, von den - zumindest: auch - tätigkeitsbeschreibenden Delikten bietet etwa das „Handeltreiben" gem. § 29 I Nr.1 BtMG[189] ein gutes Beispiel, das im folgenden kurz dargestellt werden soll:

Von allen im Strafrecht gängigen Handlungsmerkmalen ist der Begriff des „Handeltreibens" nach § 29 I Nr.1 BtMG wohl einer derjenigen, die im Zuge der Zeit eine immer weiter ausgedehnte Auslegung erfahren haben. Eine Definition des Handeltreibens enthält das BtMG nicht. Man versteht unter Handeltreiben heute *„alle eigennützigen Bemühungen, die darauf gerichtet sind, den Umsatz mit BtM zu ermöglichen oder zu fördern, selbst wenn es sich nur um eine einmalige oder auch nur vermittelnde Tätigkeit handelt"*[190]. Der Zweck dieser weiten Begriffsauslegung dürfte in dem Bestreben zu sehen sein, sämtliche Handlungen in diesem Bereich strafrechtlich zu erfassen[191]. Was nun die

[187] *Hruschka,* JZ 97, 22 ff (23) geht noch einen Schritt weiter und hält die alic auch bei Erfolgsdelikten für eine nicht haltbare Fehlkonstruktion. Er fordert daher - dem von ihm vertretenen „Ausnahmemodell" entsprechend - de lege ferenda eine Ausnahmevorschrift im Hinblick auf § 20. Ebenso - für das Vorsatzdelikt - *Fahnenschmidt/Klumpe,* DRiZ 97, 77 ff (79 f). Zur Kritik vgl. *Spendel,* JR 97, 133 ff (136).

[188] Übersicht nunmehr bei *Roxin,* TuT, S. 618 ff.

[189] Die Vorschriften des Allgemeinen Teils des StGB - und damit auch § 25 I - sind über Art. 1 I EGStGB auf die Straftatbestände des BtMG anwendbar.

[190] Statt aller: *Körner,* BtMG, § 29, Rn. 140 m.w.N. zur Rechtsprechung

[191] Bereits 1932 führte das *RG (DJZ 32, Sp. 808)* aus, der Angeklagte, der lediglich eine Zusammenkunft zwischen zwei Personen zwecks Durchführung eines Kokaingeschäftes in die Wege geleitet hatte, habe *„eine eigensüchtige, auf den Umsatz von vermeintlichem*(!) *Kokain gerichtete Tätigkeit entfaltet, die, gleichviel in welcher Form und in welchem Namen sie ausgeübt"* werde, unter den *„weitest*(!) *auszulegenden Begriff des 'Handeltreibens'"*

Anwendung der Figur der mittelbaren Täterschaft für dieses Merkmal anbetrifft, so findet sich in der detaillierten und eingehenden Kommentierung *Körners*[192] zum Tatbestandsmerkmal des „Handeltreibens" über das Thema „Mittelbare Täterschaft" lediglich folgende kurze Passage[193]:

„Der Tatbestand des Handeltreibens wurde als Unternehmensdelikt ausgestaltet, weil erfahrungsgemäß Rauschgift-Großhändler, Hinterleute und Drahtzieher des illegalen BtM-Handels BtM nicht in die Hand nehmen und deshalb nicht bei Übergabedelikten zu überführen sind. Der Drahtzieher ist maßgeblich für die Planung und Organisation der Durchführung verantwortlich. ***Er arbeitet mit dem Kopf und bedient sich Dritter als Werkzeuge.*** *Seine Tatverantwortung wiegt schwerer als die körperlichen Verrichtungen seiner Komplizen (vgl. BGH Urteil v. 4. 3. 1986-1 StR 26/86)".*

Der Zusammenhang mit der Rechtsfigur der mittelbaren Täterschaft im Sinne des § 25 I Alt.2 bleibt hierbei weitgehend offen. Die Ausführungen beschreiben eher die Problematik der Strafbarkeit des „Bandenchefs", die aber in den Bereich der Mittäterschaft (§ 25 II) gehört. Wie *Körner* in seiner Kommentierung den Begriff des „Werkzeugs" verstanden wissen will, wird ebenfalls nicht deutlich, da nicht erkennbar ist, wc das - jedenfalls für das Werkzeug im Sinne der mittelbaren Täterschaft - erforderliche Strafbarkeitsdefizit des vom Großhändler eingesetzten Dritten liegen soll. Und so weit, hier die Konstellation eines „organisatorischen Machtapparates" annehmen zu wollen, dürfte man jedenfalls im Großteil der Fälle nicht gehen können. Interessant erscheint für den vorliegenden Zusammenhang aber die - fast beiläufig klingende - Feststellung *Körners*, dass die Hinterleute des illegalen BtM-Handels die Betäubungsmittel „nicht *in die Hand* nehmen". Denn auch hierin spiegelt sich die intuitive Abwendung des „Hintermannes" vom Ort des zentralen, physischen Geschehens (hier: die tatsächliche Übergabe des Rauschgifts von *Hand zu Hand*) wider, um stattdessen - wiederum mit den Worten *Kühls*[194] - „andere für sich arbeiten zu lassen" und „sich selbst die Hände in Unschuld zu waschen".

Dennoch haben die oben wiedergegebenen Ausführungen *Körners* zum Thema „mittelbare Täterschaft" letztlich gar nicht die verschiedenen, phänotypisch möglichen Nuancen einer Begehung des Handeltreibens in mittelbarer Täterschaft zum Gegenstand, sondern erklären allein die Motive des

---

falle; ähnlich *BGH* NJW 54, 1537. Die weite Auslegung hat sich fortgesetzt. So sollen nach *BGH* NStZ 98, 42 auch Geldwäschevorgänge unter den Begriff fallen können.

[192] BtMG, § 29, Rn. 139-430.

[193] Rn. 243.

[194] AT, § 20, Rn. 39.

Gesetzgebers, den Tatbestand von vornherein so weit zu fassen, dass *sämtliche,* und damit auch die *mittelbaren* Ansätze zum Umsatz von BtM schon durch den Wortlaut des Begriffes selbst erfasst sind. Fragt man sich einmal, wie denn ein Fall des „Handeltreibens in mittelbarer Täterschaft" aussehen könnte, so wäre als Beispiel auf einen Fall zu verweisen, den *Körner* an ganz anderer Stelle anführt[195]:

„Ein türkischer Im- und Exportkaufmann (T) erwirbt von einem türkischen Landwirt (L) eine Lkw-Ladung Aprikosenkonserven in München und verpflichtet sich, diese an eine deutsche Konservenfirma (K) weiterzuverkaufen. Ein Großteil der Konserven ist mit Cannabisharz gefüllt. Dieser Inhalt ist aber nur dem türkischen Landwirt L und dem deutschen Kunden K bekannt. T will weder BtM noch BtM-Imitate, sondern Früchte verkaufen."

T ist in diesem Fall ein klassisches vorsatzloses Werkzeug[196] des L und - je nachdem - auch des K. Dennoch kommt es auf diese Werkzeugeigenschaft des T für die Lösung des Falles überhaupt nicht an. Denn ein vollendetes Handeltreiben läge in der Person des L selbst dann vor, wenn T bösgläubig wäre. Unabhängig davon, ob L das BtM dem Abnehmer K über einen gutgläubigen oder über einen bösgläubigen Mittelsmann zukommen lässt oder ob er die Ware gar per Post schickt, immer liegt bereits hierin eine „eigennützige *Bemühung,* die darauf gerichtet ist, den Umsatz von BtM zu ermöglichen oder zu fördern". Ob dabei ein gutgläubiger, ein bösgläubiger oder gar kein Mittelsmann eingeschaltet ist, ist für den Begriff des Handeltreibens irrelevant. Für die Anwendung der Rechtsfigur der mittelbaren Täterschaft besteht damit im Rahmen des „Handeltreibens" angesichts der weiten Begriffsfassung mangels sprachlichen und juristischen Klarstellungsbedarfes von vornherein keine praktische Notwendigkeit.

Die Ausführungen zum „Handeltreiben" gelten entsprechend - und erst recht - für nahezu sämtliche Tatbestände, die menschliches Verhalten allein unter dem Ordnungskriterium ihrer (Fern-)Zielsetzung und ihres Gesamtzusammenhanges erfassen (vgl. oben Kapitel 1, C. I. 2.). Denn auch bei diesen Handlungsmerkmalen wird eine Trennung zwischen unmittelbarer und

[195] BtMG, § 29, Rn.220.

[196] Einen anderen Fall des vorsatzlosen Werkzeugs bei einem vergleichbaren Tatbestand - Unerlaubtes Inverkehrbringen von Rauschgift gem. § 8 I Nr.1 OpiumG betraf *RG*St 62, 369 ff. Ein Arzt hatte ohne entsprechende medizinische Indikation verschiedenen Personen Rezepte ausgestellt, die daraufhin in Apotheken gegen Vorlage der Rezepte Kokain erhielten und dieses zu Genusszwecken konsumierten. Das *RG* sah die Apotheker als gutgläubige Werkzeuge an und nahm in der Person des Arztes ein „Inverkehrbringen" in mittelbarer Täterschaft an (S. 390).

mittelbarer Täterschaft letztlich obsolet, weil ein sprachliches Klarstellungsbedürfnis gar nicht besteht: Wer etwa „einen Nachrichtendienst betreibt“ (§ 109f I Nr.2), kann dies durch Einsatz gut- oder bösgläubiger, frei oder unfrei handelnder Hilfspersonen tun; wer „Beziehungen aufnimmt oder unterhält“ (§ 100 I), kann sich hierzu gut- oder bösgläubiger, freier und unfreier Mittelsmänner bedienen; und gleiches gilt für den, der „Nachrichten sammelt“ (§ 109f I Nr.1) oder „eine Tätigkeit ausübt, die auf die Erlangung ... von Staatsgeheimnissen gerichtet ist“ (§ 98). Die Figur der mittelbaren Täterschaft ist bei derartigen Tatbeständen konstruktiv und sprachlich nicht unmöglich, wohl aber schlechthin überflüssig. Der „normativen Brücke“ des § 25 I Alt.2 bedarf es nicht, weil das jeweilige Handlungsmerkmal auch in den Fällen, die phänotypisch als eine „Werkzeug“-Benutzung anzusehen sind, immer schon durch die bloße Funktionalisierungshandlung selbst (=Selbst-Begehung im engeren Sinne) in der Person des Hintermannes erfüllt ist.

F. Zurechnungen außerhalb des tatbestandlichen Handlungsmerkmals

I. Allgemeines

Auch wenn im Zentrum der durch die Figur der mittelbaren Täterschaft juristisch und sprachlich vorgenommenen Zurechnungen das jeweilige tatbestandliche Handlungsmerkmal stehen dürfte, so weisen praktisch alle Tatbestände neben dem Handlungsmerkmal auch noch andere Merkmale auf. Im wesentlichen handelt es sich dabei um attributive Bestimmungen der Täterperson, des Objektes oder auch des Ortes, der Zeit und der Art und Weise. Auch bezüglich dieser Tatbestandsmerkmale muss der Tatbestand in den Fällen mittelbarer Täterschaft ebenso auf den Hintermann anwendbar sein wie bezüglich des Handlungsmerkmals selbst. Welche juristischen und sprachlichen Probleme in derartigen Konstellationen auftreten können, soll im folgenden dargestellt werden.

Zur Verdeutlichung der Problematik mag wiederum zunächst auf die ganz einfachen Beispiele zurückgegriffen werden. Im Rahmen des § 212 I etwa erschöpfen sich die tatbestandlichen Merkmale nicht allein im Handlungsmerkmal „töten“; zu diesem hinzu treten vielmehr noch die Merkmale „Mensch“ und (als ungeschriebenes Merkmal) „anderer“.

1. Absolute Inhalte von Tatbestandsmerkmalen

a) Tatbestandsmerkmale ohne Bezug zum Handlungssubjekt

Das Merkmal „Mensch“ bestimmt sich allein nach der „Mensch“-Qualität des Tatopfers, ohne dass die Erfüllung oder Nicht-Erfüllung dieses Merkmals irgendwelche Bezüge zur Person oder zum Verhalten des Hintermannes hätte.

Das Merkmal „Mensch" ist vielmehr vom Hintermann und dessen Verhalten dem Inhalte nach gänzlich unabhängig und deswegen *absolut* bestimmbar (ebenso wie der „Tod" als tatbestandlicher Erfolg des „Tötens"). Zurechnungen sind hier nicht erforderlich.

b) Tatbestandsmerkmale mit Bezug auf das Handlungssubjekt

Ein erstes Problemfeld bilden diejenigen Merkmale, die eine *absolute* Eigenschaft des Handlungssubjekts normieren, wie etwa die Tätereigenschaft „Amtsträger" bei den Amtsdelikten oder überhaupt sämtliche Täterqualifikationen bei den Sonderdelikten.
So wäre etwa, gäbe es die zweite Alternative des § 340 I („begehen lassen") nicht, ein Beamter, der einen nichtbeamteten Vordermann unter Anwendung einer nach § 35 I 1 entschuldigenden Bedrohung dazu zwingt, einen Dritten zu verletzen, gleichwohl wegen Körperverletzung im Amt nach der 1. Alternative des § 340 I strafbar, da ihm die durch den Vordermann ausgeführte Körperverletzung über § 25 I Alt.2 zuzurechnen wäre und er in *seiner* Person die Sondereigenschaft des § 340 I aufweist.

Problematisch hingegen ist die umgekehrte Konstellation, in der nur der Vordermann, nicht aber der Hintermann Amtsträger ist:

aa) Keine begriffliche Zurechnung der Sondereigenschaft über § 25 I Alt.2

Eine *Zurechnung* der Beamteneigenschaft des Vordermannes zum Hintermann kommt jedenfalls im Ergebnis nicht in Betracht. Das folgt unmittelbar aus dem Wortlaut des § 340 I. Der Hintermann wird dadurch, dass er die „Tatherrschaft" ausübt über das, was ein „Amtsträger" tut, nicht selbst zum „Amtsträger". Auch über § 25 I Alt.2 ist eine solche Zurechnung nicht möglich, denn misst man § 25 I Alt.2 - wie oben dargestellt - in sprachlich-begrifflicher Hinsicht lediglich die Funktion einer Klarstellung und Verdeutlichung *innerhalb* bestehender begrifflicher Auslegungsmöglichkeiten zu, so vermag die Figur der mittelbaren Täterschaft eine Zurechnung von Eigenschaften einer Person auf eine andere Person, die diese Eigenschaften in Wahrheit nicht aufweist, nicht zu leisten: Hierbei handelte es sich nicht mehr um eine Form der Auslegung des Begriffs, sondern um eine Fiktion.

***bb) Erweiternde Auslegung des Gesamttatbestandes* (Nowakowski u.a.)**

Vorgeschlagen wurde allerdings, in entsprechenden Fällen eine Tatbestandserfüllung durch den Hintermann dann anzunehmen, wenn sich der Gesamttatbestand auf die bloße Bewirkung des Erfolges, allerdings unter *Ausführung* durch einen Qualifizierten, verstehen und in diesem Sinne auf den Hintermann anwenden ließe.

Nowakowski[197] etwa, der, wie vor ihm schon andere[198], eine solche Tatbestandsauslegung für richtig hielt, hat dies wie folgt formuliert:

„Wenn ein Deliktstypus sprachlich auf eine besondere Eigenschaft des Subjekts abstellt, ist zunächst der Sinn dessen durch Auslegung zu ermitteln. Ist damit gemeint: „Wer als Qualifizierter bewirkt, daß ...", so entstehen die besonderen Probleme, mit denen sich die Lehre von Täterschaft und Teilnahme bei den Sonderdelikten auseinandersetzen muß. Die Auslegung kann als Sinn aber auch ergeben: „Wer bewirkt, daß ein Qualifizierter...". Dann ist Täterschaft auch eines nicht Qualifizierten ohne weiteres möglich. (...) Das Gewicht liegt aber (z.B. bei der Blutschande) durchaus auf der Herbeiführung dieses Erfolges, nicht auf der Verletzung einer besonderen, gerade dem Qualifizierten obliegenden Verpflichtung."

Letztlich wird auch hier der Bereich, den man noch als von der *Auslegung* des Gesetzeswortlauts gedeckt ansehen könnte, in Bezug auf den Gesamttatbestand ebenso verlassen wie bei einer Zurechnung der Qualifikation des Vordermannes zum Hintermann; auch wenn eine derartige Tatbestandsauslegung unter Gesichtspunkten der Strafwürdigkeit des Verhaltens durchaus angemessen erscheinen mag[199]. *Herzberg*[200] hat gegen eine derartige Ausweitung des Gesetzeswortlauts dezidiert und mit zutreffenden Argumenten Stellung bezogen; u.a. weist er hin auf die Selbstbeschränkungen des Gesetzgebers, die nicht aus kriminalpolitischen Gründen überspielt werden dürfen sowie auf die Prämisse, dass teleologische Erwägungen nur *innerhalb* der möglichen Auslegung relevant werden können[201]. Im übrigen habe der Gesetzgeber durch die Regelung der §§ 160, 271 zu erkennen gegeben, dass er sich beider Regelungsmöglichkeiten

---

[197] JZ 56, 545 (550, Fn. 83).

[198] So etwa *Finger*, Strafrecht, S. 337; *Petri*, MT, S. 47 ff (50 ff); *Meyer/Allfeld*, S. 217 (216 Fn.6); *Wachenfeld*, ZStrW 40 (1919), 129 ff (142); *v. Hippel*, Strafrecht II, S. 483; *v. Bar*, Gesetz und Schuld im Strafrecht, S. 661 sowie *Oetker*, GS 68 (1906), 303, der die Frage jedoch nicht endgültig entscheiden will.

[199] Zutreffend hierzu bereits *Engelsing*, S. 28: „Über die Strafwürdigkeit des Veranlassers in den meisten der hier fraglichen Fälle besteht aber gar kein Streit. Dem Rechtsgefühl wird es leicht fallen, über den Hintermann den Stab zu brechen. Der Jurist muß ihn aber doch irgendwo in die gegebenen Formen einordnen. Auch um ein verwerfliches Tun der gerechten Sühne zuzuführen, ist es unstatthaft, den Rahmen des gesetzten Rechtes zu überschreiten. Ist ein solches Vorgehen schon im Zivilrecht stets bedenklich, so wird es im Strafrecht durch dessen zwingenden Charakter zu einem gesetzwidrigen." Ebenso *Wolf*, MT, S. 12 ff und *Samson*, JuS 70, 369 ff (372, Fn. 47): „Es ist geradezu Inhalt des Satzes „nulla poena sine lege", daß gleich strafwürdige Handlungen nicht gleichbehandelt werden, wenn es der Wortlaut des Gesetzes nicht zuläßt".

[200] ZStrW 82, 896 ff (917 ff); ebenso bereits *Wolf*, MT, S. 208 ff.

[201] *Herzberg*, ZStrW 82, S. 896 ff (918 f).

durchaus bewusst war[202]. Ohnehin ist die von *Nowakowski* vorgeschlagene erweiternde Tatbestandsauslegung zu sehr dem Grundgedanken des extremen extensiven Täterbegriffes verhaftet[203], gegen den bereits oben (A. III.) Stellung bezogen wurde. Sie erscheint daher im Hinblick auf Art. 103 II GG unzulässig. Soll ein Hintermann Täter eines Sonderdeliktes sein, so muss er *selbst* und in seiner Person die Sondereigenschaft aufweisen[204].

2. Relative (handlungssubjektbezogene) Inhalte von Tatbestandsmerkmalen („anderer", „fremd" etc.)

Anders liegt es bereits beim Merkmal „anderer". Denn hier bestimmt sich der Inhalt allein relativ nach der Person des Hintermannes dahingehend, ob aus *seiner* Sicht ein *anderer* (Mensch) getötet oder verletzt wird. Ob das Opfer dabei auch aus Sicht des Vordermannes ein *anderer* Mensch ist, ist für die Tatbestandserfüllung hingegen irrelevant. Wäre dem nicht so, könnten etwa die oben (Kapitel 2, B. III. 2. a) dargestellten Fälle des „tatbestandslos handelnden Werkzeugs", das gleichzeitig Opfer ist, tatbestandlich nicht erfasst werden. In diesen Zusammenhang gehören zum einen all diejenigen Merkmale, die rechtliche Beziehungen zwischen Täter und Tatobjekt beschreiben, wie etwa „fremd" (§§ 242 ff, 303 etc.) oder die zumindest inhaltlich von derartigen Beziehungen geprägt werden („Verwandter" (z.B. § 223 II a.F.), „Unterhaltsberechtigter" (§ 170) etc.), zum anderen aber auch die Rechtswidrigkeit des Handelns schlechthin, die sich nicht vom Vorder- auf den Hintermann „zurechnen" lässt, sondern genuin in dessen Person bestehen muss[205]. Und schließlich sind hier auch solche Merkmale zu nennen, deren *grammatische* Funktion bereits gerade in der Darstellung bestimmter Beziehungen zum Handelnden liegt. Es sind dies die Personal-, Possessiv- und insbesondere Reflexivpronomina[206], deren Funktion sich gerade in der Charakterisierung einer

---

[202] *Herzberg*, a.a.O., S. 918.

[203] Sogar von Anhängern des extrem-extensiven Täterbegriffes wird eine derartige Tatbestandserweiterung jedoch mitunter abgelehnt. So erkennt etwa *Eb. Schmidt*, FG *Frank* II, S. 130, gerade für die Sonderdelikte das Erfordernis der Täterqualifikation beim mittelbaren Täter an, obwohl er ansonsten in seinem Tatbestandsverständnis *Nowakowski* recht nahe kommt und auch die Existenz „eigenhändiger Delikte" generell negiert.

[204] So auch bereits *Nagler*, Teilnahme am Sonderverbrechen, 1903, S. 70 ff; *Diesselberg*, Täterschaft und Teilnahme beim Sonderdelikt, 1931, S. 38 ff (43); *K. Schneider*, Die mittelbare Täterschaft und die Beteiligung an der Selbstschädigung, 1939, S. 45 ff; *Langer*, Das Sonderverbrechen, 1971, S. 479. Eingehend zum möglichen Täterkreis der Amtsdelikte (allerdings ohne die Problematik der mittelbaren Täterschaft) *Rohlff*, Die Täter der 'Amtsdelikte', 1995.

[205] Hierzu eingehend *Herzberg*, MT, S. 10 f.

[206] Jüngstes in diesem Zusammenhang in der Rechtsprechung entschiedenes Beispiel ist etwa das „Mitsichführen" einer Schusswaffe in § 30a II Nr.2 BtMG. Der *BGH* (StV 97, 189 (190)) verneinte die Möglichkeit einer Zurechnung des „Mitsichführens" einer Waffe auf einen

spezifischen Beziehung zwischen Subjekt und Objekt erschöpft. Auch hier sind Zurechnungen eines derartigen Beziehungsgeflechts vom Vorder- auf den Hintermann bereits nach dem Wortlaut des Gesetzes nicht möglich und daher im Wege der noch vor Art. 103 II GG zulässigen Auslegung nicht mehr zu erreichen. So müsste etwa im Falle einer Tatbegehung nach §§ 225 I, 25 I Alt.2 bei der Ausfüllung der Personal- und Possessivpronomina („*seiner* Fürsorge oder Obhut unterstehen" (Nr.1), „*seinem* Hausstand angehören"(Nr.2), „*seiner* Gewalt überlassen" (Nr.3), „*ihm* ... untergeordnet" (Nr.4) und „durch Vernachlässigung *seiner* Pflicht") allein auf das Fürsorge- und Obhutsverhältnis des Hintermannes zum Tatopfer abgestellt werden. Besteht in der Person des Hintermannes ein solches Verhältnis nicht, ist auch eine Zurechnung eines etwa in der Person des Vordermannes bestehenden Verhältnisses zum Hintermann nach dem oben Gesagten nicht möglich.

3. Insbesondere: § 223 II a.F.[207] als Verknüpfung zwischen Handlungsmerkmal und handlungssubjektbezogenem Tatbestandsmerkmal

Doch sind nicht alle Fälle so klar wie die soeben erwähnten. Als problematisches Beispiel sei etwa § 223 II a.F. angeführt, der die Körperverletzung mit einer erhöhten Strafe bedrohte, wenn „die Handlung gegen Verwandte aufsteigender Linie begangen" wurde. Zwingt etwa der Hintermann den nach § 35 I 1 entschuldigt handelnden Vordermann, seinen - des Hintermannes - Vater zu verprügeln, so erscheint bereits unklar, auf wessen „Handlung" abzustellen sein soll. In Betracht kommen sowohl die Ausführungshandlung des Werkzeugs als auch die Funktionalisierungshandlung des Hintermannes. Unmittelbar damit verknüpft ist die Frage, nach wessen Position die Verwandteneigenschaft zu beurteilen ist.

Eine Strafbarkeit des Hintermannes lässt sich in diesem Fall noch relativ einfach begründen, indem man allein das *Erfolgs*unrecht in den Vordergrund stellt und für die Tatbestandserfüllung ausreichen lässt, dass der Hintermann den tatbestandlichen Erfolg des § 223 I bei *seinem* Verwandten in normativ zurechenbarer Weise bewirkt hat. Für diese Sichtweise spricht, dass die besondere Schutzwürdigkeit familiärer Beziehungen nicht erst durch eine eigenhändige *Ausführung* einer Körperverletzung, sondern bereits durch deren

selbst unbewaffneten Mittäter über § 25 II. Zutreffend wies der *BGH* (StV 97, 190) schließlich auch auf den Unterschied etwa zu den §§ 113 II 2 Nr.1; 244 I Nr.1 und 2 sowie § 250 I Nr.1 hin, die sämtlich den Zusatz „*oder ein anderer*" im Gesetzestext enthalten. Das deutet darauf hin, dass der Gesetzgeber angesichts des Sprachgebrauchs in jenen Vorschriften eine solche Klarstellung durchaus für erforderlich hielt. Vgl. auch *BGH*St 42, 368 ff sowie unten Kapitel 4, B. V. 5.

[207] Weggefallen seit der Neufassung des § 223 durch das Verbrechensbekämpfungsgesetz vom 28. 10. 1994.

bloße (normativ zurechenbare) *Verursachung* in einem Maße beeinträchtigt wird, die die erhöhte Strafdrohung des § 223 II a.F. rechtfertigte. Schwieriger zu lösen erscheint allerdings der umgekehrte Fall, in dem der Hintermann das Werkzeug zur Verletzung *seines* - des Vordermannes - Vaters zwingt: Auf den ersten Blick erscheint es zwingend, die Strafbarkeit des Hintermannes aus § 223 II a.F. mit der Begründung zu verneinen, das Tatopfer sei für den Hintermann kein „Verwandter in aufsteigender Linie".
In Frage gestellt wird dieses Ergebnis aber, wenn man bei der Tatbestandsauslegung nicht auf die Funktionalisierungshandlung des Hintermannes, sondern auf die *Ausführungs*handlung des Werkzeugs abstellt, denn diese ist seitens des *Ausführenden* durchaus gegen einen „Verwandten in aufsteigender Linie begangen". Der Gesetzeswortlaut, der nur von der „Handlung" sprach, war hier nicht eindeutig und ließ beide Auslegungen zu. Die „Verwandten"-Eigenschaft wäre - je nach Auslegung des „Handlungs"-Merkmals - entweder nach dem Subjekt der *Ausführungs*handlung oder nach dem Subjekt der *Funktionalisierungs*handlung zu bestimmen gewesen. Angesichts der ersatzlosen Streichung des § 223 II a.F. soll der Frage jedoch nicht weiter nachgegangen werden, da sie keinerlei praktische Relevanz mehr hat.

II. Einzelfälle

Anhand einiger exemplarischer Konstellationen soll im folgenden näher betrachtet werden, wie derartige Tatbestandsmerkmale, die selbst keine Handlungsmerkmale sind, im Rahmen der Tatbegehung „durch einen anderen" auf den Hintermann angewendet werden können und welche Probleme sich hierbei stellen.

1. Herstellen einer „unechten" Urkunde (§ 267 I Fall 1)

Exemplarisch sei hierzu zunächst der Tatbestand des § 267 I Fall 1 betrachtet.

a) Das Handlungsmerkmal

Das Handlungsmerkmal „herstellen" ist bereits begrifflich so weit gefasst, dass man hier durchaus bereits die Einschaltung Dritter in einen derartigen „Herstellungsprozess" auch ohne die Anwendung der Figur der mittelbaren Täterschaft als unmittelbar vom Wortlaut der Vorschrift gedeckt ansehen könnte. Dennoch wird man in jenen Fällen, in denen eine Urkunde *körperlich* - was in Anlehnung ans Zivilrecht (vgl. etwa § 126 BGB) heißt: durch *eigenhändige* Unterschrift - erst durch eine Zwischenperson *hergestellt* wird, eine sprachliche Klarstellung über § 25 I Alt.2 fordern müssen. Eine andere Betrachtung widerspräche den Anschauungen des täglichen Lebens und dem allgemeinen Sprachgebrauch, denn die Wertung, jemand habe im normativen

Sinne eine Urkunde „hergestellt", obwohl bereits ein anderer sie *körperlich* (=„eigenhändig") „hergestellt" hat, bedarf einer näheren Begründung, die sich hier - wiederum juristisch *und* sprachlich - über § 25 I Alt.2 ergibt.

b) Das Merkmal „unecht" als inhaltlich handlungssubjektabhängiges Attribut des Tatobjekts

Der im Hinblick auf die Figur der mittelbaren Täterschaft interessante Fall ist nun der, dass der (mittelbare) Täter das Werkzeug etwa durch Drohung oder Täuschung zur Unterzeichnung eines Schriftstückes zwingt, das er - der Hintermann - entworfen hat[208]. Problematisiert wird hier nun allerdings nicht, ob die nun entstandene Urkunde in mittelbarer Täterschaft „hergestellt" worden ist - dies scheint angesichts des weiten Begriffs des „Herstellens" eher als weniger problematisch angesehen zu werden -, sondern ob die so entstandene Urkunde „echt" oder „unecht" i.S.d. § 267 I ist. Diese Frage ist der des „Herstellens" auch logisch vorrangig, da sie das Tatobjekt betrifft, um dessen Herstellung es überhaupt geht. „Unecht" ist eine Urkunde nach allgemeiner Auffassung dann, wenn der aus ihr hervorgehende Aussteller nicht mit dem tatsächlichen Aussteller übereinstimmt[209]. Legt man die alte „Körperlichkeitstheorie"[210] zugrunde, ist (tatsächlicher) Aussteller allein derjenige, der die Urkunde selbst körperlich hergestellt (d.h.: unterzeichnet) hat. Aussteller wäre dann der Vordermann. Weil dieser aus der Urkunde auch als solcher hervorgeht, wäre die Urkunde bei konsequenter Betrachtung nicht unecht.

aa) Die Auffassung des Reichsgerichts

So heißt es in einer entsprechenden reichsgerichtlichen Entscheidung[211] auf der Grundlage der Körperlichkeitstheorie entsprechend den oben dargestellten Grundsätzen denn auch zunächst:

„Wird eine Schrift erst durch die Unterschrift zur Urkunde (...) und ist die Unterschrift von der Person, welche aus der Urkunde als deren Aussteller hervorgeht, bewirkt und mithin echt, so kann von fälschlicher Anfertigung keine Rede sein."

In der Folgezeit hatte das *RG* dann die Konstellation zu entscheiden, dass jemandem durch Unterschieben einer Blaupause Unterschriften abgetäuscht

---

208 Unproblematisch ist der Fall selbstverständlich dann, wenn das Werkzeug dazu gezwungen wird, mit einem *anderen* Namen zu unterschreiben. Dann liegt gewissermaßen der „Normalfall" einer mittelbaren Täterschaft vor.

209 Vgl. statt aller *Tröndle,* § 267, Rn. 20; *Lackner/Kühl,* § 267, Rn. 17 ff (je m.w.N.).

210 So insbesondere *Frank,* StGB, 18. Aufl., § 267, Anm. I.

211 *RG*St 5, 410 (412).

wurden[212]. An sich hätte das *RG* auf der Grundlage der obigen Argumentation daher zur Ablehnung des § 267 I kommen müssen[213]. Dennoch hat es die Strafbarkeit im Ergebnis bejaht. Wesentlicher Argumentationsstrang war der Rückgriff auf Elemente der späteren *Geistigkeitstheorie*[214], die auch heute noch gilt. In *RGSt 50, 179 (180)* hieß es:

„Nun kann freilich echt eine Namensunterschrift auch dann sein, wenn sie durch einen Dritten hergestellt ist. Wie aber die Voraussetzung hierfür eben der auf diese Art der Entstehung gerichtete Wille des Namensträgers, der Auftrag an den Dritten dazu usw., bildet, ebenso kann eine Handlung des Namensträgers, die - ihm unbewußt - seine Namensunterschrift hervorbringt, nicht die Folge haben, daß auf solche Weise eine „echte" Namensschrift entstände. Nur wo Körper und Geist bei der Herstellung zusammenwirken, entsteht ein Erzeugnis, das rechtlich von irgendwelchem Belang ist und rechtliche Wirkungen irgend welcher Art zu begründen vermag."

Für die Frage der Echtheit soll es hiernach also auf das Zusammenwirken von „Körper" und „Geist" desjenigen ankommen, der die Unterschrift mit seiner Hand leistet.

***bb) Die Auffassung* Schroeders**

Schroeder[215] schlägt nun vor, diese Fallkonstellationen nun allein über die Anwendung der Rechtsfigur der mittelbaren Täterschaft zu lösen. Er führt aus:

„Nach der modernen Theorie der mittelbaren Täterschaft wird dem Hintermann nicht nach Art der Akzessorietät bei der Teilnahme ein in der Person des Werkzeugs erfüllter Tatbestand zugerechnet, sondern die Tatbestandsmerkmale sind auf ihn selbst zu beziehen. Daher kommt es bei den echten Sonderdelikten darauf an, ob die Qualifikation bei dem Hintermann vorliegt; bei Tatbeständen, bei denen das Handlungsobjekt „ein anderer" oder eine „fremde" Sache ist, wird diese Eigenschaft allein nach der Person des Hintermannes, nicht nach der des Werkzeugs bestimmt. Die Herstellung einer unechten Urkunde nach § 267 StGB ist die Vortäuschung einer anderen Person als Aussteller. Nach dem eben genannten Grundsatz muß die Eigenschaft des „anderen" also bei der mittelbaren Täterschaft auf den Hintermann bezogen werden. Der Name des Unterzeichneten ist für den mittelbaren Täter ein „anderer"; damit liegt eine Urkundenfälschung vor."

---

212 *RG*St 50, 179 (180); *RG* JW 1931, 2248; *RG*St 73, 243 (245).
213 *Schroeder,* GA 74, 225 (226).
214 Begriff bei *Maurach/Schroeder/Maiwald,* BT 2, § 65 III, Rn. 48.
215 GA 74, 225 (227); ähnlich wohl auch bereits *Borchert,* MT, S. 107 f, Fn. 12 u. 13.

cc) Das Verhältnis der beiden Lösungsansätze zueinander

Dass es letztlich allein um das Merkmal „unecht" geht, wird in *Schroeders* Ausführungen nicht ganz deutlich. *Schroeder* trennt nicht zwischen Tathandlung („herstellen") und Tatobjekt („unechte Urkunde"), sondern setzt die „Herstellung einer unechten Urkunde" gleich mit der „Vortäuschung einer anderen Person als Aussteller". Unter diesen Gesamtbegriff subsumiert er dann. Er umgeht damit aber die eigentlich problematische Frage, wer denn „Aussteller"[216] der Urkunde ist und setzt vielmehr - offenbar stillschweigend - voraus, dass „Aussteller" jedenfalls *nicht* der gutgläubige Vordermann sei.

Anders die Lösung des *RG*: Dieses stellt allein auf die Frage ab, wer „Aussteller" der Urkunde ist und subsumiert dann unter den Begriff der „Echtheit" bzw. „Unechtheit". Der Weg des *RG* unterscheidet sich von *Schroeders* Weg mithin dadurch, dass das *RG* die Unechtheit der Urkunde allein - *negativ* - daraus herleitet, derjenige, der die Urkunde unterschrieben habe, sei dennoch *nicht* Aussteller, da in seiner Person Körper und Geist nicht ausreichend zusammengewirkt haben. *Schroeders* Ansatz hingegen kommt - konsequent fortgeführt - zur Unechtheit dadurch, über die Figur der mittelbaren Täterschaft *positiv* festzustellen, der Hintermann *sei* Aussteller, weil er „durch einen anderen" die Urkunde letztlich *selbst* ausgestellt hat.

Für die Problematik des Merkmals „unecht" erscheint der Ansatz des *RG* vorzugswürdig. Denn für die Erfüllung dieses Merkmals reicht es aus, dass der in der Urkunde als solcher erscheinende „Aussteller" eben nicht der tatsächliche „Aussteller" ist. Letzteres ist sowohl dann der Fall, wenn der Vordermann gezwungen wird, mit einem *fremden* Namen zu unterschreiben als auch dann, wenn ihm eine *eigene* Unterschrift abgenötigt wird, die er sich tatsächlich nicht

---

[216] Die gegenläufigen Darlegungen des *RG* in St 5, 410 einerseits und in St 50, 179 andererseits dokumentieren im übrigen in plastischer Weise ein Phänomen, das für die Entwicklung der Tatbestände des StGB geradezu charakteristisch ist, nämlich die immer weiter fortschreitende Entwicklung der Begrifflichkeiten weg vom engen, bildhaften Verständnis der Alltagssprache hin zu einem normativen Verständnis der Zurechnungsebenen: An kaum einem anderen Begriff wird dies so deutlich wie an der oben dargestellten Evolution des „Aussteller"-Begriffes. Verstand *RG*St 5, 410 den Aussteller noch allein als denjenigen, der eine Urkunde - der alten „Körperlichkeitstheorie" entsprechend - „mit eigener Hand", im wahrsten Wortsinne also „eigenhändig" unterschreibt, so findet sich in *RG*St 50, 179 bereits die Tendenz, nunmehr auch den „Geist" in den Ausstellerbegriff miteinzubeziehen. Die Entwicklung des Ausstellerbegriffes - weg vom früheren, geradezu naiven Leitbild der „eigenhändigen" Ausführung hin zum normativen Verständnis als Zurechnung von Verantwortungssphären - ist exemplarisch und spiegelt sich in einem Großteil gesetzlicher Begrifflichkeiten - und insbesondere der erfolgsbezogenen Handlungsmerkmale - wider. Aus sprachtheoretischer Sicht vgl. hierzu *Lyons*, Semantik II, S. 122.

zurechnen lassen muss. Eine positive Feststellung der „Aussteller"-Eigenschaft des Hintermannes, wie *Schroeder* sie vertritt, ist für das Merkmal „unecht" hingegen für gewöhnlich unnötig. Der Tatbestand des § 267 I erfordert nicht, der (mittelbare) Täter müsse tatsächlicher „Aussteller" der Urkunde sein - das Merkmal „Aussteller" taucht im Tatbestand überhaupt nicht auf -, sondern nur, er müsse die unechte Urkunde „hergestellt" haben.

Angemessen erscheint der *Schroeder*sche Ansatz jedoch im Hinblick auf die Erfüllung des Gesamttatbestandes unter Einbeziehung des Handlungsmerkmals „herstellen", denn das Gesamtgeschehen ist aus den oben zu a) genannten Gründen phänotypisch der Begehungsform der mittelbaren Täterschaft zuzuordnen, die eine entsprechende juristische und sprachliche Verdeutlichung erforderlich macht.

2. Modale Bestimmungen des Handlungsmerkmals

Des weiteren seien kurz die modalen Tatbestandsmerkmale angesprochen, die das jeweilige Handlungsmerkmal näher charakterisieren und ergänzen. Rein modale Bestimmungen des Handlungsmerkmals sind als Tatbestandsmerkmale eher selten. Als Beispiel lassen sich hier die Nötigungsmittel „Gewalt" und „Drohung" aufführen, die die Handlungsmerkmale im Tatbestand des Raubes und der raubähnlichen Delikte und in den Tatbeständen der Delikte gegen Willensfreiheit und Selbstbestimmung näher bestimmen.

a) Raub (§ 249)

Beim Tatbestand des Raubes, der hier kurz exemplarisch erörtert werden soll, ist für die Tatbestandserfüllung in der Person des Hintermannes erforderlich, dass dieser „mit Gewalt gegen eine Person" oder „unter Anwendung von (qualifizierten) Drohungen" handelt. Weil der Tatbestand hingegen nicht voraussetzt, dass es sich hierbei um *eigene* Gewalt des Täters oder um *selbst* ausgesprochene Drohungen handelt, besteht kein Hindernis, dem Hintermann die vom Vordermann angewandte Gewalt oder die vom Vordermann ausgesprochenen Drohungen über § 25 I Alt.2 zuzurechnen. Dem Wortlaut nach („*mit* Gewalt", „*unter Anwendung von* Drohungen") sind diese Merkmale zwar als adverbiale Bestimmungen der Art und Weise, bezogen auf das Handlungsmerkmal „wegnehmen" formuliert, doch sind sie in der Sache selbst Handlungsmerkmale: Ebenso könnte der Tatbestand des § 249 I lauten „wer ... wegnimmt *und hierzu Gewalt ... oder Drohungen ... anwendet*". Im Rahmen des (Handlungs-)Merkmals „anwenden" wäre ohne weiteres eine Auslegung dergestalt möglich, dass der Hintermann, der im normativen Sinne „durch einen anderen" (§ 25 I Alt.2) „wegnimmt", dann auch „durch einen anderen" „Gewalt" und „Drohungen" *anwendet*. Der Wortlaut des Begriffes „anwenden" (ebenso die Formulierung „*mit* Gewalt" in § 240) lässt dies zu. Eines Rückgriffs auf die Figur der mittelbaren Täterschaft bedarf es allerdings auch hier, um klarzustellen, *warum* man in der Person des Hintermannes von einem „*anwenden*" sprechen kann, obwohl Gewalt und Drohungen doch rein tatsächlich von einer anderen Person ausgeübt bzw. ausgesprochen werden.

b) § 240 (Nötigung)

Ebenfalls in diesem Zusammenhang ist noch einmal die Sitzblockaden-Entscheidung des *BGH*[217] zu § 240 (s.o., Kapitel 2, B. III. 6.) anzuführen. Denn sieht man entgegen der oben (Kapitel 2, B. III. 6.) vertretenen Auffassung etwa mit *Hoyer*[218] hier das Merkmal der „Gewalt" als nicht in unmittelbarer, sondern in *mittelbarer* Täterschaft erfüllt an, ist die Zurechnung in diesem Falle auf einen einzigen Punkt *innerhalb* des Gewalt-Merkmals beschränkt: Während das Merkmal „nötigen" unmittelbar in der Person der Blockierer selbst vorliegt, lässt sich das Merkmal „Gewalt" - entsprechend der einschränkenden Auslegung durch das *BVerfG*[219] - nur dann bejahen, wenn man die *physischen* Auswirkungen, die vom Verhalten der Zwischenpersonen ausgehen, den Blockierern über § 25 I Alt.2 zurechnet. Zugerechnet wird damit nur ein einzelner Teil *innerhalb* des tatbestandlichen Gewalt-Merkmals, während alle anderen Teile dieses Merkmals, nämlich die objektive, wenn auch nur *psychisch* vermittelte Hervorrufung einer *Zwangs*wirkung hinsichtlich der ersten Zwischenpersonen wie auch die subjektiv-finale Seite („*zur* Überwindung eines Widerstandes") schon in der Person der Blockierer selbst erfüllt sind. Eine derartige „Stückelung" der beiden Täterschaftsformen *innerhalb* eines einzigen Tatbestandsmerkmals ist neu und - soweit ersichtlich - in dieser Form auch noch nicht diskutiert worden. Auch hierin mag ein Grund dafür liegen, dass der *BGH* sich in der konkreten Entscheidung[220] jedenfalls nicht ausdrücklich zur Anwendung der Figur der mittelbaren Täterschaft bekannt hat.

3. Lokale Bestimmungen des Handlungsmerkmals

Besondere Schwierigkeiten kann die Anwendung des Tatbestandes auf den Hintermann schließlich dann aufwerfen, wenn es um die Erfüllung bestimmter adverbialer Bestimmungen des Ortes geht, die im Tatbestand enthalten sind. Selbst dann nämlich, wenn diese sich grammatisch allein auf das Handlungsmerkmal beziehen, lassen sie sich vom Täter als Handlungssubjekt kaum trennen. Die Probleme, die sich in diesem Bereich ergeben können, sollen anhand des folgenden Beispielsfalles zum Tatbestand des § 167 exemplarisch dargestellt und erörtert werden.

---

[217] *BGH*St 41, 182.
[218] JuS 96, 200 ff (202 ff).
[219] *BVerfG*E 92, 1 ff.
[220] *BGH*St 41, 182.

a) Beispielsfall

Der Linguist L ist ein ebenso leidenschaftlicher Liebhaber arabischer Sprachen wie verbohrter Verfechter eines konservativen Katholizismus. Eines Tages bittet ihn Pfarrer P, ein Lied, das er - P - entworfen hat, ins Arabische - und zwar in Lautschrift - zu übersetzen, damit der Kirchenchor des P es im Rahmen eines christlich-moslemischen Toleranz- und Solidaritätsgottesdienstes in arabischer Sprache singen kann. L sagt dies zu und macht sich ans Werk. Da ihm der P wegen seiner viel zu liberalen Haltung zu anderen Religionen jedoch bereits seit langem ein Dorn im Auge ist, beschließt er, das Projekt zu torpedieren. Er versieht das Lied daher mit einem Inhalt, den er im Hinblick auf den konkreten Anlass für „angemessener" hält.

P gibt die so entstandenen Texte gutgläubig an die Chormitglieder weiter, die das Lied sodann im Rahmen des Gemeinschaftsgottesdienstes, der in einer christlichen Kirche stattfindet, absingen; freilich ohne den Inhalt zu verstehen. Der Text enthält in der von L übersetzten Version ausschließlich rassistische und anti-islamische Beschimpfungen. Aufgrund eines entstehenden Tumults seitens der islamischen Gläubigen kann der Gottesdienst nicht mehr fortgesetzt werden.

b) §§ 167 I Nr.1, 25 I Alt.2

L hat den Tatbestand des § 167 I Nr.1 hier „durch einen anderen" (genau genommen: durch *mehrere* andere) erfüllt, denn der Tatbestand lässt sich sprachlich im Sinne eines reinen Erfolgsdeliktes, nämlich als „objektiv zurechenbares Verursachen einer Störung", begreifen. Nach den erörterten Kriterien muss allerdings durch den Zusatz des § 25 I Alt.2 sprachlich verdeutlicht werden, dass der Begriff „stören" im Sinne einer Vorgangsbeschreibung bereits auf P und die Chormitglieder anzuwenden ist, so dass die Anwendung desselben Verbums auf den zeitlich viel früher handelnden und räumlich gar nicht anwesenden Hintermann L einer besonderen juristischen und sprachlichen Erklärung bedarf. Eine Parallele weist hier etwa auch der polizeirechtliche „Störer"-Begriff auf, der als „Störer" denjenigen einstuft, der in seiner Person *unmittelbar* die Gefahrenschwelle überschreitet[221]. Dies trifft auf die Mitglieder des Kirchenchores, auch wenn sie selbst ohne Verschulden handeln, allemal zu.

c) §§ 167 I Nr.2, 25 I Alt.2

Problematisch erscheint hingegen die Anwendung der Ziffer 2 des § 167 I auf L. Dazu müsste er zunächst „beschimpfenden Unfug verübt" haben. Dies hat L

---

[221] Vgl. etwa *Drews/Wacke/Vogel/Martens*, Gefahrenabwehr, 9. Aufl., 1986, § 20, 3, S. 313 m.w.N.

jedenfalls nicht selbst durch das akustische Kommunikationsmedium Sprache getan. Doch hat er schriftlich Gedanken fixiert, die er über den P und den Kirchenchor quasi als „Sprachrohre“ in das Kommunikationsmedium Sprache umwandeln ließ. Als „Verüben von Unfug“ lässt sich auch ein solches Verhalten sprachlich zwanglos bezeichnen.
Fraglich ist aber, ob sich auch sagen lässt, L habe den „beschimpfenden Unfug“ auch „*an einem Ort,* der dem Gottesdienst gewidmet ist“[222], verübt. L selbst war körperlich in der Kirche gar nicht anwesend. Nun wird man gewiss sagen können, zumindest der *Erfolg*, die äußeren Auswirkungen des „Unfugs“ in der Lebenswirklichkeit, seien an diesem Ort eingetreten. Das allerdings würde bedeuten, den Tatbestand letztlich im Sinne *Nowakowskis*[223] auszulegen, nämlich dahingehend, L habe bewirkt, dass *ein anderer an diesem Ort* beschimpfenden Unfug verübt. Das mag bei diesem Tatbestand, anders als etwa bei den Sonderdelikten, dann gerechtfertigt und auch mit dem Wortlaut des Tatbestandes vereinbar sein, wenn sich die adverbiale Bestimmung, die in der Person des Hintermannes nicht erfüllt ist, nicht auf das Subjekt des Satzes („wer“), sondern allein auf die tatbestandsmäßige Handlung bzw. sogar nur auf deren *Erfolg* bezieht.

Eine solche Betrachtung wäre jedoch hinsichtlich der tatbestandlichen Fassung des § 167 I Nr.2 weder grammatisch noch inhaltlich konsequent. Denn die adverbiale Bestimmung „*an einem Ort ...*“ bezieht sich grammatisch auf das Subjekt des Satzes („wer“) und ist auch inhaltlich von diesem nicht zu trennen, weil die Beschreibung einer bestimmten Handlung notwendig immer auch den Handelnden als Person mitumfasst. Um eine Strafbarkeit des L begründen zu können, bliebe dann wiederum nur die Möglichkeit, die Anwesenheit des P und des Chores „an“ dem dem Gottesdienst gewidmeten Ort auch dem L „zuzurechnen“, mithin sie in seiner Person zu fingieren. Hiergegen sprechen dieselben Bedenken wie gegen die „Zurechnung“ einer Sondereigenschaft, denn der Tatbestandswortlaut lässt eine solche „Auslegung“ nicht mehr zu: L ist und war nun einmal nicht „an dem Ort“. Akzeptiert man daher die oben (I. 1. b)) erörterte Prämisse, dass über § 25 I Alt.2 keine Fiktionen durch Zurechnung von Eigenschaften oder, wie hier, von tatsächlichen Umständen möglich sind, soweit sich diese nach dem Wortlaut des Tatbestandes auf die Person des Täters selbst beziehen, hat L den Tatbestand des § 167 I Nr.2 in seiner Person nicht erfüllt.

---

[222] Bereits *Beling,* Die Lehre vom Verbrechen, S. 243 ff erwähnt dieses Beispiel, ohne es allerdings in den Zusammenhang mit der Zurechnungsproblematik bei der mittelbaren Täterschaft zu stellen. *Beling* weist ferner auf die Beispiele „Jagen in Wäldern“ und „Fischen in deutschen Küstengewässern“ hin.
[223] Vgl. JZ 56, 545 ff (550, Fn. 83).

Aber auch dem Unrechtsgehalt des Tatbestandes wird dieses Ergebnis gerecht: So heißt es etwa bei *Tröndle*[224], „beschimpfender Unfug" sei gekennzeichnet durch eine *„grob ungehörige, rohe Gesinnung zeigende Handlung, die sich trotz der notwendigen räumlichen Nähe"*(!) zwar *„nicht unmittelbar gegen den Ort selbst zu richten"* brauche, *„mit der aber doch die Mißachtung gegenüber seinem herausgehobenen Charakter zum Ausdruck kommen"* müsse. Das deutet darauf hin, dass das spezifische Unrecht der tatbestandlichen Handlung gerade in deren räumlicher Vornahme „an" dem religiösen Ort zu sehen ist, gerade also der Anwesenheit des Verübenden „an" diesem Ort die besondere Unrechtsqualität des Tatbestandes, etwa im Sinne eines „höchstpersönlichen Frevels", innewohnt. Eben diese liegt im oben dargestellten Fall des L nicht vor.

Ist man aber den Weg bis hierher gegangen, ist es nur noch ein kleiner, letztlich aber logisch zwingender Schritt zu fragen, wie es denn mit einer mittelbaren Täterschaft des L bestellt wäre, wenn auch er, etwa um das Debakel des P „live" mitzuerleben, selbst den Gottesdienst besucht hätte und nunmehr bei der „Verübung" des Unfugs durch seine Werkzeuge selbst „an" dem Ort anwesend gewesen wäre. Formal hat L nun alle Tatbestandsmerkmale erfüllt: Die körperliche Anwesenheit „an" dem religiösen Ort liegt in seiner Person und auch in der Person der die Unfugverübung ausführenden Werkzeuge vor. Auch lässt sich von L sagen, er „verübe" in einem normativen Sinne „durch" den P und den Kirchenchor selbst den Unfug „an" diesem Ort. Zu beachten ist aber, dass der Anwesenheit des L in Bezug auf die Ausführung der Tathandlung keinerlei Relevanz zukommt. Sieht man das spezifische Unrecht des Tatbestandes gerade in der Verbindung zwischen Handlung und Ortsanwesenheit, so wird dieses Unrecht nur dann verwirklicht, wenn Handlungsausübung und Ortsanwesenheit in einer Person zusammenfallen. Tatbestandliche Handlung kann für L aber nur die *Funktionalisierungs*handlung sein, diese hat er jedoch gerade nicht „an dem Ort ..." ausgeführt, sondern Wochen zuvor in seinem Arbeitszimmer. Im Ergebnis müsste eine Tatbestandserfüllung in der Person des L letztlich auch in dieser Fallkonstellation verneint werden[225].

Zu prüfen bleibt, wie sich das erzielte Ergebnis mit sonstigen Begehungskonstellationen des § 167 I Nr.2 verträgt, die in der Praxis Relevanz

---

224 § 167, Rn. 11 unter Berufung auf *RG*St 32, 212 und 43, 201.

225 Anders mag es allerdings liegen, wenn man hier auf das *Unterlassen* des L abstellt, indem er den P und den Chor trotz seiner eigenen räumlichen Anwesenheit in der Kirche am Absingen des Textes nicht hindert. Hierzu wäre er unter Ingerenz-Gesichtspunkten verpflichtet (§ 13 I).

erlangt haben. Neben dem Absingen von religionsfeindlichen oder pornographischen Liedern wird in der Kommentarliteratur etwa auch das Beschmieren mit religionsfeindlichen Symbolen (z.B. Hakenkreuzen) als Beispiel für die Erfüllung des § 167 I Nr.2 angeführt[226]. Betrachtet man einmal letzteres Beispiel, so erschiene es befremdlich, einen Hintermann, der einen durch entsprechende Drohung nach § 35 I 1 entschuldigten Vordermann zum Anmalen derartiger Symbole an der Kirchentür drängt, nicht über § 25 I Alt.2 als mittelbaren Täter des § 167 I Nr.2 haften zu lassen, auch wenn er selbst nicht bei der Tatausführung räumlich anwesend ist. Hier auf eine räumliche Nähe des Hintermannes für die Frage der Tatbestandserfüllung abzustellen erscheint sinnwidrig, denn das Unrecht der Handlung wird durch die Abwesenheit ebensowenig vermindert, wie es durch die Anwesenheit des L in der Kirche im oben erörterten Beispielsfall verstärkt würde. Im Fall der Beschmierung geht das beleidigende Moment der Handlung nicht davon aus, dass eine Person, die selbst körperlich am religiös gewidmeten Ort anwesend ist, eine derartige Herabwürdigung *äußert* und ihrer Handlung gerade durch ihre persönliche Anwesenheit an dem betreffenden Ort noch zusätzlich ein Element besonderen Frevels verleiht. Das wesentliche Beleidigungsmoment liegt vielmehr darin, dass die Beschmierung losgelöst von einer Person gleichsam „für sich selbst spricht“ und durch ihre feste Verbindung mit dem religiösen Ort den betroffenen Religionsangehörigen ständig und unausweichlich vor Augen gehalten wird. Im ersteren Falle ergibt sich die Frevelhaftigkeit der tatbestandlichen Handlung aus der Anwesenheit des Beleidigenden während der Ausführung des beleidigenden Aktes am geweihten Ort, im letzteren Falle hingegen aus der dauerhaften und nur durch Säuberungen wieder zu beseitigenden „Anwesenheit“ der vom Beleidigenden verselbständigten Beleidig*ung* selbst.
Daraus aber folgt, dass der Tatbestand des § 167 I Nr.2 je nach konkreter Fallgestaltung differenzierte Auslegungen zulässt:
Im ersteren Falle (Linguisten-Fall) steht der *Akt* des Verübens im Vordergrund. Nur er enthält den spezifischen Unrechtsgehalt und die besondere Frevelhaftigkeit des tatbestandlichen Handelns. Dieser Akt ist untrennbar an die Person gebunden, die ihn ausführt und deswegen ist die adverbiale Bestimmung des Handlungsmerkmals „an einem Ort ...“ auch auf die Person zu beziehen, die diesen Akt vornimmt. Wer hierbei das tatbestandliche Handlungsmerkmal („Unfug verüben“) hingegen (nur) in einem normativen, über § 25 I Alt.2 vermittelten, erweiterten Sinne erfüllt, der erfüllt den (Gesamt-)Tatbestand nicht, wenn er nicht selbst Ausführender des Aktes und nicht selbst am Ort anwesend ist.

---

226 Vgl. Sch/Sch-*Lenckner*, Rn. 13; *Tröndle/Fischer*, Rn. 8; LK(10)-*Dippel*, Rn. 20; SK-*Rudolphi*, Rn. 11.

Im letzteren („Beschmierungs"-)Fall hingegen steht allein das *Ergebnis* des „Verübens", nämlich der „Unfug" selbst als *Erfolg* im Vordergrund und beinhaltet Unrecht und Frevelhaftigkeit des Verhaltens. Der Begriff des „Verübens" ist dann in dem Sinne zu verstehen, der Unfug werde nunmehr „an dem Ort", verstanden als *Tatobjekt*, nicht als adverbiale Bestimmung des *Handlungs*merkmals, verübt; im Sinne von: *an dem Ort* wird der Unfug - die Schmiererei - *angebracht* (=„verübt"). In gleicher Weise begegnet der Begriff etwa in der Formulierung, „an" einer bestimmten Person werde „ein Verbrechen *verübt*". Wortlaut und Grammatik des Tatbestandes tragen auch diese Auslegung. § 167 I Nr.2 ist damit im erstgenannten Falle und der entsprechenden Auslegung Tätigkeitsdelikt, im zweiten Falle und der entsprechenden Auslegung dagegen Erfolgsdelikt. Der insoweit janusköpfige Tatbestand lässt beide Auslegungen zu, doch ist in jedem konkreten Einzelfalle zu prüfen, welche Auslegung nach dem gesetzlichen Sinn und Zweck des Tatbestandes zu wählen ist. Kommt man zur Auslegung als Erfolgsdelikt, gelten die oben (C.) dargestellten Regeln der mittelbaren Täterschaft im Rahmen der Erfolgszurechnung. Das Merkmal „an einem Ort ..." ist in diesen Fällen nur auf den Erfolg zu beziehen, so dass es auf die Anwesenheit des Hintermannes nicht ankommt. § 167 I Nr.2 ist dann ohne weiteres fremdhändig begehbar.

Aber auch in der Auslegung als Tätigkeits- oder Handlungsdelikt ist eine eigenhändige Ausführung des Tatbestandes nicht unbedingt zwingend. Denn etwa auch dann, wenn der Hintermann sein Werkzeug in der Kirche während des Gottesdienstes selbst instruiert, beide Beteiligten also anwesend sind, und dann „durch" das Werkzeug den „Unfug verüben" lässt, besteht kein Grund, in seiner Person nicht ebenfalls die Verwirklichung des besonderen Unrechtsgehalts und des frevelhaften Elements der Tatbestandsverwirklichung zu erblicken. Dass er gerade *an dem Ort* ... sein Werkzeug funktionalisiert, „auf den Weg schickt" und dann während der „Verübung" des Unfugs - um mit den markigen Worten der Tatherrschaftslehre[227] zu sprechen - „den Geschehensablauf in der Hand hält und nach seinem Willen hemmen und ablaufen lassen kann", ist nicht weniger frevelhaft und entspricht dem tatbestandlichen Unrechtsgehalt nicht minder als die eigenhändige Ausführung des Verübens-Aktes selbst. Hier nämlich lässt sich sagen, der Hintermann nehme die, wenn auch in einem normativ-erweiterten Sinne zu verstehende, „Verübens"-Handlung dennoch selbst und in eigener Anwesenheit „an dem Ort ..." vor.

[227] Vgl. die Formulierung von *Maurach/Gössel/Zipf*, AT 2, § 47 IV C, Rn. 85.

Dieselbe Problematik wie bei § 167 I Nr.2 stellt sich etwa bei § 168, nach dem u.a. derjenige bestraft wird, der *„an einer Beisetzungsstätte* beschimpfenden Unfug verübt".

G. Tatbestandliche Relevanz höchstpersönlicher Elemente des Ausführenden

Zu erwähnen bleiben schließlich jene Konstellationen, bei denen der Tatbestandserfüllung ein höchstpersönliches Moment innewohnt, das jeweils allein von der Person des einzelnen Tatausführenden abhängt. Derartiges begegnet etwa bei der Beleidigung (§ 185). Die Beleidigung als Kundgabe *persönlicher* Herabwürdigung und Missachtung des Beleidigten ist ihrem Wesen nach die Kundgabe einer *persönlichen* Meinung oder Haltung desjenigen, der die entsprechende Äußerung kundtut. Ob nun eine derartige Missachtensäußerung objektiv beleidigenden Charakter hat, kann ganz wesentlich von der Person des Äußernden abhängen.

Beispiel:

Vater V fordert seinen fünfjährigen Sohn S auf, dem Nachbarn N einen Vogel zu zeigen und ihn zu beschimpfen. S tut wie ihm aufgetragen. N gibt nichts auf die Kindereien des S und sieht unbekümmert darüber hinweg.

Was hier bei N „ankommt" ist aus dessen und aus der Sicht eines objektiven Dritten nichts anderes als das Tun eines unmündigen und noch unreifen Kindes, denn den Äußerungen eines Fünfjährigen kann man bei Anlegung vernünftiger Maßstäbe keinerlei ernstzunehmenden Gehalt beimessen. Bereits objektiv fehlt es damit schon am Vorliegen einer im Sinne des § 185 tatbestandlich relevanten „Beleidigung"; ebenso wird es von N auch empfunden. Die Unreife des S, die seine Werkzeugeigenschaft (§ 19) begründen würde, führt bereits dazu, dass der tatbestandliche Erfolg des § 185 erst gar nicht eintritt. S ist als Medium zur Erfolgsvermittlung untauglich, da in seiner Person eine nach § 185 relevante, die Bagatellgrenze überschreitende, herabwürdigende Kundgabe einer persönlichen Missachtung jedenfalls in der oben geschilderten Form nicht möglich ist.

Anders läge es hingegen, wenn N des Instruktionsvorgangs zwischen V und S gewärtig geworden wäre und V dies auch in seinen Vorsatz mitaufgenommen hätte. Dann nämlich läge bereits in der *offensichtlichen* Instruktion im Zusammenhang mit dem daran anschließenden und den Inhalt der Instruktion offenkundig machenden Verhalten des S die Beleidigung des N. Nur wäre sie nun bereits durch das instruierende Verhalten des V selbst ausgeführt, da nicht erst das unreife Verhalten des S den N herabwürdigt, sondern das Verhalten des

V, der als Vater seinen Sohn zu derartigem Tun auffordert[228]. Und dieses hat V im engeren Sinne „selbst" begangen.

Denkbar sind Beleidigungen in mittelbarer Täterschaft wohl nur dann, wenn ein nach objektiven Maßstäben in seinen Äußerungen ernstzunehmender Vordermann eine herabwürdigende Kundgabe als vermeintlich eigene von sich gibt, wie im oben (F. II. 3. a)) dargestellten Kirchenchor-Beispiel, und dem Opfer die Funktionalisierung als Werkzeug auch nicht erkennbar ist. Ist sie ihm nämlich erkennbar, so wird es der etwa erzwungenen oder vom Vordermann als solcher gar nicht erkannten herabwürdigenden Kundgabe nicht denselben herabwürdigenden Wert zumessen, als wenn das Werkzeug vermeintlich freiverantwortlich und aus eigenem Antrieb handelt. Möglich bleibt aber, bei Erkenntnis der Funktionalisierung durch den Beleidigten die Kundgabe nicht als eine solche des Werkzeugs, sondern direkt als eine solche des Hintermannes anzusehen, so dass in dessen Verhalten eine Beleidigung in unmittelbarer Täterschaft vorläge.

Auszuscheiden sind auch hier wiederum jene Fälle, in denen sich der Hintermann lediglich eines Mediums zur Übermittlung seiner *eigenen* Kundgabe bedient; etwa der Post und des Briefträgers bei der Übersendung eines beleidigenden Briefes. Hier gelten zum einen die oben (C. II. 2. b)) dargestellten Grundsätze, zum anderen liegt es auch hier so, dass das Opfer die Kundgabe als eine solche des Absenders und nicht als eine solche des bloßen Übermittlers einordnen wird[229].

H. Dogmatische Einordnung des § 25 I Alt.2 als innertatbestandliches Zurechnungssystem

Abschließend zu klären ist die generelle dogmatische Einordnung der Funktion des § 25 I Alt.2 und damit einhergehend der Rechtsfigur der mittelbaren Täterschaft schlechthin. Die Problematik wird zumeist auf die Frage verkürzt, ob die Figur der mittelbaren Täterschaft eine Form der *Erfolgs-* oder eine Form der *Handlungs*zurechnung darstellt. Sie wird großteils im Zusammenhang mit der Frage erörtert, wann bei der mittelbaren Täterschaft für den Hintermann der Versuch beginnt[230].

---

[228] Vgl. auch *Herzberg,* ZStrW 82 (1970), 896 ff (941).

[229] Vgl. *Herzberg,* ZStrW 82, 896 ff (942).

[230] Stellung zum Zurechnungsproblem nehmen etwa *Schilling,* Der Verbrechensversuch des Mittäters und des mittelbaren Täters, S. 39 ff; *Krüger,* Der Versuchsbeginn bei mittelbarer Täterschaft, S. 36 ff; *Küper,* Versuchsbeginn und Mittäterschaft, 1978; *ders.* JZ 83, 361 ff (368 ff); *Baumann,* JuS 63, 85 ff (92 f); *U. Gerhardt,* Die Abgrenzung von Vorbereitung und Versuch bei mittelbarer Täterschaft, 1970, S. 4 ff; 31 ff; *Herzberg,* JuS 85, 1 ff; *Kühl,* JuS 83, 180 ff; *Küpper,* GA 86, 437 ff (447); *Cramer,* FS *Bockelmann,* 389 ff (397); *Frisch,* FS

I. Die mittelbare Täterschaft als Erfolgszurechnung (Schilling u.a.)

Zum Teil wird die mittelbare Täterschaft im Schrifttum als bloßes Glied im Rahmen der Erfolgszurechnung eingeordnet[231]. Dies entspricht den oben (C. II.) gewonnenen Ergebnissen bei der Erörterung der Funktion dieser Rechtsfigur im Rahmen der reinen Erfolgsdelikte. Sie fungiert hier - in ihrer normativen Komponente - als Teil der objektiven Erfolgszurechnung[232] und stellt in ihrer begrifflich-sprachlichen Komponente klar, durch die Zurechnung des Erfolges zur Person des Hintermannes sei nunmehr auch in dessen Person das jeweilige tatbestandliche Handlungsmerkmal erfüllt, auch wenn die Kausalkette der Verursachung „durch" das bewusste oder unbewusste, freiwillige oder unfreiwillige Handeln eines „anderen" läuft. Unrichtig ist es, wenn hiergegen vorgebracht wird, ein solches Verständnis beraube § 25 I Alt.2 seiner konstitutiven Bedeutung[233]. Denn dieser Einwand lässt die sprachlich-begriffliche Klarstellungsfunktion des § 25 I Alt.2 völlig außen vor.

II. Die mittelbare Täterschaft als Handlungszurechnung (Küper, Krüger, Kühl, Bloy, Kadel, Woelk)

Nun kann die mittelbare Täterschaft nur beim reinen Erfolgsdelikt allein als Teil der Erfolgszurechnung angesehen werden. Weist ein Tatbestand ein Handlungsmerkmal auf, das sich nicht auf eine reine Erfolgsherbeiführung beschränkt, stellt sich die Frage, inwiefern § 25 I Alt.2 das Verhältnis zwischen dem Handeln des Vordermannes und dem Handeln des Hintermannes reglementiert. Gänzlich ohne eine Zurechnung des Verhaltens kommt man hier nicht aus. *Krüger* weist in diesem Zusammenhang zutreffend darauf hin, dass sich anderenfalls spezifische Modalitäten der Rechtsgutverletzung, die oftmals den Handlungsunwert der Tat maßgeblich prägen, dem mittelbaren Täter nicht zurechnen ließen[234]. Allerdings fragt es sich, welcher Art diese Zurechnung des Mittler-Verhaltens letztlich sein soll. Die Formulierungen, die von den Vertretern einer Handlungszurechnung in diesem Zusammenhang gewählt werden, weichen hier nicht unerheblich voneinander ab: So heißt es bei *Krüger*[235] und *Kühl*[236], dem mittelbaren Täter werde die Handlung des

---

Bockelmann, S. 647 ff (651 f); *Maiwald,* ZStrW 88 (1976), 712 ff (741 ff, 747); *Kadel,* GA 83, 299 ff (308); *Valdagua,* ZStrW 86, 839 ff (854); *Bloy,* GA 96, 424 ff (437 f).

231 In diesem Sinne *Schilling,* S. 104 ff; *Herzberg,* JuS 83, 1 ff (3 f) und FS *Roxin,* S. 749 ff; wohl auch *Jakobs,* GA 97, 553 ff (559 ff); differenzierend *Baumann,* JuS 63, 85 ff (92 f).

232 Es handelt sich also auch nicht - wogegen sich die Kritik *Krügers* (Versuchsbeginn, S. 44) wendet - um eine „strikt kausalistische Konstruktion", sondern um die Anwendung normativ-wertender Kriterien. Die Figur der mittelbaren Täterschaft betrifft nicht die Frage der Erfolgs*verursachung,* sondern die an die Kausalität erst anknüpfende Frage der Erfolgs*zurechnung.*

233 *Krüger,* Versuchsbeginn, S. 44 unter Bezugnahme auf *Küper,* Versuchsbeginn, S. 60.

234 Versuchsbeginn S. 41; ebenso *Küper,* Versuchsbeginn, S. 58 f; *Woelk,* Täterschaft, S. 106.

235 S. 46.

Werkzeugs „*als eigene* zugerechnet". Ähnlich führt *Woelk*[237] aus: Die Vermittlerrolle des Werkzeugs dürfe sich nicht allein auf den Erfolg beziehen, sondern es sei darüber hinaus eine Zurechnung auch des Handlungsunwertes, der durch die besondere Art und Weise der Erfolgsherbeiführung bestimmt werde, erforderlich. Dies sei - auch und gerade im Hinblick auf die Tätigkeitsdelikte - nur über eine Verhaltenszurechnung möglich. An späterer Stelle[238] findet sich dann auch bei *Woelk* die Formulierung, das Verhalten des Werkzeugs werde dem Hintermann *„als eigenes zugerechnet"*.

Küper[239] formuliert dahingehend, dem Hintermann werde „aufgrund (...) seiner „Tatherrschaft" über die Mittelsperson, deren Verhalten und der daraus resultierende Erfolg so zugerechnet, *wie wenn er selbst gehandelt hätte*[240]". Die Tatbestandsverwirklichung in mittelbarer Täterschaft sei daher eine aus dem eigenen Handeln des mittelbaren Täters („Einwirkung") und dem zurechenbaren Verhalten des Tatmittlers (eigentliche Ausführung) bestehende normative Einheit: eine „Gesamttat" mehrerer Beteiligter, nicht nur eine faktische Variante der Alleintäterschaft[241]. Ähnlich *Kadel*[242]: Das Wesen der mittelbaren Täterschaft bestehe gerade darin, dass mittelbarer Täter und Tatmittler als *Einheit* zu sehen seien. Die verschiedenen Formulierungen machen deutlich, dass es eine einheitliche und allseits befriedigende dogmatische Lösung in diesem Bereich nicht gibt.

III. Mittelbare Täterschaft als Ausfüllung des konkreten tatbestandlichen Handlungsmerkmals in der Person des Hintermannes durch normative Zurechnung des Verhaltens des Vordermannes (=Selbst-Begehung im normativen Sinne)

Die erörterte dogmatische Streitfrage ist für die hier allein interessierende Problematik der *sprachlichen* Erstreckung des jeweiligen tatbestandlichen Handlungsmerkmals auf den Hintermann jedoch nur von eher untergeordneter Bedeutung[243].

---

236 JuS 83, 180 ff (182).

237 Täterschaft, S. 106.

238 A.a.O., S. 107.

239 JZ 83, 361 ff (369). In gleicher Weise *Cramer*, FS *Bockelmann*, 389 ff (397); ähnlich *Frisch*, FS *Bockelmann*, S. 647 ff (651).

240 Hervorhebung nicht im Original.

241 *Küper*, a.a.O.

242 GA 83, 299 ff (308). In diesem Sinne wohl auch *Bloy*, GA 96, 424 ff (438): Stiftung eines „neuen Sinnzusammenhangs" durch die aufeinander bezogenen Handlungen mehrerer Personen in ihrem Verhältnis zueinander.

243 Relevant ist die dogmatische Entscheidung des Problems in Bezug auf die Frage, wann bei der mittelbaren Täterschaft der Versuch beginnt (vgl. zum Streitstand zuletzt *Engländer*, JuS 03, 330 ff). Da es sich insoweit aber um ein allgemeines Problem des § 22 handelt, soll die Frage für die vorliegende Untersuchung außer Betracht bleiben.

1. Reine Erfolgsdelikte

Für die sprachlich-begriffliche Seite reicht beim Erfolgsdelikt die Feststellung aus, dass der Hintermann durch sein *eigenes* Verhalten, die Funktionalisierung des Vordermannes, in objektiv zurechenbarer Weise kausal für den Erfolgseintritt geworden ist, so dass das Verhalten des Hintermannes sprachlich zumindest dem Begriffs*hof* des jeweiligen Handlungsmerkmals unterfällt. Dass die Kausalität und die objektive Zurechenbarkeit dieses Erfolges hierbei durch das Dazwischentreten einer anderen Person vermittelt werden, wird durch den sprachlichen Zusatz „durch einen anderen" in ausreichender Weise klargestellt.

2. Andere Delikte

Aber auch bei den Delikten, die keine reinen Erfolgsdelikte sind, verdeutlicht der Zusatz „durch einen anderen", dass es nicht um eine eigenhändige, sondern um eine zumindest in Teilen fremdhändige Ausführung der Tat geht, bei der für die Tatbestandserfüllung fremdes Verhalten Relevanz erlangt hat. Der Zusatz weist darüber hinaus auf das spezifische Funktionalisierungsverhältnis zwischen Hintermann und Vordermann hin, das sich aus der jeweiligen „Werkzeug"-Eigenschaft des Vordermannes ergibt. Sprachlich ist damit der Weg frei, um das Verhalten des Hintermannes, das sich nach seiner finalen Zwecksetzung gerade darauf richtet, den Vordermann in seinem Sinne zu instrumentalisieren und das eigene Ziel zu erreichen, wertend unter das jeweilige Handlungsmerkmal zu fassen. Es ist also wiederum das Verhalten des Hintermannes selbst, das unter Berücksichtigung des Verhaltens des Vordermannes und dessen Funktionalisierung als „täuschen", „wegnehmen" oder „beleidigen" bezeichnet und damit auch normativ bewertet wird, solange es selbst die Mindestkriterien des jeweiligen Handlungsmerkmals aufweist. Hierfür nun kommt es allerdings nicht darauf an, ob dem Hintermann das Handeln des Vordermannes „als eigenes zugerechnet" wird bzw. ob er so behandelt wird, „als habe er selbst gehandelt". Entscheidend ist allein, dass der Hintermann *selbst* nach *seiner* finalen Zwecksetzung den Vordermann zur Erreichung des jeweiligen, durch das Handlungsmerkmal vorgegebenen Zieles instrumentalisiert, in der durch das Handlungsmerkmal beschriebenen Weise eingesetzt und schließlich sein Ziel auch erreicht hat. Das Verhalten des Vordermannes in seiner Beziehung zum Hintermann wird also *innerhalb* der begrifflichen Wertung berücksichtigt, bleibt aber fremdes Verhalten und wird auch nicht etwa „als eigenes" zugerechnet (Bsp.: eine „Wegnahme" in mittelbarer Täterschaft liegt nur dann vor, wenn das den Gewahrsamsbruch ausführende Werkzeug seinen Gewahrsamswillen dem Hintermann unterordnet und der Hintermann dadurch selbst (mittelbaren) Gewahrsam erlangt bzw. die Zueignung als Fernziel der Wegnahme durch die Inbesitznahme seitens des Werkzeugs bereits antezipiert wird).

Am nächsten kommt dieser Betrachtungsweise wohl noch die Auffassung *Küpers*[244] von einer zwischen Hintermann und Vordermann anzunehmenden „Gesamttat", doch wendet *Küper* diesen Begriff auf die „Tat" als tatsächlichen Vorgang an, nicht aber auf die sprachlich-begriffliche Bewertung des Verhaltens des Hintermannes im Rahmen der Subsumtion des tatsächlichen Vorgangs unter das tatbstandliche Handlungsmerkmal. Diese beiden Ebenen sind aber strikt zu trennen. Als „Täuschung", „Wegnahme" oder „Beleidigung" - jeweils „durch einen anderen" - wird allein das Verhalten des Hintermannes bewertet, nicht aber die - nach logischen Maßstäben ohnehin nicht erklärbare - Addition des Hintermann-Verhaltens plus des Tatmittler-Verhaltens als „Gesamttat". Dass ein Zurechnungsverständnis, wie es die Lehre von der Handlungszurechnung vertritt, auf der begrifflichen Ebene wenig ergiebig ist, folgt daraus, dass der Hintermann nicht deswegen „tötet", „wegnimmt" oder „täuscht", weil der Vordermann dies tut und ihm diese begriffliche Wertung nun „als eigene" zugerechnet bzw. er so behandelt wird, „als habe er selbst gehandelt", sondern allein deswegen, weil das Handlungsmerkmal unabhängig von der Tatbestandserfüllung durch den Vordermann in seiner eigenen Person selbst erfüllt ist, der Hintermann die Tat mithin - im *normativen* Sinne - „selbst begeht". Das heißt: Bezogen auf *sein* konkretes Verhalten auf der Basis *seines* Sonderwissens und *seiner* finalen Zwecksetzung erscheint die normative Bewertung als „Tötung", „Beschädigung", „Wegnahme" etc. angezeigt. Derartige begriffliche Bewertungen des Handlungsmerkmals lassen sich von einer Person auf eine andere ebensowenig zurechnen, wie etwa die Befindlichkeit des Täters „an einem Ort" oder eine Sonderdeliktseigenschaft des Vordermannes, die dem Hintermann fehlt.

3. Zusammenfassung

Über die Begehungsform der mittelbaren Täterschaft lässt sich damit zusammenfassend folgendes sagen: Das Eigenverhalten des Hintermannes (=Selbst-Begehung im engeren Sinne) wird in seiner Eigenschaft als objektiv zurechenbare Herbeiführung eines strafrechtlich *relevanten*, nicht notwendig aber selbst straf*baren* Fremdverhaltens für den Hintermann *bewertet* als Tatbestandserfüllung in einem normativen Sinne (=Selbst-Begehung im normativen Sinne), soweit die begriffliche Reichweite der einzelnen Tatbestandsmerkmale diese Auslegung zulässt. Dass es sich bezüglich des Hintermannes um eine Tatbestandserfüllung in einem *normativen* Sinne handelt, wird durch den Zusatz des § 25 I Alt.2 („durch einen anderen") sprachlich klargestellt, so dass sich die Bandbreite der möglichen Auslegung des jeweiligen Handlungsmerkmals dementsprechend erweitert.

---

[244] JZ 83, 361 ff (368 f).

Kapitel 4:

Das Phänomen der „nur-eigenhändigen" Begehbarkeit einzelner Tatbestände

Nachdem die Begehungsformen der unmittelbaren und der mittelbaren Täterschaft in den bisherigen Abschnitten in ihrer Anwendung auf im Grundsatz fremdhändig begehbare Tatbestände untersucht worden sind, sollen nunmehr solche Tatbestände betrachtet werden, die man gängigerweise als „eigenhändige Delikte"[1] bezeichnet bzw. bei denen eine derartige „nur-eigenhändige" Begehbarkeit zumindest erwogen wird. Bei dem Begriff „eigenhändiges Delikt" handelt es sich nicht um einen aus sich selbst heraus erklärlichen Begriff (und erst recht nicht um einen Gesetzesbegriff), sondern letztlich nur um eine zusammenfassende Bezeichnung für all diejenigen Einzeltatbestände, bei denen eine Begehung in mittelbarer Täterschaft aus den unterschiedlichsten Gründen nicht in Betracht kommt. Entsprechend den Ausführungen im Kapitel 3 liegt der Grund dafür jeweils darin, dass die Tatbestandsmerkmale des jeweiligen Deliktes nicht auf denjenigen Beteiligten anwendbar sind, den man phänotypisch (nach den in Kapitel 2 näher dargestellten normativen Kriterien) als „Hintermann" erkennt. Tautologisch wäre es also, die Möglichkeit mittelbar täterschaftlicher Begehbarkeit eines bestimmten Tatbestandes mit der Begründung zu verneinen, es handle sich um ein „eigenhändiges Delikt". Die Feststellung, es handle sich bei einem Tatbestand um ein „eigenhändiges Delikt" stellt insoweit keine neue Erkenntnis dar, sondern *bezeichnet* lediglich die Erkenntnis, dass eine mittelbar täterschaftliche Begehung des Deliktes mangels Anwendbarkeit der Merkmale auf den Hintermann nicht möglich ist[2].

Im folgenden sollen wiederum nur die Begehungsformen nach § 25 I den Gegenstand der Untersuchung bilden. Zwar dürfte sich ein Großteil der Überlegungen zum Ausschluss der Begehbarkeit in mittelbarer Täterschaft auch auf die Begehbarkeit nach § 25 II übertragen lassen, doch ist dies nicht zwingend. Andere Ergebnisse im Hinblick auf § 25 II sind zumindest insoweit denkbar, als es sich bei der „gemeinschaftlichen" Begehung nach § 25 II um

---

[1] Die Bezeichnung „eigenhändiges Delikt" soll im folgenden beibehalten werden, weil sie sich eingebürgert hat und allgemein verständlich ist. Genau genommen müsste es jedoch „nur-eigenhändig-*begehbares* Delikt" heißen. Wenn im folgenden von der „Eigenhändigkeit" eines Deliktes die Rede ist, soll damit die „nur-eigenhändige Begehbarkeit" des Delikts gemeint sein.

[2] Zu recht bezeichnet *Jakobs* AT 21/19 die Berechtigung, aus den eigenhändigen Delikten eine besondere Deliktsgruppe zu bilden, daher als „zweifelhaft".

eine echte Zurechnung von Fremdverhalten handelt[3], was bei § 25 I Alt.2 nur eingeschränkt gilt.

A. Die wesentlichen Erklärungs- und Systematisierungsansätze

Das Phänomen der „nur-eigenhändigen" Begehbarkeit bestimmter Tatbestände ist weder neu noch endgültig geklärt[4]. Der Gesetzgeber selbst ging offenbar von der Existenz derartiger „eigenhändiger Delikte" aus, denn in der Begründung zu § 29 des E 62, dessen Fassung dem heutigen § 25 entspricht, hieß es[5]:

„Auch im übrigen enthält § 29 keine in sich abgeschlossene und erschöpfende Begriffsbestimmung des Täters. Die Vorschrift ergibt erst im Verein mit den jeweiligen Tatbeständen des Besonderen Teils, wer Täter ist und sein kann. So verzichtet sie darauf, ausdrücklich hervorzuheben, daß bisweilen Straftatbestände nur eigenhändig begangen werden können und insoweit auch eine mittelbare Täterschaft nicht möglich ist (eigenhändige Straftaten) und daß andere Tatbestände, die eine mittelbare Täterschaft nicht ausschließen, in der Person des Täters besondere persönliche Eigenschaften, Verhältnisse oder Umstände voraussetzen (Sonderstraftaten)."

Ausdrückliche Erörterung erfuhr die Eigenhändigkeits-Problematik wohl erstmals durch *Binding*[6], der sich jedoch letztlich darauf beschränkte, auf die Existenz der „nur-eigenhändig begehbaren" Tatbestände zwar aufmerksam zu machen und einige von ihnen aufzuzählen, ihre tiefere dogmatische Erklärung und Systematisierung jedoch zunächst offenließ.

I. Die „Wortlauttheorie"

Als erster dogmatisch geschlossener Erklärungsansatz ist die - später von *Frühauf*[7] als solche bezeichnete - „Wortlauttheorie"[8] zu nennen. Sie entsprach

---

[3] Zur Mittäterschaft als gegenseitiger Verhaltenszurechnung zur „gemeinschaftlichen" Tat vgl. etwa *Jescheck/Weigend,* AT, § 63 I 2, S. 675; *Herzberg,* ZStrW 99 (1987), 49 ff (54 ff); Sch/Sch-*Cramer/Heine,* § 25, Rn. 61 ff.

[4] Es spielt auch nicht nur im deutschen Strafrecht eine Rolle. Vgl. z.B. die in letzter Zeit erschienenen Beiträge *Schubarths,* SchwZStr 96, 325 ff, *Stratenwerths,* SchwZStr 97, 86 ff und *Wohlers,* SchwZStr 98, 95 ff.

[5] BT-Drucks. IV/650, S. 149.

[6] Strafrechtliche Abhandlungen I, S. 265 ff; GS 71 (1908), 1 ff (5 ff); GS 78 (1911), 1 ff (14 f).

[7] Eigenhändige Delikte, S. 116. Zur *Frühauf*schen Terminologie ist anzumerken, dass es im Hinblick auf Art. 103 II GG bereits befremdlich erscheint, all diejenigen, die für die Frage der Strafbarkeit oder Nichtstrafbarkeit bestimmten Verhaltens auf den Gesetzes*wortlaut* abstellen wollen, unter einer „Theorie" zusammenzufassen.

[8] Bei - ganz grober! - Einteilung sind dieser Gruppe zuzuordnen: in der Rechtsprechung: *BGH*St 6, 226 (227); 15, 132 (133); *OLG Celle* NJW 61, 1079 f und zuletzt wiederum *BGH*St 41, 242 ff (243); in der Literatur als Hauptvertreter (neben *Engelsing*), *Beling,* Methodik,

im wesentlichen der Lehre *Belings* (vgl. oben Kapitel 3, A. I) und sah die Frage der Eigenhändigkeit (allein) als ein Problem der Auslegung des jeweiligen BT-Tatbestandes an. Sie lag offenbar auch den Ausführungen in der Begründung zu § 29 des E 62 (s.o. A.) zugrunde. Wesentliches Kriterium bildete dabei die Unterscheidung zwischen Tätigkeits- und Erfolgsdelikten. Entsprechendes gilt für eine Unterform der „Wortlauttheorie", die sog. „Körperbewegungstheorie" *Engelsings*[9]. Sie sah das maßgebende Kriterium der Eigenhändigkeit eines Tatbestandes im Erfordernis der Vornahme einer bestimmten Körperbewegung durch den Täter.

II. Die Auffassung **Frühaufs**

Gegen die „Wortlauttheorie" hat nun insbesondere *Frühauf* in deutlicher Form Kritik erhoben. *Frühauf* verneint auf der Grundlage des extremen extensiven Täterbegriffes die Existenz „nur-eigenhändig" begehbarer Delikte schlechthin. Er stützt sich bei der Ablehnung der „Wortlauttheorie" im wesentlichen auf zwei Hauptargumente: Erstens sei sie mit dem extensiven Täterbegriff nicht vereinbar[10], zweitens sei sie wegen der praktischen Ambivalenz und Konturenlosigkeit des natürlichen Sprachgebrauchs undurchführbar und verstoße daher letztlich gegen das Gebot der Rechtsstaatlichkeit[11]. Gegen die *Frühauf*sche Auffassung ist bereits oben (Kapitel 3, A. III.) Stellung bezogen worden: Weder kann die Strafbarkeit eines Beteiligten als „Täter" anhand eines dem Gesetz „aufgesetzten" und nicht näher bestimmbaren „Täterbegriffes" entnommen werden, der die tatbestandlichen Formulierungen ignoriert und einebnet, noch ergeben sich Bedenken aus der mitunter auftretenden Konturlosigkeit gesetzlicher Begriffe, die an den allgemeinen Sprachgebrauch anknüpfen. Letztere ist kein speziell täterschaftsdogmatisches Problem, sondern ein Problem der Rechtsanwendung, und insbesondere der *Straf*rechtsanwendung schlechthin.

III. Die Auffassung **H. Schneiders**

Jenseits der soeben aufgezeigten Konträrpositionen liegt die Auffassung *H. Schneiders*[12]: Sie lässt die Entscheidung zwischen restriktivem und

---

S. 92 ff (101); *ders.* GS 101 (1932), 1 ff (7, 9); *Höpfner*, ZStrW 22 (1902), 205 ff (208 ff); *Wolf*, MT, S. 12 ff; wohl auch *Frank*, StGB, 18. Aufl., S. 108 f.

[9] Eigenhändige Delikte, Breslau 1926; in der Rechtsprechung: *OGH*St 1, 303 (304); *KG* JR 56, 150 (151); Anklänge an die Ansätze der „Körperbewegungstheorie" finden sich auch bei *Rehberg*, FG *H. Schultz*, S. 72 ff (78).

[10] *Frühauf*, Eigenhändige Delikte, S. 117 ff. Ihm hat sich in der generellen Verneinung eigenhändiger Delikte zuletzt *Schubarth*, SchwZStr 96, 325 ff (331, Fn. 30) angeschlossen (mit Bezügen auch zum deutschen Recht). Gegen ihn wiederum *Stratenwerth*, SchwZStr 97, 86 ff.

[11] *Frühauf*, a.a.O., S. 119 ff; 124 ff.

[12] Grenzen der mittelbaren Täterschaft, 1965.

extensivem Täterbegriff offen[13], kommt dann aber auf der Basis einer „materiell-telelogischen Auslegung“[14] zu Ergebnissen, die denen des extensiven Täterbegriffes doch sehr nahe kommen. Sie betrachtet „die Tat“ als „unwerthaftes Ereignis in der Außenwelt“, die dem Verantwortlichen, bei der mittelbaren Täterschaft also dem Hintermann, „als bereits bewertete“(!) zugerechnet werde, „so dass mittelbare Täterschaft in erster Linie Unrechtsanrechnung“ bedeute[15]. Als Zurechnungskriterium stellt sie dabei auf die Tatherrschaft ab[16]. Von der in der vorliegenden Untersuchung vertretenen Prämisse, die Täterschaft des Hintermannes ergebe sich (ausschließlich) aus der Anwendung des gesetzlichen Tatbestandes auf diesen, weicht *H. Schneider* gänzlich ab: Sie postuliert, mittelbare Täterschaft sei *„jedenfalls nicht deshalb bei einzelnen Straftaten ausgeschlossen, weil die Handlung des Hintermannes nicht dem Tatbestand unterfällt, da sich die Täterschaft aus der Tatherrschaft ergibt und nicht aus der Möglichkeit, die Handlung des Hintermannes unter den Tatbestand zu subsumieren*(!)*“*[17] . In der Sache löst sie sich damit bezüglich des Hintermannes gänzlich vom gesetzlichen Tatbestand, so dass gegen ihren Ansatz dieselben durchgreifenden Bedenken bestehen, die auch gegen die Lehre vom „extensiven Täterbegriff“ - und insbesondere gegen die Lehre *Frühaufs* - erhoben wurden.

Allerdings soll bei denjenigen Delikten zu differenzieren sein, bei denen „das Einhalten einer außerstrafrechtlichen Pflicht, die nur einige Rechtsunterworfene trifft“ im Vordergrund steht[18]. *H. Schneider* bezeichnet diese Gruppe als „Pflichtenschutzdelikte“[19], in der Sache geht es hierbei um die Sonderdelikte. Bei ihnen wird nach *H. Schneider* „das Unrecht des Straftatbestandes nur dann erfüllt, wenn der Hintermann mit Tatherrschaft das Unrecht des Tatbestandes erfüllt“[20], so dass bei den „Pflichtenschutzdelikten“ eine mittelbare Täterschaft nur dann gegeben sein soll, wenn der Tatmittler, der zum Einhalten der außerstrafrechtlichen Pflicht verpflichtet ist, *vorsätzlich* gegen seine Pflicht verstößt[21]. Es soll hingegen nicht möglich sein, dass auch „der Verpflichtete *selbst seinen* Pflichtenverstoß mit Hilfe eines Werkzeugs durchführen kann“[22]. Das führt zu dem merkwürdigen Ergebnis, dass bei den Sonderdelikten eine mittelbare Täterschaft des nicht(!)-qualifizierten Hintermannes zwar grundsätzlich für möglich gehalten wird, allerdings nur dann bejaht wird, wenn

[13] S. 18 f.
[14] S. 34 ff.
[15] S. 125, S. 93 ff.
[16] S. 125, S. 78 ff, 86 ff.
[17] S. 98.
[18] S. 125.
[19] S. 98 ff.
[20] S. 125.
[21] S. 126, S. 105.
[22] S. 118, 126.

der (qualifizierte) Vordermann in seiner Person selbst *vorsätzlich* handelt[23]. Faktisch dürfte dies dazu führen, dass bei Sonderdelikten mittelbare Täterschaft beim genötigten Werkzeug bejaht, beim vorsatzlosen Werkzeug hingegen verneint werden muss. Welchen Sinn diese Unterscheidung haben soll, bleibt weitgehend unklar. Argumentiert man nämlich wie die Vertreter des extensiven Täterbegriffes von der Verursachung der Rechtsgutverletzung[24] her, ist das Rechtsgut in beiden Fällen gleichermaßen gefährdet. Die Lehre vom extensiven Täterbegriff erscheint daher in sich noch konsequenter als die Auffassung *H. Schneiders*. Noch unverständlicher wird *H. Schneiders* Lösung, betrachtet man den umgekehrten Fall, in dem zwar der Hintermann, nicht aber der Vordermann die Sondereigenschaft aufweist: Liegt der besondere Unwert hier im Zusammentreffen von Sondereigenschaft und Rechtsgutverletzung (wie etwa bei den Amtsdelikten), so liegt dieser Unwert gerade in der Person des Hintermannes vor. Doch eben dieser Fall soll nach *Schneider* von der mittelbaren Täterschaft nicht erfasst sein[25].

IV. Neuere Auffassungen

Weiteren Fortgang nahm die Eigenhändigkeits-Diskussion sodann durch die Abhandlungen *Roxins*[26], *Herzbergs*[27] sowie in späterer Zeit noch einmal durch die Schrift *Auerbachs*[28] und den Aufsatz *Hafts*[29].

1. Roxin

Die Kernthesen *Roxins* zur Gruppe der „eigenhändigen Delikte" laufen im wesentlichen auf eine Unterscheidung nach „unechten" und „echten" eigenhändigen Delikten hinaus. Zu den „unechten" sollen Tatbestände gehören, bei denen das Erfordernis eigenhändiger Begehung aus der Verletzung einer außerstrafrechtlichen Sonderpflicht folgt[30]. Hierzu sollen die Aussagedelikte (§§ 153, 154, 156), die Fahnenflucht (§ 16 WStG) sowie die §§ 142, 170b, 171 (§ 170d a.F.) und weitere Vorschriften zu zählen sein, hinsichtlich derer zum Teil die nur-eigenhändige Begehbarkeit diskutiert wird[31].

---

23 Siehe etwa S. 113 ff.

24 Auch *H. Schneider* konstatiert in diesem Zusammenhang (S. 61), dass „bei der Mehrzahl der 'Pflichtenschutzdelikte' neben der Pflicht auch ein Gut oder die Aufrechterhaltung eines Zustandes geschützt" werden!

25 S. 118: „Weil bei den Pflichtenschutzdelikten nur der Täter selbst von der außerstrafrechtlichen Pflicht betroffen wird und weil der Pflichtenverstoß in einer reinen Tätigkeit nur des Verpflichteten besteht, ist ausgeschlossen, daß der Verpflichtete sich eines Werkzeugs für den Verstoß gegen seine Pflicht bedient."

26 TuT, S. 399 ff; LK(11), § 25, Rn. 40 ff; AT II, § 25, E III Rn. 297 ff.

27 ZStrW 82 (1970), 896 ff.

28 Die eigenhändigen Delikte, 1978.

29 JA 79, 651 ff.

30 *TuT, S. 392 ff; LK(11), § 25, Rn. 45; ferner JZ 66, 293 ff (295 ff).*

31 Vgl. TuT, S. 395.

Zu den „echten" eigenhändigen Delikten zählt *Roxin* zum einen die „täterstrafrechtlichen Delikte"[32], die nach seiner Auffassung „nicht eine bestimmte *Handlung*, sondern eine persönliche *Haltung* unter Strafe stellen"[33] („asoziale Existenzform"). Es sollen dies etwa die §§ 181a, 361 Ziff.3 u. 5 a.F. sein. Zum anderen sollen hierzu die „verhaltensgebundenen Delikte ohne Rechtsgüterverletzung"[34] gehören. Dabei versteht *Roxin* den Begriff des „Rechtsguts" einschränkend und begrenzt ihn auf „abgrenzbare, in der Außenwelt verwirklichte und deshalb durch äußeres Handeln zu beeinträchtigende werthafte Zustände". Begriffe wie etwa „Sittlichkeit", „Gemeinwohl", „Volksempfinden", „ethische Ordnung" oder „allgemeine Menschenwürde" sollen hierunter nicht fallen[35].
Die Prinzipien des Tatherrschaftsgedankens zugrundelegend geht *Roxin* dabei im wesentlichen von der Frage aus, ob der Hintermann durch die (mittelbare) Deliktsverwirklichung tatherrschaftlich ein Rechtsgut verletzt oder ob sich das jeweilige Delikt allein in der Vornahme des konkreten Aktes erschöpft, ohne dem Schutz eines konkreten Rechtsguts zu dienen.

Inwieweit *Roxins* These vom Charakteristikum fehlender Rechtsgutverletzung als Kennzeichen „echter" Eigenhändigkeit zuzustimmen ist, soll hier nicht weiter vertieft werden. Insoweit ist auf die Ausführungen *Auerbachs*[36] zu verweisen, der sich mit dieser Frage hinsichtlich der Eigenhändigkeitsproblematik intensiv auseinandergesetzt hat. Nach hier vertretener Auffassung kann es für die Eigenhändigkeitsfrage nicht darauf ankommen, *ob* und *warum* ein Tatbestand ein bestimmtes Rechtsgut schützt, sondern nur darauf, ob der Tatbestand seinem *Wortlaut* nach eine mittelbartäterschaftliche Begehung zulässt oder nicht. *Innerhalb* der bestehenden Auslegungsmöglichkeiten allerdings mag dabei der Frage nach dem jeweils bezweckten Rechtsgüterschutz durchaus Bedeutung zukommen.

2. Herzberg

Herzberg[37] orientiert seine Untersuchung im wesentlichen an den Thesen Roxins, kommt aber zu eigenen Ergebnissen. Zusammenfassend teilt *Herzberg* die Gruppe der eigenhändigen Delikte in drei Gruppen auf, namentlich:

1.) Sog. täterbezogene Delikte: Diese (mit Abstand größte) Gruppe teilt *Herzberg* noch einmal in drei Untergruppen auf: Hierzu sollen zunächst

---

[32] A.a.O., S. 410 ff; LK(11), § 25, Rn. 44.
[33] A.a.O., S. 411.
[34] A.a.O., S. 412 ff; LK(11), § 25, Rn. 44.
[35] A.a.O., S. 413.
[36] S. 45 ff. Zur Kritik vgl. ferner *Orlich,* Die Abgrenzung von Täterschaft und Teilnahme bei den Begehungsdelikten, 1977, S. 172 ff m.w.N.
[37] ZStrW 82 (1970), 896 ff.

diejenigen Tatbestände gehören, bei denen sich die Täterbezogenheit bereits unmittelbar aus dem Gesetzeswortlaut, grammatisch insbesondere durch das Reflexivpronomen „sich“, ergibt; sodann solche Tatbestände, bei denen „das Wesen der Straftat die Eigenhändigkeitsstruktur vorschreibt, weil nur der Frevel am eigenen Leib Grund der Pönalisierung sein kann“[38] (z.B. § 175b a.F. - Sodomie[39]) und schließlich die - in einem unkörperlichen Sinne - „persönlichkeitsbezogenen“ (=täterstrafrechtlichen) Delikte, wie (z.B. § 181a (Zuhälterei), § 361 Nr.3 a.F. (Landstreicherei) oder § 361 Nr.5 a.F. (Spiel, Trunk, Müßiggang), aber auch etwa § 172 (§ 171 a.F.) (Doppelehe)).

2.) Delikte, bei denen die mögliche Vollendung durch Dritte die Rechtsverletzung nicht verkörpern kann: Hierunter sollen diejenigen Delikte fallen, bei denen sich die Straftat „in einer höchstpersönlichen Pflichtverletzung erschöpft, weil der Tatbestand nicht zusätzlich eine auch jedem anderen mögliche Schaffung handgreiflicher äußerer Fakten voraussetzt“[40]. *Herzberg* zählt zu dieser Gruppe etwa die Rechtsbeugung (§ 339)[41] oder die Beleidigung (§ 185)[42].

3.) Delikte, bei denen sich die Eigenhändigkeit aus verfahrensrechtlichen Gründen ergibt: Diese Gruppe besteht praktisch allein aus den §§ 153, 154, 156[43].

3. Auerbach

Auerbach steht denjenigen Auffassungen, die die Eigenhändigkeitsproblematik im wesentlichen anhand eines vom Gesetz abstrahierten Täterbegriffes lösen, ebenfalls skeptisch gegenüber. Er lehnt den extensiven Täterbegriff ab[44], schließt sich aber auch keiner der übrigen, die Eigenhändigkeitsfrage anhand eines generellen Kriteriums („Wortlauttheorie“, „Körperbewegungstheorie“) bestimmenden Auffassungen an. Insoweit hält er es für unmöglich, „ein einziges Kriterium der Eigenhändigkeit zu statuieren, wenn die Definition nicht notwendig inhaltsleer sein soll“[45].

Auerbach teilt die eigenhändigen Delikte sodann in zwei Kategorien auf: Nach der ersten Kategorie ist ein Delikt dann eigenhändig, „wenn der Erfolgsunwert ausnahmsweise nicht primär unrechtsbegründend wirkt, sondern das

38 A.a.O., S. 938.
39 A.a.O., S. 929 f.
40 A.a.O., S. 940.
41 A.a.O., S. 940.
42 A.a.O., S. 941.
43 A.a.O., S. 943 ff.
44 S. 12 ff (14).
45 S. 142.

Handlungsunrecht gleichbedeutend neben das Erfolgsunrecht tritt, der Erfolgsunwert ausnahmsweise vom Handlungsunwert bedingt wird". Das soll dann der Fall sein, wenn sich der Erfolgsunwert nicht in einer „jedermann möglichen Setzung äußerer Fakten" erschöpft, sondern seine charakteristische Prägung erst „durch die enge personale Beziehung des Täters zu seiner Tat oder zum Opfer" erhält[46].

Bei der zweiten Kategorie soll es sich um Delikte handeln, deren Erfolgsunwert zwar „sehr wohl von einem Dritten herbeigeführt" werden könne, bei denen sich der Gesetzgeber aber durch eindeutige Wortwahl darauf beschränkt habe, nur denjenigen als Täter zu bestrafen, der die Tat unmittelbar selbst vornimmt[47]. Dies sollen nach *Auerbach* (wohl nur ?) die „täterbezogenen" Delikte sein. Diese definiert er als solche Delikte, bei denen „der Täter sich selbst zum Bezugsobjekt der Tat gemacht haben muss, wenn also ein Einwirken auf den eigenen Körper vorausgesetzt ist" oder wenn „die Tat nur dadurch begangen werden kann, dass der Täter seinen eigenen Körper als Mittel der Tat benutzt"[48]. Beispielhaft nennt *Auerbach* hier die §§ 323a, 109, 142 sowie § 16 WStG. Zumindest das letztere Kriterium (Benutzung des eigenen Körpers als „Mittel" zur Tat) dürfte indes wenig brauchbar sein: Fasst man es in einem weiten Sinne auf, so setzt ein Täter bei schlechthin jeder Deliktsbegehung seinen Körper „als Mittel zur Tat" ein. Vielmehr ist kein strafrechtlich relevantes Handeln denkbar, in dem der Täter seinen eigenen Körper nicht zumindest zur *Vermittlung* seines Willens in die Außenwelt einsetzt, denn jeder Täter durchläuft zu Beginn der Tatbegehung zunächst einmal die Phase der „Selbst-Begehung" im engeren Sinne (siehe oben Kapitel 2, A.), und zwar sowohl bei der unmittelbaren als auch, bezogen auf den Akt der Funktionalisierung, bei der mittelbaren Täterschaft. Fasst man das „Mittel"-Kriterium *Auerbachs* hingegen in einem engen, wörtlichen Sinne auf, so geht es schlechterdings an der Lebenswirklichkeit, erst recht am allgemeinen Sprachgebrauch vorbei: Wer „sich in einen Rausch versetzt" (§ 323a), benutzt bei Zugrundelegung der Betrachtung des täglichen Lebens nicht seinen *Körper* als Mittel hierzu, sondern den Alkohol. Für denjenigen, der „sich durch Verstümmelung untauglich macht" (§ 109), ist nicht sein *Körper*, sondern das Messer oder ein sonstiges Werkzeug das „Mittel der Tat". Und derjenige, der „verlässt" (§ 16 WStG) bzw. „sich entfernt" (§ 142) bedient sich „als Mittel der Tat" hierzu des Autos, des Fahrrads oder allenfalls - im „eigenhändigsten" Falle - noch der eigenen Beine[49], nicht aber seines gesamten Körpers: Der Körper des Täters in seiner Gesamtheit ist niemals das *Mittel*, sondern vielmehr das *Objekt* der Berauschung,

---

[46] S. 142.
[47] S. 143.
[48] S. 143.
[49] Vgl. bereits *Binding*, Strafrechtliche Abhandlungen I, S. 267; GS 71 (1908), 1 ff (5).

Verstümmelung oder Entfernung. Das erstgenannte Kriterium *Auerbachs* - der eigene Körper als „Bezugsobjekt“ - ist deswegen allerdings durchaus zutreffend.

4. Haft

Einen letzten einheitlichen und generellen Erklärungsansatz zur Eigenhändigkeit von Tatbeständen hat *Haft*[50] entwickelt. Ohne dabei näher auf täterschaftsdogmatische Fragen einzugehen will *Haft* bei Delikten „mit vager Pflicht- und/oder Rechtsgutsstruktur“ der Eigenhändigkeit eine - allerdings gegenüber anderen inhaltlich-interpretatorischen Mitteln subsidiäre - „tatbestandskonturierende Funktion“ zukommen lassen[51]. Diese sieht der Autor in einer doppelten Weise gegeben: „Während sie auf der Pflichtseite den Kreis der Pflichtigen einengt und somit zugleich den Pflichtbegriff konturiert, geht es auf der Rechtsgutseite darum, der konstatierten Vagheit durch Verringerung des Täterpotentials zu begegnen“[52].
Die „tatbestandskonturierende Funktion“ könne dabei zum einen bei der Entscheidung des Gesetzgebers eine Rolle spielen und einen sachlichen Grund bilden, bestimmte Delikte schon nach ihrem Wortlaut eigenhändig auszugestalten. Zum anderen könne sie „dazu Anlass geben, Tatbestände als eigenhändige anzusehen“, wenn der Wortlaut des Delikts nicht eindeutig sei[53]. Damit vermittelt *Haft* zwei Ansätze: Erstens liefert er eine mögliche Begründung für die Frage, *warum* der Gesetzgeber ein bestimmtes Delikt eigenhändig ausgestaltet *hat.* Hierher dringt man also erst dann vor, wenn die Eigenhändigkeit eines bestimmten Tatbestandes aufgrund anderer Erkenntnisse bereits feststeht. Zweitens gibt *Haft* aber mit seiner Hypothese von der „tatbestandskonturierenden Funktion“ eine Auslegungshilfe, die in *Zweifels*fällen ein Kriterium für oder gegen die nur-eigenhändige Begehbarkeit eines Deliktes liefern kann, dabei aber, wie *Haft* selbst postuliert, „gegenüber inhaltlich-interpretatorischen Mitteln zur Konturierung von Tatbeständen subsidiär“[54] ist.

V. Ziel der vorliegenden Untersuchung

Das Ziel der vorliegenden Untersuchung kann und soll nicht darin liegen, den bislang existierenden generellen Erklärungsansätzen zur nur-eigenhändigen Begehbarkeit einzelner Delikte einen weiteren hinzuzufügen. Jene sind im wesentlichen so sehr von den dogmatischen Gesamtkonzeptionen der jeweiligen Autoren geprägt - man denke nur an die *Roxin*sche Konstruktion der „Pflichtdelikte“ oder die *Schneider*sche Konstruktion der „Pflichtenschutz-

---

50 JA 79, 651 ff.
51 A.a.O., S. 653 ff, 65.
52 A.a.O., S. 653 ff (655).
53 A.a.O., S. 653 ff (657).
54 A.a.O., S. 653 ff (657).

delikte" -, dass ein solches Unternehmen den der vorliegenden Bearbeitung gesetzten Rahmen sprengen würde. Ziel der weiteren Untersuchung kann daher nur sein, anhand der im Vorkapitel gewonnenen Erkenntnisse die sprachlich-begrifflichen Grenzen des Anwendungsbereiches der mittelbaren Täterschaft nunmehr in Bezug auf diejenigen Delikte zu beleuchten, die im Rahmen der Eigenhändigkeitsproblematik diskutiert werden. Insoweit allerdings hat sich die Arbeit zu den eingangs erwähnten, aus der *Beling*schen Lehre hervorgegangen Ansätzen der „Wortlauttheorie" zu bekennen, denn der Wortlaut des jeweiligen Tatbestandes ist nun einmal (schon im Hinblick auf Art. 103 II GG) der sprachliche Kern eines jeden Tatbestandes. Das gilt im besonderen natürlich für das Handlungsmerkmal, in gleicher Weise aber auch für sämtliche übrigen Tatbestandsvoraussetzungen. Entsprechend den in den vorherigen Kapiteln gewonnenen Erkenntnissen, dass die Figur der mittelbaren Täterschaft eine Erfolgs- und eine eingeschränkte Handlungszurechnung *innerhalb* der tatbestandlich noch möglichen (normativen) Auslegung des jeweiligen Deliktes erlaubt, kann allein der jeweilige tatbestandliche Wortlaut Maßstab für die Frage sein, ob das Delikt nach den Regeln der mittelbaren Täterschaft fremdhändig begehbar sein kann oder nicht. Dabei soll freilich auf die einzelnen Argumente und Ergebnisse der oben erwähnten Untersuchungen zur vorliegenden Thematik insoweit eingegangen werden, als sie für die jeweiligen Einzelfragen relevant sind. Eine entsprechende dogmatische Einteilung der Delikte in bestimmte Gruppen soll hingegen weder übernommen noch hypothetisch zugrundegelegt werden, um möglichst ohne ein bestimmtes Vorverständnis an die Betrachtung der Einzeltatbestände herangehen zu können. Oftmals nämlich ergibt sich die nur-eigenhändige Begehbarkeit eines Tatbestandes nicht aus einem Kriterium allein, sondern aus mehreren Kriterien, die zusammenfallen und in spezifischer Weise zusammenwirken, so dass hierdurch der Kreis möglicher Begehungsformen auf ein Mindestmaß eingeengt wird, das dann notwendigerweise eigenhändig sein muss. Diese Nuancen würden verschüttet, wollte man bereits aufgrund eines einzelnen Kriteriums wie etwa der Sonderdeliktseigenschaft, der Täterbezogenheit, der Sonderpflichtverletzung oder der fehlenden Rechtsgutverletzung das Delikt sogleich der einen oder anderen Gruppe zuordnen und dadurch die Untersuchung vorzeitig beenden.

B. Die einzelnen Delikte

I. Die uneidliche Falschaussage (§ 153)

Beginnen soll die Untersuchung mit den Aussagedelikten, die sämtlich nach heute herrschender Meinung eigenhändiger Natur sind[55]. Der Tatbestand des

[55] Vgl. nur LK(11)-*Ruß*, vor § 153, Rn. 7; Sch/Sch-*Lenckner*, Vorbem. §§ 153 ff, Rn. 33; *Lackner/Kühl*, vor § 153, Rn. 7; SK-*Rudolphi*, vor § 153 Rn. 9; NK-*Vormbaum*, Rn. 111; jeweils m.w.N.

§ 153 lautet: „*Wer vor Gericht (...) als Zeuge (...) falsch aussagt (...).*" Handlungsmerkmal ist also das „Aussagen". „Aussage" i.S.d. §§ 153 ff ist jede Mitteilung einer Person, die sie über ihr Wissen macht, wobei es auf die Form der Mitteilung nicht ankommen soll[56]. *E. Schneider*[57] definiert die Aussage dabei als einen „Bericht des Vernommenen oder seine Antwort auf bestimmte Fragen über eigene Wahrnehmungen und Empfindungen". *Blei*[58] spricht von einer „Mitteilung eines bestimmten geistigen Inhalts durch den sich Äußernden", die einen „bestimmten gedanklichen Sinn" habe. Alle Definitionen stellen also letztlich darauf ab, dass der Aussagende in äußerlich wahrnehmbarer Form sein inneres Vorstellungsbild offenbart; bildlich gesprochen: „sein Inneres nach außen kehrt". Letztlich ergibt sich das schon aus der Semantik des Begriffes „Aussage" im Sinne von „aus (Vorstellung) heraus sagen"[59]. Hieran wird deutlich, dass es sich auch beim „Aussagen" in der Sache um ein objektiv-subjektiv-gemischtes Handlungsmerkmal handelt, so dass bereits im objektiven Tatbestand die subjektive Seite Relevanz erlangt[60].

Für die Eigenhändigkeit der Vorschrift sind folgende Begründungsansätze denkbar:

1. „als Zeuge"

Abstellen lässt sich zunächst, und das dürfte im *Roxin*schen Sinne liegen, auf die tatbestandliche Formulierung „als Zeuge". Dieses Merkmal statuiert eine Sondereigenschaft des Täters als einer amtlich zu vernehmenden Aussageperson[61], indem es von vornherein nur denjenigen unter den Tatbestand fallen lässt, der „Zeuge" ist. Der Tatbestand ist daher den übrigen Sonderdelikten insofern gleichzusetzen, als nur jemand, der eine besondere persönliche Eigenschaft hat, Täter des Delikts sein kann. Zeuge ist eine

---

56 So etwa LK(11)-*Ruß*, vor § 153, Rn. 15; SK-*Rudolphi*, vor § 153, Rn. 12.
57 GA 56, 337 ff (339).
58 BT, S. 339.
59 Sehr treffend auch in diesem Zusammenhang die Ausführungen *E. Schneiders*, GA 56, 337 ff (338): „Auszugehen ist vom Wortlaut. In 'Aussage' steckt zunächst das Tätigkeitswort 'sagen'. Das heißt: einen Gedanken durch Sprachlaute wiedergeben, sprechen, reden. Der Vernommene muß also jedenfalls etwas 'sagen'. Er sagt aber nicht nur (z.B. etwas vor sich hin), sondern er soll 'aus'-sagen. Damit ist die Richtung auf einen anderen hin bezeichnet. Er spricht zu jemandem, er teilt etwas mit. Aussage wäre somit die Kundgabe eigener Gedanken an einen anderen mit Hilfe der Sprache. Soweit die wörtliche Auslegung."
60 Dementsprechend soll der Begriff der „Falschheit" der Aussage mitunter danach bestimmt werden, was der Aussagende *subjektiv* für wahr *hielt*, vgl. etwa LK(10)-*Willms*, vor § 153, Rn. 9 m.w.N., a.A. jetzt LK(11)-*Ruß*, vor § 153, Rn. 13.
61 So auch *Herzberg*, ZStrW 82, 896 ff (916), der diese Eigenschaft allerdings aus dem Merkmal „vor Gericht" ableitet. Im Ergebnis ebenso *Deichmann*,, Grenzfälle der Sonderstraftat, S. 57 ff (71), der aber darauf hinweist, dass sich das Merkmal „als Zeuge..." auch - grammatisch - auf die Tat*handlung* beziehen kann (i.S.v.: „als ob er Zeuge *wäre*", S. 60).

Beweisperson, die in einem nicht gegen sie selbst gerichteten Strafverfahren bzw. in einem Zivilprozess, in dem sie nicht selbst Partei ist, Auskunft über die Wahrnehmung, und zwar über *ihre* Wahrnehmung, von Tatsachen gibt[62].

Aus der spezifischen Stellung des Täters als „Zeuge" ergeben sich dann gerade die prozessualen Pflichten, insbesondere also die Wahrheitspflicht, auf die etwa *Roxin* abstellt. *Roxin*[63] schreibt in diesem Zusammenhang:

„Wer immer eine nach den §§ 153, 154, 156 StGB strafbare Falschaussage machen kann, hat unbestreitbar eine prozessuale Wahrheitspflicht, die den Außenstehenden nicht trifft. Nur wer selbst als Zeuge vor Gericht geladen ist, hat eine Pflicht zu wahrheitsgemäßer Aussage; wer sonst an der Irreführung des Gerichts mitwirkt, (...) kann gegen die persönlichkeitsgebundene Zeugnispflicht nicht verstoßen und deshalb immer nur Teilnehmer sein."

Ähnlich führte das *RG*[64] in Bezug auf die falsche Versicherung an Eides Statt (§ 156 StGB) aus:

„Denn alles, was einer der Wahrheit zuwider in solcher Weise beteuert, verletzt immer nur seine eigene Pflicht, die Wahrheit zu sagen. Die einem anderen obliegende Pflicht zur Wahrheit kann er damit nicht verletzen".

Weil die Eigenhändigkeit bei derartiger Begründung aber letztlich nur reflexartig aus der Verletzung einer tatbestandsspezifischen Sonderpflicht folgt, zählt *Roxin* die Aussagedelikte auch nicht zu den „echten" eigenhändigen Delikten, sondern bezeichnet sie als „unechte" eigenhändige Delikte[65].

Letztlich muss man aber gar nicht soweit gehen, ein spezifisches „Pflichtenband" zu konstruieren, das durch die Falschaussage verletzt wird. Es geht einfacher: Täter des § 153 kann ohnehin nur der „Zeuge" sein; der Hintermann, der einen Zeugen als Werkzeug eine Falschaussage tätigen lässt, wird dadurch aber noch nicht selbst zum „Zeugen"[66]; insbesondere scheidet eine „Zurechnung" dieser Eigenschaft über § 25 I Alt.2 von einer Person auf die andere aus (vgl. insoweit Kapitel 3, F. I.). Allein deshalb kann ein Hintermann nicht Täter, sondern allenfalls Teilnehmer der Falschaussage sein. In der Sache

---

62 Vgl. für den Strafprozess nur *Meyer-Goßner*, vor § 48, Rn.1 und für den Zivilprozess *Rosenberg/Schwab/Gottwald*, § 122 I, II (S. 704 f).
63 TuT S. 395; ähnlich auch *Gallas*, FS *Engisch*, S. 600 ff (614).
64 St 37, 92 (93). Hierauf beruft sich auch *Roxin*, TuT, S. 395, für seine Einteilung. Vgl. auch RGSt 43, 293 (295).
65 TuT, S. 392 ff; LK(11), § 25, Rn. 45.
66 In dieser Richtung auch *Herzberg*, ZStrW 82 (1970), S. 896 ff (916); NK-*Vormbaum*, Rn. 111.

freilich deckt sich diese Argumentation mit der Auffassung *Roxins* von der tatbestandlichen Sonderpflicht und auch mit den Ausführungen des *RG*, doch setzt sie eine Stufe eher an: Die höchstpersönliche Sonder*pflicht*, auf die *Roxin* und das *RG* abstellen, ist nämlich erst die *Folge* der Sonder*eigenschaft* „Zeuge".

2. „vor Gericht"

Die Formulierung des Tatbestands schränkt den Täterkreis, oder genauer: den Handlungsradius möglicher Täter, aber noch weiter ein. Denn der Täter muss nicht nur „Zeuge" sein, sondern auch noch „vor Gericht" aussagen. Und dies ist durchaus wörtlich zu nehmen. Zwar ist es nach den Prozessordnungen nicht unbedingt erforderlich, dass der Zeuge tatsächlich im Gerichts*gebäude* oder im Sitzungssaal erscheint und dort aussagt; man denke insoweit nur an die kommissarische Vernehmung an einem anderen Ort oder an eine Vernehmung des Zeugen zuhause. Doch ist immer ein unmittelbarer, kommunikativer Kontakt des Zeugen zum Gericht nötig; und zwar dergestalt, dass ihm Fragen gestellt werden, der Zeuge diese Fragen kognitiv erfasst und sodann beantwortet. Der Zeuge befindet sich damit in einer spezifischen Kontakt- und Kommunikationssituation, die ihm in dieser Form niemand abnehmen kann. Er selbst ist das Beweismittel, das für die Wahrheitsfindung *unmittelbar* (vgl. § 355 ZPO, § 250 S.2 StPO) benutzt wird.

3. „aussagen"

Und schließlich sei auf den oben bereits angesprochenen Begriffsinhalt des Handlungsmerkmals „aussagen" hingewiesen. Denn die äußere „Mitteilung" von Inhalten *seiner* Vorstellungswelt ist ganz allein dem Zeugen selbst, und zwar höchstpersönlich, möglich. Das Merkmal „aussagen" kann daher nicht im Sinne eines bloßen „in objektiv zurechenbarer Weise Kausal-Werden für eine objektiv falsche Aussage" verstanden werden.

a) Aussage als Verursachung einer objektiven Erklärung

Einen solchen rein auf den objektiven Erklärungswert der Aussage abstellenden Standpunkt scheint allerdings *Herzberg*[67] einzunehmen, wenn er ausführt:

„'Aussagen' ist eine normale Tätigkeit, die man, wie etwa das täuschende Erklären beim Betrug, auch durch andere, die einem als Werkzeug dienen, ausüben kann. Das nur wertend Verstehbare (...) tritt hier in den Hintergrund. Es geht um die wertfreie, objektiv feststellbare Falschheit des Erklärten."

Auch wenn *Herzberg* das „Aussagen" als „Tätigkeit" bezeichnet, stellt er im folgenden dennoch allein auf die vergegenständlichte „Aussage" als durch diese

[67] ZStrW 82 (1970), S. 896 ff (944).

Tätigkeit bewirkten Erfolg ab („die ... objektiv feststellbare Falschheit des Erklärten“). Noch deutlicher wird das im Zusammenhang mit *Herzbergs* Ausführungen im Absatz zuvor, in dem er die Falschaussage dahingehend beschreibt, sie greife *„die Rechtspflege an, indem sie den Richter irreführt oder doch wenigstens die richtige Vorstellungsbildung des Richters abstrakt gefährdet.“*[68] Die Falschaussage sei *„von ihrer Wirkrichtung her betrachtet - Einwirkung auf das Vorstellungsbild eines anderen -, dem Betruge vergleichbar (...).“* All das betrifft jedoch allein die *Folgen*, die die Aussage in ihrer Umgebung nach sich zieht, nicht aber den *Akt* der Aussage selbst. Die Tätigkeit „aussagen“ wird damit letztlich auf den Typus eines Erfolgsdeliktes reduziert.

b) Aussagen als Vermittlung eigener Erinnerung in die Außenwelt

Demgegenüber stellt das „Aussagen“ nach hier vertretener Auffassung eine unmittelbar mit dem eigenen Vorstellungsbild des Zeugen verbundene Handlung dar, bei der der Körper, das Kommunikationszentrum, gewissermaßen als „Übersetzer“, als „Sprachrohr“ nach außen fungiert[69]. Denn nur über *sein* Vorstellungsbild gibt der Zeuge Mitteilung. Ein solche Entäußerung seines Innenbereichs kann nur er selbst leisten. Das Handeln „aussagen“, aber auch die vergegenständlichte „Aussage“ selbst, sind deswegen so eng an den Körper und an die innere Vorstellung des Zeugen geknüpft, dass eine Tatbestandsanwendung auf eine außenstehende Person jedenfalls nicht allein dadurch möglich ist, deren *eigenes* Verhalten in Form der Funktionalisierung des „aussagenden“ Werkzeugs als in einem normativen Sinne erweitertes „Aussagen durch einen anderen“ zu verstehen.

c) „Prozessuale Eigenhändigkeit“ *(Herzberg)*

Nun stellt *Herzberg*[70] die Frage in den Raum, wie es sich wohl verhielte, wäre nach dem geltenden Prozessrecht die Vertretung des Zeugen durch eine Art Unterzeugen zulässig; ähnlich der Möglichkeit, im Zivilprozess den Sachvortrag der Partei durch den Anwalt vortragen zu lassen. *„Wenn dann der Zeuge“* - so heißt es bei *Herzberg* - *„seinen Vertreter durch Drohung oder falsche Instruktion zu unzutreffenden Schilderungen bewöge, die dieser vor Gericht für ihn abgäbe, so wäre das ein typischer Fall der mittelbaren Täterschaft.“* Das ist gewiss richtig, nur wäre das eben nicht mehr dieselbe Situation des „Aussagens vor Gericht“, wie sie dem geltenden Recht zugrunde liegt. Dass diese Situation dem geltenden Prozessrecht gerade nicht entspricht und man das, was § 153 verbietet, nach geltendem Prozessrecht nur höchstpersönlich und unmittelbar „vor Gericht“ erklären kann, darauf weist auch *Herzberg* selbstverständlich

68 A.a.O., S. 944.
69 A.A., allerdings ohne nähere Begründung *Auerbach*, S. 115.
70 ZStrW 82 (1970), 896 ff (944).

hin[71]. Aber für die tatbestandliche Handlung des § 153 kommt es gar nicht so sehr auf die Prozess*rechts*lage an, sondern vielmehr auf die *tatsächliche* Situation, die für den Zeugen aus dem geltenden Prozessrecht *folgt*: Der Grundsatz der Unmittelbarkeit, der allen Prozessordnungen hinsichtlich der Erhebung des (Streng-)Beweises zugrundeliegt (§ 250 StPO, § 355 ZPO) führt doch gerade dazu, dass der Zeuge in die oben beschriebene spezifische Befragungssituation hineingestellt wird, mit der eine bloße Informationsübermittlung durch Dritte (warum und wie sollte ein solcher „Unterzeuge" überhaupt noch „vor Gericht" „aussagen" ?) gar nicht vergleichbar ist. Dass der Zeuge „unmittelbar", selbst und höchstpersönlich vor Gericht erscheinen und sich dort befragen lassen muss, hat schließlich seinen guten Grund[72]: Nur hierdurch ist es dem erkennenden Gericht überhaupt erst möglich, sich ein Bild über den inhaltlichen Gehalt der Aussage hinaus auch über die Persönlichkeit des Zeugen (Stichworte: Glaubwürdigkeit, Wahrnehmungsfähigkeit, Erinnerungsvermögen, Reproduktionsvermögen) und sein gesamtes Aussageverhalten zu machen, was für die Entscheidung des Gerichts ebenso wichtig ist, wie der Inhalt der Aussage selbst. Was der Zeuge durch seine (höchst-)persönliche Aussage leisten muss, ist mehr als nur die wertfreie Über- oder Vermittlung sachlicher Information; das könnte er in der Tat durch die Übersendung eines ausgefeilten schriftlichen Berichts vielleicht viel besser. Die Situation, die dem *Herzberg*schen Beispiel zugrundeliegt, ist der unmittelbaren Vernehmungssituation nicht vergleichbar. Der persönliche Auftritt des „Unterzeugen" vor Gericht kann das persönliche Bild des Zeugen in der konkreten Befragungssituation, welches das Gericht sich unbedingt verschaffen muss, nicht ersetzen. Und so spricht *Herzberg* auch selbst nur von einem „Abgeben der Schilderung" des Unterzeugen für den (Haupt-)Zeugen. Die Funktion des Unterzeugen beschränkt sich also auf die eines Boten, der nichts anderes tut, als Informationen „abzugeben" oder zu „überbringen". Mit der spezifischen „Aussage" „vor Gericht", wie sie dem geltenden Recht zugrundeliegt, hat das nichts mehr zu tun.

4. Die Parallele zu § 164

In diesem Zusammenhang sei ein Vergleich betrachtet, den auch *Auerbach*[73] anführt, nämlich der Vergleich zu § 164 I und II. *Auerbach*, der im Ergebnis der Auffassung *Herzbergs* folgt[74], will die Eigenhändigkeit des § 153 allein aus den konkreten Ausgestaltungen des Prozessrechts erklären. Die Pflicht, die § 153

[71] A.a.O., S. 944; ihm folgend *Auerbach*, S. 117 f.
[72] Der natürlich auch von *Herzberg* nicht in Zweifel gezogen wird. A.a.O., S. 945, Fn. 127: „Damit soll natürlich nicht bestritten werden, daß die praktischen Gründe, die für diese Rechtsregelung sprechen, nahezu zwingend sind."
[73] S. 116 f.
[74] S. 117.

dem Aussagenden auferlegt, sieht *Auerbach* hingegen als derjenigen des § 164 durchaus vergleichbar an. Er führt aus:

„Der Aussagende hat die Pflicht wahr auszusagen, vergleichbar der Pflicht, die jedermann hat, bei der Polizei keine anderendenunzierenden unwahren Behauptungen aufzustellen, die zu ungerechtfertigten Ermittlungen Anlaß geben. Beide Pflichtverletzungen führen zu empfindlichen Beeinträchtigungen, beide werden durch die Handlung, Aussagen vor einer Behörde bewirkt."

Gegen die Vergleichbarkeit der beiden Delikte spricht aber ihre jeweilige tatbestandliche Ausgestaltung und insbesondere die konkrete Beschaffenheit ihres Handlungsmerkmals. Der Tatbestand des § 164 spricht in seinem Absatz 1 von „verdächtigen" und in seinem Absatz 2 von „Behauptungen aufstellen", nicht aber von „aussagen". Betrachtet man die Fassung des § 164 unter Berücksichtigung seiner Historie einmal näher, so ergibt sich im einzelnen folgendes:

a) „Behauptungen aufstellen" (§ 164 II)

„Behauptungen aufstellen" kann man schon nach dem Wortlaut nicht nur unmittelbar mündlich, sondern auch schriftlich, durch Veröffentlichungen, oder auch indem man bestimmte Gedankeninhalte durch einen Boten übermitteln lässt. Der Begriff „Behauptungen aufstellen" ist also schon seinem Inhalt nach viel weiter gefasst und lässt weitaus mehr Möglichkeiten zu, ihn zu verwirklichen, als der Begriff „aussagen". So kommt denn auch *Auerbach*[75] zu dem Ergebnis, niemand werde daran zweifeln, *„denjenigen als Täter des § 164 II zu bestrafen, der die Polizeibehörde dadurch zu Ermittlungen veranlaßt, daß er einen Unzurechnungsfähigen bestimmt, eine unwahre Aussage zu machen"*. - Natürlich nicht. Aber das liegt nicht daran, dass der Unzurechnungsfähige hier etwas „aussagt" oder dass der Hintermann „durch" den Unzurechnungsfähigen etwas „aussagt", sondern allein daran, dass es nicht um das „Aussagen", sondern - lediglich - um das „Aufstellen von Behauptungen" geht. Und letzteres umfasst schon vom Begriff her alle tatsächlichen Möglichkeiten, derlei Behauptungen in die Welt zu setzen.

b) „Verdächtigen" (§ 164 I)

Noch weiter gefasst ist der Begriff des „Verdächtigens"[76] in § 164 I. „Verdächtigen" kann man zum einen natürlich durch die eigene unmittelbare, mündliche „Aussage" bei der für die Ermittlung zuständigen Stelle. Man kann es zum anderen aber auch, indem man schriftliche, gar anonyme Mitteilungen

---

[75] A.a.O., S. 117.

[76] Zum Tatbestandsmerkmal des „Verdächtigens" vgl. eingehend etwa *Deutscher*, Grundfragen der falschen Straftatverdächtigung, S. 50 ff.

macht; indem man einen anderen als Boten seiner Mitteilungen oder Erklärungen vorschickt; und man kann es sogar, indem man gezielte Manipulationen an Beweismitteln vornimmt[77]. Alle diese mannigfaltigen Begehungsweisen werden vom Merkmal „verdächtigen" erfasst. Allerdings schränkte der *BGH*[78] die extensive Auslegung dieses Merkmals dahingehend ein, anders als etwa beim „Verbreiten" im Rahmen des § 186 solle nur die *eigene* Verdächtigung, nicht aber die Weitergabe einer *fremden* Verdächtigung erfasst sein[79].

c) Historie des § 164

Es soll aber nicht verkannt werden, dass der Tatbestand des § 164 in seiner historischen Entwicklung den §§ 153 ff früher einmal wesentlich näher stand als heute und erst im Laufe der Zeit durch Gesetzesänderungen und Auslegung seitens der Rechtsprechung[80] von den Aussagedelikten abgerückt ist. Ursprünglich nämlich lautete der Tatbestand des § 164 I (damals noch mit der amtlichen Überschrift „*Falsche Anschuldigung*"): „*Wer bei einer Behörde eine Anzeige macht, durch welche er jemand (...) beschuldigt (...).*" Hieraus folgerte man, es handele sich um ein eigentliches (notwendiges) Äußerungsdelikt[81], das nur durch Mitteilung, Kundgebung, Zurkenntnisbringen (persönlich oder durch einen Mittelsmann; expressis verbis oder schlüssig) der Beschuldigung an die taugliche Adresse verwirklicht werden könne[82]. Eine Verwirklichung des Tatbestandes des § 164 I in der Form der (reinen) Beweismittelfiktion wäre in dieser Fassung nach dem Wortlaut nicht möglich gewesen. Erst als 1933 das Handlungsmerkmal „Anzeige machen" durch das Merkmal „verdächtigen" ersetzt wurde, erweiterte sich der Spielraum des gesetzlichen Tatbestandes. Die typisierende Beschreibung „Anzeige machen" wich der allgemeineren Formulierung des „Verdächtigens", die zwar *auch*, nicht aber ausschließlich die Möglichkeit der Begehung durch das Erstatten von Anzeigen erfasst. Wie weit die tatbestandliche Neufassung des § 164 I zu ziehen sei, war Gegenstand literarischer Diskussion. So hielt *Kadecka*[83] in seiner 1926 erschienenen Kommentierung des Neuentwurfs den Tatbestand immer noch für zu eng, da es zumindest fraglich sei, ob man die Lenkung des Verdachts auf einen Unschuldigen allein durch Spurenfälschung darunter subsumieren könne. *Kadecka* leitete seine Bedenken her aus der tatbestandlichen Formulierung „*bei* einer Behörde (...)", da der auf diese Weise einen Unschuldigen Verdächtigende

---

77 Vgl. *BGH*St 9, 240 ff: „Verdächtigen" durch gezielte Umlenkung eines „Fangbriefes" auf einen anderen.

78 *BGH*St 14, 240 ff.

79 *BGH*St 14, 240 (244).

80 Insbesondere durch die o.g. Entscheidung *BGH*St 9, 240 ff.

81 So *Blei*, GA 57, 139 (149).

82 *Blei*, GA 57, 140.

83 In *Aschrott/Kohlrausch*, S. 283.

weder jemals vor der Behörde gestanden noch diese aufgesucht noch ihr geschrieben habe[84]. Aus der Präposition *„bei"* leitete er ebenso ab, auch derjenige falle nicht unter den Tatbestand, der, ohne sich an die Behörde zu wenden, eine Beschuldigung gleichwohl so vorbringe, dass die Behörde davon erfahren muss, beispielsweise indem er sie in die Zeitung setze[85]. Auch wenn er noch so sicher damit rechne, der Staatsanwalt werde die Mitteilung lesen und pflichtgemäß (§ 160 StPO) einschreiten, so könne man dennoch nicht sagen, er habe den Unschuldigen *„bei"* der Staatsanwaltschaft verdächtigt[86]. *Blei*[87] bringt das Problem auf den Punkt, wenn er ausführt:

„Es handelt sich um die Frage, ob das „Verdächtigen" nur *durch* Äußerung *eines* Verdachts *in der Form erfolgen kann, daß der Anzeigende ... zur Behörde in eine erkennbare Beziehung, sei es unmittelbar, sei es durch eine Mittelsperson tritt, oder ob die Verdachts*äußerung *nur eine Form der Falschverdächtigung ist, neben der auch* andere Formen der gezielten Hervorrufung (Verursachung) eines Verdachts *tatbestandsausfüllend wirken können. (...) Ist auch die* Verursachung eines Verdachts ohne Äußerung eines Verdachts *eine Verdächtigung i.S.d. § 164 ?*[88]*"*.

Diese Frage wird heute allgemein bejaht[89]. So wird in der gängigen Kommentarliteratur der frühere Charakter des § 164 als Äußerungsdelikt gar nicht mehr in Bezug genommen. Bei *LK(11)-Ruß*[90] heißt es nur noch: *„Verdächtigen im Sinne von § 164 I ist das Hervorrufen (Hinlenken), Umlenken oder Verstärken eines Verdachts*[91]*"*. Der Charakter als Äußerungsdelikt wird dort sogar ausdrücklich verneint[92].

d) Verhältnis zu § 153

Zusammenfassend lässt sich das Verhältnis zwischen § 153 und § 164 damit wie folgt charakterisieren: Der Schwerpunkt der Tathandlungen in § 164 liegt - sowohl hinsichtlich des Merkmals „verdächtigen" wie auch des Merkmals „Behauptungen aufstellen" in der Herbeiführung eines Erfolges in Form der Entstehung eines Verdachts bei den jeweiligen (Ermittlungs-)Behörden. § 164

---

84 A.a.O., S. 283. Die Problematik erinnert an die parallelen Probleme bei § 167 und § 370 AO im Hinblick auf die Zurechnungen im Rahmen der mittelbaren Täterschaft, die oben (Kapitel 3, D. III., F. II. 3.) erörtert wurden.
85 Nach *Tröndle/Fischer,* § 164, Rn. 4 soll dieser Fall „wohl auch" erfasst sein.
86 A.a.O., S. 283.
87 GA 57, 139 (140).
88 Hervorhebungen im Original.
89 Grundlegend *BGH*St 9, 240. Der Auffassung des *BGH* folgend: *Welp,* JuS 67, 507 (510); LK(11)-*Ruß,* § 164, Rn. 5; Sch /Sch-*Lenckner,* § 164, Rn. 8 m.w.N.
90 § 164, Rn. 5.
91 Unter Hinweis auf *BGH*St 14, 240.
92 A.a.O., Rn. 5.

ist daher, anders als § 153, Erfolgsdelikt. Dabei ist eine Involvierung der eigenen Person des Täters nur insoweit erforderlich, aber auch ausreichend, als den Behörden eine eigene (und nicht bloß eine fremde) Verdächtigung übermittelt werden soll. Die Mitteilung eigener Wahrnehmungen oder innerer Zustände und Vorgänge ist demgegenüber ebensowenig nötig wie die Begründung einer spezifischen Nähebeziehung des Verdächtigenden zur Behörde oder die Vornahme der verdächtigenden Handlung in Form eines Aktes der (Ent-)Äußerung.

Das Merkmal „aussagen" in § 153 hingegen setzt genau jene Elemente voraus: Der Zeuge bekundet sein *eigenes* Wissen und gibt Rechenschaft über die Gegenstände seiner *eigenen* Wahrnehmung. Schon hierdurch ist seine eigene Person viel stärker ins Geschehen involviert als im Falle des § 164. Darüber hinaus tätigt der Zeuge seine Aussage durch einen spezifischen (Ent-)Äußerungsakt, der auch noch die charakteristische Nähebeziehung zum Adressaten aufweist („vor Gericht"), die bei § 164 gerade nicht erforderlich ist. Der von *Auerbach*[93] aufgezeigte Vergleich zu § 164 ist daher bereits im Ansatz verfehlt.

II. Meineid (§ 154)

Der uneidlichen Falschaussage im Hinblick auf die Eigenhändigkeitsproblematik ähnlich gelagert ist der Meineid (§ 154 I). Zur Tathandlung selbst heißt es etwa bei *LK(11)-Ruß*[94]:

„Die Tathandlung besteht bei allen Formen des Meineids im falschen Schwören, wobei mit dieser Bezeichnung die Leistung einer Falschaussage in der gesetzlich feierlichen Form zur besonderen Beteuerung ihrer Wahrheit umfaßt sind."

Maßgebliche Elemente des Handelns sind also die „feierliche Form" und die „besondere Beteuerung der Wahrheit" der zuvor getroffenen Aussage, deren Ausprägung sie ist. Zur Frage der Eigenhändigkeit ist folgendes zu sagen:

1. Die Existenz des § 160 als Indiz für den Ausschluss mittelbarer Täterschaft

Dass bei diesem Delikt im Ergebnis bereits vom (Vor-)Verständnis des Gesetzgebers her die Möglichkeit mittelbarer Täterschaft ausscheiden muss, zeigt sich schon allein an der Existenz des § 160,[95] der in der Sache nichts

[93] S. 116 f.
[94] § 154, Rn. 2.
[95] A.A. allerdings *Engelsing*, S. 58, (der die Existenz des § 160 allein mit Strafmaßrücksichten erklären will);
H. Schneider, S. 107 ff; *Kluckohn*, GS 86 (1919), 315 ff (321).

anderes beschreibt als eine Situation, die nach den allgemeinen Täterschaftsregeln eine mittelbare Täterschaft wäre[96].

Anders sieht dies allerdings *H. Schneider*[97]: Da die Vorschrift nur die Fälle erfasse, in denen der Schwörende den wahren Sachverhalt *nicht* kenne, falle nur das vorsatzlose Werkzeug unter § 160. Derjenige hingegen, der etwa einen Unzurechnungsfähigen oder einen im Nötigungsnotstand Handelnden als Werkzeug einsetze, sei von der Vorschrift nicht erfasst[98]. Auf der Basis der „Pflichtenschutzdelikte" kommt *H. Schneider* in diesen Fällen zu einer mittelbaren Täterschaft des Hintermannes, da letzterer tatherrschaftlich den (vorsätzlichen) Pflichtenverstoß des Werkzeuges herbeiführe[99]. Dem ist entgegenzuhalten, dass § 160 dann schlechthin überflüssig wäre: Wäre nämlich bei § 154 die mittelbare Täterschaft prinzipiell möglich, so wäre auch der in § 160 geregelte Fall des vorsatzlosen Werkzeugs schon nach den allgemeinen Regeln erfasst[100]. Einer speziellen Norm allein für die Konstellation des vorsatzlosen Werkzeugs hätte es dann nicht bedurft[101]. Gerade daraus aber, dass der Gesetzgeber einen *Unterfall* der mittelbaren Täterschaft, nämlich speziell den des vorsatzlosen Werkzeugs, isoliert geregelt hat, ist zu erkennen, dass er die *generelle* Anwendung der Figur der mittelbaren Täterschaft für unmöglich hielt.

2. Höchstpersönlichkeit der Tathandlung

Woraus folgt nun aber positiv die Eigenhändigkeit des § 154 ? Die Existenz des § 160 ist ja lediglich deren gesetzgeberische Konsequenz, kann aber nicht ihre Ursache sein. Die Eigenhändigkeit des Delikts muss also wie in allen anderen Fällen auch unmittelbar aus dem tatbestandsmäßigen Verhalten selbst abzuleiten sein.

---

[96] vgl. Sch/Sch-*Cramer/Heine,* § 25, Rn. 45-48.

[97] S. 107 ff.

[98] S. 108.

[99] S. 108.

[100] Allerdings würde das nach *H. Schneiders* Lösung wohl nicht gelten, stellt sie doch bei den „Pflichtenschutzdelikten" gerade darauf ab, dass der Pflichtenverstoß seitens des Werkzeugs *vorsätzlich* sein müsse, um von einer mittelbaren Täterschaft ausgehen zu können (S. 126, S. 105). Vgl. hierzu und zur Kritik oben A. III. Im übrigen dürfte der Gesetzgeber selbst kaum von der *Schneider*schen „Pflichtenschutz"-Konzeption, sondern von den überkommenen Grundsätzen ausgegangen sein, die zur Lehre von der mittelbaren Täterschaft und zu den Sonder- und Aussagedelikten bereits bestanden hatten. Danach aber gab es zu einer unterschiedlichen Behandlung des vorsatzlosen und des genötigten Werkzeugs keinerlei Anlass.

[101] Das räumt auch *Kluckhohn,* GS 86, 315 ff (321) ein, will dieses Ergebnis allerdings nicht akzeptieren, sondern sieht „die Wissenschaft und die Rechtsprechung hierdurch in keiner Weise daran gehindert, außerhalb des Rahmens des § 160 StGB bei den Eidesdelikten doch den Begriff der mittelbaren Täterschaft anzuwenden".

a) „Schwören" als höchstpersönliche Garantie für die Wahrhaftigkeit der eigenen Aussage

Tatbestandsmäßiges Handeln ist das „falsche Schwören", und zwar, ebenso wie das „Aussagen", „vor Gericht". „Schwören" lässt sich von der Handlung her nicht gleichsetzen mit „aussagen", denn der Akt des „Schwörens" ist eine persönliche Bekräftigung[102], die zwar ihren Bezugspunkt in der vorher getätigten Aussage hat, jedoch nicht mit dieser identisch ist. Mit der besonderen Beteuerungszeremonie des Eides bekräftigt der Zeuge, *seine* zuvor getätigte Aussage entspreche der (objektiven) Wahrheit. Er gibt also eine Art höchstpersönlicher Garantie für seine Aussage. Die Handlung „schwören" betrifft deswegen denknotwendig jeweils die eigene Person des Schwörenden, der - ebenso denknotwendig - mit der Person des Aussagenden identisch sein muss. Eine Erstreckung des Begriffs auf einen Hintermann ist weder logisch noch begrifflich möglich. Schon hieraus ergibt sich die Notwendigkeit höchstpersönlicher Begehung des Delikts.

b) Die tatsächliche und prozessuale Ausgestaltung des „Schwörens"

Doch nicht nur inhaltlich ist der Akt des „Schwörens" auf die Person des Zeugen und ihr Handeln ausgerichtet, sondern auch seiner tatsächlichen, prozessualen Ausgestaltung nach. Durch unmittelbare Betätigung seines Körpers, muss der Zeuge die Eidesformel sprechen (vgl. § 66c I, II StPO) und soll darüber hinaus „bei der Eidesleistung die rechte Hand erheben" (§ 66c IV StPO). Stumme Personen haben gem. § 66e I StPO den Eid durch Niederschrift und Unterschrift der Eidesformel (S. 1) bzw. - sind sie des Schreibens nicht mächtig - mit Hilfe eines Dolmetschers durch Zeichen zu leisten (S. 2). All dies sind Akte, die nur höchstpersönlich und, im wahrsten Wortsinne, eigen*körperlich* vorgenommen werden können.

3. Sakraler Charakter des Delikts

Steht die Eigenhändigkeit des Deliktes damit bereits aus den oben dargelegten Gründen fest, so soll der Ansatz, der sie aus einem sakralen Element[103] der „blasphemischen Selbstverfluchung" ableiten wollte, „die nur der Schwörende für seine eigene Person aussprechen" könne[104], hier nur der Vollständigkeit

---

[102] A.A. insoweit *Kluckhohn,* GS 86 (1919), 315 ff (320 f), der deswegen die Möglichkeit mittelbarer Täterschaft annimmt.

[103] Vgl. zu diesem Ursprung die historische Übersicht bei *Kohlrausch-Lange,* 43. Aufl., Vorbem. § 153 ff III 3: „Die Carolina regelte den Meineid an anderer Stelle und von anderem Standpunkt aus als die Falschaussage. Seine strenge Behandlung ist zu erklären aus dem irrationalen Element, das ihm nach seinem religiösen Ursprung innewohnt. Wer „schwört" ruft eine höhere Macht als Zeugen der Wahrheit an und verflucht sich selbst, wenn er dabei die Unwahrheit spreche."

[104] *Bockelmann,* Strafrechtliche Untersuchungen, S. 33.

halber erwähnt werden. Er ist durch die zutreffenden und hinlänglich bekannten[105] Argumente widerlegt, dass die religiöse Beteuerungsformel weggelassen werden kann (§§ 66 II StPO, 481 II ZPO)[106] und es nicht zu den Aufgaben des Rechts gehöre, mit Strafsanktionen in die Beziehung des Einzelnen zu Gott einzugreifen[107]. Dass es sich beim Meineid nicht (vielleicht: nicht „mehr") um ein Religionsdelikt handelt, dürfte allgemein anerkannt sein[108].

III. Beischlaf zwischen Verwandten (§ 173)

Klassischer Diskussionsgegenstand im Rahmen der Eigenhändigkeitsthematik ist § 173 (Verwandtenbeischlaf) [109]. Erörtert wird die Problematik zumeist anhand des Falles der Hamburger Bordellwirtin[110], die sich ein „Plaisir" daraus macht, in ihrem Bordell einen Bruder und seine Schwester, die von ihrer Verwandtschaft nichts wissen, zusammenzubringen. Im Hinblick auf die Verwandten-/Geschwister-Eigenschaft ist § 173 ein Sonderdelikt[111]. Erfüllt die Wirtin nicht selbst einen Teil des Merkmals „Geschwister", fehlt ihr die tatbestandlich vorausgesetzte Täterqualität, so dass sie auch nicht mittelbare Täterin des Delikts sein kann. Das ergibt sich zwingend, hält man sich an die im Vorkapitel (Kapitel 3, F. I. 1.) dargelegte Prämisse, dass sämtliche Merkmale des Tatbestandes auf den Hintermann angewendet werden müssen und besondere Tätereigenschaften nicht von einer Person auf eine andere zurechenbar sind. Die Wirtin wird nicht selbst zur Schwester, indem sie zwei Geschwister zusammenbringt. Von selbst versteht sich, dass auch beide Werkzeuge die Sondereigenschaft aufweisen müssen; anderenfalls fehlte es ja bereits am Geschlechtsverkehr zwischen zwei „Geschwistern", so dass eine Beeinträchtigung des durch § 173 geschützten Rechtsguts gar nicht möglich wäre[112].

---

[105] Übersicht bei *Auerbach,* S. 118 f, Fn. 110-112.

[106] Hierauf weisen *Herzberg,* ZStrW 82, 896 ff (945) und *Roxin,* TuT, S. 394 hin.

[107] *Roxin,* TuT, S. 394.

[108] Vgl. *Busch,* GA 55, 257 (259); *BGH*St 8, 301 (309); eingehend zu dieser Problematik *Hörl,* Das sakrale Moment bei der Strafdrohung zum Meineid, Jur. Diss., München 1963.

[109] Eigenhändigkeit vertreten *Auerbach,* S. 183 ff (186); *Herzberg,* ZStrW 82 (1970), 896 ff (920 ff); *Roxin,* TuT, S. 415; *ders.* in LK(11), § 25, Rn. 44; *Lackner/Kühl,* Rn. 6; *Haft,* JA 79, 651 (655); LK(10)-*Dippel,* Rn. 15; SK-*Horn/Wolters,* Rn. 7; Sch/Sch-*Lenckner,* Rn. 8; *Jakobs* AT 21/22; *Klöpper,* Das Verhältnis von § 173 StGB zu Art. 6 Abs.1 GG, 1995, S. 29; *Stratenwerth,* SchwZStr 97, 86 ff (92); in früherer Zeit bereits *Lange,* Der moderne Täterbegriff, S. 30 ff; *Kohlrausch/Lange,* § 173 III 1, S. 414; *Baumann,* JuS 63, 51 ff (56). In der Terminologie differenzierend *Hardtung,* NZV 97, 97 ff (100).

[110] Nach *v.Liszt,* Strafrechtsfälle, Nr.121/2.

[111] LK(10)-*Dippel,* § 173, Rn. 15; *Herzberg,* ZStrW 82, 896 ff (914 ff, 917); *Auerbach,* S. 183.

[112] So auch *Roeder,* ZStrW 69, 223 ff (249) (trotz in der Eigenhändigkeitsfrage gegenteiligen Standpunktes); *Frank,* S. 109 m.w.N.; *Jähnicke,* Blutschande, S. 39 und insbesondere *Zimmerl,* ZStrW 49, S. 39 ff (44). In jüngerer Zeit nun auch *Schubarth,* SchwZStr 96, 325 ff (329 f).

1. Mittelbare Täterschaft ohne Berücksichtigung der Sonderdeliktsqualität

a) *Eb. Schmidt* u.a.

Die von obiger Prämisse abweichenden Auffassungen stützen sich im wesentlichen auf das Argument der Rechtsgutgefährdung[113], die auch vom Extraneus bewirkt werde[114] oder aber auf anderenfalls entstehende Strafbarkeitslücken[115]. Sofern eine dogmatische Begründung gesucht wird, läuft sie zumeist auf die Lösung *Eb. Schmidts*[116] hinaus, die letztlich auf dem extensiven Täterbegriff fußt: Der Hintermann habe die Erfüllung des Tatbestandes bewirkt und dies sei ihm selbst so gut wie jedem anderen verboten[117]. Unverständlich erscheint dieser Begründungsansatz allerdings insoweit[118], als *Eb. Schmidt* selbst gerade diese Konstellation als erstes Beispiel im Abschnitt über die Sonderdelikte behandelt, obwohl er gleich darauf einen Fall, in dem ein sinnlos betrunkener Vormund zu unzüchtigen Handlungen mit dem Mündel bestimmt wird, die Strafbarkeit verneint, weil dem Hintermann die Sondereigenschaft fehlt[119]. In der Sache sind gegen diesen Ansatz dieselben

---

[113] Eine Übersicht über die verschiedenen Auffassungen hinsichtlich des von § 173 geschützten Rechtsguts findet sich etwa bei *Auerbach*, S. 183; *Haft*, JA 79, 653 ff (655) (der die Frage des Rechtsgutes ebenfalls offenlässt und gerade aufgrund der intensionalen Vagheit des Rechtsgutsbegriff bei § 173 zur Tatbestandskonturierung durch Eigenhändigkeit kommt) und *Klöpper*, Das Verhältnis von § 173 StGB zu Art. 6 Abs.1 GG, 1995, S. 98 ff. *BGH*St 39, 326 ff (329) sieht als Schutzgut „in erster Linie Ehe und Familie" an.

[114] So heißt es bei *Blei*, BT, S. 138 (in Fortführung der Auffassung *Mezgers*): „...vielmehr ist auch mittelbare Täterschaft möglich, da durch den sexuellen Verkehr als solchen (...) der entscheidende Erfolgsunwert gesetzt wird, nämlich sowohl die Gefahr einer Schwängerung als auch die einer objektiven Störung der Familienbeziehung herbeigeführt wird, die dementsprechend vom Gesetz durch seine Anwendung auch auf Außenstehende verhindert werden soll." Ähnlich *Roeder*, ZStrW 69 (1957), S. 223 ff (248); *Jähnicke*, Blutschande, S.39; *Wachenfeld*, ZStrW 40 (1919), 129 ff (142); *Meyer/Allfeld*, S. 217 (216 Fn.6); *Petri*, MT, S. 45; *Hergt*, Teilnahme, S. 161. Zum Verhältnis des § 173 zum Rechtsgut „Familie" nunmehr eingehend *Klöpper*, Das Verhältnis von § 173 StGB zu Art. 6 Abs.1 GG. Vgl. auch *BGH*St 39, 326 ff (329).

[115] So heißt es bei *Piotet*, ZStrW 69, 14 ff (40): „Die Theorie der eigenhändigen Delikte überzeugt ebensowenig wie die der Sonderdelikte. Beide führen letztlich dazu, Tatbeteiligte, die es nicht verdienen(!), weil sie eigentlich(!) Täter sind, in den Genuß der nur für Anstifter und Gehilfen vorgesehenen Privilegierung kommen zu lassen. Gäbe man die Lehre vom Sonderdelikt und vom eigenhändigen Delikt auf, so würde man nicht nur unscharfen Begriffen und endlosen Kontroversen über die Natur bestimmter Verbrechen, sondern auch den Lücken im Strafensystem ein wohlverdientes Ende machen." Der *Wortlaut* des Gesetzes scheint dabei völlig nebensächlich zu werden. Im Sinne *Piotets* auch *Jähnicke*, Blutschande, S. 39.

[116] FG *Frank* II, S. 106 (130).

[117] A.a.O., S. 130.

[118] Zur Kritik vgl. nur *Herzberg*, ZStrW 82, 896 ff (917); *Lange*, Täterbegriff, S. 30 ff; *Baumann*, JuS 63, 51 ff (56) und *Stratenwerth*, SchwZStr 97, 86 ff (88).

[119] A.a.O., S. 130.

Bedenken vorzubringen wie gegen den extremen extensiven Täterbegriff überhaupt (oben Kapitel 3, A. III.) und insbesondere gegen die Auffassung *Frühaufs* (oben A. II.).

b) *H. Schneider*

Wenig nachvollziehbar erscheint auch die von *H. Schneider*[120] für die Möglichkeit fremdhändiger Begehbarkeit gegebene Begründung: Auf der Basis der „Pflichtenschutzdelikte" kommt *H. Schneider* zu einer Strafbarkeit der Wirtin für den Fall, dass die beiden Geschwister (etwa im Falle der Nötigung durch die Wirtin) ihre Geschwistereigenschaft *kennen*. Dann liege ein als Unwert zu betrachtender Pflichtenverstoß vor, der der Wirtin als Verantwortlicher angerechnet werden könne. Handeln die Geschwister demgegenüber unwissend um ihre Geschwistereigenschaft, soll es mangels Pflichtenverstoßes bereits am Gegenstand des zurechenbaren Unwerts fehlen, so dass die Wirtin straflos bliebe[121]. Mit dem Gesetzeswortlaut hat auch diese Lösung wenig gemein, so dass gegen sie dieselben Gründe sprechen, die auch gegen den Ansatz *Eb. Schmidts* vorzubringen sind. Zur Kritik des „Pflichtenschutzkriteriums" und der hierdurch entstehenden Differenzierung zwischen Irrtumsherrschaft und Nötigungsherrschaft siehe im übrigen oben (A. III.).

2. Mittelbare Täterschaft bei Berücksichtigung der Sonderdelikts-qualität

Nimmt man die Sonderdeliktseigenschaft des § 173 ernst, scheitert die Möglichkeit fremdhändiger Begehung des Delikts für einen Extraneus bereits hieran.
Für die folgenden Überlegungen soll der Fall daher so gebildet werden, dass auch die Bordellwirtin ein drittes Geschwisterkind der Familie ist.

a) Begriffliche Grenzen des Tatbestandes

Wie schwierig es auch dann noch bleibt, überhaupt „Ordnung" in die Personenverhältnisse zu bringen, wird deutlich, versucht man nur einmal konsequent, den Sachverhalt unter die beiden Vorschriften des § 173 II 2

---

[120] S. 115.

[121] Anklänge an diesen Gedankengang finden sich allerdings auch bei *Roxin*, in LK(11), § 25, Rn. 44 sowie in TuT, S. 423. In LK, a.a.O. schreibt *Roxin:* „Dann kann in dem bekannten *Liszt*schen Kathederfall (...) die Initiatorin nicht als mittelbare Täterin bestraft werden, weil es wegen der Unkenntnis der unmittelbar Handelnden an der tatbestandsspezifischen Verwerflichkeit fehlt." Und in TuT, S. 423 heißt es erläuternd: „Denn wenn die Geschwister von ihrer Verwandtschaft nichts wissen, fehlt ihrem Verhalten die vom Gesetzgeber vorausgesetzte Verworfenheit." Im gleichen Sinne auch *H. Mayer*, Das Strafrecht des Deutschen Volkes, S. 330. Andererseits scheint *Roxin* diese Überlegungen nicht nur auf den Fall der Irrtumsherrschaft, sondern auf jede Tatherrschaftsvariante ausdehnen zu wollen, wenn es in TuT, S. 416 heißt: „Durch Zwang(!), Täuschung oder Mitherbeiführung(!) ihrer äußeren Voraussetzungen ist die spezifische Wertwidrigkeit solchen Verhaltens nicht hervorzurufen oder zu beherrschen."

einerseits und des § 25 I Alt.2 andererseits zu subsumieren[122]. Nahezu unlösbar ist es schon, klarzustellen, „durch“ wen die Wirtin „mit“ wem „den Beischlaf vollzieht“. Denn das Wort „miteinander“ stellt zwischen den beteiligten Personen eine Beziehung auf, die das „Vollziehen des Beischlafs“ in einer bestimmten Weise festlegt: Bestraft wird nach § 173 II 2 nicht bereits, wer nur „vollzieht“, sondern nur, wer „mit“ dem leiblichen Geschwister vollzieht. Gemeint sein kann damit aber nur die *körperliche* Beziehung, die den Vollzug des Beischlafs unter Beteiligung der eigenen Person ausmacht. Die Möglichkeit fremdhändiger Begehung des Tatbestandes scheitert schon an der begrifflichen Unmöglichkeit, „miteinander durch einen anderen den Beischlaf zu vollziehen“.

b) Indifferenz der Geschwister-Eigenschaft im Verhältnis zum Rechtsgüterschutz

Aber selbst wenn die sprachlich-begrifflichen Bedenken hinsichtlich des Merkmals „Beischlaf vollziehen“ einmal außer Betracht bleiben, ergäbe die Strafbarkeit der Wirtin in der „Drei-Geschwister-Konstellation“ auch unter dem Gesichtspunkt des Rechtsgüterschutzes letztlich keinen Sinn: Die Intensität des Angriffs auf das durch § 173 II 2 geschützte Rechtsgut würde durch die Geschwistereigenschaft der Wirtin nämlich um keinen Deut erhöht[123]. Man mag es zwar als besonders verwerflich und strafwürdig empfinden, derlei nicht (irgend-)einem fremden Geschwisterpaar anzutun, sondern dem eigenen. Doch welches Rechtsgut § 173 II 2 auch immer schützt, den Schutz gerade der *eigenen* Geschwister bezweckt der Tatbestand jedenfalls nicht.

Der Strafbarkeit der Wirtin wohnte damit letztlich ein Zufallsmoment inne, das davon abhinge, ob sie Mitgeschwister ist oder nicht. Dem Rechtsgefühl laufen

---

[122] Man versetze sich nur einmal in die Lage des Staatsanwaltes, der einen entsprechenden Anklagesatz zu formulieren hätte, wenn die Wirtin kein Geschwister ist. Die Formulierung eines Anklagesatzes der den Voraussetzungen des § 200 I 1 StPO iVm §§ 173 II 2, 25 I Alt.2 auch nur annähernd entspricht, scheint dabei praktisch unmöglich. Das Argument mangelnder Anklagefähigkeit eigenhändiger Tatbestände findet sich bereits bei *Beling,* Lehre vom Verbrechen, S. 236.

[123] Ähnlich *Auerbach,* S. 183: „Welchen Sinn sollte es haben, den Verwandten als mittelbaren Angreifer auf das geschützte Rechtsgut der Volksgesundheit zu bestrafen, den Außenstehenden als mittelbaren Täter jedoch straffrei zu lassen, weil er die Täterqualifikation nicht erfüllt. Wenn schon das ausschließlich oder überwiegend geschützte Rechtsgut die Volksgesundheit sein soll, dann ist unverständlich, warum der Gesetzgeber das Delikt nicht nach allen Seiten hin geschützt, sondern zu einem Sonderdelikt ausgestaltet hat.“ In diesem Sinne auch *Roxin,* TuT, S. 422 bezogen auf das Rechtsgut der Volksgesundheit: „Die ‘Volksgesundheit’ ist aus dieser Sicht als Rechtsgut nicht geeignet, weil die Verwandten zu ihr keine nähere Beziehung haben als jeder andere.“ Ebenso schließlich *Herzberg,* ZStrW 82, 896 ff (931): „Es wäre unverständlich, warum jemand, der mit Tatherrschaft zwei Geschwister zum Beischlaf miteinander bewöge, wohl Täter des § 173 sein sollte, wenn er die Verwandtenqualifikation aufwiese, nicht aber, wenn sie ihm fehlen würde.“ Im Ergebnis auch *Jakobs* AT, 21/22. Dazu passt im übrigen, dass *BGH*St 39, 326 ff die Verwandtschaft in Bezug auf den Teilnehmer nicht als besonderes persönliches Merkmal i.S.d. § 28 I ansah.

derartige Zufälligkeiten zuwider. Dogmatisch fassbar wird die Problematik etwa durch eine Parallele zum Kriterium des „Schutzzwecks der Norm“: Hierauf greift man zwar vornehmlich bei den *fahrlässigen Erfolgsdelikten* zurück, weniger hingegen bei reinen, nur vorsätzlich begehbaren Tätigkeitsdelikten. Doch dürfte das im wesentlichen allein darauf zurückzuführen sein, dass sich derartige Probleme bei der Frage der Zurechnung von Erfolgen zu verbotenen Handlungen viel häufiger stellen als bei der Bestimmung des Schutzzweckzusammenhangs zwischen bestimmten Tätereigenschaften und Tätigkeiten. Es ist jedoch kein Grund ersichtlich, warum der Gedanke des Schutzzweckzusammenhangs nicht auch auf die reinen Tätigkeitsdelikte anzuwenden sein sollte, wenn die Konstellation vergleichbar ist. Alleiniger Zweck des § 173 II 2 ist zu verhindern, dass zwei verschwisterte Menschen miteinander den Geschlechtsverkehr vollziehen[124]. Ein Dritter, der diesen Vorgang lediglich *veranlasst*, mag zwar genauso strafwürdig sein, doch fällt er, wenn er nicht selbst Geschwister ist, nicht unter den Wortlaut des Tatbestandes. Der tatsächliche Schutz*umfang* der Norm kann aber nicht weiter reichen, als ihr Wortlaut ihn eröffnet. Ist ein *generelles* Verbot tatherrschaftlicher Veranlassung des Geschwisterbeischlafs der tatbestandlichen Fassung des § 173 II 2 nun aber aufgrund seiner Ausgestaltung als Sonderdelikt gerade nicht zu entnehmen, so entbehrte es im Hinblick auf den angestrebten Rechtsgüterschutz jeden sachlichen Grundes, derartiges nun allein für Mitgeschwister zu verbieten. Weil die Geschwistereigenschaft des Hintermannes bei § 173 II 2 tatbestands- und schutzzweckindifferent ist, kann sie letztlich nur zu einer rein „formellen“ Tatbestandserfüllung führen. Sie ist deswegen in Anlehnung an die Grundsätze des „Schutzzwecks der Norm“[125] schlechthin auszublenden. Auch wenn die Wirtin selbst Geschwister ist, ist sie so zu stellen, wie jeder andere potentielle „Hintermann“ stünde. Eine Tatbestandserfüllung durch die Wirtin in mittelbarer Täterschaft kommt deswegen auch in dieser Konstellation nicht in Betracht.

IV. Die Sexualdelikte des 13. Abschnitts (ohne §§ 181a, 184a)

Besondere Bedeutung kommt den eigenhändigen Delikten im Bereich der „Straftaten gegen die sexuelle Selbstbestimmung“ des 13. Abschnitts des StGB zu. Das mag dadurch erklärbar sein, dass die Sexualdelikte, oder jedenfalls ein großer Teil von ihnen, schon „kraft Natur der Sache“ eine besonders enge Verbindung zum Körper des Täters und in den meisten Fällen notwendigerweise auch zum Körper des Opfers aufweisen[126]. Die Frage der Eigenhändigkeit ist im

---

[124] Ob der Gesetzgeber hierbei ein konkretes Rechtsgut schützen wollte, spielt dafür letztlich keine Rolle.

[125] Genau genommen handelt es sich hier um eine *reziproke* Anwendung dieser Grundsätze im Sinne eines „Schutzzwecks der Norm*beschränkung*“ auf „Geschwister“ als mögliche Täter.

[126] Die Anwendung des dogmatischen, hochabstrakten und theoretischen Begriffs der „eigenhändigen Delikte“ gerade auf die Sexualdelikte, die den eigenen menschlichen Körper

Rahmen der Sexualdelikte teilweise Gegenstand obergerichtlicher Entscheidungen gewesen und eingehend erörtert worden. Zu nennen sind hier die Entscheidung des *Kammergerichts*[127] zur Frage der Eigenhändigkeit des § 179 II a.F. sowie die Entscheidung des *BGH*[128] zur Eigenhändigkeit der §§ 174 I, 176 I.

Zunächst durch das am 5. 7. 1997 in Kraft getretene 33. StrÄndG haben die im 13. Abschnitt des StGB geregelten Straftaten zum wiederholten Male einschneidende Änderungen erfahren[129], von denen auch die Eigenhändigkeits-Problematik (erneut) betroffen war. So wurden die §§ 177 a.F. („Vergewaltigung“) und 178 a.F. („Sexuelle Nötigung“) zu einem neuen einheitlichen Tatbestand (§ 177 n.F., „Sexuelle Nötigung; Vergewaltigung“) verschmolzen, § 178 a.F. und § 179 II a.F. wurden gestrichen, doch erhielt § 179 n.F. in den neu hinzugetretenen Absätzen 3 und 4 (durch Verweis auf § 177 III n.F.) einen Katalog mit Regelbeispielen für besonders schwere Fälle. Kaum waren diese Fassungen Gesetz geworden, trat am 1. 4. 1998 - nur ein dreiviertel Jahr später - die nächste, ebenso tiefgreifende Reform durch das 6. StrRG vom 26. 1. 1998 in Kraft[130].

Die vorliegende Untersuchung wird sich zunächst an den bis zum 5. 7. 1997 geltenden Gesetzesfassungen orientieren; nicht zuletzt deshalb, weil Judikatur und Schrifttum zur Eigenhändigkeitsproblematik bislang weit überwiegend zu jenen Fassungen vorliegen. Sodann sollen die gewonnenen Erkenntnisse auf die Gesetzesfassungen der kurz aufeinander folgenden und teilweise auch aufeinander aufbauenden Reformen übertragen werden, um die Konsequenzen aufzuzeigen, die durch die Gesetzesänderungen auch im Hinblick auf die Eigenhändigkeitsproblematik entstanden sind.

---

in einem Maße zum Gegenstand des Geschehens machen wie keine andere Deliktsart, wirkt so treffend, dass sie schon wieder unpassend und geradezu grotesk anmutet: So verwundert es nicht, wenn *Schroeder*, JR 96, 211, berichtet, „daß dieser Begriff im Zusammenhang mit den Sexualdelikten in Vorlesungen regelmäßig Heiterkeit hervorruft“. Und *Schubarth*, SchwZStr 96, 325 ff (328), weist nicht ganz ohne Ironie auf den sprachlichen Widerspruch hin, „der darin liegt, daß bei der Vergewaltigung wie auch beim Inzest, dem heutigen Paradepferd der Eigenhändigkeit, die Hand typischerweise gerade nicht im Spiel sein muß“.

127 NJW 77, 817.

128 *BGH*St 41, 242 ff.

129 Übersicht hierzu und zu noch ausstehenden Reformvorhaben bei *Dessecker*, NStZ 98, 1 ff.

130 Zur Reform des Sexualstrafrechts und zum gegenwärtigen Stand der Rechtsprechung in Einzelfragen vgl. umfassend jüngst *Folkers*, Sexualstrafrecht (dort insbes. Abschn. VI. zur Drittbeteiligungsproblematik und zur Täterschaftsfrage).

1. Die „Sexuelle Handlung"

Bevor auf die einzelnen Tatbestände im 13. Abschnitt näher eingegangen wird, soll zunächst der Begriff der „sexuellen Handlung" näher untersucht werden, der in zahlreichen Vorschriften des 13. Abschnitts die zentrale Rolle spielt.

Der Begriff der „sexuellen Handlung" wird im Gesetz in § 184c näher geregelt. Um eine klassische Legaldefinition handelt es sich hierbei indes nicht, da der Begriff der sexuellen Handlung seinem Inhalt nach nicht näher erläutert, sondern vielmehr vorausgesetzt wird[131]. § 184c schränkt dabei die Reichweite, die dem Begriff der „sexuellen Handlung" nach ihrem Wortlaut zukäme, in bestimmter Hinsicht ein. Im einzelnen trifft § 184c hierzu folgende Aussagen:

a) § 184c Nr.1

Gem. § 184c Nr.1 sind sexuelle Handlungen im Sinne des Gesetzes nur solche, die „im Hinblick auf das jeweils geschützte Rechtsgut von einiger Erheblichkeit sind". Aus der Menge aller Handlungen, die nach dem vom Gesetz vorausgesetzten Begriffsinhalt als „sexuelle Handlungen" einzuordnen wären, sollen für strafrechtliche Sanktionen demnach nur diejenigen in Betracht kommen, die einen bestimmten Intensitätsgrad im Hinblick auf die Verletzung des jeweiligen Rechtsguts erreichen. § 184c Nr.1 *eröffnet* damit keinen Anwendungsbereich, sondern *beschränkt* einen bereits vorhandenen.

b) § 184c Nr.2

§ 184c Nr.2 betrifft den Begriff der sexuellen Handlungen „vor einem anderen". Das überrascht auf den ersten Blick, vermutet man doch angesichts der eigentlich wertfreien und allgemein verständlichen Präposition „vor" keine besondere Definitions- und Erklärungsbedürftigkeit. Gem. § 184c Nr.2 sind „sexuelle Handlungen vor einem anderen" nur solche, die vor einem anderen vorgenommen werden, der den Vorgang wahrnimmt.

Bemerkenswert ist dabei zum einen, dass sich das Gesetz im Rahmen der Definition des Begriffes bedient, der gerade selbst definiert werden soll. Sieht man nämlich im definiendum die Begrifflichkeit „vor einem anderen", so ist dieses definiendum Teil des definiens, weil sich letzteres ebenfalls der Begrifflichkeit „vor einem anderen (vorgenommen)" bedient. Dieser (scheinbare) Widerspruch verdeutlicht in seltener Klarheit, wie sehr Gesetzesbegriff und Alltagssprache auseinanderfallen können. Innerhalb des definiens nämlich kann der Begriff „vor einem anderen" nur so gemeint sein, wie man ihn in der Alltagssprache versteht, denn anders wäre auch die Definition selbst nicht verständlich. Außerhalb des definiens hingegen ist der

---

[131] Kritisch deswegen *Dreher*, JR 74, 45 (47).

Begriff in einem rein gesetzlichen Sinne zu verstehen, der von der Alltagssprache abweicht. Sonst wäre die Definition gar nicht erforderlich.

Zum anderen ist bemerkenswert, dass auch der begriffliche Inhalt der Präposition „vor" letztlich gar nicht so klar ist, wie es auf den ersten Blick scheint. In der Alltagssprache assoziiert man mit dieser Präposition gewöhnlich eine bestimmte räumliche Beziehung zwischen zwei Objekten. Wäre die Präposition „vor" aber tatsächlich in einem derartigen rein lokalen Sinne gemeint, so erwiese sich die Begriffsbestimmung letztlich als lückenhaft. Nicht erfasst wäre nämlich der Fall, dass der „andere", gegenüber dem die sexuelle Handlung vorgenommen wird, räumlich selbst *vor* oder neben dem Täter steht, die „sexuellen Handlungen" des räumlich neben oder gar *hinter* ihm befindlichen Täters aber dennoch wahrnimmt, indem er etwa in einen vor ihm selbst aufgestellten Spiegel schaut. Das Beispiel mag spitzfindig erscheinen, denn nach ratio des Gesetzes muss auch dieser Fall (selbstverständlich) vom Begriff der „sexuellen Handlung vor einem anderen" erfasst sein. Entkräften lässt es sich aber nur, indem man den Inhalt der Präposition „vor" über den rein lokalen Inhalt hinaus ausdehnt und in einem weiteren Sinne versteht. Gekennzeichnet wird dann nicht mehr das begriffliche Gegenteil von „hinter"; vielmehr wird der Präposition „vor" eine Bedeutung zugewiesen, die eine spezifische räumliche Nähebeziehung[132] zwischen zwei Menschen beschreibt.

c) Der Inhalt des Begriffs „sexuelle Handlung" anhand überkommener Auslegung

Der Begriff der sexuellen Handlung löste durch die Novelle des 4. StrRG den Begriff der „unzüchtigen Handlung" ab. Ziel des Begriffsaustausches war es, eine Verobjektivierung des Handlungsmerkmals zu erreichen und die Strafdrohungen von moralisierenden Elementen zu befreien[133]. Hatte man für

---

[132] Zum Erfordernis der räumlichen Anwesenheit des Täters eingehend *BGH*St 41, 285 ff (286 f). Gegenstand der Entscheidung war die Frage, ob auch die Nötigung eines Kindes zur Vornahme sexueller Handlungen an sich selbst per Telefon den Tatbestand des § 176 V Nr.2 erfüllen konnte. Der *BGH* verneinte diese Frage in Berufung auf den Wortlaut des § 184c Nr.2, der von der *körperlichen Anwesenheit* des Täters ausgehe (S. 286) sowie auf die Entstehungsgeschichte der Vorschriften (S. 287).

[133] Eingehend hierzu *Baumann* MschrKrim 69, 158 ff; *ders.* JR 74, 370 ff; krit. *Peters,* MschrKrim 69, 41 ff; *Dreher,* JR 74, 45 (47). Inwieweit dieses Ziel allein durch den Austausch von Begrifflichkeiten erreicht wurde, erscheint indes fraglich. Exemplarisch die Kritik *Schroeders,* Sexualstrafrecht, S. 19: „Wenn auch auf anderen Motiven beruhend, so wird diese Flucht in die Fremdwörter späteren Generationen sicher nicht weniger verkrampft erscheinen, als die Umschreibung des Preußischen Allgemeinen Landrechts: „unnatürliche Sünden, welche wegen ihrer Abscheulichkeit hier nicht genannt werden können" (II 20 § 1069). Es kommt hinzu, daß diese Fremdwörter mit einem in den Bereich der Stilblüten reichenden Amtsdeutsch verbunden werden: die „sexuellen Handlungen" werden „vorgenommen", sie müssen „von einiger Erheblichkeit" sein (§ 184c Nr.1). War die überkommene Terminologie moralisierend, so wirkt die neue nicht weniger komisch durch

den Begriff der „unzüchtigen" Handlung noch gefordert, sie müsse subjektiv einer geschlechtlichen (wollüstigen) Absicht entspringen[134], sollte dieses Merkmal für den nunmehr geltenden Begriff der „sexuellen" Handlung verzichtbar sein[135]. Ankommen soll es für letzteren nur noch auf die objektive Sexualbezogenheit der Handlung, unabhängig von der tatsächlichen subjektiven Zielrichtung des Handelnden[136]. Zu bestimmen ist die objektive Sexualbezogenheit vom Standpunkt eines gedachten objektiven Betrachters, der alle Umstände des Einzelfalles kennt[137]. Aus dem Merkmal der „objektiven Sexualbezogenheit" folgt mithin zweierlei: Zum einen stellt die Verobjektivierung des Sexualbezuges klar, dass die einzelnen Sexualdelikte nicht die innere Haltung des Sexualtäters pönalisieren sollen, sondern nur die nach außen manifest in Erscheinung tretende Rechtsgutverletzung[138]. Zum anderen aber folgt aus ihr auch, dass zumindest *aus Sicht des objektiven Betrachters* die Handlung in der Person des Täters - irgendwie - sexuell motiviert sein muss, denn eine Handlung kann nur dann, wenn auch nur „objektiv", sexual*bezogen* sein, wenn derjenige, der die Handlung vornimmt oder vornehmen lässt, ihr einen entsprechenden Bezug gegeben hat. Die Verwandtschaft zu den „objektiv-subjektiv-gemischten" Handlungsmerkmalen (vgl. Kapitel 1, B.) liegt damit auf der Hand.

2. Delikte mit und ohne Erstreckung sexueller Handlungen auf Dritte als Tatbestandsvariante

Bei näherer Betrachtung der im 13. Abschnitt geregelten einzelnen Delikte, die für die Problematik von Relevanz sein können, lassen sich systematisch grob zwei Gruppen ausmachen: Es sind dies solche Tatbestände, die die jeweilige Tathandlung ausdrücklich auch insoweit unter Strafe stellen, als ein Dritter in das Geschehen involviert ist und andererseits solche Tatbestände, bei denen dieser Zusatz fehlt. Zur ersten Gruppe zählen etwa die §§ 176 II, V Nr.2; 177 (i.d.F. vor dem 33. StrÄndG, i.d.F. des 33. StrÄndG sowie in der nunmehr geltenden Fassung); 178 a.F.; 180; 182; zur anderen Gruppe gehören die §§ 174; 174a; 174b; 176 III 2 Nr.1 a.F., V Nr.1; 179 (i.d.F. vor dem 33. StrÄndG sowie i.d.F. des 33. StrÄndG, zur jetzigen Fassung vgl. unten 5.). Was die erste Gruppe anbetrifft, können sich Eigenhändigkeitsprobleme nicht stellen: Auch wer in seiner Person Werkzeugqualtitäten aufweist und „sexuelle Handlungen (am Opfer) vornimmt oder (vom Opfer) an sich vornehmen lässt" und damit, in

ihre an naturwissenschaftliche Labors erinnernde Sterilität. Schwerer wiegt, daß diese Verwendung blasser, steriler Begriffe erhebliche Rechtsunsicherheit schafft."

[134] LK(11)-*Laufhütte*, § 184c, Rn. 3.

[135] Vgl. *Schroeder*, Sexualstrafrecht, S. 21; LK(11)-*Laufhütte*, § 184c, Rn. 5 ff; zweifelnd *Auerbach*, S. 149 f.

[136] LK(11)-*Laufhütte*, § 184c, Rn. 6; *Schroeder*, Sexualstrafrecht, S. 21.

[137] LK(11)-*Laufhütte*, § 184c, Rn. 6.

[138] Vgl. *Auerbach*, S. 153.

seiner Person eigenhändig, die jeweilige Tatbestandshandlung ausführt, fällt als „Dritter“ unter den Tatbestand, so dass der Hintermann, der ihn zur Vornahme derartiger Handlungen funktionalisiert hat, als mittelbarer Täter ebenfalls vom Tatbestand erfasst wird. Wer also etwa ein schuldunfähiges Werkzeug dazu bringt, seinerseits das Opfer gewaltsam zur Duldung (vom Werkzeug vorgenommener) außerehelicher sexueller Handlungen zu nötigen, der erfüllte früher den Tatbestand des § 178 I a.F. und erfüllt heute den Tatbestand des § 177 I Nr.2 in mittelbarer Täterschaft, denn er „nötigt („durch einen anderen“) (das Opfer) mit (vom „anderen“ verübter) Gewalt, sexuelle Handlungen *eines Dritten* (= des „anderen“) an sich (= am Opfer) zu dulden“. Diese Fälle sind unproblematisch.

Unter dem Aspekt der Eigenhändigkeit relevant sind hingegen die Delikte der zweiten Gruppe, weil bei ihnen die Einbeziehung des „Dritten“ vom Tatbestand nicht erwähnt wird und daher die von einem zwischengeschalteten Werkzeug vorgenommene oder dem Opfer abgenötigte „sexuelle Handlung“ nunmehr allein auf den Hintermann zu beziehen wäre. Gerade Delikte dieser Gruppe sind dementsprechend, auch in jüngerer Zeit, Gegenstand ober- und höchstrichterlicher Entscheidungen zur Eigenhändigkeitsproblematik gewesen[139]. In diesen Entscheidungen wurde für die §§ 174 I, 176 I[140] sowie 179 II i.d.F. vor dem 33. StrÄndG die nur-eigenhändige Begehbarkeit angenommen. Dabei stützten sich die Gerichte vornehmlich auf systematisch-historische Argumentationsansätze betreffend den gesamten Komplex der Sexualdelikte. Die entsprechenden Argumentationsstränge sollen zunächst im Zusammenhang dargestellt werden. Erst vor diesem Hintergrund wird dann der Wortlaut der jeweiligen Einzeltatbestände näher zu untersuchen sein.

[139] So für § 179 *KG* NJW 77, 817; für §§ 174, 176 *BGH*St 41, 242 ff (mit abl. Anm. *Schroeder*, JR 96, 211) sowie *BGH*, Beschl. vom 2. 11. 1983 - 3 StR 441/83 (nicht veröffentlicht).

[140] Für Eigenhändigkeit dieser Vorschriften - z.T. auch schon vor der Entscheidung des *BGH* - Sch/Sch-*Lenckner/Perron*, § 174, Rn. 20, § 176, Rn. 3; SK-*Horn/Wolters*, § 174, Rn. 10, § 176, Rn.11. Im Ergebnis ebenso LK(11)-*Laufhütte*, § 174, Rn. 2, § 176, Rn. 3 und *Lackner/Kühl*, § 174, Rn. 11, § 176, Rn. 3, allerdings ohne jeweils ausdrücklich den Begriff „eigenhändiges Delikt“ zu benutzen. Gegen Eigenhändigkeit des § 176 I aber *Auerbach*, S. 199 f, unter Berufung auf den umfassenden Rechtsgutsschutz, der von der Vorschrift ausgehen solle. Mit dem Wortlaut ist des Gesetzes ist *Auerbachs* Auffassung freilich nicht zu vereinbaren. Für § 174 I postuliert auch *Auerbach*, S. 158 ff, das Erfordernis höchstpersönlicher Vornahme der sexuellen Handlung, leitet dies aber allein aus den besonderen Beziehungen her, die nach den Ziffern 1-3 zwischen Täter und Opfer des § 174 I bestehen müssen.

a) Systematik

An systematischen Argumenten wird in diesem Zusammenhang folgendes vorgebracht:
Soweit in einzelnen Vorschriften des Sexualstrafrechts die explizite Erwähnung des jeweiligen „Dritten" Eingang in den Gesetzestext gefunden habe, könne dies nicht lediglich als Klarstellung einer ohnehin schon geltenden Rechtslage betrachtet werden[141]. Die systematischen Unterschiede könnten insoweit kaum allein zufällig und ohne sachliche Bedeutung sein[142]. Hieran zeige sich, dass der Gesetzgeber die mögliche Beteiligung Dritter an sexuellen Handlungen nicht übersehen und, wo er dies für erforderlich gehalten, durch besondere Regelung strafrechtlich erfasst habe[143]. Sähe man etwa die §§ 174 I und 176 I nicht als eigenhändige Delikte an, so würden die differenzierten Unterscheidungen zwischen §§ 174 I, 176 I einerseits sowie §§ 174 II, 176 II, V andererseits unterlaufen; vieles, was in § 176 unter die Absätze 2 und 5 (i.d.F. vor dem 33. StrÄndG) falle, wäre dann schon durch die Absätze 1 der Vorschriften erfasst[144].

b) Historie

aa) Die Auffassung der Rechtsprechung

Der *BGH* führt für seine Auffassung von der Eigenhändigkeit der §§ 174 I, 176 I schließlich noch die Entstehungsgeschichte der Vorschriften an[145]: Im Verlauf der Vorarbeiten für das 4. StrRG sei bei der Vorschrift über das Verbot des sexuellen Missbrauchs von Kindern die Formulierung vorgeschlagen worden: „Wer ... vornimmt oder ... an sich oder einem anderen vornehmen lässt" (AEStGB 1970, § 132). § 133 desselben Entwurfs (sexueller Missbrauch von Schutzbefohlenen) habe demgegenüber nur die Worte „an sich" enthalten. Auch dies zeige, dass das Problem erkannt und durch bewusst gewählte unterschiedliche Gesetzesfassung unterschiedlich gelöst worden sei[146]. Dieselbe Argumentation zog auch das *KG*[147] in seiner Entscheidung zur Eigenhändigkeit des § 179 II i.d.F. vor dem 33. StrÄndG heran. In den Protokollen der Beratungen des Sonderausschusses für die Strafrechtsreform[148] heißt es an der maßgeblichen Stelle:

„MinRat Maier wirft die Frage auf, ob § 179 ein eigenhändiges Delikt sei, und bildet den Fall, daß ein Krankenpfleger in einem Landeskrankenhaus seinen

[141] *BGH*St 27, 205 (206); 41, 242 (244).
[142] *BGH*St 41, 242 (244); *KG* NJW 77, 817.
[143] *BGH*St 41, 242 (244).
[144] *BGH*St 41, 242 (245).
[145] *BGH*St 41, 242 (244 f).
[146] *BGH*St 41, 242 (244 f).
[147] NJW 77, 817 (818).
[148] Prot. VI, S. 1620 (52. Sitzung vom 30. 9. 1971).

Freund zu einer Geisteskranken lasse, sie auch noch festhalte und daß der Freund den Beischlaf mit der Geisteskranken vollziehe. Der geltende § 176 Nr.2 StGB spreche schon vom Mißbrauch zum außerehelichen Beischlaf. Dreher *kommentiere diese Vorschrift wie folgt: „Täter kann nach der von Nr.1 und § 177 abweichenden Fassung nur ein Mann sein, der den Beischlaf selbst vollzieht (eigenhändiges Delikt), BGHSt 6, 226 (228) = NJW 1954, 1292; BGHSt 15, 132 = NJW 1960, 2250; BGH, bei Dallinger, MDR 1968, 728; OLG Celle, NJW 1961, 1080 ...(...)" Bei diesem Stand der Meinungen müsse man davon ausgehen, daß die Rechtsprechung § 179 in der vorliegenden Formulierung als eigenhändiges Delikt verstehe. Dies wäre aber nicht sachgerecht. Vielmehr müßte in dem Beispielsfall auch der Krankenpfleger als Täter nach § 179 bestraft werden. Um dies sicherzustellen, könne man den Wortlaut „zum außerehelichen Beischlaf mit sich oder einem anderen mißbraucht" wählen."*

Das *KG*[149] folgerte daraus, damit habe der Gesetzgeber, der trotz der erkannten Problematik den Wortlaut des § 179 II (i.d.F. vor dem 33. StrÄndG[150]) dennoch nicht ergänzt habe, zum Ausdruck gebracht, er wolle den Tatbestand des § 179 II a.F. bei der Rechtsanwendung als eigenhändiges Delikt verstanden und dessen Handlungsunwert als im Vordergrund stehend geahndet wissen.

bb) Die Auffassung Schalls

Hiergegen nun wendet sich *Schall*[151]. Er verweist erstens darauf, es habe sich bei dem angeführten Zitat nur um eine einmal geäußerte Ansicht eines Mitglieds des Sonderausschusses gehandelt, die während der Beratungen überhaupt nicht aufgegriffen worden sei. Zweitens sei im Sonderausschuss immerhin vereinzelt darauf hingewiesen worden, bei sachgerechter Anwendung des § 179 a.F. dürfe eine eigenhändige Begehung des § 179 a.F. nicht vorausgesetzt werden. Und drittens habe *Horstkotte* die Frage einer mittelbaren Täterschaft bei § 179 a.F. im Sonderausschuss (unwidersprochen) ausdrücklich offengelassen, was das *KG* verschwiegen oder nicht gesehen habe[152]. Zumindest der Verweis auf die Ausführungen *Horstkottes* vermag *Schalls* Auffassung jedoch nicht zu stützen, denn sie standen nicht im Zusammenhang mit den Erörterungen des § 179 a.F., sondern erfolgten, dem Gesamtzusammenhang nach eher beiläufig, im Rahmen einer Stellungnahme zu den §§ 180 - 181a. Hier äußerte *Horstkotte* nun tatsächlich folgendes[153]:

---

149 NJW 77, 817 (818).
150 Im folgenden: § 179 a.F.
151 JuS 79, 104 (110).
152 Hierauf verweist auch *Auerbach*, S. 207.
153 Prot. VI S. 1637 (53. Sitzung vom 14. 10. 1971).

„Problematisch dürfte ein Fall bleiben, der mit der Entkriminalisierung straflos werden könnte. Das ist der Fall der Verkupplung eines psychisch gestörten Mädchens über 21 Jahren durch Eltern oder Erziehungsberechtigte. (...) Soweit nun allerdings der Nutznießer einer solchen Kuppelei den psychischen Defektzustand des Mädchens kennt, ist der Fall unproblematisch; hier macht sich der Vormund der Anstiftung zu einer Straftat nach § 179 StGB in der soeben beschlossenen(!) *Fassung schuldig. Schwieriger ist es, wenn der Sexualpartner nicht erkennt, daß das Mädchen geistig gestört ist. Hier kommt man in sehr schwierige dogmatische Fragen. Ob sich hier der sogenannte Kuppler als mittelbarer Täter eines Delikts nach § 179 schuldig machen kann oder ob das aus dogmatischen Gesichtspunkten ausgeschlossen ist, ist eine nicht abgeklärte Frage."*

Die weiteren Ausführungen *Horstkottes* betrafen dann allein wieder §§ 180 - 181a. Der Gesamtzusammenhang des dargestellten vollständigen Zitats macht deutlich, dass es *Horstkotte* offenbar gar nicht darum ging, die Frage der Eigenhändigkeit des § 179 a.F. erneut zu problematisieren, zumal die Fassung ja offenbar schon „beschlossen", die Problematik also „erledigt" war, sondern schlicht darauf hinzuweisen, dass die komplizierten Täterschaftsprobleme bei § 179 a.F. auch weiterhin der Dogmatik überlassen blieben, ohne sich dabei für die eine oder andere Auffassung festlegen zu wollen. Anhaltspunkte, wie § 179 a.F. nun *tatsächlich* auszulegen *ist*, lassen sich hieraus kaum gewinnen; jedenfalls nicht ohne den Gesamtzusammenhang der Äußerungen zu verzerren. Umgekehrt aber verdeutlichen die Erörterungen zumindest den Konsens, dass angesichts der „soeben beschlossenen Fassung" des § 179 a.F. eine Eigenhändigkeitsproblematik durchaus greifbar war.

Auch *Schalls*[154] Hinweis auf den nicht so stark voneinander abweichenden Unrechtsgehalt des § 179 a.F. einerseits und der §§ 177 a.F., 178 a.F. andererseits verfängt nicht. Dass wegen des annähernd gleichen Unrechtsgehalts der Delikte eine Unterscheidung hinsichtlich der Frage der Täterschaft inhaltlich nicht geboten wäre - wie *Schall* es vertritt -, ist eine rein rechts*politische* Frage, deren Lösung allein dem Gesetzgeber zu überlassen ist. Er hat sie mit der unterschiedlichen Ausgestaltung der Tatbestände in dem ihm angemessen erscheinenden Sinne gelöst. Derartige Entscheidungen und die daraufhin Gesetz gewordene Fassung des § 179 a.F. sind (bzw.: waren) zu respektieren. Zustimmung fand *Schall* allerdings bei *Haft*[155], der auf der Basis seiner oben (A. IV. 4.) dargestellten These von der „tatbestandskonturierenden Funktion" der Eigenhändigkeit ein Bedürfnis für eine solche Tatbestandskonturierung nicht mehr sah, da *„die Reform des Sexualstrafrechts zu einer Präzisierung des*

[154] JuS 79, 104 (109).
[155] JA 79, S. 653 ff (658).

Rechtsgutes dieser Vorschrift geführt" habe, die „es heute entbehrlich" mache, auch an dieser Stelle das Instrument der Eigenhändigkeit einzusetzen[156]. Damit verstößt *Haft* allerdings gegen seine eigene Prämisse, denn wenn die Eigenhändigkeit als Instrument der Tatbestandskonturierung „gegenüber inhaltlich-interpretatorischen Mitteln zur Konturierung von Tatbeständen subsidiär"[157] sein soll, ist zunächst zu prüfen, ob nicht bereits Wortlaut und Systematik der Vorschrift hier eine Tatbestandskonturierung in Form nur-eigenhändiger Begehbarkeit nahelegen. Ist das Delikt schon nach seinem Wortlaut nur eigenhändig begehbar, so vermag eine auch noch so gelungene „Präzisierung des Rechtsgutes" über ein solches Ergebnis nicht hinwegzuverhelfen.

3. Der Wortlaut der jeweiligen Einzeltatbestände

Unabhängig vom systematisch-historischen Zusammenhang der einzelnen Vorschriften bleibt auch im Bereich der Sexualdelikte allein die jeweilige Fassung des konkreten Tatbestandswortlauts maßgeblich für die Frage der Eigenhändigkeit eines jeden einzelnen Delikts, wobei die oben erörterten systematisch-historischen Auslegungsansätze zur Wortlautauslegung im wesentlichen nur flankierend hinzukommen und diese verstärken können[158].

a) Die Präpositionen „an" und „vor" als Erfordernisse besonderer körperlicher Nähebeziehung (§§ 174 I, 176 I, 179 I)

Gemeinsam ist den die Eigenhändigkeitsproblematik eröffnenden Tatbeständen der §§ 174 I, 176 I und 179 I (a.F. und n.F.), dass sie sämtlich durch Verwendung der Präposition „an" (dem Opfer oder sich selbst) für das Vornehmen der Tathandlung eine spezifische räumliche Beziehung des Täters zum Opfer voraussetzen. Erfasst sind damit als „Handlungen *an*" dem Täter oder dem Opfer jedenfalls alle diejenigen Handlungen, die mit einer körperlichen Berührung[159] zwischen Täter und Opfer einhergehen[160], wenn sie denn, wie eingangs dargestellt, „objektiv sexualbezogen" sind. Auch soll es ausreichen, wenn der Kontakt zum Körper des anderen durch einen Gegenstand hergestellt wird[161]. Allerdings wird die Vornahme bzw. Duldung sexueller Handlungen „an" dem Körper des Opfers dahingehend ausgelegt, sie sei nur

---

[156] *Haft,* JA 79, S. 651 ff (658).
[157] *Haft,* a.a.O., S. 651 ff (657).
[158] Vgl. *Larenz,* Methodenlehre, S. 320 ff (324, 328); *Zippelius,* Methodenlehre, S. 39 ff.
[159] Die Weiche zur Eigenhändigkeit ist damit im Grunde schon vorgegeben. Plastisch hierzu bereits *Petri,* MT, S. 37: „Ein Verbot des Anfassens kann nur durch Berühren mit eigenen Fingern übertreten werden. Anfassen ist begrifflich etwas anderes als Bewirken, daß etwas angefaßt wird."
[160] Vgl. *Schroeder,* Sexualstrafrecht, S. 19; LK(11)-*Laufhütte,* § 184c, Rn. 16, § 174, Rn. 2.
[161] *BGH*R § 178 sexuelle Handlung 4, 8; LK(11)-*Laufhütte,* § 184c, Rn. 16.

erfüllt, wenn der Täter mit seiner sexuellen Handlung auf den Körper des Opfers einwirke und ihn in Mitleidenschaft ziehe[162].

Die Frage der Eigenhändigkeit stellt sich nun vor allem in Fällen, in denen der Hintermann selbst *keinen* körperlichen Kontakt zum Opfer hat; ja, vielleicht selbst noch nicht einmal räumlich anwesend ist. Hinsichtlich der Präposition „vor" waren die entsprechenden Problematiken Gegenstand einer Entscheidung des *BGH*[163]. Zu entscheiden war die Frage, ob jemand, der ein Kind durch eine Drohung zum „Telefonsex" zwingt, sich nach § 176 V Nr.2 strafbar macht. Der *BGH* verneinte das mit der Begründung, die durch die Präposition „vor" geforderte räumliche Nähe sei bei der bloß telefonischen Vermittlung nicht gegeben[164].
Im Hinblick auf die Eigenhändigkeitsproblematik ist von Bedeutung, ob insoweit eine Vornahme sexueller Handlungen „an" oder „vor" dem Opfer „durch einen anderen" (§ 25 I Alt.2) möglich ist. Argumentiert man hier vom Rechtsgut her, so drängt sich freilich die möglichst weite Auslegung des Tatbestandes auf, die auch mittelbare Täterschaft und Mittäterschaft zulässt[165].

Wenn Hintermann H etwa den schuldunfähigen Vordermann V zur Vornahme sexueller Handlungen „an" einem Kind veranlasst, so ist, was den V anbetrifft, in dessen Person die Vornahme der sexuellen Handlung „an" dem Körper des Opfers gegeben, denn er nimmt die erforderliche körperliche Berührung des Opfers mit seinem Körper vor. Fraglich ist aber, ob über § 25 I Alt.2 die Verwirklichung dieser sexuellen Handlung des V auch dem H zugerechnet werden kann. Das wäre möglich, wenn das „Vornehmen" einer sexuellen Handlung begrifflich gleichzusetzen wäre mit dem „(in objektiv zurechenbarer Weise) Verursachen" der Vornahme einer sexuellen Handlung „an" dem Opfer, und zwar irgendeiner sexuellen Handlung, auch der eines Dritten; und darüber hinaus auch dann, wenn die räumliche Nähe zum Opfer, respektive der körperlichen Berührung, allein in der Person des Werkzeugs, nicht aber in der Person des mittelbaren Täters vorläge. Gegenstand der Zurechnung über § 25 I Alt.2 wäre dann nicht nur die *Handlung* des Dritten, sondern auch seine körperliche Nähe zum Opfer, ausgedrückt durch das Wort „an". Bereits in Kapitel 3 (F. I., II. 3.) wurde dargelegt, dass eine Zurechnung derartiger äußerer Umstände, die sich im Tatbestand in Form adverbialer Bestimmungen des Ortes

---

162 *BGH* NStZ 92, 433 (zu § 178); vgl. auch *BGH*St 29, 336 (338); *BGH* MDR 74, 545 (bei *Dallinger) zu §§ 174, 175, 176.*

163 *BGH*St 41, 285 ff.

164 A.a.O., S. 286 f.

165 So etwa *Schroeder*, Sexualstrafrecht, S. 33, zu § 179: „Da es nicht um die Verhinderung eines „unreinen Aktes", sondern um den Schutz widerstandsunfähiger Opfer geht, ist die Tat kein eigenhändiges Delikt..."; *ders.* JR 96, 211; ähnlich *Schall*, JuS 79, 104 (109); *Roxin*, TuT, S. 419 (für § 176 Nr.2 a.F.).

und der Art und Weise niederschlagen, allenfalls dann möglich ist, wenn sie sich *allein* auf einen Erfolgseintritt als *Ergebnis* einer Handlung beziehen, nicht aber wenn sie, wie hier, unmittelbar an den Handlungsakt selbst geknüpft und damit auch mit der Person des Handelnden untrennbar verbunden sind. Die mangelnde Zurechenbarkeit derartiger attributiver Ergänzungen des Handlungsmerkmals schränkt diejenigen Tatbestände, die solche Formulierungen aufweisen, auf die *eigenkörperliche* Vornahme der Tathandlung ein.

b) Erfordernis eigenhändigen „sexuellen Handelns" aufgrund der Täterspezifik (Sonderdeliktsspezifischer Zusammenhang zwischen Täterbeschränkung auf „Männer" und tatbestandlichem Handlungsmerkmal) - §§ 175 a.F.; 183

Beschränkungen der Begehungsmöglichkeiten können sich aber auch aus der jeweiligen Täterspezifik einzelner Delikte, namentlich der Beschränkung einzelner Tatbestände auf „Männer" als allein mögliche Täter ergeben.

aa) § 175 a.F.

In diesem Zusammenhang soll zunächst § 175 I a.F. beleuchtet werden. Die Vorschrift ist zwar nicht mehr Gegenstand des StGB[166], doch lassen sich aus der bis zu seiner Streichung geltenden Fassung Erkenntnisse gewinnen, die im Hinblick auf die Eigenhändigkeitsproblematik von Bedeutung sein können. Zunächst folgt unmittelbar aus dem Gesetzeswortlaut, dass jedenfalls § 175 I Alt.2 a.F. („an sich vornehmen lässt") eigenhändig sein musste; dies ergibt sich schon allein aus dem Gebrauch des Reflexivpronomens „sich". Doch für die erste Alternative („der sexuelle Handlungen an ... vornimmt") lässt sich hieraus noch keine verbindliche Aussage herleiten. Die Eigenhändigkeit der zweiten Alternative mag zwar - in systematischer Auslegung - als Indiz für die Eigenhändigkeit auch der ersten Alternative angeführt werden[167], doch mehr als ein Indiz kann sie nicht sein[168].

Auch hier sei als Beispiel auf den Fall zurückgegriffen, dass der volljährige Hintermann H den ebenfalls volljährigen schuldunfähigen Vordermann V dazu bringt, an dem noch nicht volljährigen Opfer O sexuelle Handlungen vorzunehmen. Für diese Konstellation wurde mitunter eine fremdhändige Begehbarkeit auch der ersten Alternative vertreten[169]. Das Rechtsgut des § 175, das - jedenfalls in der seit dem 4. StrRG geltenden Fassung - nur noch in der

---

[166] Eingehend zu dieser Vorschrift zuletzt *Frank*, Homosexuelle Handlungen, 1994.
[167] *Herzberg*, ZStrW 82 (1970), S. 896 ff (930).
[168] So auch *Auerbach*, S. 195 f.
[169] So etwa *Auerbach*, S. 199; für die vor dem 4. StrRG geltende Fassung des § 175a Nr.3 auch *Roxin*, TuT, S. 418.

Bewahrung männlicher Jugendlicher vor homosexueller Prägung gesehen wurde[170], wäre in gleichem Maße beeinträchtigt, wie wenn H die sexuelle Handlung selbst vorgenommen hätte. Und beide Tatbeteiligten - H und V - weisen die nötigen Täterqualitäten auf, denn beide sind volljährige Männer. *Auerbach* bildet die Konstellation nun dahingehend, dass H eine Frau ist, die den alle Täterqualitäten aufweisenden V zur Vornahme sexueller Handlungen an O bestimmt[171]. An sich genügte es hier, festzustellen, dass H als Frau eben kein „Mann" und damit kein tauglicher Täter des § 175 I Alt.1 a.F., der insoweit Sonderdelikt war, sein konnte. Dennoch weist *Auerbach* völlig zu Recht auf den gleichen Grad an Rechtsgutgefährdung hin, der auch in dieser Konstellation ebenso wie im Normalfall des § 175 I Alt.1 a.F. für den O besteht. Nur: Hierauf kommt es letztlich nicht an, weil es bereits am ersten tatbestandlichen Merkmal des § 175 a.F., der „Mann"-Eigenschaft, fehlt. Es sei aber einmal die Umkehrung der *Auerbach*schen Konstellation betrachtet, so dass nicht H, sondern V eine (schuldunfähige) erwachsene Frau ist. Nun ist ohne weitere Überlegung klar, dass auch dieser Fall keine Strafbarkeit nach § 175 I Alt.1 a.F. iV.m. § 25 I Alt.2 begründen kann. Denn das Rechtsgut des § 175 I a.F. ist gerade nicht gefährdet, wenn die sexuellen Handlungen nicht gleichgeschlechtlicher Natur, sondern heterosexueller Art sind. Allerdings wird die dogmatische Begründung hierfür nicht ganz so einfach, wie die intuitive Vorwegnahme des Ergebnisses. Denn § 175 I a.F. sprach tatbestandlich eben nicht von „*gleichgeschlechtlichen* sexuellen Handlungen", sondern nur von „sexuellen Handlungen". Die amtliche Überschrift („*Homo*sexuelle Handlungen") wies zwar diesen Zusatz auf, doch war er nicht Teil des Tatbestandes. Bei konsequenter Subsumtion nähme V damit als Werkzeug „sexuelle Handlungen" an O vor. Da sie Werkzeug des H ist, wären diese sexuellen Handlungen dem H als Hintermann über § 25 I Alt.2 zuzurechnen. H wäre mittelbarer Täter, denn er hätte „durch einen anderen" „sexuelle Handlungen" „an" O „vorgenommen". Das Ergebnis freilich ist barer Unsinn. Es zeigt aber ebenso wie im Falle des § 173 II 2 wiederum, dass mittelbare Täterschaft mehr ist als die bloße Addition eigenen („Tatherrschaft" begründenden) Handelns und des Handelns eines „beherrschten" bzw. „unfreien" Werkzeugs. Nun lässt sich natürlich anführen, § 175 I a.F. habe aufgrund seiner Sonderdeliktsqualität, der Einschränkung allein auf männliche Täter, von vornherein nur solche „sexuellen Handlungen" meinen können, die männlicher Natur waren, die also lediglich von Männern vorgenommen werden konnten. Das Merkmal der „Gleichgeschlechtlichkeit" der sexuellen Handlung ergäbe sich dann inzidenter aus der Täterbeschreibung. Daraus aber folgt

[170] LK(10)-*Laufhütte*, § 175, Rn. 1 m.w.N.; *Frank*, Homosexuelle Handlungen, S. 114 f m.w.N. Hingegen war das durch die vor Inkrafttreten des 4. StrRG geltende Fassung des § 175 geschützte Rechtsgut weniger klar auszumachen (Übersicht über den damaligen Meinungsstand bei *Auerbach*, S. 195 ff).

[171] S. 198.

gleichzeitig, dass zwischen Tätereigenschaft und sexueller Handlung ein Zusammenhang bestehen musste. War es nämlich gerade die Sonderdeliktseigenschaft des § 175 I a.F., die Beschränkung auf „Männer“ als Täter, die die spezifisch „Mann“-orientierte Eigenschaft der vorzunehmenden sexuellen Handlung konstituierte, dann folgt daraus auch, dass die „Mann“-Spezifität der sexuellen Handlung auch gerade von dem Mann ausgehen musste, der als Täter des § 175 I a.F. zur Verantwortung gezogen werden sollte. Anders gesprochen: Nicht die Addition der sexuellen Handlung (irgend-)eines Mannes zur - wie auch immer gearteten Tatherrschaft - des Hinter*mannes* konnte das Unrecht des § 175 I a.F. begründen, sondern nur das *Zusammenfallen* der „Mann“-Eigenschaft des Täters und der Vornahme der sexuellen Handlung in einer Person. Wollte man anders entscheiden, so wohnte der Sonderdeliktseigenschaft des § 175 I a.F., ebenso wie der Sonderdeliktseigenschaft des § 173 II 2 in seiner Beschränkung auf Geschwister, ein Zufallsmoment inne. Denn der Hintermann im Falle des § 175 I a.F., der ein männliches Werkzeug zur Vornahme der (homo-)sexuellen Handlungen veranlasste, wäre letztlich allein deshalb bestraft worden, weil er - zufällig - *auch* ein Mann war. Ein Zusammenhang zwischen *seiner* Mann-Eigenschaft und der Strafwürdigkeit *seines* Tuns mit dem durch § 175 I a.F. pönalisierten Unrecht ist aber schlechthin nicht mehr ersichtlich, denn ein Mann, der ein männliches Werkzeug zur Vornahme homosexueller Handlungen veranlasst, ist (bzw. war) nicht mehr oder weniger strafwürdig als eine Frau, die dasselbe tut. Hätte der Gesetzgeber schlechthin jede bloße tatherrschaftliche Verursachung irgendwelcher tatbestandsmäßigen homosexuellen Handlungen durch Werkzeuge unter Strafe stellen, mit anderen Worten: „das Rechtsgut nach allen Seiten hin schützen“ wollen[172], dann hätte er den Tatbestand des § 175 I a.F. nicht als Sonderdelikt ausgestalten dürfen, sondern als Allgemeindelikt formulieren müssen. Weil er das nicht getan hat, ist (bzw.: war) die Beschränkung auf „Männer“ zu akzeptieren, doch musste dann auch anhand dieser Beschränkung der Schutzumfang des § 175 I a.F.bestimmt werden. Dieser konnte nur so weit gehen, dass es gerade die „Mann“-Eigenschaft des *Handelnden selbst* war, die das Unrecht des Tatbestandes ausmachte. Entsprechend den Darlegungen zu § 173 II 2 ist daher der Fall der mittelbaren Täterschaft aus dem Anwendungsbereich des § 175 I a.F. auszuscheiden.

[172] Vgl. *Oehler*, Objektives Zweckmoment, S. 65; *Auerbach* S. 183; *Herzberg*, ZStrW 82, 896 ff (927 f) (letztere jeweils bezogen auf § 173 II).

bb) § 183

(1) Die Beschränkung auf „Männer“

Parallel zu § 175 I a.F. dürfte die Eigenhändigkeitsproblematik bei § 183 I zu lösen sein. Auch § 183 I ist ausgestaltet als Sonderdelikt, beschränkt auf männliche Täter. Der „Mann“ macht sich nach § 183 I strafbar, wenn er „eine andere Person durch eine exhibitionistische Handlung belästigt“. Der Tatbestand spricht also nicht ausdrücklich vom „Vornehmen“ einer exhibitionistischen Handlung; Tathandlung ist hier das „Belästigen“. Dennoch ist diese Tathandlung in Form der Präposition „durch“ mit der „exhibitionistischen Handlung“ verknüpft. Die exhibitionistische Handlung nun kann wiederum nur eine männlich-exhibitionistische sein, da dies aus der Tatbestandsbeschränkung auf Männer folgt. Daraus ergibt sich, dass die Tathandlung des § 183 I, das „Belästigen“, in der Weise erfolgen muss, dass der fragliche Täter die exhibitionistische Handlung selbst vornimmt. Auch wenn der Tatbestand seinem Wortlaut nach so gelesen werden könnte, als reiche es aus, eine „andere Person durch (irgend-)eine exhibitionistische Handlung“[173], also auch durch die eines männlichen Werkzeugs, zu belästigen, so würde die Strafbarkeit für den Hintermann wiederum aufgrund seiner jeweiligen Geschlechtszugehörigkeit zu einer zufälligen. Soll die Tatbestandsbeschränkung auf Männer Sinn machen, ist zu fordern, dass die jeweilige sexuelle Handlung gerade von dem Mann vorgenommen wird, der als Täter zur Verantwortung gezogen werden soll[174].

(2) Keine Ersetzbarkeit der Entblößung des *eigenen* Geschlechtsteils durch Geschlechtsteil eines anderen oder einer Attrappe

Nur konsequent ist es dann schließlich, wenn man auch die Zurschaustellung nicht des eigenen, „echten“ Geschlechtsteils, sondern stattdessen eines „Kunstgliedes“ für § 183 I nicht genügen lässt. Deutlich und instruktiv in diesem Zusammenhang die Ausführungen des *LG Koblenz* aus einer hierzu ergangenen Entscheidung[175]:

*„Eine **exhibitionistische Handlung** bedeutet „eine sexuelle Handlung, die darin besteht, daß der Täter einem anderen ohne dessen Einverständnis und vielfach überraschend seinen entblößten Geschlechtsteil vorzeigt, um sich entweder*

---

[173] In diesem Sinne etwa *Herzberg*, ZStrW 82 (1970), S. 896 ff (938), der die Eigenhändigkeit (für die damals geltende Fassung) verneint. Im Ergebnis ebenso *Roxin*, TuT, S. 419.
[174] Die Eigenhändigkeit des § 183 I wird bejaht von LK(11)-*Laufhütte*, § 183, Rn. 6; *Auerbach*, S. 229; Sch/Sch-*Lenckner/Perron*, Rn. 7; SK-*Horn/Wolters*, Rn. 7; *Tröndle/Fischer*, Rn. 4. Verneinend hingegen *Roxin*, TuT, S. 419; *Herzberg*, ZStrW 82 (1970), S. 896 ff (938); *ders.* GA 91, 145 ff (169, Fn. 39), ZStrW 88 (1976), 68 ff ((82 f); vgl. auch *dens.* JuS 83, 737 ff (741).
[175] MDR 97, 280 f.

allein dadurch oder durch die Beobachtung der Reaktion des anderen sexuell zu erregen, seine Erregung zu steigern oder zu befriedigen" [es folgen Nachweise]. *Essentiell für die exhibitionistische Handlung ist mithin das Entblößen des eigenen Gliedes, das Zur-Schau-Stellen des eigenen Genitals. Daher reicht es zur Annahme einer exhibitionistischen Handlung nicht aus, wenn der Täter nicht sein eigenes Glied, sondern einen Kunstpenis (Plastikglied) vorzeigt (Laufhütte in LK StGB 11. Aufl. § 183 Rn.2 unter Hinweis auf einen Beschluß des BGH vom 9. 2. 1993, 5 StR 28/93, bei dem es sich um eine nicht mit Gründen versehene Entscheidung nach § 349 Abs.2 StPO handelt), auch wenn er dadurch sein Tatopfer täuscht und damit denselben Effekt und dieselbe Zeigelust erreicht wie bei der Demonstration des eigenen Geschlechtskörpers. Der Begriff der exhibitionistischen Handlung hätte nicht mehr seinen klaren Inhalt und würde unbestimmt, wollte man auf das Essentiale des Entblößens des eigenen Gliedes verzichten und das Vorzeigen einer „Attrappe" (Scheinglied) genügen lassen..."*.

Diese Ausführungen des Gerichts erhellen, dass die Vornahme einer „exhibitionistischen Handlung" sich nicht im bloßen „Verursachen *irgendeiner* Zur-Schau-Stellung (irgend-)eines Geschlechtsteils" erschöpft, sondern dass es gerade das *eigene* und *echte* Geschlechtsteil desjenigen sein muss, von dem man sagen will, er „belästige durch eine exhibitionistische Handlung"[176]. Der spezifische Zusammenhang zwischen Täter und Handlung ist unmittelbar auf den eigenen Körper bezogen und daher höchstpersönlicher Natur, so dass er auch nicht durch die Zwischenschaltung des Körpers eines „anderen" ersetzt werden kann.

(3) Der Bezug des sexuellen Handelns zur eigenen Person

Einen weiteren Gesichtspunkt für die Eigenhändigkeit des § 183 I führt schließlich *Auerbach* an[177], indem er unter Bezug auf § 183 III auf die besondere Persönlichkeitsproblematik des typischen Täters des Exhibitionismus hinweist. Bei *Auerbach*[178] heißt es in diesem Zusammenhang:

---

[176] Auf die Spitze treiben lässt sich der Fall, wandelt man ihn dahin ab, dass der Täter sich sein Genital amputieren lässt, es sodann konserviert und präpariert und schließlich - entsprechend dem Täter des oben dargestellten Falles des *LG Koblenz* - als vermeintlich echtes exhibiert. Obwohl es sich hier um „sein eigenes" Genital handelt, müsste der Tatbestand des § 183 konsequenterweise verneint werden, denn auch hier fehlt es an der spezifischen Verbindung zwischen Genital und eigenem Körper, so dass das abgetrennte Genital einer „Attrappe" näher steht als einem echten, eigenen Genital. Dass es früher einmal eines war, kann daran nichts ändern.

[177] S. 229.

[178] A.a.O, S. 228 f.

„Die exhibitionistische Handlung ist nach Erkenntnissen der medizinischen Forschung eine Verhaltensweise, die von Tätern gezeigt wird, die ein psychopathologisches Syndrom aufweisen (...). Die typischen Täter des § 183 sind aspontane, antriebsarme, unsichere, kontaktschwache und zum Teil hochgradig schüchterne Personen, die ansonsten gesetzestreu sind. Geholfen werden kann diesen leidgeprüften Menschen nur durch eine therapeutische Behandlung, nicht durch Sanktionen des Strafrechts. Eine exhibitionistische Handlung ist als Ausdruck eines pathologischen Zustands des Täters daher derart an die Person des Täters gebunden, daß denknotwendig ein Benutzen des eigenen Körpers als Mittel der Tatbegehung vorliegen muß. Die pönalisierte Tätigkeit ist subjektsbezogen. Es liegt ein Fall täterbezogener Eigenhändigkeit vor. Das leuchtet auch unter dem Gesichtspunkt ein, daß es das erklärte Ziel der strafrechtlichen Sanktionen des § 183 ist, den Täter zu einer u.U. langwierigen Heilbehandlung zu „zwingen" (...), nach der Erkenntnis des Gesetzgebers also das strafrechtliche Einschreiten nur Vehikel strafrechtlicher Behandlung sein soll. Welchen Sinn hätte eine derartige Reaktion beim medizinisch gesunden „Täter", der das Entblößen des Genitals des Tatmittlers nur veranlaßt hat."

Soweit, aus der besonderen Täterstruktur des § 183 I Merkmale für die Eigenhändigkeit des Delikts abzuleiten, soll hier nicht gegangen werden. Denn hierdurch würde die Frage der Tatbestandserfüllung mit den Fragen der sich daran anschließenden Rechtsfolgen verknüpft. Das erscheint zunächst methodisch bedenklich. Darüber hinaus ist aber zu beachten, dass die therapeutische Behandlung, die vom Täter durch das strafrechtliche Einschreiten erzwungen werden soll, weder zwingend als Rechtsfolge vom Gesetz vorgeschrieben wird noch unbedingt tatsächlich auf *jeden* Täter des § 183 I passen müsste. Auf den, der nur die exhibitionistische Handlung eines Werkzeugs veranlasst, passt sie dann eben nicht. Über die *Straf*würdigkeit seines Tuns sagt das nichts aus. Ansatzpunkt der Norm ist und bleibt nun einmal die *Straf*drohung selbst; welche weiteren Motive mit dieser Strafdrohung für den Täter durch den Gesetzgeber verfolgt werden, muss für die dogmatische Erklärung der Strafbarkeits*begründung* außer Betracht bleiben. Richtig und für die Gesamtproblematik der Eigenhändigkeit im Bereich der Sexualdelikte insgesamt fruchtbar ist indes die Erkenntnis *Auerbachs* bezüglich der Täter- und Personenbezogenheit sexuellen Handelns schlechthin: Wenn die Vornahme einer exhibitionistischen Handlung tatsächlich - wie *Auerbach* an anderer Stelle[179] schreibt - ein „gewaltsames Herstellen von Partnerschaft" ist[180], dann fragt es sich, ob nicht erst recht auch jede „sexuelle" Handlung unter diesem

[179] S. 228.
[180] Ähnlich die Formulierung bei Sch/Sch-*Lenckner/Perron* bezogen auf § 183 (Rn. 3): „Herstellen einer optischen Beziehung zum Opfer".

Gesichtspunkt betrachtet werden muss[181]. Legt man jene Deutung einmal auch der Auslegung des Begriffs der „sexuellen Handlung" zugrunde, dann ergibt sich, dass die Vornahme „sexueller Handlungen" mehr ist als das bloße Verursachen physischer Berührungen im Genitalbereich[182]. Immer ist die Person dessen in das Geschehen miteingebunden, der mit seinem Körper die Berührung des Opfers vornimmt. Insoweit lässt sich sagen, dass Sexualität schlechthin, und zwar auch in Bezug auf den Täter, höchstpersönlicher Natur ist. Durch die bloße Zurechnung der sexuellen Handlung eines Werkzeugs zu der Person, die als Täter zur Verantwortung gezogen werden soll, würde dieser Höchstpersönlichkeit nicht ausreichend Rechnung getragen und die Bindung sexuellen Handelns an die eigene Person künstlich gespalten.

c) Erfordernis eigenhändigen Handelns aufgrund generellen Bezuges der Sexualität zur Person

Was von oben dargestellter These zu halten ist, mag nun an § 183a überprüft werden. Nach § 183a macht sich strafbar, „wer öffentlich sexuelle Handlungen vornimmt und dadurch (...) ein Ärgernis erregt". § 183a ist also gerade kein auf Männer beschränktes Sonderdelikt, sondern von Männern und Frauen gleichermaßen begehbar[183]. Sind die oben dargestellten Erwägungen nun auch auf § 183a anwendbar ? *Auerbach* selbst verneint dies, da der Begriff der „exhibitionistischen Handlung" in § 183 spezieller sei als der Begriff der „sexuellen Handlung" in § 183a[184]. Er kommt daher zur Eigenhändigkeit des § 183 I, aber zur Fremdhändigkeit des § 183a[185]. *Herzberg*[186] und *Roxin*[187], die

---

181 Genau dies sieht *Auerbach,* S. 227 allerdings anders: „Zwar ist jede exhibitionistische Handlung eine sexuelle, jedoch läßt sich das nicht umkehren. Die exhibitionistische Handlung ist somit der speziellere Begriff."

182 Zweifelnd insoweit - von seinem den Rechtsgüterschutz in den Vordergrund stellenden Standpunkt aus betrachtet auch durchaus konsequent - *Roxin,* TuT, S. 419 f: „Dieselben Einwendungen, die bei den rechtsgüterverletzenden Sittlichkeitsdelikten gegen eine Differenzierung aufgrund moralischer Nuancierungen vorzubringen waren, gelten erst recht gegenüber Unterscheidungen psychologisch-emotionaler Art. Es ist zwar richtig, daß die eigenhändige Vornahme vieler Sittlichkeitsdelikte durch bestimmte Wollustgefühle gekennzeichnet ist, die beim steuernden Hintermann oder mitbeherrschenden Komplicen fehlen. Schon die oberitalienischen Glossatoren haben zum Teil diesen Gesichtspunkt zur Begründung der Eigenhändigkeit verwendet. (...) Aber es wäre fehlerhaft, die Abgrenzung der Beteiligungsformen von solchen Gefühlsakzenten abhängig zu machen. (...) Der Gesetzgeber kümmert sich nicht um Lustgefühle, ihm geht es - etwa im Falle der Notzucht und Schändung - um die vergewaltigte oder mißbrauchte Frau. (...) Die subjektiven Empfindungen der Beteiligten sind dabei durchaus nebensächlich." - Allerdings steht bei diesen Ausführungen *Roxins* die subjektive Seite zu sehr im Vordergrund. Es kommt nicht darauf an, was der Täter *empfindet,* sondern allein darauf, ob die von ihm vorgenommene Handlung objektiv einen Bezug zu *seinem* Körper und *seiner* Sexualität aufweist.

183 Eingehend hierzu *Sander,* Exhibitionistische Handlungen, S. 12.

184 S. 227.

185 S. 227. Ebenso Sch/Sch-*Lenckner/Perron,* § 183a, Rn. 7. Zur Kritik an dieser Divergenz *Herzberg,* GA 91, 145 ff (169, Fn. 39).

186 ZStrW 82 (1970), S. 896 ff (938).

bereits für § 183 a.F. Fremdhändigkeit bejahen, müssten bei Zugrundelegung ihrer Argumentation für § 183a erst recht zur Fremdhändigkeit kommen[188]. Im übrigen Schrifttum sind die Auffassungen geteilt. Während *Lenckner/Perron*[189] und *Laufhütte*[190] die Eigenhändigkeit - begründungslos - verneinen, wird sie von *Horn/Wolters*[191] und *Gössel*[192] - ebenso begründungslos - bejaht. Die Herausarbeitung eines klaren Standpunkts bereitet hier besondere Schwierigkeiten, weil sich letztlich nur auf das Handlungsmerkmal des „Vornehmens einer sexuellen Handlung" und eventuell noch auf die modifizierende Charakterisierung als „öffentlich" zurückgreifen lässt, um eine Eigenhändigkeit zu begründen. Anders als bei §§ 175 I a.F. und 183 I lassen sich auch keine Schlüsse aus einer spezifischen Täterklassifizierung ziehen. Die Allgemeindeliktsqualität des § 183a legt eher den Schluss nahe, dem Gesetzgeber sei es tatsächlich um einen Schutz des Rechtsgutes „nach allen Seiten"[193] gegangen, der auch die mittelbare Täterschaft einschließen sollte. Will man aber die Höchstpersönlichkeit sexuellen Handelns ernst nehmen, so ist konsequenterweise auch hier zu fordern, dass das in Frage stehende sexuelle Handeln Teil derjenigen Person ist, die nach der Vorschrift des § 183a bestraft werden soll[194]. Plastischer wird das, denkt man sich anstelle des - wie *Schroeder*[195] es nennt: „sterilen" - Begriffes des „Vornehmens" einer „sexuellen Handlung" einmal eine ganz konkrete „sexuelle Handlung": Wäre der Tatbestand etwa so formuliert, dass er lautete „wer öffentlich den Beischlaf vollzieht" oder „wer öffentlich masturbiert", wäre die Eigenhändigkeit intuitiv leichter zu begründen[196]. Denkt man sich dann noch statt des fast ebenso klinischen Begriffs des „Masturbieren" ganz einfach die deutsche Übersetzung, nämlich „wer sich öffentlich selbst befriedigt", so ergäbe sich die Eigenhändigkeit bereits aus der Verwendung des Reflexivpronomens „sich" und des Wortes „selbst". Entsprechendes hätte beim Begriff „Beischlaf" zu gelten,

---

[187] TuT, S. 419.

[188] In GA 91, 145 ff (170) vertritt *Herzberg* dann auch dementsprechend sowohl für § 183 I n.F. als auch für § 183a n.F. die Möglichkeit fremdhändiger Begehung (bei § 183 freilich täterschaftlich begrenzt auf „Männer").

[189] In Sch/Sch, § 183a, Rn. 7.

[190] In LK(11), § 183a, Rn. 8.

[191] In SK, § 183a, Rn. 6.

[192] BT 1, § 28, Rn. 26.

[193] *Oehler,* Objektives Zweckmoment, S. 65.

[194] Allerdings heißt das für § 183a *nicht,* dass es sich auch bei dem involvierten Körperteil um einen „Teil der Person" handeln muss. So verneinte das *LG Koblenz* in der oben zu § 183 erörterten Entscheidung (MDR 97, 280 f) zwar § 183, bejahte aber § 183a (die entsprechende Begründung ist in der Fundstelle nicht wiedergegeben). Im Ergebnis ist dem zu folgen, denn wenn jemand ein Kunstglied „als das seine" ausgibt und hieran Handlungen mit Sexualbezug vornimmt, so hindert das weder die Charakterisierung dieser Handlung als eine „sexuelle" noch die Zuordnung der „sexuellen Handlung" zu *seiner* Person (gerade diese Zuordnung ist ja vom Handelnden gewollt).

[195] Sexualstrafrecht, S. 19.

[196] Ähnlich *Herzberg,* ZStrW 88 (1976), 68 ff (82, Fn. 37).

der ja z.B. in §§ 176 III 2 Nr.1 a.F.[197]; 177 I a.F.; 179 II (i.d.F. vor dem 33. StrÄndG) sogar gesetzliche Verwendung gefunden hat(te). Jener Begriff ist juristisch definiert als das Eindringen des männlichen Gliedes in die Scheide[198]. Hätte man den Tatbestand des § 177 a.F. in diesem Sinne konkretisiert gefasst, so hätte er wohl gelautet: „wer mit *seinem* Glied öffentlich in die Scheide einer Frau eindringt" oder aber, auf beide Geschlechter hin formuliert: „Personen, die öffentlich *ihre* Geschlechtsteile vereinigen". Die mittelbare Täterschaft begrifflich ermöglichende Fassung „wer (tatherrschaftlich) bewirkt, dass *ein* männliches Glied öffentlich in die Scheide einer Frau eingeführt wird" oder aber „wer (tatherrschaftlich) bewirkt, dass zwei Geschlechtsteile öffentlich miteinander vereinigt werden" erscheint hingegen derart abstrus, dass man sie sich wohl ernsthaft als Gesetzesfassung nicht vorstellen kann.

Man verzeihe mir diese deutlichen Worte. Doch ich halte sie für erforderlich, um einmal das ins Gedächtnis zurückzurufen und aufzuhellen, was mit den tatbestandlichen Wendungen eigentlich in der Sache gemeint ist. Dass der Gesetzgeber all dies zuschüttet durch die klinisch saubere Formulierung des „Vornehmens" „sexueller" oder „exhibitionistischer" „Handlungen" öffnet das Tor für begriffliche Spekulationen über Zurechnungen aller Art. Um nicht falsch verstanden zu werden: Dies soll keine ungerechtfertigte Kritik am Gesetzgeber sein. Die von ihm gewählten Formulierungen sind allein vor dem Hintergrund seines Bemühens zu sehen, niemandem durch die gesetzlichen Formulierungen auch nur im entferntesten zu nahe zu treten. Sollte die ursprünglich geltende Fassung des Sexualstrafrechts von ihren verkrusteten und zum Teil allzu moralisierenden Formulierungen befreit werden, so bestand die schwierige Aufgabe des Reformgesetzgebers nunmehr darin, durch Vermeidung allzu plastischer (und zu deutlich konturierter) Formulierungen den Anschein allzu großer Liberalität einerseits, andererseits aber auch die Verletzung des Anstandsgefühls all derjenigen zu vermeiden, die eine allzu deutliche Darstellung menschlicher Sexualität in gesetzlichen Formulierungen möglicherweise als Abwertung dessen empfunden hätten, was sie als ihre höchstpersönliche Intimsphäre bislang noch vor staatlicher Reglementierung hatten verborgen halten können. In welchem Zwiespalt zwischen Liberalismus einerseits und dem Erhalt und der Stützung (noch) bestehender und gepflegter Moral andererseits - die keineswegs in Abrede gestellt werden sollte - sich die Verfasser des damaligen Gesetzeswerkes befanden, machen etwa die

[197] Die Tathandlung „Beischlaf vollziehen" nimmt bei § 176 III 2 Nr.1 allerdings insoweit eine Sonderstellung ein, als es sich hierbei um ein Regelbeispiel für einen besonders schweren Fall, nicht aber um einen „echten" Tatbestand handelt. Die Vorschrift soll daher unten unter 4. b) zusammen mit der durch das 33. StrÄndG neugeregelten Fassung des § 177 III 2 Nr.1 behandelt werden, bei der sich dieselbe Problematik stellt.

[198] Vgl. *BGH*St 16, 175; 37, 153 (154); *Tröndle/Fischer*, § 173, Rn. 6.

engagierten Stellungnahmen *Baumanns*[199] zu den zum Teil heftigen Kritiken durch *Dreher*[200] und *Peters*[201] deutlich. Die Flucht des Gesetzgebers in schamhafte, abstrakte und normative, zugleich aber letztlich nichtssagende gesetzliche Formulierungen war angesichts der Vorwürfe gegen die Liberalisierungstendenzen wohl der einzige Weg, weitergehenden Schaden abzuwenden. Um es deutlich zu sagen: Die normativen Formulierungen, die, allein von ihrer begrifflichen Weite her, Raum für alle möglichen erweiternden Auslegungen und Zurechnungen lassen, dürfen nicht darüber hinwegtäuschen, dass hinter ihnen ganz konkrete, handfeste Inhalte stehen. Haben abstrakt-normative Formulierungen in anderen Tatbeständen, insbesondere etwa im Bereich der Fahrlässigkeitstaten, ihren Sinn gerade darin, möglichst weiten Raum für Zurechnungen von Verantwortungsbereichen zu schaffen, so geht es hierum im Sexualstrafrecht nicht. Die Handlungen, die hier beschrieben (oder besser: *um*schrieben) werden, sind genuin an die Person und den (eigenen) Körper gebunden.

d) „Missbrauch zum Beischlaf" (§§ 179 II (i.d.F. vor dem 33. StrÄndG), 177 I i.d.F. vor dem 4. StrRG)

Die im Hinblick auf die Eigenhändigkeitsproblematik wohl am heftigsten erörterte Tathandlung ist der „Missbrauch einer Frau zum außerehelichen Beischlaf". Diese Formulierung fand sich bis zum 5. 7. 1997 noch in § 179 II a.F., vor Inkrafttreten des 4. StrRG war sie enthalten auch in § 177 I und § 176 I Nr.2.

aa) §§ 177 I i.d.F. vor dem 4. StrRG; 176 I Nr.2 a.F.

Vor der Novelle des 4. StrRG lautete der Tatbestand des § 177 I: „*... wer ... eine Frau zur Duldung des außerehelichen Beischlafs nötigt, oder wer eine Frau zum außerehelichen Beischlafe missbraucht, nachdem er sie zu diesem Zwecke in einen willenlosen oder bewusstlosen Zustand versetzt hat*". Dass die erste Alternative dieser Tatbestandsfassung, also das „Nötigen zur Duldung des außerehelichen Beischlafs" nicht notwendig eigenhändig zu begehen ist, erschließt sich nahezu von selbst[202]. Insoweit geht auch der plakative Einwand *Bindings*[203] („Ich möchte doch wissen, ob jemand, der zur Notzucht angestiftet

[199] JR 74, 370 ff und MSchrKrim 69, 158 ff.
[200] JR 74, 45 ff.
[201] MSchrKrim 69, 41 ff.
[202] Vgl. nur *BGH*St 6, 226 (227); *Herzberg*, ZStrW 82 (1970), 896 ff (936 f).
[203] Strafrechtliche Abhandlungen, S. 267, Fn. 17, Anm. 2. Dabei wird dieser Formulierung insgesamt wohl etwas zuviel Bedeutung beigemessen. Auch *Binding* erkennt an derselben Stelle nämlich ausdrücklich an, dass „die (zur Notzucht) unentbehrliche Nötigung durch einen Gehilfen oder durch einen Unzurechnungsfähigen verübt werden kann, nur der außereheliche Beischlaf bleibt dem Täter selbst vorbehalten."

hat, je sich rühmen würde, *er* habe die Geschändete genossen ?") fehl, denn nicht das „Genießen", sondern das „Nötigen" ist Handlungsmerkmal[204].

Streitig war die Eigenhändigkeitsproblematik allein hinsichtlich der zweiten Alternative („zum außerehelichen Beischlaf missbraucht"), der „Schändung unter erschwerenden Umständen". Der *BGH* ließ in St 6, 226 (229) diese Frage ausdrücklich unerörtert, bejahte[205] sie aber (beiläufig) für § 176 I Nr.2 a.F., der in der damaligen Fassung ebenfalls das „Missbrauchen zum Beischlaf" als Tatbestandshandlung aufwies. In einer späteren Entscheidung nahm der *BGH*[206] dann für § 176 I Nr.2 a.F. ausdrücklich Eigenhändigkeit an. Die Begründung hierfür erscheint allerdings eher dünn. Der *BGH* führte aus:

„Der Senat hat dagegen in dem Urteil BGHSt 6, 226, 228 ausgesprochen, bei § 176 I Nr.2 StGB ergebe sich die Eigenhändigkeit aus dem Tatbestand des Gesetzes, das den Nachdruck auf den Beischlaf lege im Gegensatz zu § 177 StGB, in dem die Nötigung mit Strafe bedroht sei. (...) Der Senat hält (...) an der damals beiläufig geäußerten Auffassung fest, weil sie schon den Wortlaut des Gesetzes für sich hat. „Zum außerehelichen Beischlaf mißbrauchen" kann nach dem Sinn, den die Sprache mit diesem Ausdruck verbindet, nur bedeuten: den Beischlaf selbst vollziehen, und zwar unter Ausnutzung des willenlosen Zustands der Frau. Die Tatbestandshandlung besteht hier im Gegensatz zu § 177 I HS.1 StGB ausschließlich in dem Vollzuge des Beischlafes, also in dem körperlichen Akt. Der Handlungsunwert steht im Vordergrund."

Der *BGH* verweist sodann noch auf die Blutschande (§ 173), bei der das „- von vereinzelten Ausnahmen im Schrifttum abgesehen - nicht bezweifelt" werde.

In Anlehnung an diese Entscheidung des *BGH* bejahte das *OLG Celle*[207] kurz darauf dann auch für § 177 I Alt.2 a.F. die Eigenhändigkeit, trieb aber einen etwas höheren Begründungsaufwand. Das *OLG* führte aus:

„Der Grund dafür, daß die beiden Verbrechen der ersten Steigerungsgruppe keine eigenhändigen Delikte sein sollen, ist vornehmlich darin gesehen worden, daß bei ihnen die Nötigungs*handlung im Vordergrund der Tatbestandsmäßigkeit stehe (BGHSt 6, 226 und dieser Entscheidung folgend BGH in LM Nr.3 zu § 176 I Ziff. 1 StGB sowie in NJW 60, 2250). Umgekehrt ist die Eigenhändigkeit bei dem Verbrechen nach § 176 I Ziff. 2 StGB aus dem*

---

[204] Eingehend hierzu *Herzberg*, ZStrW 82, 896 ff (933 f).
[205] Ebenso *Kohlrausch/Lange*, 43. Aufl., I 2 vor § 47.
[206] St 15, 132 (133 ff) = NJW 60, 2250.
[207] NJW 61, 1079 (1080).

Tatbestand des Gesetzes gefolgert worden, das den Nachdruck auf den Beischlaf lege (BGH a.a.O.). Bei der „Schändung unter erschwerenden Umständen" ist es aber - wenn man den Fall gewaltsamen Handelns ausschließlich als „Notzucht im engeren Sinne" betrachtet - nicht anders. Der Nachdruck liegt hier nicht auf dem mit „nachdem" eingeleiteten Nebensatz, sondern ebenso wie in § 176 I Ziff. 2 StGB auf der Vollziehung des Beischlafes. Dies steht im Vordergrund der Tatbestandsmäßigkeit. Beide Vorschriften stellen, in ihrer Wortfassung weitgehend übereinstimmend, auf den Mißbrauch der in einen willenlosen oder bewußtlosen Zustand versetzten Frau zum außerehelichen Beischlaf ab."

Das *OLG* und letztlich auch der *BGH* stellen darauf ab, nicht mehr das „Nötigen" - wie in der ersten Alternative des § 177 I damaliger Fassung - liege „im Vordergrund der Tatbestandsmäßigkeit", sondern das „Missbrauchen". Bei konsequenter Fortführung der Argumentation der Gerichte hieße das, den Tatbestand des § 177 I Alt.2 damaliger Fassung nunmehr wie folgt zu lesen: „Wer mit einer Frau ... den außerehelichen Beischlaf vollzieht". Es fragt sich aber, ob diese Gleichsetzung, die letztlich allein auf grammatisch-systematischen Argumenten beruht[208], nicht dem Wortlaut des Gesetzes entgegenläuft. Tathandlung ist nämlich gerade nicht das „Vollziehen" des (außerehelichen) Beischlafes, sondern das „Missbrauchen *zum* (außerehelichen) Beischlaf". Dem Wortlaut nach kann hier auch das „Missbrauchen zum außerehelichen Beischlaf" mit einem *Dritten* gemeint sein, denn vom „Missbrauchen zum *eigenen* Beischlaf" spricht das Gesetz gerade nicht. Als „Missbrauch" einer Frau lässt es sich begrifflich schließlich auch bezeichnen, wenn der Täter die Frau zum Beischlaf mit einem anderen nötigt, auch wenn der Nötigende selbst den Beischlaf nicht vollziehen will. Subjektiv ist dabei lediglich die Absicht erforderlich, dass dem Opfer *überhaupt* die Vollziehung (irgend-)eines Beischlafs abgenötigt werden soll. Ähnlich scheint dies *Maurach*[209] zu sehen, wenn er ausführt, auch bei der zweiten Alternative sei „nicht der *Beischlaf* als solcher das eigentliche Gravamen, sondern der *erzwungene* Beischlaf". Unter Einbeziehung des letzten Halbsatzes des Tatbestandes („nachdem er sie zu diesem Zwecke in einen willenlosen oder bewusstlosen Zustand versetzt hat") scheint der Schwerpunkt des „Missbrauches" daher in der Tat auf dem Gesamtgeschehen, insbesondere auf dem Akt der Einflussnahme auf die Willensfreiheit des Opfers zu liegen, weniger hingegen auf der Erreichung des Zweckes dieser Einflussnahme, nämlich der tatsächlichen, eigenen Vollziehung des Beischlafes selbst[210]. Fasst man die Formulierung „zum Beischlafe missbraucht" allerdings eng, im vom *BGH* vertretenen Sinne des „Vollziehens" des Beischlafes auf, hängt die

---

[208] Krit. in diesem Zusammenhang auch *Maurach*, NJW 61, 1050.
[209] NJW 61, 1050 (1052).
[210] Ähnlich *Maurach* a.a.O.

Eigenhändigkeit davon ab, ob das „Vollziehen des Beischlafes" allein eigenhändig ausgeführt werden kann. Dies allerdings ist aus den oben zu §§ 183, 183a erörterten Gründen zu bejahen.

Diesem Diskurs wurde hinsichtlich des § 177 a.F. durch die Gesetzesnovelle des 4. StrRG der Boden entzogen, da nunmehr auch die Nötigung zum „Beischlafe mit einem Dritten" zur tatbestandsmäßigen Handlung wurde. Alleiniges Handlungsmerkmal des § 177 I ist heute - auch in der seit 5. 7. 1997 gültigen Fassung - das „Nötigen". Dieses kann, da an keine Person gebunden, auch durch Einschaltung eines Werkzeugs, mithin in mittelbarer Täterschaft begangen werden; Täter kann auch eine Frau sein, weil § 177 I (a.F. und n.F.) ein allgemein begehbares und kein auf Männer beschränktes Sonderdelikt war[211] und ist.

Erforderlich für die Tatbestandserfüllung war bis zur Reform 1997 schließlich noch, dass es tatsächlich, bedingt durch die Nötigung, zur Vollziehung außerehelichen Beischlafs kam. Dabei war für die Beurteilung der Außerehelichkeit allein auf die Person abzustellen, die tatsächlich den Beischlaf vollzog. Nötigte also der Täter die Frau zum erzwungenen Beischlaf mit ihrem Ehemann, fehlte es an der Außerehelichkeit des Beischlafs[212]. Nötigte umgekehrt der Ehemann seine Frau zum Beischlaf mit einem Dritten, so war der vollzogene Beischlaf außerehelich und der Ehemann Täter[213]. Eigenhändigkeitsprobleme stellten sich bei dieser Tatbestandsfassung weder aufgrund des Handlungsmerkmals noch aufgrund einer Täterspezifik.

bb) § 179 II a.F.

In Nuancen anders gelagert war die Problematik bei § 179 II a.F.. Setzte man hier, entsprechend der oben dargestellten Argumentation des *BGH* zu § 177 I i.d.F. vor dem 4. StrRG, die Formulierung „Missbrauch ... zum Beischlaf" mit „Vollziehung des Beischlafs" gleich, so folgte die nur-eigenhändige Begehbarkeit des Deliktes bereits hieraus[214]. Zwingend war diese Gleichsetzung - wie gezeigt - indes nicht: Ein „Missbrauch zum Beischlaf" lag jedenfalls auch

---

211 Sch/Sch-*Lenckner/Perron,* § 177, Rn. 15; *Tröndle* (48. Aufl.), § 177, Rn. 1e.

212 So zu § 178 a.F. Sch/Sch(25. Aufl.)-*Lenckner* Rn. 2, diese Ausführungen lassen sich übertragen auf § 177.
AA. allerdings *Behm,* MDR 86, 886 (888), der die Außerehelichkeit nicht als tatbezogenes Attribut auffasst, sondern als persönlichen Strafausschließungsgrund, der nur dem Ehemann zugutekommen soll.

213 *Behm* MDR 86, 886 (887 f); Sch/Sch(25. Aufl.)-*Lenckner,* § 177, Rn. 10.

214 Diesen Weg ging auch das *KG* in der bereits oben erörterten Entscheidung (NJW 77, 817). Über den Wortlaut des Tatbestandes findet sich in apodiktischer Kürze lediglich der Satz (S. 818): „Da der Wortlaut des § 179 II StGB n.F. hier eindeutig ist, läßt er für eine extensive Auslegung in dem einen oder anderen Sinn keinen Raum."

dann vor, wenn es nicht um einen vom Täter selbst vollzogenen Beischlaf ging, so dass eine fremdhändige Begehung begrifflich möglich war[215]. Dennoch dürfte gerade im Falle des § 179 II a.F. die Annahme nur-eigenhändiger Begehbarkeit richtig gewesen sein[216]: Dies ergab sich aus dem systematischen Zusammenhang des Absatzes 2 mit dem Absatz 1 des § 179 a.F.. Indem § 179 II a.F. nämlich die erhöhte Strafdrohung für den Fall festsetzte, dass „*die Tat* durch Missbrauch ..." begangen werde, womit allein „die Tat" des Absatzes 1 gemeint sein konnte, konnten auch für § 179 II a.F. von vornherein nur solche „Taten" in Betracht kommen, die dem Anwendungsbereich des Absatzes 1 unterfielen. Die möglichen „Taten" des Absatzes lagen nun wiederum darin, dass der Täter ein entsprechend den Ziffern 1 und 2 qualifiziertes Opfer „dadurch *missbraucht*, dass *er* ... sexuelle Handlungen *an ihm vornimmt* oder *an sich ... vornehmen lässt*". Der „Missbrauch" - die „Tat" - nach Absatz 1 war also von vornherein auf sexuelle Handlungen im Verhältnis Täter-Opfer beschränkt; die Erweiterung auf die Vornahme sexueller Handlungen an *einem Dritten* bzw. deren Duldung hatte im Tatbestand des Absatzes 1 gerade keinen Niederschlag gefunden[217]. War der „Missbrauch" aber in Absatz 1 allein auf Missbrauchshandlungen zwischen Täter und Opfer ohne Einschaltung eines Dritten beschränkt, so musste diese Beschränkung dann auch für Absatz 2 a.F. gelten, der durch den Begriff der „Tat" auf Absatz 1 inhaltlich Bezug nahm[218]. § 179 II a.F. war damit im Ergebnis ein eigenhändiges Delikt.

4. Die Änderungen durch das 33. StrÄndG

Mit Inkrafttreten des 33. StrÄndG am 5. 7. 1997 erfuhren die §§ 177-179 tiefgreifende Änderungen. § 177 a.F. und § 178 a.F. verschmolzen - unter ersatzlosem Wegfall des § 178 a.F. - zum neuen Gesamttatbestand des § 177 (n.F.), der in seinem Absatz 1 in den hier relevanten Passagen im wesentlichen dem früheren § 178 entspricht[219] und in seinem Absatz 3 einen Katalog von

---

[215] Im Ergebnis wurde die Eigenhändigkeit des § 179 II a.F. verneint von *Schall,* JuS 79, 104 ff; *Auerbach,* S. 208; *Roxin,* TuT, S. 417 (für § 176 Nr.2 a.F.); *Herzberg,* ZStrW 82, 896 ff (934 ff, 936) (für § 176 Nr.2 a.F.); *Schroeder,* Sexualstrafrecht, S. 33; *ders.* JR 96, 211; *Maurach/Schroeder/Maiwald,* BT 1, § 18 III, Rn. 36; *Haft,* JA 79, 651 ff (658); *Woelk,* Täterschaft, S. 43.

[216] Bejaht wurde die Eigenhändigkeit des § 179 II a.F. von LK(11)-*Laufhütte,* Rn. 17; Sch/Sch(25. Aufl.)-*Lenckner,* Rn.15; *Tröndle* (48. Aufl.), Rn.2; SK-*Horn,* Rn. 15; *Lackner* (22. Aufl.), Rn.2; *Gössel,* BT 1, § 24, Rn.32 und bezüglich der damaligen Gesetzesfassung wohl auch von *Sick,* Sexuelles Selbstbestimmungsrecht, S. 275 ff (277), die zwar ebenfalls eine „rechtsgutbezogene Auslegung" forderte, letztlich aber im Hinblick auf Art. 103 II GG ein Eingreifen des Gesetzgebers favorisierte. Dieses ist nun durch die mit dem 6. StrRG vorgenommene Einfügung des Absatzes 2 erfolgt.

[217] Konsequent war es daher, auch schon den Absatz 1 des § 179 (a.F) ausdrücklich als eigenhändiges Delikt zu bezeichnen, so z.B. *Tröndle* (48. Aufl.), Rn. 2.

[218] Ebenso - unter Bezugnahme auf die Gesetzgebungsgeschichte - LK(11)-*Laufhütte,* Rn. 17.

[219] Die wesentlichen Neuerungen liegen im Hinzutreten des Nötigungsmittels der „Ausnutzung einer Lage, in der das Opfer der Einwirkung des Täters schutzlos ausgeliefert

Regelbeispielen für besonders schwere Fälle vorsah. In § 179 I wurde die frühere Formulierung „ein anderer" durch die Formulierung „eine andere Person" ersetzt, was freilich zu keiner inhaltlichen Veränderung geführt haben dürfte[220]. § 179 II a.F. wurde gestrichen[221], doch dafür sah ein neu geschaffener Absatz 3 einen höheren Strafrahmen für besonders schwere Fälle vor, der dem Strafrahmen des früheren Absatzes 2 entsprach[222]. Ein ebenfalls neu geschaffener Absatz 4 verwies zur näheren Konkretisierung der besonders schweren Fälle des Absatzes 3 auf den Regelbeispielskatalog des § 177 III 2 i.d.F. des 33. StrÄndG. Im Hinblick auf die Eigenhändigkeitsproblematik sind diese Änderungen im einzelnen wie folgt zu würdigen:

a) Die Verschmelzung der §§ 177, 178 a.F. zum § 177 n.F.

Wie bereits angedeutet, entspricht die Neufassung des Absatzes 1 des § 177 vom Handlungsmerkmal und von der Einbeziehung eines Dritten her im wesentlichen dem früheren § 178. Handlungsmerkmal bleibt weiter das „Nötigen", nun allerdings um ein neues Nötigungsmittel der „Ausnutzung" erweitert. Inhaltlich bleibt es auch weiter bei der Einbeziehung des „Dritten" in den Tatbestand, und zwar sowohl hinsichtlich der Nötigung zur passiven Duldung sexueller Handlungen des „Dritten" als auch zur aktiven Vornahme solcher Handlungen „an" dem Dritten. Die Reform wirft im Hinblick auf den Absatz 1 des neugeschaffenen § 177 somit keine Eigenhändigkeitsproblematiken auf.

b) Der Regelbeispielskatalog für besonders schwere Fälle, § 177 III i.d.F. des 33. StrÄndG (durch das 6. StrRG zum Absatz 2 geworden).

Änderungen ergeben sich aber durch die Neuschaffung des § 177 III (durch das 6. StrRG zum Absatz 2 geworden), der einen höheren Strafrahmen für besonders schwere Fälle vorsieht und sich zur näheren Konkretisierung einer Regelbeispielstechnik bedient. Näherer Betrachtung bedarf dabei das Regelbeispiel § 177 III 2 Nr.1 (= II 2 Nr.1 n.F.), das dann erfüllt ist, wenn

„der Täter mit dem Opfer den Beischlaf vollzieht oder ähnliche sexuelle Handlungen an dem Opfer vornimmt, die dieses besonders erniedrigen, insbesondere, wenn sie mit einem Eindringen in den Körper verbunden sind (Vergewaltigung)".

---

ist" und im Wegfall des Merkmals der „Außerehelichkeit" der abgenötigten sexuellen Handlungen.

220 Hiervon geht auch die entsprechende Entwurfsbegründung aus, vgl. BT-Drucks. 13/7324, S. 6.

221 Dieser Absatz regelte nunmehr die Strafbarkeit des Versuchs.

222 Weggefallen ist allerdings der minder schwere Fall des § 179 II a.F., letzter HS.

Es fällt auf, dass § 177 III 2 Nr.1 (= II 2 Nr.1 n.F.) nur vom „Täter“ spricht, der „den Beischlaf vollziehen“ oder „ähnliche sexuelle Handlungen an dem Opfer vornehmen“ muss, den „Dritten“, den § 177 I a.F. und § 178 a.F. bislang ebenfalls explizit im Tatbestand aufgeführt hatten, hingegen nicht nennt. Nimmt man das Regelbeispiel beim Wort, so erfasst es den Fall nicht, dass der (mittelbare) Täter sein Werkzeug dazu nötigt, seinerseits mit dem Opfer den Beischlaf zu vollziehen oder „ähnliche sexuelle Handlungen“ an ihm vorzunehmen. Dieselbe Problematik bestand bei § 176 III 2 Nr.1 in seiner bereits vor dem 33. StrÄndG geltenden Fassung, der ein Regelbeispiel für einen besonders schweren Fall des Sexuellen Missbrauchs von Kindern für den Fall vorsah, dass „*der Täter* mit dem Kinde den Beischlaf vollzieht“[223]. Von einem „Dritten“, dessen Einbeziehung für den „Normalfall“ des § 176 I in Abs. 2 der Vorschrift ausdrücklich bestimmt ist, war im Regelbeispiel keine Rede.

Steht damit zu befürchten, dass die frühere Eigenhändigkeitsproblematik, die bezüglich der Fassung des § 177 vor der Novelle des 4. StrRG bestanden hatte, nunmehr wieder aufflammt ? - Im Ergebnis dürfte das wohl nicht der Fall sein, denn die Situation wird dadurch entschärft, dass es sich eben „nur“ um Regelbeispiele für einen besonders schweren Fall handelt, so dass die Annahme eines (unbenannten) besonders schweren Falles auch dann noch möglich bleibt, wenn das Beispiel des § 177 III 2 Nr.1 (= II 2 Nr.1 n.F.) und entsprechend auch des § 176 III 2 Nr.1 a.F. seinem Wortlaut nach nicht erfüllt ist (bzw. bei § 176 III 2 Nr.1 a.F.: war). Eine Gegenschlusswirkung in dem Sinne, die mittelbartäterschaftliche Nötigung zum Beischlaf bzw. zu beischlafähnlichen sexuellen Handlungen mit einem defizitären Dritten solle mangels ausdrücklicher Aufführung dieser Variante im Regelbeispielskatalog *kein* besonders schwerer Fall sein, dürfte hier gerade nicht gegeben sein:

Erstens ist die Einbeziehung des „Dritten“ im Absatz 1 des § 177 ausdrücklich aufgeführt, was dafür spricht, dass auch der besonders schwere Fall nach § 177 III *sämtliche* Konstellationen des Absatzes 1, also auch die Konstellationen mit Drittbeteiligung, erfassen soll. Entsprechendes galt für das Verhältnis des § 176 III 2 Nr.1 a.F. zu § 176 II a.F., der die Drittbeteiligung für diese Vorschrift regelte.

Zweitens kommt es für den besonderen Unrechtsgehalt des besonders schweren Falles nach § 177 III 1 (= II 1 n.F.) nicht, jedenfalls nicht in erster Linie, darauf

[223] Ausdrücklich erwähnt wurde die Eigenhändigkeitsproblematik bezüglich § 176 III 2 Nr.1 a.F. allerdings nur bei *Tröndle* (48. Aufl.), § 176, Rn. 2, der sich ohne nähere Begründung auf den Hinweis beschränkte, in den Fällen von „I, III Nr.1 und V Nr.1“ handele es sich um eigenhändige Delikte, sowie bei *Auerbach,* S. 201 f, der die Eigenhändigkeit in Berufung auf die Gleichwertigkeit des Erfolgsunwertes der Ziff.1 einerseits und der unstreitig fremdhändig begehbaren Ziff.2 andererseits verneinte.

an, dass der Täter *in seiner Person* etwa eine besondere Hemmschwelle überschreitet oder einen besonders „intensiv-rechtswidrigen Willen" betätigt[224], sondern allein, worauf der Gesetzestext der Neufassung auch ausdrücklich hinweist, auf die besondere Erniedrigung, die beim Opfer mit einer derartigen Begehungsweise einhergeht. Hierfür spielt es aber keine Rolle, ob der Täter „selbst" oder ein von ihm eingesetztes Werkzeug mit dem Opfer „den Beischlaf vollzieht" oder „ähnliche sexuelle Handlungen" an ihm vornimmt[225]. Entsprechendes galt für § 176 III 2 Nr.1 a.F.[226].

Und drittens schließlich macht die Neufassung im Vergleich zum früheren Recht deutlich, dass die Strafbarkeit insgesamt *erweitert* und Strafbarkeitslücken geschlossen werden sollten[227], um das Opfer umfassend zu schützen[228]. Insoweit erschiene es widersinnig, die Drittkonstellationen, die bislang ausdrücklich vom Tatbestand der „Vergewaltigung" (§ 177 I a.F.) erfasst waren, aus der nunmehr noch erweiterten Fassung der „Vergewaltigung" wieder herausfallen zu lassen. Hierfür lässt sich auch die entsprechende Entwurfsbegründung zum 33. StrÄndG anführen, in der es in diesem Zusammenhang heißt[229]:

„In Absatz 3 wird ein dem § 177 Abs. 1 StGB alter Fassung entsprechender Strafrahmen für besonders schwere Fälle mit Regelbeispielen vorgesehen. In § 177 Abs. 3 Satz 2 Nr.1 StGB bleibt dabei der bisherige Tatbestand der Vergewaltigung als Regelbeispiel eines besonders schweren Falles mit gleichem Strafrahmen wie bisher erhalten. (...)
Im Falle der Nummer 2 wirkt strafschärfend, daß bei Mitwirkung mehrerer Personen die Abwehrchancen des Opfers geringer sind und es in solchen Fällen regelmäßig zu besonders massiven sexuellen Handlungen kommt."

---

[224] Anders dürfte es insoweit bei § 243 I 2 Nr.1 liegen, vgl. unten IX. 6., S. 302.
[225] Hierfür spricht auch, dass nach der Entwurfsbegründung (BT-Drucks. 13/7324, S. 6) nicht nur das Eindringen mit *Körper*teilen, sondern auch das Einführen von *Gegenständen* als „Einführen in den Körper" erfasst werden soll.
[226] Hierfür spricht auch die Begründung des Initiativentwurfs des 4. StrRG in Bezug auf die Delikte, die dem Jugendschutz dienen: So hieß es (BT-Drucks 7/80, S. 14), als schützenswerte Rechtsgüter seien die Freiheit des einzelnen zu geschlechtlicher Selbstbestimmung, die ungestörte sexuelle Entwicklung des jungen Menschen und der Schutz vor schwerwiegenden Belästigungen in sexueller Hinsicht erkannt worden. Unter dem Gesichtspunkt des Rechtsgüterschutzes ist die Beeinträchtigung des kindlichen Opfers in jenen Fällen, in denen nicht der Täter selbst, sondern ein Dritter den Beischlaf vollzieht natürlich ebenso schwerwiegend und gefährdet die sexuelle Entwicklung des Kindes in demselben Maße wie in den Konstellationen, in denen der Täter „selbst" „den Beischlaf vollzieht". Im Hinblick auf Bestimmung des „besonders schweren Falles" müssen beide Konstellationen daher gleich behandelt werden.
[227] Vgl. BT-Drucks. 13/7324, S. 2.
[228] Vgl. die Ausführungen in der Begründung des Entwurfs, BT-Drucks. 13/7324, S. 5 f.
[229] BT-Drucks. 13/7324, S. 6.

Diese Ausführungen verdeutlichen, dass der Gesetzgeber offenbar als selbstverständlich davon ausging, sämtliche Drittkonstellationen, die unter den Tatbestand des § 177 I n.F. fallen, auch im Regelbeispiel der Nr.1 des Absatzes 3 Satz 2 (=II 2 Nr.1 n.F.), zumindest aber als unbenanntes Regelbeispiel erfasst zu haben. Insbesondere spricht die Begründung zur Nr.2 des Absatzes 3 Satz 2 (gemeinschaftliche Begehung) auch dafür, in den Fällen *jeglicher* Drittbeteiligung schon allein aufgrund deren (typischerweise) besonderer Gefährlichkeit für das Opfer den Unrechtsgehalt höher einzustufen. Unter dogmatischen Gesichtspunkten wäre freilich ein klarstellender Hinweis des Gesetzgebers durch ausdrückliche Einbeziehung auch der Drittbeteiligung in das Regelbeispiel des § 177 III 2 Nr.1 (= II 2 Nr.1 n.F.) wünschenswert gewesen[230].

c) Die Neufassung des § 179

Schwierigkeiten bereitete auch die Neufassung, die § 179 erfuhr. Da § 179 III i.d.F. des 33. StrÄnG, der an die Stelle des früheren Absatzes 2 trat, nicht mehr als echte Qualifikation ausgestaltet war, sondern - in Verbindung mit Absatz 4 der Neufassung - ebenfalls eine Regelbeispielstechnik für besonders schwere Fälle mit dem Katalog des § 177 III 2 (i.d.F. des 33. StrÄndG) aufwies, stellte sich hinsichtlich der Einbeziehung und Benutzung eines „Dritten" dieselbe Problematik wie bei § 177 III 2 Nr.1 (i.d.F. des 33. StrÄndG). Nur dürfte sie bezüglich des § 179 III, IV i.d.F. des 33. StrÄndG anders als bei § 177 III 2 (= II 2 n.F.) zu lösen gewesen sein: Ebenso wie nämlich schon Absatz 2 der alten Fassung des § 179 vor Inkrafttreten des 33. StrÄndG nur „die Tat" des Absatzes 1 a.F. in Bezug nehmen konnte, konnte § 179 III i.d.F. des 33. StrÄndG, der von „besonders schweren Fällen" sprach, nur solche „besonders schweren Fälle" des Absatzes 1 der jeweils gültigen Fassung meinen. Auch die Fassung des § 179 I i.d.F. des 33. StrÄndG führte die Konstellationen mit Drittbeteiligung aber (anders als *§ 177 I* i.d.F. des 33. StrÄndG) gerade nicht auf, sondern erfasste - entsprechend der früheren Fassung - nur das Vornehmen sexueller Handlungen des Täters am Opfer sowie den Fall, dass der Täter sexuelle Handlungen des Opfers „an sich vornehmen lässt". Sexuelle Handlungen eines *Dritten* am Opfer sowie das Vornehmen-Lassen sexueller Handlungen des Opfers an einem *Dritten* waren von der Neufassung hingegen (wiederum) nicht erfasst. Hätte der Gesetzgeber hier eine Änderung im Sinne der Einbeziehung von Drittbeteiligungen vornehmen wollen, wäre eine entsprechende Klarstellung vonnöten gewesen. Das galt umso mehr, als ja der gesamte Tatbestand des § 179 komplett reformiert und sogar der Absatz 1 selbst, wenn auch nur im Hinblick auf Formulierungen, neu gefasst worden war. Blieb die Drittbeteiligung hierbei ausgespart, so konnte das nur dahin aufgefasst werden, dass die entsprechende

[230] Die Selbstverständlichkeit, mit der die Entwurfsbegründung die Erfassung des „bisherigen Tatbestandes der Vergewaltigung" durch § 177 III (=II n.F.) 2 Nr.1 unterstellt, legt nahe, hier schlicht von einem gesetzgeberischen Versehen auszugehen.

Eingrenzung des § 179 auf täter*eigenes* Verhalten dem Willen des Gesetzgebers auch tatsächlich entsprach. Ebensowenig ließ sich, anders als bei der früheren Reform durch das 4. StrRG, das Argument anführen, die Eigenhändigkeitsfrage solle weiterer Klärung durch Rechtsprechung und Literatur überlassen werden, denn in der Rechtsprechung *ist* die Frage seit der oben (IV. 2.) erörterten Entscheidung des *KG*[231] geklärt, wohingegen sie in der Literatur nach wie vor streitig geblieben ist[232]. All dies konnte auch dem Reformgesetzgeber des Jahres 1997 kaum verborgen geblieben sein. Verzichtete er dennoch auf eine klarstellende Erstreckung des Tatbestandes auf die Einbeziehung „Dritter", so konnte dies nur als Bestätigung und Billigung der bisherigen Handhabung des Tatbestandes aufgefasst werden.
Im Ergebnis hätte es sich damit verboten, diejenigen Fälle der Beteiligung „Dritter", die nach der früheren Fassung des § 179 II aufgrund der „eigenhändigen" Natur des Tatbestandes diesem nicht subsumiert werden konnten, nunmehr als (unbenannte) besonders schwere Fälle nach § 179 III der Reformfassung durch das 33. StrÄndG anzusehen und dem erhöhten Strafrahmen zu unterwerfen.

5. Die Änderungen durch das 6. StrRG vom 26. 01. 1998

Durch das Sechste Gesetz zur Reform des Strafrechts (6. StrRG) vom 26. Januar 1998, das am 1. April 1998 in Kraft getreten ist, haben sich - soweit der Gegenstand der vorliegenden Untersuchung betroffen ist - wiederum folgende Neuerungen ergeben:

a) Änderung des § 176, Einfügung des § 176a n.F.

Die Eigenhändigkeitsproblematik bezüglich § 176 III 2 Nr.1 a.F. ist entfallen, denn dieser Absatz wurde ersatzlos gestrichen und geht im neu eingefügten § 176a auf (Art.1 Nr.24 des 6. StrRG). Nach § 176a I Nr.1, der sich nicht mehr - wie § 176 III a.F. - der Regelbeispielstechnik für besonders schwere Fälle bedient, sondern einen echten Qualifikationstatbestand bildet, wird „der sexuelle Missbrauch von Kindern in den Fällen des § 176 I und II" mit Freiheitsstrafe nicht unter einem Jahr bestraft, wenn „eine Person über achtzehn Jahren mit dem Kind den Beischlaf vollzieht oder ähnliche sexuelle Handlungen an ihm vornimmt oder an sich von ihm vornehmen lässt, die mit einem Eindringen in den Körper verbunden sind". Die Einbeziehung eines Dritten in die besonders strafwürdigen Handlungen, die im Regelbeispiel des § 176 III 2 Nr.1 a.F. fehlte, ist also nunmehr ausdrücklich in den neuen Tatbestand aufgenommen worden.

[231] NJW 77, 817.
[232] Vgl. die Nachweise oben Fn. 216 und 218.

b) Änderung des § 177

Auch § 177, der gerade seine Neufassung durch das 33. StrÄndG erfahren hatte, wurde erneut neu gefasst, allerdings ohne die oben erörterte Eigenhändigkeitsproblematik im Regelbeispiel des Absatzes 3, Satz 2, Nr.1 a.F. (Absatz 2, Satz 2, Nr.1 n.F.) zu beseitigen. Die Regelbeispielstechnik wurde beibehalten, nur fügte man in der Nr.1 des Regelbeispielskataloges des Absatzes 2, Satz 2 n.F. den Zusatz „oder an sich von ihm vornehmen lässt" ein. Die Konstellation, dass ein „Dritter" als Werkzeug eines Hintermannes „mit dem Opfer den Beischlaf vollzieht oder ähnliche sexuelle Handlungen an dem Opfer vornimmt (...)" bleibt weiter ungeregelt. Die oben unter IV. 4. dargestellten Erwägungen gelten daher auch für die Neufassung des § 177 nach dem 6. StrRG weiter.

c) Änderung des § 179

aa) Einfügung des Absatzes 2 (Drittbeteiligung)

In § 179 holte der Gesetzgeber nunmehr nach, was bei der Neufassung durch das 33. StrÄndG noch unterblieben war: Ein neu eingefügter Absatz 2 regelt jetzt ausdrücklich diejenigen Fälle, in denen es um die Einbeziehung eines „Dritten" geht. Bestraft wird jetzt auch, wer die widerstandsunfähige Person „dadurch missbraucht, dass er sie (...) dazu bestimmt, sexuelle Handlungen an einem Dritten vorzunehmen oder von einem Dritten an sich vornehmen zu lassen". Die ursprüngliche Eigenhändigkeitsproblematik des § 179 II (i.d.F. *vor* dem 33. StrÄndG) bzw. III 2 (i.d.F. des 33. StrÄndG) ist damit entfallen.

bb) Einfügung des Absatzes 4 (Eigenhändigkeitsproblematik)

Ein neues Eigenhändigkeitsproblem dürfte jedoch durch die Einfügung des Absatzes 4 Nr.1 geschaffen worden sein. Hiernach ist auf Freiheitsstrafe nicht unter einem Jahr zu erkennen, wenn „*der Täter* mit dem Opfer den Beischlaf vollzieht oder ähnliche sexuelle Handlungen an ihm vornimmt oder *an sich* von ihm vornehmen lässt, die mit einem Eindringen in den Körper verbunden sind". Die Regelung des Beischlafvollzuges (etc.) durch einen „Dritten" als Werkzeug des Täters fehlt. Diese Qualifikation entspricht dem Regelbeispiel des § 177 II 2 Nr.1 für einen besonders schweren Fall. Warum hier auf die Einbeziehung des „Dritten" verzichtet wurde, obwohl man das Problem - wie die Fassung des § 176a I Nr.1 nahelegt - doch offensichtlich erkannt hatte, erscheint nicht nachvollziehbar, zumal die Einfügung des Absatzes 2 doch verdeutlicht, dass gerade die Konstellationen der Drittbeteiligung in den Regelungsbereich der Vorschrift einbezogen werden sollten. Anders als § 177 II, der aufgrund der Regelbeispielstechnik die Einbeziehung derartiger Fälle auf dem Umweg des unbenannten besonders schweren Falles möglich werden lässt, erlaubt § 179 IV n.F. derartiges nicht: Handelt es sich doch um einen echten Qualifikationstatbestand, der abschließend ist. Eine erweiternde Auslegung kommt angesichts des eindeutigen Wortlauts der Vorschrift nicht in Betracht. Die vom Gesetzgeber gewählte Fassung ist zu akzeptieren[233]. § 179 IV Nr.1 n.F. ist ein eigenhändiges Delikt.

7. Zusammenfassung der Eigenhändigkeitsphänomene bei den Sexualdelikten

Sexuelle Handlungen kann man wegen ihrer Höchstpersönlichkeit und (Eigen-) Körper-bezogenheit nicht „durch einen anderen" begehen; es sei denn, der Tatbestand stellt ausdrücklich auch die Einbeziehung sexueller Handlungen Dritter unter Strafe. Das ergibt sich aus der Höchstpersönlichkeit und (Eigen-) Körperbezogenheit derjenigen konkreten Handlungen, die unter dem sterilen Begriff der „sexuellen Handlung" zusammengefasst werden.

Hinzu kommt, dass der Bezug der sexuellen Handlung zum Körper des Täters, aber auch zum Körper des Opfers teilweise durch die tatbestandlichen Fassungen noch intensiviert wird. Durch die Präpositionen „an" und „vor" kommt zu der durch das Erfordernis der „objektiven Sexualbezogenheit" der Handlung ohnehin schon begründeten Körper- und Nähebeziehung zwischen Täter und Opfer noch ein tatsächlich-räumliches Element hinzu, das die Zurechnung des sexuellen Handelns eines Dritten schon begrifflich noch mehr aus dem möglichen Auslegungsbereich verdrängt. Es handelt sich hierbei um Konstellationen, in denen adverbiale Bestimmungen des Ortes und der Art und Weise (s.o. Kapitel 3, F. I., II. 2. u. 3.) eine spezifische Täter/Tat- bzw. Täter/Opfer-Beziehung charakterisieren, die nur auf den unmittelbaren Täter passt, einer normativen Zurechnung zu einem mittelbaren Täter hingegen begrifflich nicht mehr zugänglich ist.

V. Führen eines Fahrzeugs, §§ 315c, 316

Eigenhändiger Natur sind nach fast einhelliger Auffassung[234] auch die Tatbestände der §§ 315c, 316.

---

[233] Auch wenn die Annahme eines gesetzgeberischen Versehens sehr nahe liegt. Es bleibt abzuwarten, wie lange sich diese Fassung des § 179 „halten" wird.

[234] *BGH*St 18, 6 ff (allerdings noch ohne den Ausdruck „eigenhändiges Delikt" zu benutzen), nun aber ausdrücklich (bzgl. § 315c) *BGH* NZV 95, 365; *Lackner/Kühl*, § 315c, Rn. 4; *Tröndle/Fischer*, § 316, Rn. 10; LK(11)-*König*, § 316, Rn. 231; Sch/Sch-*Cramer/Sternberg-Lieben*, § 315c, Rn. 45, § 316, Rn. 22; NK-*Herzog*, Rn. 34; *Engisch*, FS *Eb. Schmidt*, S. 90 ff (109); *Rehberg*, FG *Hans Schultz*, 72 ff (82); *Auerbach*, S. 111 ff (114); *Herzberg*, ZStrW 82 (1970), 896 ff (911, 926 f); im Ergebnis wohl auch *Rudolphi*, GA 70, 353 ff (359). A.A. aber *Stäcker*, Mittelbare Täterschaft und actio libera in causa bei der Trunkenheit im Verkehr, 1991, S. 104 ff und in Anklängen wohl auch *Roxin*, LK(11), § 25, Rn. 43 und AT II, § 25, E II Rn. 295. In jüngster Zeit hat sich - in erster Linie in Bezug auf das Schweizer Recht - auch *Schubarth*, SchwZStr 96, 325 ff gegen die Annahme von Eigenhändigkeit bei Straßenverkehrsdelikten gewandt. Gegen Eigenhändigkeit auch *Miseré*, S. 82 ff (92).

1. Die Eigenhändigkeit des Tatbestandes auf der Grundlage der Tatbestandsauslegung der Rechtsprechung

Dreh- und Angelpunkt dieser Vorschriften ist die deliktsspezifische Handlung „führen“[235]. Der *BGH*[236] hat den Begriff des „Führens“ wie folgt ausgelegt:

„Ein Fahrzeug führt in diesem Sinne nur jemand, der selbst unmittelbar das Fahrzeug unter bestimmungsgemäßer Anwendung seiner Antriebskräfte unter eigener Allein- oder Mitverantwortung in Bewegung setzt. Es muß also jemand, um Führer eines Fahrzeugs sein zu können, das Fahrzeug unter Handhabung seiner technischen Vorrichtungen während der Fahrbewegung durch den öffentlichen Verkehrsraum ganz oder wenigstens zum Teil leiten.[237]

Das Schrifttum hat sich dieser Definition weitgehend angeschlossen[238]. „Führen“ beschreibt bildlich gesprochen die Situation desjenigen, der das „Steuer in der Hand hält“ und durch seine Körperbewegungen (=Energieeinsatz) sowie seine mentalen Reaktionen auf das Verkehrsgeschehen den Weg und die Fahrweise des Fahrzeugs bestimmt. In diesem Sinne dürfte hier auch die Benutzung des Wortes „unmittelbar“ zu verstehen sein. Denn die konkrete Reaktion des Fahrers auf die Geschehnisse im Verkehr ist in der Tat eine „unmittelbare“: In kaum einer anderen Situation des täglichen Lebens muss so spontan durch sofortige Körperbewegungen (Herumreißen des Lenkrades, Tritt auf die Bremse) reagiert werden wie in der Situation des Kraftfahrers im Straßenverkehr. Dabei sind die Reaktionen oftmals gar keine bewussten mehr; hierzu fehlt viel zu häufig die Zeit. Nicht selten handelt es sich um Reflexe am Rande des Unbewussten. Auch hier fungieren Bewusstsein und Nervensystem des Fahrers gleichsam als „Schaltstelle“ zwischen innerer und äußerer Wirklichkeit; als im wahrsten Wortsinne „intern-externe Einheit“ im Sinne der Beschreibung *Mir Puigs*[239] (s.o. Kapitel 2, A. I. 1.).

---

[235] Das verkennt *Miseré* (S. 82 ff) und kommt deswegen unter Berufung auf Strafbarkeitslücken und Verneinung der Sonderdeliktseigenschaft der §§ 315c, 316 zu einer fremdhändigen Begehbarkeit (S. 92).

[236] St 18, 6 (8 f). In diesem Sinne bestätigt und weiterentwickelt wurde der Begriff „führen“ zuletzt durch *BGH*St 35, 390 ff (393) im Hinblick auf die Frage des Beginns der Tathandlung als Bewegungsvorgang im Straßenverkehr und *BGH*St 36, 341 ff (343 ff) betreffend das „Führen“ eines abgeschleppten Fahrzeugs.

[237] Davon zu unterscheiden ist der wesentlich weiter gefasste Begriff der „Teilnahme am Straßenverkehr“ gem.
§ 1 StVO, zu der *BGH*St 18, 6 eine sorgfältige Abgrenzung trifft.

[238] Vgl. statt vieler nur LK(11)-*König*, § 316, Rn. 9; Sch/Sch-*Cramer/Sternberg-Lieben*, § 316, Rn. 20 ff.

[239] GS *Armin Kaufmann*, 253 ff (256 f).

a) Fahruntüchtigkeit des Fahrers als täterbezogenes Merkmal

Der erste Ansatz zur Begründung der Eigenhändigkeit folgt bereits aus dem grammatischen Aufbau des Tatbestandes. Denn mit der Formulierung *„obwohl er (...) nicht in der Lage ist, das Fahrzeug sicher zu führen“* wird eine Qualität des Täters normiert, die untrennbar mit seinem eigenen Körper verbunden ist. Nur dadurch, dass derjenige, der „führt“, selbst in seinem - eigenen - Reaktionsvermögen, also in *seiner* Fahrtüchtigkeit eingeschränkt ist, wird die deliktsspezifische Gefahr des § 316 erst begründet. Sie liegt darin, dass am öffentlichen Straßenverkehr Fahrer teilnehmen, die den hiermit verbundenen körperlich-mentalen Anforderungen, insbesondere im Hinblick auf Erkenntnis von Gefahrsituationen, Reaktionsvermögen und Fähigkeit zur richtigen Einschätzung der Verkehrssituation, nicht gewachsen sind.

b) Tathandlung „führen“ als personengebundenes Handlungsmerkmal

Der zweite Ansatz zur Begründung der Eigenhändigkeit folgt aus der Tathandlung selbst. Auch das „Führen“ ist - ebenso wie das „Aussagen“ und das „Schwören“ - so sehr an die Person des Täters, und zwar gerade an die Verbindung seines Körpers und seines Verstandes, gebunden[240], dass es schon begrifflich nicht möglich erscheint, in einer solchen Konstellation den Hintermann als „Führer“[241] des Kfz anzusehen. Freilich ließe sich sagen, auch derjenige, der Anweisungen gebe, wohin der Wagen gesteuert, wie schnell gefahren und wann gestoppt werden solle, möge im alltäglichen Sinne noch als „Führer“ eines Fahrzeugs (wohl eher aber als „Führer“ des *Fahrers*) angesehen werden. Unter die von der Rechtsprechung zugrundegelegte Definition des „Führens“ passt das indes nicht mehr: Die spezifische Eingriffsmöglichkeit in Bezug auf die technischen Verrichtungen hat der Hintermann nämlich nicht; er ist nicht, wie der Fahrer, in der Lage, im kritischen Moment rasch auf die Bremse zu treten oder durch ein schnelles Ausweichmanöver den Wagen um ein

[240] Einen abweichenden (letztlich normativen) Ansatz zur Begründung der Höchstpersönlichkeit des Delikts wählt *Rudolphi,* GA 70, 353 ff (359), der - ähnlich dem *Roxin*schen Ansatz von den „Pflichtdelikten“ - auf die „gesteigerte, in dieser Intensität allein den Kraftfahrer selbst treffende Pflicht“ abstellt, die nur denjenigen treffen könne, der das Kraftfahrzeug selbst steuert.

[241] Der Ansatz *Herzbergs* in ZStrW 82 (1970), 896, 911, der darauf hinaus läuft, aus der Tathandlung „führen“ einen Sonderdeliktscharakter dahingehend zu konstruieren, dass Täter des Delikts nur der „Fahrzeugführer“ sein könne, birgt allerdings - worauf *Stäcker,* MT, S. 62 f, zutreffend hinweist - die Gefahr eines Zirkelschlusses: Die Frage ist doch gerade, *wann* jemand ein Fahrzeug führt und damit zum Fahrzeugführer wird. Kann man ein Fahrzeug auch mittelbar („durch einen anderen“) führen, warum sollte es dann keinen „mittelbaren Fahrzeugführer“ geben ? - Grundsätzlich gegen die Annahme einer Sondereigenschaft *Deichmann,* Grenzfälle der Sonderstraftat, 1993, S. 201 ff (210), da der Fahrzeugführer weder über einen besonderen sozialen Einflussbereich verfüge noch ihm der Schutz der Rechtsgüter anderer Personen besonders anvertraut sei.

unvorhergesehenes, überraschend auftauchendes Hindernis herumzulenken. Seine Einwirkungsmöglichkeit auf den Weg und die Bewegung des Fahrzeugs beschränkt sich allein darauf, dem Fahrer Anweisungen zu geben, wohin und vielleicht noch wie schnell er fahren solle. Die Elemente der *unmittelbaren* Handhabung der technischen Verrichtungen, insbesondere der Möglichkeiten *unmittelbarer* Reaktion, die die Grundlage der Definition des „Führens" nach der Rechtsprechung bilden, liegen in seiner Person gerade nicht vor.

c) „Führer"-Eigenschaft und Fahruntauglichkeit als notwendig zusammenfallende Tätermerkmale

Hinzu kommt, dass „Fahruntauglichkeit" und „Führereigenschaft" als tatbestandliche Merkmale nur dann Sinn ergeben, wenn sie in ein- und derselben Person zusammenfallen:

aa) Fahrtauglicher Hintermann und fahruntauglicher Vordermann

Wird etwa der fahruntüchtige Fahrer im Nötigungsnotstand (§ 35) vom fahrtüchtigen Hintermann mit vorgehaltener Waffe gezwungen, entsprechend den Anweisungen des Hintermannes das Fahrzeug zu führen, so scheitert die Annahme einer Täterschaft des Hintermannes gem. § 25 I Alt.2 zum einen schon daran, dass *„er"*, der Hintermann, nicht *„nicht in der Lage ist, das Fahrzeug sicher zu führen"*. Sie scheitert aber zum anderen auch daran, dass das Merkmal *„führen"* in der Person des Hintermannes nicht erfüllt ist. Nun mag man einwenden, gerade deshalb sei doch die Gefahr für den öffentlichen Straßenverkehr dieselbe wie im Falle unmittelbarer Tatbegehung[242]. Aber ein solcher Einwand würde wiederum allein auf die - unleugbar gegebene - Rechtsgutverletzung abstellen und den Wortlaut darüber vergessen.

bb) Fahrtauglicher Fahrer und fahruntauglicher Hintermann

Betrachtet sei die umgekehrte Konstellation, in der der *Hintermann* „nicht in der Lage ist, das Fahrzeug sicher zu führen"; wenn man denn von ihm sagen kann, dass er - normativ - überhaupt „das Fahrzeug *führt*". Gerade das ist aber bei Zugrundelegung der Definition der Rechtsprechung wiederum nicht der Fall. In dieser Konstellation freilich ist die Beschränkung des Merkmals „führen" auf den (unmittelbaren) Fahrer auch sinnvoll, denn die spezifische Gefährdungslage des umgekehrten Falles besteht gerade nicht, wenn „fahruntüchtig" allein derjenige ist, der die Anweisungen gibt, nicht aber derjenige, der diese Anweisungen unmittelbar *umsetzen* muss. Insoweit also trifft die Auslegung, die der *BGH* dem Merkmal „führen" gegeben hat, durchaus den Schutzzweck der §§ 315c, 316.

---

[242] So etwa *Auerbach*, S. 112 f.

cc) Fahruntauglichkeit **beider** ***Beteiligter***

Nun hat *Stäcker*[243] eine dritte Konstellation angeführt, mit der er die Nicht-Eigenhändigkeit des § 316 I belegen will; nämlich jene, in der *beide* Beteiligten, Fahrer und Hintermann, fahruntüchtig sind. Dass die Fahruntüchtigkeit des Hintermannes im Hinblick auf die Gefährdung des durch § 316 I geschützten Rechtsguts keine Rolle spielt, postuliert *Stäcker*[244] selbst. Sie ist unter dem Gesichtspunkt des „Schutzzwecks der Norm" ebenso indifferent wie die zufällige Geschwistereigenschaft der Veranlasserin im Fall der Hamburger Bordellwirtin und muss daher - ceteris paribus - für die Frage der Strafbarkeit außer Betracht bleiben. Der Schluss, den *Stäcker* hieraus nun zieht, geht jedoch dahin, dass es - da die Alkoholisierung des Hintermannes für das Rechtsgut keine Rolle spielt - auf diese für die Frage der Strafbarkeit nun generell nicht mehr ankommen dürfe und daher die Alkoholbeeinflussung als das entscheidende Tätermerkmal ausscheiden müsse[245]. Der logische Fehler dieses Schlusses liegt darin, dass aus der Unmöglichkeit, das Merkmal der Fahruntüchtigkeit hinsichtlich des Hintermannes als straf*begründend* heranzuziehen, nun gefolgert wird, es sei dann auch für die Herleitung der Straf*losigkeit* unbrauchbar. Die Straf*losigkeit* des *nicht fahruntüchtigen* Hintermannes folgt indes allein daraus, dass dieser - eindeutig - nicht mehr unter den Wortlaut fällt, nicht aber daraus, dass seine Fahr*un*tauglichkeit keine strafbarkeits*begründende* Wirkung für ihn hätte, wenn sie denn vorläge[246].

2. Die Auffassung *Stäckers* vom „mittelbaren Führen"

Aber auch gegen die Annahme von Eigenhändigkeit des Handlungsmerkmals „führen" selbst erhebt *Stäcker*[247] Kritik. Er vertritt im Ergebnis die Auffassung, auch „mittelbares Führen" eines Fahrzeugs sei begrifflich möglich. Als indizielle Begründung führt er an[248], derartige Konstellationen seien bereits in der Rechtsprechung - und zwar auch noch nach der Grundsatzentscheidung *BGHSt 18, 6* (vom 27. 7. 1962) - bejaht worden. *Stäcker* stützt sich dabei im wesentlichen auf die Entscheidungen des *OLG Braunschweig*[249] vom 5. 4. 1956 (also vor(!) der Entscheidung *BGHSt 18, 6 ff)*, des *OLG Hamm*[250] vom 19. 12. 1968 sowie auf eine Entscheidung des VI. Zivilsenats des *BGH*[251] vom 22. 3.

---

243 MT, S. 97.
244 S. 97 f.
245 S. 98.
246 Im Ergebnis ebenso und in der Begründung ähnlich *Wohlers*, SchwZStr, 95 ff (110).
247 MT, S. 71 f.
248 MT, S. 73 ff.
249 VRS 11, 453 ff.
250 VRS 37, 281 f.
251 VM 77, 74 f.

1977. Die von *Stäcker*[252] darüber hinaus in Bezug genommene Entscheidung des *KG*[253] vom 29. 4. 1927 betraf hingegen nicht das „Führen" im Sinne des (heutigen) § 316, sondern die Haftung des Fahrzeughalters für Übertretungen, die dritte Personen mit dessen Fahrzeug begehen[254]. Die von *Stäcker* genannten Entscheidungen vermögen die Möglichkeit „mittelbaren Führens" jedoch nicht zu belegen:

Die Entscheidung des *OLG Braunschweig* betraf einen Fall, in dem ein fahruntüchtiger Fahrer seinem 11jährigen Neffen die Bedienung des Lenkrades und des Gashebels überlassen, selbst aber auf dem Beifahrersitz zu jederzeitigem Eingreifen bereit daneben gesessen hatte. Das *OLG*[255] führt aus:

„Ob es möglich ist, daß auf kürzeren Strecken die Führertätigkeit unter mehreren Personen geteilt werden kann (...), kann hier dahingestellt bleiben; denn Führer ist nicht, wer nur als Werkzeug eines anderen handelt, wer nach Willen und Weisungen eines anderen die maschinellen Einrichtungen des Fahrzeugs bedient und nichts aus eigener Entschließung tut. So liegt der Fall hier. Der Angekl. wollte den 11jährigen Sch. nicht unter eigener Verantwortung fahren lassen. Er wollte sich dessen Fahrkunst, die gar nicht gegeben war, nicht anvertrauen. Der Angekl. überließ dem Jungen nur die Bedienung des Lenkrades und des Gashebels. Die Einschaltung des Ganges nahm er selbst vor und hielt sich auch, wie der weitere Verlauf zeigte, zum sofortigen Eingreifen bereit. Mag auch in allen anderen Fällen bei der Überlassung eines Kraftfahrzeugs an Jugendliche, die bereits Fahrkenntnisse haben und an sich geeignet sind, den Führerschein zu erwerben, eine Übertragung der Führung vorliegen (...), so lag der Fall hier doch wesentlich anders, da der Angekl. hier das Lenkrad einem 11jährigen Jungen überließ, der noch keine Fahrkenntnisse hatte und der nach dem Gesetz überhaupt ungeeignet war, ein Kraftfahrzeug zu führen."

Das *OLG* stellt also darauf ab, dass in der Person desjenigen, der „das Lenkrad in der Hand hielt", letztlich noch nicht einmal die Mindestanforderungen gegeben waren, um ein „Führen" bejahen zu können. Sämtliche Entscheidungsgewalt, und gerade auch die technisch-maschinelle, war in der Hand des (fahruntüchtigen) Angeklagten geblieben. Soweit das *OLG* von

---

252 A.a.O., S. 73.

253 RdK 1927, 174.

254 Der von *Stäcker*, a.a.O. in Bezug genommene Satz des *KG* lautet: „Der Eigentümer oder Halter des Fahrzeugs, der sich in diesem befindet, macht sich nach § 21 Kraftfahrzeuggesetz regelmäßig nur dann strafbar, wenn er den Führer zu einer Übertretung anstiftet (§ 48 StGB) oder ihn als sein Werkzeug benutzt, daß er (der Eigentümer oder Halter) als der sogenannte mittelbare Täter erscheint."

255 S. 452.

„Werkzeug" spricht, ist hier nicht der (normativ-juristische) Werkzeugbegriff angesprochen, der die Frage der Freiverantwortlichkeit im Rahmen von Verantwortungszurechnungen betrifft, sondern das Tätigwerden des Jungen gerade im Hinblick auf die Handhabung der technischen Vorrichtungen des Fahrzeugs im Sinne der Alltagssprache als „verlängerter Arm" des Erwachsenen. Es ging also letztlich nicht darum, das „Führen" einer dritten Person einem Hintermann zuzurechnen oder normativ auf diesen zu erstrecken, sondern vielmehr um die Frage, ob der fahruntüchtige Fahrer schon soviel *seiner eigenen* Fahrzeugführung auf den Jungen übertragen hatte, dass in seiner - des Erwachsenen - Person ein „Führen" nicht (mehr) vorlag. Ein „mittelbares" Führen, wie *Stäcker* es verstanden wissen will (nämlich als Zurechnung eines fremden „Führens" zum Hintermann) läge nur dann vor, wenn bereits in der Person des Jungen ein „Führen" zu bejahen gewesen wäre (was das *OLG* aber gerade abgelehnt hat) und *dieses* „Führen" des Jungen dann dem Erwachsenen nach normativen Kriterien zuzurechnen wäre.

Ähnlich die von *Stäcker* in Bezug genommenen Ausführungen des *OLG Hamm*[256] :

„Andererseits wird der Halter nicht schon dadurch zum Kraftfahrzeugführer, daß er sich lediglich neben den Fahrer setzt, nachdem er diesem die Bedienung des Fahrzeugs erklärt und überlassen hat. Entscheidend ist vielmehr, welchen Einfluß der Halter auf den Lenker durch Anweisungen vor und während der Fahrt und durch die zusätzliche Bedienung von Bewegungsvorrichtungen auf das technische (!) *Fahrgeschehen nimmt. Dazu reicht allerdings das bloße Anlassen des Motors und das Einlegen eines Ganges vor der Fahrt nicht aus. Hingegen beteiligt sich der Halter an der Führung des Kraftfahrzeugs, wenn die Fahrkenntnisse des Fahrzeuglenkers mangelhaft sind und sich der Lenker im wesentlichen nach den technischen* (!) *Anweisungen des Halters richtet, oder gar der Halter diejenigen technischen* (!) *Vorrichtungen, die der Lenker überhaupt nicht beherrscht, selbst wahrnimmt."*

Auch in dieser Entscheidung geht es nur darum, wieweit der Angekl. dadurch, dass er *technische* Anweisungen gab und *selbst* noch technische Handhabungen an der Steuerung des Wagens während der Fahrt vornahm, *selbst* zum Führer des Fahrzeugs wurde; und zwar zum unmittelbaren. Eine nach normativen Kriterien zu bestimmende „mittelbare" Führung, wie *Stäcker* sie vertritt, wird auch in dieser Entscheidung nicht beschrieben.

---

256 VRS 37, 281 (282).

Und auch in der Entscheidung des *VI. Zivilsenats des BGH*[257], die *Stäcker* anführt, geht es nicht, jedenfalls nicht hauptsächlich, um die Frage, wann jemand (mittelbar) „führt", sondern darum, wann jemand *nicht* führt. Kern des Falles war, inwieweit der Klägerin, die das von ihrem Freund nach einer Panne (manuell) von der Straße geschobene Auto für diesen gelenkt hatte, ein Mitverschulden als Fahrzeugführerin gem. § 18 I StVG zur Last gelegt werden konnte (§ 316 war also gar nicht angesprochen). In der Entscheidung heißt es[258]:

„Voraussetzung dafür, daß von einem (mindestens mitverantwortlichen) Führen des Kraftfahrzeuges gesprochen werden kann, ist jedoch immer ein Entscheidungsspielraum desjenigen, der die Bewegung und die Fahrtrichtung beeinflußt, wenn auch vorbehaltlich der Möglichkeit eines sofortigen Eingreifens eines die Fahrt beaufsichtigenden Führerscheininhabers. Wer dagegen, wie die Kl., den Anweisungen des seinen Kraftwagen schiebenden Fahrers, wie er das Steuerrad einschlagen soll, bedingungslos folgt, Art und Richtung der Bewegung des Fahrzeugs daher ganz diesem überläßt, „führt" das Fahrzeug nicht, sondern hilft nur ohne eigene Verantwortung dem anderen, der selbst (!) *die Führung des Fahrzeugs übernommen hat. Die Kl. war mithin nur „Werkzeug" des Halters T. bei der von diesem durchgeführten Entfernung des Kraftfahrzeuges von der Straße und hatte nicht die, wenn auch nur vorübergehende, kurzfristige tatsächliche Herrschaft über das Kraftfahrzeug (vgl. OLG Braunschweig VRS 11, 451; ...). Wenn bei der Entfernung des Fahrzeugs von der Straße überhaupt* (!) *ein Führen des Kraftfahrzeuges im Rechtssinne vorlag, war „Führer" der den Wagen schiebende T. (auch insofern gegen die Annahme eines „Führens" Müller/Rüth, 22. Aufl., § 315c StGB Anm. 6)."*

Auch hieraus wird klar, dass es nicht um eine normative Zurechnung des „Führens" einer unmittelbar handelnden Person zu einem mittelbar handelnden Hintermann oder um eine normative Erweiterung des Handlungsmerkmals auf letzteren geht[259], sondern allein um die Frage, wieviel an *eigener* unmittelbarer Handhabungstätigkeit erforderlich ist, um ein *eigenes, unmittelbares* Führen bejahen zu können.

Da *Stäcker* seine Auffassung im übrigen wesentlich auf die Grundsätze der actio libera in causa stützt, dürfte ihr durch die bereits oben (Kapitel 3, D. IV. 2.) erörterte Entscheidung *BGHSt 42, 235* ohnehin der Boden entzogen sein.

---

[257] VM 77, 74.
[258] S. 75.
[259] Für seine Auffassung zu Recht in Anspruch nehmen (MT, S. 73) kann *Stäcker* allerdings die Stimme *Möhls*, NJW 65, 1926 (1927), der eine mittelbare Täterschaft bei den §§ 315c, 316 wohl zumindest für möglich hält.

3. Räumliche Nähebeziehung des Fahrzeug- „Führers“ zum Fahrzeug und zum Verkehr

Und schließlich muss die Tathandlung „führen“ nach dem Wortlaut des § 316 auch noch „im Verkehr“ erfolgen. Diese attributive Kennzeichnung hat - neben der funktionalen - auch eine lokale Komponente. „Im Verkehr“ befindet sich nun einmal nur derjenige, der sich örtlich auf öffentlichen Straßen, Wegen oder Plätzen aufhält. Man stelle sich nun etwa einen Fall vor, in dem der außerhalb des *geführten* Fahrzeugs befindliche Hintermann dem fahrenden Vordermann per Handy die Fahrstrecke vorgibt oder ihn zu einem vorher festgelegten Ziel fahren lässt. „Im Verkehr“ befindet sich der dirigierende Hintermann nun selbst gewiss nicht. Aber sogar wenn er zufällig gerade in seinem eigenen Auto („im Verkehr“) fährt, wäre die Erfüllung des Merkmals in seiner Person, hier ganz offensichtlich!, indifferent zur tatbestandsspezifischen Gefahr. Diese Zufälligkeit wäre daher wiederum unter dem Gesichtspunkt des Schutzzwecks der Norm auszuscheiden, so dass - ceteris paribus - die Erfüllung des Merkmals „im Verkehr“ für seine Person auszublenden ist. Es bliebe als einzige - theoretische - Möglichkeit allein, ihm über § 25 I Alt.2 die Befindlichkeit des Vordermannes „im Verkehr“ zuzurechnen. Weil diese aber unmittelbar an den räumlichen Aufenthalt des Handlungssubjekts und seines Körpers selbst gekoppelt ist, kommt eine solche Zurechnung nicht in Betracht (vgl. die Ausführungen in Kapitel 3, F. I., II. 3.).

Dennoch bildet das Tatbestandsmerkmal „im Verkehr“ letztlich das schwächste Glied in der Kette der Umstände, die für § 316 die Eigenhändigkeit begründen. Der Tatbestand lässt nämlich auch ein dahingehendes Verständnis zu, den Indikator „im Verkehr“ nicht auf das Handlungs*subjekt*, auf den Täter also, sondern auf das *Objekt* des Satzes, nämlich das geführte „Fahrzeug“ zu beziehen. So lässt sich dem Satz schon durch bloße Umstellung ein in Nuancen anderer Sinn geben. Sagt man nämlich: „Wer ein Fahrzeug *im Verkehr* führt (...)“, ist es weniger der Täter („wer“), der sich „im Verkehr“ befinden muss, sondern in erster Linie das Fahrzeug selbst. Der Tatbestand wäre dann zu verstehen im Sinne von „Wer ein *im Verkehr befindliches Fahrzeug* führt ...“ und erschiene damit ebenso doppeldeutig auslegbar, wie etwa der in Kapitel 3 (F. II. 3. c)) erörterte Tatbestand des § 167 I Nr.2, dessen Merkmal „an einem Ort ...“ sowohl auf das Handlungssubjekt („wer“) bezogen als auch selbst als Objekt des Erfolgseintritts aufgefasst werden kann.

Die Eigenhändigkeit des § 316 folgt daher in erster Linie aus den Tatbestandsmerkmalen der Fahruntüchtigkeit und des „Führens“; das Merkmal „im Verkehr“ tritt lediglich flankierend hinzu.

4. Parallele: § 248b

Als Parallele zu §§ 315c, 316 drängt sich schließlich ein Vergleich zu § 248b auf. Dieses Delikt wird, ohne dass diese Frage zumeist überhaupt angesprochen wird, als unproblematisch fremdhändig begehbar angesehen[260].

Tathandlung ist das „Ingebrauchnehmen"[261] eines Fahrzeugs. Ein „Ingebrauchnehmen" liegt nach dem *BGH*[262] vor, wenn *„der Täter ein Kraftfahrzeug oder ein Fahrrad zu seiner Fortbewegung benutzt. Daß dies mittels der dem technischen Wesen des Fahrzeugs eigentümlichen Triebkräfte geschieht, ist nicht erforderlich."* Nun ließe sich einwenden, nach dem herkömmlichen Begriffsverständnis „gebrauche" ein Fahrzeug nur derjenige, der es unter Handhabung seiner technischen Verrichtungen durch den Verkehr leite, der es also - wie bei § 316 - „führe".[263] Doch trifft der *BGH* hier eine rein zweckorientierte Auslegung des Begriffs, wenn er darlegt, der Zweck des Gesetzes gehe *„dahin, den Gefahren zu begegnen, die daraus erwachsen, daß Kraftfahrzeuge und Fahrräder leicht, rasch und ohne besonderes Risiko für den Täter aus der Herrschaftsgewalt des Berechtigten entfernt werden können."* Diese Gefahren könnten aber auch dann gegeben sein, *„wenn ein Fahrzeug ohne die ihm eigenen Antriebsmittel zur Fortbewegung verwendet wird."*[264]

Entscheidend für die Charakterisierung des „Ingebrauchnehmens" nach § 248b ist also die wirtschaftliche Einverleibung des Nutzungswertes, die der Täter vornimmt, indem er das entsprechende Fahrzeug *zum Zwecke der Fortbewegung*[265] unbefugt „in Gebrauch nimmt". § 248b ist deswegen seinem Zweck und seiner systematischen Stellung nach ein Vermögensdelikt. Der spezifische Unwert liegt damit nicht in der Tathandlung im Sinne eines „Fahrens", sondern in der Tathandlung unter dem Kriterium der Anmaßung und Einverleibung fremder, wirtschaftlicher Positionen (Gebrauchsvorteile). Diese wirtschaftlichen Vorteile kann sich aber auch derjenige einverleiben, der nicht eigenhändig das Fahrzeug in Gebrauch nimmt, sondern einen anderen dazu zwingt, dies für ihn zu tun, indem er sich von ihm fahren lässt.

---

[260] Angesprochen wird diese Frage nur bei LK(11)-*Ruß*, § 248b, Rn. 11 mit dem apodiktischen Hinweis, § 248b sei „kein eigenhändiges Delikt".

[261] Widerlegt sein dürfte durch dieses Delikt die These *Hardtungs*, NZV 97, 97 ff (100), alle Tätigkeitsdelikte seien eigenhändige Delikte. Denn die Handlung des „Ingebrauchnehmens" bzw. des „Gebrauchens" lässt sich kaum als Herbeiführung eines Erfolges, sondern allein als Tätigkeitsbezeichnung auffassen.

[262] St 11, 44 (46 f).

[263] Diese Auslegung wäre noch enger als die enge Auffassung, die vom *BGH* in St 11, 44 (45) abgelehnt wird.

[264] *BGH*St 11, 44 (45 f).

[265] In diesem Sinne dürften auch die Ausführungen bei *Maurach/Schroeder/Maiwald*, BT 1, § 37 II, Rn.9 zu verstehen sein, wo ein „Ingebrauchnehmen im technischen Sinne" und ein „Einwirken des Täters auf die Mechanik des Fahrzeuges" gefordert werden, denn auch durch diese Einschränkungen wird letztlich nur der Aspekt der Benutzung des Fahrzeugs *gerade als Fortbewegungsmittel* in den Vordergrund gestellt.

Schwieriger gestaltet sich allerdings die Frage, ob letzteres auch dann noch gilt, wenn der Hintermann selbst an der Fahrt nicht teilnimmt, sondern den Vordermann dazu zwingt, *allein* mit einem fremden Wagen herumzufahren. Kann man auch jetzt noch sagen, dass der Hintermann den Wagen „durch einen anderen in Gebrauch nimmt" ? Begrifflich ist dies jedenfalls möglich, denn „in Gebrauch" nehmen oder haben kann man auch Fahrzeuge, die man nicht selbst führt. Man denke nur an den Spediteur, der einen ganzen Fuhrpark „in Gebrauch" hat oder ein neues Fahrzeug „in Gebrauch" „nimmt". Niemand würde hier davon ausgehen, er müsse auch *selbst* mit dem Wagen *fahren.* Dennoch ist auf der Basis der oben erwähnten Definition des „In-Gebrauch-Nehmens" eine Einschränkung zu machen: Nimmt man den Zusatz „zum Zwecke der Fortbewegung" (und zwar im Sinne *eigener* Fortbewegung) ernst, so ist zu fordern, dass sich auch der mittelbare Täter im Wagen befindet und sich durch das Tun des Vordermannes *selbst* fortbewegen lässt. Das spiegelt sich etwa in der Kommentierung von *Ruß*[266] auch wider, wenn es dort heißt, „ein Mitfahrer(!)" könne, wenn er die Tat veranlasst oder unterstützt habe, „(mittelbarer) Täter, Anstifter oder Gehilfe sein". In gleichem Sinne entschied das *RG*[267]:

„Die Strafandrohung (damals nach § 1 VO v. 20. Okt. 1932) *richtet sich gegen den, der ein Kraftfahrzeug oder ein Fahrrad gegen den Willen des Berechtigten in Gebrauch nimmt. Das tut zwar vor allem, wer das Fahrzeug in Gang setzt, um sich selbst (und andere) damit fortzubewegen. Das Merkmal des Ingebrauchnehmens kann aber auch ein anderer als der Lenker des Kraftwagens erfüllen. Auch wer sich von einem anderen mit dem fremden Kraftwagen fahren läßt und zu diesem Zwecke die Fahrt veranlaßt, die sonst unterblieben wäre, erfüllt den Tatbestand des Gesetzes."*

Auch das *RG* scheint damit stillschweigend vorauszusetzen, dass Täter des „Ingebrauchnehmens" zwar auch derjenige sein kann, der das Fahrzeug nicht *steuert*, dieser aber selbst Mitfahrer und Nutznießer der Fahrt im Hinblick auf *eigene* Fortbewegung sein muss. Die pauschale Aussage, § 248b sei „kein eigenhändiges Delikt" ist damit zwar richtig, ebnet aber die notwendigen Differenzierungen zu sehr ein, denn sie verdeckt, dass es letztlich - wie bei allen Delikten - für die Frage der Täterschaft *allein* darauf ankommt, ob die jeweilige als unmittelbarer oder mittelbarer Täter in Betracht kommende Person alle Tatbestandsmerkmale auch in eigener Person erfüllt. Das kann für § 248b auf der Grundlage der oben dargelegten Auslegung des „Ingebrauchnehmens" dann erfüllt sein, wenn der Hintermann an der Fahrt teilnimmt, nicht aber, wenn er im

[266] In LK(11), § 248b, Rn.11.
[267] *RG*St 76, 176 f, ihm folgend *BGHZ* 22, 293 ff (302).

Kraftfahrzeug nicht selbst anwesend ist. Allein dadurch, dass er - nach normativen Kriterien (vgl. Kapitel 2, B.) - als „Hintermann" oder „Tatherr" anzusehen ist, wird er noch nicht notwendigerweise zum *Täter*.

5. Semantische Parallele: „Führen" und „Mitsichführen" von Schusswaffen (§ 4 IV WaffG, § 30a BtMG)

Es kommt nicht von ungefähr, dass das Handlungsmerkmal „führen" auch dann im Ergebnis nur eigenhändig verwirklicht werden kann, wenn es nicht auf Kraftfahrzeuge, sondern auf andere Gegenstände angewendet wird. Deutlich wird das etwa beim „Führen" von Schusswaffen, das ein zentrales Merkmal verschiedener Tatbestände des WaffG (so etwa in §§ 35, 39, 53 WaffG) bildet. Nach der Legaldefinition in § 4 IV WaffG „führt" eine Waffe nur derjenige, der „die tatsächliche Gewalt über sie außerhalb seiner Wohnung, Geschäftsräume oder seines befriedeten Besitztums ausübt". Die Frage, ob dieses Merkmal auch in mittelbarer Täterschaft erfüllbar ist, verlagert sich angesichts der stark an den Begriff des „Besitzes" (vgl. § 854 I BGB) angenäherten Definition in § 4 IV WaffG zur Problematik, ob vom Begriff des „Führens" auch der *mittelbare Besitz* erfasst wird[268]. In der Rechtsprechung wurde die Frage in mehreren Entscheidungen verneint[269]. Ein „Führen" einer Schusswaffe kann demgemäß nach *BGHSt 42, 368 (369)* nur bei demjenigen angenommen werden, der *„als unmittelbarer Besitzer eine gewisse, jederzeit zu realisierende Herrschaftsmöglichkeit"*[270] über die Waffe hat. Hieraus folgert der *BGH*[271], diese Herrschaftsmöglichkeit sei nur bei demjenigen vorhanden, der *„selbst die Waffe gebrauchsbereit in der Weise bei sich hat, dass er sich ihrer jederzeit bedienen kann"* und es sei deswegen nicht möglich, einem Täter die Bewaffnung (allein) seines *Mittäters* über § 25 II zuzurechnen[272]. Entsprechendes hat für das „Mitsichführen" im Sinne des § 30a BtMG zu gelten[273], wobei hinsichtlich letzteren Tatbestandes das Erfordernis der engen körperlichen Nähebeziehung der Waffe zur Person ihres Trägers letztlich nicht erst aus dem Handlungsmerkmal „führen", sondern bereits aus der reflexiven Formulierung „mit sich" folgt (vgl. hierzu bereits oben Kapitel 3, F. I.).

---

268 Einzelheiten zum Streit bei *Steindorf*, Waffenrecht, § 4 WaffG, Rn. 4.

269 Vgl. *BGH*St 26, 12 ff (16); *BGH* MDR 77, 511 (allerdings hinsichtlich der möglicher Straf*freiheit* durch nachträgliche Anmeldung, die dann mangels unmittelbaren Besitzes im Anmeldungszeitpunkt *verneint* wurde!) sowie klarstellend jetzt *BGH*St 42, 368 ff (369).

270 Ebenso *OLG Karlsruhe*, NJW 92, 1057.

271 St 42, 368.

272 *BGH* a.a.O. Zum „Beisichführen" von Gegenständen im Anwendungsbereich des § 177 III vgl. zusammenfassend und weiterführend *Folkers*, Sexualstrafrecht, Abschn. VII., 1. b) bb).

273 *BGH* a.a.O., zu diesem Tatbestand erging die Entscheidung.

VI. Fahnenflucht (§ 16 WStG)

Auch die Fahnenflucht (§ 16 WStG) wird klassischerweise den eigenhändigen Delikte zugeordnet[274]. Die wohl plastischste Begründung hierfür entstammt dem immer wieder zitierten Ausspruch *Bindings*, der Täter müsse „mit seinen eigenen Beinen entlaufen“[275].

1. Die Tathandlung „verlassen“

Was die äußere Tathandlung angeht, setzen beide Tatbestände des § 16 WStG gleichermaßen voraus, dass der Täter „seine Truppe oder Dienststelle *verlässt* oder ihr *fernbleibt*“, und zwar „eigenmächtig“. Tathandlung ist also kein „Entlaufen“, wie es das *Binding*-Zitat nahelegt, sondern, wesentlich weiter gefasst, das „Verlassen“ oder „Fernbleiben“. Nach der Rechtsprechung des *RMG* liegt ein solches „Verlassen“ vor, wenn der Täter sich „von der Machtsphäre der ihm militärisch Übergeordneten trennt“[276] und (sich) in eine Lage versetzt, in welcher er deren Befehlsgewalt entrückt ist[277]. Daraus zieht die Literatur zum Teil den Schluss, nach dem Wesen der Straftat und dem sonstigen Sprachgebrauch des § 16 WStG („fernbleiben“, „abwesend sein“, „zurückkehren“)[278] sei darauf abzustellen, dass der Täter seine Eingliederung in den Verband der Truppe *räumlich* löst und sich der Verfügungsgewalt des Befehlshabers seiner Truppe *räumlich* entzieht[279].

a) Die weite Auslegung durch *BGHSt 22, 14*

Bei dieser - zunächst naheliegenden - Auslegung ist man jedoch nicht stehengeblieben. Der *BGH* hat in einer Grundsatzentscheidung[280] die Auslegung des Begriffes „verlassen“ über den „natürlichen“ Wortsinn hinaus auf einen „übertragenen Sinn“ ausgedehnt. In beispielhafter Anwendung der Auslegungsregeln führt der *BGH*[281] aus:

„Verlassen bedeutet im allgemeinen Sprachgebrauch „zurücklassend entfernen, aufgeben“ (Grimm, Deutsches Wörterbuch 12 Bd. I Abt. 1956 Sp. 725) oder „fortgehen, sich wegwenden“ (Perkun, Das Deutsche Wort 1953, S. 816). Dieser Begriff wird nicht nur für ein Ausscheiden aus einem räumlichen

---

[274] So etwa Sch/Sch(24)-*Cramer*, § 25, Rn. 46; *Herzberg*, ZStrW 82 (1970), 896 ff (925); *Auerbach*, S. 104 (105); *Roxin*, LK(11), § 25, Rn. 45.
[275] Strafrechtliche Abhandlungen I, S. 267; GS 71 (1908), 1 ff (5).
[276] *RMG* 2, 3 (4); 3, 166 (170).
[277] *RMG* 2, 119 (122).
[278] *Dreher*, NJW 68, 851 (852); *Schölz*, § 15, Rn. 7.
[279] *Schölz*, § 15, Rn. 7; *Dreher*, NJW 68, 851; *Mohrbotter*, JZ 68, 475; auf dieser Prämisse auch *OLG Celle*, GA 64, 154.
[280] *BGH*St 22, 14 ff.
[281] St 22, 14 (16).

Bereich, sondern auch im übertragenen Sinne verwendet (Wer sein „Elternhaus verläßt", muß nicht tatsächlich oder direkt aus dem Gebäude fortgehen; vgl. auch BGHSt 21, 44, 47 zu § 221 StGB). Das Verlassen im Sinne des § 16 Abs. 1 WStG verlangt ebenfalls nicht, daß sich der Soldat unmittelbar von seinem Truppenteil, dem er zugeteilt ist (...), als solchem entfernt. (...) Die Eingliederung des Soldaten in seine Truppe erschöpft sich nämlich nicht in einer räumlichen Bindung. (...) Eine Beschränkung des Tatbestandsmerkmals „Verlassen" in § 16 Abs. 1 WStG - entgegen dem allgemeinen Sprachgebrauch - auf ein Ausscheiden des Soldaten aus dem räumlichen *Bereich der Truppe oder der Dienststelle wird nicht dem öffentlich-rechtlichen Gewaltverhältnis gerecht, das den Soldaten an seine Truppe bindet. Bei einer derart formalen Auslegung würde z.B. das Verhalten eines Soldaten schwerlich erfaßt, der sich durch längeres Verstecken im Kasernengelände von seiner Einheit „entfernt". Das Merkmal „Verlassen" ist nach dem Sinn des § 16 Abs. 1 WStG demnach erfüllt, wenn sich der Soldat dem durch das Wehrdienstverhältnis mit seiner Truppe begründeten öffentlich-rechtlichen Gewaltverhältnis und der damit sich ergebenden Gehorsamspflicht entzieht."*

Im Ergebnis, zumeist allerdings ohne nähere Begründung, wird der Standpunkt des *BGH* auch von Stimmen im Schrifttum geteilt[282].

Worauf diese Auslegung letztlich abzielt, hat *Mohrbotter*[283] pointiert zusammengefasst: Die Tatbestandserfüllung im Sinne eines „Verlassens" liege nach dem *BGH* schon dann vor, wenn der Täter sich *innerlich* von der Truppe löse, sie im „übertragenen Sinne" „hinter sich" lasse. *Mohrbotter* zieht daraus den Schluss, die Auslegung des *BGH* führe letztlich dahin, den Unrechtsgehalt der Fahnenflucht, und zwar des objektiven Merkmals „verlassen", nach der *Gesinnungs*lage des Täters zu erfassen[284]. Das heißt nichts anderes als das „Verlassen" i.S.d. § 16 WStG als objektiv-subjektiv-gemischtes Tatbestandsmerkmal einzustufen.

b) Die enge Auslegung (*Dreher* und *Mohrbotter*)

Allerdings ist die Auslegung des *BGH* auch nicht unwidersprochen geblieben. Sieht man einmal ab von der sich aufdrängenden Frage, wie ein Soldat durch „Verlassen der Truppe" überhaupt die ihn aus dem Wehrdienstverhältnis treffenden öffentlich-rechtlichen Pflichten soll eigenmächtig beseitigen

282 Vgl. *Arndt*, Grundriß des Wehrstrafrechts, S. 152; zuvor bereits allein auf „Trennung von der Machtsphäre" abstellend *Rittau*, § 15, Anm.4. Explizit zu der vom *BGH* in St 22, 14 ff entschiedenen Frage - geschweige denn zu den Problemen der Auslegung - Stellung genommen wird in keiner der beiden - von *BGH*St 22, 14 (16) für die eigene Auffassung zitierten - Fundstellen.

283 JZ 68, 476.

284 A.a.O., S. 477.

können[285] - diese Frage stünde außerhalb der hier interessierenden Problematik -, so fällt die Verknüpfung zweier Bedeutungsebenen ins Auge, die der *BGH* vornimmt, wenn neben dem „Ausscheiden aus einem räumlichen Bereich"[286] das Wort „verlassen" auch in einem „übertragenen Sinne" zu verstehen sein soll. Besonders entschieden hat sich *Dreher*[287] gegen diese Auslegung gewandt. Allerdings bestreitet auch er nicht pauschal die Möglichkeit der Auslegung des „Verlassens" im „übertragenen Sinne", sondern kommt erst auf dem Weg der systematischen Auslegung der Vorschrift einerseits im Verhältnis zu § 15 WStG („abwesend sein") und andererseits zur Alternative des „Fernbleibens" zum Ergebnis, der „Verlassens"-Begriff dürfe nur in einem engen, räumlichen Sinne ausgelegt werden. Die Beziehung, die sich aus diesen drei Begriffen für die jeweilige Art der Tatbestandserfüllung ergebe, lege zwingend nahe, dass auch das „Verlassen" nur im räumlichen Sinne gemeint sein könne[288].

2. Die Eigenhändigkeitsfrage

Es fällt auf, dass sich die Auslegung des *BGH* weitgehend mit der Auffassung *Eb. Schmidts*[289] und *Roxins*[290] deckt, die das Charakteristikum der Fahnenflucht im Hinblick auf die Eigenhändigkeitsproblematik darin erkennen wollen, dass Fahnenflucht (nur) der begeht, *„der mit seiner Entfernung von der Truppe ein ihn selbst an diese fesselndes Pflichtenband zertrennt*[291]*"*. Allerdings erörtern *Eb. Schmidt* und *Roxin* diese Problematik nicht, wie der *BGH*, bei der Reichweite der Auslegung des Merkmals „verlassen", sondern im Zusammenhang mit der Frage, wie sich die Täterschafts- und Beteiligungsverhältnisse bei der Fahnenflucht gestalten[292].

Im Hinblick auf die Eigenhändigkeitsproblematik seien beide Auslegungsansätze betrachtet, die „enge" Auslegung des „Verlassens" wie sie *Dreher* und *Mohrbotter* vertreten und die „erweiterte" Auslegung („im übertragenen Sinn"), die der *BGH* vertritt.

285 Auf diesen Widerspruch weist insbesondere *Dreher*, NJW 68, 851 (852) hin.
286 *BGH* a.a.O. (16).
287 NJW 68, 851 f.
288 Im einzelnen sei hier verwiesen auf die Argumentationsführung *Drehers*, a.a.O., S. 852.
289 Militärstrafrecht, S. 41.
290 TuT, S. 393.
291 *Eb. Schmidt*, a.a.O.; ihm folgend *Roxin*, a.a.O.
292 Wobei man allerdings nicht außer acht lassen darf, dass die Auslegung *Roxins* und *Eb. Schmidts* in diesem Zusammenhang zu einer *Einschränkung* der Strafbarkeit führen, und nicht, wie die Auslegung des *BGH* im Zusammenhang mit dem „Verlassen im Urlaub" zu einer *Ausdehnung* der Strafbarkeit.

a) Körperlich-räumliche Entfernung des eigenen Körpers

Nach der engen Auslegung *Drehers* und *Mohrbotters* ergibt sich ein unmittelbarer Bezug des Handlungsmerkmals zum *Körper* des Täters. Wenn „verlassen" nämlich heißt, dass das Verlassens*subjekt* sich räumlich vom Verlassens*objekt*, dem Truppenteil oder der Dienststelle, entfernen muss, dann kann das nur so aufzufassen sein, dass gerade jenes Element entfernt wird, welches der alleinige Gegenstand der räumlichen Beziehung sein kann. Und dies ist nun einmal allein der Körper. „Verlassen" im räumlichen Sinne kann also nur derjenige, der seinen eigenen Körper räumlich entfernt. Dabei muss dieses Entfernen nicht durch aktives Fortbewegen, im Sinne *Bindings*: „entlaufen", erfolgen; vom Begriff des „Verlassens" ist vielmehr auch noch das passive Sich-Entfernen-*Lassen* durch Dritte erfasst[293]; so etwa, wenn der Täter seinen Truppenteil „verlässt", indem er den Bus oder den Zug nimmt. Der Begriff umfasst schlechthin jede Inanspruchnahme von Möglichkeiten, sich räumlich von seinem Ausgangspunkt zu entfernen[294]. Seinem Wortlaut nach setzt das „Verlassen" in der räumlichen Bedeutung allein voraus, dass derjenige, der sich körperlich entfernt oder der körperlich entfernt *wird*, weiter „Herr des Geschehens" in dem Sinne bleibt, dass allein er über das „Ob" und „Wie" der Entfernung bestimmen und diese Entscheidung auch jederzeit in die Tat umsetzen kann.

Ausschlaggebend ist bei Zugrundelegung der engen Auslegung mithin allein, dass der „wer" als Täter und das Verlassenssubjekt, also der verlassende Körper, als Gegenstand der räumlichen Beziehung, die verändert wird, identisch sind.

b) „Innere Loslösung" und „Durchtrennung des höchstpersönlichen Pflichtenbandes"

Die weite Auslegung des „Verlassens"-Begriffs hingegen stellt weniger auf die Körperlichkeit als Gegenstand der Beziehung zwischen „wer" und Verlassensobjekt ab, sondern legt den Schwerpunkt, allerdings ohne dies zu erwähnen, auf ein anderes Tatbestandsmerkmal, und zwar auf das Possessivpronomen „seine". Aus der Formulierung „*seine* Truppe oder Dienststelle" ergibt sich nämlich eine über die rein räumliche Beziehung hinausgehende weitere Beziehung, die nicht mehr faktischer (räumlicher),

---

[293] Dies hat auch *Binding* - trotz seiner plakativen „Entlaufens"-Formulierung - so gesehen: Strafrechtliche Abhandlungen I, S. 267 f, Fn. 17, Anm. 3: „Der Wehrpflichtige kann sich durch einen Dritten über die Grenze schaffen lassen, aber durch einen andern auswandern kann er nicht. Ist sein Fuhrmann auch ein Wehrpflichtiger, der sich dem Dienste entziehen will, so liegt Mittäterschaft im e.S. vor".

[294] Dass gerade bei der Überwindung räumlicher Entfernungen der Mensch nicht immer „seine eigenen Beine" bemüht, sondern sich auch des öffentlichen oder privaten Transportwesens bedienen kann, hat auch Eingang in die gängige Alltagssprache gefunden. Wer etwa von sich sagt, er „fliege morgen in Urlaub", wird kaum so verstanden werden, dass er das Flugzeug selbst steuern wird. Vgl. in diesem Zusammenhang auch unten Fn. 316.

sondern normativ-rechtlicher Natur ist. Wie ist nun der Begriff „sein Truppenteil“ oder „seine“ Dienststelle aufzufassen ? Jedenfalls nicht in dem Sinne, wie es die Verwendung eines Possessivpronomens grundsätzlich erwarten ließe, nämlich im Sinne der Zuordnung des Gegenstands, den das Pronomen kennzeichnet, zu dem Subjekt, an dessen Stelle es steht. Es ist also nicht etwa so, dass die „Dienststelle“ oder der „Truppenteil“ dem Täter zuzuordnen wäre, wie etwa bei der Formulierung „wer *sein* Haus verlässt“ - hier kennzeichnet das Pronomen „sein“ das Eigentum *des Täters* am Haus -, vielmehr ist - umgekehrt - der Täter selbst aufgrund seiner öffentlich-rechtlichen Wehrdienstpflicht einem bestimmten Truppenteil oder einer Dienststelle zugeordnet, so dass die Verwendung eines Possessivpronomens in der Richtung Täter - Truppenteil vom rein grammatischen Bedeutungsgehalt her zunächst einmal unpassend erscheint. Wenn man dennoch sprachlich hieran keinen Anstoß nimmt, liegt das wohl daran, dass öffentlich-rechtliche Verhältnisse, auch wenn sie zwangsweise und ohne Wollen des Einzelnen entstehen, oftmals Bindungen zwischen den Beteiligten entstehen lassen, die letztlich eine Form von Gegenseitigkeit annehmen. Die Eingliederung in das öffentlich-rechtliche Verhältnis wird dabei so sehr Teil des eigenen Lebens, dass sie auch als etwas eigenes akzeptiert wird. Wer etwa hätte nicht als Schüler von „seiner“ Schule, als Wehrpflichtiger von „seiner“ Einheit oder als Student von „seiner“ Universität gesprochen ? Dieses Verhältnis macht das Gesetz sich zu eigen, wenn es die Entfernung des Soldaten von „seinem“ Truppenteil oder „seiner“ Dienststelle unter Strafe stellt. Gerade hierin liegt das „ihn selbst fesselnde Pflichtenband“, in deren Durchtrennung *Eb. Schmidt* und *Roxin* den wesentlichen Unrechtsgehalt der Fahnenflucht sehen. Nur: Auch hier muss man m.E. den Umweg über eine solche Konstruktion des öffentlich-rechtlichen (Wehrdienst-)Pflichtenbandes gar nicht gehen, um an das Erfordernis der eigenhändigen, oder hier besser: *höchstpersönlichen* Begehung zu kommen: Wer nämlich lediglich bewirkt, dass ein anderer Soldat, der eine Werkzeugeigenschaft aufweist, *seine* - des Werkzeugs - Dienststelle oder *seinen* Truppenteil verlässt, der weist, ist er selbst nicht Soldat, die spezifische Beziehung zu dem Truppenteil gerade nicht auf; es ist eben nicht „seine“ - des Hintermannes - Dienststelle oder „sein“ Truppenteil. Und eine Zurechnung der Beziehung zwischen dem Werkzeug und dessen Truppenteil zum Hintermann kommt auch über § 25 I Alt.2 nicht in Betracht: Die Dienststelle eines „anderen“ kann nicht „durch“ den eingesetzten „anderen“ zu „seiner“ - des Hintermannes - eigenen Dienststelle werden.

3. Eigene Pflichtverletung des Hintermannes als Begründung unmittelbarer Täterschaft in dessen eigener Person ?

Ist der Hintermann nun aber selbst Soldat derselben Einheit, dann stellt sich die eigentlich entscheidende Frage, ob ein solches Verhalten nicht auch in der Person des Hintermannes als ein „Verlassen", nunmehr *seiner eigenen* Einheit, betrachtet werden könnte. Spitzfindig ließe sich nämlich anführen, indem der Hintermann einen anderen Soldaten unter Ausnutzung einer bei diesem gegebenen Werkzeugeigenschaft zum Verlassen der Truppe veranlasse, durchtrenne er zwar nicht das Pflichtenband des Werkzeugs - dessen Durchtrennung ist ja nur dem Werkzeug höchstpersönlich möglich -, wohl aber das ihn, den Hintermann, selbst an *seinen* Truppenteil fesselnde Pflichtenband. Dann ließe sich sagen, hierdurch „verlasse" er *selbst seinen* Truppenteil. Dagegen spricht aber folgendes:
Zum einen lässt sich schon die Prämisse nicht halten, denn das Pflichtenband des Hintermannes bleibt weiter aufrechterhalten. Er selbst bleibt ja Soldat mit allen Rechten und Pflichten. Zum anderen fehlt es jedenfalls am subjektiven Tatbestand, denn dem Hintermann fehlt die Absicht, „sich" der Verpflichtung zum Wehrdienst dauernd zu entziehen. Und drittens schließlich würde der Wortlaut des Begriffes „verlassen" nun völlig überdehnt. Man kann selbst nicht „verlassen", obwohl man noch körperlich anwesend und verfügbar ist. Die Intention des *BGH*[295] scheint zwar in diese Richtung zu gehen, wenn die „formale Auslegung"[296] mit dem Argument abgelehnt wird, anderenfalls könne der Fall nicht erfasst werden, dass der Soldat sich durch längeres Verstecken im Kasernengelände „entfernt". Doch liegt in diesem Fall des „Entfernens durch Verstecken" ja gerade eine Durchtrennung des Pflichtenbandes durch den Täter selbst vor, er ist für seinen Truppenteil und seine Dienststelle *nicht* mehr dauerhaft räumlich anwesend, jedenfalls nicht im Sinne einer ständigen Verfügbarkeit. Und auch in dem der erwähnten Entscheidung *BGHSt 22, 14* zugrundeliegenden Fall („Verlassen im Urlaub") lag eine räumliche Abwesenheit des Täters von seiner Truppe bereits vor, die Frage war lediglich, ob diese räumliche Abwesenheit durch ein weiteres Manifestieren des „Verlassens"- oder „Trennungs"-Willens dahingehend intensiviert werden konnte, dass *trotz* der *schon vorliegenden* Abwesenheit noch durch weiteres Verhalten ein „Verlassen" angenommen werden konnte.

Die „nur-eigenhändige" Begehbarkeit des Tatbestandes der Fahnenflucht folgt damit *sowohl* aus der *Körper*bezogenheit des räumlichen „Verlassens"-Vorgangs *als auch* aus der *Höchstpersönlichkeit* der Durchtrennung des *eigenen* Pflichtenbandes („*seine* Dienststelle").

---

295 *BGH*St 22, 14 (17).
296 *BGH* a.a.O.

4. Ähnlich gelagerte Tatbestände

Zu ergänzen bleibt schließlich, dass in den ähnlich gelagerten Tatbeständen der Wehrpflichtentziehung durch Verstümmelung (§ 109) bzw. durch Täuschung (§ 109a) das Eigenhändigkeitsproblem vom Gesetzgeber schlicht dadurch umgangen wurde, dass nicht nur derjenige unter den Tatbestand fällt, der „sich entzieht", sondern auch der, der „einen anderen entzieht".

VII. Unfallflucht (§ 142)

Zu den eigenhändigen Delikten wird teilweise auch § 142 I gezählt[297]. Dabei lässt sich die Eigenhändigkeit zum einen aus der Sonderdeliktsqualität des § 142 I ableiten, denn Täter des § 142 I kann von vornherein nur derjenige sein, der „Unfallbeteiligter" gem. § 142 IV ist, also „jeder, dessen Verhalten nach den Umständen zur Verursachung beigetragen haben kann." Fehlt es an dieser Sondereigenschaft, scheidet für die betreffende Person jede Form der Mit- oder mittelbaren Täterschaft aus[298].

Zum anderen folgt die Eigenhändigkeit wiederum aus dem Handlungsmerkmal: *Ist* der Betreffende Unfallbeteiligter, so verlangt der Gesetzestext, dass der Unfallbeteiligte *sich* vom Unfallort entfernt. Unproblematisch ist vom Wortlaut auch hier der Fall erfasst, dass der „Unfallbeteiligte" sich beim „Entfernen" der Hilfe eines Dritten bedient, also, wie bereits bei der Fahnenflucht erörtert, den Bus oder ein Taxi benutzt oder sich gar durch einen (gut- oder bösgläubigen) Gehilfen entfernen *lässt*[299]. In jedem Falle muss man hier sprachlich gleichwohl von einem *Sich*-Entfernen reden, denn der Begriff ist, ebenso wie das Handlungsmerkmal „verlassen" im Rahmen der Fahnenflucht, so weit gefasst, dass alle möglichen Arten, *sich* zu entfernen, und damit auch die Einschaltung von Dritten in diesen Entfernungsvorgang[300], erfasst werden. Eines Rückgriffs auf § 25 I Alt.2 bedarf es in diesen Konstellationen nicht, denn auch sprachlich besteht keinerlei Klarstellungsbedürfnis. Der Täter entfernt sich hier weniger „durch" einen anderen, sondern allenfalls „*mit Hilfe* eines anderen". Daran, dass er sich begrifflich *selbst* entfernt, ändert das nichts.

---

[297] *Auerbach*, S. 95 ff; *Roxin*, LK(11), § 25, Rn. 45.

[298] Vgl. Sch/Sch-*Cramer/Sternberg-Lieben*, § 142, Rn. 20 f, 82; *Lackner/Kühl*, Rn. 39; *Tröndle/Fischer*, Rn. 14 ff; LK(11)-*Geppert*, § 142, Rn. 182 f; krit. *Schröder*, FS v. *Weber*, S. 233 ff (234).

[299] Insoweit ist das Merkmal des „Sich-Entfernens" *erfolgsbezogen* und nicht lediglich als *Tätigkeit* - etwa im Sinne einer „Absetzbewegung" - zu verstehen, vgl. *Küper*, JZ 81, 209 ff (214); *Lackner/Kühl*, § 142, Rn. 11.

[300] Auch hier wirkt sich letztlich wieder die Differenzierung zwischen *Handlungs-* und *Vorgangs*beschreibung aus: Wer sich etwa mit dem Taxi entfernen lässt, der entfernt *sich* gleichwohl im Sinne einer Vorgangsbeschreibung *selbst*. Wendet man den Begriff „entfernen" (mit dem Unfallbeteiligten als Entfernungsobjekt) hingegen auf den Taxifahrer an, so beschreibt das Verbum dessen aktives Tun und wird als *Handlungs*beschreibung verwendet.

VIII. Vollrausch (§ 323a)

Auch § 323a wird nahezu einhellig für eigenhändig gehalten[301]. *Haft*[302] spricht gar vom „eigenhändigsten der eigenhändigen Tatbestände". Er sieht, entsprechend seiner These von der „tatbestandskonturierenden Funktion" der Eigenhändigkeit, den Grund hierfür in der Vagheit, die beim Tatbestand des Vollrausches sogar doppelt gegeben sei, nämlich sowohl bezüglich des Pflichtbegriffes als auch hinsichtlich des Rechtsgutbegriffes[303].

1. Reflexivität der Tathandlung

Tatbestandshandlung des § 323a ist es, „*sich* ... in einen Rausch" zu „versetzen". Auch hier begründet die Verwendung des Reflexivpronomens „sich" bereits nach dem Gesetzeswortlaut einen Bezug der Tathandlung zur eigenen Person, so dass sich insoweit die Eigenhändigkeit der Begehung schon aus der grammatischen Fassung des Tatbestandes ergibt[304]. Worin der Grund dafür liegt, dass der Tatbestand nicht etwa jede „Verursachung einer Berauschung eines Menschen" pönalisiert, sondern nur dem einzelnen selbst die Kontrolle über *sich* auferlegt[305], lässt sich aus dem Tatbestand selbst nicht ersehen, kann aber für die hier allein interessierende Frage der Eigenhändigkeit auch dahinstehen. Anhand der tatbestandlichen Fassung ist zu akzeptieren, dass der Gesetzgeber sich in dieser Richtung festgelegt hat.

2. Die von *Spendel* aufgeführten Sonderkonstellationen

Dennoch wird das pauschale Postulat, § 323a sei „ein eigenhändiges Delikt", von *Spendel*[306] in Zweifel gezogen. In der Sache selbst freilich stimmt *Spendel*[307] durchaus mit der Auffassung von der Eigenhändigkeit in dem Sinne überein, der Täter des § 323a müsse notwendig derjenige sein, in dessen Körper der Rauschzustand begründet wird; eine *Fremd*berauschung, etwa durch unbemerktes „Unterschieben" von Rauschmitteln, werde vom Tatbestand mithin nicht erfasst. Die Konstellationen, die *Spendel* aufführt, betreffen hingegen andere Fälle:

---

301 Sch/Sch-*Cramer/Sternberg-Lieben,* § 323a, Rn. 24; *Lackner/Kühl,* Rn. 17; *Tröndle/Fischer,* Rn. 20; SK-*Horn,* Rn. 9; *Cramer,* GA 61, 97 ff (102); *Roxin,* TuT, S. 430 und LK(11), § 25, Rn. 45; *Gramsch,* JW 38, 779 ff (780); diff. *Maurach/Schroeder/Maiwald,* BT 2, § 96 II Rn. 24; *Herzberg,* ZStrW 82 (1970), 896 ff (923).
A.A. lediglich LK(11)-*Spendel,* § 323a, Rn. 264 ff; NK-*Paeffgen,* Rn. 81.

302 JA 79, 651 (654).

303 JA 79, 651 ff (656).

304 *Jakobs* AT 21/20 will solche Tatbestände mit reflexivem Handlungsmerkmal von den „eigenhändigen" Delikten trennen und betrachtet sie als eine gesonderte Gruppe „positivrechtlich nur selbst begehbarer" Delikte. Als Beispiele nennt er § 174 und § 132 („sich-befassen").

305 Sch/Sch-*Cramer/Sternberg-Lieben,* § 323a, Rn. 24.

306 LK(11), § 323a, Rn. 264.

307 A.a.O., Rn. 267.

Zum einen weist *Spendel* darauf hin, auch der (Rausch-)Täter des § 323a könne die *Rausch*tat durchaus „durch einen anderen", seinerseits in mittelbarer Täterschaft also, begehen[308]. Das ist jedoch unproblematisch, da auf die Rauschtat selbst wiederum die allgemeinen Regeln anzuwenden sind.

Zum anderen führt er die Konstellation an, dass der „Sich-Berauschende" sich zur *Ausführung* des Berauschensaktes eines Dritten bedient, mithin „durch eine fremde Person seine Berauschung bewirkt"[309]. Allerdings bringt *Spendel* in diesem Zusammenhang nur solche Fälle, in denen beim mitwirkenden Dritten ein Defizit vorliegt. So verweist er auf das Beispiel vom Drogensüchtigen, der sich „unter Vorspiegelung starker Schmerzen oder durch Täuschung über die erforderliche Dosis von einem unerfahrenen oder irrenden Arzt eine Morphiumspritze geben oder sonstwie ein Rauschmittel beibringen" lässt[310]. Offenbar im Hinblick auf das Defizit des „Helfers" will *Spendel* die Fälle als mittelbare Täterschaft des Sich-Berauschenden ansehen. *Cramer*[311], der die entsprechende Konstellation, allerdings *ohne* defizitäre Eigenschaft des Dritten, ebenfalls erörtert, hält für diese Fälle mittelbare Täterschaft zwar für möglich, bezeichnet es aber als „zweifelhaft", ob man hier tatsächlich davon „sprechen soll oder nicht"[312]. Im Großteil derartiger Fälle wird der Rückgriff auf die mittelbare Täterschaft in der Tat entbehrlich sein, denn den letzten Akt der Inkorporierung des Rauschmittels wird der Sich-Berauschende nahezu immer noch selbst vornehmen müssen. So müsste etwa der an beiden Armen Gelähmte, der sich das Glas mit dem Alkohol vom Freund zum Mund führen lässt, immer noch selbständig - und eigenverantwortlich! - das Getränk herunterschlucken. Dies würde nach dem Wortlaut („sich in einen Rausch versetzen") für die Annahme einer unmittelbaren Täterschaft immer noch ausreichen, denn die letzte Entscheidung über das „Ob" des „Versetzens" trifft auch hier in letzter Konsequenz der Berauschungs-Täter selbst[313]. Wirkliche Grenzfälle sind diejenigen, in denen auch der Akt der Inkorporierung des Rauschmittels nicht mehr vom Berauschungstäter selbst, sondern von der Hilfsperson vorgenommen wird. Bei dem Inkorporierungsvorgang handelt es sich nämlich wiederum um denjenigen Vorgang, der allen nur denkbaren Berauschungsvorgängen als „kleinster gemeinsamer Nenner", mithin als „Ausführungsphase" (vgl. oben

---

308 A.a.O., Rn. 265; ebenso *Gerland,* ZStrW 55 (1936), S. 784 ff (791); *Gramsch,* JW 38, 779 ff (780).

309 A.a.O., Rn. 265; ebenso *Gerland,* a.a.O.

310 A.a.O.

311 GA 61, 97 ff (103).

312 A.a.O., S. 103.

313 Die Konstellationen sind bezüglich der Hilfsperson vergleichbar den Fällen der Abgrenzung zwischen Teilnahme an fremder Selbsttötung und täterschaftlicher Fremdtötung, nur liegt die Strafbarkeitsfrage reziprok. Zu den Abgrenzungskriterien vgl. im einzelnen die in Kapitel 2, B. III. 2 a) genannten Autoren.

Kapitel 2, I. 4.) wesenseigen ist. Wird dieser Akt von einer anderen Person als dem Zu-Berauschenden selbst vorgenommen, liegt in Bezug auf die Hilfsperson zumindest sprachlich eine Fremdberauschung vor, denn nun ist es die Hilfsperson, über die man sagen muss, dass sie „einen anderen *in einen Rausch versetzt*“. Diese Fälle dürften zwar selten sein, doch sind sie zumindest nicht gänzlich auszuschließen, wie *Spendels* Fall des die Spritze verabreichenden Arztes zeigt. Allerdings ist damit noch nicht gesagt, dass man nicht dennoch *auch* über den Zu-Berauschenden sprachlich sagen kann, *er* versetze *sich* in einen Rausch. Sprachlich zulässig bleibt das, solange der Zu-Berauschende selbst noch Herr über den Berauschungsvorgang bleibt und die Möglichkeit behält, ihn jederzeit abzubrechen. Gerade so liegt es aber im Fall des die Spritze verabreichenden Arztes: Bei Zugrundelegung normaler Maßstäbe des allgemeinen sozialen Lebens würde nämlich kein Arzt die Behandlung weiterführen, wenn der Patient deren Abbruch verlangt, zumal er sie ja gegen den ausdrücklich erklärten Willen des Patienten auch gar nicht weiterführen *dürfte*. Diese Maßstäbe eines sich rechtstreu und entsprechend den allgemeinen sozialen Gepflogenheiten verhaltenden Arztes sind hier ebenso zugrundezulegen wie beim rechtstreu die Weisungen seines Arbeitgebers ausführenden Arbeiter in den Produkthaftungsfällen, beim Postboten in den Beförderungsfällen und beim ordnungsgemäß vor der Sitzblockade anhaltenden Autofahrer (vgl. die einschlägigen Fallkonstellationen in den Vorkapiteln). Der rechtstreu handelnde Arzt aber wird die Durchführung der Behandlung und deren Fortsetzung allein vom Willen des Patienten abhängig machen und diesem seinen eigenen Willen in den behandlungsrelevanten Vorgängen unterordnen. Insoweit ist auch der Arzt nichts anderes als ein Dienstleister, der seine Leistung - nur! - so lange erbringt, wie sie vom Leistungsnehmer gewünscht wird. Es lässt sich daher sagen, dass der Zu-Berauschende in seiner Rolle als Patient in diesen Fällen genau derjenige ist, von dem etwa *Maurach/Gössel/Zipf*[314] sagen, dass er „den Geschehensablauf in der Hand hält und jederzeit nach seinem Willen hemmen oder ablaufen lassen kann“. Diese Formulierung trifft auf den hier erörterten Fall viel eher zu als etwa auf die Fälle „echter“ mittelbarer Täterschaft, in denen der Hintermann sein „Werkzeug“ bereits aus seinem Macht- und Einwirkungsbereich entlassen und sich damit der jederzeitigen und sofortigen Hemmungsmöglichkeit schon begeben hat. Zwar ist auch der Arzt „Werkzeug“ des Patienten zur Berauschung, aber er ist nicht „Werkzeug“ im technischen Sinne der mittelbaren Täterschaft[315], sondern in einem untechnischen, umgangssprachlichen Sinne. Die Unterordnung seines Willens unter die

[314] AT 2, § 47, Rn. 85.

[315] Ähnlich *Herzberg*, ZStrW 82 (1970), 896 ff (923): „Denn auch wer durch andere Eingriffe an sich selbst vornimmt, bleibt bis zuletzt körperlich-unmittelbar beteiligt. Man könnte geradezu von einer Begriffsgrenze der mittelbaren Täterschaft sprechen, die deren Annahme nur zuläßt, wenn der Tatherr im Hintergrund bleibt und an der eigentlichen Ausführung des Delikts nicht mitwirkt“.

Weisungen des Patienten beruht nicht auf einem irgendwie gearteten, womöglich noch strafrechtlich relevanten Defizit, sondern allein auf seiner nach rechtlichen und sozialen Maßstäben so gewollten Weisungsgebundenheit gegenüber dem Zu-Behandelnden. Und das gilt selbst dann, wenn, wie in den von *Spendel* vorgebrachten Fällen, der Arzt tatsächlich vom Patienten in einen Irrtum versetzt wurde, denn dieser Irrtum betrifft allein die *Motivation*, hier überhaupt als Dienstleister tätig zu werden und eine Behandlung durchzuführen. Ist diese Entscheidung aber einmal getroffen, bestimmt sich das Weisungsverhältnis zwischen Arzt und Patient nicht anders als in den Fällen, in denen der Arzt alle Fakten kennt. Auch in den Irrtumsfällen würde der Arzt die Behandlung sofort abbrechen, wenn der Patient dies wünschte und sie auf entsprechenden Wunsch des Patienten ggf. auch wieder fortsetzen.

All die Fälle, die eine Einbeziehung eines Dritten in den Berauschungsvorgang aufweisen, lassen sich mithin *auch* bezüglich des Patienten sprachlich noch von der Formulierung erfassen, der Veranlasser des Berauschungsvorgangs (= der Zu-Berauschende selbst) habe „sich in einen Rausch versetzt". Es gehört zum Wesen der Sprache als einem lebendigen Kommunikationsmittel, auf Differenzierungen oder besondere Klarstellungen zu verzichten, wenn sie für das, was mitgeteilt werden soll, gänzlich überflüssig sind[316]. Die Formulierung, jemand habe „sich in einen Rausch versetzt", soll lediglich mitteilen, dass der Betreffende aufgrund seines Willens einen Geschehensablauf in Gang gesetzt hat, an dessen Ende die Inkorporierung eines Rauschmittels in *seinen* Körper stand. Da für den Inhalt der Mitteilung - zunächst einmal - nur dieses Ergebnis

[316] Aus sprachtheoretischer Sicht hierzu etwa *Busse*, Juristische Semantik, 1993, S. 277 f: „Ausgehend von dem in der Satzsemantik entwickelten Begriff des 'Bezugsrahmens' (...) kann man die Existenz von 'Wissensrahmen' annehmen, welche das Sprachverstehen steuern. Sprachliches (v.a. semantisches) und sprachlich relevantes enzyklopädisches Wissen wird nämlich nicht einfach in unstrukturierter Form wirksam, sondern ist vielmehr in Wissensrahmen thematisch/semantisch geordnet. Solche Wissensrahmen spielen eine außerordentlich wichtige Rolle im Sprachverstehen. (...) Eine große Rolle spielen solche Wissensrahmen in der alltäglich gesprochenen Sprache. Ein Satz wie „Einmal Hauptbahnhof", gesprochen in einer Straßenbahn zum Fahrer, bestimmt seinen Sinn nur dadurch, daß der Hörer in der Lage ist, die gesprochenen Worte in einen Wissensrahmen *„Straßenbahnfahren"* einzuordnen, aus dem sich die ausgelassenen Details *(„Ich möchte bitte eine Straßenbahnfahrkarte für die Strecke von hier bis zum Hauptbahnhof unserer Stadt für einen Erwachsenen kaufen")* ergänzen lassen. Man kann das Verstehen eines gegebenen Satzes dann als die Einordnung einer notwendigerweise viele Details auslassenden Formulierung in einen vorausgesetzten Wissensrahmen auffassen. (...). Die von Juristen so gerne aufgestellte Forderung nach größtmöglicher 'Präzision' oder 'Explizitheit' der Gesetzesformulierungen erweist sich damit als unerfüllbar. (...) Sprachliches Formulieren kann so stets als ein Anspielen auf vorausgesetzte Wissensrahmen aufgefaßt werden. Damit wird aber auch deutlich, daß stets nur ein kleiner Teil der verstehensrelevanten Wissenselemente tatsächlich sprachlich ausgedrückt wird. Dies ist ein Grundmoment sprachlicher Verständigung schlechthin und auch bei Gesetzestexten nicht anders." Vgl. in diesem Zusammenhang auch oben Fn. 294.

von Bedeutung ist, kommt es auf das konkrete „Wie" dieses Geschehensablaufs nicht an. Die Formulierung lässt Raum sowohl für die Möglichkeit, dass der Betreffende sich das Rauschmittel *selbst* beigeführt hat als auch für die Möglichkeit, dass er es sich in allgemein üblicher und sozial anerkannter Weise von einem Dritten hat beiführen *lassen*. Man *kann* sprachlich klarstellen, dass der Täter „sich" (im untechnischen Sinne) „durch" einen, oder angemessener: „mit Hilfe" eines „anderen" „in einen Rausch versetzt" hat, man *muss* es aber nicht.

IX. Hausfriedensbruch (§ 123)

Im Grenzbereich zwischen eigenhändigen und nicht-eigenhändigen Tatbeständen steht der Hausfriedensbruch. Handlungsmerkmal ist in der hier interessierenden Begehungsvariante das „Eindringen in die Wohnung" bzw. in ein „befriedetes Besitztum" eines anderen.

1. Der Begriff des „Eindringens" und die Möglichkeit fremdhändiger Verwirklichung nach herrschender Auffassung

„Eindringen" setzt nach heute vorwiegend vertretener Auffassung voraus, dass der Täter gegen[317] den Willen des Berechtigten zumindest mit einem Teil seines Körpers in die geschützten Räume gelangt[318]. Bereits diese Definition („mit einem Teil *seines* Körpers") legt eine derart enge Verbundenheit der tatbestandsmäßigen Handlung zum Körper des Täters nahe, die die Einschaltung des Körpers eines Dritten ausschließt[319]. Wie wenig konsequent diese Definition jedoch in ihrer Anwendung durchgehalten wird, zeigt sich, betrachtet man etwa die einschlägige Kommentierung *Lenckners*[320]: Unter *Rn. 12* geht *Lenckner* von oben dargestellter Definition aus („Teil seines Körpers"), unter *Rn. 35* heißt es dann jedoch:

„§ 123 enthält kein eigenhändiges Delikt (...). Sein Erfolgsunwert liegt allein darin, daß jemand gegen den Willen des Berechtigten in die geschützte Sphäre gelangt ist bzw. darin verweilt, weshalb er auch durch Außenstehende in Mit- bzw. mittelbarer Täterschaft verwirklicht werden kann (...)".

Diesen Standpunkt teilt - zum Teil in apodiktischer Kürze[321]- praktisch der gesamte Rest der Literatur[322]. Der Eindringende ist nach der *Lenckner*schen

---

[317] Auf die Auffassung, die auch ein Betreten *ohne* den Willen des Berechtigten ausreichen lassen will, soll hier - da für die hier interessierende Problematik irrelevant - nicht näher eingegangen werden, vgl. hierzu SK-*Rudolphi*, § 123, Rn. 13 m.w.N.

[318] So *Tröndle/Fischer*, § 123, Rn. 14; *Lackner/Kühl*, § 123, Rn. 5; *Bodendorf*, Der Hausfriedensbruch, S. 52.

[319] Zutreffend daher *Hardtung*, NZV 97, 97 ff (100, Fn.47).

[320] In Sch/Sch, § 123.

[321] So etwa *Lackner/Kühl*, Rn. 12.

Auslegung damit nicht mehr notwendig der Täter, der mit einem Teil *seines* Körpers eindringen muss, es reicht vielmehr aus, dass „jemand" eindringt. Nach *Lenckner*[323] wäre der Tatbestand also dahingehend auszulegen, dass er nunmehr lautet: *„Wer bewirkt, dass jemand in (...) eindringt"*. Damit wird nichts anderes getan, als den Tatbestand des § 123 I auf ein reines Erfolgsdelikt zu reduzieren[324]. Problematisch erscheint das in zweierlei Hinsicht:

Erstens lässt sich nicht klar umreißen, worin konkret der „Erfolg" verstanden werden soll. Im „Vorhandensein" einer Person (oder eines Teils einer Person) in einer fremden Wohnung ? Oder im Vorhandensein einer *unerwünschten* Person in der Wohnung ? Oder in der Tätigkeit, die die (unerwünschte) Person vornimmt, indem sie die Wohnung betritt und sich dann nicht mehr entfernt ? Um einen *absolut* feststellbaren, vom Handlungsmerkmal abtrennbaren Erfolg jedenfalls handelt es sich nicht. Insoweit liegt die Situation ähnlich wie beim Diebstahl hinsichtlich des Merkmals „wegnehmen", das in den Vorkapiteln erörtert wurde.

Zweitens, und dies scheint noch wesentlich problematischer, kommt es auf die Beziehung zwischen dem Willen des Hausrechtsinhabers und derjenigen Person an, die körperlich die Wohnung betritt. Gerade auf sie nämlich muss sich der entgegenstehende Wille des Hausrechtsinhabers beziehen. Insoweit liegen die Dinge ähnlich wie bereits oben (Kapitel 3, G.) am Beispiel der Beleidigung (§ 185) dargestellt: Ist die körperlich betretende „Vorder"-Person eine vom Hausrechtsinhaber *erwünschte,* fehlt es bereits am „Betreten gegen (ohne) den Willen des Berechtigten". Auf das Verhältnis zum Hintermann kommt es dann nicht mehr an.

2. Die Auffassung *Herzbergs*

Der heute herrschenden, die Möglichkeit fremdhändiger Begehbarkeit bejahenden Auffassung ist in jüngerer Vergangenheit[325] nur *Herzberg*[326]

---

[322] Vgl. - neben *Lenckner,* a.a.O. nur LK(11)-*Lilie, Rn. 76; Tröndle* (48. Aufl.), Rn. 1; AK-*Ostendorf,* Rn. 28; *Mewes,* Jura 91, 628 ff; *Roxin,* AT II, § 25, E II, Rn. 293 - jeweils m.w.N.
[323] A.a.O., Rn. 35.
[324] Vgl. hierzu auch *Hardtung,* NZV 97, 97 ff (100).
[325] Im ersten Drittel des vergangenen Jahrhunderts wurde die fremdhändige Begehbarkeit des Hausfriedensbruches durchaus nicht so einheitlich betrachtet wie es heute vielleicht den Anschein hat. So postulierte bereits *Höpfner,* ZStrW 22 (1902), S. 205 ff (212) die Eigenhändigkeit des „Eindringens in fremde Räume".
[326] ZStrW 82 (1973), S. 896 ff (927 ff). Neuerdings scheint aber auch *Hardtung,* NZV 97, 97 ff (100, Fn. 47) im Ergebnis diesen Standpunkt wieder zu vertreten. Wenn *Hardtung,* a.a.O. allerdings dennoch zu dem Ergebnis kommt, auch die „gesetzesnahe, gemessen am Herkömmlichen restriktive Lesart" mache „den Hausfriedensbruch nicht zu einem eigenhändigen Delikt", scheint es sich dabei eher um eine terminologische als um eine inhaltliche Divergenz zu handeln.

entgegengetreten: Bei § 123 gehe es um den immateriellen Anspruch des einzelnen gegen den einzelnen auf Achtung seiner räumlichen Privatsphäre[327]. Dem Hausfriedensbruch sei deswegen ein Beleidigungsmoment im Sinne einer höchstpersönlichen Missachtung des Rechts auf Selbstbestimmung in der eigenen Wohnsphäre immanent. Nicht das äußerliche Eindringen eines raumverdrängenden Körpers mache den Erfolg aus, sondern die darin steckende, nur dem geistigen Verstehen zugängliche höchstpersönliche Missachtung des Rechtes auf Selbstbestimmung in der eigenen Wohnsphäre[328]. Ebenso verweist auch *Herzberg*[329] auf den oben dargestellten Zusammenhang zwischen der Person des körperlich Betretenden und dem Willen des Hausrechtsinhabers. Der Hausfriedensbruch sei daher den „eigenhändigen" Delikten zuzurechnen[330].

3. Die Argumentation der herrschenden Auffassung

a) Die Auffassung *Mewes'*

Die herrschende, fremdhändige Begehbarkeit bejahende Auffassung wurde zuletzt durch die Ausführungen von *Mewes*[331] verteidigt. *Mewes* stellt den Hausfriedensbruch zunächst in Vergleich mit von ihm als solchen eingeordneten „anerkannten"[332] eigenhändigen Delikten. Letztere seien dadurch charakterisiert, dass die relevanten Handlungen entweder *jemand anderem gegenüber vorzunehmen* seien, so bei §§ 173, 179, 153 ff, oder dass der eigenhändig Handelnde eine *absolut elementare Voraussetzung für die Verwirklichung des Tatbestandes gerade in eigener Person* erfülle, so der Vollrausch bei § 323a[333]. *Mewes* folgert hieraus, im ersten Fall - der Vornahme gegenüber einer anderen Person - ergebe sich für den unmittelbar Handelnden ein psychologisches, im zweiten Fall ein physisches Übergewicht gegenüber dem nicht un-mittelbar Handelnden, welches der nicht unmittelbar Handelnde auch durch einen beträchtlichen andersartigen Tatbeitrag nicht zu erreichen vermöge[334].

Ganz stichhaltig erscheinen diese Argumente nicht. Was das (angebliche) Erfordernis der Vornahme gegenüber einer anderen Person angeht, das *Mewes* für den Hausfriedensbruch verneint, so ist ein solches generelles Erfordernis für die Qualifizierung eines Delikts als eigenhändig nicht erkennbar. Sicherlich werden die von *Mewes* angeführten und auch als eigenhändig „anerkannten" Tatbestände gegenüber einer anderen Person vorgenommen. Nur: Die

[327] A.a.O., S. 928.
[328] A.a.O., S. 928.
[329] S. 928.
[330] A.a.O., S. 929.
[331] Jura 91, S. 628 (629).
[332] A.a.O., S. 629.
[333] *Mewes*, a.a.O., S. 629.
[334] *Mewes*, a.a.O., S. 629.

Tatbestände etwa des § 316 oder des § 16 WStG, die sich durchaus ebenfalls als „anerkannte" eigenhändige Delikte bezeichnen lassen[335], die *Mewes* aber nicht nennt, weisen dieses Erfordernis nicht auf. Ist die Vornahme der tatbestandsmäßigen Handlung *gegenüber einem anderen* aber nun gerade kein *generelles* Phänomen eigenhändiger Delikte, so vermag sie auch im Falle des Hausfriedensbruchs kein Argument für oder gegen die Zuordnung dieses Deliktes in die eine oder andere Deliktskategorie zu liefern.

Aber auch woraus das von *Mewes* angeführte „physische Übergewicht" des unmittelbar Handelnden gegenüber dem nicht unmittelbar Handelnden abgeleitet werden soll, bleibt weitgehend unklar. Dass, wie *Mewes* zutreffend postuliert, der eigenhändig Handelnde eine „absolut elementare Voraussetzung für die Verwirklichung des Tatbestandes gerade in seiner Person erfüllt" ist sicherlich gerade das Wesen eigenhändiger Delikte. Doch fragt es sich, *woher* diese Erkenntnis für das jeweilige Delikt folgt. Warum es beim Hausfriedensbruch hieran fehlen soll, erklärt *Mewes* nicht näher. Bezeichnenderweise nimmt er den Ansatz des „physischen Übergewichtes" in seinen weiteren Ausführungen dann auch nicht mehr auf.

Schließlich führt *Mewes* ein historisches Argument an: Durch die Strafbarkeit der „gemeinschaftlichen Begehung" in § 123 II a.F. bis zur Gesetzesänderung im Jahre 1974 sei bereits durch den Gesetzgeber klargestellt gewesen, dass, § 123 nicht eigenhändig sei. Diese Prämisse habe durch die Gesetzesänderung keine Änderung erfahren sollen[336]. Doch wird das dadurch widerlegt, dass der Begriff „gemeinschaftlich" i.S.d. § 123 II a.F. nicht mit dem Begriff der „gemeinschaftlichen" Begehung in der allgemeinen Vorschrift des § 25 II gleichgesetzt werden kann[337]. Im übrigen ließe sich auch für eine „gemeinschaftlichen Begehung" i.S.d. § 123 II a.F. fordern, dass *alle* Beteiligten in Person „eindringen" mussten, um in ihrer Person das erhöhte Unrecht der Qualifikation zu erfüllen.

b) Die Auffassung *Schäfers*

Gegen die *Herzberg*sche Auffassung von der Eigenhändigkeit des § 123 ist des weiteren von *Schäfer*[338] vorgebracht worden, einer „höchstpersönlichen Missachtung" mache sich auch derjenige schuldig, der „höchstpersönlich" sich zur Missachtung eines gelenkten Tatmittlers bediene. Aber hiermit ist nicht der Kern des Problems angesprochen. Mit derselben Berechtigung muss man schließlich in allen Fällen der mittelbaren Täterschaft sagen, der Hintermann

---

335 Vgl. die Ausführungen oben S. 273 ff und S. 285 ff.
336 *Mewes,* Jura 91, 628 (629).
337 *Emde,* Jura 92, 275.
338 In LK(10), § 123, Rn. 81.

begehe die Straftat „selbst“, da er ja auch „selbst“ auf das Werkzeug einwirke. *Schäfer*s Argument zielt also auf den Begriff der Selbst-Begehung im *engeren* Sinne ab, gibt aber für die Frage, ob das Handlungsmerkmal „eindringen“ (auch) auf die Person des Hintermannes angewendet werden kann (= Selbst-Begehung im *normativen* Sinne), nichts her. Das Argument vermengt die verschiedenen Bedeutungsebenen des Begriffs der „Selbst-Begehung“ (vgl. oben Einführung E. I.) in unzulässiger Weise. Dabei kann dem Element der „höchstpersönlichen Missachtung“, die der Hintermann gegenüber dem Hausrechtsinhaber ausdrückt und worauf *Schäfer* abstellt, zwar Bedeutung zukommen, doch ist hiermit *allein* noch nicht gesagt, ob das Merkmal „eindringen“ in seinen begrifflichen essentialia in der Person des Hintermannes noch zu bejahen ist.

4. Die Anwendung des Begriffes „eindringen“ auf den Hintermann

Die Problematik der Eigenhändigkeit des Tatbestandes steht und fällt - wie bei allen anderen Tatbeständen - wiederum mit der Frage, ob sich vom Hintermann begrifflich sagen lässt, er „dringe in die Wohnung ... eines anderen *selbst* oder *durch einen anderen* ein“.

a) „Eindringen“ in die persönliche Sphäre

Dabei weist das Wort „eindringen“ durchaus einen gewissen Auslegungsspielraum auf, denn es lässt sich in einem engen semantischen Sinne beschränken auf ein rein *räumliches* „Betreten“; es lässt sich aber auch in einem erweiterten semantischen Sinne in übertragener Bedeutung verstehen als „eindringen“ in die persönliche Lebens- und Privatsphäre, die ebenfalls als durch § 123 geschützt angesehen wird[339]. Letzteres könnte man auch von einem Hintermann sagen, der etwa ein gutgläubiges Werkzeug dazu veranlasst, in seiner - des Werkzeugs - Person *körperlich* in die fremde Wohnung „einzudringen“: Der Hintermann verletzt dann nämlich auch durch *sein* Tun gerade diesen geschützten Lebensbereich des Wohnungsinhabers, so dass sich auch von ihm sagen ließe, er „dringe“ *durch einen anderen* in den persönlichen Lebensbereich des Opfers ein.

b) „Eindringen“ „in die Wohnung“

Die soeben dargestellte Argumentation entspräche im wesentlichen den Begründungen der oben dargestellten herrschenden Ansicht[340], kann aber über eines nicht hinweghelfen: Sie entfernt sich zu weit vom Gesetz, denn sie lässt das Merkmal „in die Wohnung“ (bzw. „in das befriedete Besitztum“ etc.)

---

339 Übersicht über die - teilweise divergierenden - Auffassungen bezüglich des durch § 123 geschützten Rechtsguts bei *Artkämper*, Hausfriedensbruch, S. 72 ff; *Bodendorf*, Der Hausfriedensbruch, S. 13 ff.

340 Sie käme allerdings dem Standpunkt des „extensiven Täterbegriffes“, der für die Täterschaft ein bloßes *Verursachen der Rechtsgutverletzung* ausreichen ließ (s.o. Kapitel 3, A. II.), bedenklich nah.

gänzlich außer acht. Durch diese richtunggebenden Attribute nämlich erhält das Handlungsmerkmal „eindringen" einen unüberwindbaren räumlichen Bezug. Es mag sein, dass der Hintermann - auch begrifflich - in die persönliche Lebenssphäre des Opfers „eindringt". Nur ist tatbestandlich vorgegebenes Objekt des „Eindringens" eben nicht die „persönliche Lebenssphäre", sondern „die Wohnung" bzw. „das befriedete Besitztum" (etc.). Und diese räumliche Komponente lässt sich, auch wenn sie in der Person des Vordermannes erfüllt ist, nicht einfach dem Hintermann „zurechnen", auch nicht über § 25 I Alt.2, wenn man dieser Vorschrift keine *Zurechnungs-*, sondern eine reine *Verdeutlichungs-* und *Klarstellungsfunktion* in begrifflicher Hinsicht zuspricht, wie in den Vorkapiteln dargestellt. Es liegt insoweit wiederum ähnlich der in Kapitel 3 (F. II. 3.) erörterten Situation bei § 167 I Nr.2 bezüglich des Merkmals „an einem Ort, ...", das ebenfalls einer „Zurechnung" zu einer nicht am Ort anwesenden Person unzugänglich ist, sofern es auf das Unrecht der *Handlung* zu beziehen ist. Bei § 123 I geht es *allein* um das Unrecht der *Handlung*, - des „Eindringens" -, nicht aber um das Unrecht irgendeines am Ort des „Eindringens" eingetretenen Erfolges. Da der Hintermann nicht „in die Wohnung" (pp.) des Opfers „eindringt", kommt eine mittelbar täterschaftliche Begehung - entgegen der herrschenden Auffassung - nicht in Betracht. Dieses Ergebnis dürfte letztlich auch mit der These *Hafts*[341] von der „tatbestandskonturierenden Funktion" der Eigenhändigkeit korrespondieren, denn sowohl die Pflicht- als auch die Rechtsgutsstruktur des § 123 sind äußerst vage, was anhand der vorangegangenen Ausführungen deutlich geworden sein dürfte. Gerade für solche (Zweifels-) Fälle aber propagiert *Haft* die Tatbestandskonturierung durch Eigenhändigkeit, sofern sie, wie hier, nicht durch andere inhaltlich-interpretatorische Mittel erreicht werden kann.

5. Die „Veranlassungs"-Konstellationen

Hardtung[342] nun bildet den Fall, der vor dem Haus verunglückte Täter weise zwei Sanitäter an, ihn auf einer Trage durch den umzäunten Vorgarten zum Nachbarhaus zu tragen[343]. Auch *Hardtung* vertritt hierzu die Auffassung, dem Täter könne nur *sein* Darinsein (im Garten des Nachbarn) angelastet werden, nicht aber das der Sanitäter[344]. Dem ist zuzustimmen, doch liegt der Fall hier nicht anders als in den oben beschrieben Konstellationen zu § 142 und § 16 WStG, in denen Unfallbeteiligter und Fahnenflüchtiger sich zum „Sich-Entfernen" bzw. zum „Verlassen" der Hilfe Dritter bedienen: Der Täter des § 123 *dringt (selbst) ein*, indem er sich in den Garten hineintragen lässt. Der

[341] JA 79, S. 653 ff (657).
[342] NZV 97, 97 ff (100, Fn. 47).
[343] Dabei kann offenbleiben, ob sich die „Werkzeug"-Eigenschaft der Sanitäter aufgrund einer Rechtfertigung nach § 34 oder aus Irrtum ergibt, auch *Hardtung*, a.a.O. geht hierauf nicht ein.
[344] *Hardtung*, a.a.O.

Begriff „eindringen“ ist hier, ohne auf eine erweiterte oder normative Auslegung zurückgreifen zu müssen, unmittelbar auf seine Person, auf seine körperliche Anwesenheit anwendbar, so dass die Annahme *unmittelbarer* Täterschaft hier viel näher liegt als die Annahme *mittelbarer* Täterschaft. Und dabei kommt es auf das Vorliegen einer Werkzeugeigenschaft bei den Sanitätern noch nicht einmal an, denn selbst wenn diese bösgläubig sind und nicht gerechtfertigt handeln, *dringt* der Hintermann schon allein dadurch *selbst ein*, dass er den Transport veranlasst und auch nicht abbrechen lässt, obwohl er hierzu jederzeit in der Lage wäre (es handelt sich schließlich um ein rein fremdnütziges Handeln der Sanitäter allein im Interesse des Verletzten, vgl. zur Problematik die Ausführungen zum Vollrausch, oben VIII. 2.).

6. Parallele: § 243 I 2 Nr.1 a.F., § 244 I Nr.3

Als Parallele zu § 123 schließlich lässt sich der Einsteigediebstahl des § 243 I 2 Nr.1 a.F., jetzt § 244 I Nr.3 anführen. Für das Merkmal des „Einsteigens“ hatte das *RG*[345] Eigenhändigkeit angenommen[346]. Konsequenterweise muss das dann auch für das „Eindringen“ (mit einen falschen Schlüssel oder einem anderen ... Werkzeug) gelten. Nun mochte man bezüglich der bis zum Inkrafttreten des 6. StrRG „nur“ als Regelbeispiel für einen besonders schweren Fall ausgestalteten Fassung des § 243 I 2 Nr.1 a.F. einwenden, die Streitfage sei ohne jede praktische Bedeutung, da das Gericht in entsprechenden Fällen mittelbarer Täterschaft ja aufgrund desselben Maßes an Strafwürdigkeit auch ohne - formale - Erfüllung eines Regelbeispiels dennoch einen unbenannten „besonders schweren Fall“ annehmen könne (vgl. auch oben IV. 4. b) zu § 177). Nimmt man die Begründung des *RG* indes ernst, wäre auch das nicht konsequent gewesen. Das *RG* führte in der entsprechenden Entscheidung nämlich aus[347]:

„Das was den Diebstahl zu einem schweren macht - die Bethätigung besonderer Hartnäckigkeit des verbrecherischen Willens, - ist hier nicht die als Erfolg zu bezeichnende Thatsache, daß die Umwehrung der zu stehlenden Sache, das

---

[345] *RG*St 24, 86 (88); vgl. auch *Beling*, Lehre vom Verbrechen, S. 239.

[346] Einen anderen Weg geht allerdings *Engelsing*, S. 62, der auf die damals geltende Fassung des § 243 I Nr.2 abstellt („*mittels* Einbruchs, Einsteigens ...“). *Engelsing* scheint hier auch das durch einen Dritten ausgeführte „Einsteigen“ genügen lassen zu wollen, wenn der Hintermann sich dieses „Einsteigen“ auch selbst zunutze macht, also *mittels* des fremden „Einsteigens“ die Sache entwendet. Diese Auffassung hat - was den Wortlaut des (damaligen) Gesetzes betrifft - einiges für sich und entspricht auch dem heute für die ähnlich formulierten Tatbestände etwa der §§ 240, 249 oder 177 geltenden Verständnis, bei denen das Attribut „mit Gewalt“ ebenfalls nicht notwendig die Ausübung der Gewalt in der Person des Hintermannes selbst voraussetzt (vgl. i.E. oben Kapitel 3, B. II.). Auch spricht die damals geltende passivische Formulierung des Tatbestandes („wenn ... mittels ... Einsteigens ... gestohlen *wird*“) in gewissem Maße für die *Engelsing*sche Auffassung, denn sie stellt vom Sprachverständnis her eher den objektiven, rein äußerlichen Vorgang als ein *Geschehen* in den Vordergrund, nicht aber das Handeln des einzelnen Täters selbst.

[347] *RG*St 24, 86 (88).

Gebäude oder die Umschließung des Raumes, auf irgend eine Weise überwunden wird. Dann müßte unter den Erschwerungsgrund schon das von außen geschehene Hineinlangen in das Gebäude oder den umschlossenen Raum fallen, was in der bisherigen Rechtsprechung des Reichsgerichts stets verneint worden ist (...). Der erschwerende Umstand besteht vielmehr darin, daß der Thäter selbst, in eigener Person, die dem Eindringen(!) *in das Gebäude oder den umschlossenen Raum entgegenstehenden Hindernisse durch eine dem Begriffe des Einsteigens entsprechende Körperbewegung überwindet und auf diese Weise seinen Eintritt nimmt. Thut er dies nicht selbst, sondern bewirkt er die Überwindung durch ein Werkzeug, sei dies nun ein lebloser Gegenstand, ein Tier oder auch ein ohne strafbaren Vorsatz handelnder Mensch, so bethätigt doch er selbst nicht den intensiv-rechtswidrigen Willen, dessen Bezeigung das Gesetz verlangt. Der Fall kann vielmehr nicht anders beurteilt werden, wie wenn der Thäter, ohne selbst die umwehrte Räumlichkeit zu betreten, von außen in dieselbe hineinlangt und auf diese Weise die darin befindliche Sache wegnimmt."*

Aus diesem Begründungsweg ergibt sich, dass das *RG* der (formalen) Tatbestandserfüllung durch den in eigener Person „einsteigenden" bzw. „eindringenden" Täter eine besondere kriminelle Energie („intensiv-rechtswidriger Wille") entnahm, die in der körperlichen Überwindung der Gebäudeumschließung Ausdruck fand und zugleich die Überwindung einer besonderen persönlichen Hemmschwelle offenbar werden ließ. Sieht man gerade hierin die besondere Unrechtsqualität, die den Diebstahl zu einem besonders schweren Fall werden ließ, so musste das auch für die Frage gelten, wann ein unbenannter „besonders schwerer Fall" angenommen werden durfte. Insoweit lag die Situation also anders als im Falle des heutigen § 177 III (=II n.F.) 2 Nr.1, der das besondere Unrecht in erster Linie nach der Position des Opfers bestimmt. Durch die Umgestaltung zum echten Qualifikationstatbestand (§ 244 I Nr.3), die § 243 I 2 Nr.1 a.F. aufgrund des 6. StrRG erfahren hat, ist die Möglichkeit des „Umwegs" über die Annahme eines unbenannten besonders schweren Falles nunmehr ohnehin entfallen. Die oben dargestellte *RG*-Entscheidung könnte daher schnell wieder an Aktualität gewinnen. Freilich bleibt abzuwarten, ob die Rechtsprechung hieran festhalten wird.

7. § 123 I Alt.2 (Sich-nicht-Entfernen)

Bei § 123 I Alt.2 (Sich-nicht-Entfernen nach Aufforderung durch den Berechtigten) stellt sich die Frage der Eigenhändigkeit letztlich nicht in der oben behandelten Weise, denn es handelt sich hierbei um ein echtes

Unterlassensdelikt[348]. Hierfür gelten eigene Regeln, deren Erörterung den Rahmen der vorliegenden Arbeit sprengen würde[349].

X. Rechtsbeugung (§ 339)

In Bezug auf die Möglichkeit „nur-eigenhändiger“ Begehung schließlich wird auch die Rechtsbeugung (§ 339) diskutiert[350]. Schwierigkeiten bereitet bei dieser Vorschrift zunächst schon die genaue Bestimmung der Tathandlung. Anders als in anderen Tatbeständen nämlich ist die Tatbestandsfassung nicht auf die Benennung des Handlungsmerkmals beschränkt („wer ... etwas bestimmtes ... tut ...“), sondern enthält bereits ein stark bewertendes Element, das unmittelbar auf die persönliche Schuld abstellt. Der Tatbestand lautet nicht, entsprechend sonstiger gesetzlicher Formulierung, etwa : „Ein Richter, der das Recht beugt ...“, sondern: „Ein Richter, ... , welcher sich ... einer Beugung des Rechts *schuldig macht*“. Grammatisch betrachtet ist die Tathandlung also das „Sich-schuldig-Machen“. Bei spitzfindiger Betrachtung enthält der Tatbestand bereits allein hierdurch ein reflexives, täterbezogenes Element, das Reflexivpronomen „sich“, das die Eigenhändigkeit begründen könnte. Es mag sein, dass u.a. auch von diesem Gedanken das Hauptargument für die Annahme von Eigenhändigkeit getragen ist, das von *Herzberg*[351] und *Roxin*[352] vorgebracht wird: Die Eigenhändigkeit folge aus dem „höchstpersönlichen und verwerflichen Verrat des Richters an seiner Aufgabe“.

1. Die Auslegung des Wortlauts

a) „Richter“-Status als Sondereigenschaft

Zunächst fällt, wie bei einem Großteil der eigenhändigen Delikte, die Sonderdeliktsqualität der Vorschrift ins Auge. Täter kann nur „ein Richter“ sein. Alle denkbaren Fallkonstellationen sind also von vornherein so zu bilden, dass sowohl Vorder- als auch Hintermann „Richter“ sind[353]. Im Hinblick auf die

---

348 Vgl. *Lackner/Kühl,* § 123, Rn. 9.

349 Anzumerken ist allerdings, dass - worauf bereits *Höpfner,* ZStrW 22 (1902), S. 205 ff (210) hingewiesen hat - die Aufforderung des Berechtigten gerade an den Verweilenden, also an denjenigen ergangen sein muss, der sich körperlich in der Räumlichkeit befindet. Die „Höchstpersönlichkeit“ auch des „Sich-nicht-Entfernens“ ergibt sich damit zum einen aus dem persönlichen „Aufgefordert-Werden“, zum anderen aus der Natur des Unterlassens eines auf die eigene Person bezogenen Verhaltens („*Sich*-Entfernen“).

350 Vgl. etwa *Roxin,* TuT, S. 428 ff und LK(11), Rn. 44; *Herzberg,* ZStrW 82 (1970), 896 ff (940 ff).

351 ZStrW 82 (1970), 896 ff (941).

352 TuT, S. 429.

353 Diese Konstellation wird hingegen bei *Roxin,* TuT, S. 428 ff gar nicht erörtert. *Roxin* beschränkt sich im wesentlichen auf die Frage, ob ein Außenstehender - also ein Nicht-Richter - sich in Anwendung der Pflichtdeliktslehre der Beteiligung an einer vorsatzlosen Rechtsbeugung des Richters schuldig machen kann und verneint dies letztlich aufgrund des Strafgrundes des § 339 („verwerflicher Verrat des Richters an seiner Aufgabe“, a.a.O., S. 429).

Sonderdeliktsqualität drängt sich dann allerdings die Frage auf, ob nicht auch hier - wie etwa bei den oben erörterten §§ 173, 175 I a.F. - zu fordern ist, die besondere Gefahrsetzung der Tathandlung müsse sich gerade aus der Sondereigenschaft des Hintermannes selbst ergeben, um Zufälligkeiten zu vermeiden. Doch wäre ein solcher Zusammenhang im Falle der Rechtsbeugung vielleicht sogar zu bejahen. Es ließe sich nämlich anführen, dass die besondere Gefahrsetzung, die durch eine „Beugung" des Rechts *immer* und *gerade* dann gegeben ist, wenn derjenige, der sie - ungeachtet ob selbst oder durch einen anderen - begeht, Richter ist. Das Vertrauen in die Rechtspflege und insbesondere in die Loyalität und Unabhängigkeit der Richterschaft wäre bei beiden Begehungsalternativen gleichermaßen gefährdet. Allein aus der Sonderdeliktseigenschaft des § 339 lässt sich also, insoweit anders als bei den §§ 173, 175 I a.F., noch keine Aussage über die Eigenhändigkeit des Tatbestandes gewinnen.

b) Die Tathandlung

Die Tathandlung, derer der Richter „sich schuldig macht", ist die „Beugung des Rechts", die „bei der Entscheidung oder Leitung einer Rechtssache" erfolgen muss.

Erforderlich ist also neben der Richter-Eigenschaft, dass der Täter, der in seiner Person das Recht „beugt" und damit die Tathandlung ausführt, mit der Entscheidung oder Leitung eben *dieser* Rechtssache betraut sein muss. Entsprechend den oben (Kapitel 3, F. I.) dargestellten Grundsätzen wäre es nicht möglich, dieses Merkmal über § 25 I Alt.2 vom Vordermann auf den Hintermann zu erstrecken: Ein Richter, der als Hintermann einen anderen Richter etwa in einen zur Fehlentscheidung führenden Irrtum versetzt, wird allein hierdurch selbst weder mit der „Leitung" noch mit der „Entscheidung" *dieser* konkreten Rechtssache betraut.

Denkbar bleiben damit nur solche Konstellationen, bei denen beide Richter, Vorder- und Hintermann, in derselben Sache tätig sind; so etwa bei der Entscheidungsfindung in einer Strafkammer oder dem erweiterten Schöffengericht. Immer ist aber auch hier jeder einzelne Kollegialrichter unmittelbar selbst hieran beteiligt. *Herzberg*[354] bildet in diesem Zusammenhang den Fall, dass ein Richter in der Kammer dem Vorschlag des Berichterstatters zustimmt, obwohl allein er erkennt, dass die Entscheidung eindeutig und nachweisbar falsch ist. Doch auch *Herzberg* selbst hält es für eine „ganz äußerliche Betrachtungsweise", hier von Rechtsbeugung in mittelbarer

[354] ZStrW 82, 896 ff (940).

Täterschaft zu sprechen[355]. Der „höchstpersönliche Verrat des Richters an seiner Aufgabe", der „innere Wille des Richters, vom Recht abzuweichen", liege nicht etwa erst in der *Verkündung* des Urteils „durch" den Vorsitzenden, sondern bereits in der *Zustimmung* zu dem als rechtswidrig erkannten Urteil[356].

2. Die Auffassung *Spendels*

Anders sieht dies *Spendel*[357]. Er beruft sich auf ein Urteil des *LG Weiden*[358], dem im wesentlichen folgender Sachverhalt zugrundelag: Kurz vor Erstürmung der Stadt Regensburg im April 1945 verurteilte ein Standgericht einen Pfarrer und einen Lageristen zum Tode, die sich während einer Demonstration öffentlich für eine kampflose Übergabe der Stadt an die Truppen der Alliierten eingesetzt hatten. Das „Standgericht" bestand aus einem Vorsitzenden Richter als Vorsitzendem sowie einem bislang nur mit Fragen der parteilichen Ehrengerichtsbarkeit befassten Parteirichter und einem Gerichtsoffizier einer Gendarmerieeinheit als Beisitzern. Letzteren bescheinigte das *LG Weiden*[359] später, sie hätten „keinen Überblick über die maßgebenden Gesetzesbestimmungen und ihre Auslegungen" gehabt. Während der Urteilsberatung beeinflusste der Vorsitzende die beiden Beisitzer zur - objektiv unrechtmäßigen - Verhängung der Todesstrafe, indem er ihnen - trotz offen geäußerter rechtlicher Bedenken eines Beisitzers! - maßgebliche Rechtsfragen und rechtliche Alternativen, so etwa die Annahme eines minder schweren Falles oder die Möglichkeit der Verweisung des Falles an die ordentliche Gerichtsbarkeit, verschleierte. Er selbst stimmte jedoch später *gegen* die Verurteilung zur Todesstrafe[360]. Das *LG* führt in der rechtlichen Würdigung aus[361]:

„*In dem Zwiespalt, zugleich diesen Befürchtungen* (erg.: gemeint sind persönliche Nachteile) *Rechnung zu tragen und andererseits sein Ansehen als Richter nicht offen besudeln zu müssen, gewährte S. den Beisitzern keinen Einblick in seine wahren Gedankengänge, sondern machte sie durch die bewußt unzutreffenden, aber der Laienkritik unzugänglichen „Rechtsausführungen" zum Werkzeug der seiner Überzeugung widersprechenden Todesurteile. Nur damit ist auch die sonst unglaubliche Tatsache zu erklären, daß der Angeklagte S. dann diesen Urteilen formell seine eigene Stimme versagt hat. Dadurch ist er*

---

355 A.a.O., S. 941.
356 A.a.O., S. 941.
357 In LK(11), § 339, Rn. 114 f.
358 Vom 19. 2. 1948 (Kls 1/48), abgedruckt in: Justiz und NS-Verbrechen, Bd. II, S. 234 ff.
359 A.a.O., S. 288.
360 Auch hier holte die Wirklichkeit einmal mehr die Dogmatik ein. *Wolf*, MT, S. 219, erdachte bereits 1927 einen entsprechenden Fall und bejahte ebenso wie später *Spendel* und das *LG Weiden* mittelbare Täterschaft.
361 A.a.O., S. 287.

mittelbarer Täter der in den Todesurteilen liegenden Rechtsbeugung geworden.“

An anderer Stelle setzt sich das *LG*[362] dann noch einmal detailliert mit den Voraussetzungen der mittelbaren Täterschaft auseinander (Amts-/Sonderdeliktsqualität des § 339, Unschädlichkeit des Fehlens der „Richter“-Eigenschaft beim Werkzeug) und bejaht auch diese konsequenterweise. Die Festlegung des *LG* auf die mittelbare Täterschaft überrascht, weil sie eigentlich nicht nötig gewesen wäre. Angesichts des Wortlauts der Tatbestandshandlung („bei der Leitung oder Entscheidung einer Rechtssache“ das Recht beugen), müsste man konsequenterweise darauf abstellen, und dies dürfte der oben erörterten *Herzberg*schen Auffassung[363] entsprechen, dass das Verhalten des Vorsitzenden bereits eine in *unmittelbarer* Täterschaft begangene Rechtsbeugung darstellt. Denn seine Pflicht als Vorsitzender gebietet es ihm, bei der *Leitung* und *Entscheidung* - und damit ist auch der Prozess der Entscheidungs*findung* gemeint - darauf hinzuwirken, dass eine *gesetzmäßige* Entscheidung getroffen wird. Dies muss umso mehr gelten, wenn es sich bei den Beisitzern nicht um Berufsrichter, sondern um, jedenfalls in den entscheidenden Fragen, rechts*un*kundige Laienrichter handelt wie im obigen Fall. Wirkt der Vorsitzende hingegen auf das Ergehen einer gesetzes*widrigen* Entscheidung hin, so verletzt er *seine*, unmittelbar ihn selbst treffende Pflicht und beugt hierdurch das Recht bereits in *seiner* Person. Dies scheint auch *Spendel*[364] so zu sehen, doch will er neben dieser durch den Vorsitzenden selbst in unmittelbarer Täterschaft begangenen Rechtsbeugung *zusätzlich* auch noch eine mittelbare Begehung durch die Beisitzer als Werkzeuge annehmen[365]. Dass der Vorsitzende seine Beisitzer als „Werkzeuge“ eingesetzt hat, ist gewiss richtig. Nur entsteht der Eindruck, als würde die Figur der mittelbaren Täterschaft - als gesetzlicher Ausnahmefall (vgl. oben Einleitung C. II.) - hier um ihrer selbst willen angewandt; und zwar nur deshalb, weil das Geschehen rein äußerlich ein Gepräge erhält, das den typischen Fallkonstellationen, die sonst die Annahme mittelbarer Täterschaft notwendig machen, von seiner *Phänotypik* her gleichkommt. Ähnlich der hier vertretenen Auffassung scheint dies auch *Seebode*[366] zu sehen, den *Spendel*[367] allerdings für seine Auffassung in Anspruch nimmt. Aber auch *Seebode*[368] erkennt letztlich die praktische Überflüssigkeit der Anwendung der Figur mittelbarer Täterschaft an, wenn er ausführt,

[362] A.a.O., S. 288.
[363] ZStrW 82, 896 (941).
[364] In LK(11), § 339, Rn. 115.
[365] A.a.O., Rn. 115.
[366] Rechtsbeugung, S. 117.
[367] A.a.O., Rn. 115, Fn. 143.
[368] A.a.O.

Rechtsbeugung in mittelbarer Täterschaft sei „zwar theoretisch nicht unmöglich, praktisch aber bedeutungslos“.

3. Folgerungen

Nun darf man aus all dem freilich nicht voreilig schließen, § 339 sei ein „eigenhändiges Delikt“ im überkommenen Sinne. Mag im Falle des § 339 die Figur der mittelbaren Täterschaft auch un*nötig* erscheinen, un*anwendbar* muss sie damit noch nicht sein. Denn das Vorliegen ihrer Voraussetzungen lässt sich jedenfalls in dem vom *LG Weiden* entschiedenen und oben dargestellten Fall nicht von der Hand weisen. Nun zeichnet sich ein „eigenhändiges Delikt“ aber gerade dadurch aus, dass die jeweiligen Alternativen nur zwischen der Anwendung der Figur der mittelbaren Täterschaft - mit der Folge der (täterschaftlichen) Strafbarkeit - oder der Nicht-Anwendung - mit der Folge der Straflosigkeit (bzw. - sofern deren Voraussetzungen vorliegen - der Teilnahme) bestehen. Hier hingegen liegt der Fall so, dass die Alternativen zwischen Strafbarkeit entweder in mittelbarer oder aber (sogar) in unmittelbarer Täterschaft bestehen; und zwar deswegen, weil die Tatbestandsformulierung („sich einer Beugung des Rechts schuldig machen“ = „das Recht beugen“) begrifflich so weit gefasst ist, dass auch derjenige sie (bereits) in unmittelbarer Täterschaft verwirklicht, der Dritte dabei einschaltet. Insoweit gilt nichts anderes als bei den im Vorkapitel dargestellten Tatbeständen etwa der Strafvereitelung (§ 258), des Handeltreibens mit BtM (§ 29 BtMG) oder auch der Fahrlässigkeitstatbestände (§§ 222, 229). Niemand käme bei jenen Delikten auf die Idee, sie als eigenhändige Delikte anzusehen, nur weil die Figur der mittelbaren Täterschaft für diese Tatbestände letztlich kaum gebraucht wird, da sich die problematischen Konstellationen nahezu alle schon über die unmittelbare Täterschaft erfassen lassen (vgl. insbesondere oben Kapitel 3, C. I., IV., E.).

Begrifflich erfasst durch die Tatbestandshandlung des „Recht-Beugens“ wäre bei § 339 daher wohl sogar der Fall, dass beide Beisitzer selbst bösgläubig sind und der Vorsitzende sie nunmehr zur gesetzeswidrigen Rechtsanwendung lediglich *angestiftet* hat. Denn auch hierdurch verletzt er seine ihn als Vorsitzenden treffenden eigenen Pflichten unmittelbar und beugt (auch) in seiner Person täterschaftlich das Recht. Ein in diese Richtung gehender Gedanke findet sich auch bei *Seebode*[369], allerdings im Hinblick auf die Mittäterschaft, wenn es dort heißt: *„Da jeder Kollegialrichter selbst zu entscheiden hat, ist Mittäterschaft nicht bereits mit der von einem Richter wissentlich herbeigeführten falschen Kollegialentscheidung anzunehmen, sondern nur bei einvernehmlichen Zusammenwirken.“* Offenbar geht auch *Seebode* davon aus, dass primär die eigene Pflichtverletzung des Richters zu berücksichtigen (und

---

[369] Rechtsbeugung, S. 116.

folgerichtig in seiner Person als unmittelbare Alleintäterschaft zu werten) ist, die bereits in der bloßen *Beteiligung* - so diese denn nur nicht offengelegt wird - an einer falschen Kollektiventscheidung bestehen kann.

Die Rechtsbeugung lässt sich damit zusammenfassend dahingehend charakterisieren, dass die Figur der mittelbaren Täterschaft zwar konstruktiv denkbar ist, aber letztlich von der mit ihr gleichzeitig einhergehenden Selbst-Begehung (im Sinne unmittelbarer Täterschaft) praktisch „überlagert" wird. Terminologisch ließe sich dieser Besonderheit insoweit Rechnung tragen, als man hier statt von einem „nur-eigenhändig begehbaren" Delikt eher von einem „nur-selbst begehbaren" Delikt sprechen sollte.

XI. Amtsanmaßung (§ 132)

Streitig ist die Frage der eigenhändigen Natur schließlich noch bei § 132[370]. Während das *RG* in *St 37, 55 (57 f)* auf eine Eigenhändigkeitsproblematik mit keinem Wort einging und mittäterschaftliches Handeln beider Angeklagten bejahte, legte es in späteren Entscheidungen[371] wie selbstverständlich die nur-eigenhändige Begehbarkeit des Delikts zugrunde, allerdings ohne diesen Begriff ausdrücklich zu nennen. Eine klare Festlegung der Rechtsprechung in diesem Sinne erfolgte dann aber in *OGHSt 1, 303 (304)*.

Nach der ersten Alternative des § 132 wird derjenige bestraft, der (unbefugt) „sich mit der Ausübung eines öffentlichen Amtes befasst", nach der zweiten Alternative derjenige, der (unbefugt) „eine Handlung vornimmt, welche nur kraft eines öffentlichen Amtes vorgenommen werden darf". Im einzelnen stellen sich die beiden tatbestandlichen Alternativen wie folgt dar:

1. § 132 Alt.1

a) Reflexivität des Handlungsmerkmals „sich befassen"

Betrachtet man allein den Gesetzeswortlaut, fällt zunächst wiederum die reflexive Formulierung auf („*sich* befassen"). Das impliziert auf den ersten Blick eine besondere Täterbezogenheit; wie immer bei derartigen Wendungen.

---

[370] Bejaht wurde sie insbesondere von *RG*St 55, 265 (266); 59, 79 (81); *RG* HRR 36 Nr. 305; *OGH*St 1, 303 (304). *Tröndle* (48. Aufl.), Rn. 2, *Welzel,* Lb. S. 512 und *Kohlrausch/Lange,* § 132, Anm. IV schließen sich - jeweils ohne eigene Begründung - den Entscheidungen der Rechtsprechung an.
Verneint wird die Eigenhändigkeit heute von *Auerbach,* S. 101; *Roxin*, TuT, S. 408 und AT II, § 25, E II Rn. 294; *Kahle,* Mißbrauch von Titeln, S. 109; Sch/Sch-*Cramer/Sternberg-Lieben,* § 132, Rn. 12; *Lackner/Kühl,* § 132, Rn. 9; *Geppert,* Jura 86, 590 (593); *Düring,* S. 124 ff; SK-*Rudolphi,* § 132, Rn. 4; LK(11)-*v. Bubnoff,* § 132, Rn. 37 ff (39); AK-*Ostendorf,* Rn. 9; *Fischer* in *Tröndle/Fischer*, Rn. 17.

[371] Siehe vorhergehende Fußnote.

Allerdings wäre es vorschnell, bereits hieraus auf das Vorliegen eines rein täterbezogenen und damit eigenhändigen Deliktes zu schließen[372]. Denn die reflexive Formulierung bezieht sich nur auf das Handlungsmerkmal des „Befassens“, und „(sich) befassen“ kann man mit so ziemlich allen nur denkbaren Tätigkeiten; auch mit solchen, für die unbestrittenermaßen fremdhändige Begehung möglich ist. Und „sich befassen“ kann man dann auch mit der „Ausübung eines öffentlichen Amtes“ durch einen als Werkzeug handelnden Dritten. Aus der reflexiven Fassung des Handlungsmerkmals *allein* lassen sich daher in diesem Fall keine Schlüsse in die Richtung der Eigenhändigkeit des Delikts ziehen.

b) „Ausübung eines öffentlichen Amtes“

Nun muss das „Sich-Befassen“ gerade auf die „Ausübung“ eines öffentlichen Amtes bezogen sein. Anerkannt ist deshalb, dass es auch für die erste Alternative der Vorschrift nicht allein ausreicht, wenn der Täter „sich als Inhaber eines öffentlichen Amtes gebärdet, das er in Wirklichkeit nicht bekleidet“; vielmehr ist darüber hinaus erforderlich, dass er „auf Grund dieser Vortäuschung eine Handlung vornimmt, deren Vornahme zum Geschäftsbereich des angemaßten oder eines anderen öffentlichen Amtes gehört“[373].

2. § 132 Alt.2

Ist das Erfordernis der „Vornahme einer (Dienst-)Handlung“ der ersten Alternative nur ein wenig verdeckt dem Merkmal der „Ausübung“ zu entnehmen, so ergibt es sich in der zweiten Alternative unmittelbar aus dem Gesetzestext selbst: Bestraft wird, wer „eine Handlung vornimmt, welche nur kraft eines öffentlichen Amtes vorgenommen werden darf“. Unklar ist bezüglich der zweiten Alternative allein, ob hierdurch nur solche Fälle erfasst werden, in denen der Täter seine Eigenschaft als Privatperson nicht verleugnet und die Handlung „anstelle einer Amtshandlung“ und „anstatt des zu ihr befugten Beamten“ vornimmt[374] - dann ist Exklusivität der beiden Tatbestandsalternativen anzunehmen - oder ob auch die Handlungsvornahme bei Vortäuschung des öffentlichen Amtes vom Tatbestand erfasst wird, so dass sich die erste Alternative als Spezialfall der zweiten darstellt[375]. Die Frage mag offenbleiben, da es für die Eigenhändigkeitsproblematik auf sie nicht ankommt.

---

[372] Ebenso *Auerbach,* S. 101, der dann aber nicht zunächst auf die möglichen Begriffsinhalte des „Sich-Befassens“, sondern sofort auf den gesetzlichen Zweck abstellt und unter Hinweis hierauf im Ergebnis die Eigenhändigkeit verneint.

[373] *RG*St 58, 173 (175); *Küper,* JR 67, 451 f; *Düring,* S. 74; *Tröndle* (48. Aufl.), § 132, Rn. 2.

[374] So *RG*St 46, 183 (184); *Küper,* JR 67, 451 ff; SK-*Rudolphi,* § 132, Rn. 2; LK(10)-*Herdegen,* § 132, Rn. 10.

[375] So *Schmidhäuser,* BT II, S. 231; *Wessels/Hettinger,* BT 1, Rn. 608; Sch/Sch-*Cramer/Sternberg-Lieben,* § 132, Rn. 2; *Maurach/Schroeder/Maiwald,* BT 2, § 80 II, Rn. 5; LK(11)-*v. Bubnoff,* Rn. 24; *Welzel,* Lb., S. 512; *Geppert,* Jura 86, 590 (593).

3. „Vornahme einer Handlung“ als gemeinsames Merkmal beider Tatbestandsalternativen

Festzuhalten ist, dass die „Vornahme einer Handlung“, und zwar einer einem Amtsträger vorbehaltenen (Dienst-)Handlung, ein gemeinsames Erfordernis beider Tatbestandsalternativen darstellt. Zu fragen ist deswegen, ob und inwieweit nun gerade die Vornahme dieser Handlung durch den Täter selbst - „eigenhändig“- vorgenommen werden muss bzw. ggf. auch nur durch ihn selbst vorgenommen werden *kann.*

a) Die rechtsgutbezogene Betrachtung *(Roxin, Herdegen, Cramer, Rudolphi, Düring)*

Die eingehendste Erörterung dieser Problematik findet sich bei *Roxin*[376]. Er beleuchtet die Eigenhändigkeitsfrage wiederum von der Seite des Rechtsgüterschutzes her und stellt darauf ab, worin das Unrecht des durch § 132 pönalisierten Verhaltens zu sehen sei. Liege es allein, ohne Rücksicht auf jeden äußeren Erfolg, in der Verletzung der Staatsautorität, so könne eine solche Verletzung durch einen außenstehenden Tatherrn in derselben Weise herbeigeführt werden wie durch den eigenhändigen Täter[377]. Verstehe man den Sinn des § 132 hingegen als Delikt abstrakter Gefährdung, in der Weise, dass der Staat die Verletzung seiner Autorität nicht der bloßen Unbotmäßigkeit wegen, sondern um des Schutzes des Vertrauens der Öffentlichkeit in die Glaubwürdigkeit und Echtheit der amtlichen Organe willen bestrafen wolle, so sei auch für das Schaffen einer solchen Gefährdung kein „höchstpersönliches Aktivverhalten“ erforderlich. Eine derartige Rechtsgutgefährdung sei vielmehr auch auf andere Weise herbeizuführen, sofern der Täter, entsprechend dem Tatherrschaftsprinzip, nur das Geschehen beherrschend lenke und in das Zentrum des Vorgangs rücke[378]. In derselben Weise, insbesondere im Hinblick auf die Schaffung einer abstrakten Rechtsgutgefährdung durch Hervorrufung des Anscheins hoheitlicher Tätigkeit, argumentieren *Cramer/Sternberg-Lieben*[379], *v. Bubnoff*[380], *Rudolphi*[381] und *Düring*[382]. Nun verlässt diese Argumentation wiederum den Rahmen, den das Gesetz selbst bereits durch die tatbestandliche Formulierung vorgibt. Eines Rückgriffs auf die Figur der mittelbaren Täterschaft und einer vom tatbestandlichen Handlungsmerkmal abstrahierten Konstruktion einer - dem Gesetz quasi „übergeordneten“ - Tatherrschaftslösung bedarf es

---

376 TuT, S. 408.
377 *Roxin,* a.a.O., S. 408.
378 *Roxin,* TuT, S. 409.
379 In Sch/Sch, § 132, Rn. 12.
380 In LK(11), § 132, Rn. 37.
381 In SK, § 132, Rn. 4.
382 S. 124 ff (125).

dann nicht, wenn sich die Probleme bereits über die Auslegung des Tatbestandes im Sinne einer unmittelbaren Täterschaft des Veranlassers selbst lösen lassen.

b) Wortlautbezogene Interpretation

aa) Der Wortlaut der ersten Alternative

Das aus dem Merkmal „Ausübung" folgende Erfordernis der Vornahme einer Diensthandlung mag man nun dahingehend verstehen, dass es auch nur die *eigene* Ausübung des Amtes meinen kann. Dieses Verständnis scheint all jenen Vertretern der Eigenhändigkeit der ersten Alternative zugrunde zu liegen[383]. Allein dem Wortlaut der Vorschrift nach ist jedoch auch der Fall noch erfasst, dass sich der Täter nicht mit der *eigenen* Ausübung des Amtes befasst, sondern mit der Ausübung des Amtes durch einen Dritten. Wer also etwa einen Vordermann durch eine den Grad des § 35 I 1 erreichende Zwangslage dazu nötigt, sich als Amtsträger auszugeben und eine entsprechende Diensthandlung vorzunehmen, von dem lässt sich jedenfalls nach dem Wortlaut des § 132 Alt.1 sagen, er *befasse sich* mit der *Ausübung* des Amtes *durch* den Vordermann; Gegenstand des Sich-Befassens ist also nicht die eigene, sondern die fremde „Amtsausübung"[384]. Die tatbestandliche Formulierung erfordert ihrem Wortlaut nach hier keine eigenhändige Vornahme der Handlung; dies wäre nur dann der Fall, wenn der Tatbestand etwa lautete: „Wer die Ausübung eines öffentlichen Amtes *für sich* in Anspruch nimmt ..." oder „Wer ein öffentliches Amt *ausübt* ...".

Allerdings gelten selbstverständlich auch hier die allgemeinen Regeln der Mittäterschaft (§ 25 II) und der Teilnahme. Die soeben dargestellte Auslegung kann daher im Ergebnis nur dann relevant werden, wenn derjenige, der in seiner Person das Amt auch tatsächlich „ausübt", Werkzeugqualitäten aufweist und vom Hintermann entsprechend funktionalisiert wird. Handelt ersterer hingegen freiverantwortlich und aufgrund eigenen Entschlusses, scheidet eine Begehung des § 132 Alt.1 in mittelbarer Täterschaft schon nach allgemeinen Grundsätzen aus[385].

bb) Der Wortlaut der zweiten Alternative

Auch der Wortlaut der zweiten Alternative („wer eine Handlung vornimmt") bedeutet noch nicht zwingend, dass all diejenigen Fälle aus dem Tatbestand herausfielen, die man phänotypisch der mittelbaren Täterschaft zurechnen

---

[383] Vgl. die oben (Fn. 370) genannten Vertreter.

[384] Ebenso *Kahle,* Mißbrauch von Titeln, S. 109.

[385] So lag es in *RG* HRR 36 Nr.305, denn der Ausübende handelte „kraft eigener Entschließung". Allerdings verneint das *RG* - von der Basis der Eigenhändigkeit aus konsequent - auch die Voraussetzungen der Mittäterschaft, da sich der Tatgenosse in eigener Person kein eigenes Amt angemaßt habe.

würde. Nimmt man den Tatbestand nämlich beim Wort, so erfasst er in der Tat *alle* Handlungen, die „nur kraft eines öffentlichen Amtes vorgenommen werden dürfen". Und hierunter fallen nicht nur solche Handlungen, die darauf ausgerichtet sind, die Amtshandlung selbst, in eigener Person auszuführen, sondern darüber hinaus auch solche, die *Dritte* zur Ausführung derartiger Amtsausübungen *veranlassen*. Denn zu einer Handlung, die selbst „nur kraft öffentlichen Amtes vorgenommen werden darf", darf auch die *Veranlassung* eines Dritten „nur kraft öffentlichen Amtes vorgenommen werden". In einfachen Worten: Wer z.B. einen Ahnungslosen oder ein Kind (=Werkzeug) veranlasst, ein Verkehrszeichen aufzustellen[386], der nimmt selbst eine nach § 132 Alt.2 tatbestandsmäßige Handlung vor: Einen Dritten zur Aufstellung eines Verkehrsschildes *veranlassen* darf nur derjenige, der in seiner Person zu dieser Veranlassung und auch zur Handlungsvornahme selbst „kraft öffentlichen Amtes" befugt ist; unabhängig davon, ob der Dritte „Werkzeug" ist oder nicht. Der Tatbestand des § 132 Alt.2 ist damit viel weiter, als es auf den ersten Blick erscheint, denn er erfasst auch solche „Handlungen", die die Erfüllung der „Handlungs"-Vornahme durch *Dritte* erst *bewirken*[387]. Und dabei kommt es, was den Wortlaut betrifft, auf die Werkzeugeigenschaft des Dritten wiederum gar nicht an. Erfasst sind vielmehr auch die Konstellationen, die phänotypisch Anstiftung, vielleicht sogar nur Beihilfe sind. Freilich müssen dann über die allgemeinen Regeln der Abgrenzung von Täterschaft und Teilnahme diejenigen Fälle aus der begrifflichen Tatbestandserfüllung wieder herausgenommen werden, die sich rechtlich nur als Teilnahme darstellen. Aber der Grund hierfür ist eben nicht darin zu sehen, dass sie dem Tatbestand *begrifflich* nicht unterfielen, sondern allein darin, dass das Gesetz die Institute der Anstiftung und Beihilfe, wie oben (Kapitel 2 B II 1, Kapitel 3 C II 3 a)) erörtert, als rechtliche Grenzen von außen an den Tatbestand heranträgt.

Ein Einwand drängt sich allerdings auf: Sieht man bereits in der *Veranlassungs*handlung diejenige Handlung, die, ebenso wie die eigentliche Ausführungshandlung, „nur kraft eines öffentlichen Amtes vorgenommen

---

[386] Beispielsfall von LK(11)-*v. Bubnoff*, § 132, Rn. 39; Sch/Sch-*Cramer/Sternberg-Lieben*, § 132, Rn. 12.

[387] Nicht zu verwechseln hiermit ist allerdings die Konstellation, dass der Täter gegenüber der Öffentlichkeit oder dem Einzelnen durch *eigenes* Handeln lediglich den *Anschein erweckt*, eine entsprechende Diensthandlung sei durch einen kraft öffentlichen Amtes Legitimierten *bewirkt worden*, wenn eine entsprechende Diensthandlung (§ 132 Alt.2) oder die Ausübung eines öffentlichen Amtes, mit der der Täter „sich befassen" könnte (§ 132 Alt.1), in Wirklichkeit gar nicht vorliegt. In solchen Fällen liegt lediglich eine Täuschung über ein äußeres Geschehen vor, das in Wahrheit (so) nicht stattgefunden hat, das aber gerade *keinen* Bezug zur Person des Täters oder eines durch ihn funktionalisierten Werkzeugs aufweist. In diesen Zusammenhang gehören etwa die Entscheidungen *RG*St 68, 77 (81) - Fälschung und Versendung gerichtlicher „Zahlungsbefehle" - sowie *RG*St 68, 251 (255) - Fälschung von Aufenthaltsgenehmigungen -.

werden darf", so fragt es sich, wie diejenigen Veranlassungshandlungen zu behandeln sind, die selbst gerade *nicht* von einem Amtsträger vorgenommen werden dürfen. Wenn also der Hintermann den Vordermann durch eine den Grad des § 35 I 1 erreichende Nötigung dazu zwingt, das oben bereits erwähnte Verkehrsschild aufzustellen, so könnte man mit Recht darauf hinweisen, *diese* Veranlassungshandlung sei ihm auch dann verboten (§ 240), wäre er tatsächlich Amtsinhaber und zur Veranlassung Dritter bezüglich der Aufstellung von Verkehrsschildern befugt. Es handelte sich dann nämlich - auf den ersten Blick - nicht um eine (Veranlassungs-)Handlung, die „nur kraft eines öffentlichen Amtes vorgenommen werden darf", sondern um eine (Veranlassungs-)Handlung die in dieser Weise schlechthin von niemandem, weder von einem Amtsträger noch von einem Nicht-Amtsträger, vorgenommen werden darf, weil sie selbst nach § 240 strafbar wäre. Letztlich griffe dieser Einwand jedoch nicht durch. Denn entscheidend kann nur sein, ob der Veranlasser *überhaupt* zur Veranlassung der entsprechenden Handlung befugt wäre, wobei als Maßstab wiederum allein auf den rechts*treuen* Amtsträger abzustellen ist, der sich bei der Veranlassung Dritter zur Vornahme von Handlungen ausschließlich legaler Mittel bedient. Anderenfalls wäre derjenige im Hinblick auf § 132 besser gestellt, der im Rahmen der Drittveranlassung auch noch verbotene Mittel gegenüber dem Dritten einsetzt.

4. Anwendungsbereiche des § 25 I Alt.2 im Rahmen des § 132

Nun führt diese Auslegung im Ergebnis dazu, dass zumindest der zweite Tatbestand des § 132 immer in *unmittelbarer* Täterschaft erfüllt sein wird: Die *Veranlassungs*handlung nimmt der Veranlasser/Hintermann nämlich immer in eigener Person vor, so dass hier einer derjenigen Fälle vorliegt, in denen der Akt der Selbst-Begehung im engeren Sinne die tatbestandsmäßige Handlungsbezeichnung bereits voll ausfüllt. Das bedeutet, dass das Institut der mittelbaren Täterschaft für den Tatbestand des § 132 letztlich, vergleichbar der Situation bei § 339 oder den Fahrlässigkeitsdelikten, obsolet würde. Auch hier folgt daraus, dass man von einem „eigenhändigen" Delikt im Grunde nicht sprechen sollte, denn zur Frage der Eigenhändigkeit als Ausnahme zur Figur der mittelbaren Täterschaft dringt man gar nicht mehr vor, wenn für die Figur der mittelbaren Täterschaft selbst schon gar kein Raum mehr bleibt. Die mittelbare Täterschaft wird auch hier von der unmittelbaren „überlagert", so dass die Bezeichnung „nur-selbst begehbares Delikt" passender erschiene.

Anders liegt es hingegen bei der ersten Alternative des § 132 („Sich-Befassen"), denn hier ist zumindest in Form des Zusatzes „durch einen anderen" (§ 25 I Alt.2) klarzustellen, dass die *Ausübung* des Amtes durch eine *andere* Person als der des (mittelbaren) Täters erfolgt und sich letzterer nicht mit der Ausübung eines *eigenen* Amtes, sondern mit der Ausübung eines Amtes „durch einen *anderen*" „befasst". Insoweit bleiben für die Anwendung des § 25 I Alt.2 hier Raum und Bedürfnis.

XII. Missbrauch von Titeln pp. (§ 132a)

Obwohl § 132a dem § 132 ähnelt, begegnet bei § 132a die Eigenhändigkeitsfrage wieder eher im „klassischen" Gewande. In den gängigen Kommentierungen findet sich lediglich bei *Lackner/Kühl*[388] zumindest die (allerdings als „str." gekennzeichnete) kurze Feststellung, das Delikt sei eigenhändig und in einer früheren Auflage bei *Tröndle*[389] quasi „en passant" die Einstufung in diese Deliktskategorie. Ansonsten wird die Eigenhändigkeit dieses Tatbestandes selten angesprochen und kaum vertieft begründet[390]. Allerdings gibt es auch hier die Eigenhändigkeit verneinende Positionen[391].

1. Bezug des Merkmals „führen" zur eigenen Person

Tathandlung bei § 132a ist das „Führen" eines Titels (etc.) bzw. das „Tragen" einer Uniform. Nun erscheint es bereits äußerst schwer vorstellbar, wie bei derartigen Tathandlungen eine Konstellation überhaupt denkbar sein soll, die sich phänotypisch der mittelbaren Täterschaft zurechnen ließe. Denn zumindest das „Führen" eines Titels kann schon begrifflich immer nur auf die eigene Person bezogen sein.

a) Reflexive Synonyme

Zwar taucht im Tatbestand keine reflexive Formulierung auf, doch ließe sich leicht eine solche als Synonym denken: Der Tatbestand könnte nämlich, ohne dass sich in seinem Anwendungsbereich etwas ändern würde, lauten: „Wer *sich* als Inhaber eines Titels (etc.) ausgibt" oder „wer einen Titel pp. für *sich* in Anspruch nimmt"[392]. Dann ergäbe sich die Täterbezogenheit bereits aus der tatbestandlichen Formulierung selbst und die Eigenhändigkeit könnte kaum ernstlich in Zweifel gezogen werden. Begrifflicher Sinngehalt kann also immer nur die Hervorhebung der *eigenen* Person sein.

b) Zuhilfenahme Dritter

Dabei wird allerdings nicht ausgeschlossen, dass der „Führende" sich für das „Führen" des Titels der Hilfe Dritter bedient, so etwa wenn Rechtsanwalt R seine Sekretärin anweist, ihn am Telefon und bei Mandantenbesuchen fortan nur

---

388 § 132a, Rn. 11.
389 48. Aufl., § 132a, Rn. 15.
390 Für Eigenhändigkeit z.B. noch *Otto* BT, S. 452; AK-*Ostendorf*, Rn. 15.
391 So jetzt *Kahle*, Mißbrauch von Titeln, S. 111.
392 Vgl. etwa die Formulierungen in den einschlägigen Erläuterungen: LK(11)-*v. Bubnoff*, Rn. 20; *Lackner/Kühl*, Rn. 7; Sch/Sch-*Cramer/Sternberg-Lieben*, Rn. 17; *Tröndle/Fischer*, Rn. 21.

noch als „Dr. R“ anzukündigen[393]. Der Fall gehört in die Gruppe derjenigen Konstellationen, in denen das tatbestandliche Handlungsmerkmal trotz Zuhilfenahme dritter Personen gleichwohl unmittelbar in der Person des Handelnden erfüllt ist (vgl. oben VII. die Fälle des „Sich-Entfernens“ bei § 142, oben VI. des „Verlassens“ bei § 16 WStG und oben VIII. des „Sich-in-einen-Rausch-Versetzens“ durch Inanspruchnahme der ärztlichen Injektion bei § 323a). Es liegt hier keine mittelbare, sondern unmittelbare Täterschaft vor[394].

c) Untrennbarkeit der Titelführung von der eigenen Person

Problematisch wird es erst, wenn der Hintermann nicht identisch ist mit der Person, auf die der Titel sich beziehen soll. Hierzu mag man an den Fall denken, dass etwa ein Arzt seiner langjährig bewährten, aber etwas einfältigen Sprechstundenhilfe aus Anerkennung für ihre verlässlichen Dienste erklärt, sie selbst möge sich nun als „Arzt“ und „Dr. med.“ bezeichnen. Kann man nun sagen, der Arzt „führe“ „durch einen anderen“ diese Berufsbezeichnung und den Doktortitel, wenn sich die Sprechstundenhilfe nunmehr stolz gegenüber ihren Bekannten als Ärztin und Doktorin ausgibt[395] ? Eine Strafbarkeit des Arztes müsste hier bereits allein daran scheitern, dass er selbst die Berufsbezeichnung und den Titel „Dr. med.“ zu Recht (also nicht „unbefugt“) „führt“. Dadurch nämlich kann ein weiteres - nunmehr unbefugtes - „Führen“ (desselben Titels) „durch einen anderen“ nämlich schon logisch nicht mehr in Betracht kommen. Der Fall sei also dahin abgewandelt, dass ein Titel von einer Person „verliehen“ wird, die selbst nicht Inhaber dieses Titels ist. Betrachtet man den Inhalt des Begriffes „führen“ aber als Heraushebung, als Darstellung der *eigenen* Person, so ist ein „Führen“ „durch einen anderen“ auch hier begrifflich nicht vorstellbar, denn der Hintermann hebt durch sein Tun nicht die eigene Person, sondern eine andere in ihrer Darstellung hervor.

2. Höchstpersönlichkeit des Merkmals „unbefugt“

Ähnlich liegt es mit dem Merkmal „unbefugt“. Aus dem Irrtum des Werkzeugs über das
(Nicht-)Vorliegen dieses Merkmals folgt in dem obigen Beispielsfall die Werkzeugeigenschaft der Sprechstundenhilfe, denn diese hält sich aufgrund des vorangegangenen „Verleihungsaktes“ irrig für befugt, den ihr „verliehenen“ Titel zu führen. Die Frage der „Befugnis“ kann aber wiederum nur in Bezug auf diejenige Person relevant sein, die den Titel tatsächlich „führt“. Das Vorliegen einer „Befugnis“ zur Führung eines Titels kann dabei denknotwendig immer nur im Hinblick gerade auf den (vermeintlichen) Inhaber des Titels gegeben oder

---

393 Fall von *Kahle,* Mißbrauch von Titeln, S. 106.

394 So auch *Kahle,* a.a.O.

395 Fall (abgewandelt) nach *Herzberg,* GA 93, 439 ff (452) und *Kahle,* Mißbrauch von Titeln, S. 110.

nicht gegeben sein. Insoweit lässt sich sagen, dass § 132a in Bezug auf das Merkmal der „Unbefugtheit" Sonderdeliktscharakter hat. Der Tatbestand könnte nämlich, ohne dass sich sein Sinn ändern würde, auch lauten: „Wer *als Unbefugter* einen Titel führt ...". Das Merkmal der Unbefugtheit lässt sich, da den Sonderdelikten ähnlich an die Person gebunden, nicht dem Hintermann zurechnen; auch dann nicht, wenn es in der Person des Vordermannes erfüllt ist. Umgekehrt (und insoweit anders als etwa in den Fällen der Zwischenschaltung eines rechtmäßig handelnden Dritten, vgl. oben Kapitel 2, B. III. 2. b)) lässt es sich aber auch nicht für die Person des Hintermannes selbständig bestimmen: Wie soll jemand dazu „befugt" oder „unbefugt" sein, dass ein Dritter (in seiner Person unbefugt) einen Titel führt ? Bejaht werden könnte die Möglichkeit mittelbarer Täterschaft wiederum nur dann, wenn man es - im Sinne *Nowakowskis*[396] - für zulässig hielte, den Tatbestand auszulegen im Sinne von „wer bewirkt, dass ein anderer unbefugt (= dass ein Unbefugter) einen Titel führt ..". Dass eine derartige Auslegung abzulehnen ist, wurde bereits oben (Kapitel 3, F. I. 1. b) bb)) gezeigt.

An der Verquickung der Merkmale „unbefugt" und „führen" wird damit einmal mehr deutlich, dass die „Einpassung" der allgemeinen Voraussetzungen des § 25 I Alt.2 in die Tatbestandsvoraussetzungen der Delikte des Besonderen Teils nicht immer konsequent durchgehalten werden kann. Lässt sich bereits begrifflich nicht mehr sagen, das Handlungsmerkmal liege jedenfalls in einem normativen Sinne (auch) in der Person des Hintermannes vor, kann ein solches Handlungsmerkmal dann auch nicht durch den Zusatz „durch einen anderen" als erfüllt angesehen werden.

3. Die Auffassung *Kahle*s

Soweit *Kahle*[397] die Eigenhändigkeit des § 132a dennoch unter Berufung auf § 105 PrStGB verneinen will, dessen Formulierung nicht die Begriffe „führen" und „tragen" enthielt, sondern als Handlungsmerkmal vom „Sich-Bedienen" sprach[398], kann dem nur noch entgegengehalten werden, dass dieser Begriff eben gerade *kein* geltendes Recht mehr ist.

4. „Tragen" einer Uniform

Für das „Tragen" einer Uniform gilt entsprechendes: Eine Uniform „trägt" nur derjenige, der sie seinem eigenen Körper „angezogen" hat. Alle anderen Auslegungen verlassen den Bereich, den der Lebenssprachgebrauch noch

[396] JZ 56, 545 ff (550, Fn. 83).
[397] Mißbrauch von Titeln, S. 110.
[398] *Kahle* argumentiert dann entsprechend dem „Sich-Befassen" bei § 132 Alt.: Sich eines Titels *bedienen* kann man auch dadurch, dass man tatherrschaftlich bewirkt, dass ein anderer - auf dessen Person bezogen - den Titel „führt".

erfassen würde. Auch der Zusatz „durch einen anderen" vermag hier nicht zu helfen, denn niemand könnte verstehen, was mit der Formulierung, jemand habe „durch einen anderen eine Uniform getragen" sprachlich gemeint sein könnte.

XIII. Doppelehe (§ 172 (§ 171 a.F.))

Auch der Tatbestand der Doppelehe wird - soweit die Frage überhaupt explizit angesprochen wird - der Gruppe der eigenhändigen Delikte zugerechnet[399]. Tathandlung ist das „Schließen einer Ehe". Diese Handlung ist ihrem begrifflichen Inhalt nach bereits so eng mit der konkreten Person verknüpft, auf die sich die Eheschließung bezieht, dass eine Zurechnung über § 25 I Alt.2 begrifflich ausscheidet. Auch wer einen anderen unter Nötigungsdruck (§ 35) zwingt, eine Ehe zu schließen, ist nach dem Trauungsakt nicht selbst verheiratet. Für eine normative Auslegung des Merkmals im Hinblick auf eine Ausdehnung auf den Hintermann ist von vornherein kein Raum.

Darauf, dass § 172 (§ 171 a.F.) darüber hinaus ein Sonderdelikt ist, das nur von Verheirateten begangen werden kann, kommt es deswegen für die Frage der Eigenhändigkeit nicht mehr an. Auf die Sondereigenschaft des „Verheiratet-Seins" wären dieselben Überlegungen anzuwenden, die bei § 173 entwickelt wurden. Wäre das Handlungsmerkmal „durch einen anderen" erfüllbar, so dürfte - bezogen auf den Hintermann - *dessen* Status als Verheirateter oder Nicht-Verheirateter nicht berücksichtigt werden, da er *selbst* die vom Gesetz unerwünschte Ehe nicht eingegangen ist und seine Strafbarkeit daher letztlich wiederum von einem Zufallsmoment abhinge.

XIV. Zuhälterei und Ausübung der verbotenen Prostitution (§§ 181a, 184a)

1. Zuhälterei (§ 181a)

In den Bereich der von *Roxin* und *Herzberg* als „täter-" oder „persönlichkeitsstrafrechtlich" bezeichneten[400] Tatbestände gehört § 181a. *Roxin*[401] und *Herzberg*[402] behandeln diese Vorschrift im Zusammenhang mit den (Übertretungs-)Tatbeständen des § 361 a.F. (dazu unten XVII. 1.-3.). Die Eigenhändigkeit dieses Tatbestandes wird aus der gesetzlichen Voraussetzung hergeleitet, dass der Täter „im Hinblick" auf die in den Nr.1 und Nr.2 genannten enthaltenen Handlungsmerkmale („ausbeuten", „überwachen" etc.) „Beziehungen zu dem anderen unterhält, die über den Einzelfall hinausgehen".

---

[399] So LK(10)-Dippel, Rn. 16; SK-*Horn/Wolters*, Rn. 7; *Herzberg*, ZStrW 82 (1970), 896 ff (939); wohl auch Sch/Sch-*Lenckner*, Rn. 8. *Roxin*, TuT, S. 418 stuft § 172 (§ 171 a.F.) allerdings als (nur) unechtes eigenhändiges Delikt (=Pflichtdelikt) ein, da „das durch die Bigamiebestimmung geschützte Rechtsgut auch einem Außenstehenden zugänglich" sei.

[400] Siehe oben A. III. 1. und 2.

[401] TuT, S. 410 ff.

[402] ZStrW 82 (1970), 896 ff (938).

Dieses Merkmal beschreibt nun auf den ersten Blick in der Tat, wie *Roxin*[403] es nennt, eine „persönliche Haltung“, die nicht etwa, soweit sie in einem Vordermann vorliegt, einem Hintermann über § 25 I Alt.2 zugerechnet werden könnte. Denn insoweit besteht kein Grund, § 181a I anders zu behandeln als die Sonderdelikte. Der einzige Unterschied, den § 181a zu den Sonderdelikten aufweist, ist darin zu sehen, dass bei den Sonderdelikten äußerlich feststellbare (objektive) Umstände die Sondereigenschaft begründen („Beamter“, „Richter“, „Rechtsanwalt“, „Geschwister“), während es bei § 181a innere (subjektive) Umstände und die spezifische Bündelung verschiedenster Einzelverhaltensweisen des Täters im Hinblick auf ein bestimmtes Ziel sind, die die Sondereigenschaft charakterisieren. Beiden Gruppen ist gemeinsam, dass die Eigenschaften immer nur an die ganz konkrete Person gebunden sind und auch nur an diese gebunden sein können. Eine Zurechnung zu einer anderen Person kommt auch über § 25 I Alt.2 nicht in Betracht.

Konstruktiv spricht jedoch, was die Frage der Eigenhändigkeit betrifft, nichts dagegen, eine Begehung der Tat in mittelbarer Täterschaft dann in Erwägung zu ziehen, wenn die subjektiven Sondereigenschaften in der Person des Hintermannes vorliegen, dieser aber die in den Nummern 1 und 2 des § 181a I enthaltenen Tathandlungen, etwa das „Überwachen“, „durch“ einen als Werkzeug handelnden „anderen“ ausführen lässt. Allerdings erscheint bei dieser Konstellation die Anwendung des § 25 I Alt.2 nicht unbedingt erforderlich, denn die in Rede stehenden Tathandlungen („ausbeuten“, „überwachen“, „bestimmen“ und „Maßnahmen treffen“) sind wiederum so abstrakt formuliert, dass sich auch die Einschaltung gut- oder bösgläubiger Dritter ohne weiteres unter den Begriff fassen lässt; „überwachen“ kann man etwa auch dadurch, dass man überwachen *lässt*. Derartige Fälle können dann bereits als unmittelbare Täterschaft angesehen werden. Der Rückgriff auf die Figur der mittelbaren Täterschaft wird somit obsolet. Die Situation liegt vergleichbar den Tatbeständen der §§ 98, 100, 109f (vgl. oben Kapitel 1, C. I. 2.; Kapitel 3, E.) und ähnelt im Hinblick auf die Frage der Eigenhändigkeit der Konstellation der „nur-selbst begehbaren“ Delikte (vgl. oben X. (§ 339) und XI. 2. (§ 132 Alt.2)).

2. Ausübung der verbotenen Prostitution, § 184a

Die Kriterien, die für § 181a angeführt wurden, gelten gleichermaßen für § 184a. Diesen Tatbestand erfüllt, wer „einem ... Verbot, der Prostitution ... nachzugehen, beharrlich zuwiderhandelt“. Eine solche Zuwiderhandlung ist nun freilich nur dadurch möglich, dass der Täter / die Täterin der Prostitution auch tatsächlich „nachgeht“, was nichts anderes heißt, als sie, wie die gesetzliche Überschrift es auch formuliert, „auszuüben“. Die „Ausübung“ von Prostitution

[403] TuT, S. 411; LK(11), § 25, Rn. 44.

stellt sich nun wiederum ebenso wie das „Unterhalten von Beziehungen“ im Rahmen des § 181a als eine dauerhafte persönliche Betätigung, als Ausprägung einer persönlichen *Haltung* dar, die sich mit der jeweiligen Tätigkeit untrennbar verbindet. Sie lässt sich nur dann bejahen, wenn der Täter / die Täterin die Prostitution auch tatsächlich in eigener Person selbst ausübt. § 184a ist daher eigenhändiges Delikt[404].

XVI. §§ 246 I HS.2 (veruntreuende Unterschlagung), 266 (Untreue), 288 (Vereiteln der Zwangsvollstreckung); 170b (Verletzung der Unterhaltspflicht); 171 (§ 170d a.F.) (Verletzung der Fürsorge- oder Erziehungspflicht)

Nur der Vollständigkeit halber seien noch die Tatbestände der veruntreuenden Unterschlagung (§ 246 I HS.2), der Untreue (§ 266) und des Vereitelns der Zwangsvollstreckung sowie die §§ 170b und 171 (§ 170d a.F.) angeführt. Auch sie werden zum Teil dem „Dunstkreis“ der eigenhändigen Delikte zugerechnet[405]. So kann Täter des § 246 I HS.2 nur derjenige sein, dem „die Sache anvertraut“ ist, Täter des § 266 I nur, „wer die *ihm* durch Gesetz etc. eingeräumte Befugnis (...) missbraucht“ bzw. „die *ihm* (...) obliegende Pflicht (...) verletzt“, Täter des § 171 (§ 170d a.F.) nur, wer „*seine* Fürsorgepflicht (...) verletzt“ und schließlich Täter des § 288 I nur, „wer bei einer *ihm* drohenden Zwangsvollstreckung (...) Teile *seines* Vermögens veräußert oder beiseite schafft“. Bei § 170b ergibt sich ebenfalls aus dem Gesamtzusammenhang des Tatbestandes, dass es sich (selbstverständlich) um eine eigene Unterhaltspflicht des Täters handeln muss. Aber all diese Tatbestände stellen nur bestimmte Anforderungen an die jeweilige konkrete Situation des Täters. Sie sind daher den Sonderdelikten bzw., was §§ 170b, 171 (§ 170d a.F.), 266 und 288 betrifft, nach der *Roxin*schen Lehre den „Pflichtdelikten“[406] zuzuschlagen. Daraus folgt nicht mehr, als dass derjenige, der Täter dieser Tatbestände sein soll, in seiner Person die beschriebenen besonderen Eigenschaften aufweisen muss. Ist dies der Fall, so kann er (unmittelbarer oder mittelbarer) Täter sein. Der Anwendung der Figur der mittelbaren Täterschaft auf die jeweiligen Handlungsmerkmale („sich entziehen“ bei § 170b; „verletzen“ bei § 171 (§ 170d a.F.), „missbrauchen“, „verletzen“, „Nachteil zufügen“ bei § 266; „veräußern“ „beiseite schaffen“ bei § 288;) steht grundsätzlich nichts entgegen, wenngleich diese Begriffe wieder selbst so weit gefasst sind, dass sie auch zwanglos die Einschaltung Dritter, unabhängig von deren Gut- oder Bösgläubigkeit, noch erfassen[407]. Der ganz

---

[404] So *BayObLG*, NJW 85, 1566 f; LK(11)-*Laufhütte*, Rn. 6; Sch/Sch-*Lenckner/Perron*, Rn. 7; SK-*Horn/Wolters*, Rn. 5; *Tröndle/Fischer*, Rn. 7; *Geerds*, JR 85, 472 (473).

[405] Vgl. etwa SK-*Samson*, § 25, Rn. 27; ferner *Baumann*, AT, 7. Aufl., § 12 II 2 a), S. 133; dag. *Fahl*, JuS 98, 24.

[406] Vgl. TuT, S. 384 ff (395) und LK(11), § 25, Rn. 45.

[407] So bereits *Binding*, Strafrechtliche Abhandlungen I, S. 266, Fn. 13: „Unrichtig wäre, zu glauben, daß Verbrechen, die nur von einer ganz bestimmten Person begangen werden können, wie der Bankrott vom Schuldner, der seine Zahlungen eingestellt hat oder über dessen Vermögen Konkurs erkannt ist, notwendig eigenhändig begangen werden müßten.

überwiegende Teil der Konstellationen mit Drittbeteiligung dürfte sich hier bereits über die unmittelbare Täterschaft unter den Tatbestand fassen lassen[408]. Eines Rückgriffs auf die Figur der mittelbaren Täterschaft und deren besonderer Voraussetzungen inklusive der Eigenhändigkeitsproblematik bedarf es dann gar nicht.

XVII. Die Übertretungen des früheren Rechts

Die Untersuchung wäre nicht vollständig, kämen nicht auch die ehemals als „Übertretungen" geahndeten Tatbestände des früheren § 361 a.F. und des § 366 a.F. zur Sprache. Sie sind zwar seit langem aus dem StGB herausgenommen und teils ins Recht der Ordnungswidrigkeiten überstellt, teils ganz aufgehoben worden. Doch werden an ihnen einige der oben dargestellten Kriterien der Eigenhändigkeit noch einmal in besonderer Weise deutlich. *Roxin* widmet diesen Tatbeständen auch in der 6. Auflage seiner Monographie noch einen fast anderthalbseitigen eigenen Abschnitt[409].

1. § 361 a.F.

§ 361 a.F. fasste mehrere Tatbestände zusammen, die sämtlich in immer anderen Facetten letztlich die Lebensführung des jeweiligen Täters bestraften. So wurde nach § 361 a.F. „mit Haft bestraft", „wer als Landstreicher umherzieht" (Nr.3), „wer bettelt oder Kinder zum Betteln anleitet oder ausschickt" (Nr.4) und „wer sich dem Spiel, Trunk oder Müßiggang ... hingibt (...)" (Nr.5). Diese Beispiele mögen zunächst genügen. *Roxin*[410] nun erklärt die Eigenhändigkeit dieser Tatbestände - ebenso wie bei § 181a - damit, „dass sie nicht eine bestimmte *Handlung*, sondern eine persönliche *Haltung* unter Strafe stellen, dass nicht eine *Tat* (...) und demgemäß auch nicht ein *Täter* (...), sondern ein *Persönlichkeitstyp* erfasst" werde, „den man kurz als den des 'Asozialen' bezeichnen könnte".

Gerade der Bankrott liefert dafür den Gegenbeweis. Er ist, soweit ich sehen kann, das einzige Verbrechen, bei dem der Gehilfe den ganzen Handlungstatbestand setzen kann, ohne Täter zu werden: er setzt ihn freilich nur in der Absicht, fremde Gläubiger zu benachteiligen."
Auch in dem von *Fahl* (JuS 98, 24) gebildeten Fall - ein Bauer B schickt seinen gutgläubigen Knecht K, auf der Straße liegengebliebene Kartoffelsäcke eines Dritten in die Scheune zu holen -, dürfte die Lösung - entgegen *Fahl,* a.a.O. - nicht über §§ 246 I, 25 I *Alt.2*, sondern bereits über § 25 I Alt.1 zu suchen sein: Schon in dem Moment, in dem B den K *anweist*, die Säcke zu holen, geriert er sich jedenfalls gegenüber diesem schon als deren Eigentümer und manifestiert dadurch seinen Zueignungswillen, erlangt allerdings noch keinen Gewahrsam. Mit der Inbesitznahme der Säcke durch den weisungsgebundenen K wird B dann auch (mittelbarer) Gewahrsamsinhaber. Spätestens mit Entgegennahme der Säcke als erneuter Zueignung sind alle Tatbestandsmerkmale des § 246 I erfüllt.

[408] Zu den verbleibenden Konstellationen vgl. *Roxin,* TuT, S. 360 ff; ein praktisches Bedürfnis der Anwendung der mittelbaren Täterschaft zumindest für § 266 anerkennend auch *Haft,* JA 79, 651 (655). Für unmittelbare Täterschaft jedoch *Stratenwerth* AT, Rn. 797.

[409] TuT, S. 410-412.

[410] TuT, S. 411.

Sodann rekurriert *Roxin*[411] auf den Begriff der „Tatherrschaft“ und kommt - konsequent - zu dessen Unanwendbarkeit, da man „immer nur eine bestimmte Einzeltat“ „beherrschen“ könne, nicht aber eine dauernde Persönlichkeitshaltung, wie sie sich in der Landstreicherei, dem Müßiggang und der Trunksucht manifestiere. All das ist gewiss richtig und bei Anwendung des Tatherrschaftsgedankens auch konsequent. Nur fragt es sich, ob es überhaupt eines so abstrakten Konstrukts wie der subtilen Unterscheidung zwischen *Handlung* und *Haltung* oder *Täter* und *Persönlichkeitstyp* bedarf und ob man wirklich auf das ebenso abstrakte Kriterium der „Tatherrschaft“ zurückgreifen muss, um zur Eigenhändigkeit der Tatbestände zu gelangen. Denn die Lösung lässt sich auch hier letztlich bereits den gesetzlichen Begriffen selbst entnehmen.

a) § 361 Nr.5 a.F.

Von den oben genannten Beispielen sei zunächst § 361 Nr.5 a.F. betrachtet („wer sich dem Spiel, Trunk oder Müßiggang ... hingibt“). In diesem Tatbestand wird bereits wiederum an der Grammatik deutlich, dass Subjekt und Objekt der tatbestandsmäßigen Handlung identisch sind. „Sich hingeben“ ist schon vom Wortlaut her eine reflexive Formulierung, die deutlich macht, dass das Delikt, wie *Herzberg*[412] es nennt, ein täterbezogenes ist.

b) § 361 Nr.3 a.F.

Bei der „Landstreicherei“ (§ 361 Nr. 3 a.F.) hingegen taucht im gesetzlichen Wortlaut selbst keine reflexive Formulierung auf. Tatbestandsmäßig handelt, „wer als Landstreicher umherzieht“. „Umherziehen“ ist kein reflexives Verb. *Herzberg*[413] stellt nun auf die Sonderdeliktsqualität des § 361 Nr.3 a.F. ab, nach der Täter nur ein „Landstreicher“ sein kann. Hieraus folgert *Herzberg*[414] aber dann, der Täter müsse „sich selbst zum Landstreicher gemacht haben“. Diese Folgerung geht in die Richtung der *Roxin*schen Unterscheidung zwischen „Handlung“ und „persönlicher Haltung“[415] und dem Begriff des „Persönlichkeitstyps“. Doch ist nicht ganz einsichtig, wie *Herzberg* allein aus der Sonderdeliktsqualität diese Folgerung ableiten will. Für die Tatbestandserfüllung reicht es aus, dass derjenige, der Täter sein soll, „Landstreicher *ist*“. Ob er sich selbst dazu gemacht hat, spielt für den Tatbestand keine Rolle. Dabei geht *Herzberg*[416] sogar so weit, aus den „täterstrafrechtlichen Delikten“ einen - hypothetischen - Generaltatbestand zu bilden, der, ganz entsprechend dem *Roxin*schen Kriterium des „Persönlichkeitstyps“, lauten soll: „Wer durch ein asoziales Dauerverhalten seine Persönlichkeit so prägt, dass sie

[411] A.a.O., S. 411.
[412] ZStrW 82, 896 (938).
[413] ZStrW 82, 896 (939).
[414] A.a.O.
[415] TuT, S. 411.
[416] A.a.O., S. 938.

zum Typ des Landstreichers, Zuhälters usw. wird ...". Letztlich wird dabei nicht mehr auf die konkrete tatbestandliche Handlung, sondern auf die Lebensführung des Täters als solche abgestellt, als deren symptomatischer Ausfluss die einzelne Tatbestandshandlung dann anzusehen wäre.

Vielversprechender und auch gesetzesnäher erscheint es hingegen, auch hier zunächst konsequent auf das Handlungsmerkmal („umherziehen") abzustellen und dann, sollte dieses Merkmal isoliert überhaupt in mittelbarer Täterschaft begehbar sein, nach einem spezifischen Zusammenhang zwischen Handlungsmerkmal und Sonderdeliktsqualität zu suchen. „Umherziehen" beschreibt eine Tätigkeit, die sich nach dem Wortsinn allein auf die Fortbewegung des eigenen Körpers (in einer spezifisch motivierten Weise) beziehen kann. Bereits hieraus ergibt sich die Beschränkung des Begriffs auf denjenigen, der *seinen eigenen* Körper fortbewegt[417]. Wie sollte man auch sagen können, jemand ziehe „durch einen anderen" (§ 25 I Alt.2), bzw. - in der Terminologie vor Geltung des § 25 I Alt.2: „in mittelbarer Täterschaft" - umher ?[418] Dass das Verb „umherziehen" semantisch, wenn auch nicht grammatisch, einen reflexiven Gehalt hat, wird deutlich, sieht man einmal auf das Synonym des „Sich-Herumtreibens"; dieses Synonym wird von *Roxin*[419] in der Tat - vielleicht unbewusst - sogar benutzt. Dann zeigt sich die Reflexivität schon grammatisch.
Aber abgesehen von der Täterbezogenheit des Handlungsmerkmals bleibt dieses auch noch an die Sondereigenschaft „Landstreicher" gebunden: Bezeichnenderweise wurde der Tatbestand des § 361 Nr.3 a.F. von Rechtsprechung und Literatur nicht getrennt nach den Begriffen „Landstreicher" und „Umherziehen" definiert, sondern in einem. Der *BGH*[420] führte zu § 361 Nr.2 a.F. aus:

417 Das entspricht exakt der *Engelsing*schen „Körperbewegungstheorie" (a.a.O., S. 47): „Wer einen Unverantwortlichen veranlaßt, (...) als „Landstreicher umherzuziehen", „über Gärten, Weinberge usw. zu gehen, fahren, reiten oder Vieh zu treiben", unterfällt dem Tatbestand nicht; denn dieser sagt: Wer die besonders bezeichnete Körperbewegung vornimmt, wird bestraft. Der Hintermann hat aber die Körperbewegung nicht vorgenommen. Diese ist so eng auf ihren Träger radiziert, daß sie schlechthin nicht abgelöst werden kann. Aus dem gesetzlichen Verbot der Bewegung kann aber nicht ohne weiteres auf das Verbot, die Bewegung eines anderen zu bewirken, geschlossen werden, und nur dieses fällt dem Hintermann zur Last."

418 So bereits *Engelsing*, S. 48, vor Geltung des § 25: „Schon sprachlich ist es ein Widersinn (...) zu sagen: Der Hintermann ist als Landstreicher umhergezogen, er wird wegen Teilnahme an einer verbotenen Verbindung, an einer Zusammenrottung bestraft, obwohl er zeitlich wie räumlich zu dem Tatbestande in keiner äußerlich erkennbaren Beziehung gestanden hat."

419 TuT, S. 411: „Es können höchstens zwei Leute sich gemeinsam als Landstreicher oder Müßiggänger herumtreiben."

420 In St 4, 52 (54); ihm folgend *Dreher/Maassen*, 8. Aufl., § 361, Anm. 3.

„Als Landstreicher zieht demnach nur umher, wer aus einem eingewurzelten (also: eigenen!) *Hang zum Umherziehen ohne die* (eigene!) *Absicht redlichen Erwerbs unter ständigem Wechsel des* (seines!) *Nachtquartiers von Ort zu Ort umherstreift und dabei anderen zur Last fällt, indem er seinen*(!) *Lebensunterhalt durch fremde Mildtätigkeit oder durch sonstige* (eigene!) *geringfügige Straftaten bestreitet, die zur unmittelbaren Befriedigung einfacher* (seiner!) *Lebensbedürfnisse bestimmt sind."*

Der spezifische Unrechtsgehalt kann nach dieser Definition von vornherein nur dann gegeben sein, wenn derjenige, der „umherzieht", selbst „Landstreicher" ist und das „Umherziehen" gerade im Zusammenhang mit *seiner* Landstreichereigenschaft steht.

c) § 361 Nr.4 a.F.

Schließlich sei noch § 361 Nr.4 a.F. betrachtet. Hiernach wurde bestraft, „wer bettelt oder Kinder zum Betteln anleitet oder ausschickt". Bereits an dieser Tatbestandsfassung zeigt sich, dass der Gesetzgeber die wohl in der Praxis am ehesten zu erwartende Form mittelbarer Tatbegehung, nämlich die Einschaltung von schuldunfähigen Kindern, im Tatbestand selbst gleich mitgeregelt hatte. Das wäre nicht nötig gewesen, hätte er die Form der Tatbestandserfüllung als über die Figur der mittelbaren Täterschaft fassbar angesehen. Es verbleiben also nur die - theoretischen - Fälle, in denen als Tatmittler Personen eingeschaltet werden, die aus anderen Gründen defizitär sind.

Zu fragen ist zunächst wiederum, ob es überhaupt begrifflich möglich ist, zu sagen, jemand habe „durch einen anderen" „gebettelt". Zur Frage, was unter diesem Begriff zu verstehen ist, hat das *OLG Köln*[421] ausgeführt:

„Der Begriff des Bettelns ist im Gesetz nicht definiert und aus dem Sinn des täglichen Lebens zu bestimmen. Man versteht darunter die Bitte um Gewährung eines geldwerten Geschenkes, die sich auf wirkliche oder angebliche eigene Hilfsbedürftigkeit oder solche einer dem Täter nahestehenden Person stützt und die Mildtätigkeit einer Person in Anspruch nimmt, zu der keine entsprechenden persönlichen Beziehungen bestehen. (...) Das Ansprechen Dritter um milde Gaben bleibt Bettelei, sofern der Täter die Gabe in seiner eigenen Interessenssphäre zu verwenden beabsichtigt. (...) Der Verwendungszweck in der eigenen Interessenssphäre bleibt endlich gewahrt, wenn die erbetene Gabe für Personen gedacht ist, zu denen der Täter in einem persönlichen, engen sonstigen Verhältnis steht (...)."

Hieran wird deutlich, dass auch der Begriff des „Bettelns" einen unmittelbaren Bezug zur *eigenen* Person und zum *eigenen* Interessenkreis voraussetzt, der nur

[421] NJW 61, 2172.

in der Person desjenigen vorliegen kann, der die Dritten und deren „Mildtätigkeit" selbst und erkennbar *für sich* bzw. *ihm* nahestehende Personen in Anspruch nimmt. Dieses in der Person des Vordermannes vorliegende Moment des „Für-Sich-in-Anspruch-Nehmens" ist für den betroffenen Dritten erkennbar auf die Person des „Bettelnden" beschränkt und insoweit höchstpersönlicher Natur. Es ist weder begrifflich auf den Hintermann zu erstrecken noch könnte es Gegenstand einer Zurechnung fremden Verhaltens sein. Auch § 361 Nr.4 a.F. war damit nur eigenhändig begehbar.

2. § 366 a.F.

Schließlich mögen noch einige Tatbestände des § 366 a.F. eingehender erörtert werden. Auch diese Vorschriften gehören zwar bereits seit geraumer Zeit der Rechtsgeschichte an, doch scheint unter dogmatischen Gesichtspunkten ihre Darstellung dennoch erforderlich, um das Bild zu vervollständigen. § 366 a.F. fasste unter seinen zehn Ziffern - nach den Worten eines zeitgenössischen Kommentators „völlig systemlos"[422] (wie der gesamte damalige 29. Abschnitt überhaupt) - die unterschiedlichsten Handlungen zusammen. Allerdings wiesen diese, anders als die in § 361 a.F. erfassten Tatbestände, keinerlei Bezug zur Person des jeweils Handelnden auf. Es handelte sich vielmehr um Tätigkeiten, die wegen der mit ihnen verbundenen Risikoträchtigkeit für die Allgemeinheit generell und per se verboten sein sollten. Exemplarisch sollen hier kurz angeführt werden:

- § 366 Nr.2 („wer in Städten oder Dörfern übermäßig schnell fährt oder reitet ...").
- § 366 Nr.4 („wer in Städten mit Schlitten ohne feste Deichsel oder ohne Geläute oder
Schelle fährt")
- § 366 Nr.6 („wer Hunde auf Menschen hetzt")
- § 366 Nr.7 („wer Steine oder andere harte Körper oder Unrat auf Menschen, auf Pferde oder andere Zug- oder Lasttiere, gegen fremde Häuser, Gebäude oder Einschließungen oder in Gärten oder eingeschlossene Räume wirft").

Als „Übertretungen" (§ 1 III a.F.) stellten all diese Handlungen zwar ebenso wie Verbrechen und Vergehen, von denen sie sich nicht ihrem Wesen, sondern nur dem Grad nach unterschieden[423], kriminelles Unrecht dar. Doch waren sie sämtlich schon im Vorfeld der tatsächlich unerwünschten Erfolge angesiedelt und dienten damit vornehmlich der *Verhinderung*, der *Prävention* jener Erfolge[424], deren Eintritt man durch Vornahme dieser Handlungen zumindest als

[422] *Dreher/Maassen,* 1. Aufl., Vorbem. zum 29. Abschnitt.
[423] *Dreher/Maassen,* 1. Aufl., Vorbem. zum 29. Abschnitt.
[424] Hierauf stellt auch *Roxin,* TuT, S. 407 ab.

in erhöhtem Maße wahrscheinlich betrachtete. Unterscheiden ließen sich die dort zusammengefassten Handlungen dabei - grob - nach solchen, die als typisierte Versuchshandlungen bereits der Verwirklichung eines Vergehens oder Verbrechens dienten und nach solchen, die allein deswegen unterlassen werden sollten, weil ein geordnetes und insgesamt einigermaßen gefahrfreies Zusammenleben nur dann möglich ist, wenn *jedermann* sich an derartige Gebote hält.

a) Typisierte Versuchshandlungen

Zur ersteren Gruppe ließen sich etwa § 366 Nr.6 und 7 zählen, denn wer Hunde auf Menschen hetzt oder Steine auf Menschen oder Sachen wirft, wird dies in der Regel immer mit zumindest bedingtem Verletzungs- bzw. Beschädigungsvorsatz tun.

Zur Vorschrift des § 366 Nr.7 und ihrer Begehbarkeit in mittelbarer Täterschaft hat bereits *Herzberg*[425] Stellung genommen. Er führt in diesem Zusammenhang aus:

„Das Steinewerfen (§ 366 Nr.7 StGB) andererseits ist Körpertätigkeit, die auch ohne einen Schadenserfolg tatbestandsmäßig ist. Aber welchen inneren Grund sollte es haben, die mittelbare Täterschaft des Vaters zu verneinen, der seine unwissenden Kinder zu diesem gefährlichen Spiel auffordert ? Da er für die auf diesem Wege erzielten Sachbeschädigungen und Körperverletzungen als Täter haftet, ist nicht einzusehen, warum ihm nicht ebenso die erfolglos bleibende Gefährdung zugerechnet werden soll."

Herzberg stellt also auf die Gefahrverursachung ab, die durch die Benutzung eines Werkzeugs zur Ausführung der tatbestandlichen Tätigkeiten hervorgerufen wird. Es ist gewiss richtig, den Vater, der seine Kinder in der geschilderten Weise zum Steinewerfen „benutzt", als Mit-, wenn nicht gar als Alleinverursacher der Gefahren zu sehen, die mit dem Steinewerfen verbunden sind. Nur: Das „Verursachen" einer Gefahr ist kein Teil des gesetzlichen Tatbestandes und schon gar kein Handlungsmerkmal. Selbstverständlich lag in der abstrakten Gefährlichkeit all jener Handlungen der Straf*grund* jener Delikte. Das ändert aber nichts daran, dass der Tatbestand sich allein darauf beschränkte, diejenige konkrete Handlung dem alltäglichen Sprachgebrauch entsprechend zu beschreiben, die ein jeder unterlassen sollte. Die Vornahme der tatbestandsmäßigen Handlung selbst war es, die die Täterschaft ausmachte, nicht die (objektiv zurechenbare) Verursachung der abstrakten Gefahr, die mit der Vornahme solchen Handelns einherging. Das „Werfen eines Steines" ist begrifflich mehr als das bloße „Verursachen der räumlichen Bewegung des

[425] ZStrW 92 (1970), 894 (924).

Steines in der Luft", denn ersteres beinhaltet die Auswahl eines Zieles, das Anvisieren dieses Zieles und das intuitiv berechnete „In-Bewegung-Setzen" des Steines in Richtung auf das anvisierte Ziel. Und das kam in dem Tatbestand auch deutlich zum Ausdruck, wenn dort vom Werfen des Steines „*auf* Menschen, *auf* Pferde, *gegen* fremde Häuser und *in* Gärten" gesprochen wurde. Wenn das *RG* für den Begriff des „Schießens" ausgeführt hat, nicht allein das „Verursachen des Losgehens des Schusses" reiche für ein „Schießen" aus[426], so muss entsprechendes auch für das „Werfen" gelten. Die Argumentation *Herzbergs* liefe letztlich auf die Auslegungen *Nowakowskis*[427] in Bezug auf die Sonderdelikte hinaus, die *Herzberg* selbst zu Recht kritisiert[428]. Denn der Tatbestand hätte in der Auslegung *Herzbergs* nun letztlich lauten müssen: „Wer bewirkt, dass ein Stein geworfen wird ...". Mit der Gesetzesfassung wäre das nicht zu vereinbaren gewesen, denn „verursachen" oder „bewirken" lässt sich mit „werfen" nicht gleichsetzen. Es fehlt das im wahrsten Wortsinne „finale" Element, welches darauf gerichtet ist, *diesen* Stein auf *dieses* Ziel zu werfen. Jenes Element liegt allein in der Person desjenigen vor, der den Wurf selbst ausführt; und es ist unter diesem Gesichtspunkt höchstpersönlicher Natur. Eine Zurechnung dieses finalen Elementes auf den Hintermann über § 25 I Alt.2 scheidet aus.

Wertungswidersprüchlich mag das zunächst im Hinblick darauf erscheinen, dass, worauf *Herzberg*[429] zutreffend hinweist, der Hintermann ja auch für die „auf diesem Wege erzielten Sachbeschädigungen und Körperverletzungen als Täter haftet". Aber dieser Widerspruch ist nur ein scheinbarer: Denn der *Erfolg*, der - möglicherweise - eintritt, wenn sich die abstrakte, durch das Werfen gesetzte Gefahr realisiert, ist dem Hintermann durchaus als eigener und als „sein Werk" zuzurechnen, wenn er sich zur Herbeiführung dieses Erfolges eines Werkzeuges bedient hat. Der *Wurf* als *Handlung* kann ihm jedoch auch dann nicht als „eigener" zugerechnet werden, wenn der Stein sein Ziel trifft, denn die Handlung „werfen" bleibt an die Person gebunden, die sie ausführt.
Sobald sich die Gefahr hingegen realisiert und tatsächlich zu einem Erfolg führt, greift die Haftung des Hintermannes nach den jeweiligen (Erfolgs-)Tatbeständen (§§ 212, 223) ein. Und letztlich bestand auch nur in diesen Fällen wirklich ein Strafbedürfnis, denn es sind kaum Fälle denkbar, in denen etwa beim „Steinewerfen" nicht die Voraussetzungen der Anstiftung vorgelegen hätten. Eine „vorsätzliche rechtswidrige Haupttat" war schließlich auch dann gegeben, wenn der Hintermann schuldunfähige (§ 20) oder entschuldigte (§ 35) Werkzeuge benutzte. Der Fall des vorsatzlosen Werkzeuges hingegen (an gerade

[426] *RG*St 48, 321 (322), vgl. im einzelnen oben Kapitel 1, B. IV.
[427] JZ 56, 545 ff (550, Fn. 83).
[428] ZStrW 82 (1970), 894 (918).
[429] ZStrW 82 (1970), 894 (924).

dieser Konstellation scheitert ja zumeist die Möglichkeit einer Strafbarkeit wegen Anstiftung) dürfte hier nahezu ganz ausgeschlossen gewesen sein. Das liegt daran, dass es schlicht nicht vorstellbar erscheint, wie jemandem, der „einen Stein wirft“, hierzu der Vorsatz fehlen soll. Denn zu „werfen“ ist ohne ein entsprechendes finales Element, mindestens also des Vorsatzes, schon begrifflich nicht möglich. Denkbar waren allerdings Konstellationen, in denen es dem Werfenden unbekannt war, „auf Menschen, auf Pferde, in Gärten etc.“ zu werfen. Hier hätte, sofern gerade diese Unkenntnis vom Hintermann ausgenutzt wurde, in der Tat ein vorsatzloses Handeln vorgelegen, das die Bestrafung wegen Anstiftung verhindert hätte. Doch blieb auch hier das Strafbedürfnis gering: In den Fällen des Werfens auf Menschen, Tiere oder auch Gebäude befand sich der Hintermann bereits selbst im Versuchsstadium der §§ 212, 22, 23 I; 223, 223a II, 22 bzw. 303 II. Straflos wäre er allein im Falle des Werfens „in Gärten oder eingeschlossene Räume“ ausgegangen.

b) Abstrakt-gefährliche Handlungen (§ 366 Nr.2 u. 4 a.F.)

Was die zweite Gruppe anbetrifft, so kam sie den (ebenfalls präventiven Zwecken dienenden) Regelungen etwa der StVO oder bestimmter anderer öffentlich-rechtlicher Verordnungen und Gesetze recht nahe. In dieses Rechtsgebiet sind diese Tatbestände ja dann auch, sofern sie nicht gänzlich gestrichen wurden, in mehr oder weniger modifizierter Form als Ordnungswidrigkeiten übernommen worden. Im Bereich des Ordnungswidrigkeitenrechts wird ihrem allgemein erheblich geringeren Unrechtsgehalt einerseits durch die Einordnung als bloßes „Verwaltungsunrecht“ und die Sanktionierung durch Bußen statt Strafen, andererseits aber auch durch die dem geringeren Schuldvorwurf entsprechende, vereinfachende Anwendung des Einheitstäterprinzips (§ 14 OWiG) angemessen Rechnung getragen. Gerade die Vereinfachung und Erleichterung der Rechtsanwendung ist es, die für die Geltung des Einheitstäterprinzips im Ordnungswidrigkeitenrecht den maßgeblichen Grund bildet[430].

Bezeichnend ist, dass bereits in der Zeit der damaligen Gesetzesfassung ein Großteil der „Übertretungen“ als „Polizeidelikte“ angesehen wurde, deren Unrechtsgehalt nicht in der Verwirklichung strafwürdigen Unrechts, sondern (lediglich) in der Nichtbeachtung einer polizeirechtlichen (Ordnungs-)Norm bestand[431]. Daran zeigt sich, dass es jedenfalls bei jenen „Polizeidelikten“ weniger um unmittelbaren Rechtsgüterschutz als um die Aufrechterhaltung öffentlicher Sicherheit und Ordnung durch die Einhaltung allgemeingültiger

[430] Vgl. *Göhler*, OWiG, § 14, Rn. 2.

[431] Diese Unterscheidung wurde insbesondere bei der Frage bemüht, ob die „Polizeidelikte“ auch durch fahrlässiges Handeln verwirklicht werden konnten, obwohl es hierfür im Gesetz keine eigenständige Strafdrohung gab. Zur Problematik der „Polizeidelikte“ eingehend *RG*St 49, 116 (118 f); zusf. *Werner* in LK(8), Vorbem. III. zum 29. Abschnitt.

Verhaltensvorschriften ging, die dann freilich mittelbar auch wieder dem Schutz der jeweiligen Rechtsgüter dienten.

Zu dieser Gruppe lassen sich die oben genannten Beispiele des „Schnellen Fahrens“ (§ 366 Nr.2 a.F.) und des „Fahrens ohne Schellen“ (§ 366 Nr.4 a.F.) zählen, denn es handelt sich bei ihnen um typische Vorschriften zur Verringerung der Gefahren des Straßenverkehrs, um typisierte Sorgfaltspflichten, die dem allgemeinen Gebot des „neminem laedere“ entspringen und sich an jeden Verkehrsteilnehmer richten.

Am Wortlaut der tatbestandlichen Formulierung ändert der Charakter als typisierte Sorgfaltsnorm freilich nichts. Es bleibt dabei, dass die Sanktion nur demjenigen angedroht war, der die tatbestandsmäßige Handlung vornahm, mithin „übermäßig schnell“ oder „ohne Schellen“ *fuhr* oder *ritt*. Dies konnte nur eigenhändig erfolgen. Die Situation entsprach der heutigen Situation bei § 316.

c) Exkurs: Gebote zur Regelung und Ausgestaltung konkreter Lebensbereiche

Nicht zu verwechseln sind die erörterten Verbote abstrakt-gefährlicher Verhaltensweisen mit allgemeingültigen Regelungen und Ausgestaltungen bestimmter Lebensbereiche.

Roxin[432] bildet einen Fall, der in diesem Bereich angesiedelt ist: Jemand verleitet einen Ausländer zum Fahren auf der linken Straßenseite, indem er ihm einredet, in Deutschland gelte das Linksfahrgebot. Nach *Roxin* soll der Hintermann hier mittelbarer Täter des Verstoßes gegen das Rechtsfahrgebot sein können. *Roxin* begründet dies damit, dem Fahren selbst komme kein Unwert zu; die Strafe erhalte erst dadurch ihren Sinn, dass durch das Abweichen von den Verkehrsvorschriften eine Gefahr von Unfällen heraufbeschworen werde. Ob das eigenhändig oder durch einen irrenden Dritten geschehe, sei für die Unrechtsqualität belanglos[433]. Das ist im Ergebnis richtig, denn Tathandlung ist letztlich nicht etwa das „Fahren“ oder das „Fahren auf einer bestimmten Seite“, sondern allein der „Verstoß gegen eine Vorschrift“ als solche (vgl. den Wortlaut des § 49 I Nr.2 StVO als Ahndungstatbestand).

Auch § 8 II 1 StVO in der Fassung, auf die *Roxin* bei seinen Ausführungen Bezug nimmt, lautete ja nicht „Wer auf der linken Seite fährt, wird bestraft“, sondern „Soweit nicht besondere Umstände entgegenstehen, haben Führer von Fahrzeugen auf der rechten Seite der Fahrbahn rechts zu fahren“; und in der heutigen Fassung (§ 2 I 1 StVO) ist keine wesentliche Änderung eingetreten („Fahrzeuge müssen die Fahrbahn benutzen, von zwei Fahrbahnen die rechte.“).

---

[432] TuT, S. 407.

[433] TuT, S. 407 und S. 200.

Hieran wird ganz deutlich, dass diese Vorschriften schon ihrer Formulierung nach nicht darauf ausgerichtet sind, eine *vorgenommene* Tätigkeit zu *ahnden*, sondern ein bestimmtes, zukünftiges und potentielles Verhalten durch *Gebot* vorzuschreiben bzw. zu regeln.

Zwar war das Gebot § 8 II 1 StVO a.F. nur an „Führer von Fahrzeugen" gerichtet, so dass man es insoweit, entsprechend den Sonder*delikten*, als Sonder*gebot* bezeichnen könnte. Es ließe sich dann einwenden, die aus § 8 II 1 StVO a.F. folgende Pflicht träfe gar nicht den, der nicht auch selbst „Fahrzeugführer" sei. Doch eine solche Betrachtungsweise griffe zu kurz. Denn § 8 II 1 StVO a.F. betrifft letztlich gerade nicht den personengebundenen Akt des „Führens" des Fahrzeuges an sich, so wie es in § 316 der Fall ist. Anders als dem „Fahren in fahruntüchtigem Zustand" wohnt dem „Fahren auf der linken Seite" nicht *per se* ein abstraktes Gefährdungsmoment inne (gefährlich ist „Links-Fahren" nur im Zusammenhang mit der Geltung des Rechtsfahrgebots!). Um mit *Roxins* Worten zu sprechen: „Diesem Fahren kommt durch sich selbst kein Unwert zu"[434]. Die Vorschrift über das Rechtsfahrgebot dient lediglich dem Zweck, im Straßenverkehr insgesamt einen geordneten Zustand zu schaffen, indem allein um der Ordnung und Regelung willen alle Fahrzeuge auf einer bestimmten Seite fahren sollen. Und daran wird deutlich, dass die Sondereigenschaft des Pflichtadressaten, des „Fahrzeugführers", wie sie § 8 II 1 a.F. StVO noch postulierte, letztlich gar keine Rolle spielt. Bezeichnenderweise taucht sie in der neueren Gesetzesfassung auch gar nicht mehr auf: § 2 II 1 StVO spricht in seiner jetzt geltenden Fassung nur noch von „Fahrzeugen" (also nicht mehr von Fahrzeug*führern*), die „von zwei Fahrbahnen die rechte benutzen müssen".

Gestört wird der angestrebte Ordnungszustand bereits dann, wenn - in welcher Weise auch immer - die allgemeine Einhaltung des Grundsatzes, dass alle Fahrzeuge auf der rechten Seite fahren sollen, verletzt wird. Dem Hintermann, der den Ausländer zum Fahren auf der linken Seite bewegt, wird man also nicht bescheinigen, er sei „durch einen anderen links *gefahren*" - das wäre schlicht falsch, denn „gefahren" ist er nicht -; vielmehr müsste der Vorwurf dahin lauten, er (selbst) habe die allgemeine Einhaltung des Grundsatzes gestört, dass „Fahrzeuge von zwei Fahrbahnen die rechte benutzen müssen" bzw. dass „Fahrzeugführer (allgemein und ausnahmslos) auf der rechten Seite zu fahren haben". Und diese Störung lässt sich - auch begrifflich - bereits selbst als „Verstoß" (im Sinne des § 49 I Nr.2 StVO) gegen die Grundsatzvorschrift des § 2 I 1 StVO (bzw. § 8 II 1 StVO a.F.) ansehen.

---

[434] TuT, S. 407.

Roxin ist daher jedenfalls im Ergebnis zuzustimmen, doch bedarf es dabei letztlich der Konstruktion des Umwegs über die mittelbare Täterschaft gar nicht. Ein entsprechender „Verstoß" ist konsequenterweise sogar schon dann anzunehmen, wenn der Vordermann gar keine Werkzeugeigenschaft aufweist, denn vom Ergebnis her wird die allgemeine Aufrechterhaltung des Grundsatzes auch durch Animierung selbst voll verantwortlicher Personen zum Regelverstoß ebenso gefährdet. In der Sache läuft diese Betrachtung freilich auf ein Einheitstäterprinzip hinaus, wie es in der Regelung des § 14 OWiG in diesem Bereich ja auch gerade seinen Niederschlag gefunden hat.

Zusammenfassung:

Soweit § 25 I die „Selbst"-Begehung und die Begehung „durch einen anderen" gegenüberstellt, ist damit allein die Differenzierung zwischen unmittelbarer und mittelbarer Täterschaft angesprochen. Davon zu unterscheiden sind die Verwendung des Begriffes „Selbst-Begehung" im engeren Sinne des „Selbst-*Handelns*" des Täters und der „Selbst-Begehung" im normativen Sinne der Anwendung des jeweiligen Straftatbestandes auf den - unmittelbaren oder mittelbaren - Täter. Die Selbst-Begehung im engeren Sinne charakterisiert hierbei jeweils ein tatsächliches Geschehen, das im eigenen körperlichen Tätigwerden des Täters liegt. Die Selbst-Begehung im normativen Sinne charakterisiert die (abschließende) rechtliche Bewertung des Gesamtverhaltens des Täters als einem konkreten gesetzlichen Straftatbestand subsumierbar.

A. Die Phase der Selbst-Begehung im engeren Sinne (Selbst-*Handlung*) als Beginn einer jeden (Straf-)Tatbegehung

Bei beiden Täterschaftsformen - der unmittelbaren wie auch der mittelbaren Täterschaft - durchläuft der Täter zu Beginn der „Begehung" die Phase der Selbst-Begehung im engeren Sinne, d.h., diejenige Phase, in der er seinen inneren Willen unter Einsatz seines Körpers in die Außenwelt treten lässt. Bei der unmittelbaren Täterschaft *kann* diese Phase schon mit der Erfolgsherbeiführung einhergehen, doch ist das keineswegs zwingend. Bei der mittelbaren Täterschaft liegt diese Phase zumeist in dem Funktionalisierungsakt, den der Täter in Richtung des Werkzeuges vornimmt.

I. Energieeinsatz durch Benutzung des eigenen Körpers

Zur ersten Vermittlung des inneren Willens in die Außenwelt bedarf es zunächst immer des energetischen Einsatzes durch Benutzung des eigenen Körpers, sei es durch Freisetzung unmittelbar wirkender (Stoß, Schlag) oder mittelbar wirkender Energie (Abdrücken einer Pistole), sei es durch Einleitung eines sozialen Kommunikationsprozesses (Sprache, Schrift). Alle rechtlich relevanten Veränderungen der sozialen Außenwelt gehen denknotwendig mit einer unmittelbaren *physischen* Vermittlung einher. Die Phase der ersten Energiefreisetzung, die den physischen Vermittlungsprozess erst in Gang setzt, führt der Täter immer „eigenhändig" aus. Erschöpft sich in der Vornahme der entsprechenden Handlung bereits die tatbestandliche Handlungsbeschreibung, lässt sich von einer „eigenhändigen" Verwirklichung des Tatbestandes sprechen.

II. Veränderung in der sozialen Außenwelt

Ziel und Folge des Willensvermittlungsaktes ist bei fehlerfreiem Verlauf der Handlung und bei Ablauf des vorausberechneten Kausalverlaufes immer der Eintritt einer Veränderung in der sozialen Außenwelt. Diese Veränderung kann physischer, aber auch sozialer Natur sein. Sie kann sich auch in der Vornahme der Handlung selbst erschöpfen. Entscheidend hierbei ist, wo bei wertender Betrachtung der Schwerpunkt liegt. So ist der Tod oder die Verletzung eines Menschen ein Zustand, der unter rein physikalischen bzw. biologischen Gesichtspunkten betrachtet und als solcher festgestellt werden kann. Die Außenweltveränderung hingegen, die etwa durch eine Beleidigung hervorgerufen wird, besteht darin, dass in der Psyche eines anderen Menschen ein Zustand eintritt, der für diesen als unerwünscht anzusehen ist und von ihm auch so empfunden wird. Nur unter diesem rein sozialen Kriterium wird die Beleidigung rechtlich beschrieben und bewertet.

Die Handlung des Täters und die Außenweltveränderung, zu der sie führt, ergeben zusammengenommen die (Straf-)Tat als ein sich ereignendes, reales Geschehen der Lebenswirklichkeit.

III. Zusammenhang zwischen Handlung und Außenweltveränderung

Die Außenweltveränderung kann mit der Handlungsvornahme uno actu zusammenfallen, sie kann aber auch erst aufgrund eines mit der Handlung initiierten, determinierten Prozesses eintreten. Schließt sich ein solcher Geschehensprozess an, lassen sich im wesentlichen die naturgesetzliche und die soziale Determinierung unterscheiden.

1. Naturgesetzliche Determinierung

Der an das Verhalten des Täters anknüpfende Prozess kann darauf beschränkt sein, nunmehr allein nach Naturgesetzen abzulaufen (Bsp.: der geworfene Stein trifft das Ziel und beschädigt es; der gezogene Abzug löst den Zündmechanismus der Waffe aus, der wiederum die Kugel aus dem Lauf schleudert, die das Opfer trifft und dessen körperliche Integrität zerstört). Der äußere Geschehensverlauf ist in diesen Fällen rein naturgesetzlich determiniert, denn er wird - den entsprechenden Gesetzen der Physik und der Biologie folgend - unweigerlich in der jeweiligen vorausberechenbaren Weise verlaufen, wenn er nicht von unvorhergesehenen Störfaktoren unterbrochen wird. Ob man bei diesen Konstellationen noch von einer „eigenhändigen“ Begehung sprechen kann, hängt vom jeweiligen tatbestandlichen Handlungsmerkmal und vom Einzelfall ab.

2. Soziale Determinierung

Der Prozess kann sich aber über die naturgesetzlichen Regeln hinaus auch nach sozialen Regeln richten und insoweit vorhersehbar und determiniert sein (Bsp.: das vom Management in die Produktion genommene schädliche Holzschutzmittel wird produziert und über zahlreiche Zwischenabnehmer verkauft; der Brief mit der Briefbombe oder beleidigendem Inhalt wird von der Post befördert und gelangt in den Briefkasten des Empfängers; der Lkw-Fahrer hält vor der Sitzblockade an und macht dadurch den folgenden Fahrzeugen die Weiterfahrt unmöglich). Eine solche soziale Determinierung ist immer dann anzunehmen, wenn auf dem Wege zwischen eigenhändigem Handeln des Täters und dem Erfolgseintritt zwar dritte Personen eine Rolle spielen, diesen aber nicht - wie im Rahmen der mittelbaren Täterschaft - eine „Werkzeugeigenschaft" zukommt, sondern die Dritten sich vielmehr in ihrer Person rechtmäßig und ggf. sogar sozial erwünscht verhalten. Symptomatisch ist hier, dass eine Täterschaft des jeweiligen Delikts seitens der beteiligten Dritten bereits in den meisten Fällen im objektiven Tatbestand, und zwar unter dem Kriterium der „Sozialadäquanz", auszuscheiden wäre. Denn diese Menschen tun nichts, was von der Rechtsordnung als über das „erlaubte Risiko" hinausgehende Gefahr missbilligt würde. So verlangt die Rechtsordnung weder vom Postboten, den jeweils einzuwerfenden Brief auf seinen Inhalt hin zu kontrollieren (sie verbietet es ihm sogar!) noch verlangt sie vom Einzelhändler die Kontrolle aller von ihm verkauften Waren auf schädliche Wirkungen. Die Frage eines „Strafbarkeitsdefizits" stellt sich hier schon allein deswegen nicht, weil die zwischengeschalteten Personen bereits rein äußerlich das tun, was die Rechtsordnung von ihnen verlangt und ihnen gegenüber auch die Vermutung entgegenbringt, dass sie das Vorliegen einer Ausnahmesituation weder erkannt haben noch hätten erkennen können.

Die soziale Determinierung baut hierbei immer auf der naturgesetzlichen Determinierung auf, dabei können die Grenzen fließend sein (Bsp.: Einsatz eines Tieres).

B. Die Selbst-Begehung im Sinne unmittelbarer Täterschaft

Soweit der Begriff der Selbst-Begehung im Sinne der Täterschaftsdogmatik als „unmittelbare Täterschaft" (§ 25 I Alt.1) verwendet wird, bildet er den Komplementärbegriff zur Begehung „durch einen anderen" (§ 25 I Alt.2), der „mittelbaren Täterschaft". Der Gehalt des Begriffes der „unmittelbaren Täterschaft" lässt sich in Abgrenzung zur mittelbaren Täterschaft letztlich nur negativ dahingehend bestimmen, dass er alle diejenigen Formen der Tatbegehung erfasst, die nicht der mittelbaren Täterschaft unterfallen. Unmittelbare Täterschaft liegt also immer dann vor, wenn der Täter in seiner Person die Merkmale eines gesetzlichen Straftatbestandes erfüllt, ohne dass es für diese rechtliche Bewertung des Rückgriffs auf die Figur der mittelbaren Täterschaft bedarf.

Nicht gleichgesetzt werden darf der Begriff „unmittelbare Täterschaft" mit dem Begriff „Eigenhändigkeit", denn die Begriffe decken sich nicht. Zwar ist im Falle „eigenhändiger" Verwirklichung des Tatbestandes immer unmittelbare Täterschaft gegeben, doch gilt dies nicht umgekehrt, wie etwa der Fall des gehetzten Hundes zeigt.

C. Die Mittelbare Täterschaft

I. Grundprinzip

Die mittelbare Täterschaft steht als Täterschaftsform gleichberechtigt neben der unmittelbaren Täterschaft, doch stellt nach dem gesetzgeberischen Leitbild und der historischen Entwicklung der Täterschaftsformen die unmittelbare Täterschaft den „Normalfall", die mittelbare Täterschaft den Ausnahmefall dar. In der Rechtspraxis zeigt sich das schon daran, dass auf das Vorliegen der Voraussetzungen des § 25 I Alt.1 (etwa in der Nennung der gesetzlichen Vorschriften im Anklagesatz oder im Urteil) nie hingewiesen wird, die Annahme des § 25 I Alt.2 hingegen klargestellt werden muss.

Zurückzuführen ist dieses Regel-/Ausnahmeverhältnis darauf, dass sich das Gesetz der Ausdrücke der Alltagssprache bedient, deren Funktion in erster Linie darin besteht, konkretes menschliches Verhalten zu *bezeichnen* und zu *beschreiben*, nicht aber es zu *bewerten*. Die einzelnen Begrifflichkeiten des menschlichen Sprachgebrauchs kategorisieren die menschlichen Verhaltensweisen nach unterschiedlichen Ordnungskriterien; so bezeichnen sie etwa auf der einen Seite konkrete menschliche Verhaltensweisen in einer ganz spezifischen Bündelung (Bsp.: „führen" eines Fahrzeugs, „schwören", „den Beischlaf vollziehen") oder aber fassen die unterschiedlichsten menschlichen Verhaltensweisen allein unter nur *einem* gemeinsamen Ordnungskriterium zusammen, so etwa nach ihren (gemeinsamen) Auswirkungen in der Außenwelt im Hinblick auf einen bestimmten Erfolg (Bsp.: „töten"). Bei ersterer Gruppe ist es im wesentlichen schon das „äußere Erscheinungsbild", das über die Anwendung des sprachlichen Begriffes auf die jeweilige konkrete menschliche Verhaltensweise entscheidet, bei letzterer Gruppe hingegen *kann* bereits das äußere Erscheinungsbild - entsprechend dem Alltagssprachgebrauch - die Anwendung des Begriffes zulassen, *muss* es aber nicht. So fallen etwa „klassische" Tötungshandlungen (erschlagen, erschießen etc.) schon nach dem Alltagssprachgebrauch unter den Begriff „töten", da dem Begriff nach seinem alltäglichen Anwendungsbereich gerade die Funktion zukommt, derartige Verhaltensweisen unter dem gemeinsamen Ordnungskriterium der vorsätzlichen

Todesherbeiführung zusammenzufassen. Der gesetzlich-juristische Sprachgebrauch des Begriffs ist indessen nicht auf derartige „klassische" Tötungshandlungen beschränkt, sondern umfasst sämtliche menschlichen Verhaltensweisen, die *in objektiv zurechenbarer Weise den Tod eines Menschen verursachen*, wobei dem Maßstab der „objektiven Zurechnung" letztlich eine juristisch-normative Wertung zugrundeliegt. Der Anwendungsbereich des gesetzlichen Begriffes wird damit gegenüber dem Anwendungsbereich desselben Begriffes in der Alltagssprache um eine juristisch-normative Komponente erweitert, wobei die Grenzen zwischen alltäglichem und juristischem Sprachgebrauch allerdings zumeist fließend sind.

Hier nun ist der eigentliche Anwendungsbereich der Rechtsfigur der „mittelbaren Täterschaft" zu sehen. Dabei lässt sich dieser Rechtsfigur eine *normative* und eine *begriffliche* Komponente entnehmen:

1. Die normative Komponente

Die normative Komponente der mittelbaren Täterschaft liegt darin, festzulegen, wann das Verhalten eines „anderen" (= des Vordermannes) als juristisch „unfrei" und die Gesamtsituation damit als durch den Hintermann „beherrscht" anzusehen ist. Die Maßstäbe für diese Bewertung ergeben sich aus den überkommenen Fallgruppen zur jeweiligen „Werkzeugeigenschaft" des Vordermannes. Als Ausgangspunkte für die Bewertung ist hier auf das „Verantwortungsprinzip" (bzw. in seiner neueren Ausprägung als „Werkzeugprinzip") sowie auf die Regeln der objektiven Zurechnung zu verweisen.
Es kommt letztlich darauf an, ob der Hintermann für das Verhalten des Vordermannes, das naturgesetzlich oder sozial zurechenbar den von der Rechtsordnung unerwünschten Erfolg zeitigte, seinerseits unter wertender Betrachtung verantwortlich ist. Das ist er dann, wenn er - objektiv zurechenbar - den Vordermann in einer der den einzelnen Fallgruppen entsprechenden Weise instrumentalisiert und hierdurch den von der Rechtsordnung dem Rechtsgut gewährten Schutz abgeschwächt oder ganz ausgeschaltet hat. Liegt eine solche Instrumentalisierung/Funktionalisierung vor, ist dem Hintermann der Erfolg als „sein Werk" zuzurechnen.

2. Die begriffliche Komponente

Die begriffliche Komponente der mittelbaren Täterschaft liegt darin, durch den Zusatz „durch einen anderen" bzw. „in mittelbarer Täterschaft" bereits sprachlich zu verdeutlichen, dass bei Anwendung des jeweiligen gesetzlichen Tatbestandes - insbesondere des Handlungsmerkmals - nunmehr die rein alltagssprachliche Begriffsebene verlassen und eine juristisch-normative Ebene betreten wird. Der Zusatz konstituiert damit die Anwendung des

tatbestandlichen Handlungsmerkmals auf den Hintermann. Hierfür kommt es auch nicht darauf an, ob das Handlungsmerkmal etwa in der Person des Vordermannes erfüllt ist oder nicht, weil sich die Tatbestandserfüllung durch den Hintermann allein nach dessen eigenem Verhalten bestimmt.
Bildlich lässt sich die Figur der mittelbaren Täterschaft in diesem Zusammenhang als „Brücke" zwischen (alltagssprachlichem) Begriffs*kern* und (juristisch-normativem) Begriffs*hof* bezeichnen.

Der Zusatz „durch einen anderen" bzw. „in mittelbarer Täterschaft" stellt darüber hinaus klar, dass das gesetzliche Handlungsmerkmal seinem juristisch-normativen Anwendungsbereich nach in der Person des Hintermannes (auch) dann erfüllt ist, wenn auch das Verhalten des Vordermannes (schon) vom alltäglichen Anwendungsbereich des Begriffes erfasst ist. Beispielhaft formuliert: Auch wenn der Vordermann im „klassischen" und dem Alltagssprachgebrauch entsprechenden Sinne „tötet", folgt aus der Figur der mittelbaren Täterschaft, dass gleichwohl derselbe Begriff - nun aber in einem juristisch-normativen Sinne - auf das Verhalten des Hintermannes Anwendung finden kann, sofern denn - was nach den o.g. juristisch-normativen Kriterien zu bestimmen ist - der Vordermann als „Werkzeug" des Hintermannes anzusehen war. In dieser Konstellation liegt ihre Funktion zusätzlich darin, klarzustellen, dass die Tatbestandserfüllung durch den Vordermann die Zurechnung zum Hintermann und damit (auch) die Tatbestandserfüllung in *dessen* Person nicht *hindert.* Vereinfacht gesprochen: Der Hintermann wird mit dem begrifflichen Einwand, nicht *er*, sondern *der Vordermann* habe „getötet", nicht gehört.

II. Abgrenzung zwischen unmittelbarer und mittelbarer Täterschaft

Wann im Einzelfall unmittelbare, wann mittelbare Täterschaft anzunehmen ist, hängt von der Eigenart des jeweiligen Delikts und letztlich auch davon ab, welche Auslegung der zur Anwendung kommende Tatbestand im Hinblick auf Art. 103 II GG im weitesten Falle noch zulässt. Die Grenzen sind dabei von Tatbestand zu Tatbestand, aber auch innerhalb der jeweiligen Tatbestände fließend, so dass hier nur vorsichtige Richtungen angegeben werden können. Insgesamt ergibt sich im einzelnen folgendes Bild:

Eine Anwendung der Figur der mittelbaren Täterschaft kommt immer dann in Betracht, wenn Dritte in das Verhalten eingebunden sind, das unter den Tatbestand einer Verbotsnorm subsumiert werden soll. Je weiter dabei die tatbestandsmäßige Handlung im Hinblick auf die mögliche Einbindung Dritter begrifflich gefasst ist, desto eher kann es vorkommen, dass die Einschaltung Dritter bereits von der tatbestandlichen Handlungsbeschreibung erfasst wird und es deswegen eines Rückgriffs auf die mittelbare Täterschaft gar nicht mehr bedarf. Beispielhaft hierfür ist etwa der Begriff des „Handeltreibens" in § 29 BtMG, dem die Involvierung Dritter - unabhängig vom Vorliegen oder Nichtvorliegen einer „Werkzeug-eigenschaft" - fast schon begriffsimmanent, jedenfalls aber zwanglos subsumierbar ist.

Beschränkt sich die tatbestandsmäßige Handlung allein darauf, die finale und objektiv zurechenbare Herbeiführung eines bestimmten Erfolges zu pönalisieren - der klassische Fall hierfür ist § 212 I -, so liegt in den meisten Fällen mittelbare Täterschaft (erst) dann vor, wenn der in der Außenwelt sichtbare Erfolgseintritt zwar durch ein menschliches Handeln des Vordermannes naturgesetzlich zurechenbar verursacht worden ist, diesem Handeln des Vordermannes der Erfolgseintritt aber zumindest auch *objektiv* zuzurechnen ist. Das ist er z.B. dann nicht, wenn der Vordermann sich mit dem Handeln, das den Erfolgseintritt im naturgesetzlichen Sinne „verursacht", selbst im Bereich sozialadäquaten Verhaltens bewegt (der Postbote, der die Briefbombe einwirft) oder ihm die naturgesetzlich determinierte Folge seines Handelns auch bei pflichtgemäßem Verhalten objektiv nicht erkennbar ist und mit ihr auch schlechterdings nicht gerechnet werden muss (Zündung einer an den Lichtschalter gekoppelten Bombe, durch die ein Dritter getötet wird). Wer tut, was ihm ohnehin objektiv erlaubt ist, kann bei wertender Betrachtung nicht als unfrei angesehen werden. Der Hintermann tut hier nichts anderes, als durch *sein eigenes* Handeln den gewöhnlichen, objektiv vorhersehbaren und auch für alle anderen Beteiligten pflichtgemäßen und mithin auch von der Rechtsordnung als „normal" zugrundegelegten Geschehensablauf in seinem Sinne zu gestalten. Dies rechtfertigt es, das Handeln des Hintermannes in diesen Fällen bereits als im Hinblick auf die Erfolgsherbeiführung unmittelbare Täterschaft einzustufen. Aus Klarstellungsgründen der mittelbaren Täterschaft zuzurechnen sind jedoch diejenigen Fälle, in denen der Vordermann zwar objektiv nicht pflichtwidrig handelt, sein Tun aber dennoch sprachlich - zumindest im Sinne einer *Vorgangs*beschreibung - vom tatbestandlichen Handlungsmerkmal erfasst wird (so etwa die objektiv pflichtgemäß handelnde Krankenschwester, die - unerkannt und unerkennbar - dem Patienten Gift statt Medizin injiziert: im Sinne einer *Vorgangs*beschreibung ließe sich über sie wohl sagen, sie „töte").

III. Die Anwendung des einzelnen BT-Tatbestandes auf den Hintermann als mittelbaren Täter (Selbst-Begehung im normativen Sinne)

Der wohl komplizierteste Teil der Handhabung des § 25 I Alt.2 ist nun die Anwendung des jeweiligen BT-Tatbestandes auf den Hintermann und die „Einpassung" der Figur der mittelbaren Täterschaft in diesen Zusammenhang. Im Ergebnis muss jedes Tatbestandsmerkmal in Bezug auf den Hintermann erfüllt sein (Selbst-Begehung im normativen Sinne). Selbstverständlich ist zunächst, dass mit dem „wer", also dem Subjekt des jeweiligen Tatbestandes,

bei der Anwendung auf den Hintermann immer dieser selbst gemeint ist. Dasselbe gilt für besondere Anforderungen an die Täterschaft bei Sonderdelikten, die immer in der Person des Hintermanns vorliegen müssen. Unproblematisch ist auch, dass in den Fällen, in denen das Handlungs*objekt* in Relation zum Handlungs*subjekt*, also zum „wer" zu bestimmen ist, die Bestimmung des Handlungsobjekts nach dem Hintermann auszurichten ist (so etwa in den Fällen, in denen Handlungs-/Erfolgsobjekt „ein anderer" ist: „Anderer" ist dann immer nach der Person des Hintermannes zu bestimmen, kann mithin auch der Vordermann sein). Und unproblematisch ist schließlich, dass normative Tatbestandsmerkmale, die in Relation zum Handlungssubjekt zu bestimmen sind, entsprechend nach dem Hintermann auszurichten sind (so etwa beim Merkmal „fremd": Das Merkmal ist erfüllt, wenn das Objekt für den Hintermann „fremd" ist, auf die Eigentumsverhältnisse zum Vordermann kommt es nicht an).
Problematisch ist die Frage beim Handlungsmerkmal.

1. Reine Erfolgsdelikte

Beschränkt sich die Handlung auf die objektiv zurechenbare Verursachung eines Erfolges (reine Erfolgsdelikte), so wird *jedenfalls* die Erfolgsverursachung dem Hintermann normativ *als eigene* zugerechnet, obwohl sie naturgesetzlich bzw. sozial dem Vordermann zuzurechnen ist. Begründen lässt sich das damit, dass der Hintermann durch sein *eigenes* Verhalten (Selbst-Begehung im engeren Sinne), namentlich durch das Hervorrufen bzw. Ausnutzen der Werkzeugeigenschaft des Vordermannes, wiederum selbst naturgesetzlich zurechenbar eine erhöhte Gefahr im Hinblick auf den Erfolgseintritt geschaffen hat.

2. Mischformen

Schwieriger stellt sich die Problematik bei den Tatbeständen dar, deren Handlungsmerkmale sich nicht allein auf die Verursachung objektiv zurechenbarer Erfolge beschränken, sondern deskriptiv-typisierende Umschreibungen mit subjektiv-finalen Elementen beinhalten (Bsp.: „wegnehmen"). Allein mit dem Kriterium der objektiven Risikoerhöhung im Hinblick auf eine Erfolgsverursachung kommt man hier nicht weiter, da ein abtrennbarer, naturwissenschaftlich isoliert feststellbarer „Erfolg" oftmals gar nicht erkennbar ist. Derartige Handlungsmerkmale lassen sich grob dahingehend charakterisieren, dass sie lediglich den *Weg* zu einer Veränderung eines Zustandes in der Außenwelt beschreiben, doch kann dieser Zustand immer nur *relativ* zu dem Zustand bestimmt werden, der vor dem Veränderungsakt bestanden hat.

Die begrifflichen Mindestmerkmale (bei der „Wegnahme" etwa die Verursachung des Gewahrsamsbruchs und die Erlangung neuen Gewahrsams) müssen dabei wiederum in der Person des Hintermannes selbst erfüllt sein, doch ist hierzu das Verhalten des zwischengeschalteten Dritten entsprechend einzubeziehen. Das Verhalten des Dritten in seiner Beziehung zum Hintermann wird also *innerhalb* der begrifflichen Wertung berücksichtigt, bleibt aber fremdes Verhalten und wird auch nicht etwa „als eigenes" zugerechnet (Bsp.: eine „Wegnahme" in mittelbarer Täterschaft liegt nur dann vor, wenn das den Gewahrsamsbruch ausführende Werkzeug seinen Gewahrsamswillen dem Hintermann unterordnet und der Hintermann dadurch selbst (mittelbaren) Gewahrsam erlangt bzw. die Zueignung als Fernziel der Wegnahme durch die Inbesitznahme seitens des Werkzeugs bereits antezipiert).

Weist das jeweilige Handlungsmerkmal subjektiv-finale Elemente auf (Bsp.: täuschen), müssen diese in der Person des Hintermannes vorliegen. Ob sie darüber hinaus (auch) in der Person des Vordermannes gegeben sind oder ob aufgrund des Fehlens derartiger Momente in der Person des Vordermannes bereits das tatbestandliche Handlungsmerkmal nicht erfüllt ist, ist für die Täterschaft des Hintermannes nicht entscheidend.

Innerhalb eines Tatbestandes können einzelne Tatbestandsmerkmale in mittelbarer, andere in unmittelbarer Täterschaft erfüllt sein. Subjektive Tatbestandsmerkmale müssen immer (auch) in der Person des Hintermannes vorliegen. Eine Zurechnung subjektiver Tatbestands-merkmale, die nur in der Person des Vordermannes vorliegen, kommt nicht in Betracht.

3. Tätigkeitsdelikte

Pönalisiert das Handlungsmerkmal eine bestimmte Tätigkeit oder Innehabung einer Position, wird der Anwendungsbereich der Figur der mittelbaren Täterschaft insgesamt geringer. Er wird hier gleichsam von zwei Seiten begrenzt:

a) Handlungsimmanente Drittbeteiligung

Je abstrakter die pönalisierte Tätigkeit gefasst ist, desto eher werden bereits vom Begriffssinne her von vornherein auch solche Handlungsweisen erfasst, die die Einschaltung Dritter, unabhängig von deren Gut- oder Bösgläubigkeit, schon per se beinhalten (Beispiele: „Handel treiben" (§ 29 BtMG), „Beziehungen unterhalten" (§ 100), „Nachrichten sammeln", „Nachrichtendienst betreiben (§ 109f I Nr.1 u. 2)). Bei diesen Tathandlungen findet eine Eingrenzung durch die Ausweitung der Begehungsform der unmittelbaren Täterschaft statt.

b) Handlungsimmanenter Bezug zur Person des Ausführenden

Haben die Tathandlungen von Tätigkeitsdelikten hingegen besonders deskriptiven Charakter, beschreiben sie also die Ausführung einer ganz bestimmten menschlichen Tätigkeit, die dann auch noch Bezüge zur Person des Ausführenden aufweist (Bsp.: „führen", „aussagen", „den Beischlaf vollziehen"), kommt eine abstrakt-normative Auslegung nicht mehr in Betracht. Dies folgt daraus, dass sich der begriffsimmanente Bezug dieser Tätigkeiten zur ausübenden Person weder unmittelbar auf den Hintermann beziehen noch über § 25 I Alt.2 diesem zurechnen lässt. Nur wenige Tätigkeitsdelikte sind einer abstrakt-normativen Auslegung bezogen auf den Hintermann zugänglich, so etwa das „In-Gebrauch-Nehmen" eines Fahrzeugs (§ 248b). Jedoch sind in diesem Bereich die Übergänge zwischen (noch) zulässiger und (schon) unzulässiger Auslegung in Bezug auf den Hintermann fließend und hängen maßgeblich vom Bedeutungsgehalt des jeweiligen Tätigkeitsbegriffes ab. Auf der Grenze liegt etwa das „Eindringen" (§ 123). Misst man ihm ein höchstpersönliches (Beleidigungs-)-Moment zu oder stellt man hier konsequent auf das räumliche Moment der tatbestandsmäßigen Handlung („in die Wohnung" etc.) ab, ist eine auf den Hintermann bezogene Auslegung nicht mehr möglich. Sieht man durch den Begriff hingegen allein die Hervorrufung einer Störung des Wohn- oder Hausfriedens (im Sinne eines Erfolgsdeliktes) verkörpert, bleibt eine auf den Hintermann bezogene Auslegung u.U. diskutabel. Bei jenen Tätigkeitsbegriffen mit ausgeprägtem Bezug zur Person des Ausführenden handelt es sich um *eine* Untergruppe derjenigen Delikte, die man als „eigenhändige" bezeichnet.

D. Die „nur-eigenhändige" Begehbarkeit

Eigenhändige Delikte begegnen in mehrerlei Gestalt. Am einfachsten sind sie zu erkennen, wenn sich die nur-eigenhändige Begehbarkeit bereits aus der wörtlich-grammatischen Tatbestandsfassung ergibt.

I. Delikte mit reflexivem Handlungsmerkmal

Letzteres ist der Fall, wenn bereits in der Umschreibung des Handlungsmerkmals durch die Verwendung des Reflexivpronomens „sich" ein derart enger Bezug zur eigenen Person des Handelnden aufgestellt wird, dass begrifflich nur der Handelnde selbst Täter der Tat sein kann. Eine den Tatbestand auf die Möglichkeit mittelbarer Täterschaft erweiternde Auslegung findet ihre Grenze hier unmittelbar in Art. 103 II GG. Schon allein deshalb kann § 25 I Alt.2 nicht helfen, denn eine Zurechnung dergestalt, dass der (mittelbare) Täter dadurch in die Person des Werkzeugs gerückt würde, bei konsequenter Betrachtung also die Reflexivität *fremden* Handelns ihm selbst zugerechnet würde, ist nicht möglich.

Allein auf Reflexivität der Tathandlung beruhende eigenhändige Delikte sind allerdings selten. Als solche lassen sich letztlich wohl nur der Vollrausch (§ 323a) oder die Beteiligung an einer Schlägerei (§ 231 - „Wer *sich* ... beteiligt") anführen.

II. Sonderdelikte

Beim Großteil der übrigen eigenhändigen Delikte mit tatbestandlich reflexivem Handlungsmerkmal treten weitere Gesichtspunkte hinzu. Oft handelt es sich um Sonderdelikte, die von vornherein eine bestimmte Täterqualität voraussetzen. Die Eigenhändigkeit ergibt sich dann entweder bereits aus der Reflexivität des Handlungsmerkmals, aus dem Zusammenspiel zwischen Reflexivität und Sonderdeliktsqualität oder aber aus der Sonderdeliktsqualität selbst. Zu dieser Gruppe gehören etwa die Unfallflucht (§ 142 I), die Fahnenflucht (§ 16 WStG) sowie die erste Alternative des § 175 I a.F. Mitunter ergibt sich das spezifische Unrecht auch gerade aus dem Zusammentreffen einer bestimmten (besonderen) Tätereigenschaft und der Vornahme des Handlungsmerkmals in einer Person (Bsp.: § 173 II 2). Der Wortlaut der jeweiligen Norm lässt in derartigen Fällen keine Zurechnungen der Sondereigenschaft oder der Handlung über § 25 I Alt.2 zu.

III. Eigenhändigkeit kraft Natur des Handlungsmerkmals und „verdeckter" Reflexivität

Darüber hinaus existieren schließlich Tatbestände, bei denen sich die Eigenhändigkeit aus dem Inhalt des Handlungsmerkmals ergibt. Hierzu gehören die uneidliche Falschaussage (§ 153), der Meineid (§ 154), das „Führen" in §§ 315c, 316 I, aber auch in § 132a und in § 4 IV WaffG. In diesen Fällen folgt die Eigenhändigkeit daraus, dass die tatbestandsrelevante Handlung ihrem Inhalt und ihrer Natur nach so sehr an die Person dessen gebunden ist, der sie ausführt, dass eine Zurechnung zu einer anderen Person nicht möglich ist. Charakteristisch ist dabei, dass der Akt der Selbst-Begehung im engeren Sinne - mithin die Phase des Selbst-*Handelns* durch den (notwendig unmittelbaren) Täter - bereits unmittelbar und vollständig das Handlungsmerkmal des Tatbestandes erfüllt, ohne dass es noch auf den Eintritt einer außerhalb des Täterhandlung liegenden Entwicklung oder gar eines Erfolges ankäme[1]. Hier zeigt sich in besonderem Maße, dass auch § 25 I Alt.2 letztlich nicht konstitutiv dazu herangezogen werden kann, den Anwendungsbereich des Handlungsmerkmals der einzelnen Tatbestände über deren weitesten begrifflichen Inhalt hinaus zu erweitern, sondern dass auch diese Vorschrift lediglich *innerhalb* des noch möglichen begrifflichen Auslegungsspielraums (deklaratorisch) zur Vornahme von Zurechnungen der Verantwortungsbereiche der jeweiligen tätig werdenden Personen herangezogen werden kann. Jene letzte

---

[1] Vgl. hierzu auch *Joerden*, Strukturen des strafrechtlichen Verantwortlichkeitsbegriffs, 1987, S. 82 ff (84).

Gruppe zeichnet sich dadurch aus, dass die tatbestandsausfüllenden Tätigkeiten nicht begrifflich, wohl aber *in der Sache* reflexiver Natur sind, da die Handlungen immer den Körper und die Seele des Handelnden als organisatorische Einheit zum Ausgangs- und Bezugspunkt haben. Wer ein Kfz *führt*, kontrolliert es mit seinen eigenen Händen und Füßen unter Zuhilfenahme seiner Wahrnehmung und seiner Reaktionen. Wer *aussagt*, gibt Bekundungen über *seine* erinnerte Wahrnehmung. Wer *schwört*, bürgt mit *seiner* Person für die Wahrhaftigkeit *seiner* Aussage. Wer *sexuelle Handlungen vornimmt*, tut dies - so jedenfalls das gesetzgeberische Leitbild - mit *seinem* Körper und zu *seiner* Sinnenlust. In diesen Fällen lässt sich von *verdeckt* reflexiven Handlungen sprechen, denn oftmals erscheint es nur zufällig, dass die Reflexivität der Handlungen nicht unmittelbar aus der tatbestandlichen Umschreibung entnommen werden kann. So ließen sich des öfteren für die gesetzlichen Handlungen auch synonym reflexive Formulierungen finden.

IV. Adverbiale Bestimmungen

Zu Eigenhändigkeitsphänomenen führen können schließlich auch adverbiale Bestimmungen des Ortes oder der Art und Weise („an einem Ort...“, „im Verkehr“), wenn sie sich auf die Handlung und die Person des Handelnden selbst beziehen. In diesem Bereich bestehen die meisten Auslegungsmöglichkeiten. Entscheidend ist, ob das jeweilige Attribut eher das Handlungs- oder eher das Erfolgsunrecht kennzeichnet. Mitunter können sich dabei sogar innerhalb desselben Tatbestandes je nach konkreter Einzelfallgestaltung unterschiedliche Ergebnisse ergeben (so etwa bei § 167 I Nr.2, s.o. Kapitel 3, F II 3 c)).

V. Delikte mit „überlagernder“ Selbst-Begehung

Nicht wirklich zu den „eigenhändigen“ Delikten zu zählen sind solche Tatbestände, bei denen die Begehung in mittelbarer Täterschaft zwar konstruktiv möglich, praktisch aber unnötig erscheint, weil mit ihr immer auch schon eine Selbst-Begehung (im Sinne unmittelbarer Täterschaft) einherginge. Anders als bei denjenigen Delikten, die man überkommenermaßen als „eigenhändige“ bezeichnet, liegen bei diesen Tatbeständen die Alternativen nicht zwischen der Strafbarkeit als mittelbarer Täter oder der Straflosigkeit (bzw. ggf. der Strafbarkeit wegen Teilnahme), sondern zwischen der Strafbarkeit als mittelbarer Täter oder der Strafbarkeit (sogar) als unmittelbarer Täter. Die Begehungsform der mittelbaren Täterschaft (als Ausnahmefall) wird hier von der Begehungsform der unmittelbaren Täterschaft (als Normalfall) gleichsam „überlagert“. Zu nennen sind insoweit § 336 und § 132 Alt.2. Dogmatische Ähnlichkeiten bestehen einerseits zu den Fahrlässigkeitsdelikten, andererseits zu den Delikten mit drittbeteiligungsimmanenten Handlungsmerkmalen (z.B. §§ 98, 100 I und § 29 BtMG). Terminologisch erschiene es angezeigt, derartige Delikte nicht als „nur-eigenhändig begehbar“, sondern eher als „nur-selbst begehbar“ zu bezeichnen.

V. Irrelevanz der Frage nach Rechtsgüterschutz

Warum der Gesetzgeber die einzelnen Tatbestände im jeweiligen Wortlaut ausgestaltet hat, ist für die Frage der Eigenhändigkeit letztlich nicht von Bedeutung, auch wenn durch die bisherigen Untersuchungen zur Eigenhändigkeit zum Teil eher der gegenteilige Eindruck erweckt wird. Denn es kommt nicht darauf an, welches Rechtsgut der Gesetzgeber durch einen bestimmten Tatbestand schützen wollte oder ob er *überhaupt* ein Rechtsgut ins Auge gefasst hatte; allein entscheidend ist, *dass* er die in Frage stehenden Tatbestände so und nicht anders ausgestaltet hat. Die Frage, ob der Gesetzgeber lediglich in der Vornahme eines bestimmten *Aktes* ein verabscheuungswürdiges Unrecht gesehen hat und er dies im Hinblick auf ein bestimmtes Rechtsgut oder aber nur im Hinblick auf die Verabscheuungswürdigkeit dieses Aktes als solchem pönalisiert hat, ist letztlich unabhängig von der Frage, *wer* den bestimmten Akt nach der jeweiligen gesetzlichen Fassung vornehmen kann und wer nicht. Dabei kommt freilich in Einzelfällen - wenn die begriffliche Auslegung in der einen oder anderen Richtung möglich ist - die Zielrichtung des Gesetzgebers als Auslegungshilfe in Betracht. Doch darf es nicht von der Frage des Rechtsgüterschutzes abhängen, ob und in welchem Maße ein Delikt eigenhändig ist, wenn sich die Eigenhändigkeit bereits aus dem begrenzten deskriptiven Inhalt des tatbestandserfüllenden Handlungsbegriffs selbst ergibt. Über diese Grenze der Auslegung vermag auch die jeweilige Intention des Gesetzgebers nicht mehr hinweg zu verhelfen.

Literaturverzeichnis

Alternativ-Kommentar	Kommentar zum Strafgesetzbuch, Band 3, Darmstadt 1986 (zit.: AK-Bearbeiter)
Ambos, Kai	Tatherrschaft durch Willensherrschaft kraft organisatorischer Machtapparate, in: GA 98, 226 ff
Amelung, Knut	Strafbarkeit von „Mauerschützen" - BGH, NJW 1993, 141, in: JuS 93, 637 ff
-	Die strafrechtliche Bewältigung des DDR-Unrechts durch die deutsche Justiz - ein Zwischenbericht, in: GA 96, 51 ff
-	Zum Verantwortungsmaßstab bei der mittelbaren Täterschaft durch Beherrschung eines nicht verantwortlichen Selbstschädigers, in: Bausteine eines europäischen Strafrechts - Coimbra-Symposium für Claus Roxin, Köln/Berlin/Bonn/München 1995, S. 247 ff. (zit.: Amelung, Bausteine)
Amelung, Knut/ *Brauer,* J.	Anmerkung zu Beschluß des OLG Schleswig v. 15.6.1984 - 1 Ws 366/84, in: JR 85, 474 ff
Arndt, Herbert	Grundriß des Wehrstrafrechts, 2. Aufl., Berlin 1966
Artkämper, Heiko	Hausbesetzer Hausbesitzer Hausfriedensbruch, Jur. Diss., Berlin, 1995 (zit.: Artkämper, Hausfriedensbruch)
Aschrott, P. F. / *Kohlrausch,* Eduard	Reform des Strafrechts, Berlin/Leipzig 1926 (zit.: Aschrott/Kohlrausch)

Auerbach, Heinz	Die eigenhändigen Delikte unter besonderer Berücksichtigung der Sexualdelikte des 4. StrRG, Jur. Diss. (Tübingen), Frankfurt a. M. 1978 (zit.: Auerbach)
Bähr, Heinz	Restriktiver und extensiver Täterschaftsbegriff, Breslau 1933
Bar, L. von	Gesetz und Schuld im Strafrecht, Band II, Die Schuld nach dem Strafgesetze, Berlin 1907
Baumann, Jürgen	Täterschaft und Teilnahme, in: JuS 63, 85 ff
-	Hat oder hatte der Handlungsbegriff eine Funktion ?, in: Gedächtnisschrift für Armin Kaufmann, München 1989, S. 181 ff (zit.: Baumann, GS Armin Kaufmann)
-	Ethische Bindung des Bürgers durch das Strafrecht ?“, in: MschrKrim 1969, 158 ff
-	Glücklichere Menschen durch Strafrecht ?, in: JR 74, 370 ff
-	Rechtsmißbrauch bei Notwehr, in: MDR 62, 349
Baumann, Jürgen/ *Weber,* Ulrich/ *Mitsch,* Wolfgang	Strafrecht Allgemeiner Teil, 10. Aufl., Bielefeld 1995 (zit.: Baumann/Weber/Mitsch, AT)
Behm, Andreas	Die Außerehelichkeit der Vergewaltigung - ein Rechtsproblem ?, in: MDR 86, 886 ff
Beling, Ernst	Die Lehre vom Verbrechen, Tübingen 1906 (Nachdruck Aalen 1964)
-	Zur Lehre von der „Ausführung“ strafbarer Handlungen, in: ZStrW 28 (1908), 589 ff

- Der gegenwärtige Stand der strafrechtlichen Verursachungslehre, in: GS 101 (1932), 1 ff

- Methodik der Gesetzgebung, insbesondere der Strafgesetzgebung, Berlin 1922
(zit.: Beling, Methodik)

Bemmann, Günter — Zum Fall Rose-Rosahl, in: MDR 58, 817 ff

Beulke, Werner — Anmerkung zu Urteil des BGH vom 17. 3. 1982 - 2 StR 314/81, in: NStZ 82, 330 f

- Anmerkung zu BGH-Beschluß vom 16. 5. 1983 - 2 Ars 129/83

- Der Verteidiger im Strafverfahren - Funktionen und Rechtsstellung, Frankfurt a. M. 1980

Binding, Karl — Strafrechtliche und strafprozessuale Abhandlungen, Band I, München/Leipzig 1915
(zit.: Binding, Strafrechtliche Abhandlungen)

- Die drei Subjekte strafrechtlicher Verantwortlichkeit: der Täter, der Verursacher („Urheber") und der Gehilfe, in: GS 71 (1908), S. 1 ff

- Das Subjekt des Verbrechens und die Satzungen des „Vorentwurfs zu einem Deutschen Strafgesetzbuch" über die „Teilnahme", in: GS 76 (1910), 87 ff

- Die Formen des verbrecherischen Subjektes, in: GS 78 (1911), S. 1 ff

- Ueber den Einfluß des Irrthums im Objekte beim Morde und bei der Anstiftung und Hülfsleistung zu diesem Verbrechen, in: GA 1859 (Band 7), 322 ff

- Die Normen und ihre Übertretung, Band III, Leipzig 1918 (Nachdruck Aalen 1965)
(zit.: Binding, Normen)

Blei, Hermann — Strafrecht II. Besonderer Teil, 12. Aufl., München 1983 (zit.: Blei, BT)

\- — Falschverdächtigung durch Beweismittelfiktion, in: GA 57, 139 ff

Bloy, René — Grenzen der Täterschaft bei fremdhändiger Tatausführung, in: GA 96, 424 ff

\- — Die Beteiligungsform als Zurechnungstypus im Strafrecht, Berlin 1985 (zit.: Bloy, Beteiligungsform)

Bockelmann, Paul — Strafrechtliche Untersuchungen, Göttingen 1957

Bodendorf, Tilo — Der Hausfriedensbruch - Sein Rechtsgut und Tatbestand in neuerer Entwicklung, Jur. Diss., Heidelberg 1970 (zit.: Bodendorf, Der Hausfriedensbruch)

Bolowich, Michael — Urheberschaft und reflexives Verständnis, Untersuchungen zur Grundlage einer strafrechtlichen Beteiligungslehre, Jur. Diss., Frankfurt a.M. 1995

Bolwien, Theo — Ausdehnung des Täterbegriffs, Auswirkungen und Grenzen, Jur. Diss., Münster 1938

Borchert, Theodor — Die strafrechtliche Verantwortlichkeit für Handlungen Dritter, insbesondere die Teilnahme am Verbrechen und die mittelbare Täterschaft, Berlin 1888 (zit.: Borchert, MT)

Bottke, Wilfried — Täterschaft und Gestaltungsherrschaft, Zur Struktur von Täterschaft bei aktiver Begehung und Unterlassung als Baustein eines gemeineuropäischen Strafrechtssystems, Heidelberg 1992 (zit.: Bottke, Täterschaft und Gestaltungsherrschaft)

Brandts, Ricarda / *Schlehofer,* Horst — Die täuschungsbedingte Selbsttötung im Lichte der Einwilligungslehre, in: JZ 87, 442 ff

Busch, Richard — Zum Verhältnis von uneidlicher Falschaussage und Meineid, in: GA 55, 257 ff

Busse, Dietrich — Juristische Semantik, Berlin 1993

Bydlinski, Franz — Juristische Methodenlehre und Rechtsbegriff, 2. Aufl., Wien/New York 1991 (zit.: Bydlinski, Methodenlehre)

Canaris, Claus-Wilhelm — Die Feststellung von Lücken im Gesetz, Berlin 1964 (zit.: Canaris, Lücken)

Cancio Meliá, Manuel — Finale Handlungslehre und objektive Zurechnung - Dogmengeschichtliche Betrachtung zur Lehre von der Sozialadäquanz, in: GA 95, 179 ff

Charalambakis, Aristotelis — Selbsttötung aufgrund Irrtums und mittelbarer Täterschaft, in: GA 86, 485 ff

Constadinidis, Angelos — Die „Actio illicita in causa“, Jur. Diss., Würzburg 1981

Cramer, Peter — Teilnahmeprobleme im Rahmen des § 330a StGB, in: GA 61, 97 ff

\- — Gedanken zur Abgrenzung von Täterschaft und Teilnahme, in: Festschrift für Paul Bockelmann zum 70. Geburtstag, München 1979

Deichmann, Marco — Grenzfälle der Sonderstraftat - Zum Problem der Subjektsqualifikation durch besondere persönliche Merkmale bei den Aussage- und Verkehrsdelikten, Jur. Diss., Marburg 1993

Dessecker, Axel — Veränderungen im Sexualstrafrecht, in: NStZ 98, 1 ff

Deutscher, Axel — Grundfragen der falschen Straftatverdächtigung (§ 164 Abs.1 StGB), Jur. Diss. (Bonn), Aachen 1995

Diesselberg, Paul — Täterschaft und Teilnahme beim Sonderdelikt de lege lata et ferenda, Jur. Diss., Tübingen 1931

Dohna, Alexander Graf zu	Übungen im Strafrecht und Strafprozeßrecht, 3. Aufl., 1929
Dörn, Harald	Leichtfertige Steuerverkürzung (§ 378 AO) und leichtfertiger Subventionsbetrug (§ 264 Abs.1, Abs.3 StGB) durch den Steuerberater, in: wistra 94, 215 ff
Dreher, Eduard	Anmerkung zu BGH, Beschl. v. 5. 12. 1967 - 1 StR 447/67 - NJW 68, 511, in: NJW 68, 851 f
-	Die Neuregelung des Sexualstrafrechts eine geglückte Reform ?, in: JR 74, 45 ff
Dreher, Eduard/ *Maassen,* Hermann	Strafgesetzbuch, 1. Aufl., München / Berlin 1954 (zit.: Dreher/Maassen)
Dreier, Horst	Gustav Radbruch und die Mauerschützen, in: JZ 97, 421 ff
Drews, Bill/ *Wacke,* Gerhard/ *Vogel,* Klaus/ *Martens,* Wolfgang	Gefahrenabwehr, 9. Aufl., Köln/Berlin/Bonn/München 1985
Düring, Beate	Amtsanmaßung und Mißbrauch von Titeln, Jur. Diss., Frankfurt a.M. 1990 (zit.: Düring)
Emde, Raimond	Neues über die Mittäterschaft beim Hausfriedensbruch, in: Jura 1992, S. 275 ff
Engelsing, Herbert W.	Eigenhändige Delikte. Eine Untersuchung über die Grenzen mittelbarer Täterschaft, Jur. Diss., Breslau 1926 (zit.: Engelsing)
Engisch, Karl	Die Kausalität als Merkmal der strafrechtlichen Tatbestände, Tübingen 1931

-	Zur „Natur der Sache im Strafrecht“, in: Festschrift für Eberhard Schmidt zum 70. Geburtstag, Göttingen 1961 (zit.: Engisch, FS Eb. Schmidt)
-	Tun und Unterlassen, in: Festschrift für Wilhelm Gallas zum 70. Geburtstag, Berlin/New York 1973, S.163 ff (zit.: Engisch, GS Gallas)
Engländer, Armin	Der Versuchsbeginn bei der Elektrofalle - BGH NStZ 2001, 475, in: JuS 03, 330 ff
Eser, Albin	Schuld und Entschuldbarkeit von Mauerschützen und ihren Befehlsgebern, in: Festschrift für Walter Odersky zum 65. Geburtstag, Berlin/New York 1996, S. 337 ff
-	Strafrecht II, 3. Aufl., München 1980
Fahl, Christian	„Drittzueignung“, Unterschlagung und Irrtum über die eigene Täterschaft, in: JuS 98, 24 ff
Fahnenschmidt, Willi *Klumpe,* Gerhard	Der Anfang vom Ende der actio libera in causa, in: DRiZ 97, 77 ff
Feisenberger, A.	Kriminalistische Umschau - Neues aus der Rechtsprechung, in: ZStrW 38 (1917), 530 ff
Finger, August	Lehrbuch des Deutschen Strafrechts, Berlin 1904
Flegenheimer, Eugen	Das Problem des „dolosen Werkzeugs“, Jur. Diss., Breslau 1913
Folkers, Susanne	§ 177 StGB nach dem 6. StrRG - Eine Abhandlung über ausgewählte neue und alte Probleme, Jur. Diss., Bochum (erscheint 2004)
Frank, Orlik A.	Die Strafbarkeit homosexueller Handlungen, Jur. Diss., Würzburg 1994 (zit.: Frank, Homosexuelle Handlungen)

Frank, Reinhard von — Das Strafgesetzbuch für das Deutsche Reich, 18. Aufl., Tübingen 1931

Frisch, Wolfgang — Zum tatbestandsmäßigen Verhalten der Strafvereitelung-OLG Stuttgart, NJW 1981, 1569, in: JuS 83, 915 ff

\- — Tatbestandsprobleme der Strafvollstreckungsvereitelung, in: NJW 83, 2471 ff

\- — Funktion und Inhalt des „Irrtums“ im Betrugstatbestand, in: Festschrift für Paul Bockelmann zum 70. Geburtstag, München 1979, S. 647 ff

Frühauf, Martin — Eigenhändige Delikte, Jur. Diss., Offenbach 1959 (zit.: Frühauf)

Gallas, Wilhelm — Beiträge zur Verbrechenslehre, Berlin 1968 (zit.: Gallas, Beiträge)

\- — Verleitung zum Falscheid, in: Festschrift für Karl Engisch zum 70. Geburtstag, Frankfurt a.M. 1969, S. 600 ff (zit.: Gallas, FS Engisch)

Geerds, Friedrich — Anmerkung zu Urteil des BayObLG vom 18. 12. 1984 (NJW 85, 1566), in: JR 85, 472 ff

Geppert, Klaus — Ausgewählte Delikte gegen die „öffentliche Ordnung“, insbesondere Amtsanmaßung (§ 132 StGB) und Verwahrungsbruch (§ 133 StGB), in: Jura 86, 590 ff

Gerhardt, Ursula — Die Abgrenzung von Vorbereitung und Versuch bei mittelbarer Täterschaft, Jur. Diss., Bochum 1970 (zit.: Gerhardt, MT)

Gerland, Heinrich — Der Rauschmittelmißbrauch nach § 330a StGB, in: ZStrW 55 (1936), 784 ff

Gierlich, Ernst — Die Grenzen der mittelbaren Täterschaft im Reichsstrafrecht, Jur. Diss. (Heidelberg), Dillenburg 1909 (zit.: Gierlich, MT)

Gimbernat Ordeig, Enrique — Handlung, Unterlassen und Verhalten, in: Gedächtnisschrift für Armin Kaufmann, München 1989, S. 159 ff (zit.: Gimbernat Ordeig, GS Armin Kaufmann)

Göhler, Erich — Gesetz über Ordnungswidrigkeiten, 11. Aufl., München 1995 (zit.: Göhler, OWiG)

Gössel, Karl-Heinz — Über die Vollendung des Diebstahls, in: ZStrW 85 (1973), 591 ff

\- — Anmerkung zu BGH-Urteil vom 16. 9. 1975 (BGHSt 26, 202), in: JR 76, 249 ff

\- — Strafrecht - Besonderer Teil, Band 1, Heidelberg 1987

Goltdammer — Ueber den Kausalzusammenhang und dessen Zurechnung bei fahrlässiger Tödtung, in: GA 1867 (Band 15), 15 ff

Gramsch, Gernot — Versuch und Teilnahme beim Rauschmittelmißbrauch nach § 330a Strafgesetzbuch, in: JW 38, 779 ff

Grimm, Jacob/ *Grimm,* Wilhelm — Deutsches Wörterbuch, Erster Band, Leipzig 1854

Gröger, Heinz — Die Haftung des Amtsträgers nach § 324 StGB, Jur. Diss. (Konstanz), Konstanz 1985

Grünhut, Max — Grenzen strafbarer Täterschaft und Teilnahme, in: JW 32, 366 ff

Grunert, Michael — Grenzen normativer Tatherrschaft bei mittelbarer Täterschaft, Jur. Diss. (Bochum), Bochum 2002 (zit.: Grunert, Grenzen normativer Tatherrschaft)

Haft, Fritjof	Eigenhändige Delikte, in: JA 79, S. 651 ff
Hannapel, Hans / *Melenk*, Hartmut	Alltagssprache - Semantische Grundbegriffe und Analysebeispiele, München 1979 (zit.: Hannapel/Melenk, Alltagssprache)
Hardtung, Bernhard	Die „Rechtsfigur" der actio libera in causa beim strafbaren Führen eines Fahrzeugs und anderen Delikten: Möglichkeiten und Grenzen der Bestrafung, in: NZV 97, 97 ff
Hassemer, Winfried	Produktverantwortung im modernen Strafrecht, Heidelberg 1993 (zit.: Hassemer, Produktverantwortung)
-	Professionelle Adäquanz, in: wistra 95, 41 ff, 81 ff
Heck, Philipp	Gesetzesauslegung und Interessenjurisprudenz, Tübingen 1914 (zit.: Heck, Gesetzesauslegung)
Hegler, August	Zum Wesen der mittelbaren Täterschaft, in: Die Reichsgerichtspraxis im deutschenRechtsleben - Festgabe der juristischen Fakultäten zum 50jährigen Bestehen des Reichsgerichts (1. Oktober 1929), Band V, Berlin/Leipzig 1929, S. 305 ff (zit.: Hegler, Festgabe RG V)
-	Mittelbare Täterschaft bei nichtrechtswidrigem Handeln der Mittelsperson, Leipzig 1932
Heine, Günter/ *Meinberg*, Volker	Das Umweltstrafrecht - Grundlagen und Perspektiven einer erneuten Reform, in: GA 90, 1 ff
Herberger, Maximilian / *Koch*, Hans-Joachim	Zur Einführung: Juristische Methodenlehre und Sprachphilosophie, in: JuS 78, 810 ff
Hergt, Raimund	Die Lehre von der Teilnahme am Verbrechen, Heidelberg 1909 (zit.: Hergt, Teilnahme)

Herzberg, Rolf Dietrich — Täterschaft, Mittäterschaft und Akzessorietät der Teilnahme, in: ZStrW 99 (1987), 49 ff

- Mittelbare Täterschaft bei rechtmäßig oder unverboten handelndem Werkzeug, Berlin 1967 (zit.: Herzberg, MT)

- Täterschaft und Teilnahme, München 1977 (zit.: Herzberg, T/T)

- Abergläubische Gefahrabwendung und mittelbare Täterschaft durch Ausnutzung eines Verbotsirrtums, in: Jura 90, 16 ff

- Die Problematik der „besonderen persönlichen Merkmale“ im Strafrecht, in: ZStrW 88 (1976), 68 ff

- Gedanken zum strafrechtlichen Handlungsbegriff und zur 'vortatbestandlichen' Deliktsverneinung, in: GA 96, 1 ff

- Akzessorietät der Teilnahme und persönliche Merkmale, in: GA 91, 145 ff

- Der agent provocateur und die „besonderen persönlichen Merkmale“ (§ 28 StGB), in: JuS 83, 737 ff

- Eigenhändige Delikte, in: ZStrW 82 (1970), 896 ff

- Die Sorgfaltswidrigkeit im Aufbau der fahrlässigen und der vorsätzlichen Straftat, in: JZ 87, S. 536 ff

- Gedanken zur actio libera in causa: Straffreie Deliktsvorbereitung als 'Begehung der Tat' (§§ 16, 20, 34 StGB), in: Festschrift für Günter Spendel zum 70. Geburtstag am 11. Juli 1992, Berlin/New York 1992, S. 203 ff (zit.: Herzberg, FS Spendel)

- Das vollendete vorsätzliche Begehungsdelikt als qualifiziertes Versuchs-, Fahrlässigkeits- und Unterlassungsdelikt, in: JuS 96, S. 377

- Strafbare Nötigung durch Versperren des Fahrwegs ?, in: GA 96, 557 ff

- Die Quasi-Mittäterschaft bei § 216 StGB: Straftat oder straffreie Suizidbeteiligung ? - BGH, NJW 1987, 1092, in: JuS 88, 771 ff

- Der Anfang des Versuchs bei mittelbarer Täterschaft, in: JuS 85, 1 ff

- Tatbestands- oder Verbotsirrtum ?, in: GA 93, 439 ff

- Die nötigende Gewalt (§ 240 StGB) - Probleme der begrifflichen Ein- und Abgrenzung -, in: GA 97, 251 ff

- Beteiligung an einer Selbsttötung oder tödlichen Selbstgefährdung als Tötungsdelikt (Teil 4), in: JA 85, 336 ff

- Mittelbare Täterschaft und Anstiftung in formalen Organisationen, in: *Amelung*, Knut (Hrsg.): Individuelle Verantwortung und Beteiligungsverhältnisse bei Straftaten in bürokratischen Organisationen des Staates, der Wirtschaft und der Gesellschaft, S. 33 ff (zit.: *Herzberg* in *Amelung* (Hrsg.), Individuelle Verantwortung)

- Der Versuch, die Straftat durch einen anderen zu begehen, in: Festschrift für Claus Roxin zum 70. Geburtstag, Berlin/New York 2001, S. 749 ff (zit.: Herzberg, FS Roxin)

Hettinger, Michael — Zur Strafbarkeit der „fahrlässigen actio libera in causa", in: GA 89, 1 ff

Hilgendorf, Eric — Zur Lehre vom „Erfolg in seiner konkreten Gestalt“, in: GA 95, 515 ff

Hippel, Robert von — Deutsches Strafrecht Band 2: Das Verbrechen (Allgemeine Lehren), Berlin 1930 (Neudruck Aalen 1971) (zit.: Hippel, Strafrecht II)

Hirsch, Hans Joachim — Strafrechtliche Verantwortung von Unternehmen, in: ZStrW 95, 285 f

\- — Anmerkung zu BGH-Urteil vom 22. 8. 1996 - 4 StR 217/96, in: NStZ 97, 230 ff

\- — Der Streit um Handlungs- und Unrechtslehre, insbesondere im Spiegel der Zeitschrift für die gesamte Strafrechtswissenschaft, Teil I: ZStrW 93 (1981), 831 ff; Teil II: ZStrW 94 (1982), 239 ff

Hoegel — Akzessorische Natur der Teilnahme, mittelbare Täterschaft, Eventualvorsatz, in: ZStrW 37 (1916), 651 ff

Höpfner — Zur Lehre von der mittelbaren Täterschaft, in: ZStrW 22 (1902), 205 ff

Hörl, Johann-Gottfried — Das sakrale Moment bei der Strafdrohung zum Meineid, Jur. Diss., München 1963

Horn, Eckhard — Anmerkung zu BGH-Urteil vom 24. 9. 1980 - 3 StR 255/80 (BGHSt 29, 336), in: JR 81, 251 ff

\- — Der Anfang vom Ende der actio libera in causa, in: StV 97, S. 264 ff

\- — Strafbares Fehlverhalten von Genehmigungs- und Aufsichtsbehörden, in: NJW 81, 1 ff

\- — Anmerkung zu BGH-Urteil vom 3. 11. 1993 , 2 StR 321/93 (BGHSt 39, 381), in: JZ 94, 636

Hoyer, Andreas — Straßenblockade als Gewalt in mittelbarer Täterschaft - BGH, NJW 1995, 2643, in: JuS 96, 200 ff

\- — Die traditionelle Strafrechtsdogmatik vor neuen Herausforderungen: Probleme der strafrechtlichen Produkthaftung, in: GA 96, 160 ff

Hruschka, Joachim — Die Nötigung im System des Strafrechts, in: JZ 95, 737 ff

\- — Strafrecht nach logisch-analytischer Methode, 2. Aufl., Berlin/New York 1988 (zit.: Hruschka, Strafrecht)

Huber, Dieter Christian — Die mittelbare Täterschaft beim gemeinen vorsätzlichen Begehungsdelikt, Jur. Diss., Zürich 1995 (zit.: Huber, MT)

Hübner, Engelbert — Das Problem des dolosen Werkzeugs im geltenden Reichsstrafrecht, Jur. Diss., (Breslau)1926 (zit.: Hübner, Doloses Werkzeug)

Hünerfeld, Peter — Mittelbare Täterschaft und Anstiftung im Kriminalstrafrecht der Bundesrepubilik Deutschland, in: ZStrW 99 (1987), 228 ff

Hüwels, Hermann — Fehlerhafter Gesetzesvollzug und strafrechtliche Zurechnung, Berlin 1986

Ihering, Rudolf von — Scherz und Ernst in der Jurisprudenz, Leipzig 1884 (zitiert nach *Solbach*, JA 80, 45 ff)

Immel, Burkhard — Strafrechtliche Verantwortlichkeit von Amtsträgern im Umweltstrafrecht, Jur. Diss. (Gießen), Frankfurt a.M. 1987

Jähnicke, Heinz — Die Blutschande, Jur. Diss, Kiel 1929 (zit.: Jähnicke, Blutschande)

Jakobs, Günther — Strafrecht Allgemeiner Teil, 2. Aufl., Berlin/New York 1991 (zit.: Jakobs, AT)

\- — Untaten des Staates - Unrecht im Staat, in: GA 94, 1 ff

\- — Der strafrechtliche Handlungsbegriff, München 1992

\- — Objektive Zurechnung bei mittelbarer Täterschaft durch ein vorsatzloses Werkzeug, in: GA 1997, 553 ff

Jellinek, Walter — Gesetz, Gesetzesanwendung und Zweckmäßigkeitserwägung, Tübingen 1913 (Nachdruck Aalen 1964) (zit.: Jellinek, Gesetz)

Jerouschek, Günter — Die Rechtsfigur der actio libera in causa: Allgemeines Zurechnungsprinzip oder verfassungswidrige Strafbarkeitskonstruktion ?, in: JuS 97, 385 ff

Jescheck, Hans-Heinrich/ *Weigend,* Thomas — Lehrbuch des Strafrechts, Allgemeiner Teil, 5. Aufl., Berlin 1996 (zit.: Jescheck/Weigend AT)

Joerden, Jan C. — Strukturen des strafrechtlichen Verantwortlichkeitsbegriffs: Relationen und ihre Verkettungen, Berlin 1987

Johannes, Hartmut — Mittelbare Täterschaft bei rechtmäßigem Handeln des Werkzeugs - Ein Scheinproblem, Jur. Diss., Frankfurt a.M. 1963 (zit.: Johannes, MT)

Jun, Ji-Yun — Die mittelbare Täterschaft bei der Suizidbeteiligung nach deutschem und koreanischem Strafrecht, Jur. Diss., Göttingen 1992 (zit.: Jun, MT)

Jung, Heike — Anmerkung zu BGH-Urteil vom 26. 7. 1994, 5 StR 98/94, in: JuS 95, 173 f (Rechtsprechungsübersicht)

Kadel, Bertold — Versuchsbeginn bei mittelbarer Täterschaft - versuchte mittelbare Täterschaft, in: GA 83, 299 ff

Kahle, Franz — Der Mißbrauch von Titeln, Berufsbezeichnungen und Abzeichen, Jur. Diss., Marburg 1995 (zit.: Kahle, Mißbrauch von Titeln)

Kaufmann, Arthur — Die ontologische Struktur der Handlung - Skizze einer personalen Unrechtslehre, in: Festschrift für Hellmuth Mayer zum 70. Geburtstag am 1. Mai 1965, Berlin 1966, S. 79 ff (zit.: A. Kaufmann, FS H. Mayer)

\- — Die finale Handlungslehre und die Fahrlässigkeit, in: JuS 67, 145 ff

Kelker, Brigitte — Der Nötigungsnotstand, Jur. Diss. (Frankfurt a.M.), Berlin 1993

Keller, R. — Anmerkung zu Urteil des OLG Frankfurt a.M. vom 22. 5. 1987 - 1 Ss 401/86, in: JR 88, 172 ff

Kern, Eduard — Die Teilnahme im E 25, in: GS 92 (1926), 125 ff

Kienapfel, Diethelm — Das Prinzip der Einheitstäterschaft, in: JuS 74, S. 1 ff

Kindhäuser, Ulf — Betrug als vertypte mittelbare Täterschaft, in: Festschrift für Günter Bemmann zum 70. Geburtstag am 15. Dezember 1997, Baden-Baden 1997, S. 339 ff (zit.: Kindhäuser, FS Bemmann)

Klöpper, Karl — Das Verhältnis von § 173 StGB zu Art. 6 Abs.1 GG, München 1995 (zit.: Klöpper)

Kluckhohn — Die Verleitung eines Geisteskranken zum Meineid, in: GS 86 (1919), 315 ff

Koch, Hans-Joachim — Unbestimmte Rechtsbegriffe und Ermessensermächtigungen im Verwaltungsrecht, Frankfurt a.M. 1979 (zit.: Koch, Rechtsbegriffe)

-	Die juristische Methode im Staatsrecht, Frankfurt a.M. 1977 (zit.: Koch, Methode im Staatsrecht)
Köhler, Michael	Strafrecht Allgemeiner Teil, Hamburg 1996 (zit.: Köhler, AT)
König, Bettina	Todesbegriff, Todesdiagnostik und Strafrecht: Zur Strafbarkeit todesdiagnostischer Maßnahmen, dargestellt am Beispiel der Zerebralangiographie, Jur. Diss. (Kiel), Frankfurt a.M. 1989
Körner, Harald Hans	Betäubungsmittelgesetz, München 1994 (zit.: Körner, BtMG)
Kohlrausch, Eduard	Das kommende Deutsche Strafrecht, in: ZStrW 55 (1935), 384 ff
Kohlrausch, Eduard/ *Lange*, Richard	Strafgesetzbuch, 43. Aufl., Berlin 1961 (zit.: Kohlrausch/Lange)
Krekeler, Wilhelm	Strafrechtliche Grenzen der Verteidigung, in: NStZ 89, 146 ff
Krüger, Sven	Der Versuchsbeginn bei mittelbarer Täterschaft, Jur. Diss., Frankfurt/Berlin 1994 (zit.: Krüger, Versuchsbeginn)
Kudlich, Hans	Ein Schnäpschen in Ehren - die Giftfalle des Apothekers - BGH NJW 1997, 3453, in: JuS 98, 596 ff.
Kühl, Kristian	Strafrecht Allgemeiner Teil, 4. Aufl., München 2002 (zit.: Kühl, AT)
-	Versuch in mittelbarer Täterschaft - BGHSt 30, 363, in: JuS 83, 180 ff
Küper, Wilfried	Zum Verhältnis der beiden Begehungsformen des § 132 StGB, in: JR 67, 451 ff

-	Ein 'neues' Bild der Lehre von Täterschaft und Teilnahme, in: ZStrW 105 (1993), 445 ff
-	Versuchsbeginn und Mittäterschaft, Hamburg 1978 (zit.: Küper, Versuchsbeginn)
-	Der Versuchsbeginn bei mittelbarer Täterschaft, in: JZ 83, 361 ff
-	Der 'verschuldete' rechtfertigende Notstand, Berlin 1983
-	Grenzfragen der Unfallflucht, in: JZ 81, 209 ff
-	Mittelbare Täterschaft, Verbotsirrtum des Tatmittlers und Verantwortungsprinzip, in: JZ 89, 935 ff
-	Überlegungen zum sog. Pflichtwidrigkeitszusammenhang beim Fahrlässigkeitsdelikt, in: Festschrift für Karl Lackner zum 70. Geburtstag, Berlin/New York 1987, S. 247 ff (zit.: Küper, FS Lackner)
Küpper, Georg	Anspruch und wirkliche Bedeutung des Theorienstreits über die Abgrenzung von Täterschaft und Teilnahme, in: GA 86, 437 ff
-	Zur Abgrenzung der Täterschaftsformen, in: GA 98, 519 ff
Kuhlen, Lothar	Grundfragen der strafrechtlichen Produkthaftung, in: JZ 94, 1142 ff
-	Zum Umweltstrafrecht in der Bundesrepublik Deutschland (2. Teil), in: WiVerw 92, 215 ff
Lackner, Karl/ *Kühl,* Kristian	Strafgesetzbuch mit Erläuterungen, 24. Aufl., München 2001 (zit.: Lackner/Kühl)

Lampe, Ernst-Joachim — Die Kausalität und ihre strafrechtliche Funktion, in: Gedächtnisschrift für Armin Kaufmann, München 1989, S. 189 ff (zit.: Lampe, GS Armin Kaufmann)

\- — Juristische Semantik, Bad Homburg/Berlin/Zürich, 1970

\- — Systemunrecht und Unrechtssysteme, in: ZStrW 106 (1994), 683 ff

Lange, Richard — Der moderne Täterbegriff und der deutsche Strafgesetzentwurf, Berlin/Leipzig 1935

Langer, Winrich — Das Sonderverbrechen, Berlin 1971

Larenz, Karl — Rechtswidrigkeit und Handlungsbegriff im Zivilrecht", in: Vom Deutschen zum Europäischen Recht - Festschrift für Hans Dölle, Band I, Tübingen 1963, S. 169 ff

\- — Methodenlehre der Rechtswissenschaft, 6. Aufl., Berlin/Heidelberg/New York 1991 (zit.: Larenz, Methodenlehre)

Leipziger Kommentar — 6./7. Aufl., Berlin 1951; 10. Aufl., Berlin/New York 1989; 11. Aufl. Berlin/New York 1993-1997 (zit.: LK(Aufl.)-Bearbeiter)

Leiss, Elisabeth — Die Verbkategorien des Deutschen - Ein Beitrag zur Theorie der sprachlichen Kategorisierung, Berlin/New York 1992

Lenckner, Theodor — Zum Tatbestand der Strafvereitelung, in: Gedächtnisschrift für Horst Schröder, München 1978, S. 339 ff (zit.: Lenckner, GS Schröder)

\- — Notwehr bei provoziertem und verschuldetem Angriff, in: GA 61, 299 ff

- Begünstigung, Strafvereitelung und Vereidigungsverbot nach § 60 Nr.2 StPO, in: NStZ 82, 401 ff

Lesch, Heiko H. Täterschaft und Gestaltungsherrschaft, - Überlegungen zu der gleichnamigen Monographie von Wilfried Bottke, GA 141 (1994), S. 112 ff

Less, Günter Gibt es strafbare mittelbare Täterschaft, wenn der Tatmittler rechtmäßig handelt ?, in: JZ 51, 550 ff

Ling, Michael Die Unterbrechung des Kausalzusammenhanges durch willentliches Dazwischentreten eines Dritten, Jur. Diss. (Mainz), Berlin 1996

Liszt, Franz von Lehrbuch des Deutschen Strafrechts, Band I, 10. Aufl., Berlin 1900; 21.-22- Aufl., Berlin/Leipzig 1919 (zit.: v. Liszt, Lb.)

- Strafrechtsfälle zum akademischen Gebrauch, 13. Aufl., Jena 1922 (herausgegeben von Heinrich Rosenfeld)

Liszt, Franz von/ *Schmidt*, Eberhard Lehrbuch des Deutschen Strafrechts, 26. Aufl., Berlin/Leipzig 1932 (zit.: v. Liszt/Schmidt)

Löwe-Krahl, Oliver Beteiligung von Bankangestellten an Steuerhinterziehungen ihrer Kunden - die Tatbestandsmäßigkeit berufstypischer Handlungen, in: wistra 95, 201 ff

Löwe-Rosenberg Die Strafprozeßordnung und das Gerichtsverfassungsgesetz, Großkommentar, Dritter Band, 24. Aufl., Berlin/New York 1987 (zit.: LR-Bearbeiter)

Lony, Fritz Extensiver oder restriktiver Täterbegriff ?, Breslau-Neukirch 1934

Lorenz, Frank-Lucien	„Rechtsgeltung", DDR-"Geschichte" und Angemessenheit von Strafe, in: JZ 94, 398 ff
Lukas, Mathias	„Tatbestandsmäßiges Verhalten" versus „objektive Zurechnung" im Strafrecht, Jur. Diss., Würzburg 1996 (zit.: Lukas, Tatbestandsmäßiges Verhalten)
Lyons, John	Semantik, Band II, München, 1983 (zit.: Lyons, Semantik II)
Maier, Karl-Heinz	Die mittelbare Täterschaft bei Steuerdelikten, in: MDR 86, 358 ff
Maiwald, Manfred	Zur strafrechtssystematischen Funktion des Begriffs der objektiven Zurechnung, in: Festschrift für Koichi Miyazawa, Baden Baden 1995, S. 465 ff (zit.: Maiwald, FS Miyazawa)
-	Literaturbericht Strafrecht - Allgemeiner Teil (Teilnahmelehre), in: ZStrW 88 (1976), 712 ff
-	Der Zueignungsbegriff im System der Eigentumsdelikte, Heidelberg 1970
Maurach, Reinhart	Deliktscharakter und Auslegung der Notzuchtsbestimmung des § 177 StGB, in: NJW 61, 1050 ff
-	Deutsches Strafrecht, Besonderer Teil, 3. Aufl., München 1959
Maurach, Reinhart/ *Schroeder,* Friedrich-Christian/ *Maiwald,* Manfred	Strafrecht Besonderer Teil, Teilband 1, 9. Aufl., Heidelberg 2003 Strafrecht Besonderer Teil, Teilband 2, 8. Aufl., Heidelberg 1999 (zit.: Maurach/Schroeder/Maiwald, BT 1 / BT 2)
Maurach, Reinhart/ *Zipf,* Heinz	Strafrecht Allgemeiner Teil, Teilband 1, 8. Aufl., Heidelberg 1992 (zit.: Maurach/Zipf, AT 1)

Maurach, Reinhart/ *Gössel,* Karl-Heinz/ *Zipf,* Heinz — Strafrecht, Allgemeiner Teil, Teilband 2, 7. Aufl., Heidelberg 1989 (zit.: Maurach/Gössel/Zipf, AT 2)

Mayer, Hellmuth — Das Strafrecht des Deutschen Volkes, Stuttgart 1936

Mayer, Max-Ernst — Der allgemeine Teil des deutschen Strafrechts, Heidelberg 1915 (zit.: M.E. Mayer, AT)

\- — Der Causalzusammenhang zwischen Handlung und Erfolg im Strafrecht, Freiburg. i.B./Leipzig/Tübingen 1899

Meinberg, Volker — Amtsträgerstrafbarkeit bei Umweltbehörden, in: NJW 86, 2220 ff

Merkert, Hubert — Anmerkung zu Urteil des OLG Stuttgart vom 10. 11. 1961 - 1 Ss 767/61 (NJW 62, 502), in: NJW 62, 1023

Mewes, Hans — Mittäterschaft beim Hausfriedensbruch, in: Jura 91, S. 628 ff

Meyer, Maria-Katharina — Ausschluß der Autonomie durch Irrtum, Köln/Berlin/Bonn/München 1984 (zit.: M.K. Meyer)

Meyer, Hugo/ *Allfeld,* Philipp — Lehrbuch des Deutschen Strafrechts, Band 1, Allgemeiner Teil, 9. Aufl., Leipzig 1934 (zit.: Meyer/Allfeld)

Mezger, Edmund — Strafrecht, 3. Aufl., Berlin/München 1949

\- — Mittelbare Täterschaft und rechtswidriges Handeln, in: ZStrW 52 (1932), 529 ff

Mezger, Edmund/ *Blei,* Hermann — Strafrecht I. Allgemeiner Teil, 13. Aufl., München 1968 (zit.: Mezger/Blei, AT)

Michalke, Regina — Die Strafbarkeit von Amtsträgern wegen Gewässerverunreinigung (§ 324 StGB) und umweltgefährdender Abfallbeseitigung in neuem Licht, in: NJW 94, 1693 ff

Miehe, Olaf — Rechtfertigung und Verbotsirrtum - Zum Stand der Diskussion über die Strafbarkeit der Todesschützen an Berliner Mauer und innerdeutscher Grenze, in: Festschrift für Wolfgang Gitter, Wiesbaden 1995, S. 647 ff (zit.: Miehe, FS Gitter)

Mir Puig, Santiago — Über das Objektive und das Subjektive im Unrechtstatbestand, in: Gedächtnisschrift für Armin Kaufmann, München 1989, S. 253 ff (zit.: Mir Puig, GS Armin Kaufmann)

Miseré, Christof W. — Die Grundprobleme der Delikte mit strafbegründender besonderer Folge, Jur. Diss., Köln/Berlin 1997 (zit.: Miseré)

Mitsch, Wolfgang — Grundfälle zu den Tötungsdelikten, in: JuS 95, 888 ff

Mittermaier, W. — Gutachten über § 300 RStGB, in: ZStrW 21 (1901), 197 ff; 235 ff: Bemerkungen zur sog. mittelbaren Thäterschaft

Möhrenschläger, Manfred — Neuere Entwicklungen im Umweltstrafrecht des Strafgesetzbuches, in: NuR 83, 209 ff

Mohrbotter, Kurt — Anmerkung zu BGH - Beschluß v. 5. 12. 1967 - 1 StR 447/67, in: JZ 68, 476

Müller, Friedrich — Juristische Methodik, 3. Aufl., Berlin 1989 (zit.: Müller, Methodik)

Müller-Dietz, H. — Anmerkung zu Beschluß des HansOLG Bremen v. 4. 12. 1980 - BL 337/80, in: JR 81, 475 ff

Murmann, Uwe — Die Nebentäterschaft im Strafrecht, Berlin 1993 (zit.: Murmann, Nebentäterschaft)

- — Tatherrschaft durch Weisungsmacht, in: GA 96, 269 ff

- — Zur mittelbaren Täterschaft bei Verbotsirrtum des Vordermannes, in: GA 98, 78 ff

Nagler, Johannes — Die Teilnahme am Sonderverbrechen - Ein Beitrag zur Lehre von der Teilnahme, Leipzig 1903

Neumann, Ulfried — Abgrenzung von Teilnahme am Selbstmord und Tötung in mittelbarer Täterschaft - BGHSt 32, 38 ff, in: JuS 85, 677 ff

- — Anmerkung zu BGH-Urteil vom 22. 8. 1996 (BGHSt 42, 235), in: StV 97, 23 ff

Nomos-Kommentar — zum Strafgesetzbuch, Baden-Baden 1995 (zit.: NK-Bearbeiter)

Nowakowski, Friedrich — Tatherrschaft und Täterwille, in: JZ 56, 545 ff

Oehler, Dietrich — Das objektive Zweckmoment in der rechtswidrigen Handlung, Berlin 1959 (zit.: Oehler, Objektives Zweckmoment)

Orlich, Bernhard — Die Abgrenzung von Täterschaft und Teilnahme bei den Begehungsdelikten, zugleich: Ein Beitrag zur Lehre vom tatbestandsmäßigen Unrecht, Jur. Diss. München 1977

Otto, Harro — Anstiftung und Beihilfe, in: JuS 82, S. 557 ff

- Eigenverantwortliche Selbstschädigung und -gefährdung sowie einverständliche Fremdschädigung und -gefährdung, in: Festschrift für Herbert Tröndle zum 70. Geburtstag am 24. August 1989, Berlin/New York 1989, S. 157 ff (zit.: Otto, FS Tröndle)

- Grundkurs Strafrecht - Die einzelnen Delikte, 4. Aufl., Berlin/New York 1995

- Mittäterschaft beim Fahrlässigkeitsdelikt, in: Jura 90, 47 ff

- Täterschaft, Mittäterschaft, mittelbare Täterschaft, in: Jura 87, 246 ff

- Actio libera in causa, in: Jura 86, 426 ff

- Anmerkung zu Beschluß des OLG Schleswig v. 15.6.1984 - 1 Ws 366/84, in: NStZ 85, 75 f

- Das neue Umweltstrafrecht, in: Jura 95, 134 ff

- Grundsätzliche Problemstellungen des Umweltstrafrechts, in: Jura 91, 308 ff

- Mittelbare Täterschaft und Verbotsirrtum, in: Festschrift für Claus Roxin zum 70. Geburtstag, Berlin/New York 2001, S. 483 ff (zit.: Otto, FS Roxin)

Paeffgen, Hans-Ullrich Actio libera in causa und § 323a StGB, in: ZStrW 97 (1985), 513 ff

- Verwaltungsakt-Akzessorietät im Umweltstrafrecht, in: Festschrift für Walter Stree und Johannes Wessels zum 70. Geburtstag, Heidelberg 1993, S. 587 ff (zit.: Paeffgen, FS Stree/Wessels)

Papageorgiou-Gonatas, Stylianos — Wo liegt die Grenze zwischen Vorbereitungshandlungen und Versuch, Jur. Diss. München, 1988

Peters, Karl — Sexualstrafrecht - Gedanken zum Alternativ-Entwurf, in: MschrKrim 1969, S. 41 ff

Petri, Konrad — Die mittelbare Täterschaft, Jur. Diss., Breslau 1911

Pfohl, Michael — Strafbarkeit von Amtsträgern wegen Duldung unzureichender Abwasserreinigungsanlagen, in: NJW 94, 418 ff

Piotet, Paul — Systematik der Verbrechenselemente und Teilnahmelehre, in: ZStrW 69 (1957), 14 ff

Podlech, Adalbert — Die Rechtsnatur der Verkehrszeichen und die öffentlich-rechtliche Dogmatik, in: DÖV 67, S. 740 ff

Preisendanz, Holger — Strafgesetzbuch, 30. Aufl., 1978

Radbruch, Gustav — Zur Systematik der Verbrechenslehre, in: Festgabe für Reinhard von Frank, Band I, Tübingen 1930 (Neudruck Aalen 1969), S. 158 ff

Rackow, Peter — Die „Körperliche Misshandlung" als Erfolgsdelikt, in: GA 03, 135 ff

Randerath, Joachim — Die Problematik der Strafvereitelung als Erfolgsdelikt, Jur. Diss., Köln 1990

Randt, Karsten — Mittelbare Täterschaft durch Schaffung von Rechtfertigungslagen - Zugleich ein Beitrag zur Kritik am Verantwortungsptinzip, Jur. Diss. (Kiel), Baden-Baden 1997 (zit.: Randt, MT)

Rath, Jürgen — Zur actio libera in causa bei Schuldunfähigkeit des Täters, in: JuS 95, 405 ff

Rehberg, Jörg — 'Fremdhändige' Täterschaft bei Verkehrsdelikten ?, in: Festgabe zum 65. Geburtstag von Hans Schultz, Bern 1977, S. 72 ff (zit.: Rehberg, FG H. Schultz)

Reitz, Werner — Die bußgeldrechtliche Verantwortung des steuerlichen Beraters, in: DStR 84, 91 ff

Renzikowski, Joachim — Restriktiver Täterbegriff und fahrlässige Beteiligung, Tübingen 1997

Rittau, Martin — Wehrstrafgesetz, Berlin 1958

Roeder, Hermann — Exklusiver Täterbegriff und Mitwirkung am Sonderdelikt, in: ZStrW 69 (1957), 223 ff

Röh, Lars — Die kausale Erklärung überbedingter Erfolge im Strafrecht, Jur. Diss. (Bonn), Frankfurt a.M. 1995 (zit.: Röh, Überbedingte Erfolge im Strafrecht)

Röhl, Klaus F. — Allgemeine Rechtslehre, Köln/Berlin/Bonn/München 1994

Rohlff, Anne — Die Täter der „Amtsdelikte", Jur. Diss., Berlin 1995

Rosenberg, Leo / *Schwab,* Karl Heinz / *Gottwald,* Peter — Zivilprozeßrecht, 15. Aufl., München 1993 (zit.: Rosenberg/Schwab/Gottwald)

Rosenkaymer, Joern — Täterschaft und Teilnahme bei der Strafvereitelung (§ 258 StGB), Jur. Diss., Bochum 1988 (zit.: Rosenkaymer)

Rotsch, Thomas — Die Rechtsfigur des Täters hinter dem Täter bei der Begehung von Straftaten im Rahmen organisatorischer Machtapparate und ihre Übertragbarkeit auf wirtschaftliche Organisationsstrukturen, in: NStZ 98, 491 ff

Roxin, Claus — Strafrecht Allgemeiner Teil Band I, 3. Aufl., München 1997 (zit.: Roxin, AT I)

\- — Strafrecht Allgemeiner Teil Band II, München 2003 (zit.: Roxin, AT II)

\- — Täterschaft und Tatherrschaft, 7. Aufl., Berlin 2000 (zit.: Roxin, TuT)

\- — Finalität und objektive Zurechnung, in: Gedächtnisschrift für Armin Kaufmann, München 1989, S. 237 ff (zit.: Roxin, GS Armin Kaufmann)

\- — Bemerkungen zur actio libera in causa, in: Festschrift für Karl Lackner zum 70. Geburtstag, Berlin/New York 1987, S. 307 ff (zit.: Roxin, FS Lackner)

\- — Die Sterbehilfe im Spannungsfeld von Suizidteilnahme, erlaubtem Behandlungsabbruch und Tötung auf Verlangen, in: NStZ 87, 345 ff

\- — Tatentschluß und Anfang der Ausführung beim Versuch, in: JuS 79, 1 ff

\- — Zur Kritik der finalen Handlungslehre, in: ZStrW 74 (1962), 515 ff

\- — Was ist Beihilfe ?, in: Festschrift für Koichi Miyazawa, Baden Baden 1995, S. 501 ff (zit.: Roxin, FS Miyazawa)

- Der Anfang des beendeten Versuchs, in: Festschrift für Reinhart Maurach zum 70. Geburtstag, Karlsruhe 1972, S. 213 ff (zit.: Roxin, FS Maurach)

- Ein „neues“ Bild des Strafrechtssystems, in: ZStrW 83 (1971), 369 ff

- Zur Dogmatik der Teilnahmelehre im Strafrecht, in: JZ 66, 293 ff

- Anmerkung zu BGH-Urteil vom 26. 7. 1994 - 5 StR 98/94, in: JZ 95, 49 ff

Rudolphi, Hans-Joachim — Anmerkung zu Urteil des HansOLG Hamburg v. 23. 9. 1980 - 1 Ss 118/80, in: JR 81, 160 ff

- Anmerkung zu Urteil des BGH vom 4. 8. 1983 - 4 StR 378/83, in: JR 84, 338

- Strafrechtliche Verantwortlichkeit der Bediensteten von Betrieben für Gewässerverunreinigungen und ihre Begrenzung durch den Einleitungsbescheid, in: Festschrift für Karl Lackner zum 70. Geburtstag, Berlin/New York 1987, S. 863 ff (zit.: Rudolphi, FS Lackner)

- Täterschaft und Teilnahme bei der Strafvereitelung, in: Strafverfahren im Rechtsstaat - Festschrift für Theodor Kleinknecht zum 75. Geburtstag“, München 1985, S. 379 ff (zit.: Roxin, FS Kleinknecht)

- Strafbarkeit der Beteiligung an den Trunkenheitsdelikten im Straßenverkehr, in: GA 70, 353 ff

- Primat des Strafrechts im Umweltschutz ?, in: NStZ 84, 193 ff

- Probleme der strafrechtlichen Verantwortlichkeit von Amtsträgern für Gewässerverunreinigungen, in: Festschrift für Hanns Dünnebier zum 75. Geburtstag, Berlin/New York, 1982, S. 561 ff (zit.: Roxin, FS Dünnebier)

Rüther-Ehlermann, Adelheid / *Rüther,* C. F. — Justiz und NS-Verbrechen, Band II, Amsterdam 1969

Salger, Hannskarl / *Mutzbauer,* Norbert — Die actio libera in causa - eine rechtswidrige Rechtsfigur, in: NStZ 93, S. 561 ff

Samson, Erich — Anmerkung zu BGH-Urteil vom 21. 6. 1995 - 2 StR 758/94, StV 96, 73, in: StV 96, 93 f

- Grundprobleme des Unterschlagungstatbestandes (§ 246 StGB), in: JA 90, 5 ff

- Grundprobleme der Urkundenfälschung, in: JuS 70, S. 369 ff

Sancinetti, Marcelo A. — Subjektive Unrechtsbegründung und Rücktritt vom Versuch - Zugleich eine Untersuchung der Unrechtslehre von Günther Jakobs, Köln/Berlin/Bonn/München 1995

Sander, Günter M. — Zur Beurteilung exhibitionistischer Handlungen, Jur. Diss., Berlin 1996 (zit.: Sander, Exhibitionistische Handlungen)

Sauer, Wilhelm — System des Strafrechts, Besonderer Teil, Köln/Berlin 1954

Schaffstein, Friedrich — Die Risikoerhöhung als objektives Zurechnungsprinzip im Strafrecht, insbesondere bei der Beihilfe, in: Festschrift für Richard M. Honig, Göttingen 1970, S. 169 ff

-	Der Täter hinter dem Täter bei vermeidbarem Verbotsirrtum und verminderter Schuldfähigkeit des Tatmittlers, in: NStZ 89, 153 ff
Schall, Hero	Auslegungsfragen des § 179 StGB und das Problem der eigenhändigen Delikte - KG, NJW 1977, 817, in: JuS 79, 104 ff
-	Umweltschutz durch Strafrecht: Anspruch und Wirklichkeit, in: NJW 90, 1263 ff
-	Zur Strafbarkeit von Amtsträgern in Umweltbehörden - BGHSt 38, 325, in: JuS 93, 719 ff
Scheffler, Uwe	Der Erlaubnistatbestandsirrtum und seine Umkehrung, das Fehlen subjektiver Rechtfertigungselemente, in: Jura 93, 617 ff
Schild, Wolfgang	Strafrechtsdogmatik als Handlungslehre ohne Handlungsbegriff, in: GA 95, 101 ff
-	Täterschaft als Tatherrschaft, Berlin 1994
-	Die „Merkmale" der Straftat und ihres Begriffs, Ebelsbach 1979
Schilling, Georg	Der Verbrechensversuch des Mittäters und des mittelbaren Täters, Bonn 1975 (zit.: Schilling)
Schirrmacher, Gesa	Anmerkung zu BGH-Urteil vom 3. 11. 1993 - 2 StR 321/93 (BGHSt 39, 381), in: JR 95, 386 ff
Schlehofer, Horst	Vorsatz und Tatabweichung, Köln/Berlin/Bonn/München 1996
-	Juristische Methodologie und Methodik der Fallbearbeitung, in: JuS 92, 572 ff, 659 ff
Schmidhäuser, Eberhard	Was ist aus der finalen Handlungslehre geworden ?, in: JZ 86, 109 ff

- Gedanken zum strafrechtlichen Handlungsbegriff, in: GA 96, 303 ff

- Begehung, Handlung und Unterlassung im Strafrecht, in: Gedächtnisschrift für Armin Kaufmann (s.o.), S. 131 ff (zit.: Schmidhäuser, GS Armin Kaufmann)

- 'Objektiver' und 'subjektiver' Tatbestand: Eine verfehlte Unterscheidung, in: Lebendiges Strafrecht - Festgabe zum 65. Geburtstag von Hans Schultz, Bern 1977, S. 61 ff (= Schweizerische Zeitschrift für Strafrecht, Band 94 (1977)) (zit.: Schmidhäuser, FG H. Schultz)

- Strafrecht Allgemeiner Teil, Studienbuch, 2. Aufl., Tübingen 1984 (zit.: Schmidhäuser, AT)

- Strafrecht Besonderer Teil, 2. Aufl., Tübingen 1983 (zit.: Schmidhäuser, BT)

- Form und Gehalt der Strafgesetze, Göttingen 1988

- Anmerkung zu BGH-Urteil vom 5.7.1983 (BGHSt 32, 38) - 1 StR 168/83, in: JZ 84, 195 f

Schmidt, Eberhard — Militärstrafrecht, Berlin 1936

- Die mittelbare Täterschaft, in: Festgabe für Reinhard von Frank zum 70. Geburtstag, Band 2, Tübingen 1930, S. 106 ff (zit.: Eb. Schmidt, FG Frank II)

Schneider, Egon — Über den Begriff der „Aussage" in §§ 153, 154 StGB, in: GA 56, 337 ff

Schneider, Hannelies — Die Grenzen der mittelbaren Täterschaft, Jur. Diss., Marburg 1965 (zit.: H. Schneider)

Schneider, Karl — Die mittelbare Täterschaft und die Beteiligung an der Selbstschädigung, Jur. Diss., Homburg (Saar) 1939

Schöch, Heinz	Beendigung lebenserhaltender Maßnahmen, in: NStZ 95, 153 ff
Schölz, Joachim	Wehrstrafgesetz, 2. Aufl., München 1975 (zit.: Schölz)
Schönke, Adolf/ *Schröder*, Horst	Strafgesetzbuch, 25. Aufl., München 1997 (zit.: Sch/Sch-Bearbeiter)
Schroeder, Friedrich-Christian	Das neue Sexualstrafrecht, Karlsruhe 1975 (zit.: Schroeder, Sexualstrafrecht)
-	Der Täter hinter dem Täter, Berlin 1965 (zit.: Schroeder, ThT)
-	Die Herbeiführung einer Unterschrift durch Täuschung oder Zwang, in: GA 74, 225 ff
-	Beihilfe zum Selbstmord und Tötung auf Verlangen, in: ZStrW 106 (1994), 565 ff
-	Der Sprung des Täters hinter dem Täter aus der Theorie in die Praxis, in: JR 95, 177 ff
-	Anmerkung zu BGH-Urteil vom 7. 9. 1995 - 1 StR 236/95 (BGHSt 41, 242), in: JR 96, 210
Schröder, Horst	Über die Abgrenzung des Diebstahls von Betrug und Erpressung, in: ZStrW 60 (1941), 33 ff
-	Eigenhändige und Sonderdelikte bei Fahrlässigkeitstatbeständen, in: Festschrift für Hellmuth von Weber zum 70. Geburtstag, Bonn 1963, S. 233 ff (zit.: Schröder, FS v. Weber)
Schubarth, Martin	Eigenhändiges Delikt und mittelbare Täterschaft, in: SchwZStr 96, 325 ff

Schünemann, Bernd — Die Gesetzesinterpretation im Schnittfeld von Sprachphilosophie, Staatsverfassung und juristischer Methodenlehre, in: Festschrift für Ulrich Klug zum 70. Geburtstag, Band I, Köln 1983, S. 169 ff (zit.: Schünemann, FS Klug)

\- — Die Strafbarkeit von Amtsträgern im Gewässerstrafrecht, in: wistra 86, 235 ff

Schulz, Uwe — Die mittelbare Täterschaft kraft Organisationsherrschaft - eine notwendige Rechtsfortbildung ? - BGH, NJW 1994, 2703, in: JuS 97, 109 ff

Schumacher, Helmut — Verben in Feldern - Valenzwörterbuch zur Syntax und Semantik deutscher Verben, Berlin/New York 1986 (zit.: Schumacher, Verben in Feldern)

Schumann, Heribert — Strafrechtliches Handlungsunrecht und das Prinzip der Selbstverantwortung der Anderen, Tübingen 1986 (zit.: Schumann, Handlungsunrecht)

Schwab, Hans-Jörg — Täterschaft und Teilnahme bei Unterlassungen, Jur. Diss., München 1995

Schwenck, Hans-Günther — Wehrstrafrecht, Frankfurt a.M.,1973

Seebode, Manfred — Das Verbrechen der Rechtsbeugung, Jur. Diss., Würzburg 1968/Darmstadt 1969

Sick, Brigitte — Sexuelles Selbstbestimmungsrecht und Vergewaltigungsbegriff, Jur. Diss. (Tübingen), Berlin 1993 (zit.: Sick, Sexuelles Selbstbestimmungsrecht)

Siepmann, Andreas — Abgrenzung zwischen Täterschaft und Teilnahme im Rahmen der Strafvereitelung, Jur. Diss., Münster 1988

Sippel, Kurt | Mittelbare Täterschaft bei deliktisch handelndem Werkzeug, in: NJW 83, 2226 ff

\- | Nochmals: Mittelbare Täterschaft bei deliktisch handelndem Werkzeug, in: JA 84, 480 f

\- | Anmerkung zu BGH-Urteil vom 5.7.1983 (BGHSt 32, 38) - 1 StR 168/83, in: NStZ 84, 357 f

Spendel, Günter | Der „Täter hinter dem Täter“ - eine notwendige Rechtsfigur ?, in: Festschrift für Richard Lange zum 70. Geburtstag, Berlin/New York 1976, S. 147 ff (zit.: Spendel, FS Lange)

\- | Actio libera in causa und Verkehrsstraftaten, in: JR 97, 133 ff

\- | Fahrlässige Teilnahme an Selbst- und Fremdtötung, in: JuS 74, 749 ff

Spiegel, Hanns Ulrich von | Nochmals: Mittelbare Täterschaft bei deliktisch handelndem Werkzeug, in: NJW 84, S. 110 f

Stäcker, Hans Christian | Mittelbare Täterschaft und actio libera in causa bei der Trunkenheit im Verkehr, § 316 StGB, Jur. Diss., Kiel 1991 (zit.: Stäcker, MT)

Stein, Ulrich | Die strafrechtliche Beteiligungsformenlehre, Berlin 1988 (zit.: Stein, Beteiligungsformen)

Steindorf, Joachim | Waffenrecht, 6. Aufl., München 1995

Sternberg-Lieben, Detlev | Tod und Strafrecht, in: JA 97, 80 ff

Stratenwerth, Günter | Gibt es eigenhändige Delikte ?, in: SchwZStr 97, 86 ff

\- | Strafrecht, Allgemeiner Teil I, Die Straftat, 3. Aufl. 1981 (zit.: Stratenwerth, AT)

Stree, Walter	Begünstigung, Strafvereitelung und Hehlerei, in: JuS 76, 137 ff
Struensee, Eberhard	Der subjektive Tatbestand des fahrlässigen Delikts, in: JZ 87, S. 53 ff
-	'Objektives' Risiko und subjektiver Tatbestand, in: JZ 87, S. 541 ff
Stübel, Christoph Carl	Ueber den Thatbestand der Verbrechen, die Urheber derselben und die zu einem verdammenden Endurtheile erforderliche Gewißheit des erstern, besonders in Rücksicht der Tödtung, nach gemeinen in Deutschland geltenden und Chursächsischen Rechten, Wittenberg 1805 (zit.: Stübel, Ueber den Thatbestand...)
Systematischer Kommentar	zum Strafgesetzbuch, 4. Aufl., Frankfurt/Main 1986 (zit.: SK-Bearbeiter)
Tag, Brigitte	Beihilfe durch neutrales Verhalten, in: JR 97, 49 ff
Teubner, Ernst	Mittelbare Täterschaft bei deliktisch handelndem Werkzeug, in: JA 84, 144 f
Tiedemann, Klaus/ *Kindhäuser,* Urs	Umweltstrafrecht Bewährung oder Reform ?, in: NStZ 88, 337 ff
Toepel, Friedrich	Aspekte der „Rose-Rosahl"-Problematik: Die Perspektive des Hintermannes, das Blutbadargument und die versuchte Anstiftung, in: JA 97, 344 ff
Tröndle, Herbert	Verwaltungshandeln und Strafverfolgung - konkurrierende Instrumente des Umweltrechts ?, in: Gedächtnisschrift für Karlheinz Meyer, Berlin/New York 1990, S. 607 ff (zit.: Tröndle, GS Meyer)
-	Strafgesetzbuch und Nebengesetze, 48. Aufl., München 1997 (zit.: Tröndle)

Uthmann, Joerg von — Der Urheber des Verbrechens - Ein Exkurs in das Niemandsland zwischen Täterschaft und Teilnahme, Jur. Diss., München 1963

Wachenfeld, F. — Mittelbare Täterschaft und doloses Werkzeug, in: ZStrW 40 (1919), 129 ff

Wank, Rolf — Die juristische Begriffsbildung, München 1985 (zit.: Wank, Begriffsbildung)

Weber, Hellmuth von — Zum Aufbau des Strafrechtssystems, Jena 1935

Weber, Ulrich — Strafrechtliche Verantwortlichkeit von Bürgermeistern und leitenden Verwaltungsbeamten im Umweltrecht, Würzburg, 1988 (zit.: Weber, Strafrechtliche Verantwortlichkeit im Umweltrecht)

Wegner, Arthur — Strafrecht Allgemeiner Teil, Göttingen 1951 (zit.: Wegner, AT)

Welp, Jürgen — Der praktische Fall - Strafrecht: Die Falle, in: JuS 67, 507 ff

Welzel, Hans — Das Deutsche Strafrecht, 11. Aufl., Berlin 1969 (zit.: Welzel, Lb.)

\- — Das neue Bild des Strafrechtssystems, 2. Aufl., Göttingen 1952

\- — Die deutsche strafrechtliche Dogmatik der letzten 100 Jahre und die finale Handlungslehre, in: JuS 66, 421 ff

\- — Vom Bleibenden und vom Vergänglichen in der Strafrechtswissenschaft, Marburg 1964 (zit.: Welzel: Vom Bleibenden und Vergänglichen)

Wessels, Johannes/ *Beulke*, Werner — Strafrecht Allgemeiner Teil, 32. Aufl., Heidelberg 2002 (zit.: Wessels/Beulke, AT)

Wessels, Johannes/ *Hettinger*, Michael — Strafrecht Besonderer Teil -1, 26. Aufl., Heidelberg 2002 (zit.: Wessels/Hettinger, BT 1)

Weyers, Hans-Leo — Über die „Unmittelbarkeit" als Rechtsbegriff, in: JZ 91, 999 ff

Winkelbauer, Wolfgang — Die strafrechtliche Verantwortung von Amtsträgern im Umweltstrafrecht, in: NStZ 86, 149 ff

Winter, Ernst — Die mittelbare Täterschaft - insbesondere eine systematische Behandlung der einzelnen Fälle, Jur. Diss., Münster 1917 (zit.: Winter, MT)

Woelk, Birgit — Täterschaft bei zweiaktigen Delikten - Am Beispiel des § 307 Nr. 3 StGB", Jur. Diss. (Kiel), Berlin 1994 (zit.: Woelk, Täterschaft)

Wohlers, Wolfgang — Der Erlaß rechtsfehlerhafter Genehmigungsbescheide als Grundlage mittelbarer Täterschaft, in: ZStrW 96, 61 ff

\- — Trunkenheitsfahrten als eigenhändige Delikte, in: SchwZStr 98, 95 ff

Wolf, Paul — Betrachtungen über die mittelbare Täterschaft, Jur. Diss., Breslau 1927 (zit.: Wolf, MT)

Wolff, Matthias — Das Ende der actio libera in causa, in: NJW 97, 2032 f

Wolff-Reske, Monika — Berufsbedingtes Verhalten als Problem mittelbarer Erfolgsverursachung, Jur. Diss., Berlin 1995

Wüllenkemper, Dirk — Probleme der Steuerhinterziehung in mittelbarer Täterschaft in Parteispendenfällen, in: wistra 89, 46 ff

Wunderlich, Dieter — Grundlagen der Linguistik, Hamburg 1974 (zit.: Wunderlich, Linguistik)

Zehnpfennig, Wilhelm Abgrenzung der mittelbaren Täterschaft gegenüber der Anstiftung, Jur. Diss., Köln 1932

Zimmerl, Leopold Grundsätzliches zur Teilnahmelehre, in: ZStrW 49 (1929), 39 ff

Zippelius, Reinhold Juristische Methodenlehre, 6. Aufl., München 1994 (zit.: Zippelius, Methodenlehre)

SCHRIFTEN ZUM STRAFRECHT UND STRAFPROZESSRECHT

Herausgegeben von Manfred Maiwald

Band 1 Christian-Peter Frees: Die steuerrechtliche Selbstanzeige. Zur kriminalpolitischen Zweckmäßigkeit des § 371 AO. 1991.

Band 2 Norbert Joachim: Der Hörensagenbeweis im Strafverfahren. 1991.

Band 3 Alfred A. Göbel: Die Einwilligung im Strafrecht als Ausprägung des Selbstbestimmungsrechts. 1991.

Band 4 Karl-Heinz Vehling: Die Abgrenzung von Vorbereitung und Versuch. 1991.

Band 5 Heiko Hartmut Lesch: Das Problem der sukzessiven Beihilfe. 1992.

Band 6 Dirk Schwerdtfeger: Besondere persönliche Unrechtsmerkmale. 1992.

Band 7 Stefan Göhring: Polizeiliche Kontrollstellen und Datenverarbeitung. § 163 d StPO und novellierte Polizeigesetze der Länder zwischen Strafverfolgung, Gefahrenabwehr und vorbeugender Straftatenbekämpfung. 1992.

Band 8 Werner Kemper: Horizontale Teilrechtskraft des Schuldspruchs und Bindungswirkung im tatrichterlichen Verfahren nach der Zurückverweisung. §§ 353, 354 Abs. 2 StPO. 1993.

Band 9 Ovvadias Namias: Die Zurechnung von Folgeschäden im Strafrecht. 1993.

Band 10 Jan Zopfs: Unfallflucht bei eindeutiger Haftungslage? Unverzüglichkeitsgebot und Wahlmöglichkeit in § 142 Abs. 2 und 3 StGB. 1993.

Band 11 Stefan Hiebl: Ausgewählte Probleme des Akteneinsichtsrechts nach § 147 StPO. 1994.

Band 12 Ralf Krack: List als Straftatbestandsmerkmal. Zugleich ein Beitrag zu Täuschung und Irrtum beim Betrug. 1994.

Band 13 Henning Radtke: Zur Systematik des Strafklageverbrauchs verfahrenserledigender Entscheidungen im Strafprozeß. 1994.

Band 14 Bernd J. A. Müssig: Schutz abstrakter Rechtsgüter und abstrakter Rechtsgüterschutz. Zu den materiellen Konstitutionskriterien sog. Universalrechtsgüter und deren normentheoretischem Fundament – am Beispiel der Rechtsgutsbestimmung für die §§ 129, 129a und 324 StGB. 1994.

Band 15 Heinz Koriath: Über Beweisverbote im Strafprozeß. 1994.

Band 16 Burkhard Niepoth: Der untaugliche Versuch beim unechten Unterlassungsdelikt. 1994.

Band 17 Karsten Altenhain: Die Strafbarkeit des Teilnehmers beim Exzeß. 1994.

Band 18 Ina Walbaum: Schuldspruch in der Revisionsinstanz nach freisprechendem Urteil des Tatgerichts. 1996.

Band 19 Birgit Dalbkermeyer: Der Schutz des Beschuldigten vor identifizierenden und tendenziösen Pressemitteilungen der Ermittlungsbehörden. 1994.

Band 20 Thomas Hackner: Der befangene Staatsanwalt im deutschen Strafverfahrensrecht. 1995.

Band 21 Hartmut Loritz: Kritische Betrachtungen zum Wert des strafprozessualen Zwischenverfahrens. 1996.

Band 22 Heinz-Hermann Berghof: Therapie und Strafe im Betäubungsmittelrecht. Recht und Wirklichkeit der Behandlung Drogenabhängiger unter besonderer Berücksichtigung der §§ 35 ff BtMG. 1995.

Band 23 Oliver Mertens: Strafprozessuale Grundrechtseingriffe und Bindung an den Wortsinn der ermächtigenden Norm. 1996.

Band 24 Sönke Bahnsen: Das Akteneinsichtsrecht der Verteidigung im Strafverfahren. Dogmatische Grundlagen und Einzelprobleme im Lichte einer rechtsstaatlichen Verfahrensgestaltung. 1996.

Band 25 Dirk Schwieger: Der Vorteilsbegriff in den Bestechungsdelikten des StGB. 1996.

Band 26 Stephanie Meinecke: Die Auswirkungen von Verfahrensfehlern auf die Strafbarkeit nach den Aussagedelikten. 1996.

Band 27 Ute Lambrecht: Strafrecht und Disziplinarrecht. Abhängigkeiten und Überschneidungen. 1997.

Band 28 Carsten Momsen: Verfahrensfehler und Rügeberechtigung im Strafprozeß. Die Strukturen der Revisionsberechtigung unter besonderer Berücksichtigung des Begriffs "Rechtsnormen, die lediglich zugunsten des Angeklagten gegeben sind" in § 339 StPO. 1997.

Band 29 Ursula Epp: Die Abgeordnetenbestechung – § 108 e StGB. 1997.

Band 30 Bernd Scheiff: Wann beginnt der Strafrechtsschutz gegen kriminelle Vereinigungen (§ 129 StGB)? 1997.

Band 31 Ulrike Fontaine: Max Grünhut (1893-1964). Leben und wissenschaftliches Wirken eines deutschen Strafrechtlers jüdischer Herkunft. 1998.

Band 32 Claudia Keiser: Das Kindeswohl im Strafverfahren. Zur Notwendigkeit eines am Kindeswohl orientierten Umgangs mit minderjährigen Opfern und Zeugen, den Möglichkeiten de lege lata und den Erfordernissen de lege ferenda. 1998.

Band 33 Wiebke Schürer-Mohr: Erlaubte Risiken. Grundfragen des "erlaubten Risikos" im Bereich der Fahrlässigkeitsdogmatik. 1998.

Band 34 Stephan Voigtel: Zum Freibeweis bei Entscheidungen der Strafvollstreckungskammer. Eine Untersuchung zu ausgewählten Fragen des Beweisrechts im gerichtlichen Verfahren in Strafvollstreckungs- und Strafvollzugssachen. 1998.

Band 35 Volkmar Wißgott: Das Beweisantragsrecht im Strafverfahren als Kompensation der richterlichen Inquisitionsmaxime. Die Judikatur des Reichsgerichts zum strafprozessualen Beweisrecht. 1998.

Band 36 Susanne Merz: Strafrechtlicher Ehrenschutz und Meinungsfreiheit. 1998.

Band 37 Uwe Schlömer: Der elektronisch überwachte Hausarrest. Eine Untersuchung der ausländischen Erfahrungen und der Anwendbarkeit in der Bundesrepublik Deutschland. 1998.

Band 38 Michael Liedke: Die Vermögensstrafe gemäß § 43a StGB in ihrer kriminalpolitischen Bedeutung. 1999.

Band 39 Danja Domeier: Gesundheitsschutz und Lebensmittelstrafrecht. Zur Konkretisierung der Verkehrspflichten und ihrer Strafbewehrung, insbesondere mit Blick auf §§ 8 ff. LMBG. 1999.

Band 40 Ritva Westendorf: Die Pflicht zur Verhinderung geplanter Straftaten durch Anzeige. Eine kritische Betrachtung der §§ 138, 139 StGB im Kontext der Unterlassungsdelikte. 1999.

Band 41 Hans Theile: Tatkonkretisierung und Gehilfenvorsatz. 1999.

Band 42 Nicole Lange: Vorermittlungen. Die Behandlung des staatsanwaltschaftlichen Vorermittlungsverfahrens unter besonderer Berücksichtigung von Abgeordneten, Politikern und Prominenten. 1999.

Band 43 Tanja Gunder: Der Umgang mit Kindern im Strafverfahren. Eine empirische Untersuchung zur Strafverfolgung bei Sexualdelinquenz. 1999.

Band 44 Sven-Markus Thiel: Die Konkurrenz von Rechtfertigungsgründen. 2000.

Band 45 Jan Schlüter: Die Strafbarkeit von Unternehmen in einer prozessualen Betrachtung nach dem geltenden Strafprozeßrecht. 2000.

Band 46 Detlef Heise: Der Insiderhandel an der Börse und dessen strafrechtliche Bedeutung. Eine Untersuchung des neuen deutschen Insiderrechts speziell unter Bezugnahme auf die strafrechtstheoretischen und strafrechtsdogmatischen Grundlagen. 2000.

Band 47 Hermann Wichmann: Das Berufsgeheimnis als Grenze des Zeugenbeweises. Ein Beitrag zur Lehre von den Beweisverboten. 2000.

Band 48 Rainer T. Cherkeh: Betrug (§ 263 StGB), verübt durch Doping im Sport. 2000.

Band 49 Kristian Hohn: Die Zulässigkeit materieller Beweiserleichterungen im Strafrecht. Eine Untersuchung über Erscheinungsformen und Grenzen der Lösung beweisrechtlicher Probleme im materiellen Strafrecht. 2000.

Band 50 Malte Rabe von Kühlewein: Der Richtervorbehalt im Polizei- und Strafprozeßrecht. 2001.

Band 51 Donata Meinecke: Die Gesetzgebungssystematik der Versuchsstrafbarkeit von Verbrechen und Vergehen im StGB. 2001.

Band 52 Joachim Bock: Begriff, Inhalt und Zulässigkeit der Beweislastumkehr im materiellen Strafrecht. 2001.

Band 53 Gabriele Rose: Grenzen der journalistischen Recherche im Strafrecht und Strafverfahrensrecht. 2001.

Band 54 Wiebke Reitemeier: Täuschungen vor Abschluß von Arbeitsverträgen. Zum Verhältnis zwischen dem Straftatbestand des Betrugs und dem Anfechtungsrecht wegen arglistiger Täuschung (§§ 263 Abs. 1 StGB, 123 Abs. 1 Alt. 1 BGB). 2001.

Band 55 Peter Rackow: Das DNA-Identitätsfeststellungsgesetz und seine Probleme. 2001.

Band 56 Frank Zschieschack: Geiselnahme und erpresserischer Menschenraub (§§ 239a, 239b StGB) im Zwei-Personen-Verhältnis. 2001.

Band 57 Natascha Sëyfi: Das Sicherungsverfahren (§§ 413 - 416 StPO). 2002.

Band 58 Dirk Seiler: Die *Sperrwirkung* im Strafrecht. 2002.

Band 59 Dorothee Sydow: Die actio libera in causa nach dem Rechtsprechungswandel des Bundesgerichtshofs. 2002.

Band 60 Inga Metrikat: Die Unterbringung in einer Entziehungsanstalt nach § 64 StGB – Eine Maßregel im Wandel? Eine vergleichende, empirische Untersuchung zur Entscheidung des Bundesverfassungsgerichts vom 16.03.1994, BVerfGE 91, 1 ff. 2002.

Band 61 Sabine Caroline Bechtoldt: Die Erledigungserklärung im Maßregelvollzug des § 63 StGB. Eine empirische Untersuchung der Erledigungserklärung und zugleich rechtsdogmatische Erörterung ihrer Rechtskraftproblematik. 2002.

Band 62 Sandra Schulte-Nover: Strafrichter in Deutschland und England. Ein systematischer Rechtsvergleich im Hinblick auf die richterlichen Kompetenzen im Strafverfahren. 2003.

Band 63 Tim Schurig: Belehrung und Beratung des Beschuldigten über sein Aussageverhalten. Eine gemeinsame Aufgabe von Gericht und Verteidigung? 2003.

Band 64 Markus Laski: Die strafrechtlichen Bezüge des Bundes-Bodenschutzgesetzes. 2003.

Band 65 Gunnar Lüer: Die Versäumung im Berufungsverfahren. Das strafprozessuale Anwesenheitsprinzip im Spannungsfeld von autonomer Subjektstellung und öffentlichen Interessen am Beispiel des § 329 Abs. 1,2 StPO. 2003.

Band 66 Thomas Grützner: Die Sanktionierung von Submissionsabsprachen. Eine Untersuchung der bestehenden Möglichkeiten einer Bekämpfung von Submissionsabsprachen unter besonderer Berücksichtigung des § 298 StGB. 2003.

Band 67 Bettina Noltenius: Kriterien der Abgrenzung von Anstiftung und mittelbarer Täterschaft. Ein Beitrag auf der Grundlage einer personalen Handlungslehre. 2003.

Band 68 Bettina Kraft: Tendenzen in der Entwicklung des Jugendstrafrechts seit der Jugendgerichtsbewegung. 2004.

Band 69 Jessica Däbritz: Die Bestimmung strafbaren fahrlässigen Verhaltens in der Forschung am Beispiel ärztlicher Humanerprobungen. Ein Beitrag zur methodischen Ermittlung und inhaltlichen Bestimmung von Sorgfaltspflichten in der Humanforschung. 2004.

Band 70 Maike Steenbock: Über die Unfallflucht als Straftat. Eine kritische Untersuchung zum Zusammenhang der Strafbarkeit der Unfallflucht mit den Besonderheiten des Straßenverkehrs. 2004.

Band 71 Holger Mann: Beschleunigungspotential im Jugendstrafverfahren. 2004.

Band 72 Dorothee Krutisch: Strafbarkeit des unberechtigten Zugangs zu Computerdaten und -systemen. 2004.

Band 73 Heinz-Helmut Fuhrmann: Das Begehen der Straftat gem. § 25 Abs. 1 StGB. Unter besonderer Berücksichtigung der sogenannten "eigenhändigen" Delikte. 2004.

Peter Lang · Europäischer Verlag der Wissenschaften

Tobias Sedlmeier

Die Auslegung der urheberrechtlichen Straftatbestände bei Internet-Sachverhalten

Frankfurt am Main, Berlin, Bern, Bruxelles, New York, Oxford, Wien, 2003.
XVIII, 174 S.
Europäische Hochschulschriften: Reihe 2, Rechtswissenschaft. Bd. 3776
ISBN 3-631-51562-6 · br. € 39.–*

Das Internet weckt in der Rechtswissenschaft Stimmen, die das Urheberrecht mit seinen strafrechtlichen Sanktionen völlig in Frage stellen. Das Internet ist jedoch kein rechtsfreier Raum. Das Recht gilt auch für Handlungen im oder im Zusammenhang mit dem Internet. Allerdings stellt dies die Gesetzgebung und die Rechtsanwendung vor völlig neue Aufgaben. Vor diesem Hintergrund beschäftigt sich die Arbeit mit der Auslegung des Urheberstrafrechts in den §§ 106 bis 108a des Urheberrechtsgesetzes. Hierbei werden unter besonderer Beleuchtung der dogmatischen Konstruktion dieser Straftatbestände ihre Anwendbarkeit auf wesentliche, im Internet stattfindende Sachverhalte untersucht und notwendige Korrekturen der bisherigen Auslegung in Rechtsprechung und Literatur aufgezeigt.

Aus dem Inhalt: Urheberstrafrechtsgeschichte als Reaktion auf technische Entwicklungen · Urheberstrafrechtlicher Schutz im Internet · Unerlaubte Verwertung urheberrechtlich geschützter Werke · Verletzungshandlungen · Unzulässiges Anbringen der Urheberbezeichnung · Unerlaubte Eingriffe in verwandte Schutzrechte · Gewerbsmäßige unerlaubte Verwertung

FSC
www.fsc.org
MIX
Papier | Fördert gute Waldnutzung
FSC® C083411

Kolibri 360 GmbH
Ferdinand-Jühlke-Straße 7
99095 Erfurt, Deutschland
produktsicherheit@kolibri360.de

Druck:
CPI Druckdienstleistungen GmbH
im Auftrag der
Kolibri 360 GmbH
Ferdinand-Jühlke-Str. 7
99095 Erfurt